데이비드 하비의
세계를 보는 눈

데이비드 하비 지음

최병두 옮김

THE WAYS OF THE WORLD

데이비드 하비의
세계를 보는 눈

창비

　나는 1969년 데이비드 하비의 첫 책이 출간된 뒤 47년이 흘러 이번 책이 나오기까지 그의 많은 저서들을 출간하는 데 참여하는 행운을 누렸다. 하비는 첫번째 책 『지리학적 설명』(*Explanation in Geography*)에서 지리학자들이 자료를 수집·분류·해석하는 방법과 이를 바탕으로 이론을 일반화하고 구축하는 방식을 재구성했다. 그리고 이 과정에서 다양한 학문, 그중에도 철학·통계학·수학의 관점을 적극적으로 끌어왔다. 이 책에서 하비는 지리학적 방법론과 이론화에서 '합리적 주장을 위한 남부럽지 않은 지적 표준'이라고 그가 표현한 것을 제시하고자 했다. 이 책은 하비의 첫번째 역작이었고, 출간되자 순식간에 세계적인 갈채를 받았다. 하비는 브리스톨 대학의 지리학과에 전임강사로 재직하던 시기에 이 책의 집필을 마쳤다.

그리고 책이 출판될 무렵에는 미국 볼티모어에 있는 존스홉킨스 대학의 지리·환경공학과 부교수로 부임해 있었다. 그곳에서 68혁명의 여파에 휩싸인 도시를 경험하며 하비는 연구의 초점을 극적으로 바꾸었고, 이때부터 맑스(K. Marx)의 저작과 오랜 교류를 시작하게 됐다. 이러한 전환은 2년 뒤에 발표한 논문「지리학에서 혁명적 이론과 반혁명적 이론: 게토 형성의 문제」(Revolutionary and Counter-Revolutionary Theory in Geography and the Problem of Ghetto Formation)에서 명확해졌다. 이 논문이 이 책의 제1장을 이룬다. 글의 주제는 앞선 책과 현격한 대조를 이루지만, 자료의 꼼꼼한 수집과 분석, 그리고 이론과 실천 양쪽에서 자료의 의미에 대한 엄격한 해석을 중시하는 하비의 태도는 두 저술 모두에서 분명히 드러난다. 이는 그후로도 줄곧 하비의 저작에서 두드러진 특징으로 남아 있다.

제1장의 보론에서, 하비는 볼티모어에서 발생한 주택문제의 원인에 대한 자신의 발견에 시 공무원, 지주, 금융가 들이 찬탄해 마지않았다고 술회하고 있다. 당시로서는 차마 자신의 분석이 맑스주의를 토대로 한 것임을 밝힐 수 없었다고 인정한다. 그후로도 그는 자본의 변화무쌍한 본성을 탐구하며 자신이 비판한 자본가들로부터 계속해서 갈채를 받아왔으며, 심지어 맑스주의 용어들로 분명하게 짜인 글도 마찬가지였다. 이를테면 2010년『자본이라는 수수께끼』(The Enigma of Capital)가 출간되자『파이낸셜 타임스』(Financial Times)는 물론 국제통화기금(IMF)의 기관지『금융과 발전』(Finance and Development)도 우호적인 서평을 내놓았다. 제11장에서 '자본이 어떻게 진화하는가'에 대한 하비의 명쾌하고 번뜩이는 설명을 읽

다보면 아마도 그 이유를 알 수 있을 것이다. 하비는 탁월한 선구자인 맑스와 마찬가지로 자본의 역사와 적응력에 대한 빼어난 통찰을 보여주는 분석가이며, 자본이 봉착한 위기의 원인과 자본의 불가피한 소멸을 진단할 때도 발군의 통찰을 보여준다.

이 책이 담고 있는 수많은 중대한 시사점 가운데 내가 가장 좋아하는 것은 빠리의 싸끄레꾀르 대성당(Sacré-Coeur) 건축 이면에 대한 설명(제4장), 포스트모더니즘 고찰에서 시공간 압축에 대한 설명(제5장), 그리고 옥스퍼드의 자동차 노동자 농성을 설명할 때 지역적 행동과 지구적 원인의 긴장관계를 분석하며 레이먼드 윌리엄스(R. Williams)의 소설에 대한 상세한 고찰로 넘어가는 대목(제8장)이다. 또한 이 책 전체에서 되풀이되는 주제, 즉 '과잉축적의 문제가 어떻게 무분별한 도시화와 그에 따른 사회적 고통으로 드러나게 이행하는가'라는 주제도 아주 마음에 든다.

데이비드 하비가 오랜 세월 이어온 왕성한 집필활동의 시기별 대표작을 망라한 이 선집은 이미 하비의 저작에 친숙한 독자뿐 아니라 하비를 처음 접하는 독자에게도 큰 감동을 선사할 것이다.

존 데이비(John Davey)
2015년 8월, 옥스퍼드

일러두기

1. 본문의 기호는 다음과 같이 구분했다. 중괄호 { }는 지은이가 원서의 인용문을 보완하기 위해 사용했다. 대괄호 〔 〕는 옮긴이가 번역과정에서 내용을 보완하거나 특정 번역어의 뜻을 좀더 분명히 하기 위해 문장을 추가하면서 썼다.

2. 이 책의 인용 중에서 우리말로 이미 번역되어 있는 경우는 가능한 한 그 도서의 해당 부분을 참고했다. 특히 제2장에서는 맑스의 저서가 다수 인용되어, 하비의 기존 번역서(『데이비드 하비의 맑스 자본 강의』 1·2 등)의 사례를 따라 『자본』(강신준 옮김, 길 2012) 등의 기존 번역을 주로 참고했다. 해당 도서에 관한 정보는 주석과 참고문헌에 밝혔다.

3. 외국의 인명·지명은 현지 발음에 충실하게 우리말로 표기했다.

중국에서 아주 놀라운 뉴스가 들려온다. 이런 문제를 예의주시하는 미국지질조사소(The United States Geological Survey)의 보고에 따르면, 중국은 2011년부터 2013년까지 시멘트 66.51억톤을 소모했으며, 이는 1900년부터 1999년까지 미국에서 사용한 44.05억톤과 비교된다. 미국에서도 콘크리트를 많이 퍼부어대기는 했지만, 중국은 도처에 어마어마한 양의 콘크리트를 퍼부어댔음이 틀림없다. 왜, 그리고 어떻게 이런 일이 벌어질 수 있었을까? 그리고 이것은 어떤 환경적·경제적·사회적 결과를 불러왔을까?

나는 이 책에서 이런 종류의 의문들을 규명해보고자 한다. 자, 이제부터 이런 적나라한 사실을 낳은 배경을 살펴보고, 도대체 무슨 일이 일어나고 있는지 이해하기 위한 일반적인 틀을 어떻게 만들 것인가를 생각해보자.

중국경제는 2008년 심각한 위기에 봉착했다. 중국의 수출산업이 역경을 맞은 것이다. 노동자 수백만명(어떤 추정에 의하면 3,000만명)이 실직했다. 중국제품의 으뜸 시장인 미국에서 소비자 수요가 급락했기 때문이다. 미국에서 수백만가구가 집을 압류 당하거나 당할 위기에 처했으니, 그들이 쇼핑몰로 몰려가 소비재를 사들일 수가 없었다. 2001년에서 2007년 사이에 일어난 미국의 부동산 호황과 거품은 2001년 '닷컴'(dot-com) 주식시장의 붕괴에 대한 대응의 결과였다. 그로 인해 미국 연방준비제도이사회(US Federal Reserve) 의장 앨런 그린스펀(A. Greenspan)은 저금리를 유도하여 자본이 주식시장에서 급속히 철수해 부동산시장으로 이동하도록 했다. 2007년 부동산 거품이 붕괴되기 전까지는 부동산시장은 자본이 가장 선호한 목적지였다. 이처럼 자본 위기의 경향은 돌고 돈다. 주로 미국 남서부(캘리포니아, 애리조나, 네바다)와 남부(플로리다와 조지아)의 주택시장에서 생겨난 2008년의 위기는 2009년 초 중국의 산업지대에서 수백만의 실업자를 만들어냈다.

중국공산당은 실업자들을 다시 일하게 해야 하며, 만약 그러지 않을 경우 거대한 사회적 불안의 위협에 봉착할 것임을 알고 있었다. 2009년 말, IMF와 국제노동기구(ILO)가 실시한 면밀한 공동연구에 따르면, 이 경제위기 동안 중국의 일자리 순감소는 약 300만개에 불과한 것으로 추정된다(미국의 700만개와 비교된다). 중국공산당은 용케도 1년 동안 약 2,700만개의 일자리를 창출해내는 데 성공했다. 이는 역사상 유례없는 경우는 아닐지라도 경이로운 성과였다.

그렇다면, 중국인들은 무엇을 한 걸까? 그리고 어떻게 이것을 해냈는가? 그들은 물리적 기반시설 확충에 엄청난 규모의 투자를 유도했다. 이 기반시설들은 동부 연안의 활기찬 산업지구들과 거의 저개발 상태인 내륙 간에 통신 연계를 구축함으로써, 또 그동안 서로 고립되어 있던 남부와 북부의 산업 및 소비시장 간의 연계성을 높임으로써, 중국경제를 공간적으로 통합하도록 설계됐다. 이 사업은 개발된 도시들을 확장하고 재건할 뿐만 아니라 완전히 새로운 도시를 건설하는 강제된 도시화의 방대한 프로그램과 결합됐다.

경제위기의 조건들에 대한 이러한 대응은 새로운 것이 아니다. 나폴레옹 3세(Napoleon III)는 경제적 충격과 〔이에 따른〕 1848년 혁명운동 이후 1852년 빠리에서 오스만(G. E. Haussmann)에게 도시의 재건을 통해 고용을 회복하도록 했다. 한편 미국이 1945년 이후 향상된 생산성과 잉여화폐의 대량 투입을 통해 모든 주요 도시들에 교외지역과 대도시지역을 (로버트 모지스〔R. Moses, 프랭클린 루스벨트 대통령 시기 뉴욕시의 공원국장으로, 뉴욕과 롱아일랜드 일대의 도시경관을 혁신적으로 바꿨다〕 스타일로) 조성하도록 했고, 주(州) 간 고속도로체계를 구축해 남부와 서부를 국가경제에 통합한 것도 그와 유사한 사례다. 이 두 계획의 목표는 자본과 노동의 잉여분을 흡수해 비교적 완전한 고용을 창출하고, 그리하여 사회적 안정을 확보하는 것이었다. 2008년 중국인들은 이와 동일한 일을 했지만, 시멘트 소모 자료가 보여주듯 그들은 한층 더 큰 규모로 했다. 이러한 규모 전환은 그전에도 물론 있었다. 오스만 남작이 단지 도시 하나(빠리)에 초점을 맞췄던 반면, 로버트 모지스는 그보다 훨씬 큰 대도시권지역에서 사업을 수행했다. 2008년 이후 중국 국내총생산(GDP)의 최소 4분의 1은 오로지 주택건설에서 나왔다. 여기에 물리적 기반시설(이를테면 고속철도, 고속도로, 댐과 수자원 프로젝트, 신공항, 항만 터미널 등)까지 합치면, 중국 GDP의 절반가량과 GDP 증가분(최근까지 10퍼센트에 달했다)의 대부분은 건조환경(built environment, 일반적으로 도시에 구축된 물리적 환경 또는 하부시설을 지칭한다. 하비는 이를 도로·항만 등 고정자본과 주택·자동차 등 내수성 소비재로 구분하고, 자본의 2차 순환과정에서 핵심적 역할을 담당하는 것으로 개념화한다) 투자에서 비롯한 것이다. 중국은 그렇게 경기침체에서 벗어났다. 그래서 그 많은 콘크리트를 들이부은 것이다.

중국이 주도한 투자의 연쇄효과는 엄청났다. 중국은 2008년 이후 세계 구리의 약 60퍼센트, 철광석과 시멘트의 절반 이상을 소모했다. 원료 수요의 가속적 증가 덕분에 광물, 석유, 농산물(목재·대두·생가죽·면화 등)을 공급하는 모든 국가들(오스트레일리아·칠레·브라질·아르헨티나·에콰도르 등)이 2007~2008년 충격의 여파를 빠르게 털어내고 급성장했다. 그리고 중국에 고품질 장비를 공급한 독일 역시 번창했다(그러지 않았던 프랑스와는 대조적으로). 위기의 해소는 위기의 경향처럼 빠르게 돌고 돌았다. 이렇듯 불균등발전의 지리는 변덕스럽다. 그러나 중국이 거대한 도시화와 건조환경 투자를 통해 2008년 이후의 재난으로부터 지구자본주의를 구원하는 데 선도적 역할을 했다는 사실에는 의문의 여지가 없다.

중국인들은 어떻게 이런 일을 했는가? 기본적인 답은 간단하다. 그들은 부채로 금융지원을 했다. 공산당 중앙위원회는 은행에 어떤 위험이 따르든 무조건 대출해줄 것을 요청했다. 지역 및 촌(村) 행정 부서뿐만 아니라 지방행정 당국에도 최대한 개발을 선도하도록 요청했고, 투자자와 소비자가 주거 및 투자 목적으로 아파트를 구매할 때의 차용조건을 완화했다. 그 결과 중국의 부채 증가는 가공할 수준이었다. 부채는 2008년 이후 거의 2배가 되었다. 중국은 이제 GDP 대비 부채율이 세계에서 가장 높은 국가 가운데 하나가 됐다. 그러나 중국은 그리스와는 달리 달러나 유로가 아니라 런민비(人民幣)로 빚을 졌다. 중국의 중앙은행은 필요하다면 빚을 다 갚고도 남을 만큼 외화보유고가 넉넉하며, 또한 자국 화폐를 임의로 찍어낼 수도 있었다. 중국은 적자와 부채는 문제가 아니라는 로널드 레이건(R. Reagan)의 (놀라운) 견해를 받아들였던 것이다. 그러나 2014년경 대부분의 지방행정 당국은 파산했고, 비수익 프로젝트에 대한 은행대출의 총체적 과잉 확대를 감추기 위해 유사금융체계(shadow banking, 전통적인 은행과 유사한 역할을 하지만 금융규제 밖에 있는 비은행 금융기관들로 구성된 금융체계)가 성장했으며, 부동산시장은 사실상 투기적 폭발성을 가진 카지노장이 됐다. 부동산 가치의 하락과 건조환경에 과잉축적된 자본의 위협은 2012년 가시화됐고, 2015년에는 최고 수위에 달했다. 요컨대 중국은 건조환경에 과잉투자 했을 때의 예상 가능한 문제(1867년 빠리의 오스만과, 1960년대 말부터 1975년까지 뉴욕의 금융위기 사이에 로버트 모지스가 경험한 문제)를 경험했다. 대대적인 고정자본 투자는 중국의 경제공간 전체에서 생산성과 효율성을 늘려야 했다(1960년대 미국의 주 간 고속도로체계 건설 때 그랬던 것처럼). GDP 성장의 절반을 고정자본에 투자하는 것은 성장률의 감소를 가져온다는 점에서 좋은 방안은 아니다. 결국 성장의 긍정적 연쇄효과는 역전됐다. 중국의 성장이 둔화하자 상품 가격은 떨어졌고, 브라질·칠레·에콰도르·오스트레일리아 등의 경제는 추락했다.

그렇다면 건조환경에 대한 과잉투자와 급증하는 부채에 직면하여, 중국은 잉여자본의 처리라는 당면과제에 어떠한 대처방법을 제안했을까? 그 답은 시멘트 사용 실태 자료만큼이나 당혹스러운 것이었다. 중국은 1억 3,000만명(영국과 프랑스의 인구를 합한 수)이 살 수 있는 단일 도시를 건설할 계획을 세웠다. 부채융자에 기반을 둔 이 프로젝트는 베이징을 중심으로 켄터키주보다 크지 않은 지역을 고속 교통·통신망으로 한데 묶는(맑스가 언젠가 말한 '시간을 통한 공간의 절멸'로) 사업으로, 자본과 노동의 잉여분이 미래로 흡수되도록 설계됐다. 또 얼마나 많은 시멘트를 퍼부을지는 미지수이지만 틀림없이 어마어마한 양일 것이다.

중국만 이런 종류의 프로젝트를 고려한 것은 아니다. 보다 작기는 해도 비슷한 종류의 프로젝트를 지구상 어디에서나 찾아볼 수 있다. 최근 걸프만 국가들의 급속한 도시화가 그 명백한 사례다. 터키는 이스탄불을 인구 4,500만의 도시(현재는 약 1,800만)로 전환할 계획을 세우고, 보스포러스(Bosphorus)해협의 북단에서부터 대규모 도시화 프로그램을 시작했다. 신공항과 보스포러스해협을 가로지르는 다리는 이미 건설 중이다. 그러나 중국과 달리 터키는 자국 통화로 부채를 발행해서 이를 실행할 수는 없었고, 현재 국제 채권시장은 이런 위험들에 불안해하고 있다. 이 특수한 프로젝트는 중단될 조짐이 보인다. 부동산가격 및 임대료 상승을 초래하는 건축 붐은 세계 거의 모든 주요 도시들에서 뚜렷이 드러나고 있다. 뉴욕시도 예외는 아니다. 2008년 경제붕괴에 이른 스페인도 그 생생한 사례라 하겠다. 일단 붕괴가 시작되자 그 버려진 투자전략들이 얼마나 방만하고 어리석기 짝이 없었는지 낱낱이 드러났다. 마드리드 남쪽에 위치한 시우다드레알(Ciudad Real)시에 10억유로 이상을 들여 새로 지은 공항에는 좀처럼 비행기가 뜨지 않았고, 결국 그 공항 벤처기업은 파산했다. 2015년 봄, 경매에 오른 이 공항은 최고 낙찰가가 고작 1만유로였다.

그러나 중국인들은 도시 건설을 2배로 늘리는 것에 만족하지 않았다. 그들은 잉여자본과 잉여노동을 흡수하기 위한 방안을 국경 너머에서도 모색하고 있다. 중세에 중앙아시아를 경유해 중국과 서유럽을 연결했던 이른바 '실크로드'를 재건하려는 프로젝트를 진행 중이다. '고대 무역로의 현대판 건설은 시 진핑(習近平) 주석이 이끄는 중국표 외교정책 구상으로 등장했다'라고 찰스 클로버(C. Clover)와 루시 혼비(L. Hornby)는 『파이낸셜 타임스』(2015.10.12.)에 쓰고 있다. 이 철도망은 중국의 동부 연안에서 시작해 내몽골과 외몽골, 중앙아시아 국가들을 거쳐 이란의 테헤란과 터키의 이스탄불에 이를 것이며, 그곳에서 유럽 전역으로 뻗어갈 뿐 아니라 모스끄바까지 지선도 낼 것이다. 상품이 중국에서 유럽까지 가는 데 해운으로는 7일 걸리는 반면 이 철도 노선으로는 3일밖에 걸리지 않는다는 것은 이미 사실로 판명됐다. 장차 실크로드를 통한 비용 절감과 시간 단축이 실현된다면, 현재 허허벌판에 가까운 중앙아시아 지역은 번창하는 대도시들의 연쇄로 탈바꿈할 것이다. 이 프로젝트는 이미 진행되고 있다. 클로버와 혼비는 중국 프로젝트의 타당성을 검토하면서, 중국에서 자본과 시멘트·철강 같은 재료의 막대한 잉여분을 흡수할 긴박한 필요가 있음을 지적했다. 지난 30년에 걸쳐 증가한 잉여자본을 흡수하고 이를 재창출하고자 했던 중국인들은 이제 잉여자본의 문제와 관련하여 내가 '공간적 조정'(spatial fix, 제2장 참조)이라고 지칭한 것을 필사적으로 찾고 있다.

중국인의 흥미를 끄는 지구적 인프라 프로젝트에는 이것만 있는 것이 아니다. 남아메리카 지역 인프라 통합 이니셔티브(Initiative for the Integration of the Regional Infrastructure in South America, IIRSA)는 남미의 12개국에서 자본과 상품의 순환을 위한 교통 인프라를 구축하려는 야심찬 프로그램으로 2000년에 시작됐다. 초대륙적 연계는 10개의 성장 거점들을 통과한다. 그중에서도 가장 야심찬 프로젝트는 서부 해안(페루와 에콰도르)과 동부 해안(브라질)을 연결하는 것이다. 그러나 라틴아메리카 국가들은 재정이 부족하다. 이에 해양 우회로 시간을 들이지 않고 브라질과 통상을 트는 데 각별한 관심을 기울여온 중국이 나섰다. 중국은 안데스를 넘어서 브라질에 이르는 육로 건설에 착수하기 위해 페루와 협정을 체결했다. 중국인들은 또한 파나마 운하와 경쟁할 새 운하를 니카라과에 건설하는 데 자금을 대는 것도 고려하고 있다. 아프리카에서도 중국인들은 이미 동아프리카의 교통체계를 (중국의 노동과 자본을 이용하여) 통합하는 작업에 열중하고 있으며, 동서 연안을 잇는 초대륙적 철도를 건설하는 데 관심이 있다.

이런 이야기를 자세히 늘어놓는 것은 급속히 누적되는 자본의 잉여를 흡수하기 위해 세계지리가 어떻게 만들어져왔으며, 지금도 지속적으로 만들어지고 또 개조되고 심지어 때로는 파괴되고 있는가를 예시하기 위해서였다. '왜 이러한 일이 벌어지고 있나?'라는 질문에 대한 간단한 답변은 '자본축적의 재생산이 이를 요구하기 때문'이라는 것이다. 이 점은 그러한 과정들의 잠재적인 사회적·정치적·환경적 결과에 대한 비판적 평가의 장을 마련하고, 우리가 계속해서 이러한 경로를 유지할 수 있을까 아니면 그 근원에 자리 잡은 무한한 자본축적의 추진력을 멈추거나 폐지해야 하는가라는 논제를 던진다. 이것이 이 책에서 겉으로 분리된 개개 장을 하나로 관통하는 주제다.

세계의 지리적 환경에 대한 창조적 파괴가 매순간 지속되고 있음이 분명하다. 우리는 주위에서 이 사실을 목도하고 있으며, 신문에서 읽고, 매일 뉴스로 전해 듣는다. 한때 번창했던 디트로이트 같은 도시들은 다른 도시들이 부상할 때 무너졌다. 지구 곳곳에서 빙산이 녹고 삼림이 줄고 있다. 그러나 이 모든 현상을 이해하기 위해 단순한 서술 이상의 뭔가가 필요하며, 어떻게 왜 그러한 방식으로 '일이 발생하는가'를 이해하기 위한 새로운 틀을 창출할 필요가 있다는 생각은 혁명적인 것 그 이상이다. 이를테면 경제학자들은 지리가 고정불변의 물리적 토대이며 그 위에서 경제적 힘이 작동하는 것처럼 이론을 설계한다. 하긴, 히말라야·안데스·알프스보다 더 견고한 것이 있을까? 지구를 에워싸는 대륙과 기후대의 형상보다 더 고정된 것이 있을까? 『빈곤의 종말』(*The End of Poverty*)의 저자 제프리 싹스(J.

Sachs), 『총, 균, 쇠』(*Guns, Germs, and Steel*)의 저자 재레드 다이아몬드(J. Diamond)같이 최근 존경받는 분석가들은 고정불변의 물리적 환경으로 구축된 지리는 운명임을 시사하는 베스트셀러를 썼다. 싹스는 나라 간 빈부격차는 대개 적도로부터의 거리 및 항해할 수 있는 수자원에 대한 접근성과 연관된다고 썼다. 한편 대런 애스모글루(D. Acemoğlu)와 제임스 로빈슨(J. Robinson) 같은 연구자들은 그 견해를 논박하는 베스트셀러 『국가는 왜 실패하는가』(*Why Nations Fail*)를 내놓기도 했다. 이들에 따르면 나라 간 빈부격차는 지리와 무관하며 역사적·문화적으로 구축된 제도적 틀이 중요하다. 한편의 말에 의하면, 유럽은 강수체제(rainfall regime), 들쭉날쭉한 해안선, 그리고 지역생태적 다양성 때문에 부강해지고 자유시장 자본주의의 탄생지가 됐으며, 중국은 항해가 쉽게 익숙해지는 단조로운 해안선, 그리고 자유시장과 개인적 주도성에 반하는 중앙집권적이고 관료주의적인 국가관리를 필요로 하는 수문학체제 때문에 그 발전이 지체됐다. 다른 한편의 말에 의하면, 유럽에 사적 소유를 강조하는 제도 혁신과 국가권력 및 지역권력의 파편화된 구조가 우연히 등장해, 인구밀도는 세계적 수준이 되었다고 한다. 하지만 최근까지 경제 수준이 낮았던 지역들(인도와 중국 같은)에 유럽이 착취적 제국주의를 강제했는데, 이는 아메리카와 오세아니아에서 자유시장 경제성장을 촉진한 정착 식민주의의 개방성과는 근본적으로 대비된다고 한다. 그와 비슷한 주제들을 둘러싸고 인류의 무척 흥미로운 역사가 축적되어왔다. 이에 대해 아널드 토인비(A. Toynbee)는 기념비적 저서 『역사의 연구』(*A Study of History*)에서 환경의 도전과 인간의 응전이 역사적 전환의 근원에 존재함을 보여주었고, 최근 놀라운 인기를 끌고 있는 재레드 다이아몬드의 『총, 균, 쇠』는 환경이 모든 것을 지배한다고 말한다.

내가 이 책에 모은 글들에서 제시하는 주장은 이러한 양측의 전통과 상충한다. 간단히 말해 둘 다 틀렸기 때문이다. 그 세부 내용(중국의 단조로운 해안선과 유럽의 들쭉날쭉한 해안선을 대비한 것은 전적으로 그들이 참조하는 지도의 축척에서 비롯한 것이다)이 명백한 오해여서가 아니라, 지리적인 것과 지리적이지 않은 것에 대한 이들의 개념 정의가 이치에 맞지 않기 때문이다. 이러한 개념 정의는 자연과 문화를 인위적으로 분리하는 데까르뜨적 구분에 의존한다. 하지만 자연이 끝나서 문화가 시작하는 곳을 찾기란 흙바닥에서도, 길바닥에서도 불가능하다. 아무것도 없는데 이분법을 부여하는 것은 치명적인 실수다. 지리는 문화와 자연의 통일성을 나타내지, 흔히 그렇게 표현되는 것처럼 피드백하는 어떤 인과적 상호작용의 산물을 나타내는 것은 아니다. 이렇게 이원성으로 꾸며낸 이야기는 온갖 정치적·사회적 재앙을 초래한다.

최근 중국의 역사가 보여주는 것처럼, 세계의 지리는 고정된 것이 아니라 항상 변한다. 일례로 운송시간과 운송비용의 변화는 지구경제의 상대적 공간을 끊임없이 재규정한다. 18세기 이후 동쪽에서 서쪽으로 이동하는 부의 흐름은 지구경제의 시공간 좌표를 바꿔낸 새로운 교통기술(특히 철도와 증기선의 도래)과 군사적 우월성이 없었다면 발생할 수 없었을 것이다. 문제는 절대적 공간이 아니라 상대적 공간이다. 한니발(Hannibal) 장군이 코끼리 떼를 이끌고 알프

스산맥을 넘어가기는 몹시 어려웠을 테지만, 심플론(Simplon)터널이 건설되자 유럽 지역 대부분과 이딸리아 북부 간에 상품과 사람의 이동은 무척 편리해졌다.

이들 글에서 나의 목적은 우리의 지리를 만들고 새롭게 하는 과정, 그리고 그것이 인간생활과 지구환경에 미친 결과를 이해하기 위한 틀(framework)을 찾는 것이다. 특이하고 엄격하게 질서 잡힌 이론이라기보다 '틀'이라고 말하고자 한다. 지리는 언제나 변화하기 때문이다. 지리상의 변화는 단지 인간이 자신의 생산양식을 재생산하는 데 도움이 되는 환경을 창조하는 적극적 행위자라는 점뿐만 아니라, 세계의 생태계가 또다른 충격들에 의해 동시에 전환한다는 점에 기인한다. 이 변화는 상당 부분 인간행동의 의도하지 않은 결과들이다. 기후변화, 해수면 상승, 오존층 파괴, 대기 및 수질의 악화, 해양 쓰레기와 어족 자원의 감소, 종의 소멸 등을 생각해보라. 새로운 병원균과 바이러스(HIV/AIDS·에볼라·웨스트나일 바이러스)가 등장하는 한편, 오래된 병원균은 제거되기도 하고(천연두), 인간의 통제 시도에 저항하기도 한다(말라리아). 지질구조판의 운동은 화산성 용암을 분출시키고 지진과 쓰나미를 유발하며, 또한 태양 흑점이 다양한 방법으로 지구에 영향을 미친다는 점에서, 우리가 거주하는 자연세계 역시 끊임없이 움직이고 있다.

우리의 지리적 환경은 수많은 방법으로, 수많은 이유로 재생산된다. 빠리의 오스만 대로는 전통적으로 다루기 힘든 도시인구의 군사적·사회적 통제를 위해 설계된 군용 설비로 인식되기도 한다. 이와 마찬가지로 최근 터키에서 급증한 댐 건설은 홍수로 쿠르드 자치운동의 농업적 기반을 파괴하기 위해 주로 설계됐고, 일련의 해자(moat)도 아나톨리아 동남부를 종횡하면서 쿠르드 독립을 추구하는 게릴라 반란운동을 저지할 목적으로 만들어졌다. 대로와 댐 건설이 잉여자본과 잉여노동을 흡수하고자 한다는 점은 전적으로 부수적인 효과로 보인다. 문화적 인식과 관습은 항상 특정한 방법으로 경관에 각인되며, 경관은 그 자체로 정체성과 사회적·집단적 의미를 알려주는 일련의 연상기호(빠리의 싸끄레꾀르나 몽블랑 같은 산처럼)가 된다. 또스까나(Toscana)의 언덕 위 도시나 마을은 한국에서 신성하고 금기시하는 공간으로 여겨지는 텅 빈 언덕 꼭대기와는 대비된다. 이같이 다양한 양상을 단일하고 일관된 이론에 억지로 밀어넣는 것은 결코 불가능하다. 그렇다고 해서 지리의 생산이 인간의 이해를 완전히 능가한다는 뜻은 아니다. 이 점이 바로 내가 '틀'이라고 서술하는 이유다. 이 틀은 새로운 지리 만들기, 즉 도시화의 역동성과 지리적 불균등발전(왜 어떤 장소는 번창하고 다른 장소는 쇠퇴하는가), 그리고 지구상의 삶 전반과 이웃·도시·지역으로 나뉘는 모자이크상의 일상생활에서 나타나는 경제적·정치적·사회적·환경적 결과를 이해하기 위함이다.

이러한 틀을 만들기 위해 우리는 과정에 기반을 둔 철학을 탐구하고, 전형적인 데까르뜨적 이원성(이를테면 자연과 문화 간의 이원성)이 역사·지리상 창조적 파괴의 단일한 흐름으로 녹아들 수 있는 보다 변증법적인 방법을 포용할 필요가 있다. 처음에는 이 흐름을 파악하기 어려워 보이겠지만, 사건과 과정이 발생한 위치를 파악하는 것은 가능하며, 위험한 바다를 항해하고 지도에 없는 땅을 과

감히 탐험하는 방법을 더 잘 예측하게 될 것이다. 물론 이 틀이 있다고 해서 배가 난파되지 않고, 우리가 모래구덩이에 빠지지 않고, 바람 없이도 배를 나아가게 하거나 절망에 빠져서도 포기하지 않으리라는 보장은 없다. 오늘날 중동에서 발생하는 혼란스러운 관계와 상호작용을 살펴보노라면, 누구나 분명 내가 말하는 바의 의미를 이해할 것이다.

인지지도(cognitive map)는 이러한 혼돈이 어떻게 발생할 수 있는지 조사하기 위한 말뚝과 손잡이를, 그리고 어쩌면 우리가 직면한 곤경에서 어떻게 출구를 찾을 수 있는가에 대한 단서를 제공할 것이다. 이는 과감한 주장이다. 그러나 이렇게 어려운 시기에 어딘가로 가기 위해서는 어떤 과단성과 소신대로 감행하는 용기가 필요하다. 실수할 것이 확실할지라도 우리는 그렇게 해야 한다. 이 경우 배움이란 우리가 머릿속에 넣고 다니는 인지지도를 확장하고 심화하는 것을 의미한다. 이 지도들은 결코 완전하지 않으며, 매순간 급격히 변화하고, 오늘날에는 더욱더 빠르게 변한다. 40여년에 걸친 연구, 사유, 타인과의 대화로 누적된 인지지도는 불완전하다. 그러나 그것은 아마 우리가 존재하는 이 복잡한 지리가 나아갈 길을 비판적으로 이해하는 데 기반을 제공할 것이다.

이는 우리의 미래 세계가 어떻게 움직일 것 같은가 하는 의문을 던진다. 우리는 1억 3,000만명의 도시에 살기를 원하는가? 자본이 위기에 빠지는 것을 막기 위해 어디에나 콘크리트를 퍼붓는 것이 합리적인가? 중국의 이런 새로운 도시에 관한 전망은 어떤 이유에서든, 사회적·환경적·심미적·인본적·정치적 측면 모두에서 딱히 매력적이지 않다. 개발의 불가항력에 봉착하여 개인적으로나 집단적으로 어떤 가치·존엄·의미를 품는 것은 가장 극심한 소외를 만들어내면서 실패할 수밖에 없는 임무인 듯 보인다. 자본의 잉여분을 통제할 각오로 이를 필사적으로 배치하여 그 전망을 실현하고자 하는 금융업자들, 이런 유토피아적 전망을 부채질하는 일부 미래학자들, 그리고 선도적 사업을 보도하는 데 확신을 갖거나 사로잡혀 있는 상당히 진지한 언론인들이 있긴 하겠지만, 나는 우리 가운데 많은 사람이 이를 의도하거나, 부추기거나, 계획한다고 생각하지는 않는다.

내가 최근 『자본의 17가지 모순』(*Seventeen Contradictions and the End of Capitalism*)에서 결론지은 것처럼, 비판적이고 반자본주의적인 관점에서 세계의 지리적 변화를 심각하게 고려하는 것이 우리 시대의 논리이자 의무다. 만약 정치경제의 지배적 형태로 자본을 유지하고 재생산하기 위해 (실제로 그러듯이) 점점 더 많은 콘크리트를 어디에나 퍼부어야 한다면, 이제 확실히 이런 잉여를 생산하는 체제를 거부하지는 않더라도 최소한 거기에 의문을 가질 때가 됐다. 그렇게 하지 않으려면 현대 자본주의의 옹호론자들은 자본의 재생산이 덜 폭력적이고 덜 파괴적인 다른 수단들로 달성될 수 있을 것임을 보여주어야 할 것이다. 나는 이 논쟁을 관심을 갖고 지켜볼 것이다.

제1장

지리학에서 혁명적 이론과 반혁명적 이론: 게토 형성의 문제

우리는 왜, 어떻게 지리학 사상의 혁명을 일으키려 하는가? 이 의문에 대한 어떤 통찰력을 얻기 위해서는 과학의 모든 분야에서 혁명과 반혁명이 어떻게 일어나는가를 고찰해볼 가치가 있다. 쿤(T. Kuhn)은 자연과학에서 일어나는 그러한 현상에 관해 흥미로운 분석을 제시한다.[1] 그의 주장에 의하면 대부분의 과학적 활동은 그가 표현한 바와 같이 정상과학(normal science)이다. 정상과학은 특정 패러다임의 모든 측면에 대한 탐구에 해당한다(패러다임이란 주어진 일정 시점에서 과학자 집단 전반에서 일반적으로 채택되는 일단의 개념·범주·관계·방법을 말한다). 정상과학의 수행에서 어떤 이상(anomaly)들, 즉 기존의 패러다임 내에서는 해결될 수 없는 관찰이나 패러독스가 발생한다. 이 이상들은 과학이 위기의 시기에 빠지기 전까지 점점 더 자주 관심의 초점이 되며, 이 위기의 시기에는 이 상들에서 비롯한 문제를 해결하기 위해 어림짐작의 시도들이 행해 진다. 이 시도를 통해 결국 과거 패러다임의 유효한 측면을 유지하 고 통합하면서도 기존 딜레마를 해결하는 새로운 일단의 상호중첩 적 개념·범주·관계·방법이 등장한다. 이에 따라 새로운 패러다임이 탄생하고, 이어서 또다시 정상과학적 활동이 시작된다.

쿤의 도식은 몇가지 이유에서 비판받을 소지가 있다. 나는 두가지 문제를 간략히 논의하고자 한다. 첫째, 이상이 어떻게 발생하는가, 그리고 일단 이상이 발생하면 그것이 어떻게 위기를 만들어내는가 에 대한 설명이 없다. 이 비판은 의미있는 이상과 의미없는 이상을 구분함으로써 해결될 수 있었다. 일례로 오랫동안 수성의 궤도는 뉴 턴(I. Newton)의 계산식과 부합하지 않는다고 알려졌지만, 이 이상 은 의미가 없었다. 이는 일상적 맥락에서 뉴턴 체계의 사용과는 관 련이 없었기 때문이다. 만약 어떤 이상이 다리를 건설하는 과정에서 발생했다면, 이는 분명 매우 의미있는 것으로 여겨졌을 것이다. 뉴 턴의 패러다임은 현실적으로 중요하고 관련된 어떤 것이 그것에 의 존해서는 달성될 수 없게 되기 전까지는 만족스러운 것으로 여겨졌 고 아무 도전도 받지 않았다.

둘째, 쿤은 새로운 패러다임이 채택되는 방식에 대한 질문에는 결 코 만족스러운 해답을 제시하지 못했다. 쿤은 이러한 채택은 논리의 문제가 아님을 인정한다. 그 대신 그는 이것이 신념의 도약을 내포 한다고 주장한다. 이러한 신념의 도약은 무엇에 기반을 두는가? 결 코 명시적으로 설명되지 않은 어떤 인도력(guiding force)이 쿤의 분석을 뒷받침하고 있다. 그의 이력을 보면 이 인도력은 자연환경에 대한 통제와 조작의 유효성에 대한 근본적 믿음에 뿌리를 두고 있다. 신념의 도약은 분명 새로운 패러다임이 이 힘을 확대하고 심화할 것이라는 믿음에 기반을 두고 있다. 그러나 여기서 자연의 어떤 측면을 가리키는가? 아마 역사의 특정한 시점의 일상적 행위와 생활이라는 점에서 중요한 자연의 측면일 것이다.

이러한 두가지 비판이 지적하는 바와 같이 쿤에 대한 핵심적 비판은 과학적 지식 만들기를 그 역사유물론적 배경으로부터 추상화했다는 점이다. 과학적 사상은 근본적으로 물질적 활동에 의해 추동된다는 점이 분명함에도, 쿤은 과학의 발달에 대한 **관념론적** 해석을 제시하고 있다. 버널(J. Bernal)은 과학적 지식 발달의 유물론적 기반을 탐구했다.[2] 물질적 활동은 인간의 이해관계에서 자연의 조작을 포함하며, 과학적 이해는 이러한 일반의 경향과 무관하게 해석될 수 없다. 그러나 여기서 우리는 또다른 견해를 추가해야 한다. '인간의 이해관계'는 우리가 사회의 어떤 부문을 생각하는가에 따라 다양하게 해석될 수 있기 때문이다. 버널의 지적에 의하면 서구의 과학은 아주 최근까지 중간계급을 보호했으며, 심지어 최근에도 '능력주의'(meritocracy)라고 하는 것이 등장하면서 과학자는 생애과정에서 중간계급의 생활양식과 사고방식에 이끌리곤 한다. 이런 점에서 자연과학은 중간계급과 관련된 자연의 측면에 대한 조작과 통제를 위한 추동력을 암묵적으로 반영하는 것이라고 예상할 수 있다. 그러나 훨씬 더 중요한 점은 과학활동이 후원 및 기금에 의존하는 연구과정 때문에 생산양식과 재정을 통제하는 사람들의 특정한 이해관계에 이용된다는 점이다. 산업계와 정부가 제휴해 과학활동을 강하게 이끈다. 결과적으로 '조작과 통제'는 사회 전체의 이해관계보다는 특정 집단들(특히 중간계급과 더불어 산업계와 금융계)의 이해관계에 따른 조작과 통제를 의미한다.[3] 쿤은 반복적 과학혁명을 훌륭히 서술했지만, 우리는 위와 같은 관점에서 그 안에 숨겨진 과학발전의 일반적 경향을 더 잘 이해할 수 있다.

쿤의 분석이 사회과학으로 확장될 수 있는가에 대한 의문이 종종 제기됐다. 쿤은 하나의 사회과학이 어떤 한 패러다임을 구성하는, 일반적으로 채택된 개념·범주·관계·방법의 총체를 실질적으로 확립할 수 없다는 의미에서, 사회과학을 '전(前) 과학적'으로 여긴 듯하다. 사회과학을 전 과학적인 것으로 보는 견해는 사실 과학철학자들 사이에 상당히 일반적이다.[4] 그러나 사회과학에서 사상사를 개관해보면, 사상혁명은 실제로 발생하며 쿤이 자연과학에서 확인한 것과 같은 점이 많음을 알 수 있다. 애덤 스미스(A. Smith)가 경제사상에서 패러다임 정식을 제시했으며 이어서 리카도(D. Ricardo)가 이를 구축했다는 점은 의문의 여지가 없다. 현대에 들어와 케인스(J. M. Keynes)는 스미스와 본질적으로 유사한 어떤 작업을 하는 데 성공했으며, 1970년 무렵 전까지 서구의 경제사상을 지배한 패러다임 정식을 제시했다. 해리 존슨(H. Johnson)[5]은 경제학에서 이러한 사상혁명을 탐구했다. 그의 분석은 여러 면에서 쿤의 분석과 유사하지만, 몇가지 특성을 추가했다. 존슨의 주장에 의하면 케인스식 혁명의 핵심에는 케인스 이전 경제학이 1930년대에 가장 긴박하고 주요한 문제, 즉 실업문제를 다루는 데 실패함으로써 발생한 위기가 있었다. 이러한 점에서 실업은 '의미있는 이상'(significant anomaly)을 제시했다. 존슨이 주장한 바로,

단연코 새로운 혁명적 이론의 급속한 전파에 가장 도움이 되는 상황은, 현실에서 가장 두드러지는 사실들과 분명 일치하지 않는 정설(orthodoxy)이 이미 존재하지만, 그 사실들을 설명하려는 지적인 힘을 충분히 확신할 수 없으며, 그런 노력이 오히려 우스꽝스럽게 스스로 무능력을 드러내는 경우다.

이러한 점에서 당시 객관적 사회현실은 관습적인 지혜를 넘어서 그것의 실패를 드러내는 데 기여했다.

정통 경제학이 현실 문제와 마주해 전반적으로 혼란을 일으키고 명백한 관련성을 잃은 상황에서, 문제의 본질을 확실히 설명하고 이 설명에 기반을 두어 일단의 정책적 처방을 제시할 수 있는 새로운 이론을 위한 길이 열리게 됐다.

여기까지는 쿤과 아주 눈에 띄게 유사하다. 그러나 다음으로 존슨은 새로운 고찰을 덧붙였는데, 그 가운데 일부는 사실 과학사회학에서 유래한 것이다. 존슨은 새롭게 채택된 이론에는 다섯가지 주요 특성이 있어야 한다고 주장한다.

첫째, 새롭게 채택된 이론은 보수적인 정설의 핵심 명제에 맞서

(…) 이 명제를 부정하는, 새롭지만 학문적으로 채택 가능한 분석을 갖고 공격해야 한다. (…) 둘째, 이 이론은 새로운 것처럼 보여야 하지만, 기존의 정통이론에서 유효하거나 최소한 쉽사리 논박할 수 없는 성분을 최대한 많이 흡수해야 한다. 이 과정에서 낡은 개념에 혼란스럽지만 참신한 이름을 부여하고, 이전에는 진부한 것으로 받아들였던 분석적 단계를 결정적인 것으로 강조하는 데 크게 도움이 된다. (…) 셋째, 새로운 이론은 적당히 이해하기 어려워야 한다. (…) 중견 학자들이 연구하기에 너무 쉽다거나 연구할 가치가 없다고 생각하지 않아야 하며, 그리하여 이론적으로 주변적인 논제들에 노력을 허비함으로써, 좀더 젊고 의욕적인 동료들에게 비판하고 기각하기 쉬운 표적이 되도록 해야 한다. 동시에 새로운 이론은 더 젊은 동료·학생들의 지적 흥미를 자극할 정도로 어려우면서도, 이들이 지적 노력을 충분히 투자하면 적절하게 이해할 수 있을 만큼 쉬워야 한다. (…) 넷째, 새로운 이론은 자질은 더 뛰어나지만 덜 기회주의적인 학자들이 기존에 이용할 수 있던 것보다도 더 눈여겨볼 수 있는 새로운 방법론을 제시해야 한다. (…) 끝으로 {이 이론은} 측정 가능한 중요한 경험적 관계를 {제시해야만} 한다.

지난 〔1960년대 이후〕 10여년간 지리학 사상의 역사는 정확히 이러한 분석을 반영한다. 과거 지리학의 핵심 명제는 정성성(定性性)과 특이성이었다. 이 점은 분명 사회과학 전반에서 정량성과 일반성에 대한 이해를 필요로 했던 사회적 조작과 통제의 도구를 향한 추동을 견뎌내지 못했다. 전환의 과정에서 낡은 개념에 새롭게 혼란스러운 이름이 부여됐고, 상당히 진부한 가정이 엄격한 분석적 연구의 대상이 됐다는 점은 의문의 여지가 없었다. 게다가 지리학에서 계량혁명(quantitative revolution)이라고 하는 것은 원로 지리학자들이 특히 새롭게 등장하는 정설과 관련된 논제에 뛰어들 때 이들을 웃음거리로 만들 기회를 주었다는 점도 부인할 수 없다. 분명 계량화운동은 적당한 어려움에 도전할 기회를 제공했고, 새로운 방법론에 전망을 열어놓았으며 그 가운데 여러 방법론이 분석적 통찰을 불러일으켰다는 점에서 상당히 보람찬 것이었다. 끝으로, 측정할 새로운 것이 넘쳐났다. 거리조락함수, 최소요구치, 재화의 도달범위, 공간적 유형의 측정에서, 지리학자들은 충분히 시간을 들여 연구할 만한 네가지 명백히 중요한 새로운 경험적 논제들을 찾아냈다. 이에 따라 계량화운동은 한편으로는 응답을 요하는 일단의 새롭고 도전적인 사고라는 측면에서, 다른 한편으로는 학문적 틀 내에서 권력과 지위를 위한 야비한 다툼으로, 또 한편으로는 '계획 분야'로 넓게 규정되는 분야에서 조작과 통제를 위한 수단을 발견해야 하는 외부 압박에 대한 반응으로 해석될 수 있다. 누군가가 이러한 진술을 특정 집단을 손가락질하는 것으로 잘못 해석한다면, 나는 우리 모두가 이 과정에 속해 있으며, 속하지 않을 도리는 없었고 지금도 없다고 말하겠다.

존슨은 또한 '반(反)혁명'(counter-revolution)이라는 용어를 그의 분석에 도입했다. 이에 대한 그의 생각은 그렇게 계몽적이지는 않다. 의미있는 이상(인플레이션과 실업의 결합)이 케인스의 정설에 대한 도전으로 존재했다고 할지라도, 존슨이 반혁명가라 지칭한 통화주의자들을 비판할 때는 분명 다른 속셈이 있었기 때문이다. 그러나 이 용어에는 분석을 요하는 아주 중요한 것이 담겨 있다. 사회과학에서는 사상운동을 혁명과 반혁명에 기반한 운동으로 생각하는 것이 당장은 그럴듯해 보인다. 반면, 자연과학에서는 이러한 사고가 당장 적용 가능해 보이지는 않는다.

우리는 자연과학에서 패러다임 형성에 대한 우리의 통찰을 이용해 반혁명 현상을 분석할 수 있다. 이 분석은 자연적으로 발생하는 현상을 조작하고 통제할 수 있는 인간능력의 확장에 기반을 둔다. 비슷하게 우리는 사회과학에서 패러다임 형성의 이면에 있는 추동력은 인간의 이해관계에서 인간의 활동과 사회적 현상을 조작하고 통제하고자 하는 욕망이라고 추정할 수 있다. 즉각적으로, 누가 누구를 통제하려 하는가, 누구의 이해관계에 따라 통제가 행사될 것인가, 만약 통제가 모든 사람들의 이해관계에서 행사된다면 이러한 공적 이해관계를 규정하는 사람은 누구인가 등의 의문이 떠오른다. 이에 따라 자연과학에서는 간접적으로만 제기되는 통제와 조작의 사회적 기반과 함의의 문제를 사회과학에서는 직접 대면해야만 한다. 이러한 기반이 사회 전반에 균등하게 분포되어 있다고 보는 것은 매우 어리석은 일일 것이다. 역사적으로 볼 때, 그 기반은 대체로 소수의 핵심 집단들 내에 극히 집중되어 있다. 이 집단들은 다른 집단들과의 관계에서 시혜적이거나 착취적일 수 있다. 그러나 이 점은 우리의 논제가 아니다. 문제는 사회과학이 기존의 사회적 관계들과 무관하지 않게 개념·범주·관계·방법을 정립한다는 점이다. 개념은,

그 개념이 서술하도록 설계된 바로 그 현상의 산물이다. 새로운 패러다임이 기반을 두고 있는 혁명적 이론은 단지 이 이론에 체현된 사회적 관계가 현실세계에서 실현될 경우에만 일반적으로 채택될 것이다. 반혁명적 이론은 혁명적 이론에 대처하기 위해 조심스럽게 꺼내진 것으로, 혁명적 이론이 보편적으로 채택될 때 위협적인 사회 변화가 실현되는 것을 포섭이나 전복을 통해 막고자 한다.

사회과학에서 혁명과 반혁명의 이러한 과정은 애덤 스미스와 리카도의 정치경제학 이론과 칼 맑스의 정치경제학 이론 간 관계에서 분명히 드러난다. 엥겔스(F. Engels)는 『자본』(Capital) 제2권의 서문에서 이에 상당히 예리한 통찰을 제시한다.[6] 문제는 맑스가 잉여가치론을 표절했다는 혐의다. 그러나 맑스는 애덤 스미스와 리카도 모두 잉여가치의 본질을 논의했으며 그들이 이를 부분적으로 이해했음을 명백히 밝혔다. 엥겔스는 맑스의 잉여가치론이 어떤 점에서 새로운가, 그리고 이것이 어떻게 '마른 하늘에 벼락처럼 유효한 영향을 미쳤는가'를 설명하고자 했다. 이 설명을 위해, 엥겔스는 화학사에서 산소가 발견됐을 당시 라부아지에(A. Lavoisier)와 프리스틀리(J. Priestley)의 관계에 대한 사건을 언급했다(놀라운 우연의 일치로, 이 사건은 쿤이 자연과학에서 혁명의 구조에 대한 테제를 확립할 수 있게 영감을 준 한가지로 밝혀졌다).[7] 두 화학자는 유사한 실험을 했고, 유사한 결과를 도출했다. 그러나 여기에는 본질적인 차이가 있었다. 프리스틀리는 오래된 플로지스톤(phlogiston) 이론으로 남은 평생 자신이 내놓은 결과를 해석하고자 했으며, 그 이론에 따라 자신이 발견한 것을 '탈연소된 기체'라고 불렀다. 한편, 라부아지에는 자신의 발견이 기존의 플로지스톤 이론과 양립할 수 없음을 인식했으며, 그 덕분에 완전히 새로운 토대에서 화학의 이론적 틀을 재구축할 수 있었다. 이러한 점에서 엥겔스는 물론이고 훗날 쿤도 라부아지에야말로 '산소의 실질적 발견자이며, 다른 사람들은 자신이 무엇을 만들어냈는가를 알지 못한 채 만들어냈을 뿐'이라고 말했다. 엥겔스는 계속해서 다음과 같이 서술했다.

잉여가치론에서 맑스와 그 선행자들 간의 관계는 라부아지에가 프리스틀리 및 셸레(K. W. Scheele)와 맺는 관계와 같다. 생산된 가치 가운데 우리가 현재 잉여가치라고 부르는 부분의 존재는 맑스보다 오래전에 확인되었다. 뿐만 아니라 정도의 차이는 있지만 분명 잉여가치가 무엇으로 구성되어 있는지, 즉 잉여가치란 이를 획득한 사람이 아무런 등가도 지불하지 않는 노동〔즉 부불노동〕의 생산물이라는 점도 상당히 분명하게 정식화되어 있었다. 그러나 누구도 그 이상 나아가지 못했다. (…) 〔모든 경제학자들은〕 그들에게 전승된 기존의 경제학적 범주에 여전히 사로잡혀 있었다. 그때 맑스가 등장했다. 그리고 그는 그의 선행자 모두의 견해와 직접적으로 대립하는 입장을 취했다. 그의 선행자들이 해결책이라고 보았던 곳에서 그는 단지 문제를 발견했을 뿐이다. 그는 문제의 핵심이 탈연소화된 기체도, 화기체도 아닌 산소라는 사실, 즉 여기에서 중요한 것은 하나의 경제적 사실에 대한 단순한 확인이나, 이 사실과 영원한 정의, 진정한 도덕 사이의 갈등이 아니라, 경제학 전반을 변혁할 사명을 띤 하나의 사실이며, 이 사실

이야말로 그것을 사용할 줄 아는 사람에게 자본주의적 생산 전반을 이해하는 열쇠를 제공하리라는 것을 발견했던 것이다. 그는 이러한 사실을 출발점으로 하여 라부아지에가 산소에 의거하여 연소화학의 기존 범주를 검토했던 것과 마찬가지로 기존의 경제학적 범주를 검토했다.[8]

쿤이 과학적 진보에 대한 우리의 사고를 혁명화한 것보다 거의 한 세기 전에 이러한 사고방식을 제안했다는 점은 물론 놀랄 만하다. 맑스주의 경제이론은 생산수단을 통제할 수 없는 사람들의 입장에서 자본주의적 생산을 이해하기 위한 열쇠를 제공한 것처럼 보인다는 점에서 분명 위험했다. 결과적으로 새로운 패러다임을 형성할 잠재력을 가진 범주·개념·관계·방법은 자본주의세계의 권력구조에 엄청난 위협이었다. 뒤이은 한계가치이론의 등장(특히 뵘바베르크 E. Böhm-Bawerk와 멩거C. Menger 같은 오스트리아학파의 경제학자들을 중심으로)은 스미스와 리카도의 분석 기반에서 많은 것들 (특히 노동가치론)을 소거했으며, 또한 부수적으로 경제학에서 맑스주의적 도전을 후퇴시키는 데 기여했다. 레닌(V. Lenin)의 사망 이후 러시아에서 맑스주의이론을 반혁명적으로 포섭한 점, 그리고 유사하게 서구 사회학에서 맑스주의 사상의 본질을 담지 않은 채 맑스주의적 언어만 주로 (일부 사회학자들이 우리 모두는 이제 맑스주의자라고 말할 정도로 많이) 반혁명적으로 포섭한 점은 사실상 맑스주의 사상이 진정으로 꽃피지 못하게, 더불어 맑스가 전망했던 인간주의적 사회가 등장하지 못하게 했다. 개념들과 그 개념들에 체현되어 있는 기획된 사회적 관계는 좌절됐다.

따라서 사상의 혁명과 반혁명은 자연과학과는 외견상 다른 방법으로 사회과학을 특징짓는다. 사상의 혁명은 궁극적으로 실제 혁명과 분리될 수 없다. 이 점은 사회과학이 사실 전(前) 과학적 상태에 있다는 결론으로 이어진다. 그러나 그 결론은 잘못된 기반에 근거한다. 자연과학은 제한된 이해관계 집단의 통제에서 한시라도 벗어나려고 해본 적이 없기 때문이다. 자연과학의 본질 안에 있는 어떤 것보다도 바로 이러한 사실이 자연과학에 반혁명이 없었던 이유를 잘 설명해준다. 달리 말해 자연과학에서 성취된 사상혁명들은 기존 질서에 위협을 가하지 않는다. 그것들은 대개 암묵적으로 기존 질서의 요청에 따라 구축되기 때문이다. 물론 이 과정에서 해결해야 할 어떤 불편한 사회문제가 전혀 없다는 뜻은 아니다. 과학적 발견은 예측할 수 없으며, 따라서 이는 사회적 긴장의 근원이 되기 때문이다. 따라서 자연과학 테크놀로지의 도움으로 해결되곤 하는 사회적 행동과 사회적 통제에 대한 의문은 자연과학 그 자체에는 개입되지 않는다. 사실 사회적 논제를 자연과학에서 밀어내는 데는 어떤 물신성이 존재한다. 사회적 문제를 개입시키는 것은 기존 사회질서의 요청에 따라 수행된 연구를 '편향시킬 수 있기' 때문이다. 이로 말미암아 사회적 책임을 심각하게 고려하는 과학자들은 실제로 도덕적 딜레마에 봉착한다. 대중적 의견과는 달리, 사회과학의 철학은 자연과학의 철학보다 잠재적으로 훨씬 우월하며, 이 두 연구 분야의 궁극적 융합은 사회과학을 '과학화하려는' 시도를 통해서가 아니라 자연과학을 사회화함으로써 이루어질 것이다.[9] 이 점은 패러다임을 채택하는 근본 기준을 조작과 통제에서 인간 잠재성의 실현으로 대체함을 의미한다. 그럴 경우, 과학의 모든 측면은 사회적 실천의 혁명적 변화와 명백히 연계된 사상의 혁명적 국면 및 반혁명적 국면을 모두 경험하게 될 것이다.

이제 처음 문제로 돌아가보자. 우리는 지리학 사상에서 혁명을 어떻게, 왜 일으킬 것인가? 계량혁명은 제 갈 길을 가버렸으며, 계량혁명의 한계수확은 명백히 줄어들고 있다. 요인생태학의 또다른 부분, 거리조락효과를 측정하고자 하는 또다른 시도, 재화의 도달범위를 확인하려는 또다른 시도 등에 어떤 대단한 유관성이 있다는 목소리는 점점 줄어들고 있다. 게다가 1960년대 초 계량학자들이 그랬듯이, 야심찬 젊은 지리학자들은 이제 인정받기 위해 허덕이고 있으며, 흥미로운 일거리를 찾아 헤매고 있다. 그리하여 계량학자들이 대학원생들의 배출과 여러 분야의 교과목을 장악함에 따라 지리학계의 구조 내에서 볼멘소리가 나오고 있다. 지리학에서 이러한 사회학적 조건은 사상의 혁명을 정당화하기에는 충분하지 않지만(그래서도 안 된다), 이러한 상황은 지속되고 있다. 보다 중요한 점은 우리가 사용하는 정교한 이론적·방법론적 틀과, 우리 주변에 펼쳐지는 사건에 관해 실질적으로 의미있는 것을 말할 수 있는 우리의 능력 사이에 분명한 차이가 있다는 점이다. 우리가 설명하고 조작하려는 것과 실제 발생하는 것 사이에는 많은 이상들이 있다. 생태문제, 도시문제, 국제무역문제가 있지만, 그 어느 것에 관해서도 깊이있고 심오하게 말할 수 없는 것 같다. 무언가를 말하려 하면 진부하거나 우스꽝스러워 보이기 일쑤다. 요컨대 우리의 패러다임은 제대로 대처하지 못한다. 우리의 패러다임은 전복되기 직전이다. 객관적인 사회적 조건들은 우리가 무언가 민감하거나 일관된 것을 말하거나 그렇지 않을 경우 (신뢰의 결여로 인해, 또는 더 나쁘게는 객관적인 사회적 조건의 악화로 인해) 영원히 침묵하도록 요구하고 있다. 객관적인 사회적 조건들이 등장하고 우리가 이에 대처하며 나타나는 명백한 무능력은, 어째서 지리학 사상에 혁명이 필요한지를 본질적으로 설명한다.

우리는 이러한 혁명을 어떻게 이뤄야 하는가? 취할 수 있는 경로는 여러가지다. 일부 연구자들이 시사하듯이, 우리는 추상적인 철학적 관념론을 위해 계량화운동의 실증주의적 기반을 포기하고, 객관적인 사회적 조건이 저절로 개선되기를 희망하거나, 또는 관념론적 사고방식으로 만들어진 개념이 궁극적으로 객관적인 사회적 조건의 창조적 변화를 촉진하기에 충분한 내용을 달성하기를 희망할 수 있을 것이다. 그러나 실질적 내용을 찾아 아무런 성과 없이 헤매는 운명이야말로 관념론의 특징이다. 다른 한편, 우리는 1960년대의 실증주의적 기반을 거부하고 현상학적 해석을 선호할 수 있을 것이다. 이는 관념론의 경로보다는 더 매력적으로 보인다. 현상학적 해석은 최소한 우리를 둘러싼 사회·자연의 현실과 언제나 감각적으로 상호작용하는 존재로서 '인간' 개념을 유지할 수 있게 해주기 때문이다. 그렇지만 현상학적 접근은 우리를 관념론으로 유도하거나, 또는 속칭 유물론의 형태로 되돌아가기 쉬운 만큼 조야한 실증주의적 경험론으로 쉽게 되돌아갈 수 있다. 지리학에서 말하는 행태주의 혁명은 이 두가지 방향을 모두 가리킨다. 따라서 이때 가장 유효한 전략은 우리가 처한 사회 현실을 합당하게 해석하기 위해 실증주의, 유물론, 그리고 현상학의 특정 측면들이 중첩되는 이해의 영역을 탐구하는 것이다. 이러한 중첩을 가장 분명히 탐구하는 것은 맑스주의 사상이다. 『경제학 철학 초고』(*Economic and Philosophic Manuscripts of 1844*)와 『독일 이데올로기』(*German Ideology*)에서 맑스는 자신의 사상체계에 강력하고 매력적인 현상학의 기반을 부여했다.

또한 맑스주의와 실증주의는 어떤 공통점이 있다. 둘 다 물질주의적 기반이 있고, 또한 분석적 방법에 의존한다. 물론 본질적 차이가 있다. 실증주의는 단순히 세상을 이해하려 하지만, 맑스주의는 세상을 변화시키려 한다. 달리 말해, 실증주의는 결함투성이인 기존 현실로부터 범주와 개념을 도출하는 반면, 맑스주의적 범주와 개념은 사건과 행동을 통해 지금 여기에서 전개되는 역사에 변증법적 방법을 적용해 형성된다. 일례로 실증주의적 방법은 가설을 검증하기 위해 전통적인 아리스토텔레스식 이가(bi-valued) 논리를 적용하고자 한다(통계적 추론에서 귀무가설은 순전히 아리스토텔레스식 방안이다). 가설은 참이거나 거짓이며, 일단 그렇게 범주화되면 계속 그렇게 유지된다. 반면, 변증법은 대립물의 상호침투를 허용하며, 모순과 패러독스를 혼합하고, 해결과정을 지향한다. 변증법이 참과 거짓을 말해야 할 때, 참은 변증법적 과정에서 나온 진술이 아닌 변증법적 과정 자체에 있다. 이러한 진술은 주어진 한 시점에서만 '참'으로 지칭될 수 있으며, 어떠한 경우에도 다른 '참' 진술과 모순될 수 있다. 변증법적 방법은 필요하다면 분석을 역전하여, 해법을 문제로, 질문을 해법으로 여길 수 있게 한다.

그리하여 마침내 게토(ghetto) 형성의 문제에 도달했다. 독자들은 앞서 이야기한 것이 게토 형성을 이해하고 게토문제의 해법을 고안하기 위한 정교한 서론에 불과했음을 느낄 것이다. 사실 이러한 서론은 이 경우에는 매우 중요하다. 나는 우리가 문제를 다루기 위해 혁명적 지리학이론을 스스로 의식해서 정립하고자 할 경우에만, 이 문제에 관한 어떤 의미있는 말을 할 수 있다고 주장하려 하기 때문이다. 또한 우리가 현재 사용 가능한 많은 도구들을 이용해 이러한 이해를 도출할 수 있다고 주장하려 한다. 그러나 우리는 새로우면서 좀 다른 방식으로 이 도구들을 해석할 준비를 해야 한다. 요컨대 우리는 탈연소화된 기체가 아니라 산소라는 측면에서 생각해야 한다.

게토는 미국 도시의 주요 사회문제 가운데 하나로 많은 주목을 끌고 있다. 게토는 1960년대 사회적 불안정이 파도처럼 밀려오는 중심지였다. 디트로이트, 로스앤젤레스를 시작으로 1968년 4월 마틴 루서 킹(M. L. King)이 암살당하자 그외 많은 도시에서 폭동이 잇달았다. 게토로 말미암아 미국에서 '도시위기'라는 것이 자리잡았고, 정치권력에 공적 반응과 개입을 호소하는 문제가 제기됐다. 영국 도시들에서도, '분극화'(polarisation)와 '게토화'의 두려움이 야기됐다. 게토는 나쁜 것이며, 되도록 게토에 사는 주민을 소거하지 않으면서 게토를 제거하는 것이 사회적으로 바람직한 일이라고들 했다 (후자에 대한 밴필드E. C. Banfield의 입장은 다소 모호하다). 이 글의 목적은 게토에 관한 문헌을 자세히 분석하려는 것이 아니며, 또한 게토의 개념 정의를 둘러싼 논쟁에 뛰어드는 것도 아니다. 대신 게토의 형성과 지속을 이해하기 위한 지리학이론을 만들어내기 위해 이론을 검토하는 것이다. 여기서 검토를 요하는 가장 명백한 이론은 물론 토지이용론 부분이다.

지리학에서 도시 토지이용론의 가장 큰 부분은 시카고학파 사회학자들에게서 착안했다. 파크(R. Park), 버제스(E. Burgess), 매켄지(R. McKenzie)는 도시에 관한 방대한 저술을 남겼으며, 생태적 관점에서 도시 형태에 대한 해석을 정교화했다.[10] 이들은 저소득 집단과 여러 인종 집단이 도시의 특정 지역에 집중하는 데 주목했다. 또한 이들은 도시가 공간적 형태의 어떤 규칙성을 드러낸다는 점을 발견했다. 이를 바탕으로 버제스는 훗날 도시의 동심원이론으로 알려진 이론을 정립했다. 파크와 버제스는 도시를 인간이 생산한 일종의 생태적 복합체이며 그 속에서 사회적 적응, 기능과 생활양식의 특화, 생활공간을 확보하기 위한 경쟁 등이 일관된 공간구조를 만들어내기 위해 작동하는 것으로 여겼다. 파크는 이같이 도시를 하나의 전체로 묶어주는, 문화적으로 도출된 사회적 결속의 형태를 '도덕적 질서'라고 지칭했다.[11] 도시체계 내 다양한 집단과 활동은 도덕적 질서에 의해 본질적으로 함께 엮여 있으며, 이들은 도덕적 질서가 부여한 제약 내에서 (사회적·공간적) 지위를 놓고 다툰다. 관심의 주요 초점은 결과적으로 누가 마침내 어디를 차지하는가, 그리고 이들이 그곳을 차지했을 때 어떤 조건이 주어질 것 같은가를 밝히는 것이었다. 시카고학파의 주된 논지는 필연적으로 서술적이었다. 이 전통은 지리학 및 사회학 사상에 엄청나게 강한 영향을 미쳤으며, 서술의 기법은 다소 바뀌었지만(본질적으로는 요인생태학이 서술적 인문생태학을 대체했다), 연구의 기본 방향은 크게 변하지 않았다. 시카고학파 도시지리학자들은 전적으로 시카고학파 사회학자들로부터 파생됐다.[12] 그러나 파크와 버제스가 경제체계의 작동이 만들어낸 종류의 사회적 결속뿐만 아니라 경제적 고찰에서 도출되는 사회적·경제적 관계에 대해서도 크게 주목하지 않았다는 점은 희한한 노릇이다. 이들은 물론 이 논제를 무시하지는 않았지만, 부차적인 것으로 다루었다. 이로 인해 이들이 개발한 도시 토지이용론은 게토를 설명할 때 참고하기에는 심각한 결함이 있다. 파크와 버제스보다 약 80년 앞선 서술에서, 엥겔스가 도시의 동심원 지대 현상에 주목했으며, 경제적 계급의 관점에서 이를 해석하고자 했다는 사실은 흥미롭다. 다음의 대목은 도시의 공간구조에 대한 몇가지 통찰력을 제시한다는 점에서 인용할 가치가 있다.

맨체스터의 심장부에는 길이와 폭이 0.5마일가량이고 거의 전체가 사무실과 도매상점으로 채워진 꽤 넓은 상업구역이 있다. 이 구역은 거주자가 거의 없어서 밤이면 인적이 끊기고 드물어진다. (⋯) 이 구역을 관통하는 몇몇 큰길에는 교통이 엄청나게 집중되고, 줄지어 늘어선 건물들의 1층에는 화려한 상점이 있다. 이런 큰길에 있는 건물의 위층에서는 밤늦게까지 제법 많은 사람들이 머문다. 이 상업 구역을 빼면, 엄밀한 의미의 맨체스터 전체, 쌜포드(Salford)와 흄(Hulme) 전체(⋯)는 순전히 노동자만 거주하는 지역이다. 이 허리띠 외부에 부르주아 상층과 중간층이 거주하며, 부르주아 중간층은 (⋯) 노동자구역들과 인접한 번듯한 거리들에 거주한다. 부르주아 상층은 더 멀리 떨어진 (⋯) 고지대의 정원 딸린 저택에서 멋지고 안락하고 30분이나 15분마다 맨체스터로 향하는 합승마차가 지나가는 집에서 건강에 좋은 시골 공기를 마시며 자유롭게 지낸다. 이런 {도시의 공간} 배치의 가장 좋은 점은 이 부자 귀족들이 모든 노동자구역의 오른쪽과 왼쪽에 숨어 있는 음울한 참상을 보지 않고도 그 구역의 한복판을 통과하는 가장 짧은 도로를 이용해 상업구역으로 갈 수 있게 해준다는 것이다. 맨체스터 거래소에서 도시의 모든 방향으로 뻗은 도로들의 양편에 상점들이 거의 끊이지 않고 늘어서 있으며, 그런 상점을 소유한 부르주아 중간층과 하층이 (⋯) 깨끗하게 유지하(⋯)기 때문이다. (⋯) 비위는 강하지만 담력은 약한 부자 남녀가 그들의 부를 한층 돋보이게 하는 궁핍과 더러움을 보지 않게 하는 데는 그런 상점들만으로도 충분하다. (⋯) 나는 이런 위선적인 설계가 모든 대도시에서 어느 정도 공통적으로 나타난다는 것을 아주 잘 알고 있다. 나는 소매상들이 그들 사업의 본성상 대로변에 자리잡지 않을 수 없다는 것도 알고 있다. 나는 어디서나 그런 큰길에는 열악한 건물보다 번듯한 건물이 많다는 것, 큰길에서 가까운 땅이 큰길에서 멀리 떨어진 땅보다 가치가 높다는 것을 알고 있다. 그러나 다른 한편으로 나는 맨체스터만큼 큰길에서 노동계급을 체계적으로 차단하는 도시, 부르주아의 눈과 신경에 거슬릴 만한 모든 것을 세심하게 감추는 도시를 본 적이 없다. 그럼에도 다른 측면에서 보면, 맨체스터만큼 당국의 규제를 받으며 설계에 따라 건설되기보다 자연발생적으로 성장한 도시도 없다. 그리고 이런 맥락에서 노동계급이 아주 잘 지내고 있다는 중간계급의 호언장담을 생각할 때, 나는 자유주의적 제조업자들, 즉 맨체스터의 '거물들'이 결국 이런 세심한 건축방식이라는 문제와 무관하지 않다는 느낌을 떨칠 수가 없다.[13]

엥겔스가 1844년에 채택한 접근 방법은 본질적으로 문화-생태적인 파크와 버제스의 접근보다 엄존하는 경제적·사회적 현실에 훨씬 더 잘 부합했으며, 지금도 그러하다. 사실 눈에 띄는 몇가지만 수정하면, 엥겔스의 서술은 현대 미국 도시에 맞게 쉽게 고쳐 쓸 수 있다(외곽에 사는 부자들을 위해 훌륭한 교통시설을 갖춘 동심원 지대, 그들의 부를 지탱하는 헐벗고 굶주린 사람들을 도시 통근자의 눈에 띄지 않도록 가리기 등). 현대 지리학자들이 엥겔스보다는 파크와 버제스에게서 아이디어를 구하는 것은 유감스러운 일이다. 엥겔스가 주목한 사회적 결속은 어떤 비범한 '도덕적 질서'로 빚어지는 것이 아니다. 도시의 비참함은 사악하고 탐욕스러운 자본주의체계에 불가피한 부산물인 셈이다. 사회적 결속을 강제하는 것은 시장교환체계의 작동이다. 엥겔스는 런던에 대해 이렇게 말했다.

런던 사람들은 그들의 도시를 가득 채우는 문명의 온갖 경이를 실현하기 위해 인간본성의 가장 뛰어난 자질을 희생하도록 강요당해왔다는 것, 소수의 사람들이 자신의 능력을 더 완전하게 개발하고 다른 이들과 연합해 능력을 강화하기 위해 그들 안에 가만히 잠들어 있는 수많은 능력을 억눌러왔다는 것을 처음으로 깨닫게 된다. (…) 이 개인들이 제한된 공간 안에 모이면 모일수록 각자의 야만적인 무관심, 사익만을 추구하는 매몰찬 고립상태는 한층 더 혐오스럽고 불쾌하게 변해간다. (…) 인류가 각자의 원칙과 목적을 가진 단자들로 분해되는 원자들의 세계는 바로 이곳에서 최고조에 이른다. 그러므로 이곳에서는 사회적 전쟁, 만인 대 만인의 전쟁이 공공연하게 선포된다. (…) 사람들은 서로를 그저 유용한 대상으로만 여기고 서로가 서로를 착취한다. 결국에는 강자가 약자를 짓밟고, 소수의 힘 있는 자본가들이 모든 것을 차지하는 반면에 다수의 힘없는 빈자들은 목숨만 겨우 부지하게 된다. (…) 어디에나 한편에는 야만적인 무관심과 매정한 이기주의, 다른 한편에는 이루 형언하기 어려운 참상이 있고, 어디서나 사회적 전쟁이 벌어지고 모두의 집이 포위되어 있고, 어디서나 법의 보호 아래 서로를 약탈하고 있다. 사람들이 이 모든 사태를 너무도 파렴치하게, 너무도 공공연하게 자인하고 있어서, 사회적 상태의 결과가 숨김없이 드러날 때면 우리는 뒷걸음질을 치게 되며, 기껏해야 사회의 전체 구조가 아직까지 분해되지 않았다는 것을 의아해할 수 있을 뿐이다.[14]

엥겔스의 이 글은 만약 우리가 언어를 약간 순화한다면(예를 들어, 자본주의에 대한 언급을 들어낸다면), 1960년대 미국을 뒤흔든 도시위기에 대처하기 위해 존슨(L. B. Johnson) 행정부가 시행했던 주요한 시도 가운데 하나인 커너위원회(Kerner Commission)의 보고서[15]에 어울릴 만한 서술이 될 것이다.

이렇듯 엥겔스, 파크와 버제스가 주목했던 도시의 공통된 공간구조는 경제적 관점 및 문화적 관점에서 분석될 수 있다. 이 체계가 '거물들'로부터 요청을 받지 않았음에도, 이들에게 분명 유리하게 전개될 수 있는 방식을 우려하며 엥겔스가 제기한 문제는 훗날 면밀한 경제적 분석의 주제가 됐다. 농업을 배경으로 수행된 폰 튀넨(J. H. von Thünen)의 연구는, 토지지대라는 측면에서 이 현상을 설명하는 데 한계효용주의적 경제원칙을 사용할 가능성을 처음 지적했다. 이 연구는 알론소(W. Alonso)와 무스(R. Muth)의 비교적 최근 연구에서 도시 토지시장에 대한 경제이론의 기반이 되었다.[16] 이 이론의 내용에 하나하나 매달릴 필요는 없지만, 이 이론이 게토 형성의 이해에 어떻게 기여했는가는 검토할 가치가 있다.

도시 토지이용은 토지이용을 위한 경쟁적 입찰과정을 통해 결정된다고 주장된다. 경쟁적 입찰이 진행됨에 따라, 토지지대는 활동 중심지에 가까울수록 높다(이 이론에서 모든 고용은 하나의 중심 입지에 집중된다는 가정이 일반적이다). 만약 우리가 이제 하나의 고용 중심지를 두고 두 인구 집단(부유 집단과 빈곤 집단)에게 주어지는 주거지 선택을 고찰한다면, 각 집단의 입찰지대 곡선의 구조(어떤 사회적 집단이 생활공간을 위해 지불할 수 있는 여력에 따라 규정되는)를 검토함으로써 각 집단이 살게 될 곳을 예측할 수 있다. 빈민들은 교통에 지출할 돈이 매우 적기 때문에, 이 집단의 입찰지대 곡선은 눈에 띄게 가파를 것이다. 따라서 토지이용을 위한 이들의 입찰 능력은 고용 장소로부터의 거리에 따라 급격하게 줄어든다. 반면 부유 집단의 입찰 능력은 교통에 지출할 돈의 양에 크게 영향받지 않을 것이기 때문에, 이 집단은 눈에 띄게 완만한 입찰지대 곡선을 가질 것이다. 그 둘이 경쟁에 부쳐질 경우, 우리는 (엥겔스가 서술한 것과 같이) 빈곤 집단이 도시 중심지에 살게 되며, 부유 집단은 외곽에 살게 된다는 점을 알게 된다. 즉 빈민이 높은 지대의 토지에 살도록 강제된다는 뜻이다. 물론 이들이 이러한 상황에 적응할 수 있는 유일한 방법은 소비하는 공간의 범위를 줄이고 매우 좁은 지역에 밀집하는 것이다. 이 모델의 논리를 따르면, 빈곤 집단은 도시 중심지에 가깝고 지대가 높은 지역에 과밀 상태로 집중할 것이다. 이제 이 모델을 다양하게 변형할 수 있다. 부자의 입찰지대 곡선의 형태는 실제로 교통비에 비례하는 그들의 공간선호의 함수이기 때문이다. 레이브(L. Lave)는 부유 집단의 선호가 변하면 도시의 공간구조도 변할 것이라고 지적했다.[17] 이를테면 만약 중심도시에서 혼잡비용이 증가한다면, 그래서 부자가 장거리 통근에 걸리는 시간과 불만으로 그렇게 살 가치가 없다고 결정한다면, 이들은 쉽게 자신의 입찰지대 함수를 고쳐서 도시 중심지로 되돌아올 수 있다. 입찰지대 곡선의 형태에 따라 다양한 도시구조를 예측할 수 있으며, 부자가 도시 중심부에 살고 빈민이 외곽에 입지하는 경우도 충분히 가능하다. 이 경우 빈민은 시간을 비용거리와 맞바꿔 조정할 수밖에 없고, 이에 따라 교통비를 줄이려고 직장까지 걸어가기 위해 시간의 양을 더 늘리게 된다(라틴아메리카 도시들에서 쉽게 볼 수 있는 조건). 이러한 점 모두는 실제 부유 집단이 빈곤 집단에게 그들의 선호를 항상 강제할 수 있음을 의미한다. 부유 집단이 어떤 입지를 선택하든 교통비 또는 토지 획득에 지출하는 자원을 더 많이 갖기 때문이다. 이는 근본적으로 소득 차이가 있는 상황에 한계효용주의적 경제원칙을 적용함에 따라 도출되는 자연적 결과다(입찰지대 곡선은 전형적인 한계효용주의적 방안이다). 이 이론은 주택시장에서 흔히 '파레토 최적'이라고 하는 상황을 달성하는 데 기대고 있다.

이러한 종류의 이론적 정식은 도시체계의 불균형상태를 분석하고, 조건들을 균형상태로 되돌아가도록 하는 정책을 고안하는 데 사용될 수 있다. 1950년대 이후 미국에서 고용이 급속하게 교외화하면서, 우리는 (입찰지대 함수가 주어진 상황에서) 빈곤인구가 그들의 고용 중심지에 더 가까이 입지하려고 함에 따라 외곽으로 이동할 것임을 예상할 수 있다. 이러한 이동은 교외지역의 배타적 주거지구제 때문에 실현되지 않았다. 이러한 점에서 우리는 근대사회에서 게토문제의 심각성을, 균형상태의 달성을 가로막는 이러한 제도화의 기능 탓으로 돌릴 수 있을 것이다. 가정된 합리적인 경제적 해법의 실현을 가로막는 정치적·제도적 장벽이 존재한다. 우리는 법정 소송이나 여타 방법을 통해 배타적 지구제의 합법성과 합헌성에 도전할 수 있다(흥미롭게도 시민권 단체뿐 아니라 기업 역시 이런 노력을 지지했는데, 전자는 교외지구제를 차별적인 것으로 여기는 반면, 후자는 교외 입지에 저소득 노동이 부족한 것을 염려한다). 우리는 또한 토지이용 통제를 수정하여, 뉴저지주 프린스턴의 약 20개 지역에서 보고된 것처럼, 즉 일자리 120만개를 확보하기 위해 산업지구화 및 상업지구화를 진행해 고작 14만 4,000명의 노동자들에게 적합한 주거지구화를 이루는 상황이 생기지 않도록 할 수 있을 것이다.[18] 또한 게토 주민들이 교외의 고용 장소로 나갈 수 있도록 교통체계를 보조하거나 특수 교통시설을 조직함으로써 내부도시(inner city) 지역에서 외곽 교외지역으로 이동하는 교통수단이 불충분한 문제를 극복하고자 할 수 있을 것이다. 이 경우 불가피하게 게토 주민들은 비용을 아끼기 위해 (만약 서비스에 보조금이 지급된다면) 시간을 희생해야 한다. 이러한 프로그램 대부분은 실패했다. 우리는 또한 도시재개발 프로젝트, 흑인자본주의(Black capitalism, 아프리카계 미국인이 사업개발을 통해 부를 쌓을 수 있도록 권장하는 정책 또는 운동) 지원 등으로 고용이 도시 중심지에 재유치되도록 함으로써 균형상태를 회복시킬 수 있을 것이다. 이러한 해법 모두 그 기반에 도시 토지이용이 불균형상태이며, 정책은 도시 토지이용이 다시 균형을 이루는 방향으로 가게 해야 한다는 암묵적 가정을 깔고 있다. 이 해법들은 불평등을 인정하지만, 불평등을 기존의 사회적 메커니즘 내에서 치유하고자 한다는 점에서 자유주의적이다(이 메커니즘은 도시 토지이용에 대한 폰 튀넨의 이론과 상응한다).

　더 혁명적 해법은 어떻게 확인할 수 있는가? 폰 튀넨의 이론에 대한 무스의 설명으로 돌아가보자.[19] 무스는 이 이론을 분석적으로 설명한 뒤, 이를 시카고의 주거지 토지이용의 기존 구조에 적용해 검증함으로써 이 이론이 경험적으로 유의미한지 평가하고자 한다. 그에 따르면, 이 이론은 대체로 옳지만, 주택시장에서 인종차별 같은 것으로 설명될 법한 어떤 편차가 있음을 보여준다. 이쯤에서 우리는 이 이론이 진리라고 추정할 것이다. 고전적인 실증주의적 수단에 의해 도출된 이 진리는 문제를 확인하는 데 유용하게 사용될 수 있다. 무스가 보기에 사회이론을 성공적으로 검증해준 사례가 우리에게는 문제가 무엇인지 보여주는 셈이다. 이 이론은 빈곤 집단은 그들이 가장 살기 어려운 곳에 살아야만 한다는 점을 암시한다.

우리의 목적은 게토를 제거하는 것이다. 따라서 이러한 목적에서 유일하게 유효한 정책은 이 이론을 진실로 만드는 조건을 제거하는 것이다. 달리 말해, 우리는 도시 토지시장에 대한 폰 튀넨의 이론이 참이 되지 않기를 바란다. 여기서 가장 손쉬운 접근은 이 이론을 만들어내는 데 기여하는 메커니즘을 제거하는 것이다. 이때 메커니즘은 아주 간단하다. 바로 토지이용을 위한 경쟁적 입찰이다. 만약 우리가 이 메커니즘을 제거한다면, 아마 그 결과도 제거할 수 있을 것이다. 이는 경쟁적 입찰을 사회적으로 통제된 도시 토지시장과 주거 부문의 사회화된 통제로 대체해 게토를 제거하려는 어떤 정책을 즉각 암시한다. 이 접근은 여러 국가에서 시도했다. 일례로 1960년 쿠바정부는 모든 도시 아파트를 수용했다. 임대료는 정부에 납부되는데, 이는 '점유자에 의한 소유권 분할상환으로 여겨지며, 점유자들은 지체 없이 정기적으로 납부해야 하고 이 조건을 지켜야 했다'.[20] 점유의 변화는 오직 국가기관을 통해서만 이루어질 수 있었다.

1940년 이전에 지어진 집에 사는 사람들이 1959년 이후 어김없이 임대료를 납부했다면 1965년 납부가 완료됐다. 그리고 1961년 5월 이후, 새로 비워진 집들이 모두 가계소득의 10퍼센트에 해당하는 임대료를 납부한 가족들에게 배분됐다. 게다가 1966년 중반에는 최소 6개월치 임대료를 납부한 노후한 셋집의 점유자들에게 여생을 임대료 납부 없이 살아갈 권리가 보장됐다. 1969년에는 총 26만 8,089가구가 임대료를 지불하지 않게 됐다.[21]

쿠바같이 경제발전이 상당히 초보적 단계에 있는 작은 국가는 분명 만성적인 주택 부족으로 고통을 겪을 것이고, 열악한 주거 자체도 이러한 시행을 통해 제거될 수 없다. 그러나 채택된 해법은 결국 알론소-무스의 도시 토지시장 이론을 주거공간구조의 이해와는 무관한 것으로 만들어버렸다는 점에서 흥미롭다. 이는 우리가 게토를 제거하는 데 성공할 경우 일어날 수 있는 일이다.

게토의 토지시장과 주택시장에 대한 이러한 접근은 문제를 분석하고 해법을 모색하는 데 새로운 틀을 암시한다. 일례로 쿠바의 경우 모든 오래된 주택이 임대료를 면제받게 됐음에 주목해보자. 만약 우리가 도시지역의 주택 총 재고를 (사적 재화와 반대되는) 사회적 재화로 여긴다면, 분명 그 지역사회는 오래된 주택의 값을 이미 납부한 것이다. 이러한 계산에서, 말하자면 1940년 이전에 지어진 도시지역의 모든 주택(그리고 그후 지어진 주택의 일부)은 그 값이 이미 치러졌다. 이에 대한 부채는 분할상환으로 변제됐다. 이와 결부된 유일한 비용은 유지비와 관리비뿐이다. 우리는 주택스톡〔전체량〕에 잠겨 있는 엄청난 양의 사회적 자본을 갖고 있다. 하지만 토지·주택의 사적 시장체계에서 주택의 가치는 보금자리이자 거주지로 이용된다는 측면에서 항상 측정되는 것이 아니라, 시장교환에서 받게 되는 액수로 측정되며, 이는 투기 같은 외적 요인들에 영향을 받을 수 있다. 오늘날 많은 내부도시 지역에서 주택은 거의 또는 전혀 교환가치를 갖지 못한다. 그러나 이것이 사용가치가 없음을 의미하는 것은 아니다. 결과적으로 우리는 교환가치를 설정할 수 없기 때문에 사용가치를 버리게 된다. 이러한 폐기는 사회화된 주택시장 체계에서는 발생하지 않을 것이다. 이는 사적 소유의 사고에 집착한 댓가로 우리가 부담해야 하는 비용 가운데 하나다. 물론 한동안 경제이론에서 사용가치는 교환가치에 체현된다는 가정이 있었다. 이 둘은 분명 관련되지만, 관계의 본질은 누가 이용하는가에 좌우된다. 주택을 소득의 원천으로 사용하는 지주와 보금자리에 관심을 갖는 임차인을 비교해보면, 우리는 내부도시 주택시장에서 아주 다른 사용가치를 찾아볼 수 있다.

알론소-무스의 주거 토지이용론에서 보면 이러한 주장은 너무 단순하다. 이론을 성립시키기 위해 고안된 메커니즘이 실제로 결과가 도출되는 메터니즘과 반드시 일치하지는 않기 때문에, 경쟁적 시장과정을 게토 형성의 근본 원인으로 당장 지목하는 것은 위험하다. 따라서 이론이 성공적으로 검증되려면, 경쟁적 시장 메커니즘에 결함이 있을 수 있다는 가능성을 우리에게 주지시켜야 한다. 우리는 이 메커니즘을 좀더 면밀히 고찰해야 한다.

시장은 희소성의 조건하에서 기능한다. 달리 말해서, 희소자원의 배분은 시장경제의 기반이다. 이러한 점에서 '자원'과 '희소성'이라는 두 개념의 내용을 살펴보는 것이 중요하다. 지리학자들은 오래전부터 자원이 기술적·사회적으로 평가된다는 점을 인식해왔다.[22] 이는 우리가 적합한 기술과 사회 형태를 소유하고 있을 때만, 물질과 사람이 자연 자원과 인적 자원이 된다는 점을 의미한다. 우라늄은 핵물리학의 기술발전이 일어나면서 자원이 됐으며, 사람들은 생존을 위해 시장에서 자신의 노동을 팔게 되면서 자원이 됐다(이것이

'인적 자원' '인적 자본'이라는 용어의 실제 내용이다). 마찬가지로 희소성 개념은 자연적으로 등장한 것이 아니라 오직 사회적 행동과 사회적 목적에 따라 타당성을 띠게 된다.[23] 희소성은 사회적으로 규정되지, 자연적으로 결정되는 것이 아니다. 시장체계는 자원희소성의 조건하에서만 가능하다. 이러한 조건에서만 가격고정적 상품교환시장이 등장할 수 있기 때문이다. 시장체계는 경제적 행동을 조정하고 통합하기 위해 매우 이심화된 통제장치다. 이러한 조정능력이 확장되면서 역사적으로 부의 생산이 엄청나게 증가할 수 있었다. 결국 우리는 부가 희소성에 의존해야 작동하는 체계하에서 생산된다는 어떤 패러독스를 발견하게 된다. 만약 희소성이 제거된다면 자본주의하에서 생산적 부의 근원인 시장경제는 붕괴할 것이라는 결론이 뒤따른다. 그렇지만 자본주의는 생산력을 끝없이 증대시키고 있다. 이 딜레마를 해소하기 위해, 희소성이 사라지지 않도록 보장해주는 많은 제도와 메커니즘이 형성됐다. 사실 많은 제도가 희소성의 유지와 연관된다(대학은 항상 '질'이라는 명분을 내세우지만, 이의 아주 적절한 사례다). 다른 메커니즘은 다른 생산요소의 흐름을 통제한다. 반면 증가하는 생산력은 출구, 즉 폐기과정(군사적 도발, 우주 프로그램 등)과 필요 창출과정을 찾아야 한다. 물론 이 점이 암시하는 것은 시장경제가 제거되지 않고서는 희소성도 제거될 수 없다는 점이다. 미국같이 생산성이 발전한 사회에서 희소성을 제거하는 데 주요한 장애는 시장과정을 뒷받침하는 복잡하게 상호연계된 일단의 제도(금융·사법·정치·교육제도 등)이다. 이러한 상황이 어떻게 내부도시 주택시장에서 드러나는지 살펴보자.

게토 주택에는 몇가지 진기한 양상이 있다. 한가지 패러독스는 극히 혼잡한 지역에 빈 주택도 매우 많다는 점이다. 볼티모어에는 약 5,000채의 빈 건물이 있으며(그 가운데 상당히 많은 건물은 합리적인 조건을 갖추고 있다), 모두 매우 혼잡한 지역에 입지해 있다. 다른 도시에서도 어떤 유사한 상황이 벌어지고 있다. 이들 지역의 특징은 주택의 상당수가 재산세를 무는 대신 방치된다는 것이다. 여론의 짐작과는 달리, 내부도시 주택시장에서 지주가 엄청난 이윤을 얻는 것은 아니다. 사실 이들은 다른 지역의 주택시장에서보다도 덜 번다는 증거가 있다.[24] 물론 비윤리적일 때도 있지만 착하고 합리적이고 윤리적인 지주의 행동은 비교적 낮은 수익률로 이어질 것이다. 그렇다 해도 지주가 부과하는 임대료는 주택의 질을 따져볼 때 매우 높지만, 지주가 주택을 매각하려 할 경우에는 헐값이 매겨진다. 이는 자연히 은행이 영업상 내부도시 지역에 주택담보대출을 제공하지 않을 합리적이고 좋은 이유가 된다. 내부도시는 불확실성이 더욱 증가하지만 어떤 경우든 토지는 흔히 재개발을 위해 '무르익은' 것으로 여겨진다. 주택담보대출을 해주지 않는 것이 심지어 더욱 토지를 무르익게 한다는 사실은 금융기관들에게 아무런 의심 없이 받아들여지고 있다. 상업적 이용을 위한 재개발로 상당한 이윤을 거둘 수 있기 때문이다. 이윤을 극대화하려는 추동을 고려한다면, 이러한 결정을 비윤리적이라고 할 수 없다. 사실, 만약 우리가 규범적·윤리적·기업가적 행태의 관습을 받아들인다면, 우리가 잠재적 주택자원을 낭비하는 끔찍한 객관적 사회조건에 대한 책임을 누군가에게 덮어씌울 수 없다는 점이 게토 주택의 일반적 특성이다. 모든 종류의 모순적 진술을 '참'이라고 할 수 있는 상황이다. 결과적으로 기존의 경제적·제도적 틀 내에서 이러한 조건을 고칠 만한 정책을 찾기란 불가능해 보인다. 민간주택에 대한 연방보조금은 실패했다. 임대료 보조는 시장의 조정에 의해 신속하게 흡수됐다. 그리고 공공주택은 거의 효과가 없었다. 물량이 너무 적었고, 국지적으로 분포했으며 (보통 빈민들이 어떻게든 살게 되는 지역에), 단지 사회의 최저계층만 사용하도록 고안됐기 때문이다. 도시재개발은 문제를 주변으로 치워버렸을 뿐이고, 경우에 따라 이롭기보다 해로웠다.

엥겔스는 『주택문제』(*The Housing Question*)라는 제목으로 1872년 출간된 일련의 에세이에서, 이러한 점은 주택문제에 관한 자본주의적 해법이 불가피하게 유도할 난국이라고 예견했다. 이론적으로 그의 예견은 맑스가 리카도의 정식을 비판한 것과 정확히 같은 방법으로 폰 튀넨의 분석을 비판함으로써 도출될 수 있다. 폰 튀넨의 모델(그리고 알론소-무스 모델)에서 지대의 개념화는 본질적으로 리카도의 지대 개념화와 같기 때문에(단지 상황이 약간 다를 뿐이다), 우리는 이와 직접 관련된 맑스의 주장을 이용할 수 있다.[25] 맑스에 의하면, 지대는 자본주의적 제도(이를테면 사적 소유제)하에서 잉여가치의 한 현시(顯示)일 따름이고, 지대의 속성은 이런 사실과 무관하게 이해될 수 없다. 지대를 생산양식의 다른 측면, 그리고 자본주의적 제도와 무관하게 '그 자체로 존재하는' 무언가로 여기는 것은 개념적 오류를 범하는 일이다. 바로 이러한 오류를 알론소-무스 정식에서도 범하고 있다. 게다가 이 '오류'는 자본주의적 시장과정 자체에 드러난다. 이는 최대의 사회적 잉여가치를 실현하기보다는 지대(또는 자본의 수익)가 최대화되기를 요구하기 때문이다. 지대는 단지 잉여가치의 가능한 부분적 현시이기 때문에, 지대를 유발하는 잉여가치보다 지대 자체를 최대화하기 위한 추동력은 자본주의경제에 긴장을 불러일으키기 쉽다. 사실 지대는 잉여가치 자체가 실현되는 데 대립적인 힘들을 작동시킨다. 이러한 점에서, 토지이용 변화에 따라 노동력이 작업장으로부터 분리되면서 생산의 감소가 초래되는데, 이러한 토지이용 변화는 자신들의 통제하에서 토지의 수확을 최대화하려 상업적 이해관계에 의해, 그리고 가용한 세금 기반을 최대화하려는 지역사회에 의해 유발될 수 있다.『주택문제』에서 엥겔스는 이런 식의 경쟁적 시장과정에서 연유하는 결과를 전반적으로 지적하고 있다.

근대 대도시들의 팽창은 그 도시들의 특정 지역, 특히 중심에 위치한 지역의 토지에 인위적 가치, 종종 엄청나게 상승된 가치를 부여한다. 그 위에 지어진 건물들은 토지의 가치를 상승시키기는 커녕 오히려 하락시키는데, 그것은 그 건물들이 변화된 사정에 더 이상 조응하지 않기 때문이다. 사람들은 이 건물들을 허물고 다른 건물들로 대체한다. 이러한 일은 무엇보다도 중심부에 위치한 노동자 주택들에서 일어나는데, 이 주택들이 최대로 과밀하더라도 그 임대료는 일정한 최대치를 결코 넘어설 수 없거나 또는 아주 느리게 넘어설 수 있을 뿐이다. 사람들은 이 주택들을 허물고 그 자리에 가게, 상품창고, 공공건물들을 짓는다.[26]

(오늘날 모든 도시에서 분명하게 드러나는) 이 과정은 입지지대 (location rent)에 상응하는 토지 필지의 수익률을 실현할 필요에서 연유한다. 이는 생산을 촉진하는 것과 전혀 필연적이지 않다. 또한 이 과정은 특정한 다른 압력과도 조응한다.

근대 자연과학은 노동자들이 밀집해 있는 이른바 '불량구역'이 우리의 도시들을 때때로 엄습하는 모든 전염병의 발원지를 이루고 있음을 증명했다. (⋯) 자본가 통치는 자신은 아무런 벌을 받지 않으면서 노동자계급 사이에 유행병을 낳는 오락을 즐길 수는 없다. 그들 자신에게도 어떤 결과가 초래되어 죽음의 천사는 노동자들만이 아니라 자본가들 사이에서도 똑같이 무자비하게 맹위를 떨친다. 이런 것이 일단 과학적으로 확인되자마자, 인도주의적 부르주아들은 자기 노동자들의 위생을 위한 고상한 경쟁심으로 불타오르게 되었다. 끊임없이 재발되는 전염병의 원천을 봉쇄하기 위해, 협회가 설립되고, 책이 집필되고, 제안이 기초되고, 법률이 심의되고 공포되었다. 노동자들의 주택사정이 조사되고, 가장 심한 폐단을 시정하려는 시도가 이루어졌다. (⋯) 노동계급의 위생상태를 조사하기 위해 정부위원회가 임명되었다.[27]

오늘날에는 마약과 범죄 같은 사회적 병폐가 중요하지만, 문제는 본질적으로 다르지 않아 보인다. 고안된 해법들 역시 똑같은 특성을 갖는다. 엥겔스는 다음과 같이 서술한다.

현실에서 부르주아계급이 주거문제를 그럭저럭 해결할 수 있는 방법은 단지 하나다. 말하자면, 해결이 새로운 문제를 계속해서 재생산하는 방식으로 문제를 해결하는 방법이다. 이 방법을 '오스만'(Haussmann)이라고 한다. (…) 나는 공중보건과 도시미화를 고려했기 때문이든, 중심부에 위치한 대규모 업무지구에 대한 수요 때문이든, 또는 철도나 도로의 건설 같은 교통 필요 때문이든 오늘날 우리 대도시의 노동계급 지구들, 특히 중심부에 위치한 지역들에서 일반적으로 행해지는 돌파구를 만드는 일을 '오스만'이라고 부르겠다(이는 때로 바리케이드 시위를 더 어렵게 만드는 전략적 목적을 갖는 것처럼 보인다). (…) 이유가 아무리 다르다고 할지라도, 그 결과는 어디나 동일하다. 추악한 뒷골목은 이 멋진 성공에 대한 부르주아들의 자화자찬을 반주로 사라지지만, 이들은 즉각적으로 다른 어디선가 다시 나타나며, 때로 바로 인접한 이웃에서 나타나기도 한다! (…) 질병의 온상, 자본주의적 생산양식이 매일 밤마다 노동자들을 가둬놓는 부끄러운 소굴과 움막들은 제거되지 않는다. 이들은 단지 다른 곳으로 이전할 뿐이다! 처음 장소에 이들을 만들어낸 것과 동일한 경제적 필요가 그다음 장소에서도 이들을 만들어낸다. 자본주의적 생산양식이 존속하는 한, 주거문제 또는 그밖에 노동자의 운명에 영향을 미치는 다른 사회문제들에 대한 단독의 해법을 바라는 것은 어리석다. 해법은 자본주의적 생산양식의 폐기와 노동계급에 의한 모든 생활수단 및 노동수단의 전유에 있다.[28]

현대 미국 도시에서 도시정책을 수행해 얻은 경험은 엥겔스의 설명과 상당히 혼란스러운 유사성을 보여주며, 자본주의적 시장메커니즘에 내재된 모순이 이에 기여하고 있다는 결론을 피하기 어렵다. 따라서 처음에 한 의심이 옳았고, 시장메커니즘은 추악한 드라마의 주범이라고 믿게 되는 좋은 이유가 된다. 만약 이러한 관점에서 생각해보면, 우리는 내부도시의 문제를 해결하기 위해 고안된 거의 모든 정책이 어떤 점에서 바람직하며 또 바람직하지 못한지 설명할 수 있다. '도시재개발'은 단지 빈곤을 주변으로 옮기는 일에 불과하다. 하지만 그렇게 하지 않는다면 우리는 그저 앉아서 쇠락을 구경하는 꼴이 된다. 만약 우리가 블록버스팅(block-busting, 흑인이나 유색인종이 이사하거나 또는 이를 암시하는 소문을 퍼뜨려, 백인 거주자에게 집이나 땅을 싸게 팔도록 하는 행위)을 막는다면, 이는 또한 흑인들이 주택을 구하는 것을 막게 된다. 이러한 상황에 필연적으로 따르는 좌절은 모순적 결론으로 치닫기 쉽다. 빈민은 그들이 처한 조건에 책임을 뒤집어쓸 수 있다(밴필드는 이를 타당한 결론이라고 보았다). 그리고 우리는 최소한 '선의의 무시'에 바탕을 둔 정책을 제도화하여, 정책 실패가 불가피하게 초래하는 종류의 문제가 유발되지 않도록 할 수 있다. 따라서 오늘날 도시정책의 강조점이 내부도시(프로그램이 실패할 운명에 놓여 있는 곳) 구제하기에서 '회색지역'(시장체계가 얼마간 성공을 달성할 수 있을 만큼 여전히 활기를 띠는 곳) 보존하기로 바뀌는 듯 보이는 점도 흥미롭다. 이러한 정책으로 불만과 쇠락이 파급되지 않을는지는 모르겠다. 그러나 불행히도 그 정책은 이런 입지에서 생계를 꾸려갈 운명인 1,500~2,500만명의 삶뿐만 아니라 내부

도시에 누적된 사용가치를 없는 셈 치게 만든다. 이 점은 엥겔스가 도달한 결론, 그리고 그 결론의 이론적 기반에 대한 실재론적 고찰을 회피해버린 데 대한 혹독한 댓가로 보인다. 이 글에서 지적하려는 부분은 진지한 분석가들이 하나같이 게토 형성의 심각성을 인정하지만, 그중 우리 경제체계의 핵심을 지배하는 힘에 의문을 제기하는 연구자는 소수에 불과하다는 점이다. 다시 말해, 우리는 자본주의 시장경제의 기본 특성을 제외한 모든 것을 논의한다. 우리는 자본주의경제의 지속성에 도전할 수 있는 것을 제외한 모든 방법의 해결책을 고안한다. 이런 공허한 논의와 해법은 우리 꼴만 우습게 할 뿐이다. 결국 엥겔스가 이미 1872년에 깨달았던 것, 즉 자본주의적 해법은 악화된 사회 조건을 다루는 데 아무런 기반도 제공하지 않는다는 점을 깨닫도록 하기 때문이다. 그런 논의와 해법은 단지 '탈연소화된 기체'일 뿐이다. 우리가 원하기만 한다면 산소와 거기에 딸려 나오는 모든 것을 발견할 수 있다. 우리 사회의 기반을 엄정하고 비판적으로 검토한다면, 분명 그렇게 할 수 있다. 이론에 대한 혁명적 접근을 위해 최우선으로 수행해야 할 과제는 바로 이것이다. 그렇다면 이 과제는 무엇을 수반하는가?

이 과제가 수반하지 않는 것부터 말해보자. 먼저 게토의 사회적 조건에 대한 다른 경험적 연구를 수반하지 않는다. 사실 인간에 대한 인간의 뻔한 잔혹성에 관해 더 많은 증거를 열거하는 것은 우리를 실제 그렇지 않음에도 어떤 해법에 기여하고 있는 것처럼 가장하는 동정심 많은 자유주의자처럼 보이게 한다는 점에서 반혁명적이다. 이러한 종류의 경험주의는 당치 않다. 의회보고서·신문·서적·

논문 등 우리에게 필요한 모든 증거를 제공하는 정보는 이미 충분하다. 우리의 과제는 여기에 있지 않다. 우리의 과제는 게토 주민이 겪는 일상적 부정의에 관한 꽤나 엄청난 사건기록을 자학적으로 수집하여, 그들이 안락한 보금자리로 물러가기 전에 가슴을 치며 서로 가엾게 여기는 식의 '도덕적 자위' 따위에 있는 것도 아니다. 이 또한 반혁명적이다. 이는 우리가 근본적인 논제와 대면하지 않아도 되는 상태에서 주민들에게 뭔가를 해줌으로써 죄책감을 덜려는 것일 뿐이다. 우리가 실제 이들의 운명을 개선하는 데 도움을 줄 수 있다는 희망에서 '잠시 동안' 빈민과 함께 살고 일하도록 이끄는 감성적 관광에 빠지는 것도 해법은 아니다. 이 역시 반혁명적이다. 우리가 여름 내 일해서 한 지역사회가 운동장을 만드는 데 도움을 주었는데, 이 학교가 가을에 문을 닫는다면, 무슨 꼴이 되겠는가? 그런 것은 우리가 택해서는 안 되는 경로다. 그것은 가까이 있는 본질적 과제를 우리에게서 멀어지게 할 뿐이다.

당장의 과제는 기존의 분석적 구성물에 대한 깊고 심원한 비판을 통해 사회지리학 사상의 새로운 패러다임을 자각하고 인식하여 구축하는 것일 뿐이다. 이 과제를 행할 능력은 충분하다. 궁극적으로 우리는 학문교류를 도구 삼아 작업하는 학자들이다. 우리의 과제 자체는 인간적인 사회변화를 유발하는 과제에 응용할 수 있는 개념·범주·이론·주장을 정립하기 위해 우리의 사고력을 동원하는 것이다. 이러한 개념과 범주는 추상적으로 정립될 수 없다. 우리 주변에서 흔히 보는 것처럼 사건과 행동이라는 관점에서 실재적으로 구성되어야 한다. 경험적 증거, 이미 수집된 사건기록, 그리고 지역사회에서 얻은 경험은 여기서 이용될 수 있고, 또 이용되어야 한다. 그러나 만약 우리가 설득력 있는 유형의 사상 속에 이를 종합하지 못한다면, 경험과 정보는 거의 의미가 없어진다.

그러나 우리의 사상이 기존 현실에만 의존할 수는 없다. 창조적으로 대안을 껴안아야 한다. 우리는 실증주의 이론의 바탕에서 미래를 계획할 여유가 없다. 그러는 것은 단지 현상태를 강화할 뿐이다. 다만 어떤 새로운 패러다임을 형성하든지 간에, 이론의 전체 내에서 유용하고 가치있는 것을 모두 통합해 재구성할 준비가 되어 있어야 한다. 우리는 미래 행동의 가능한 노선에 따라 기존 이론의 정식을 재구축할 수 있다. 우리는 기존 이론을 우리 사회의 지배권력, 즉 자본주의 시장체계와 이에 딸린 제도 모두를 위한 '단순한 옹호론'으로 비판할 수 있다. 이러한 방식으로 입지이론이 더 나은 미래를 창출하기 위해 이용될 수 있는 상황을 만들 수도 있겠지만, 현상태의 유지에 이바지하는 사고방식을 강화하는 상황을 만들어낼 수도 있다. 많은 경우 문제는 한계효용론적 방법 자체, 최적화 기법 자체가 아니라, 이러한 방법들이 잘못된 맥락에서 적용됐다는 점이다. 입지이론에 도입된 파레토 최적화는 반혁명적 개념으로, 잉여가치의 부분적 표현들 가운데 어느 하나(지대 또는 자본투자의 수익)의 최대화를 요청하는 어떤 정식이다. 그렇지만 프로그래밍 해법 (programming solution, 시뮬레이션 등 컴퓨터 프로그래밍을 통해 최적의 해결책을 찾는 방법)은 잉여가치의 생산을 위해 자원을 어떻게 하면 가장 잘 동원할 수 있는지 이해하는 데 극히 적절한 방안이다. 잉여가치를 창출하기 위해 생산이 어떻게 조직되는지 이해하는 데서 출발하지 않는다면, 분배의 형평성 달성에 기초를 둔 정식들 역시 반혁명적이다. 이 같은 문제를 고찰함으로써, 우리는 최소한 기존 이론에 대한 평가를 시작할 수 있고, 이 과정에서 아마 (누가 알겠는가?) 새로운 이론의 윤곽을 도출할 수 있을 것이다.

설명이 필요한 현실과 직면하여, 그와 같은 우월한 사상체계 속으로 개념과 사고, 범주와 관계를 배열함으로써 그 사상체계에 반하는 모두를 터무니없는 것으로 만들어내는 데 성공할 경우, 과학적 사상의 혁명은 완수된다. 이러한 문제에서 대체로 우리에 반하는 것은 우리 자신이기 때문에, 우리 가운데 많은 사람은 이러한 경로의 첫번째 발걸음이 우리 자신을 불편하게 하고, 스스로 터무니없어 보이게 할 수 있음을 알게 될 것이다. 우리가 지적 우월감을 갖고 있다면, 이는 쉽지 않을 것이다. 게다가 지리학 사상에서 참된 혁명의 등장은 혁명적 실천의 수행으로 단련되어야 한다. 분명 혁명적 이론이 일반적으로 채택될 것이냐는 혁명적 실천의 강도와 달성에 달려 있을 것이다. 많은 어려운 개인적 결정, '단순한 자유주의적' 수행에 반대되는 '실질적' 수행을 요구하는 결정이 이루어져야 한다. 우리 가운데 많은 사람은 이러한 수행 전에 틀림없이 꽁무니를 뺄 것이다. 단순한 자유주의자가 되는 것이 훨씬 편하기 때문이다. 그러나 우리 가운데 많은 사람이 믿는 것처럼 상황이 심각하다면, 이러한 종류의 수행으로 잃는 것이 많지 않으며, 수행을 잘 해낼 경우 거의 다 얻을 수 있음을 점점 더 인정하게 될 것이다.

그렇다면 지리학 분야에서 혁명적 이론을 구축하기 위한 전망은 무엇인가? 수행되어야 할 확실한 과제가 많다. 우리는 우리를 둘러싼 반혁명적 혼란을 일소해야 한다. 또한 우리 이론의 나머지 부분에 내재한 현상유지의 성질을 인식해야 한다. 우리는 다음을 인식해야 한다.

1. 각 학문분야는 범주화, 명제, 제시된 관계, 일반적 결론으로 구성된 이론적 틀에 따라 조정되는 현실조건에 대한 연구를 통해 문제와 해법을 파악한다.

2. 세가지 종류의 이론이 있다.

1) **현상유지이론**: 설명하려는 현실에 기반을 두며, 특정한 시간적 계기에 다루고자 하는 현상을 정확하게 재현하는 이론. 그러나 이 이론은 보편적 진리 상태를, 이것이 담지하는 명제의 탓으로 돌림으로써 단지 현상태의 지속만을 초래하는 규범적인 정책을 만들어낼 수 있다.

2) **반혁명적 이론**: 설명하려는 현실에 기반을 둔다고 언급될 수도 안 될 수도 있지만, 이 현실을 이해하는 우리의 능력을 모호하게 하고, 흐릿하게 하고, 전반적으로 어지럽게 하는 (의도적으로든 우연적으로든) 이론. 이 이론은 보통 매력적이어서 일반적으로 명성을 얻는다. 이 이론은 논리적으로 일관되고, 쉽게 조작 가능하며, 미학적으로 끌리거나, 매우 신선하고 세련됐기 때문이다. 그러나 이 이론은 설명하려는 현실과 어떤 이유에서든 상당히 동떨어져 있다. 반혁명적 이론은 실행 가능한 정책의 창안이나 시행을 자동적으로 좌절시킨다. 따라서 이 이론은 의사결정을 못하게 하는 완벽한 방안이

다. 이 이론은 근본적인 논제에서 피상적이거나 존재하지 않는 논제로 관심을 돌리기 때문이다. 또한 필요한 변화를 좌절시키기 위해 의도된 반혁명적 행동을 기만적으로 지원하거나 정당화하는 기능을 할 수 있다.

3) **혁명적 이론**: 재현하려는 현실에 확고하게 기반을 둔 이론으로, 이의 개별 명제들은 개연적 진리상태라고 여겨진다(이들은 상황에 따라 참 또는 거짓이 되는 과정에 있다). 혁명적 이론은 변증법적으로 정립되며, 그 자체 내에 갈등과 모순을 내포할 수 있다. 혁명적 이론은 기존 상황에 널리 퍼진 선택을 확인함으로써 사회적 과정에서 미래의 계기를 위한 실질적 선택을 제시한다. 이러한 선택을 수행하는 일은 이 이론을 유효하게 하고, 새로운 이론을 정립할 기반을 제공하는 데 기여한다. 혁명적 이론은 결과적으로 진리를 발견하기보다는 진리를 창출하기 위한 전망을 제시한다.

3. 개별적 명제와 이론적 구조 전체는 위의 범주들 가운데 그 자체로 반드시 포함되는 것은 아니다. 이들은 단지 특정한 사회적 상황에서 사용과정에 있는 한 범주가 될 뿐이다. 그렇지 않을 경우 명제와 이론은 형태를 갖지만 내용이 없는 추상적·관념적·무형적 정식으로 남게 된다(이들은 단지 단어와 상징일 뿐이다). 반혁명적 정식은 흔히 이러한 내용 없는 상태를 영구적으로 유지한다.

4. 상황이 바뀌고 그 변화를 적용함에 따라, 어떤 이론적 정식은 한 범주에서 다른 범주로 이동하거나 이동될 수 있다. 이 점은 피해

야 할 두가지 위험을 시사한다.

1) 반혁명적 포섭: 어떤 이론을 혁명적 상태에서 반혁명적 상태로 전도하는 것.

2) 반혁명적 침체: 새로운 분위기와 상황의 국면에서 이론 재정립이 실패하는 데 따른 혁명적 이론의 침체. 이에 따라 혁명적 이론은 현상유지이론이 될 수 있다. 그러나 또한 두가지 주요한 혁명적 과제가 있다.

(1) 혁명적 부정: 반혁명적 이론을 취하여 실제로 이것이 무엇인가를 밝히기.

(2) 혁명적 재정식화: 현상유지 또는 **반혁명적** 정식을 취하여 이를 작동시키거나 또는 여기에 실질적 내용을 제공하고, 지금 퍼져 있는 실질적 선택을 확인하기 위해 이를 사용하기.

이상의 과제를 추구하고 그 위험을 피하기 위해서는, 조직화된 지식(그리고 특히 학문적 분업)을 추구하는 반혁명적 태도를 인식하고, 현실과 직접 대면해야 한다.

보론

이 글은 1971년 미국지리학회의 보스턴 대회에서 발표됐다. 이는 1968년 4월 마틴 루서 킹의 암살에 이어 볼티모어(그리고 미국 전역에 걸친 다른 많은 도시)에서 벌어진 흑인들의 도시폭동에 도움을 주기 위해 수행한, 주거조건에 대한 세부연구의 결과다. 나는 1969년 가을, 볼티모어의 존스홉킨스 대학에 도착한 직후부터 이 주거연구에 참여했다. 우리가 쓴 보고서에서, 나는 시장메커니즘에 의존하는 것이 저임금 시민들에게 질적으로 적합한 주거 공급을 가로막는다는 점을 지적하며, 맑스의『자본』에서 착안해 사용가치와 교환가치 간의 모순적 관계라는 면에서 주거 제공의 상품적 특성을 분석하고자 했다. 또한 공공정책이 주거문제를 딴 데로 치워버릴 뿐, 이를 해결하는 데는 어떻게 대부분 실패했는가에 관해서도 서술했다. 나는 명백히 전략적인 이유로 보고서에 이런 사고의 출처를 감추었는데, 도시 공무원·지주·금융업자들이 이러한 정형화가 도움이 되고, 상식적이며, 흥미롭다고 여긴다는 사실에 기분 좋게 놀랐다. 이는 당시 나에게 새로웠던 맑스의 사고를 계속 탐구하도록 용기를 북돋웠다. 2015년 4월 볼티모어의 도시폭동은 도시의 단독가구(특히 여성)와 아프리카계 미국인에게 특히 강하게 불어닥친 주택 압류라는 엄청난 충격의 결과로 발생했는데, 이는 1968년 사건의 되풀이라고 할 수 있다. 이 폭동은 슬프게도 (2002~2008년에 볼티모어에서 인기리에 방영된 텔레비전드라마「더 와이어」The

Wire에서 그렇게 한 것처럼) 미국의 저소득층과 주변화된 사람들로 하여금 도시과정(urban process)에 지속된 끔찍한 결과를 비통하게 확인하게끔 했다. 1872년 엥겔스가 쓴 글이 한세기 후 내가 쓴 글에 어떻게 그렇게 적실할 수 있었는지, 그리고 엥겔스의 글에 논의된 주제들이 당시 맨체스터나 오늘날 볼티모어뿐 아니라 이스탄불, 쌍빠울루, 런던, 그리고 상하이에서도 즉각적으로 인식될 수 있는지를 살펴보면 놀랄 만하다.

제2장

자본주의적 축적의 지리학: 맑스 이론의 재구성

부르주아계급은 자신이 만든 생산물의 판로를 끊임없이 확장하려는 욕구 때문에 지구 전체로 내몰린다. 부르주아 계급은 세계 곳곳에 뿌리를 내려야 하며, 곳곳에 정착해야 하고, 곳곳에서 연계를 갖추어야 한다. (…) 모든 낡은 국가적 산업이 소멸되었고 또 나날이 소멸되고 있다. 이 산업들은 모든 문명국가에 삶과 죽음의 문제가 되는 새로운 산업의 도입에 의해 밀려나고 있는데, 이 새로운 산업은 이제 국내의 원자재를 가공하는 것이 아니라 아주 멀리 떨어진 지역의 원자재를 가공하며, 그 나라에서만이 아니라 모든 대륙에서도 동시에 사용되는 제품을 만들어내고 있다. 국내 생산으로 충족되던 낡은 욕구 대신에 새로운 욕구가 들어서고 이를 충족시키기 위해서는 아주 멀리 떨어진 나라와 풍토의 산물이 필요하다. 낡고 지역적이고 국가적인 자급자족과 고립 대신에 국가들의 전면적인 교류와 보편적인 상호의존이 들어선다.[1]

자본축적에 관한 맑스 이론의 지리학적 차원은 너무 오래 무시되어왔다. 부분적으로는 맑스 자신의 잘못이다. 부르주아의 지구 정복을 다룬 『공산주의 선언』(*The Communist Manifesto*)의 극적인 표현에도 불구하고, 이 주제에 관한 맑스의 서술은 단편적이고, 가볍게 처리되며, 비체계적이었다. 문제를 이같이 무질서한 상태로 방치하려고 한 의도는 분명 아니었을 것이다. 맑스는 국가, 세계시장, 위기 형성에 대한 저서를 계획했지만 실현하지 못했다. 그러나 맑스의 미완성 작업을 신중하게 살펴보면, 본질적인 이론화와 역사적 해석의 무게를 담을 수 있는 관련된 사상의 발판을 찾을 수 있다. 나의 목적은 이 발판에 좀더 명시적인 모습과 내용을 부여해 축적의 공간적 역동성에 관한 이론의 토대를 놓는 것이다. 이러한 노력이 실제 자본주의의 역사지리를 규명하고 설명하는 데 도움을 줄 수 있기를 희망한다.

이 단계의 중요성을 굳이 강조할 필요는 없을 것이다. 도시화, 지리적 불균등발전, 지역 간 상호의존성과 경쟁, 지역적 및 국제적 노동분업의 재구조화, 공동체와 국가 기능의 영역화, 제국주의, 여기서 비롯한 지정학적 투쟁 같은 모든 현상은 맑스가 우리에게 물려준 거대한 이론으로 설명되고 통합될 수 있다. 그 열쇠는 자본축적의 시간적 역동성과 생산·교환·소비의 새로운 공간적 편성의 생산 간 관계를 해명하는 일이다.

그 이해로 나아가는 길에는 수많은 장애물이 깔려 있다. 맑스가 달성한 이론은 대체로 자본주의를 폐쇄된 체계로 다룬다. 외적 공간 관계와 내적 공간 조직화는 시간적 역동성을 형성하는 데 명백히 아무런 역할도 하지 않는다. 대부분의 맑스주의자는 이러한 점에서 맑스를 따른다. 그 결과, 맑스주의 전통 내에서 공간과 공간관계에 대한 명시적 이론화에 반하는 비정상적인 편향이 만들어졌다. 그렇다면 어떻게 이러한 누락을 교정하고, 공간과 지리를 맑스의 주장에 다시 포함시킬 수 있는가? 다음에서 나는 공간과 지리를 이미 정립된 이론에 단순히 부록처럼 딸린 추가적 사고로 여겨서는 안 된다고 주장할 것이다. 자본주의가 어떻게 공간 조직을 구성하는가를 단순히 보여주는 것 이상의 문제, 즉 자본주의가 생산·교환·소비의 지리적 경관을 어떻게 생산하고 지속적으로 변혁하는가에 관한 문제가 있다. 나는 공간관계와 지리적 현상이 맨 처음 분석단계부터 고려되어야만 하며, 여기서 가정하는 형태가 시간적 발전의 가능 경로라는 점에서 중립적이지 않은 근본적인 물질적 속성이라고 주장할 것이다. 요컨대 이는 자본주의의 모순적 역동성 내에서 근본적이고 '능동적인 계기'로 구성된다. 좀더 관례적인 맑스주의 언어로 표현하면, 공간의 생산은 생산력이다. 이 주장의 근거는 두가지다.

첫째, 나는 맑스의 방법을, 결론을 도출하기 위해 견고하고 불변적인 개념적 구성요소를 찾는 행위가 아니라 변증법적으로 움직이는 과정으로 해석하고자 한다. 맑스는 연구의 새로운 국면마다 탐구가 시작되는 기본 범주의 해석을 확대하고, 수정하고, 확장한다. 그의 개념적 장치는 주장을 전개함에 따라 진화한다. 예를 들어 위기 형성의 역동성, 고정자본의 순환(circulation. 순환 또는 유통으로 번역할 수 있지만, 이 책에서는 자본의 순환과정(화폐→상품(노동력+생산수단)→생산과정→상품→화폐(원금+이윤))에서 전체 또는 일부를 지칭할 경우는 '순환'으로, 원료의 이동이나 생산된 상품의 시장이동 등과 관련되는 경우는 '유통'으로 번역한다), 신용체계의 작동, 이들 모두는 '사용가치'와 '가치' 같은 기본 개념의 유의미한 재구성을 유도한다. 맑스에게 그런 경향이 있는 것처럼 우리가 진행하는 바에 따라 개념적 장치를 재구성한다면, 공간과 지리에 관한 고려를 처음에 보류하는 것이 최종적 이해에 꼭 나쁜 영향을 미치는 것은 아니다.

둘째, 이것(공간과 지리에 대한 고려)이 맑스가 하려고 한 바로 그것임을 보여주는 문헌 증거가 풍부하다. 『자본』의 앞 장들은 여러 공간적 개념(공동체, 장소, 세계시장 등)을 포함하고 있다. 맑스가 흔히 사용하는 언어는 한편으로 공간적·지리적 현상, 다른 한편으로 기본 개념적 장치들 간 연결을 환기시킨다. 일례로 『자본』 앞부분에[2] 화폐란 '상품에 내재된 사용가치와 가치 간 대립을 발전시키는' 교환의 '역사적 과정과 **확장**'을 통해 '필연적으로' 형성되는 '**결정체**'라는 서술이 있다. 이러한 점에서 '교환이 **국지적 굴레를 벗어나는 만큼**, 상품의 가치는 추상적 인간노동의 체현으로 점점 더 확장된다.'[3] 이는 맑스에게 친숙한 주제다. 세계시장에 걸친 무역의 성장은 구체적 노동과 추상적 노동을 구분하는 동시에 사용가치와 가치를 구분하는 데 근본적이다. 구체적 노동과 추상적 노동의 구분이 정치경제학을 명확히 이해하기 위한 주축이라면, 시장교환과 자본순환의 지리적 통합 및 공간관계의 변화에 대한 연구가 가치에 관한 해석에 할 말이 많다는 점을 누가 의문시할 수 있겠는가? 이것이 유일한 사례는 아니다. 우리는 맑스[4]의 주장에서 공간상의 교통이 '가치 생산적'이라는 점, 공간적 장애를 극복하는 능력은 '생산력'에 속한다는 점, 세부적인 사회적 노동분업은 공간에서 노동자의 집적과 생산력의 집중에 좌우된다는 점, 노동생산성의 차별화는 자연적 차별화에 근거를 둔다는 점, 노동력의 가치는 지리적 상황에 따라 다양하다는 점 등을 찾아볼 수 있다. 공간적·지리적 현상이 도입될 때마다, 근본적인 개념 장치는 보통 많이 동떨어져 있지 않다. 따라서 이론 전반에서 공간적 현상에 근본적 위상이 부여되어야 한다.

이제 우리가 할 일은 공간적 관계와 지리적 현상을 맑스 이론의 핵심부에 똑똑히 가져가서, 이들을 주입했을 때 근본적 개념을 해석하는 데 어떤 효과가 발생하는지 추적해보는 것이다. 첫 단계는 설정할 방향과 탐구할 경로에 대한 감을 잡기 위해 맑스의 저술에서 자유롭게 뿜어나오는 단초들 사이를 탐구하는 것이다. 이런 식의 연구를 강하게 밀어붙일수록, 자본주의 역사지리의 역동성을 이해하기 위한 이론의 창출에 더 가깝게 다가갈 수 있다.

교통관계, 공간적 통합, 시간에 의한 공간의 절멸

표준적 형태의 자본순환은 연속적 과정으로 규정될 수 있다. 화폐가 상품(노동력과 생산수단)을 구매하기 위해 사용되고, 이 상품이 생산과정을 통해 새로운 상품으로 전환되어 시장에 출시되고, 처음 지출된 화폐+이윤을 위해 교환된다. 그러나 **상품의 순환**은 단지 상품의 시장교환 패턴과 관련된다. 자본의 순환 없이 상품의 시장교환이 있을 수 있지만, 자본의 순환은 상품의 시장교환을 전제로 한다. 따라서 분석을 위한 목적으로, 우리는 상품의 교환을 자본순환 전반에서 전환의 유일한 계기로 한정시켜 분석을 시작할 수 있다. 상품의 공간적 순환조건을 분석함으로써, 우리는 공간에서 자본이 순환하는 것을 좀더 철저히 이해할 길을 마련할 수 있다.

맑스는 상품의 순환이 화폐로 매개됨에 따라 생산물을 직접 교환할 때 생기는 시간적·공간적·개인적 장애를 모두 통과하게 된다고 말한다.[5] 화폐를 갖고 장소를 두루 다니면서 한 장소에서는 판매를, 다른 장소에서는 구매를 하는 것이 일반적인 사회 행동이 됐다. 수많은 구매와 판매 행동이 합쳐지면, 화폐와 상품의 순환과정이 규정된다. 이러한 과정은 두가지 종류의 비용을 수반한다.[6] 맑스가 유통의 공비(空費, faux frais)라고 지칭한 것은 필수적이지만 비생산적인 비용, 즉 생산에서 창출된 잉여가치의 필수적 감소로 여겨진다. 여기에는 보관·회계 같은 유통비용과 도소매·은행업무·법률 및 금융서비스 등에서 소비된 노동과 지출된 이윤이 포함된다. 이러한 비용은 한 장소에서 다른 장소로 상품·화폐·정보를 이동하기 위한 노동력의 지출과는 대조되며, 후자의 경우는 가치생산적이다.

따라서 구매와 판매 공간의 분리에 대한 분석은 상품과 화폐, 그리고 이에 따른 자본의 순환에서 교통과 통신의 역할을 고찰하도록 유도한다. 맑스는 이 주제를 두고 상당히 많은 언급을 했다. 생산품으로 '입지의 변화를 판매하는' 산업은 직접적으로 가치를 생산한다고 그는 주장한다. '경제적으로 고려해보면 공간적 조건, 즉 생산품을 시장으로 가져가는 일은 생산과정 자체에 속하기' 때문이다. '생산품은 시장에 있을 때만 실제 과정을 끝내게 된다.'[7] 이 점은 자본이 공간을 가로질러 상품의 유통을 향상시키기 위해 생산적으로 투자될 수 있음을 의미한다. 그러나 산업은 [잉여가치의] 생산과 실현을 위해 그 자신의 특이한 법칙을 갖는다. 교통은 이것이 사용되는 순간 동시에 생산되고 소비되지만, 또한 전형적으로 고정자본(도로면, 해운 터미널, 차량 등)에 크게 의존하기 때문이다. 비록 여기서 잉여가치를 직접 생산할 가능성이 잠재하지만, 자본가들은 어떤 유리한 상황을 제외하고는 그 생산에 참여하지 않을 만한 이유들이 있다. 따라서 국가가 이러한 영역에서의 생산에 매우 적극적이곤 하다.[8]

맑스는 원료 및 완제품의 가격과 더불어 '시장 및 제품의 교환 가능성의 확장'은 상호조응하는 효과를 갖기 때문에 교통비용의 어떠한 절감도 중요하다고 주장한다.[9] 원거리에 걸쳐 원료를 들여오고 원거리에 있는 시장에 생산품을 배송할 수 있는 능력은 분명 이러한 비용에 영향을 받는다. 이러한 비용의 절감은 '더 싸고 더 빠르게 개선된 교통'의 생산에 의존한다.[10] 따라서 생산 일반의 관점에서 보면, '(공간상에서) 실질적인 유통비용의 감소는 자본에 의한 생산력의 발전에 속한다'.[11]

자본주의하에서 생산력의 지속적 혁신을 추동하는 데 대해 맑스가 일반적으로 제시한 맥락에서 보면, 이 점은 교통과 통신의 지속적 개선을 위한 불가피한 경향을 의미한다. 맑스는 이 개선을 위한 압박이 어떻게 이루어지는가에 관해 몇가지 힌트를 던져준다. '산업과 농업의 생산양식에서 혁신은 통신과 교통수단의 (…) 혁신을 필수적으로 만들어내며', 이에 따라 이들은 '하천 증기선, 철도, 해양 증기선, 전신체계를 수단으로 대규모 산업생산양식에 점차 적응하게 됐다'.[12]

다른 곳에서 그는 다음과 같은 일반적 제안을 한다. '생산이 점점 더 교환가치에 의존하고 이에 따라 점점 더 교환에 의존하면서, 교환의 물리적 조건, 즉 통신과 교통수단이 유통비용에 점점 더 중요해진다. 자본은 속성상 모든 공간적 장애를 넘어 나아간다. 이에 따라 교환의 물리적 조건의 창출은 (…) 이를 위해 극히 필요해진다.'[13] 이에 따른 교통비용의 감축은 상품과 자본의 순환을 위한 새로운 활동의 장을 열게 된다. '직접생산품은 대량으로 원거리시장에서 실현될 수 있으며', '자본에 의해 추동된 노동의 실현 영역'이 펼쳐진다.[14]

그러나 유통비용이 더 싸다고 할지라도 더 먼 거리에 걸친 상품의 이동은 유통기간에 걸리는 시간을 증가시키는 경향이 있다. 그 결과, 유통속도를 개선하지 않는 한 생산시간과 유통시간을 더한 것으로 정의되는 자본의 회전시간은 증가하게 된다.[15] 주어진 자본의 회전시간이 길수록 잉여가치의 연간 생산량은 더 적어지기 때문에 상품유통의 속도는 자본의 순환에 〔유통〕비용만큼 중요하다. 맑스는 명시적으로 이러한 사고를 취한다. 생산 및 교환 양 영역에서 '자본순환의 속도' 높이기는 자본축적에 기여한다. 상품유통의 관점에서 보면, 이는 '심지어 공간적 거리가 시간으로 환원됨'을 의미한다. '중요한 것은 시장에 이르는 공간적 거리가 아니라 시장에 도달할 수 있는 (…) 속도다.'[16] 따라서 상품의 유통시간을 최소로 줄일 수 있는 모든 자극이 작동한다.[17] 이 때문에 이동의 비용 및 시간을 줄여야 할 이중적 필요가 자본축적의 규정력에서 유발된다. '자본은 한편으로 교류, 즉 교환을 위한 모든 공간적 장애를 분쇄하여 그 시장을 위해 지구 전체를 정복하기 위해 노력하지만, 다른 한편으로 이 공간을 시간으로 절멸시키고자 노력한다. (…) 자본이 발전할수록 자본은 동시에 시장의 더 큰 확장을 위해, 그리고 시간에 의한 공간의 절멸(annihilation of space by time)을 더 많이 달성하기 위해 더 많이 노력하게 된다.'[18]

'시간에 의한 공간의 절멸'이라는 문구는 맑스의 사고에서 매우 유의미하다. 이는 자본순환이 시간을 인간활동의 근본적 차원으로 만든다는 점을 보여준다. 어쨌거나 자본주의하에서 사회적으로 필요한 노동시간이 가치의 본질을 형성하며, 잉여노동시간은 이윤의 원천이 되며, 사회적으로 필요한 회전시간에 대한 잉여노동시간의 비율은 이윤율과 궁극적으로 평균 이자율을 결정한다. 따라서 자본주의하에서 공간의 의미와 인간활동의 새로운 공간적 편성을 창출하려는 추동력은 이처럼 시간적 요구와의 관계에 의해서만 이해될 수 있다. '시간에 의한 공간의 절멸'이라는 문구는 공간적 차원이 유관성이 없음을 의미하는 것이 아니다. 오히려 공간이 어떻게, 그리고 어떤 수단에 의해 자본순환의 엄격한 시간적 요구에 조응하도록 이용되고, 조직되고, 창출되고, 지배되는가 하는 의문을 제기한다.

이 의문을 고찰하며 맑스는 여러 흥미로운 길로 나아가게 된다. 일례로 공간을 가로지르는 흐름의 지속성과 배달의 규칙성이 회전시간과 관련해 유의미한 역할을 한다고 주장한다. 재고량을 감축하고 모든 종류의 상품목록을 단축하는 것은 전체 회전과정에서 필수적으로 유휴화되는 자본의 양을 줄여준다. 이는 속도 및 저비용과 더불어 배달의 규칙성을 보장하기 위해 교통·통신체계를 조직할 강한 필요가 있다는 점으로 이어진다.[19]

그러나 자본순환의 시간적 요구는 나아가 이것이 마주치는 공간적 장애를 처리하기 위해 자본주의 조직 내에서 중요한 조정을 촉진하게 된다.[20] 장거리 무역은 비교적 긴 시간 간격으로 생산과 소비를 분리시키기 때문에, 자본흐름의 지속성에 심각한 문제를 제기한다. 맑스의 견해에 의하면 여기에 신용체계의 '물질적 기반 가운데 하나'가 놓여 있다. 맑스는 다른 곳에서 자본주의하 시간, 공간, 신용체계 간 관계에 관해 명시적인 언어로 상당히 길게 주장을 펼친다.

순환은 자본의 중요한 과정으로 나타난다. 생산과정은 상품이 화폐로 전환되기 전에는 새롭게 시작될 수 없다. 자본에 기초한 생산에서는 과정의 **부단한 연속성**, 가치가 한 형태로부터 다른 형태로, 또는 한 생산 국면에서 다른 국면으로 막힘없이 흐르듯이 이행하는 것이, 과거의 모든 생산형태들에서와는 전혀 다른 정도로 기본 조건으로 나타난다. 다른 한편으로 이러한 연속성의 필요성이 정립되어 있는 반면에 국면들은 서로 무차별적인 특수한 과정들로 시간적으로나 공간적으로 분리되어 있다. (…) 이로 인해 자본순환의 본질적 조건, 즉 자본순환 과정 전체를 구성하는 상이한 과정들의 연속성이 실제 이루어지는가의 여부는 우연의 문제처럼 보인다. (…) 자본 자신에 의한 이러한 우연성의 지양이 신용이다. 따라서 어느 정도 발전된 형태의 신용은 과거의 어떤 생산양식에서도 나타나지 않는다. 과거의 생산양식에도 차입하고 대부하는 것은 존재했고, 고리대업자는 태고의 자본형태들 중에서 가장 오래된 형태다. 그러나 노동이 산업노동이나 자유로운 임노동을 구성하지 않듯이, 차입과 대부가 신용을 구성하는 것은 아니다. 본질적이고 발전된 생산관계로서의 신용은 역사적으로 자본이나 임노동에 기초한 순환에서만 등장한다.[21]

신용체계는 화폐가 등가물인 상품과는 무관하게 공간상에 순환하도록 허용한다. 이에 따라 세계시장에서 신용의 순환은 시간에 의한 공간의 절멸을 위한 주요 메커니즘 가운데 하나가 되며, 공간을 가로질러 상품(그리고 이에 따라 자본)을 순환시키는 능력을 엄청나게 향상시킨다. 이 과정에서 특정한 권력이 산업(자본)가와는 대조되는 화폐자본가에게 부여되는 한편, 신용체계에 내재한 모순 또한 특정한 지리적 표현을 취하게 된다.[22]

상품의 공간적 유통에서 능률성은 또한 상업자본가의 활동에 좌우된다. 여기서 맑스는 상인의 역사적 역할(즉 고가로 판매하기 위해 저가로 구매하기, 지리적으로 흩어져 있으면서 발전수준이 낮은 생산자들 사이를 중개하기, 사기·약탈·폭력으로 자본을 축적하기 그리고 세계시장 형성하기 등)[23]과 순수한 자본주의적 생산양식하에서 상인의 지위를 대비시키고 있다. 후자의 경우, 상인의 역할은 시장 기능을 특화함으로써 비용을 줄이고 상품유통(그리고 이에 따른 자본순환)을 촉진하는 것이라고 맑스는 주장한다.[24] 이윤은 이런 역할을 능률적으로 수행할 때 나온다. 그러나 자본의 전반적 순환과정에서 화폐자본가와 마찬가지로 상인의 지위는 상인에게 산업자본가와는 대조되는 어떤 권력을 부여하며 투기, 사기, 기만, 그리고 과도한 축적을 향한 태도를 자유롭게 표현할 온갖 기회를 매우 빈번하게 제공한다. 그럼에도 생산규모를 지속적으로 확대할 필요성 때문에 근대적 형태의 자본주의의 핵심이 만들어지면서,[25] 세계시장의 형성은 이제 상인의 활동보다는 자본주의적 생산에서 기인하는 것으로 소급되어야 한다.

이러한 점에서 공간적 제약은 이동비용과 이동시간을 줄이고 그 지속성과 능률성을 향상시키는 혁신을 통해 직접적으로 완화될뿐 아니라, 신용체계와 시장체계 조직의 능률성 증대를 통해 보완적으로 완화될 수 있다. 이 같은 조직의 능률성 증대는 시간으로 공간을 절멸시키는 데 도움을 주며, 지리적으로 흩어져 있는 생산자들 간 공간적 통합을 위한 능력을 증대시킨다. 그러나 산업자본가는 자신의 생산조직, 입지결정, 그리고 기술적 선택을 통해 동일한 효과를 더 많이 달성할 수 있다. 맑스가 이러한 가능성을 어떻게 다루었는지 살펴보자.

잉여가치를 생산하는 능력은 고용된 노동의 물리적 생산과 연계된다. 자본가들은 여기서 자연에 그 기원을 갖는 노동의 변화를 착취할 수 있다.[26] 비슷하게 무역에서는 우월한 입지가 착취될 수 있다. 따라서 강제적 경쟁법칙하에서, 우리는 생산의 입지가 자연적 차이와 입지 이점에 점점 더 민감해지리라는 점을 합리적으로 예상할 수 있다. 그러나 맑스는 자연과 입지에 근거한 인간활동의 기반을 부정하지 않으면서도 이러한 사고를 거부한다. 무엇보다도 그는 비옥도·생산성·입지가 **사회적**으로 결정되며, 인간행동을 통해 직접 수정될 수 있고, 또한 생산기술의 변화를 통해 재평가될 수 있다고 주장한다. '자본관계는 오랜 발전과정의 산물인 경제적 토양에서 도출된다. 노동이 추진되는 바탕으로 기존의 노동생산성은 자연의 선물이 아니라, 수만년을 품고 있는 역사의 선물이다.'[27] 비옥도는 토양에서 높아질 수 있으며, 상대적 입지는 교통 개선으로 변할 수 있고, 새로운 생산력은 인간노동에 의해 토지에 내장될 수 있다.[28] 일례로 폭포가 동력의 근원이었을 때 폭포에 접근할 수 있다는 이점은 증기기관의 도래로 하룻밤 사이에 제거될 수 있다. 맑스는 이런 식의 전환이 자연적 한계로부터 자본주의적 생산을 해방시키고, 인간행동을 위한 무대로서 인간적으로 창출된 '2차적 자연'을 생산하는 방법에 우선적으로 관심을 가졌다. 그리고 자연적 비옥도와 입지가 그 수혜를 받는 생산자들에게 지속적으로 이점을 부여하는 상황이 발생한다면(맑스는 이러한 상황이 당시 농업에서 흔히 나타났다는 것은 인정한다), 이에 따른 혜택은 토지지대로 항상 청구될 수 있었다.

따라서 생산의 입지는 자연적 조건에 대한 단순한 반응이 아니라, 자연의 개량, 입지 이점의 변형, 그리고 노동과정의 변화가 연계된 사회적 과정의 산물로 해석되어야 한다. 공간적 제약 및 자원의 부존이라는 제약의 지속은 외적 자연에 잔류하는 어떤 것이라기보다는 자본주의적 발전 논리에 내재된 결과로 해석되어야 한다. 그리고 이 점은 우리에게 자본주의적 생산조직의 논리에 내재된 원칙 가운데 하나가 시간에 의한 공간의 절멸, 그리고 공간적 장애의 축소라는 사고를 갖도록 한다.

　일례로 상대적 잉여가치를 추구하는 자본가들이 노동의 협력을 동원하고 전유하고자 할 경우, 이들은 상대적으로 작은 공간 내에 활동을 집중시킨다.[29] 동일한 목적을 위한 세부적 노동분업의 재조직화는 시간적으로 일단 연속된 과정들이 동시에 '공간적으로도 병행해 진행될' 것을 요청한다.[30] 기계의 응용과 공장체계의 등장은 제한된 공간 안에 노동과 생산력을 공간적으로 집중시키려는 이런 경향을 강화한다. 이와 동일한 원칙이 노동의 사회적 분업 내에서 산업 간 연계라는 문제로 이어진다. 소수의 대규모 도시 중심지, 즉 자본주의적 생산의 작업장으로 생산이 집적되는 것은 자본주의적 생산양식에 내재된 경향이다.[31] 이러한 사례 모두에서 우리는 공간상에서 생산을 합리적으로 조직하는 것이 자본의 순환과정 내에서 회전시간과 비용을 감축하는 데 근본적이라는 점을 이해할 수 있다.

　대규모 도시 중심지로 인구와 생산력이 집중되는 경향은 상당히 중요한 다른 여러 과정 덕분에 재강화된다. 산업을 특정 국지적 원료나 에너지원에 대한 긴밀한 의존성으로부터 해방시켜주는 기술혁신은 생산이 도시 중심지로 더욱 집중할 수 있게 한다. 이 점은 정확히 '생산이 도시에 집중하도록 허용하는' 증기기관의 중요성이기도 하다. 증기기관은 '보편적 적용〔을 받기 때문에〕, 달리 말해 국지적 상황에 의한 소재지 선택에 상대적으로 적게 영향을' 받기 때문이다.[32] 교통수단의 개량 또한 이미 존재하는 시장의 방향을 향하는,

말하자면 '생산과 인구의 주요 중심지 또는 수출항구 등을 향하는' 경향이 있다. '교통이 특별히 편리해져서 자본의 회전이 (⋯) 빨라지면 그것은 생산중심지와 시장 모두에서 집적을 촉진한다.'[33]

이에 따라 '어떤 지점에서 인구와 자본량의 집적이 촉진될 경우' '양조장같이 생산물의 성질상 주로 국지적 시장에 의존하는 생산부문은 모두 주요 인구밀집지역에서 가장 큰 규모로 발달'하기 때문에 더욱 강조된다.[34] 결과적으로 맑스는 자본주의하에서 도시화의 생산을 만들어내는 강력하게 누적된 힘을 묘사했다. 그리고 우리가 이러한 힘을 공간적 장애를 제거하고 시간에 의한 공간의 절멸을 추구하는 일반적인 과정의 본질적 부분으로 이해할 수 있도록 도와준다. '교통수단의 발달로 공간에서 이동속도는 가속화되고 이에 따라 공간적 거리는 시간적으로 단축된다.'[35]

그러나 이 과정은 또한 도시 중심지의 제한된 공간으로 노동자가 몰리고 인구가 집중되도록 한다. '자본이 산업도시나 상업도시에 더 빠르게 축적될수록, 착취 가능한 인적 자원의 흐름이 더 빠르게 이루어진다.'[36] 이 흐름은 '농촌으로부터 소박하고 신체적으로 타락하지 않은 요소들을 일정하게 흡수'하면서 이루어졌으며, 이는 시원적 축적, 즉 토지의 인클로저(enclosure)라든지 다른 폭력적 수용수단에 의해 쫓겨날 수 있는 '일정한 잠재적 잉여인구'의 존재를 전제로 했다.[37] 영국의 산업 및 상업 중심지로 아일랜드 노동자들이 유입된 현상은 맑스에게 특히 흥미로웠다. 이는 잉여노동자라는 필수적 공급을 제공했을 뿐만 아니라 노동계급운동을 분열하는 방법으로 이루어졌기 때문이다.[38]

이러한 이주가 없을 경우, 노동력의 확대는 노동력 재생산을 위한 사회 조건의 근본적이고 독특한 도시적 전환을 통해 이루어지는 노동인구의 '급속한 회복'과 '절대적 증가'에 의존했다. 여기에는 노동자에게 유일한 부의 원천으로 자녀를 '많이 낳도록' 장려하는 조혼과 아동고용기회 등이 포함된다. 그리고 노동부족이 발생할 경우, 기술변화는 '근대산업의 중심지에' 집적된 '떠돌이' 산업예비군을 만들어내는 경향이 있었다.[39] 기술적으로 유도된 높은 실업의 조건 하에서도 자본가는 노동력의 재생산을 '노동자의 자기보존과 번식 본능'에 떠맡길 수 있었다.[40] 공간에서 자본의 축적은 '참혹함, 노동의 고통, 예속, 무지, 잔혹함, 도덕적 타락의 누적'과 병행했으며, 어린이는 '파렴치한 행위의 조건' 속에서 자랐다.[41]

이러한 집적이 회전시간과 순환비용을 줄이는 데 도움이 된다고 할지라도, 소수의 대규모 도시 중심지로 생산력과 노동인구가 점진적으로 집중되는 데는 분명 한계가 있었다. 이런 인간적 참상이 집중되면서 계급의식과 조직이 길러졌으며, 공장과 생활공간 모두에서 인구과잉은 사회적 저항의 분명한 진원지가 됐다.[42] 그러나 자본은 이렇게 발생한 문제가 스스로 확산하기 위해 활기를 띠기를 기다리지 않았다. 세계시장을 창출하는 경향은 결국 '자본 그 자체의 개념 내에 주어져 있다'. '한 지점'에서 잉여가치의 창출은 '다른 곳에서 잉여가치의 창출을 요청하며', 이는 생산과 교환의 새로운 지점을 창출하는 보완적 경향을 통한 '순환 영역의 항상적 확장의 생산'을 의미한다. 원료에 대한 접근성을 얻기 위해서만이 아니라 '사물의 새롭고 유용한 성질을 발견하기 위한, 모든 자연'의 착취에 따라

'모든 낯선 기후와 땅의 생산물을 보편적으로 교환'하게 된다.[43] 집적의 경향은 점차 전문화되는 '특정 생산 부문을 국가의 특정 구역에 한정하는 영역적 노동분업'에 의해 부분적으로 상쇄되며, 이러한 영역적 분업은 근대산업의 필요에 상응하는 '새로운 국제적 노동분업'의 등장과 결합된다.[44] 그리고 이 모두는 장거리 이동을 조장하고 공간적 장애를 축소하며 시간에 의해 공간을 절멸시키는 새로운 교통과 신용체계에 의해 촉진된다.

맑스는 〔여기서〕 옮겨가, 회전시간을 줄이고 이에 따라 잉여가치를 얻기 위한 투쟁 속에서 장소에 집적을 이루려는 힘과 공간상에 분산을 이루려는 힘 사이의 만연한 긴장에 시달리는 지리적 경관을 개념화하려 한 것처럼 보인다. 만약 이 모두에 대한 일반적 구조가 존재한다면(맑스는 이 점을 전혀 분명히 하지 않았지만), 이는 시장 기회의 급속한 지리적 팽창과 더불어 특정 장소로 생산력(노동력을 포함)이 차츰 집중되는 것이라 할 수 있다. 맑스는 자본축적에 따라 '공간에서의 흐름'은 눈에 띄게 증가한다고 언급했다. '시장이 공간적으로 확대되는' 한편, '중심부와의 관계에서 주변부는 지속적으로 팽창하는 중심지의 반경에 외접하게 된다.'[45] 사회적 노동분업의 기원을 이루는 도시와 시골 간 기원적 안티테제[46]의 반영이라고 할 수 있는 어떤 종류의 중심-주변 관계가 거의 확실하게 등장하는 것처럼 보인다.

그러나 이 같은 구조는 축적을 위한 쉼없는 요구로 끊임없이 변경된다. 절대적 잉여가치의 창출은 '순환 영역을 항상적으로 확대시키는 생산'에 좌우되는 한편, 상대적 잉여가치의 생산은 '기존 소비의 양적 확장 (…) 즉, 더 넓은 범위로 기존 욕구를 전파함으로써 새로운 욕구를 창출'하고 '모든 방면으로 지구를 탐구'함으로써 '새로운 필요를 생산하고 새로운 사용가치를 발견·창출'하게 된다. 그리고 맑스는 과학의 등장, 새로운 사회적 욕망과 필요의 규정, 그리고 세계문화의 전환 등이, 축적을 위한 축적의 충동에서 힘을 받는 팽창적 자본주의를 통해 작동하기 마련인 지구적 전환의 전체 그림에 통합된다는 점을 강조한다.

> 자본은 현재 필요에 대한 모든 전통적·제한적·자기충족적·외형적 만족과 낡은 생활방식의 재생산을 넘어설 뿐만 아니라, 자연숭배를 넘어서는 것만큼이나 국가적 장애와 편견들을 넘어서 추동한다. 자본은 이들 모두에 대해 파괴적이며, 또한 항상적으로 이를 혁신하면서, 생산력의 발전, 필요의 팽창, 생산의 전면적 발전, 자연력과 정신력의 착취와 교환을 에워싸는 모든 장애들을 분쇄한다.[47]

자본주의적 생산이 '항상적으로 극복되면서도 항상적으로 등장하는 모순 속으로 들어감'에 따라, 우리는 이러한 전반적인 팽창적 역동성에 내재하는 모순을 발견하게 된다. 특히 생산과 소비를 지리상에 '합리적으로' 편성하려 할 때 교통과 통신에서 생산력의 혁신을 추진하는 것과는 반대 방향으로 나아가게 된다. 공간에서 이동비용·속도·지속성·능률성의 전환이 일어나 '대규모 시장으로부터 생산장소까지의 상대적 거리'를 변경하는 상황 속에서 팽창이 발생한다. 이 점은 '낡은 생산 중심지의 소멸과 새로운 생산 중심지의 등장'을 수반한다. '통신수단의 변화에 따라 생산자와 시장의 상황이 상대적으로 변화하면서 추가적인 이행과 대체가 동시에 이루어진다.'[48] 맑스는 공간이 상대적이며 교통과 통신에 대한 투자에 좌우된다는 사고에 분명 전적으로 동의하고 있다. 그 결과 발생하는 불안정성은 생산을 특정한 입지조건(특정한 원료 또는 에너지 공급에 대한 접근, 특정한 노동숙련에 대한 의존)으로부터 해방시키거나 또는 영역적 노동분업 내에서 전문화를 확실히 높이려는 기술·조직의 변화과정에 의해 악화된다. 그리고 노동자가 이주할 수 있는 (일시적 또는 영구적 기반에서) 물리적·사회적 능력의 변화도 전체 그림 속으로 들어온다.[49]

자본주의가 생산·교환·교통·소비를 촉진하기 위해 특정 장소에 특정한 사용가치로 묶이는 고정적·비유동적 인프라를 요청함에 따라, 이러한 과정에서 빚어진 공간적 편성의 변화가 문제시된다. 자본주의는 결국 '토지 자체에 머물 곳을 정하고, 토지 소유에서 자연에 의해 주어진, 겉보기에 공고한 전제들은 공업에 의해서 단지 정립된 것으로 나타나게 된다'.[50] 토지에 내장된 이 같은 사용가치에 체현된 가치는 파괴되지 않고서는 이동될 수 없다. 이에 따라 자본은 추가적 자본축적을 촉진하기 위해 그 자신을 본뜬 물리적 경관의 형태로, 즉 인간노동을 통해 창출되고 토지에 내장된 사용가치로서 자신을 드러내야 한다. 고정적·비유동적 자본에 의해 구성되는 지리적 경관의 생산은 과거 자본주의적 발전의 더없는 영광이자, 전에 없던 공간적 장애를 만들어낸다는 점에서 미래의 축적과정을 억제하는 감옥이다. 축적에 그다지도 긴요한 이러한 경관의 생산은 결국 공간적 장애의 분쇄와 시간에 의한 공간의 절멸에 대한 안티테제가 된다.

이러한 모순은 고정자본(기계, 공장, 모든 종류의 인프라)에 점점 더 의존함에 따라 커지게 된다. '고정자본으로 인해 가치는 특정한 사용가치 내에 갇히는'[51] 반면, 다른 조건이 같다면 고정성의 정도는 내구성에 따라 증가하기[52] 때문에 문제가 발생한다. 맑스는 다음과 같이 고정자본의 순환을 지배하는 조건을 서술한다. 즉, '고정자본의 가치는 그것이 생산과정에서 소비되는 한 단순 재생산된다. 고정자본은 이용되지 않으면 그 가치를 생산물로 이전하지 않고도 자신의 사용가치를 잃는다. 따라서 우리가 여기에서 고찰하는 의미로 고정자본이 대규모로 발전할수록 생산과정의 연속성이나 재생산의 부단한 흐름이 자본에 입각한 생산양식의 외적 강제조건이 된다'.[53] 요컨대 고정적·비유동적 자본의 채택은 자본의 미래 순환과 노동력의 미래 배치에 강한 입김을 불어넣는다. 이러한 자산에 투자된 자본이 사용을 통해 상환되기 전까지, 자본과 노동력은 '토양에 매몰된 모든 개량 (…) 즉 산업생산물이 지표면에 단단하게 접착되는 모든 형태' 속에 체현된 가치를 실현하는 데 도움을 주는 순환 패턴을 지리적으로 취하게 된다.[54]

자본주의의 발전은 토지에 체현된 과거 자본투자의 가치를 보전하는 것과 축적을 위한 새로운 지리적 공간을 열기 위해 이를 파괴하는 것 사이에 난, 칼날같이 예리한 경로를 통과해야 한다. 자본주의의 요구에 적합한 물리적 경관은 어느 시점의 특정 계기에 생산되지만, 연이은 시점에, 보통 위기과정에서 와해되어 파괴되는 것을 전제로 한다.

이 같은 모순은 운송산업에서 가장 잘 드러나는 아이러니를 은폐한다. 공간적 장애의 제거와 시간에 의한 공간의 절멸은 '직접적인 생산수단으로 기여하는 대신, 교통·통신수단, 그리고 이를 가동하는 데 필요한 고정자본과 유통자본에 투자되는 사회적 부의 비중 증가'를 요구한다.[55] 달리 말해, 고정된 공간편성(이를테면 철도·도로·항로체계)의 생산은 공간을 극복하기 위해 자본에 허용되는 유일한 수단이다. 어떤 시점에 공간을 극복하려고 하면 애초에 한 투자를 무용지물로 만들어야 하며, 이는 그 투자에 체현된 가치가 사용을 통해 실현되기 상당히 전에 이루어질 것이다.

맑스의 입지이론(우리가 그렇게 부르고자 한다면)에서 이보다 더 특별한 점은 많지 않다(지대와 고정자본 형성에 대한 그의 분석에 많은 주변적 관심을 보이긴 했지만). 그의 단편적 진술의 효력은 진술의 정교함보다는, 자본축적의 역동성 안에 있는 적극적 계기로서 지리적 경관과 공간관계의 생산, 쉼없는 재구조화의 역할에 대한 전망에서 나온다. 토지에 내장된 생산력의 혁신, 공간을 극복하고 시간으로 공간을 절멸시킬 수 있는 능력의 혁신은 어떤 분석의 마지막 장에 덧붙일 법한 추가사항이 아니다. 이것은 근본적이다. 이를 통해서만 우리는 모든 맑스적 범주에서 가장 주축이 되는 구체적·추상적 노동에 육신과 의미를 부여할 수 있기 때문이다.

이 마지막 사항은 반드시 성찰해야 할 만큼 중요하다. 맑스가 서술한 바와 같이, 주어진 장소와 공간에서 사용가치를 생산하기 위한 '특정 형태와 한정적 목적'에 인간노동력을 지출하는 것은 '인간과 자연 간 신진대사, 그리고 이에 따라 인간의 삶 자체를 매개하는 영구적인 자연적 필연성'이다.[56] 구체적 노동의 상이한 성질은 교통을 통해, 그리고 궁극적으로 자본의 순환을 통해 서로 관계를 맺는다. 상이한 구체적 노동활동을 일반적인 사회적 관계로 가져가는 과정은, 동일한 노동과정에 대해 사회적으로 필요한 노동시간, 즉 '생산의 정상적 조건하에서, 그리고 그 시대에 보편적인 평균적 숙련과 강도로 한 물품을 생산하기 위해 요구되는'[57] 노동시간으로서 가치와 결부된 추상적 성질을 부여한다. 그러나 '정상적 조건'과 '평균적 숙련과 강도'는 교환과 자본순환의 주어진 공간에 준거하지 않고서는 명시될 수 없다. 따라서 세계시장의 형성과정, 국제적·국지적 노동분업의 공간적 통합과정, 생산(노동력과 생산력)의 지리적 집중과정은 구체적 노동과정이 어떻게 추상적이고 보편적인 성질을 획득하게 되는가를 이해하는 데 근본적이다. 지리학자에게 이 점은 분명 맑스의 가장 심원한 통찰 가운데 하나가 된다. 공간적 관계와 지리적 차별화에 대한 연구를 맑스의 이론화에서 핵심에 놓을 수 있을 뿐만 아니라 오랫동안 지리학적 상상력을 괴롭혀온 문제, 즉 공간의 명백한 특수성에 관한 보편적인 일반화를 어떻게 만들어낼 것인가의 문제를 풀어나가는 길을 가리키기 때문이다. 물론 그 답은 철학적 사색에 있는 것이 아니라, 자본축적의 과정이 어떻게 주어진 장소와 시간에서 인간행동의 특이한 성질을 보편적 일반성의 틀로 가져가는가에 대한 연구에 정확히 놓여 있다. 그리고 아마도 이 점은 맑스가 거듭해 제시하는 훌륭한 개념화, 즉 '추상적 부·가치·화폐, 그리고 추상적 노동은 구체적 노동이 세계시장을 포괄하는 상이한 노동양식들의 총체성이 된다'라는 주장에서 의미하고자 한 바일 것이다.

외국무역

외국무역에 관하여 맑스가 이곳저곳에서 제시한 논평들(그는 세계시장에 관해 기획했던 연구를 완성하지 못했다)의 일부는 입지와 공간관계에 대한 그의 견해의 논리적 연장으로 해석될 수 있지만, 공간적 편성을 우선 유발하는 과정보다는 자본축적의 역사와 역동성이 어떻게 기존의 지리적 구조(특히 국민국가)를 통해 표현됐으며 또 표현되고 있는가에 더 초점이 맞춰진다. 물론 맑스는 자본축적에 대한 논의를 우선 국가적 상황으로 여겨, 중상주의자부터 중농주의자를 거쳐 애덤 스미스, 그리고 비교우위에 대한 리카도학파의 교리까지 이어지는 사상의 오랜 전통을 용인하고 있다. 정치경제학에서 이 전통의 장점을 따라 맑스는 엄정하게 그 근본적 전제가 되는 가정을 일부 비판하지만 다른 부분에 대해서는 수용하기도 했다. 만약 그가 묘사한 그림이 우리가 앞서 개관한 것과 다소 다르게 보인다면, 그 정도는 정당하다고 할 수 있다. 말하자면, 이는 사뭇 다른 창을 통해 본 지리적 상호작용의 세계다. 맑스의 견해를 완전히 이해하는 일은 자본주의적 축적의 지리에 관한, 다소 이질적이지만 똑같이 정당한 두가지 관점을 종합하는 문제다.

맑스는 외국무역의 발전, 세계시장의 형성, 자본주의의 등장을 어떤 과정, 즉 한 단계의 결과가 다음 단계의 전제조건이 되는 과정 내에서 통합적으로 관련된 것으로 이해한다. 이를테면 공간적 장애를 극복하려는 노력은 궁극적으로 자본순환에 따른 동일화의 힘 아래 모든 비자본주의적 생산양식이 흡수, 해체 또는 전환할 것임을 전조한다. 화폐화, 상품교환, 그리고 마침내 자본주의적 생산관계의 부여는 이러한 과정의 여러 단계를 나타낸다.

그는 화폐 형태의 단순한 침투가 고립된 공동체를 '해체시키는' 데 영향을 미치며, '새로운 대륙을 순환의 신진대사로' 밀어넣는다고 단언한다.[58] 이에 따라 자본은 한때 자신을 만들어낸 '순환의 신진대사'로부터 곧바로 축적될 수 있다. 도시는 사용가치와 이에 따른 가치를 시골에서 가져와 누적하지만, 생산자의 자본보다 역사적으로 앞선 조직형태로서 상업자본은

서로 다른 국가들 간의 생산가격 차이를 착취하는 것 이외에도 (…) 잉여생산물 대부분을 자신이 소유한다. 이렇게 되는 이유 중 하나는 그가 중간에서 매개하는 공동체들의 생산이 본질적으로 아직 사용가치를 지향하고 있고 (…) 그런 과거의 생산양식에서 상인의 거래대상인 잉여생산물의 주된 소유자들, 즉 노예 주인·봉건영주·국가(예를 들면 동양의 전제군주) 등은 (…) 상인이 파놓은 함정인 그 향락적 부의 대표적인 소비자들이었기 때문이다. 그리하여 압도적인 지배권을 행사하던 상인자본은 도처에서 약탈제도를 만들어냈는데 이는 과거뿐만 아니라 최근에도 상인자본의 발전이 폭력적인 약탈, 즉 해적, 노예사냥, 식민지 정복 등과

직접적으로 연관되어 있다는 사실에서 그대로 나타난다. (…) 상업과 상인자본의 발달은 모든 곳에서 교환가치를 목적으로 하는 생산을 발전시키고 또 그런 생산의 범위를 확대하여 다양하게 하고 세계화하며 또한 화폐를 세계화폐로 발전시킨다. 그리하여 상업은 모든 곳에서 주로 사용가치를 목적으로 하는 기존의 다양한 형태의 여러 생산조직들을 어느 정도 해체하는 데 영향을 미친다. 그러나 그것이 낡은 생산양식의 해체에 어느 정도로 영향을 미칠 것인지는 무엇보다도 그 생산양식의 견고성과 내적 구조에 의존한다. 그리고 이런 해체과정의 결과가 어떻게 될 것인지, 즉 낡은 생산양식 대신에 어떤 새로운 생산양식이 나타날 것인지는 교역에 달려 있는 것이 아니라 그 낡은 생산양식의 성격에 달려 있다.[59]

상인자본은 시골에서 도시로, 또는 세계 전체에서 몇몇 지배적인 자본주의국가로 부와 권력을 다시 배분하는 데 결정적 역할을 담당했다. 그러나 상인자본이 산업자본에 공헌해 공정한 교환의 규칙을 준수해야 하는 상황이 되자 이 모두가 변했다. 이에 따라 상인은 자본주의적 지배의 더 기본적인 형태를 도입하는 단순한 행위자가 된다. 이를테면,

기계에 의해 생산된 물건의 저렴화와 교통·통신수단의 혁신은 외국시장의 정복을 위한 무기를 제공한다. 다른 국가들에서 최종생산물의 수공업적 생산을 파멸시킴으로써, 기계는 이 국가들을

강제적으로 자신의 원료 생산지로 전환시켜버린다. 이에 따라 인도는 영국을 위한 면화, 양모, 대마, 황마, 인디고를 생산하도록 강제됐다. 대규모 산업은 그것이 뿌리를 두고 있는 모든 국가들에서 노동자들을 끊임없이 '과잉화'함으로써, 해외이주와 외국영토의 식민화를 급속히 증가시키도록 박차를 가한다. 이렇게 식민화된 영토는 예를 들어 오스트레일리아가 양모 생산을 위한 식민지로 전환한 것처럼, 모국의 원료 생산을 위한 거류지가 된다. 주요 산업국들의 요청에 적합하도록 새로운 국제적 분업이 형성되고, 이러한 국제분업은 지표면의 한 부분이 탁월한 산업지역으로 남아 있는 다른 부분에 공급하기 위한 주된 농업적 생산지역이 되도록 전환시킨다.[60]

그러나 이러한 새로운 국제적 노동분업의 정확한 지리는 지구적 지배를 향한 자본주의적 생산 경로를 특히 왜곡시키는 많은 '특수한 요인'과 모순적 효과에 좌우된다.

이를테면 맑스는 식민지 사례에서, 핵심적 특성으로 이해한 것에 관해 다음과 같이 주장한다.

미국, 오스트레일리아 같은 독특한 식민지가 있다. 여기서 많은 농업식민지 이주자는 모국에서 얼마간의 자본을 가져왔다고 할지라도 자본가가 아니며, 또한 자본주의적 생산을 수행하는 것도 아니다. 이들은 얼마간은 자기 자신을 위해 일하는 소농이었으며, 처음에 이들의 주요 목적은 자신의 생계를 위한 생산이었다. 두번째 유형의 식민지, 즉 처음부터 상업적 투기의 모습을 띠었고, 세계시장을 위한 생산을 의도한 플랜테이션에는 자본주의적 생산양식이 존재했다. 형식적 의미에서는 흑인노예가 자본주의적 생산의 기반이 되는 자유임노동을 저해했지만, 노예를 이용한 경영은 자본가가 수행했다.[61]

이 두 종류의 식민지는 지구적 축적과정과 관련해 매우 다르게 진화한다. 두번째 유형의 식민지는, 적극적으로 발견됐든지 어떤 전(前) 자본주의사회(동유럽처럼)의 전환으로 형성됐든지 간에 최소한 처음에는 매우 높은 수익성을 고수했다. 생필품을 최소한으로 줄임으로써 높은 착취율을 달성할 수 있었기 때문이다. 생필품을 사치품으로 전환하는 이러한 경향은

> 자본주의적 생산에 기반을 둔 세계시장과 연계되어 있는 (…) 후진국의 사회패턴 전체를 결정한다. 이들(비자본주의적 생산자)이 면화나 옥수수 같은 단순한 형태에서 노예의 잉여노동으로 얼마나 많은 잉여생산물을 추출하든지 간에, 이들은 이러한 미분화된 단순노동을 고수할 수 있다. 외국무역은 이들에게 이러한 단순 생산물을 어떤 종류의 사용가치로도 전환할 수 있기 때문이다.[62]

이렇게 조성된 저발전의 조건하에서 생산력을 혁신하기가 불가능하다는 점은 오랫동안 이러한 식민지를 취약하게 만들었다.

대조적으로 잉여생산물을 시장에서 거래하는 소수의 독립 생산

자들이 이룬 식민지(특히 풍부하고 값싼 토지가 이용 가능한 곳)는 전형적으로 노동부족과 고임금이라는 특징을 갖는다. 이런 종류의 식민지는 자본주의적 착취 형태에 그렇게 순응하지 않으며, 심지어 자본주의적 생산양식의 침투에 적극적으로 저항하기도 한다.

그곳에서 생산자는 그 자신의 노동조건의 소유자이며, 자본가가 아니라 그 자신이 부유해지기 위해 노동을 사용한다. 이로 인해 그곳의 자본주의적 지배체제는 이러한 생산자들에 의해 제기되는 장애물과 끊임없이 부딪히게 된다. 이같이 대립적인 두가지 경제체계 간의 모순은 이들 간 투쟁을 통해 이곳에서 실제로 나타나고 있다. 자본가가 본국의 권력을 배경으로 삼는 곳에서, 그는 독립적 생산자의 개인적 노동에 의존하는 생산·착취양식을 제거하기 위해 폭력을 사용하려 한다.[63]

미국, 캐나다, 오스트레일리아, 그외 국가에서 전선지역의 개척자들 사이에 부화한 수많은 대중적 급진운동은 이러한 갈등의 중요성을 입증한다. 그러나 이러한 식민지는 축적의 주요 중심지에서 적은 자본으로 파생되는 잉여인구를 통해 형성되며, 또한 이들 식민지는 흔히 자본주의적 생산을 위한 확장된 시장을 만들어내기 때문에 결국 헤게모니적인 자본주의적 생산양식으로 통합된다. 이러한 점에서 미국은 맑스의 시대에 이미 독립적이고 대체로 비자본주의적인 생산체계에서 자본축적의 새로운 중심지로 전환하게 됐다. 맑스는 '임금 인하와 임노동자의 종속은 아직 유럽의 정상적인 수준에 훨씬 못 미칠 정도지만 (…) 자본주의적 생산은 그곳에서 거인의 걸음으로 전진하고 있다'라고 적고 있다.[64]

그러나 고려할 다른 '특별한 요인'이 있다. 예를 들어 맑스는 '노동의 생산성은 물리적 조건에 의해 속박되고', 이에 따라 자연의 차이는 '사회적 노동분업을 위한 물리적 조건'을 형성한다는 점을 인식한다. 그러나 마찬가지로 그는 이러한 차이가 단지 가능성을 보여준다는 점(그리고 인간행동에 의해 수정될 수 있다는 점)을 강조한다. 최종적 분석으로 보면 노동의 생산성은 '자연의 선물이 아니라, 수만년을 안고 있는 역사의 선물'이기 때문이다.[65] 게다가 자본주의 하에서 생산성이 자본가를 위해 잉여가치를 생산하는 노동자의 능력을 의미하는 것으로 규정되는 한,[66] 노동력 가치의 국가적·지역적 차이는 결정적이다.

따라서 상이한 국가들 간 임금을 비교할 경우, 우리는 노동력의 가치 크기의 변화를 결정하는 모든 요인, 즉 자연적·역사적으로 발전하는 1차적 생필품의 가격과 범위, 노동자 양성비용, 여성노동과 아동노동이 담당하는 부분, 노동의 생산성, 노동의 외연적·내포적 크기 등을 고려해야 한다. (…) 노동의 평균강도는 국가마다 다르다. 어떤 국가에서는 높고, 어떤 국가에서는 낮다. 국가적 평균은 척도를 형성하며, 이의 측정단위는 보편적 노동의 평균단위다. 따라서 강도가 더 높은 국가의 노동은 강도가 더 낮은 국가의 노동에 비해 동일한 시간에 더 많은 가치를 생산하며, 더 많은 화폐로 표현된다.[67]

그는 노동의 생산성과 노동력의 가치가 심지어 한 국가 내에서도 엄청나게 다를 수 있다는 점을 인정한다.[68] 그리고 자본주의적 생산은 이러한 차이를 소거하기는커녕 손쉽게 드러내거나 심지어 만들어내기도 한다. '자본주의적 생산이 한 국가에서 발전하는 데 비례하여, 같은 비율로 그곳 노동의 국가적 강도와 생산성은 국제적 수준을 능가한다.'[69] 화폐관계의 침투와 단순 상품교환은 이러한 지리적 불균등발전의 조건을 수정할 힘이 없는 것처럼 보인다. 그리고 이 점은 중요한 함의를 갖는다.

외국무역에 투자된 자본은 더 높은 이윤율을 만들어낼 수 있다. 우선 이 자본은 덜 발전한 생산설비를 가진 다른 국가에서 생산된 상품과 경쟁하여, 더 발전한 국가가 자국의 재화를 경쟁자들보다 더 값싸더라도 그 가치 이상으로 판매하기 때문이다. (…) 유리한 조건에 있는 국가는 교환과정에서 더 적은 노동을 주고 더 많은 노동을 받는다. 비록 이 차이, 즉 더 많이 받는 부분은 특정 계급의 수중으로 들어가긴 하지만.[70]

이에 바탕을 두고 발전한 사회와 저발전한 사회, 중심부와 주변부 간 무역이라는 점에서 어떤 특이한 점이 발생한다.[71] 게다가 이 차별성은 지속될 수 있다. 국가들은 특정 상품의 생산을 독점하는 한편, 다른 요인들은 또한 직접적으로 '노동시간에 의한 가치의 균등화, 심지어 일반 이윤율에 의한 비용가격의 균등화'가 이루어지는 것을 막을 것이다.[72] 더 놀라운 점은 맑스가 다음을 인정한다는 점이다.

여기서 가치 법칙은 근본적인 수정에 들어간다. 각국의 노동일 간 관계는 한 국가 내에서 숙련된 복잡노동과 비숙련 단순노동 간에 존재하는 것과 유사하다. 이 경우 비록 더 빈곤한 국가가 교환을 통해 이익을 본다고 할지라도 더 부유한 국가는 빈곤한 국가를 착취하는 것이다.[73]

이러한 단언은 맑스의 주장, 즉 보편적 화폐로 표현되는 단일 가치 법칙 아래 자본주의적 생산과 교환이 불가피하게 지구적으로 통합된다는 주장의 주요 취지에 전적으로 어긋나는 것처럼 보인다. 결국 단지 '세계시장에서만, 화폐는 처음으로 완전히 어떤 상품, 즉 그 자연적 형태가 추상적 인간노동을 실현하는 데 직접적인 사회적 형태가 되는 상품으로도 기능하게 된다'.[74] 게다가,

외국무역, 즉 세계시장으로 향하는 시장의 발달만이 화폐를 세계화폐로 발전시키고 추상적 노동을 사회적 노동으로 발전시킬 수 있다. 구체적 노동이 세계시장을 포용하는 상이한 노동양식의 총체가 되는 것에 비례하여 추상적 부·가치·화폐, 이에 따른 추상적 노동이 발전한다. 자본주의적 생산은 가치, 또는 생산물에 체현된 노동의 사회적 노동으로의 전환에 의존한다. 그러나 이 점은 단지 외국무역과 세계시장을 바탕으로 할 때만 가능하다. 이는 자본주의적 생산의 전제조건인 동시에 그 결과다.[75]

여기서 맑스가 입지를 고찰하며 더 명시적으로 지적한 것과 동일한 모순, 즉 지리적 차별을 제거하는 것이 새로운 차별의 구축을 불러온다는 모순이 어렴풋이 메아리치고 있음을 분별할 수 있겠는가? 분명 특정한 물질적인 지리적 구조가 노동의 추상적 측면(세계시장에서의 교환을 통해 달성되는 사회적 결정)과 노동의 구체적 성질(특정한 장소와 시간에 특정한 사람들이 수행하는 노동과정의 특수성) 사이를 매개하는 것처럼 보인다. 우리가 이해한 바와 같이, 상인 자본가는 '여전히 근본적으로 사용가치를 위해 생산하는 공동체들 간의 중개자라는 점에 일부 근거를 두고 잉여생산물의 엄청난 몫을 전유한다'.[76]

이러한 점은 외국무역을 매우 복잡한 논제로 만드는 '특수한 요인'이다. 이러한 복잡성은 자본주의적 발전이 지구적 헤게모니로 나아가는 데 사회적·문화적 장애를 극복하지 못하는 데서 기인하는 것은 아니다(비록 이러한 장애가 무척 저항적이고, 경우에 따라 결정적이긴 하지만). 그것은 오히려 자본주의적 생산양식 자체에 내재한 모순에서 연유한다. 따라서 외국무역의 사례를 통해 맞닥뜨리는 복잡성 가운데 많은 부분은 자본주의의 내적 모순이 지구적으로 표현된 것으로 해석되어야 한다. 그리고 이러한 모든 표현의 이면에는 결국 자본주의가 그 자신의 발전에 가장 큰 장애를 만들어낼 수 있다는 매우 실질적인 가능성이 놓여 있다.

보론

대부분의 좌파이론(식민주의와 제국주의에 대한 이론 외에), 특히 맑스주의 정치경제학에 지리학적 관점이 빠져 있다는 사실은 1970년대 초 급진적 지리학의 뜨거운 논제였다. 한 계급이 다른 계급을 착취한다는 데 초점을 둔 이론들과, 한 영토의 사람들이 다른 영토의 사람들을 착취한다는 데 초점을 둔 이론들 간에는 어색한 관계가 있었으며, 이는 레닌조차 해결하지 못했다. 프랑스의 이브 라꼬스떼(Y. Lacoste)와 앙리 르페브르(H. Lefebvre) 주변의 지리학자들처럼, 미국과 영국의 맑스주의 모임에 속한 여러 지리학자들도 이러한 결함을 치유하기 위해 적극적으로 참여했다. 뾰뜨르 끄로뽀뜨낀(P. Kropotkin)과 엘리제 르끌뤼(É. Reclus)의 저작에 기반을 둔 지리학의 아나키즘적 전통은 주류 맑스주의보다도 공간, 장소, 환경 문제에 훨씬 더 민감하게 접근한다는 점이 분명해졌다. 그러나 아나키즘에는 맑스가 선도했던 강력한 정치경제적 이론이 부족했다. 나는 맑스의 저서에서 이러한 논의에 유의미하게 기여할 수 있는 부분이 어떤 것인지를 찾아내고자 했다. 맑스는 흔히 자본의 역동성에 따른 공간의 생산과 사회적 관계의 공간적 차원에 대한 이슈를 다루었다. 하지만 그는 대체로 여담으로, 부차적으로, 또는 적절하지 않은 곳에서 그렇게 했다. 나는 이러한 단편들이 보다 체계적으로 종합될 수 있을지 알아보기 위해 이들을 모아보기로 결심했다. 나는 그 결과에 기뻤고, 주류 맑스주의 정치경제학자들이 새로운 통찰에 크게 감사할 것이라고 솔직하게 상상했다. 그러나 이들은 대체로 이를 무시했는데, 부분적으로는 주류 맑스주의자 대부분이 지리학자가 맑스주의에 적실한 어떤 것에 기여하리라고 믿지 않았기 때문으로 추정된다. 이와 똑같이 주류 지리학자들도 맑스의 사상이 지리학에 적실한지를 둘러싸고 머리를 굴리는 어려운 시기가 있었다. 이러한 상호불신은 시간이 지나며 다소 흐릿해졌지만, 결코 사라지지는 않았다. 학문 분야별로 지적 노동을 구분하기 때문에 발생하는 한계를 말해주는 것이었다. 나는 이 글을 쓰며 떠오른 많은 사고와 통찰을 1982년 처음 출판된 『자본의 한계』(*The Limits to Capital*)의 마지막 장들에 합쳐 넣었다.

제3장

자본주의적 도시과정: 분석을 위한 틀

이 글의 목적은 자본주의하의 도시과정(urban process)을 이해하는 것이다. 주로는 도시화의 자본주의적 형태에 초점을 맞추고자 한다. '도시'는 자본주의 생산양식하에서 특별한 의미를 가지며, 나는 그 의미(그리고 현실)가 급격하게 바뀌지 않고서는 다른 사회적 맥락으로 이행될 수 없다는 생각을 받아들이기 때문이다.

자본주의의 틀 내에서 나는 도시과정에 대한 해석을 **축적**과 **계급투쟁**에 대한 두가지 이론들과 엮어보려 한다. 이 두 주제는 서로 통합되어, 하나의 동전의 서로 다른 양면 또는 자본주의적 활동의 총체성을 볼 수 있는 상이한 창으로 보아야 한다. 자본주의사회의 계급 특성은 자본에 의한 노동의 지배를 의미한다. 좀더 구체적으로 말해 자본가계급은 노동과정을 통제하고, 이윤을 생산할 목적으로 이 과정을 조직한다. 그러나 노동자는 시장에 상품으로 판매해야만 하는 자신의 노동력만 통제한다. 노동자는 생활임금을 댓가로 자본가에게 이윤(잉여가치)을 양보해야 하고 여기서 지배가 발생한다. 이 모든 것은 물론 매우 단순하며, 실제 생산체계(생산, 서비스, 필수 유통비용, 분배, 교환 등) 내의 실제 계급관계(그리고 계급 분파들 간 관계)는 매우 복잡하다. 그러나 맑스주의의 근본적 통찰에 의하면 이윤은 자본에 의한 노동의 지배에서 발생하며, 계급으로서 자본가들은 그들 자신을 재생산하기 위해 끊임없이 이윤의 기반을 넓혀가야 한다. 이러한 점에서 우리는 '축적을 위한 축적, 생산을 위한 생산의 원리'에 근거한 사회의 개념화에 이르게 된다. 축적은 자본가계급이 자기 자신, 그리고 노동에 대한 자신의 지배를 재생산하기 위한 수단이다. 따라서 축적은 계급투쟁과 분리될 수 없다.

자본주의의 모순들

우리는 자본주의의 모순들에 대한 분석으로부터 도시과정에 대한 논의의 전체 구도를 그릴 수 있다. 이러한 모순들이 취하는 원칙적 형태들을 설정해보자.

우선 자본가계급 내에 존재하는 모순을 고찰해보자. 교환의 영역에서 각 자본들은 개인주의·자유·평등의 세계에서 작동하며, 자발적이고 창조적으로 행동할 수 있어야 하고, 또 그렇게 해야 한다. 그러나 자본주의적 생산의 내재적 법칙들은 경쟁을 거치면서 '모든 개별 자본들을 지배하는 외적 강제법칙'으로 나타난다. 겉으로 드러나는 개성과 자유의 세계는 순응과 강제의 세계를 은폐한다. 그러나 개별행동에서 계급규범을 따르는 행태로의 전환은 전면적이지도 않고 완전하지도 않다. 자본주의적 규칙하에서 교환과정은 항상 개별성을 가정하지만, 가치법칙은 항상 사회적 형태로 자신을 드러내기 때문이다. 결과적으로 각자 자신의 직접적인 이해관계를 위해 행동하는 개별 자본가들은 집단적 계급 이해관계와는 정반대되는 집합적 결과를 만들어낼 수 있다. 다소 극적인 사례를 들어보면, 경쟁은 각 자본가에게 작업과정을 연장하고 강화하도록 하여, 잉여가치를 생산하는 노동력의 생산능력을 심각하게 손상한다. 개별 기업가적 활동의 집합적 효과는 미래 축적을 위한 사회의 기반을 크게 위협한다.

둘째, 노동자들에게 축적의 함의는 무엇인지 고찰해보자. 우리는 잉여가치론을 통해 노동력의 착취가 자본주의적 이윤의 근원임을 안다. 따라서 자본주의적 축적 형태는 자본가계급이 노동에 가하는 어떤 폭력에 의존한다. 그러나 맑스는 이 착취가 교환의 영역에서 널리 행해져야 하는 평등, 개성, 자유의 규칙을 침해하지 않는 방식으로 작동할 수 있음을 보여주었다. 노동자는 자본가처럼 자신이 시장에서 판매할 상품을 '자유롭게' 거래한다. 노동자는 또한 취업을 위해 다른 노동자들과 경쟁하지만, 작업과정은 자본가의 통제하에 있다. 무제한의 경쟁하에서, 자본가들은 그들이 고용한 노동자들에게 점점 더 큰 폭력을 가하도록 마구잡이로 강제된다. 개별 노동자들은 저항할 힘이 없다. 이들 역시 상호경쟁에 묶여 있기 때문이다. 유일한 해법은 노동자들이 자신을 하나의 계급으로 구성하고, 자본의 약탈에 저항할 수 있는 집단적 수단을 찾는 것이다. 자본주의적 축적 형태는 결국 노동과 자본 간 노골적이고 적나라한 계급투쟁을 유발한다. 계급 간 모순은 자본주의 역사의 역동성에서 많은 부분을 해명하며, 축적과정을 이해하는 데도 근본적이다.

이 같은 모순의 두가지 형태는 서로 통합되어 있다. 그것들은 근원적인 통합성을 표현하며, 동일한 현실의 다른 측면들로 구성된다. 그렇지만 우리는 이들을 유용하게 떼어낼 수 있다. 자본가계급 내의 내적 모순과 자본과 노동 간 계급모순은 아무리 밀접하게 연계되어 있다고 할지라도 엄연히 다르다. 아래에서 나는 먼저 노동계급 부문에 대한 명시적인 언급 없이 축적과정에 초점을 둘 것이다. 그다음 나는 관점을 넓혀, 노동계급의 조직과 계급의 명시적인 대응을 구축할 역량이 어떻게 자본주의하의 도시과정에 영향을 미치는가를 고찰할 것이다.

다른 모순들은 분석을 보완하기 위해 따져볼 수 있다. 이를테면 자본주의적 생산체계는 흔히 그 내부(가사경제, 농노 및 장인 생산 부문 등) 또는 그 외부(前前 자본주의사회, 사회주의국가 등)에 존재할 수 있는 비(非) 또는 전 자본주의적 부문과 대립될 수 있다. 우리는 또한 '자연'과의 모순에도 주목해야 하는데, 이는 자본이 자연을 그렇게 규정하는 것처럼 '자연자원의 기반'과 축적의 역동성 간의 관계에서 불가피하게 발생한다. 이 문제들은 자본주의하에서 도시화의 역사를 분석할 때마다 분명 고려되어야 한다.

축적의 법칙들

가치의 생산과 실현체계 내에서 자본흐름의 구조를 묘사하는 것으로 시작하고자 한다. 여기서는 매우 '기능주의적'이고 아마 지나치게 단순한 것처럼 보이지만, 그럼에도 축적과정의 기본 논리를 이해하는 데 도움을 주는 일련의 도식을 이용하고자 한다. 또한 개별 자본가들이 계급 이해관계와 일치하지 않는 결과를 만들어 어떻게 문제를 유발하는가를 살펴보고, 이 문제들을 해결할 수 있는 몇가지 방안을 고찰하고자 한다. 요컨대 나는 몇쪽 되지 않는 무모하게도 짧은 지면에 『자본』에서 제시한 맑스의 주장을 요약하고자 한다.

자본의 1차 순환

『자본』 제1권에서 맑스는 자본주의 생산과정에 대한 분석을 제시한다. 잉여가치를 창출하는 추동력은 노동일의 연장(절대적 잉여가치) 또는 노동력의 생산성을 늘리는 노동과정의 재조직화를 통한 '생산력'의 지속적인 혁신으로 만들어지는 이익(상대적 잉여가치)에 의존한다. 자본가는 노동과정 내 협력을 조직하거나 노동의 분업 또는 고정자본(기계)을 적용해 상대적 잉여가치를 획득한다. 노동과정에서 끊임없는 혁신과 노동의 생산성 증대를 위한 동인은 각 자본가가 경쟁자 및 사회적 평균보다 우월한 생산기술을 채택하여 초과이윤을 얻으려 하는 자본주의적 경쟁에서 연유한다.

이것이 노동에 갖는 함의는 '자본주의적 축적의 일반법칙'이라는 제목의 장에서 논의된다. 여기서 맑스는 노동력의 공급조건(특히 산업예비군의 형성)과 관련하여 착취율의 변동 및 노동과정에서 일시적으로 흐름상 일어나는 변동을 고찰하며, 자본가계급이 자신을 재생산하기 위해서는 양(positive)의 축적률이 줄곧 지속되어야 한다는 점을 가정한다. 이 분석은 엄격하게 한정된 일단의 상호작용에 따라 진행되며, 다른 모든 문제들은 소거되거나 고정된 것으로 여겨진다. 〈그림 3.1〉은 이 관계를 보여준다.

『자본』 제2권은 확대된 규모의 축적모델로 끝을 맺는다. 생산수단과 소비수단의 집합적 생산에 포함된 균형의 문제가 다른 모든 문제들(기술변화, 고정자본에 대한 투자 등)이 일정하다는 가정하에 검토된다. 여기서 목적은 생산과정 내에서 불균형 위기의 잠재성을 보여주는 것이다. 그러나 맑스는 이제 미시적 관점에서 고찰된 관계의 구조를 확장시킨다(〈그림 3.2〉). 그러나 두 경우 모두에서 맑스가 모든 상품이 1회 내에 생산되고 소비된다고 암묵적으로 가정한다는 점을 주목하라. 〈그림 3.2〉에서 고찰된 관계의 구조는 **자본의 1차 순환**으로 특징지을 수 있다.

『자본』 제3권에서 이윤율 저하와 이의 상쇄 경향에 대한 분석의 많은 부분도 마찬가지로 1회 내에서 생산과 소비가 이루어짐을 가정한다. 맑스가 그 범위를 확장하고자 했다는 증거가 있긴 하지만, 제3권의 분석은 앞선 1권과 2권에서 제시됐던 주장들의 종합으로 고려하는 것이 유용하다. 이 분석은 자본의 1차 순환〔circuit, 정확하게는 자본의 순환과정에서 흘러가는 경로, 즉 회로를 뜻한다〕 내에서 개별 자본가들이 그들의 집단적 계급 이해관계에 반하는 방법으로 행동함으

〈그림 3.1〉 맑스의 '축적의 일반법칙'에서 고려된 관계들

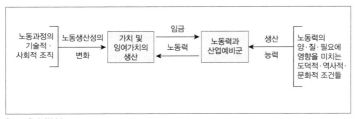

〈그림 3.2〉 '확대된 규모에서의 재생산'에 대한 맑스의 모델에서 고려된 관계들

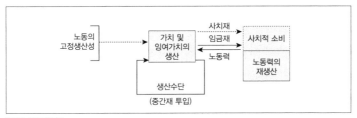

로써 발생하는 일을 서술한다. 이 경향은 **과잉축적의 조건**, 즉 생산된 자본을 이용할 수 있는 기회에 비해 너무 많은 자본이 생산되는 상황을 만들어낸다. 이 경향은 다양한 모습으로 나타난다. 예를 들면,

1. 상품의 과잉생산: 시장으로 과잉 공급.
2. 가격 개념에서의 이윤율 하락(이론적으로 구성된 가치 개념에서의 이윤율 저하와는 다르다).
3. 잉여자본은 유휴화된 생산능력으로 나타나거나 이윤 가능한

투자기회가 적은 화폐자본으로 나타날 수 있다.

4. 잉여노동 및/또는 노동력의 착취율 증가.

이 현상들은 하나씩, 또는 다같이 동시에 나타날 수 있다. 우리는 여기서 자본주의적 위기에 대한 분석의 예비적 틀을 마련할 수 있다.

자본의 2차 순환

이제는 1회 내에서 생산과 소비가 이루어진다는 암묵적 가정을 버리고 상이한 노동기간, 순환기간 등을 요구하는 상품들의 생산과 사용에 의해 제기되는 문제를 검토한다. 이는 아주 복잡한 문제로, 맑스가 『자본』제2권과 『경제학비판 요강』(*Grundrisse*)에서 상당히 비중을 두고 서술했다. 여기서는 **고정자본**과 **소비기금**(consumption fund)의 형성만을 주로 다루고자 한다. 고정자본은 그것의 생산양식 및 실현양식에 부여된 특이성 때문에 특별한 분석이 필요하다고 맑스는 주장한다. 고정자본의 항목들은 자본주의적 상품생산의 정상적 과정에서 생산될 수 있지만, 그것들은 직접적인 원료 투입으로서가 아니라 생산과정의 보조자로서 사용된다. 여기서 특이성이 발생한다. 그것들은 상대적으로 장기간에 걸쳐 사용된다. 또한 생산과정 내에 포함된 고정자본과 생산을 위한 물리적 틀로 기능하는 고정자본으로 구분된다. 나는 후자를 '생산을 위한 건조환경(built environment)'이라고 부르고자 한다.

소비의 측면에서도 동일한 구조를 볼 수 있다. 소비기금은 소비에 직접 투입되기보다는 보조자로 기능하는 상품들로 만들어진다. 어떤 항목들은 소비과정 내에 직접 포함되며(주방기구, 세탁기 같은 내구성 소비재), 다른 것들은 소비를 위한 물리적 틀로서 작동한다(주택, 보도 등). 나는 후자를 '소비를 위한 건조환경'이라고 부르고자 한다.

건조환경의 어떤 항목은 생산과 소비 양자에서 똑같이 기능한다(일례로 교통망). 이 항목은 사용의 변화에 따라 한 범주에서 다른 범주로 이전할 수 있다. 또한 건조환경에서 고정자본은 이에 결합된 가치가 파괴되지 않고서는 지리적으로 이동될 수 없다는 의미에서, 공간에서 비유동적이다. 따라서 건조환경에 대한 투자에는 생산·유통·교환·소비를 위한 전반적인 외부 경관의 창출이 뒤따른다.

고정된 자산 및 소비기금 형성으로 이동하는 자본흐름을 여기서는 자본의 2차 순환이라고 부르겠다. 이제 이와 같은 흐름이 발생하는 방식을 고찰해보자. 장기적 자산, 특히 건조환경을 구성하는 자산의 형성으로 자본의 이동을 촉진하기 위해서는, 현재 생산과 소비의 필요와 비교하여 자본과 노동의 '잉여'가 분명 존재해야만 한다. 과잉축적의 경향은 주기적으로 1차 순환 내에서 이러한 조건들을 만들어낸다. 따라서 과잉축적의 이 같은 문제에 대한 일시적인 그럴듯한 해결책은 자본흐름을 2차 순환으로 이전하는 것이다.

개별 자본가들은 여러 이유로 이 같은 흐름의 이전이 쉽지 않다는 것을 알게 될 것이다. 자본의 개별적 이전에 대한 장애는 특히 건조환경의 측면에서 극심한데, 여기서 투자는 대규모로 이루어지고 장기적이며 흔히 정상적인 방법으로 가격을 매기기가 어렵고, 많은 경우 모든 산업자본가에 의한 공동 사용이 허용되는 경향이 있다. 사실 자립적인 개별 자본가들은 이와 같은 장애 때문에 생산을 위한 자신들의 집단적 필요를 과소공급하는 경향이 있다. 개별 자본가들은 1차 순환에서 과잉축적하고 2차 순환에서는 과소투자하는 경향이 있다. 이들은 1차 순환과 2차 순환 사이의 균형 잡힌 자본의 흐름을 조직하는 데 상당한 어려움을 겪는다.

따라서 2차 순환으로의 자본흐름의 일반적 조건은 하나의 작동하는 자본시장, 그리고 건조환경의 창출이라는 점에서 장기·대규모 프로젝트에 기꺼이 금융을 지원하고 보증하는 국가의 존재다. 과잉축적의 시기에 1차 순환에서 2차 순환으로 흐름이 전이되는 것은 단지 다양하게 표현되는 과잉축적이 이러한 투자 형태로 자유롭고 막힘없이 이동할 수 있는 화폐자본으로 전환될 수 있을 때만 달성될 수 있다. 자본흐름의 이와 같은 전이는 실제 생산과 소비에 앞서 '의제자본'(fictitious capital)을 창출하는 화폐공급과 신용체계 없이는 달성될 수 없다. 이는 고정자본에 적용되는 것처럼 소비기금(이에 따른 소비자신용, 주택모기지, 지자체 부채 등)에도 적용된다. 화폐와 신용의 생산은 상대적으로 자율적인 과정이기 때문에, 우리는 이 과정을 통제하는 금융기관 및 국가기관을 자본의 1차 순환과 2차 순환 간 관계를 통제하고 조정하는 일종의 집합적 중추신경으로 여겨야 한다. 금융기관 및 국가기관의 본질과 유형, 그리고 이들이 채택하는 정책은 자본의 2차 순환 또는 교통·주택·공공시설 같은 특정한 측면들로 자본의 흐름을 억제하거나 촉진하는 데 중요한 역할을 담당한다. 따라서 이러한 조정구조에서 변화는 어떤 통로로 흐름을 좁히거나 다른 곳으로 새로운 통로를 만들어 자본흐름의 양과 방향에 영향을 미칠 수 있다.

자본의 3차 순환

자본순환의 전체 그림을 완성하기 위해서는 자본의 3차 순환을 상정해야 한다. 이는 첫째, 과학과 기술에 대한 투자(이의 목적은 과학을 생산에 이용하여 이를 통해 사회의 생산력을 지속적으로 혁신하는 것이다), 둘째, 노동력의 재생산과 연관되는 광범위한 사회적 지출(social expenditure)로 구성된다. 후자는 다시 두가지 유형의 투자로 유용하게 분리될 수 있는데, 하나는 자본의 관점에서 노동력의 질적 개선을 위한 투자(노동과정에 종사하는 노동자들의 능력이 향상되도록 하는 교육과 보건에 대한 투자)이고, 다른 하나는 이데올로기적·군사적 및 여타 수단으로 노동력을 흡수·통합·억압하는 데 치러야 하는 투자다.

개별 자본가들은 이와 같은 투자가 아무리 바람직하더라도, 개인적으로 여기에 투자하기 어렵다는 것을 안다. 다시 한번 자본가들은 자신들의 계급을 구성하도록 어느정도 강제되며(주로 국가기관을 통해), 이를 통해 연구와 개발, 노동력의 양적·질적 개선을 위해 투자가 이루어질 수 있는 방법을 찾게 된다. 자본가들은 흔히 추가적 축적에 적합한 사회정치적 기반을 조성하기 위해 이와 같이 투자해야만 한다. 그러나 사회적 지출에 관하여, 투자의 흐름은 계급투쟁의 상태에 강하게 영향을 받는다. 억압과 이데올로기적 통제를 위한 투자의 양은 자본의 수탈에 맞서 조직된 노동계급의 저항 위협과 직결된다. 노동을 포섭할 필요는 노동계급이 그것을 요구하기에 충분한 권력을 누적했을 때만 발생한다. 국가는 적극적 계급투쟁의 영역이므로 국가의 중재는 자본가계급의 요청과 결코 정확히 일치하지 않는다. 국가의 역할은 자본흐름이 3차 순환으로 조직되는 것과 관련하여 이론적·역사적으로 신중하고 정교하게 분석해야 한다.

자본순환 전체와 이의 모순

〈그림 3.3〉은 세가지 순환으로 자본순환을 구성하는 관계들의 전반적 구조를 묘사한다. 이 그림은 표현법 때문에 매우 구조주의적이고 기능주의적인 것처럼 보인다. 이것말고는 자본흐름의 다양한 차원과 경로를 분명하게 전달할 수 있는 다른 방법을 생각할 수 없다. 이제 이 흐름과 관계 내에 체현된 모순들을 관찰해보자. 나는 처음에는 자본과 노동 간의 겉으로 드러난 계급투쟁이 없는 것으로 가정할 것이다. 이로써 개별 자본가들과 자본 일반 간 모순이 축적과정 내에서 불안정의 주요 근원이라는 점을 이해할 수 있다.

우리는 이미 자본가계급의 내적 모순이 어떻게 자본의 1차 순환 내 과잉축적의 경향을 만들어내는가를 이해했다. 그리고 나는 이러한 경향이 자본을 2차 또는 3차 순환으로 전이시킴으로써 적어도 일시적으로는 극복될 수 있다고 주장했다. 따라서 자본에게는 다양한 투자의 선택지가 열려 있다. 예를 들면 고정자본 또는 소비기금의 형성, 과학과 기술에 대한 투자, 부르주아적 문헌에서 흔히 노동

〈그림 3.3.〉 자본의 1차, 2차, 3차 순환 사이의 관계구조

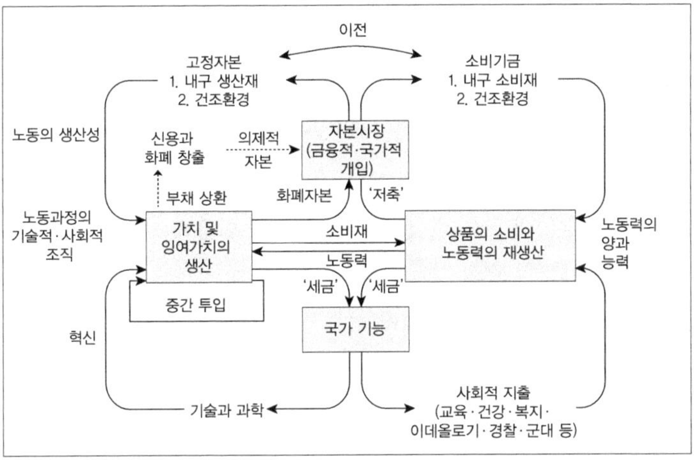

을 칭하는 '인적 자본'에 대한 투자, 철저한 억압에 대한 투자 등이
다. 특정한 역사적 국면에서 자본가들은 이러한 선택들을 모두 동일
한 수준에서 차지할 수 없다. 이는 그 자신의 조직화, 그들이 창출한
제도, 생산 및 계급투쟁의 상태에 의해 정해지는 객관적 가능성 등
에 좌우된다. 여태까지 1차 순환이라는 점에서 확인했던 과잉축적
의 경향이 어떻게 자본순환의 전체 구조 내에서 나타나는가에 집중
하기 위해 이러한 문제들을 잠시 가정으로 접어두고자 한다. 이를
위해 먼저 투자의 생산성, 특히 자본의 2차 및 3차 순환에서 이루어
진 투자의 생산성의 개념을 명확히 해둘 필요가 있다.

2차 순환과 3차 순환에서 투자의 생산성에 관하여

나는 여러 이유로 '이윤 가능성'보다는 '생산성' 개념을 선택한다. 무엇보다도 맑스가 『자본』 제3권에서 다룬 바와 같이 이윤율은 가격보다는 가치로 측정되며, 이는 또한 잉여가치가 그 구성요소들, 즉 화폐자본에 대한 이자, 생산자본에 대한 이윤, 토지에 대한 지대, 상업자본에 대한 이윤 등으로 어떻게 분배되는가를 고려하지 않는다. 이윤율은 모든 부문의 개별 자본가들이 벌어들인 사회적 평균으로 여겨지며, 경쟁이 이것의 균등화를 효과적으로 보장할 것이라고 가정된다. 이 가정은 세가지 자본순환들 간의 흐름을 고찰하기에 적합한 개념화라고 보기 어렵다. 우선 건조환경에서 고정자본의 형성, 특히 교통망 같은 형태의 집합적 생산수단의 형성은 자본시장의 형성, 이자 형태로 잉여가치 몫의 분배에 대한 이해 없이는 파악될 수 없다. 둘째, 2차 순환과 3차 순환에서 생산된 상품들 가운데 많은 경우 일반적인 방법으로 가격을 책정할 수 없으며, 국가를 통한 집합적 행동 또한 마찬가지로 이윤 가능성이라는 정상적 기준으로 검토될 수 없다. 셋째, 현행 이윤율은 서로 경쟁하는 개별 자본가들이나 법인들의 행태를 이해하는 데는 적합하지만, 어떤 주요한 가정(맑스가 그렇게 한 것처럼, 사회적 총 이윤이 자본주의체계 내에서 생산된 총 잉여가치와 동일하다는 가정) 없이는 계급으로서 자본가들의 행태를 검토하기에 적합한 개념으로 전환될 수 없다.

생산성 개념은 우리가 주의 깊게 규정한다면 이 문제들의 일부를 우회하는 데 도움을 준다. 왜냐하면 사실 계급으로서 자본가들은 흔히 국가기구를 통해 미래의 축적, 계급으로서 그들 자신의 재생산, 노동에 대한 그들의 지속적인 지배에 유리한 조건을 생산하는 데 투자하기 때문이다. 이 점은 생산적 투자를 더도 말고 잉여가치의 생산을 위한 기반을 직접 혹은 간접적으로 확대시키는 투자로 정의할 수 있도록 한다. 분명 2차 순환 및 3차 순환으로의 투자는 어떤 조건들하에서 이렇게 할 수 있는 잠재성을 갖는다. 우리를 혼란스럽게 만드는 만큼이나 자본가들을 곤란에 빠뜨리는 문제는 이러한 잠재성이 실현될 수 있도록 하는 조건과 수단을 밝혀내는 것이다.

새로운 기계에 대한 투자는 고찰하기 아주 쉬운 예다. 새 기계가 잉여가치를 생산하기 위한 기반을 확대시킨다면 이는 생산적이며, 만약 이것의 혜택이 물질적으로 실현되지 못한다면 비생산적이다. 마찬가지로, 과학과 기술 투자는 축적을 확대하는 데 응용될 수 있는 과학적 지식의 새로운 형태를 생산할 수도 있고, 그렇지 못할 수도 있다. 그러나 도로·주택·보건·교육·경찰·군대 등에 대한 투자는 어떠한가? 만약 노동자들이 작업장에서 비순응적이어서 그들을 위협하고 이들의 집단적 힘을 와해하기 위해 경찰력에 쏟아부은 자본가계급의 적절한 투자는 자본가들을 위한 잉여가치의 생산에 간접적으로 생산적인 것이 된다(이는 19세기 미국의 핑커톤〔Pinkertons, 1850년 핑커톤이 창립한 사설 탐정업체 요원들을 자본가들이 상품 경비뿐만 아니라 파업 진압, 노동조합원 폭행을 위해 고용한 사건〕에서 그 기원을 찾아볼 수 있다). 하지만 만약 노동자들을 둘러싼 빈곤이나 참상에는 아랑곳하지 않고 자신들의 수익으로 과시적 소비를 하는 부르주아들을 보호하기 위해 경찰이 고용됐다면, 경찰은 축적을 촉진하기 위한 행동을 하는 것이 아니다. 이러한 구분은 그럴듯하지만 딜레마를 만들어 낸다. 자본가계급은 자본의 2차 순환과 3차 순환에서 생산적 투자의 기회를 어떻게 합리적인 정확성을 갖고 직간접적으로 확인할 수 있는가?

이 점은 공공정책을 둘러싼 많은 논쟁들이 관심을 갖는 주제다. 나쁜 투자의 비용은 어디에선가 나타나게 되며, 아마 어떤 종류의 위기 형성을 뒷받침할 것이다(대개는 공공지출과 공공정책을 중심으로).

자본주의하에서 위기 형성에 관하여

위기는 자본주의적 축적과정 내 근원적 모순들의 실질적 표출이다. 맑스가 『자본』에서 제안하려 한 주장은, 자본주의 내에 '균형성장'을 달성하고자 하는 잠재성이 항상 존재하지만, 이 잠재성은 자본주의사회에 만연한 사회적 관계의 구조 때문에 결코 실현될 수 없다는 것이다. 이 구조는 개별 자본가들이 그들 자신의 계급 이해관계와는 대립되는 결과를 집단적으로 생산하며, 겉으로 드러난 계급투쟁의 장에서 그들 자신의 대응책을 마련하고자 하는 노동계급에게 과중한 폭력을 행사하도록 한다.

우리는 이미 자본가들이 어떻게 자본의 1차 순환 내에서 과잉축적의 상태를 만들어내는 경향이 있는가를 이해했으며, 그 결과로 나타나는 여러 현상을 고찰했다. 압력이 누적됨에 따라 축적과정은 중단되거나 또는 자본이 여러 통로를 통해 2차 순환과 3차 순환으로 흘러들어가도록 새로운 투자기회가 나타나기도 한다. 이러한 이동은 하나의 물방울로 시작하겠지만, 이 수단들을 통해 잉여가치의 생산을 확장할 수 있는 잠재력이 명백해짐에 따라 홍수가 된다. 그러나 과잉축적의 경향은 제거되지 않는다. 오히려 이는 2차 순환과 3차 순환에 과잉투자를 하게 되는 만연한 경향으로 전환한다. 이 과잉투자는 단지 자본의 필요와 관련되며, 어쩔 수 없이 충족되지 않은 채 남아 있는 사람들의 실질적 필요와는 아무런 관계가 없다. 이에 따라 위기의 표출은 자본의 2차 순환과 3차 순환에서 나타난다. 그러나 이러한 투자의 장기적 회전기간 때문에 실질적인 시간이 지연된다. 그들의 실패 또는 성공이 명백해지는 데는 수년이 걸릴 것이다. 그러나 자본의 2차 순환과 3차 순환의 어떤 시점에는 위기가 표출될 것이다.

고정자본과 소비기금을 보면, 위기는 자산의 가치평가에서 위기의 형태를 취한다. 만성적 과잉생산은 고정자본과 소비기금 항목의 감가(devaluation, 가치절하devalorization 또는 평가절하depreciation로도 번역되지만, 정확하게는 자본의 순환과정에서 자본에 내재된 가치가 상품재고 등으로 인해 서서히 줄어들거나 또는 공황에 의해 급격히 줄어드는 과정을 뜻한다)를 초래하며, 이 과정은 생산자 내구재와 소비자 내구재뿐만 아니라 건조환경에 영향을 미친다. 마찬가지로 우리는 자본흐름의 구조에서 다른 지점에서의 위기 형성, 즉 사회적 지출(보건, 교육, 군대 등)에서, 소비기금(주택) 형성에서, 기술과 과학에서 위기를 관찰할 수 있다. 각각의 경우 위기는 이러한 각 영역들에서 생산적 투자의 잠재력이 소진되기 때문에 발생한다. 게다가 자본의 흐름은 잉여가치의 생산을 위한 기반을 넓히지 못한다. 우리는 또한 이러한 영역 어디에서든 어떤 크기로든 위기가 금융구조 및 국가구조 내에서 위기로 나타나며, 국가구조는 상대적 자율성 때문에 위기의 독립적 근원일 수 있음을 주목해야 한다(이에 따라 우리는 국가지출의 재정위기와 병행하여 금융·신용·화폐의 위기에 관해 논할 수 있다).

위기는 자본주의 생산양식의 '불합리한 합리주의자'다. 위기는 불균형의 지시자이며, 생산·교환·분배·소비과정의 합리화(노동뿐만 아니라 자본가계급의 어떤 분파에게는 고통스러울 과정)를 강제한다. 위기는 또한 제도적 구조(특히 금융제도 및 국가제도)의 합리화를 강제할 수 있다. 내가 서술한 관계들의 총체적 구조라는 관점에서, 우리는 각기 다른 종류의 위기를 다음과 같이 구분할 수 있다.

1. **부분적 위기**: 특정 부문, 특정 지리적 영역, 또는 조정제도의 특정 부문에 영향을 미치는 위기. 이 위기는 어떤 이유에서든 발생할 수 있지만 해당 부문·지역·제도 내에서 해결될 수 있는 잠재적 가능성이 있다. 이를테면 우리는 독립적으로 형성된 통화위기가 조정과 제도개혁을 통해 해결되거나, 또는 건조환경을 만들 때 생기는 위기가 은행파산이나 국지적 경제의 회복으로 해결되는 경우를 목격할 수 있다.

2. **전이적 위기**: 자본흐름의 주요한 재조직화와 재구성, 그리고/또는 생산적 투자를 위한 새로운 통로를 열기 위해 조정제도들을 재구성하는 일을 포함한다. 두가지 종류의 전이적 위기가 있다.

1) **부문적 전이적 위기**: 한 영역(예를 들면 고정자본 형성)에서 다

른 영역(예를 들면 교육)으로 자본 할당의 전이가 뒤따른다.

2) **지리적 전이적 위기**: 한 장소나 지역에서 다른 장소나 지역으로 자본흐름이 전이된다. 이 유형의 위기는 특히 건조환경 투자에서 중요한데, 이 투자는 공간상에서 비유동적이기 때문이다.

3. **지구적 위기**: 자본주의체계 내 모든 부문, 영역, 지역에 크든 작든 영향을 미치는 위기. 우리는 고정자본과 소비기금의 광범위한 감가, 국가지출에서의 재정위기, 생산성과 이윤의 위기 등이 모든 곳에서 동시에 모두 표출되는 것을 볼 수 있다. 20세기에 이런 종류의 지구적 위기가 2번 있었다. 첫째는 1930년대의 위기와 2차대전 이후의 여파, 그리고 1973년 이후 위기로 이는 1968년 이후부터 점차 조성됐다.

위기는 부분의 위기에서 지구 전체의 위기로 쌓여갈 수 있다. 자본주의 내에서 지리적 불균등발전과 관련되며 또한 이를 뒷받침하는 전이적 위기는 특히 흥미롭게 연구해봄 직하다.

보론

이 글은 맑스의 범주들을 활용하여 도시화와 자본축적 간의 연계를 고찰함으로써 도시화에 대한 해석의 이론적 기반을 구축하고자 했던 나의 첫 시도였다. 이는 자본주의적 축적의 지리에 대한 분석을 도시 수준의 구체성으로 내려오도록 했다. 이 이론은 지나치게 단순화됐고 더 세련되게 연마해야 할 필요(특히 국가와 신용의 역할에 관해)가 있는 것처럼 보이지만, 나는 이 이론이 자본의 재생산에서 건조환경에 대한 장기적 고정자본 투자의 역할을 통해 생각할 수 있는 확고한 방법을 여전히 제공한다고 생각한다. 이 이론은 또한 과잉축적의 경향이 어떻게 한 유형의 자본순환에서 다른 유형으로 전환하며 그 효과는 무엇인가에 대한 연구로 우리를 이끈다. 건조환경에서 과잉축적의 위기는 명백한 위험이다. 이 틀은 미국 소비수요 붕괴에 뒤따른 2008년 이후 수출교역의 상당한 쇠퇴를 보완하기 위해, 중국이 어떻게 국가주도적 전략으로 잉여자본과 잉여노동을 거대한 도시화와 물리적 하부시설 프로젝트로 강제했는가를 설명한다. 이 프로젝트 덕분에 중국은 2009년 이후 세계의 다른 국가들이 몸부림치는 상황에서도 상대적으로 높은 성장률을 유지할 수 있었다. 1945년 이후 미국이 '주택을 건설하고 이를 물건들로 채움'(즉 교외화)으로써 위기를 피하기 위해 즐겨 사용했던 방법도 이와 다를 바 없다. 2007년과 2008년의 이러한 해법은 미국에서 그 가능성을 소진했고 결국에는 세계금융위기를 촉발했다. 내가 이 글을 쓰고 있는 2015년의 시점에도 중국에서는 건조환경에 대한 과잉투자의 증거들이 늘어나고 있다. 중국경제뿐만 아니라 전세계 경제의 건전성을 위협하는 2차 순환에서의 과잉축적을 막기 위한 〔중국〕당국의 투쟁이 어떤 일을 불러일으킬지 흥미롭게 지켜볼 일이다.

이 장에서 고안한 자본순환에 대한 분석은 성장을 통한 자본의 생산과 재생산에 대한 맑스의 유기적·생태계적·진화론적 사유방식과 일치한다. 르페브르는 『도시혁명』(*The Urban Revolution*)에서 2차 순환에 대한 생각을 언급했다. 아주 다른 각도에서 제시된 것이긴 하지만 유일하게 다른 분석은 브라질 지리학자 쌘또스(M. Santos)에 의해 제안된 것으로, 나는 1970년대 그와 매우 생산적인 토론을 벌인 바 있다.

논지를 간결하게 하기 위해 논문의 후반부를 생략했다. 본래 그 부분에서는 이론적 탐구와 대체로 일치하는 계급투쟁, 자본의 2차 순환에서 나타나는 투자에 대한 약간의 사료를 제시했다.

기념비와 신화: 싸끄레꾀르 대성당 건축

몽마르트르 언덕으로 알려진 언덕 꼭대기에 전략적으로 위치한 싸끄레꾀르 대성당은 빠리를 내려다보는 위엄있는 자리를 차지하고 있다. 5개의 흰 대리석 돔과 이들 옆에 솟아 있는 종탑은 도시의 어느 구역에서든 볼 수 있다. 구(舊)빠리를 형성하는 조밀하고 미로 같은 도로망 내에서 이따금씩 홀낏 그 모습이 눈에 잡히기도 한다. 대성당은 뤽상부르 정원에 아이들을 줄 지어 데리고 가는 젊은 어머니들에게, 노트르담 꼭대기로 고생스럽게 걸어오르거나 보부르센터의 에스컬레이터를 타고 힘들지 않고 올라가는 관광객들에게, 그레넬(Grenelle)에서 지하철로 쎈강을 가로지르거나 또는 북역(Gare du Nord)으로 쏟아져 들어가는 통근자들에게, 그리고 일요일 오후 뷔뜨쇼몽 공원의 바위 꼭대기에서 배회하는 알제리 이민자들에게도 호화롭고 장엄하게 부각된다. 대성당은 우리 이야기에서 중요한 역할을 담당할 장소들인 벨빌(Belleville)과 라비예뜨(La Villette)의 전통적인 노동계급 구역 변두리에 있는 파비앵 대령 광장에서 볼링 게임을 하고 있는 노인들에게도 분명하게 보인다.

추운 겨울날, 뻬르라셰즈(Pére Lachaise) 묘지의 오래된 비석들 사이로 바람이 낙엽들을 쓸고 지나갈 때, 프랑스 제3공화정의 초대 대통령이었던 아돌프 띠에르(A. Thiers)의 무덤 계단에서도 대성당을 볼 수 있다. 지금은 라데팡스(La Defense)의 근대적 오피스단지에 거의 가려져 있지만, 대성당은 20킬로미터 이상 떨어져 있으며 아돌프 띠에르가 죽었던 곳인 쌩제르맹앙레(St Germain-en-Laye)에 있는 앙리 4세 빠빌론(Pavillon Henry IV)에서도 볼 수 있었다. 그러나 들쑥날쑥한 지형으로 인해 대성당은 같은 뻬르라셰즈 묘지 안에 있지만 유명한 꼬뮌 전사들의 벽(Mur des Federes)이 있는 곳, 즉 1871년 5월 27일 꼬뮌 최후까지 살아남았던 몇몇 전사들이 비석들 사이에서 치룬 격렬한 전투 이후 포위되어 한꺼번에 총살당한 장소에서는 볼 수 없다. 지금은 늙은 밤나무로 그늘이 지고 담쟁이덩굴로 뒤덮인 그 벽에서는 싸끄레꾀르를 볼 수 없다. 사회주의자, 노동자, 그들의 지도자들을 위한 그 순례지는 아돌프 띠에르의 우울한 무덤이 서 있는 언덕 마루 때문에 가톨릭신자들의 순례지에서는 가려져 있다.

싸끄레꾀르 대성당이 아름답거나 우아하다고 주장할 사람은 거의 없다(그림 4.1). 그러나 대성당이 충격적이고 독특하다는 점, 직접적인 비잔틴양식은 발밑에 펼쳐져 있는 도시로부터 존경을 요구

〈그림 4.1.〉 싸끄레꿰르 대성당

하는 일종의 거만하고 장엄한 분위기를 빚어낸다는 점에는 대부분 동의할 것이다. 화창한 날이면 대성당은 멀리까지 빛을 발하며, 흐린 날에도 그 돔이 아주 작은 빛의 입자까지 잡아서 이들을 선명한 흰 대리석에서 발산하는 것 같다. 밤에는 조명으로 대성당은 공중에 매달린 것처럼, 무덤처럼 을씨년스럽고 천상의 것처럼 영묘하다. 이로 인해 싸끄레꾀르는 성스러운 장엄함의 이미지, 영원한 기억의 이미지를 투사한다. 그런데 이것은 무엇의 기억인가?

이 의문에 답을 구하려고 대성당을 찾는 방문객은 먼저 몽마르트르의 가파른 언덕을 올라야 한다. 숨을 고르기 위해 발걸음을 멈춘 사람들은 지붕·굴뚝·돔·탑·기념물들이 어우러진 근사한 전망, 1872년 흐릿하게 안개 낀 10월의 아침 이후 별로 변하지 않은 구 빠리의 전망이 그들 앞에 펼쳐지는 것을 보게 될 것이다. 그날 빠리의 대주교는 그 가파른 언덕길을 올랐으며, 태양이 기적처럼 안개와 구름을 쫓아내고 빠리의 찬란한 파노라마가 드러나 대주교 앞에 펼쳐지도록 했다. 대주교는 잠깐 경이로운 느낌에 사로잡혔다가 큰 소리로 외쳤다. '여기다, 여기는 순교자들이 있는 곳, 여기는 성심(聖心, the Sacred Heart)이 군림하여 모든 이들을 그곳으로 불러들일 수 있는 곳이다.'[1] 그렇다면 여기 이 장엄한 대성당에서 추모되는 순교자들은 누구인가?

그 신성한 장소에 들어가는 방문객은 아마 분명 반원형의 돔을 덮고 있는 엄청나게 큰 예수상에 우선 놀랄 것이다. 팔을 넓게 펼친 모습으로 그려진 그리스도 상은 가슴에 성심의 이미지를 담고 있다. 그 아래 라틴어 구호에서 직접 인용된 GALLIA POENITENT('프랑스는 회개하노라'라는 뜻)라는 두 단어가 눈에 띈다. 그 아래에 열정으로 불타고 피로 물들어 있으며 가시관으로 둘러싸인 예수의 성심의 이미지를 담고 있는 커다란 금빛 관이 놓여 있다. 밤낮으로 조명이 비추고 있는 이곳에서 순례자들은 기도를 하게 된다. 성 마르그리뜨 마리 알라코크(St. Marguerite-Marie Alacoque, 프랑스 가톨릭교회의 수녀이자 신비가. 예수 성심에 대한 숭배를 전파하는 데 기여했다)의 실물 크기 조각의 맞은편에는 그 성스러운 인물이 쓴 편지(날짜: 1689년, 장소: 빠레르모니알Paray-le-Monial)에서 인용된 단어들이 우리들에게 성심숭배에 대해 더 많은 이야기를 해 준다.

영원한 성부(聖父)는 사랑스러운 성자(聖子)의 심장이 수난의 굴욕과 모욕 속에서 경험한 고통과 분노의 보상을 원하면서, 기념물을 세워 이 성심의 이미지가 숭배와 존경을 받을 수 있기를 바란다.

복음서에 따르면, 한 백인대장(centurion)이 십자가에서 고통받는 예수의 옆구리를 창으로 찔렀을 때 노출된 예수의 신성한 심장, 즉 성심에 바치는 기도를 17세기 이전에 몰랐던 것은 아니다. 그러나 환상에 시달린 마르그리뜨 마리는 성심숭배를 가톨릭교회 내 특별한 숭배로 전환시켰다. 그녀의 삶은 시련과 고통으로 가득했고, 그녀의 태도는 혹독하고 엄격했지만, 그 숭배에 나타나는 그리스도의 전반적인 이미지는 따뜻하고 사랑스러웠으며, 회개로 가득했고, 온화한 신비주의로 충만했다.[2]

마르그리뜨 마리와 그녀의 제자들은 그 숭배를 전파하는 데 대단한 열정을 보였다. 이를테면 그녀는 루이 14세(Louis XIV)에게 편지를 써 그리스도에게서 온 메시지를 전달하겠다고 주장했다. 그 메시지는 왕이 회개하고, 성심에 헌신하여 그의 문장(紋章)에 그 이미지를 넣고 또한 이를 찬양하는 성당을 지어 프랑스를 구원하라고 요청하는 것이었다. 현재 대성당 안의 돌에 새겨진 단어들은 1689년의 이 편지에서 인용된 것이다.

그 숭배는 서서히 전파됐다. 이는 가톨릭신자들의 신앙양식에 강한 영향을 미쳤던 18세기 프랑스 합리주의와 잘 조화되질 못했고, 얀센교도(Jansenist)가 전하는 엄격하고 완강하며 자제력이 강한 예수의 이미지와는 정반대였다. 그러나 18세기 말경 상당히 중요하고 잠재적으로 영향력 있는 추종자를 갖게 됐다. 루이 16세(Louis XVI)가 그 자신과 가족을 위해 개인적으로 성심에 헌신하게 됐다. 프랑스혁명 동안 수감되어 있었던 그는 석방된 후 3개월 내에 공적으로 성심에 헌신할 것이며, 이에 의해 프랑스를 구원하겠다고 서약했다(정확히 무엇으로부터 구원할 것인지를 말하지 않았으며, 말할 필요도 없었다). 그리고 그는 성심숭배를 위해 성당을 짓기로 서약했다. 하지만 루이 16세가 석방된 방식은 그가 서약을 이행할 수 있도록 허용하지 않았다. 마리 앙뚜아네뜨(M. Antoinette)라고 사정이 더 좋지는 않았다. 왕비는 기요틴의 약속을 지키기 전에 성심에 최후의 기도를 바쳤다.

이 사건들이 흥미로운 것은 이들이 우리 이야기에서 중요한 어떤 연대, 즉 성심숭배와 앙시앵레짐(ancien régime)의 반동적 군주주의 사이의 연대를 예고하기 때문이다. 이는 성심숭배 추종자들이 프랑스혁명의 원칙에 대한 확고한 반대 입장을 견지하도록 했다. 자유·평등·우애의 원칙을 믿는 사람들, 즉 어떤 경우든 섬뜩한 반(反)성직주의적 감성과 실행의 경향이 있는 사람들은 역으로 이러한 숭배에 사로잡히는 경우가 매우 드물었다. 혁명적 프랑스는 이를 전파하기에 결코 안전한 장소가 아니었다. 심지어 마르그리뜨 마리의 유골과 다른 유물은 지금 빠레르모니알에 전시되어 있지만, 이 시기 동안에는 조심스럽게 숨겨져야 했다.

1815년 왕정복고는 모든 것을 바꾸었다. 부르봉 왕조는 유럽 강대국들이 지켜보는 속에서 옛 사회질서를 할 수 있는 한 회복하고자 했다. 혁명기의 무절제에 대한 회개가 강력한 주제가 됐다. 루이 18세(Louis XVIII)는 죽은 형이 성심에 바친 서약을 이행하지 않았지만, 그의 형과 가족이 그처럼 아무런 의식도 없이 매장된 지점에 자신의 돈으로 속죄의 성당을 지었다. 프랑스는 회개하노라(GALLIA POENITENS).

하지만 성심숭배의 전파를 위한 협회가 설립됐고, 마르그리뜨 마리의 찬양을 위한 절차가 1819년 로마로 전달됐다. 보수적 군주제와 성심숭배 간 연계는 더욱 공고해졌다. 숭배는 보수적 가톨릭신자들 사이에 전파됐지만, 프랑스 가톨릭의 자유주의적이고 진보적인 일파는 상당한 의심을 갖고 지켜보았다. 그러나 이제 다른 적이 영토를 유린하고, 사회질서를 어지럽히게 됐다. 프랑스는 자본주의적 산업화의 스트레스와 긴장을 겪게 됐다. 7월 군주제(1830년 시작되어 1848년 혁명으로 개괄적으로 폐지된)하에서 발작과 경악을 겪었고, 이어서 나뽈레옹 3세의 제2제정기 초반의 거대한 물결 속에서 프랑스는 경제의 특정 부문들에서, 제도적 구조에서, 그리고 사회질서에서 급격한 전환을 겪었다.[3]

성심숭배는 이제 그 기치하에 온화하고 관용적인 그리스도의 이미지에 기질적으로나 상황적으로 이끌린 추종자들, 그리고 정치적 구질서의 복구를 꿈꾸는 사람들뿐만 아니라, 새로운 사회질서, 즉 화폐가 성배가 되고, 금융의 교황직이 실제 교황의 권위를 위협하고, 재물이 숭배의 1차적 대상인 신을 찬탈하려는 사회질서의 물질주의적 가치에 의해 위협을 느낀 사람들을 끌어모았다. 보수적 가톨릭의 관점에서 보면, 이러한 전환은 프랑스인의 삶에서 귀중한 많은 것을 위협했다. 이 전환은 그 과정에서 둔감하고 냉정한 물질주의, 과시적이고 도덕적으로 타락한 부르주아문화, 그리고 첨예해지는 계급 긴장을 유발했기 때문이다.

1860년대 프랑스 가톨릭은 이러한 일반적 조건들에 더하여, 몇가지 특별한 불만들을 추가할 수 있었다. 나뽈레옹 3세는 결국 이딸리아의 통일을 지지하는 쪽으로 돌아섰고, 교황의 세속적 권력으로부터 중부 이딸리아 국가들을 해방시키는 데 정치적·군사적으로 헌신했다. 교황은 이러한 정치를 선의로 받아들이지 않았고, 군사적 압력하에서 바티칸으로 물러나 그의 세속적 권력이 회복되기 전까지는 나오지 않겠다고 선언했다. 이렇게 유리한 위치에서 교황은 프랑스를 휩쓰는 것으로 느꼈던 도덕적 퇴폐와 프랑스의 정책을 신랄하게 비난했다. 이러한 방식으로 교황은 자신의 명분을 적극 추구하기 위해 프랑스 가톨릭을 결집시키고자 했다. 시기가 적절했다. 마르그리뜨 마리는 1864년 피우스 9세(Pius IX)에 의해 성인으로 축성됐다. 성심숭배는 모든 형태의 보수주의적 반대를 위한 결집의 외침이 됐다. 빠레르모니알로 가는 거대한 순례의 시대가 시작됐다. 고위 금융귀족들의 도움으로 건설된 새로운 철도에 몸을 싣고 목적지로 향한 많은 순례자들은 공적·사적 범죄행위들에 회개를 표현하고자 했다. 이들은 프랑스의 물질주의와 넘쳐나는 퇴폐에 대해 회개했다. 이들은 교황의 세속적 권력에 부과된 제약들을 풀기 위해 회개했다. 이들은 과거 존경스러운 사회질서에 구현되어 있었던 전통적 가치의 소멸에 대해 회개했다. 프랑스는 회개하노라(GALLIA POENITENS).

싸끄레꾀르 대성당의 정문 바로 안쪽에서 방문객은 다음의 명문을 읽을 수 있다.

서력 기원후 1875년 6월 16일, 교황 피우스 9세의 성스러운 치세에서 1870년과 1871년 사이에 벌어진 전쟁 동안 알렉상드르 르 장띨(A. Legentil)과 위베르 로오 드 플뢰리(H. R. de Fleury)가 작성하고, 빠리시의 대주교 기베르(Guibert) 예하가 인증한 서약을 실현하기 위해, 건축가 아바디(P. Abadie)의 설계에 따라 1873년 7월 23일 국민의회의 투표로 집행됐다. 예수의 성심으로 세워진 이 대성당의 첫번째 초석은 대주교 기베르 예하에 엄숙하게 놓였다.

이러한 간결한 역사를 구체화하고 그 이면에 무엇이 있는가를 찾아보자. 비스마르크(Bismarck)의 대부대가 1870년 여름, 프랑스를 상대로 거듭 승전보를 올림에 따라, 최후의 절망감이 프랑스를 휩쓸었다. 많은 사람들은 이 패배를 도덕적으로 타락하고 정도를 벗어난 프랑스에 대해 신성한 의지로 내려진 정당한 징벌이라고 해석했다. 이러한 정신에서, 외제니(Eugénie) 황후는 가족 및 궁정 신하들 모두와 상복을 입고 튈르리 궁전에서 노트르담 성당까지 걸어가 공개적으로 성심에 헌신하도록 제안을 받았다. 황후는 이 제안을 긍정적으로 받아들였지만, 이 역시 너무 늦었다. 9월 2일 나뽈레옹 3세는 스당(Sedan)에서 패배하여 포로가 됐다. 9월 4일, 시청 앞 계단에서 공화정이 선포됐고, 국민방위정부(Government of National Defence)가 구성됐다. 바로 그날 외제니 황후는 빠리에서 달아났는데, 신중하게도 황제의 권유에 따라 가방과 귀중품들을 챙겨서 미리 영국으로 보낸 뒤였다.

　스당에서의 패배는 제국을 종식시켰지만, 전쟁을 끝내지는 못했다. 프로이센 군대는 진군하여, 9월 20일경에는 빠리를 둘러싸고, 다음 해 1월 28일까지 도시를 포위했다. 다른 많은 품위 있는 부르주아 시민들처럼, 알렉상드르 르장띨은 프로이센 군대가 접근하자 빠리에서 도망쳐, 지방에서 피난처를 구했다. 그는 뿌아띠(Poitiers)에 방치된 채 빠리의 운명에 대해 고뇌하다가, 12월 초순, '신께서 빠리와 프랑스를 구원해주신다면, 그리고 최고 통치권자인 교황을 구해주신다면, 성심에 봉헌될 성소를 빠리에 짓는 데 모든 수단을 다하겠다'라고 서약했다. 그는 이 서약에 참여할 다른 사람들을 찾았고, 곧 위베르 로오 드 플뢰리의 열정적인 지원을 받게 됐다.[4] 그러나 르장띨의 서약 문구는 그렇게 따뜻한 호응을 보장하질 못했다. 그가 곧 알게 된 것처럼, 지방은 '빠리에 대한 증오감으로 가득 찼기' 때문이었다. 이러한 실정은 이상할 것이 없었고, 우리는 잠깐 주의를 돌려서 그 이유를 알아보는 것이 좋겠다.

앙시앵레짐하에서 프랑스 국가기관은 프랑스혁명과 제국하에서 공고해진 강력한 중앙집권적 성격을 갖게 됐다. 이러한 중앙집중화는 그 이후 프랑스 정치조직의 기반이 됐고, 빠리가 프랑스의 나머지 지역들과의 관계에서 특히 중요한 역할을 갖도록 했다. 빠리는 행정·경제·문화적으로 우위를 보장받았다. 그러나 1789년 사건은 또한 빠리인들이 정부를 만들고 또 파괴할 힘을 갖고 있음을 보여주었다. 그들은 이 힘을 노련하게 사용했고, 그 결과 자신들을 낙후되어 있고 보수적이며 압도적으로 농촌적인 프랑스에 그들이 '진보적'이라고 판단한 모든 것을 강요할 수 있는 권리와 의무를 가진 특권적 존재라고 여기는 데 주저하지 않았다. 빠리 부르주아들은 지방 생활의 편협성을 경멸했고, 농민들을 혐오스럽고 이해할 수 없는 사람들로 여겼다.[5]

망원경의 다른 쪽 끝에서 보면, 빠리는 대체로 권력·지배·기회의 중심지로 보였다. 빠리는 선망과 증오의 대상이었다. 권력과 권위의 과도한 집중으로 발생한 적대감에 더하여 특권, 물질적 성공, 도덕적 퇴폐, 그리고 악덕과 사회적 불안의 중심지인 도시에 대해 성격이 모호한 소도시와 농촌이 가질 수 있는 온갖 적대감이 추가됐다. 프랑스에서 특이한 점은 '도시-농촌 모순'에서 발생하는 긴장이 빠리와 여타 프랑스 간 관계에 몹시 강렬하게 집중되어 있다는 점이다.

이러한 긴장은 제2제정하에서 상당히 고조됐다. 철도가 빠리를 국가적 공간 통합과정의 허브로 만들게 됨에 따라, 이 도시는 엄청난 경제적 호황을 누렸다. 동시에 운송비 하락, 그리고 1860년 영불통상조약(Anglo-French Treaties of Commerce)으로 도화선이 된 자유무역 정책은 이 도시가 부상하는 지구경제와 새로운 관계를 갖도록 했다. 확대되는 프랑스 수출에서 빠리의 몫은 크게 증가했고, 주로 농촌노동자들의 대량이주로 인구도 급속히 성장했다.[6] 빠리가 금융·투기·상업활동의 중심이 됨에 따라, 부와 권력의 집중이 빠르게 진행됐다. 부유함과 빈곤의 대조는 더욱 놀랄 만한데, 빠리 서부의 부르주아 지구와 북부, 동부, 남부의 노동계급 지구 간 지리적 분화라는 점에서 점점 더 심각하게 나타났다. 벨빌은 서부의 부르주아 시민들이 감히 와보기도 어려운 낯선 영역이 됐다. 1853년에서 1870년 사이 2배 이상 늘어난 그곳의 인구는 부르주아 언론에서 '질투, 태만, 화가 쉬지 않고 끓어오르는' 곳, '빈곤과 증오의 깊은 수렁'에 빠져 있는 '인간쓰레기'로 묘사됐다.[7] 사회적 붕괴의 징조는 어디에나 있었다. 1860년대 경제성장이 둔화되고, 제국의 권위가 떨어지기 시작하면서, 빠리는 사회적 불안정이 끓어오르는 가마솥이 됐고, 모든 종류의 선동에 취약한 곳이 됐다.

무엇보다도 황제의 재촉으로 오스만은 넓은 대로, 공원과 정원, 온갖 기념비적 건축으로 '빠리를 장식'하고자 했다. 의도는 빠리를 프랑스뿐만 아니라 서구문명에서 가치있는 진실로 제국적인 도시를 만드는 것이었다. 오스만은 재정이 매우 위태로운 상황에서도 엄청난 비용을 들여 이 일을 수행했는데, 지방의 검소한 심성으로는 도저히 권장할 수 없는 업적이었다. 오스만이 기획했던 공적 풍요의 이미지는 부르주아의 과시적 소비와 딱 맞아떨어졌으며, 이들 가운데 많은 이가 이러한 개선의 혜택에 투기하여 부자가 됐다.[8]

그러니 그 목적이 아무리 경건하다고 할지라도 또다른 기념물로 빠리를 장식하기 위해 지방과 농촌의 가톨릭신자들이 그들의 호주머니를 털 마음이 전혀 없었다고 하더라도 이상한 일이 아니었다. 그러나 이보다 더 특이한 반대가 르장띨의 제안에 대한 반응으로 제기됐다. 지방과 농민의 감정이 군주제와 상당히 혼합되어 있었던 시기에, 빠리 시민들은 관례처럼 뻔뻔스럽게 공화정을 선언했다. 게다가 지방의 정서는 프로이센과의 갈등을 끝내고 싶은 성향이 강했지만, 뒤에 남아 포위의 고통에 직면했던 사람들은 놀랄 만큼 비타협적이고 호전적인 태도를 보였고 참혹한 결과가 오더라도 싸울 것임을 선언했다. 그리고 빠리의 노동계급 사이에 퍼지고 있던 새로운 유물론적 정치의 소문과 암시는 혁명적 열정의 다양한 표현이 더해져서, 좀더 존경스러운 부르주아 시민이 없는 상태에서 도시가 급진적이고 심지어 사회주의적인 철학의 제물로 떨어질 것이라는 인상을 주었다. 포위된 빠리와 점령되지 않은 영토 사이의 유일한 통신 수단은 비둘기와 풍선뿐이었기 때문에, 농촌의 공화주의 반대파와 도시의 군주제 반대파는 서로 오해할 여지가 얼마든지 있었고, 이들은 이러한 오해를 넘어서질 못했다.

따라서 르장띨은 그의 서약에서 빠리에 대한 특정한 언급은 빼야겠다고 정치적으로 판단했다. 그러나 2월 말 즈음 교황은 이를 승인했고, 그 이후 이 운동에 약간의 힘이 모였다. 이에 따라 3월 19일, 그 서약에 대한 주장들을 다소 길게 제시하는 팸플릿이 등장했다.[9]

〈그림 4.2〉 꼬뮌이 끝나갈 무렵 빠리에 번진 불길은 엄청난 파괴의 흔적을 남겼다. 작가를 알 수 없는 많은 사진 가운데, 아직 불길이 완전히 잡히지 않은 르와이알 거리의 사진을 찾아볼 수 있다. 시청, 재정부, 튈르리 궁전 같은 주요 공공건물들 가운데 많은 부분은 폐허로 변했다. 1880년대 권력을 갖게 된 공화주의 행정부는 결국 궁전을 허물었다. 이는 1차적으로 재건축 비용 때문이긴 했지만, 왕실과 나뽈레옹 권력의 증오스러운 상징물이었기 때문이기도 했다.

이 팸플릿의 저자는 프랑스 국민이 국가적 범죄를 국가적으로 교정해야 하기 때문에, 그 작업의 정신은 국가적이어야 한다고 주장했다. 이들은 기념물을 빠리에 건설하려는 의도를 확인했다. 그 도시가 더이상 장식되어서는 안 된다는 반대에 대해, 이들은 이렇게 답했다. '빠리가 비록 재가 된다고 할지라도, 우리는 여전히 우리의 국가적 잘못을 자백하고, 그 폐허 위에서 신의 정의를 선언하기를 원한다.'

팸플릿이 나온 시기와 문구는 운 좋게도 예언적인 것이었다. 3월 18일, 빠리 사람들은 꼬뮌하에 자치정부를 수립하는 방향으로 나아가는 돌이킬 수 없는 첫걸음을 떼었다. 실제적이든 상상적이든 꼬뮌 가담자들의 범죄는 부르주아 여론에 충격과 격노를 일으켰다. 그리고 믿기 어려운 잔혹한 내전 과정에서 빠리의 많은 부분은 사실 타다 남은 재가 됐기 때문에, 이러한 잿더미 위에 속죄의 대성당을 짓는다는 발상은 점차 호응을 얻게 됐다. 로오 드 플뢰리가 명백히 만족하면서 지적한 것처럼, '다가올 몇달 동안, 재로 변한 빠리의 이미지는 수없이 강조됐다'.[10] 이에 대한 이야기를 조금 더 설명해보자.

빠리꼬뮌의 기원은 복잡한 방식으로 서로 충돌하는 일련의 사건들 속에 놓여 있다. 국내에서의 정치적 중요성 때문에, 빠리는 오랫동안 어떠한 대의적 형태이든 자치정부를 거부당해왔고 국가정부에 의해 직접 운영됐다. 19세기의 많은 기간 동안, 공화주의자가 우세했던 빠리는 군주주의자(부르봉 '정통왕당파'든 '오를레앙파' Orléanists든) 또는 권위주의적 보나빠르뜨주의자들(Bonapartists)의 통치하에서 부대끼고 있었다. 민주적 형태의 자치정부에 대한 요구는 오래전부터 있었고, 도시 내에서 광범위한 지지를 얻었다.

1870년 9월 4일 설립된 국민방위정부는 급진적이지도 않았고, 혁명적이지도 않았지만,[11] 공화파였다. 또한 이 정부는 소심하고 서투른 정부임이 밝혀졌다. 물론 이 정부는 특정한 어려움 속에서 애를 썼지만, 이런 어려움이 그 빈약한 수행을 변명하기에는 전혀 충분하지 못했다. 이를테면 이 정부는 군주주의자들의 존경을 받지 못했고, 우익의 반동에 대한 지속적인 공포 속에서 지냈다. 바젠(Bazaine) 장군의 휘하에 있었던 동부군이 10월 27일 메츠(Metz)에서 프로이센군에게 항복했을 때, 그 장군은 군주주의자로서 자신이 공화주의정부를 위해 싸울 수 없었기 때문에 항복했다는 인상을 남겼다. 항복에 저항했던 그의 장교들 일부는 바젠이 프랑스의 명예보다 그의 정치적 입장을 더 중시하는 것을 보았다. 이는 프랑스정치를 수년 동안 괴롭히게 될 문제였다. 나중에 꼬뮌의 무장세력을 한동안 지휘하게 되고 또한 이러한 그의 역할로 인해 임의적으로 사형선고를 받고 처형당하게 된 로셀(L. Rossel)은 바젠의 명백한 애국심 결여로 마음 속 깊이 충격을 받은 장교들 가운데 하나였다.[12]

하지만 지배계급의 상이한 분파들 간 긴장은 전통적이고 놀랄 만큼 완고한 부르주아와 자신의 기반을 깨닫고 자신의 목소리를 내기 시작한 노동계급 간의 실질적 또는 상상적 적대감에 비하면 아무것도 아니었다. 옳든 아니든 간에, 부르주아들은 1860년대 동안 노동계급 조직과 정치클럽의 등장으로, 인터내셔널 노동자연대의 빠리지부의 활동으로, 그리고 노동계급 내 사상의 활기와 무정부주의 및 사회주의 철학들의 확산으로 크게 놀랐다. 그리고 노동계급은 그들의 적들이 두려워할 정도로 잘 조직되거나 통합된 것이 결코 아니지만, 분명 계급의식의 등장을 보여주는 신호들을 잔뜩 내보내고 있었다.

국민방위정부는 노동계급의 광범위한 지원 없이 프로이센 승리의 물결을 저지하거나 빠리의 포위를 풀 수 없었다. 그리고 좌파 지도자들은 처음에는 황제의 전쟁을 반대했음에도 유감스럽게 이에 기꺼이 승복하고자 했다. 블랑끼〔A. Blanqui, 프랑스 사회주의 혁명가로 소수의 정예요원에 의한 폭력혁명을 주장하면서, 프로이센과의 전쟁 후 반란을 지도하여 1871년 빠리꼬뮌 성립 직전에 체포됐다가 1879년에 석방됐다〕는 정부에게 '열정적이고 절대적인 지지'를 약속했으며, 인터내셔널의 지도자들도 독일노동자들에게 의무감에서 동족상잔의 투쟁에 참여하지 말 것을 호소한 후에, 빠리 방어를 위한 조직구성에 뛰어들었다. 노동계급 선동의 중심지인 벨빌은 공화정의 이름으로 국가적 대의를 위해 엄청난 인원을 끌어모았다.[13]

부르주아들은 덫에 걸렸음을 느꼈다. 당시 그들의 대열에 함께 했던 한 논평가의 서술에 의하면, 그들은 프로이센과 이들이 '빨갱이'라고 부르던 자들 사이에 갇히게 됐다. 그는 '나는 이 두가지 악 가운데 그들을 더 무섭게 한 것은 누구인지 모르겠다. 그들은 외국인을 증오하지만, 벨빌 사람들을 훨씬 더 두려워했다'라고 적었다.[14] 그들이 아무리 외국인을 패배시키고 싶어 하더라도, 노동계급의 대대와 함께 전위부대가 될 수는 없었다. 프랑스 역사에서 마지막 시점은 아닐지라도, 부르주아는 좌파를 애국 전선 내 주류세력으로 남겨둔 채 독일인에게 항복하는 길을 택했다. 1871년 '내부의 적'에 대한 두려움은 국가적 자존심을 압도했다.

프랑스가 빠리의 포위를 깨뜨리지 못한 이유는, 처음에는 프로이센군의 우월성과 프랑스의 군사적 무능력 때문이라고 해석됐다. 그러나 승리를 약속했던 전투마다 처참한 재난으로 끝나게 됨에 따라, 정직한 애국자들은 정치권력이 배신과 반역에 가까운 잔꾀를 부리는 것이 아닌지를 의심하기 시작했다. 정부는 점차 '국민변절정부'(Government of National Defection)로 여겨졌다. 이는 맑스가 나중에 꼬뮌을 열렬하게 옹호할 때 사용해 큰 효과를 얻었던 문구다.[15] 정부는 마찬가지로 도시 민주주의에 대한 빠리 시민들의 요구에 대응하는 것도 미적거렸다. 신분 높은 부르주아들의 대부분이 달아났기 때문에, 선거를 치르면 도시의 권력은 좌파의 손에 들어갈 것처럼 보였다. 우파 군주주의자들의 의구심을 감안하면, 국민방위정부는 오랫동안 요구됐던 것을 승인해줄 형편이 아니라고 느꼈다. 그래서 정부는 무한정 시간을 끌기만 했다.

10월 31일, 이미 빠리에서는 이러한 여러 실마리들이 한데 모여 반란의 움직임이 생겼다. 바젠의 수치스러운 항복 직후, 정부가 프로이센군과 정전 협상을 하고 있다는 말이 새어나갔다. 두려운 벨빌 주민들이 무리지어 내려오자, 빠리 사람들은 거리로 나와, 정부임원 여러명을 포로로 잡고서는, 시 선거를 치르고 항복하지 않을 것을 구두로 보장받고서 이들을 풀어주기로 합의했다. 이 사건은 우파의 결기를 일으켜 세우기에 충분했다. 이는 르장띨이 12월에 '빠리에 대한 증오감'을 갖게 된 직접적 원인이었다. 정부는 매일매일 전투 속에서 살았다. 그러나 결과로 판명된 바와 같이, 이들은 프로이센군에 대항하여 싸우는 것보다 벨빌 사람들에 대항하여 싸울 때 훨씬 더 효과적으로 싸웠다.

이로 인해 빠리의 포위는 계속 연장됐다. 도시의 악화된 조건들은 이제 사회적으로 불안정한 상황에 불확실한 영향을 더하게 됐다. 정부는 주민들의 요구에 무능하고 둔감했으며, 이로 인해 꺼져가던 불만의 불꽃에 기름을 붓는 꼴이 됐다.[16] 사람들은 고양이와 개를 잡아먹고 살았으며, 좀더 특권층 사람들은 동물원의 어린 코끼리인 폴룩스(Pollux)의 조각들(코살 1파운드에 40프랑)을 나눠 먹었다. '돼지고기와 자고새고기를 섞은 듯한 맛이 나는' 쥐고기의 가격은 한조각에 60쌍띰에서 4프랑으로 올랐다. 정부는 훨씬 뒤늦은 1월까지도 빵 배급을 위한 초보적인 조처조차 취하지 못했다. 공급이 줄었고 빵에 뼛가루를 섞는 바람에 장기적인 문제가 발생했는데, 이 뼛가루가 임시로 추려낸 지하묘지(catacomb)의 인골이었다는 사실 때문에 더욱 입맛을 떨어지게 했다. 평민들이 알지 못한 채 그들의 선조를 먹어치우는 동안, 터무니없는 가격을 매기는 매점매석 상인들 덕분에 카페 생활의 사치는 계속됐다. 뒤에 남아 있던 부자들은 비록 비싸게 지불했지만 그들의 습관에 따라 계속 쾌락에 탐닉했다. 정부는 비특권자들의 감정을 냉담하게 무시하는 부자들의 이익 추구나 이들에 의한 과시적 소비의 지속을 저지하려는 행동을 전혀 하지 않았다.

12월 말경에, 국민방위정부에 대한 급진적 반대가 증가했다. 이는 1월 7일, 저 유명한 붉은 벽보(Affiche Rouge)의 발간으로 이어진다. 빠리의 20개 행정구(arrondissement)의 중앙위원회가 서명한 이 벽

〈그림 4.3〉 풍자만화가 샴(Cham)과 오노레 도미에(H. Daumier)는 함께 펴낸 책을 통해 1870년 빠리가 포위됐던 우울한 몇 달 동안의 모습에서 유머를 끌어내고자 했다. 여기서 우리는 쥐고기를 얻기 위해 밤마다 줄을 선 빠리 시민들을 본다. 샴은 독자들에게 쥐고기를 먹을 때 고양이가 달려들지 않도록 조심하라고 충고한다.

보는 정부가 결단력 부족, 무기력, 지연작전으로 나라를 나락의 끝자락으로 끌고 간다고 비난했으며, 정부가 어떻게 행정을 해야 하는지, 또 어떻게 싸워야 하는지를 모른다고 주장했다. 그리고 이러한 정권의 지속은 종국에는 프로이센군에게 항복을 가져올 뿐이라고 주장했다. 또한 자원의 전면적 징발, 배급제, 대규모 공격을 위한 프로그램을 선언했다. 이 벽보는 유명한 호소로 끝을 맺었다. '인민에게 길을 비켜라! 꼬뮌에게 길을 비켜라!'[17]

빠리 전역에 걸린 플래카드에 쓰인 이 호소는 효과가 있었다. 군대는 단호하게 반응하여 최후의 대규모 전투를 조직했는데, 이는 군사적으로 무능했고 대량학살을 남긴 처참한 장면을 보여주었다. 리사가레(P. O. Lissagaray)는 '모든 사람들은 희생되기 위해 출정했다는 사실을 알고 있었다'라고 썼다.[18] 반역과 배반의 증거는 이제 막 행동하려는 사람들을 압도했다. 이는 계급이익에 앞서 나라를 사랑하는 많은 정직한 애국자들이 부르주아로부터 떨어져 나와서 반체제 급진파와 노동계급과의 연대를 맺도록 했다.

빠리 사람들은 1월 말 언짢고 수동적으로 불가피하게 정전을 받아들였다. 정전으로 평화조약을 협상하고 비준할 입법의회의 구성을 위한 전국선거를 치러야 했다. 평화조약은 프랑스 군대가 무장을 해제해야 한다고 명시하고 있지만, 쉽게 무장해제할 수 없었던 빠리의 국민방위군은 전투력을 유지하도록 허용됐다. 프로이센군의 감시 아래 기아에 헤매는 도시에 식량이 공급됐다. 남아 있던 대부분의 부르주아는 농촌의 피난처로 도망갔고, 가난해졌고 봉급도 받지 못했으며, 사기도 떨어진 군인들이 도시로 밀려들어오면서 이곳의

〈그림 4.4〉 띠에르는 1840년대 이후 도미에의 삽화에 흔히 나오는 주제였다. 그는 1870
년 정치 무대에 갑작스럽게 재등장해 비판적 논평을 할 또다른 기회를 제공했다. 왼쪽
그림(1871년 2월 24일 게재)에서, 띠에르는 새로 선출된 보르도의 국민의회를 지휘하
고 있으며(그러나 '사람들은 대사가 쓰인 화면을 볼 수가 없다'), 오른쪽 그림(꼬뮌이
선언된 이후, 4월 21에 게재됨)에서는 띠에르가 국가라는 마차에 매인 말에게 발광적으
로 채찍질하면서 베르사유 방향으로 가고자 하는 것을 볼 수 있다. 위엄 있는 자유의 모
습으로 묘사된 빠리는 반대 방향으로 끌고 있는 말과 함께 있지만, 띠에르 쪽으로 불가
능하다는 듯이 머리를 돌려서 보고 있다. 국가의 분열이 불길하게 예고되고 있다.

사회적·정치적 스트레스는 가중됐다. 2월 선거에서 이 도시는 급진적 공화주의자들에게 그 몫을 돌려주었다(루이 블랑L. Blanc, 위고 V. Hugo, 강베따L. Gambetta, 심지어 가리발디G. Garibaldi도 당선됐다). 그러나 프랑스의 농촌과 지방은 충실하게 평화를 위해 투표했다. 좌파는 항복에 반대했고, 국민방위정부의 공화주의자들은 전쟁 관리와 심각하게 결탁되어 있었고, 보나빠르뜨주의자들은 불신을 받았기 때문에, 평화의 표는 군주주의자들에게 갔다. 공화주의적 빠리는 국민의회에서 군주주의자들이 다수를 차지했다는 사실에 직면하여 경악했다.

당시 73세였던 띠에르는 부분적으로 그의 오랜 정치 경험 때문에, 또 부분적으로는 군주주의자들이 굴욕적인 평화협정이 될 것에 서명하는 책임을 지는 것을 원치 않았기 때문에 대통령으로 선출됐다. 띠에르는 알자스와 로랭을 독일에 양도했다. 빠리 사람들의 눈에는 더욱 심각했던 것은 그가 3월 1일에 프로이센군이 빠리를 상징적으로 점령하는 데 동의했다는 점이다. 빠리의 많은 사람들이 무장투쟁을 하겠다고 위협하고 있었기 때문에 이런 행위는 쉽게 피바다를 만들 수 있었다. 단지 좌파의 조직된 권력(프로이센이 자신들을 파괴할 것이고, 이에 따라 띠에르가 자신을 위해 할 일을 대신 해줄 것이라는 점을 알았던)과 국민방위중앙위원회(Central Committee of the National Guard)라고 불린 새로운 음지그룹의 영향만이 파국을 막을 수 있었다. 프로이센인들은 샹젤리제 거리를 행진했고, 군중들은 돌처럼 굳은 침묵 속에 그것을 지켜보았고, 모든 주요 기념물들은 검은 휘장으로 둘러쳐져 있었다. 굴욕은 쉽게 용서될 수 없었고, 띠에르는 비난을 받았다. 띠에르는 또한 엄청난 전쟁 배상금에 동의했다. 그러나 띠에르는 프로이센 은행들이 필요한 채무금액을 변통해주겠다는 비스마르크의 제안을 거절할 정도로 애국자였다. 띠에르는 이 특권을 프랑스를 위해 유보했고, 이 고난의 해를 프랑스 고위 금융계 신사들에게는 최고의 수익률을 낸 해로 바꾸어주었다.[19] 은행가들은 띠에르에게 그 돈을 걸으려면 먼저 '빠리의 불량배들'을 처리해야 한다고 알려주었다. 이 일은 그가 유일하게 행할 준비가 되어 있었던 것이다. 1834년 루이 필립(L. Philippe) 치하 내무부 장관으로서, 그는 프랑스 역사에서 최초의 진정한 노동계급운동 가운데 하나를 잔혹하게 탄압하는 책임을 져야 했다. '하찮은 대중'을 언제나 경멸했던 그는 오래전부터 이들을 처리할 계획을 갖고 있었다.[20] 이 계획은 그가 1848년 루이 필립에게 제안했던 것으로, 이제 드디어 그것을 실행할 지위에 있게 된 것이다. 그는 이 나라의 보수주의를 이용하여 도시의 급진주의를 쳐부수고자 했다.

3월 18일 아침, 빠리 주민들은 잠에서 깨자 프랑스의 잔여 군대가 이 도시의 대포들을 압수하기 위해 빠리로 파견됐음을 알았다. 이는 분명 9월 4일 이후 대규모로 국민방위군에 참가했던 민중을 무장해제하기 위한 첫번째 단계였다(〈그림 4.5〉). 빠리의 노동계급 민중은 대포가 그들 자신의 것이라고 자발적으로 선언하고 나섰다. 어쨌든 포위기간 동안 그들이 수집하고 녹인 철물을 그들의 손으로 대포로 만든 것이 아닌가? 몽마르트르 언덕에는 지친 프랑스 군인들이 그곳에 집결된 막강한 대포부대를 지키면서, 점차 난폭해지고 분노를

〈그림 4.5〉 이 놀라운 사진에 찍힌 몽마르트르의 대포는 주로 민중이 헌납한 물건들을 녹여 빠리에서 만든 것이다. 이는 빠리와 베르사유 간 분열을 촉발한 논쟁의 발화점이 됐다.

더해가는 군중들과 대치하고 있었다. 르꽁뜨(Lecomte) 장군은 그의 부대에 발사를 지시했다. 그는 1번, 2번, 3번 지시했다. 군인들은 그렇게 할 마음이 없었고, 라이플 총신을 공중으로 쳐들고 군중들과 흥겹게 형제가 됐다. 분노한 무리는 르꽁뜨 장군을 포로로 잡았다. 그들은 우연히 끌레망또마(Clément-Thomas) 장군과 마주쳤고, 1848년 6월혁명 기간에 저질렀던 잔혹한 학살에서 그의 역할을 기억하며 증오했다. 이 두 장군은 로지에 거리 6번지의 정원으로 끌려

갔으며, 상당한 혼란과 분노의 논쟁 가운데 벽을 등지고 세워져 총살됐다.

이 사건은 결정적이었다. 보수주의자들은 이제 그들의 순교자를 갖게 됐다. 띠에르는 빠리의 반항적인 주민들을 살인자이며 암살자로 규정할 수 있었다. 몽마르트르 언덕 꼭대기는 오래전부터 가톨릭 성인들의 순교 장소였다. 이들에 더하여 이제 르꽁뜨와 끌레망또마의 이름을 올릴 수 있게 됐다. 달이 가고 해가 가면서, 싸끄레꾀르 대성당을 지으려는 투쟁이 전개됨에 따라, '그리스도사회를 방어하고 구원하기 위해 죽은 어제의 순교자'인 이들을 기념할 필요가 있다는 청원이 빈번하게 이루어졌다. 이 구절은 이 대성당을 공적 시설 작업으로 만들기 위해 제안된 법안에 대한 보고서를 만들도록 위임된 국민의회위원회에서 실제 사용된 것이다.[21] 1875년 6월 16일 초석이 놓였을 때, 로오 드 플뢰리는 대성당이 '그렇게 성스러운 장소가 사탄에 의해 선택된 것처럼 보이는 장소, 사탄적인 끔찍한 범죄의 첫 행동이 저질러져 그렇게 많은 파괴를 유발하고 2명의 영광스러운 순교자를 교회에 준 바로 그 장소'에 건설된다는 점에 환호했다. 그는 계속해서 '그렇다. 싸끄레꾀르가 세워져야 할 여기가 바로 꼬뮌이 시작된 곳이고, 여기가 끌레망또마와 르꽁뜨 장군이 처형된 곳이다'라고 말했다. 그는 '사악한 자들에게 어떻게 겁을 줄 수 있는지, 그들의 의도를 파기시키고 그들이 무덤을 파고자 했던 곳에 요람을 놓을 수 있는지를 너무나 잘 알고 있는 신을 경배하면서 서 있는 선한 가톨릭교인들의 군중'에 환호했다. 그는 이러한 신도들의 군중을 '중독된 악령들이 줄서 있고, 모든 종교적 사고에 대해 명백

〈그림 4.6〉 알르마뉴 거리에 있는 꼬뮌 전사들의 바리케이트, 1871년 3월.

ⓒPhototheque des Musees de la Ville de Paris/Joffre

히 적대적이고 무엇보다도 교회에 대한 증오감으로 고무된 주민들이 거주하는 언덕'과 대비시켰다.[22] 프랑스는 회개하노라(GALLIA POENITENS).

3월 18일 사건에 대한 띠에르의 반응은 빠리에서 군대와 정부요원을 완전히 철수하는 것이었다. 베르사유에서 안전거리를 유지하면서, 그는 빠리의 침공과 탈환을 조직적으로 준비했다. 비스마르크는 전혀 꺼리지 않고 빠리의 급진주의자들을 진압하기에 충분하도록 프랑스 군대를 재구성하도록 허가했고, 이런 목적으로 포로들을 석방하고 물자들을 방출했다.

빠리 사람들은 사건의 전개에 다소 놀랐지만, 그들 자신의 뜻에 따라 국민방위군의 중앙위원회 지도하에 3월 26일 선거를 치렀다. 3월 28일, 꼬뮌은 하나의 정치적 사실로 선언됐다. 이날은 빠리의 평민들을 위한 즐거운 경축일이었고, 부르주아에게는 당혹스러운 날이었다.

꼬뮌의 정치는 거의 일관성을 갖지 못했다. 프랑스 역사에서 최초로 상당수의 노동자들이 인민 대표로 선출되어 자리를 잡았지만, 꼬뮌은 여전히 부르주아 출신의 급진적 분파들에 의해 장악됐다. 중도 노선의 공화주의자에서부터 자꼬뱅파, 프루동주의자, 인터내셔널 사회주의자, 블랑끼주의 혁명가 등 다양한 정치성향들로 구성된 꼬뮌에는 상당한 분파주의가 있었고, 어떤 급진적·사회주의적 노선을 택해야 하는가를 두고 많은 시끄러운 논쟁들이 있었다. 하지만 그들의 법률 제정은 진보적이었다. 이들은 임대료 지불을 일시적으로 중지시켰고, 빵집의 야간작업을 중단시켰다. 교육과 예술의 재조직화, 고급예술과 일상생활 사이에 여태까지 있었던 깊은 간극의 해체와 더불어 대중참여를 위한 예술의 개방, 그리고 민주주의적 참여의 새로운 형태에 대한 이들의 탐구 (…) 이러한 측면들 모두에서 꼬뮌 내의 혁신은 놀라웠고, 이는 처음에는 부정적이고 회의적이었던 맑스가 꼬뮌 가담자들을 진심으로 지지하도록 했다.[23]

그러나 이 가운데 많은 부분은 미결로 남았다. 사회주의적 근대성과 진보적 정치에 대해 어떤 주장을 얼마나 잘했든지 간에 꼬뮌 가담자들은 반동적 보수주의의 물결에 의해 곧 압도됐기 때문이다. 띠에르는 4월 초에 공격을 감행했고, 제2차 빠리 포위가 시작됐다. 프랑스의 농촌은 노동계급의 빠리를 파괴하는 작업에 투입됐다.

그 뒤에 일어난 일은 꼬뮌에 재앙이었다. 베르사유 군대가 마침내 빠리 외곽의 방어선(1840년대 띠에르가 구축했던 방어선)을 뚫고, 빠리 서부의 부르주아 구역들을 신속하게 통과하여, 오스만이 도시의 노동계급 구역에 구축했던 거대한 대로를 따라 서서히, 그리고 무자비하게 진격해왔다. 바리케이드가 사방에 있었지만, 군대는 이들을 대포로 격파하고, 소이탄으로 적병이 거주하는 건물들을 파괴할 준비가 되어 있었다. 번번이 피로 물든 프랑스의 역사에서도 가장 잔혹한 유혈사태가 시작됐다. 베르사유 군대는 어떠한 자비도 보이지 않았다. 시가전에서 죽은 자의 수(아무리 계산해도 그렇게 많지 않은)에 재판도 없이 임의적으로 처형된 엄청난 수가 더해졌다. 저명한 의사 한명은 사회주의적 유토피아 견해를 가졌다고 해서 죽임을 당했고, 공화파 대의원이며 꼬뮌의 비판자였던 밀리에르(Milière)는 어떤 대위가 우연히 그의 신문기사를 싫어했기 때문에 죽임을 당했다. 그는 빵떼옹 계단에서 무릎을 꿇고 용서를 빌라고 요구를 받자, 그는 대신 생애 처음으로 '꼬뮌 만세'를 외쳤다. 뤽상부르 정원, 로보(Lobau)의 바라끄, 뻬르라셰즈 묘지에 있는 유명하고 지금도 경배되는 벽은 처형자들이 작업을 계속함에 따라 총성으로 끊임없이 진동했다. 2만~3만명의 꼬뮌 가담자들이 그렇게 죽었다. 프랑스는 회개하노라(GALLIA POENITENS). 그러나 보복이 있었다.

이 슬픈 역사에서 우리의 관심을 끄는 한 사건이 있었다. 5월 28

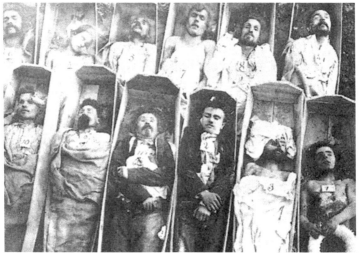

〈그림 4.7〉 1871년 5월 '피의 주간' 끝에 체포된 마지막 300여명의 꼬뮌 가담자들은 뻬르라셰즈 묘지에 있는 페데레 벽(Mur des Fédérés) 앞에서 즉결로 총살됐고, 그 벽은 그 후 수십년 동안 순례지로 변했다. (그림: 알프레드 다르종A. Darjon, 구아슈.)

〈그림 4.8〉 베르사유군에 의해 총살된 꼬뮌 가담자들. (사진: 디스데리A. A. E. Disderi) 누군가가 오른쪽 아래 젊은 여성의 손에 흰 화환을 두었다(자유의 상징은 또다시 매장 될 것인가?).

〈그림 4.9〉 방돔 기념주의 전복. 여
기 몰르(F. Meaulle)와 비에르(G.
Viers)에 의해 묘사된 이 장면은 상
당한 관심을 끌었던 것으로, 건물과
기념물이 빠리 사람들에게 얼마나
깊은 정치적 상징물이었는지 보여
준다.

ⓒPhototheque des Musees de la Ville
de Paris/Degraces

일 아침, 탈진한 외젠 발랭(E. Varlin)이 발각되어 체포됐다. 그는 책
제본가였고, 제2제정하에서 노조 및 식량협력 조직자, 국민방위 대
원, 지성적이고 존경받고 흠잡을 데 없이 정직하고 헌신적인 사회주
의자이자 용감한 군인이었다. 그는 르꽁뜨와 끌레망또마가 죽었던
로지에 거리의 그 집으로 끌려갔다. 발랭의 운명은 더 나빴다. 그는
바로 사형선고를 받았고, 잔혹한 무리에 의해 학대와 구타, 모욕을
당하면서 몽마르트르 언덕길 주변으로 끌려다녔다. 어떤 사람은 10

분 동안이라고 했고, 다른 사람들은 수시간 동안이라고 했다. 그는 마침내 벽을 마주보고 돌려세워져 총살됐다. 그는 겨우 32살이었다. 그들은 그를 죽이기 위해 총격을 2번 가했다. 총탄을 장전하는 사이, 그는 분명히 완강하게 '꼬뮌 만세!'를 외쳤다. 그의 전기 작가는 이를 '외젠 발랭의 수난'(Calvary of Eugène Varlin)이라고 불렀다. 좌파 역시 순교자를 얻을 수 있었다. 그리고 이 역시 싸끄레꾀르가 건설된 지점에 있다.[24]

'피의 주간'이라고 불리는 이 기간에는 또한 엄청난 재산 파괴도 일어났다. 꼬뮌 가담자들은 확실히 사적 소유의 특권에 매료되지 않았으며, 서슴없이 증오의 상징물을 파괴했다. 나뽈레옹 3세가 그 위에 서 있는 방돔 기념주는 결국 권위주의 통치의 종식을 상징하기 위해 거창한 기념행사에서 전복됐다. 나중에 화가 꾸르베(G. Courbet)는 이 행위의 책임을 져야 했고, 기념물 재건비용을 물어내라고 선고받았다. 꼬뮌 가담자들은 또한 루이 18세가 자기 형을 처형한 데 대한 죄책감을 빠리 사람들에게 인식시키기 위해 지은 보석의 성당(Chapel of Expiation)을 파괴하겠다고 선언했지만, 실행하지는 않았다. 그리고 띠에르가 그의 본색을 드러낸 뒤, 꼬뮌 가담자들은 빠리에 있는 그의 집 돌 하나하나까지 전부 뜯어내는 데 어떤 희열을 느꼈는데, 이는 매우 나쁜 영향을 미쳤다고 공꾸르(E. Goncourt)[25]가 느낀 상징적 행위였다.

그러나 빠리 전체의 화재는 전혀 다른 문제였다. 포격과정에 불탄 건물들에 더하여, 퇴각하는 꼬뮌 가담자들에 의해 전략적 이유로 계획적으로 불이 난 건물들이 추가됐다. 이로 인해 할 수 있는 모든 것을 불태워버림으로써 무자비하게 복수하는 꼬뮌의 '방화범' 신화가 등장했다고 한다. 방화하는 섬뜩한 여성(petroleuse)에 대한 허위적 신화가 베르사유 측 신문에 의해 유포됐고, 수상한 여자들은 그 자리에서 임의적으로 총살됐다.[26] 부르주아들의 일기 기록자인 오데우(M. Audéoud)[27]는 그가 블랑슈 거리에서 단정한 옷차림의 여성이 2개의 병(우리는 그 속에 무엇이 있는지 전혀 알 수 없는)을 갖고 간다는 이유로 어떻게 '방화하는 여성'이라고 모욕했는가를 의기양양하게 기록했다. 그녀가 갑자기 나타난 상당히 술 취한 군인을 밀어내자, 그 군인은 그녀를 등 뒤에서 쏘았다.

문제의 진실이 무엇이든지 간에, 방화범 신화는 강력한 영향을 미쳤다. 1년이 채 되질 않아, 교황은 꼬뮌 가담자들을 '지옥의 불을 갖고 저승에서 빠리의 거리로 솟아오른 악마들'이라고 서술했다. 도시의 재는 교회에 대항하는 꼬뮌의 죄악의 상징이 됐고, 싸끄레꾀르를 건설할 에너지가 솟아날 토양을 비옥하게 했다. 로오 드 플뢰리[28]가 '빠리가 잿더미로 변한다면'이라는 말의 교묘한 선택을 자축한 것은 전혀 이상한 것이 아니었다. 이 구절은 '꼬뮌의 방화범들이 세계를 테러하고자 했다'는 점에서 2배의 위력을 갖고 사람들에게 충격을 줄 수 있었다고 그는 지적했다.

꼬뮌의 여파는 전혀 즐겁지 않았다. 시체들이 거리에 버려져 있었고, 악취는 참을 수 없을 정도였다. 일례로 300여구의 시체가 오스만이 뷔뜨 쇼몽(한때는 잡범들을 교수형에 처하던 곳이었고, 나중에는 시의 쓰레기장이 됐다)에 만든 아름다운 새 공원의 호수에 마구 내던져졌고, 이들은 여러날 동안 퉁퉁 부어오른 상태로 흉측하게 떠오른 후에야 다시 끌어내야 했다. 화장터에서 이들을 태우는 데 며칠이 걸렸다. 오데우[29]는 '총알들이 박혀 있고, 더럽고 부패한' 시신들을 보고 기뻐했으며, '이 시체의 악취'를 '평화의 향기'로 받아들이고, '매우 예민한 콧구멍이 반란을 일으킬지 모르지만 영혼은 즐거워한다'라고 했다. 그는 계속해서, '우리 역시 잔인하고 무자비해졌고, 우리는 그들의 피로 목욕하고 손을 씻는 데서 즐거움을 찾아야 한다'라고 했다. 그러나 피바다는 부르주아들의 속을 뒤집어놓았고, 이들 가운데 가장 가학적인 자들을 제외하고 모두 '그만!'이라고 외치게 됐다. 유명한 일기 작가 공꾸르는 이 모든 일이 정당하다고 확신하려 애쓰면서, 다음과 같이 썼다.

화해도 없었고 타협도 없었다는 것은 좋은 일이다. 해결은 잔인하게 이뤄졌다. 순전히 힘에 의한 것이었다. 이 해결책은 사람들에게 비겁한 타협에서 등을 돌리도록 했다. (…) 피바다는 유혈에 의한 결백이다. 일부 전투적 주민을 죽여 없애는 이와 같은 숙청은 전(全)세대에 걸쳐 다음 혁명을 미룰 수 있도록 한다. 권력이 이번에 감히 그렇게 한 것처럼 모든 것을 그렇게 감행한다면, 구(舊)사회는 이러한 숙청을 다시 맞이하기 전에 침묵의 20년을 가질 수 있을 것이다.[30]

이러한 감정은 띠에르의 감정과 정확히 같았다. 그러나 공꾸르는 나중에 벨빌을 지나가면서, '추한 침묵의 얼굴들'을 보자, 여기가 '정복됐지만, 복종하지는 않았던 구역'이라는 생각을 느끼지 않을

〈그림 4.10〉 꼬뮌의 마지막 날들에 몽마르트르 언덕 꼭대기에서 바라본 불타는 빠리의 이 광경은 로오 드 플뢰리가 다음과 같이 언급했을 때 그가 마음속에 품었던 무언가를 포착하고 있다: '빠리가 재로 변할지라도' 싸끄레꾀르를 짓겠다고 맹세한 것이 얼마나 운 좋게도 적절했는가?

©Phototheque des Musees de la Ville de Paris/Joffre

수 없었다. 혁명의 위협을 숙청할 수 있는 다른 방법은 없었을까?

1870~1871년의 경험은 나뽈레옹 3세와 교황 간의 대립과 제2제정의 퇴폐적인 '축제적 물질주의'와 더불어, 가톨릭신자들을 광범위한 영혼 추구의 국면으로 빠져들도록 했다. 이들 가운데 대다수는 프랑스가 죄를 지었다는 생각을 받아들였고, 이 점은 신비적이고

거창한 속죄의 표현과 신앙심운동을 일으켰다.[31] 비타협적이고 교황 지상주의자인 가톨릭신자들은 물어볼 필요도 없이 권위의 존경에 바탕을 둔 법과 질서, 정치적 해결책으로 복귀하기를 선호했다. 그리고 법과 질서의 약속을 제시한 쪽은 일반적으로 비타협적인 가톨릭신자들인 군주주의자들이었다. 자유주의적 가톨릭신자들은 이 모든 것이 혼란스럽고 마땅찮았지만, 이들은 교황이 프랑스의 '사실상 골칫거리'라고 묘사함에도 세력을 동원할 처지에 있지 않았다. 군주주의와 비타협적 가톨릭주의 간 연대가 강화되는 것을 막는 것은 거의 없었다. 그리고 바로 이러한 강력한 연대가 싸끄레꾀르의 건설을 보장했다.

그러나 그 맹세의 창시자에게 즉각적인 문제는 경건한 소망을 시행하는 것이었다. 르장떨과 로오 드 플뢰리는 새로 임명된 빠리 대주교의 지원을 기대했다. 뚜르(Tours) 출신의 띠에르와 동향인 기베르 예하가 빠리에서 그 직위를 받기까지는 상당한 설득이 필요했다. 앞선 3명의 대주교들은 폭력에 의해 죽음을 당했다. 첫번째는 1848년 봉기 때였고, 두번째는 1863년 암살자의 손에 의해, 그리고 세번째는 꼬뮌 기간에 살해됐다. 꼬뮌 가담자들은 초기에 베르사유가 장담한 학살에 대응하여 인질을 잡기로 결정했다. 대주교는 주요 인질로 잡혀 있었는데, 꼬뮌 가담자들은 그를 블랑끼와 교환하고자 했다. 띠에르는 이 협상을 거부했는데, 그는 분명 대주교의 죽음과 순교가 그를 살려 동적이고 공격적인 블랑끼와 교환하는 것보다 더 유리하다고 판단했다. '피의 주간' 동안, 꼬뮌의 일부 분파들(특히 블랑끼주의자들)은 할 수 있는 모든 보복을 다 저질렀다. 5월 24일, 베

〈그림 4.11〉 꼬뮌에서 발생했던 일들에 대한 후회와 혐오감은 처음에는 사회민주주의적 성향의 공화주의자들에 한정됐다. 마네(E. Manet)(위)는 사건들에 깊이 감동되어, 바리케이드에서 죽음을 애도하는 여러 그림을 그렸다. 도미에(아래)는 그의 마지막 그림 가운데 하나에서 '노동자들이 서로 싸울 때'에 대하여 슬프고 비통하게 언급했다.

르사유 군대가 가장 처참하고 유혈적인 방법으로 빠리를 향해 진군하면서 꼬뮌에서 어떠한 역할이라도 했다고 의심되는 모든 사람들을 멋대로 처형하던 그 시각에, 대주교는 총살됐다. 이 마지막 주에 74명의 인질이 총살됐고, 그 가운데 24명은 사제였다. 이 무시무시한 반(反)성직주의는 1789년에도 있었던 것처럼 꼬뮌하에서도 살아 있었다. 그러나 2만명 이상의 꼬뮌 가담자가 죽었고, 거의 4만명이 수감됐으며, 다른 무수한 사람들이 도망쳤던 이 엄청난 숙청으로, 띠에르는 6월 14일 기베르 예하에게 안심시키는 편지를 쓸 수 있었다. '"빨갱이들"은 완전히 정복됐고, 내일부터 활동을 재개하지 못할 것입니다. 그들은 바로 패배했으니, 앞으로 50년 동안은 그러한 엄청난 전투를 벌이지 못할 것입니다.'³² 이런 말을 듣고, 기베르 예하는 빠리로 왔다.

새 대주교는 성심을 위한 기념물을 건립하려는 운동에 대해 많은 감동을 받았다. 1872년 1월 18일, 그는 공식적으로 이 과업의 책임을 수락했다. 그는 르장뗼과 로오 드 플뢰리에게 이렇게 썼다.

당신들은 진정한 관점에서 우리나라의 불행을 생각하였습니다. (…) 신과 그리스도에 반하는 음모는 대중의 가슴에, 그리고 거의 보편적인 배교행위에 대한 처벌과정에 만연해 있습니다. 사회는 승리한 외국인과의 전쟁의 공포, 그리고 같은 나라의 자손들 간의 더욱 끔찍한 전쟁에 사로잡혀 있습니다. 우리의 얼버무림으로 인해 하늘에 저항하는 반란군이 되어버린 우리는 분쟁 동안 무정부의 심연으로 떨어졌습니다. 프랑스의 국토는 아무런 질서가 없는 두려운 이미지를 줄 뿐이고, 미래는 여전히 더 큰 테러가 올 것임을 예고하고 있습니다. (…) 속죄와 회개를 위한 공적 행위로 세워진 이 사원은 (…) 악덕과 불경의 찬양을 위해 세워진 다른 기념물과 예술작품들에 반대하는 저항으로 우리 가운데 서 있을 것입니다.[33]

1872년 7월경 바티칸 유폐에서 풀려나기를 기다리고 있던 교황 지상주의자인 피우스 9세는 이 서약을 공식적으로 승인했다. 엄청난 선전 캠페인이 펼쳐졌고, 운동은 기력을 얻게 됐다. 그해 말 100만프랑 이상의 기부금이 약정됐고, 남은 일은 이 서약을 물질적·물리적 표현으로 전환시키는 것이었다.

첫번째 단계는 장소를 선택하는 것이었다. 르장띨은 아직 미완성이던 오페라 하우스의 토대를 사용하기를 원했다. 그의 생각에 오페라하우스는 '사치와 외설, 나쁜 취향의 수치스러운 기념물'이었다.[34] 로오 드 플뢰리가 그린 건물의 첫 설계도는 1860년 발레브스키(Walewski) 백작(나뽈레옹의 혼외 아들이고 나뽈레옹 3세가 당시 총애하던 정부의 남편이라는 수상쩍은 특성을 가졌던 사람)의 반대로 탈락됐다.[35] 이를 대신한 설계도(오늘날 남아 있음)는 르장띨의 눈에 가장 분명하게 '악덕과 불경에 대한 기념물'이 될 자격이 있었으며, 어떤 다른 것도 바로 그 지점에 대성당을 건설함으로써 제국의 기억을 지워버리기에 더 적합할 수 없었다. 꼬뮌 가담자들도 같은 정신으로 방돔 기념주를 전복시켰다는 점은 아마도 르장띨의 관심사가 아니었을 것이다.

그러나 1872년 10월 후반 대주교는 문제를 자신이 떠맡으면서, 몽마르트르 꼭대기를 선정했다. 오직 그곳에서만 빠리의 상징적 지배가 확보될 수 있었기 때문이다. 이 장소의 일부 땅은 공유지였기 때문에, 이를 획득하려면 정부의 동의나 적극적인 지원이 필요했다. 정부는 이 지점에 군대요새의 구축을 고려하고 있었다. 그러나 대주교는 군대요새가 그다지 대중적이지 못한 반면, 그가 제안하는 종류의 요새는 덜 공격적이면서 더 굳건할 것이라는 점을 지적했다. 띠에르와 그의 각료들은 이데올로기적 보호가 군대보다 더 유리할 것이라는 점을 분명 믿게 됐고, 대주교가 이 문제를 공식적으로 추진하도록 격려했다. 이 점은 1873년 3월 5일 편지에 있는 내용이었다.[36] 그는 정부가 대성당의 건립을 공적 용도의 사업으로 선언하는 특별법을 통과시켜 달라고 요청했다. 이 요청으로 그 장소를 징발하는 데 사용될 토지수용법이 통과될 수 있었다.

이와 같은 법은 교회와 국가의 분리를 선호하던 오래된 감정에 반하는 것이었다. 그렇지만 이 프로젝트를 위한 보수적 가톨릭계의 정서는 매우 강력했다. 띠에르는 결정을 미루었지만, 그의 우유부단함은 즉각 빌미를 제공했다. 군주주의자들은 자신들의 시기가 왔다고 판단했다. 3월 24일 이들은 띠에르를 권력에서 몰아내고, 극보수주의자인 왕당파 막마옹(M. MacMahon)을 원수의 자리에 앉혔다. 그는 바로 2년 전에 베르사유군을 이끌고 꼬뮌을 유혈로 진압했던 사람이었다. 프랑스는 또다시 정치적 소용돌이에 빠져들었다. 군주제의 복귀가 임박한 것처럼 보였다.

막마옹 정권은 이 법안을 신속하게 상정했는데, 그후 이 법은 부유층과 특권층(이에 따라 사회 보호를 위해 적극적으로 관여했던 사람들)이 왕의 지도력하에서 교회의 권위와 연대하여, 최근 드러난 것과 같은 사회적 위험으로부터 프랑스를 구하고, 이를 통해 나라가 무정부의 심연으로 추락하는 것을 막을 수 있도록 도덕적 질서의 통치를 확립하기 위한 프로그램의 일부가 됐다. 교회는 도덕적 질서의 의미를 재확립하기 위한 캠페인의 일부로 대규모 시위를 동원했다. 이러한 시위들 가운데 가장 큰 시위는 1873년 6월 29일 빠레르모니알에서 있었다. 50명의 국민의회 의원을 포함하여 3만명의 순례자들이 공개적으로 성심에 헌납하기 위해 그곳을 순례했다.[37]

바로 이러한 분위기 속에서 그 법에 대한 보고를 위해 구성된 위원회는 7월 11일 국민의회에 소견을 제시하게 됐다. 국민의회 의원들 가운데 4분의 1은 서약의 추종자였다. 위원회는 속죄의 대성당을 건립하기 위한 제안이 의심할 바 없이 공적 용도의 사업이라고 보았다. 모든 사람들이 볼 수 있는 몽마르트르 높은 곳에 이러한 기념물을 건축하는 것은 옳고 적절한 일이었다. 바로 그곳이 순교자들(어제의 순교자들을 포함하여)의 피가 흘렀던 곳이기 때문이다. '우리의 슬픔으로 끝났던 범죄를 이러한 속죄의 작업으로 지워버릴' 필요가 있었다. '너무나 많은 고통을 겪은' 프랑스는 '자신의 뜻에 따라 패배와 승리를 내려주는 주의 보호와 은총을 요청해야' 했다.[38]

7월 22일과 23일에 이어진 논쟁은 부분적으로 기술적·법적 문제와 국가-교회 관계에 대한 법안의 함의를 둘러싸고 전개됐다. 비타협적 가톨릭신자들은 그 논쟁을 훨씬 더 밀고 나가자고 무모하게 제안했다. 이들은 의회가 '꼬뮌의 무장에 대한 저항으로서만이 아니라 화합과 양보의 신호로서' 국가적 과업을 공식적으로 수행하기를 원했다. 수정안은 거부됐지만, 이 법은 244표라는 상당한 다수로 통과됐다.

그 논쟁에서 외로운 반대 목소리가 빠리 출신의 한 급진적 공화주의 대의원으로부터 나왔다.

당신들은 자유사상과 혁명의 원천인 빠리를 굽어보는 높은 곳에 가톨릭 기념물을 건립하려고 생각하는데, 대체 무슨 생각을 하는가? 이를 혁명에 대한 교회의 승리로 만들려는 것이다. 그렇다. 당신들이 진화하고자 하는 것은 그것, 당신들이 혁명의 전염병이라고 부르는 것이다. 당신들이 되살리고자 하는 것은 가톨릭 신앙이다. 당신들은 근대의 정신과 싸우고 있기 때문이다. (…) 그렇다. 나는 빠리 주민들의 감정을 알고 있고, 나는 그들처럼 혁명의 전염병에 물들어 있으며, 나는 당신들에게 빠리 주민들이 당신들의 신앙의 겉치장에 의해 함양되기보다는 더 심하게 분개할 것이라고 말한다. (…) 당신들은 우리를 교화하기는커녕 우리를 자유사상으로, 혁명으로 내몰고 있다. 사람들은 군주제의 도당들, 혁명의 적들이 만든 이 표현물들을 볼 때, 이들은 혼잣말로 가톨릭주의와 군주제가 통합됐다고 말할 것이고, 어느 한쪽을 거부하는 사람이라면 다른 쪽도 거부할 것이다.[39]

이 프로젝트가 결실을 맺도록 추진하기 위해 구성된 위원회는 토지수용권을 부여하는 법으로 무장하여, 몽마르트르 언덕 꼭대기에 부지를 획득했다. 그들은 약속된 돈을 걸었고, 더 많은 기금을 모아서 건물이 그 이면에 깔려 있는 발상처럼 거창한 것이 될 수 있도록 했다. 대성당의 설계를 위한 응모가 있었고 심사가 이루어졌다. 건물은 위압적이면서, 가톨릭 전통과 일치하되, 제2제정 과정에서 지어진 '악덕과 불경에 대한 기념물들'과는 아주 달라야 했다. 제출·전시된 78개 설계도들 가운데, 건축가 아바디[40]의 설계도가 선정됐다. 설계도에서 돔의 장엄함, 흰 대리석의 순수함, 세부적으로 꾸밈없는 단순함은 위원회를 감동시켰다. 어쨌든 불쾌한 오페라 하우스의 현란함과 비교하여 이보다 더 다른 것이 무엇이 있겠는가?

1875년 봄 무렵, 첫 초석을 놓을 준비가 끝났다. 그러나 급진적·공화주의적 빠리는 아직 충분히 회개하지 못했음이 분명했다. 대주교는 싸끄레꾀르의 건설이 도발적인 행위, 즉 1789년의 원칙(1789년 프랑스혁명에서 채택된 '인권선언'은 프랑스뿐 아니라 세계적으로 적용될 수 있는 새로운 사회질서와 원칙들을 포함하고 있다)을 묻어버리려는 시도로 취급되고 있다고 불평했다. 그리고 그는 그 원칙이 혹시 죽어서 매장되더라도 그것들을 부활시키기 위해 자신이 기도하지 않을 것이라고 말했는데, 이런 관점은 당치도 않는 논쟁을 불러일으켰고, 대주교 자신도 참여하지 않을 수 없었다. 그는 '종교의 적'의 편에서 이 프로젝트에 적대감을 드러낸 데 대해 경악스러움을 표현한 회람용 전단을 발행했다. 그는 사람들이 신앙과 경건함에서 우러난 생각에 대해 감히 정치적 해석을 부여하는 것을 참을 수 없었다. 정치는 '우리의 열망과는 아주 멀리 있다. 그와 대조적으로 이 작업은 정치가 국가의 불운을 처리하기에 무력하다는 심원한 확신에서 고취된 것이

〈그림 4.12〉 뉴욕으로 선적되기 전 빠리 작업장에 있는 자유의 여신상

다. 이러한 불운의 원인은 도덕적·종교적인 것이며, 이의 치유는 같은 영역의 것이어야 한다'라고 그는 독자들에게 확언했다. 그는 계속해서 그외에도 작업은 정치적인 것으로 해석될 수 없다고 말했다. '우리 작업의 목적은 모든 것의 통합이기 때문이다. (…) 사회적 화평은 우리가 실현하고자 하는 작업의 최종목적이다.'⁴¹

정부는 이제 분명 방어적 입장에서, 거창한 기공식을 열 경우 추악한 대립사태가 될 수도 있다는 생각에 극도로 불안해졌다. 정부는 신중을 기했다. 위원회는 지나치게 자극하지 않으면서 첫 초석을 놓을 방법을 찾아내야 했다. 교황이 그들의 구원자가 되어, 모든 곳의 가톨릭신자들을 위한 성심에 헌신하는 날을 선포했다. 이러한 차폐막 뒤에서 첫 초석을 놓는 행사는 훨씬 축소된 규모로 별 사고 없이 지나갔다. 건설이 이제 진행되고 있었다. '프랑스는 회개하노라'(GALLIA POENITENS)는 물질적이고 상징적인 형태를 띠게 됐다.

초석을 놓은 때부터 1919년 대성당의 축성이 끝날 때까지 40년 사이 분란이 자주 있었다. 수년 동안의 석고 채굴로 인해 불안정해진 언덕 꼭대기에 그렇게 큰 구조물을 놓는 과정에는 기술적 어려움들이 발생했다. 구조물의 비용은 엄청나게 상승했고, 성심숭배를 위한 열광이 다소 줄어들자 재정적 어려움도 발생했다. 정치적 논란은 계속됐다. 이 프로젝트를 책임진 위원회는 기부금의 헌납을 격려하기 위해 다양한 책략들을 일찍부터 정해두었다. 개인과 가족들은 돌 하나를 살 수 있었고, 싸끄레꾀르의 방문자는 그곳의 돌에 새겨진 수많은 이름들을 볼 수 있다. 다른 지역과 조직들에도 특정 예배소의 건설에 기금을 내도록 권장했다. 국민의회의 의원, 군인, 성직자, 여타 모든 부류들이 이러한 방식으로 노력을 모았다. 각 특정 예배소는 그 자체 의미를 갖고 있었다.

일례로 지하납골당 예배소들 가운데 교육자 예수(Jesus-Enseignant)의 예배소는 로오 드 플뢰리가 표현한 바와 같이 '프랑스의 가장 큰 죄들 가운데 하나는 어리석게도 신 없는 교육을 고안했다'라는 점을 방문자들에게 상기시킨다.[42] 1871년 이후 교육에 대한 교회의 권력을 유지하려는 격렬한 전투에서 패배한 편의 사람들은 이 예배소에 헌금했다. 그리고 이 예배소 다음인 지하실 맨 끝, 로지에 거리를 지나가곤 했던 노선에 가까운 곳에는 노동자 예수(Jesus-Ouvrier)의 예배소가 서 있다. 가톨릭노동자들이 그들 자신의 예배소 건설에 헌금하고자 했다는 점은 크게 환호할 일이었다. 이것은 '노동계급의 대부분이 빠져 있는 무시무시한 불경에 항거하고' 또한 '거의 유럽 전역에서 그들을 노예와 희생물로 만드는 불경하고 지옥 같은 협회'에 저항하기 위한 노동자들의 갈망을 보여주었다고 르장띨은 썼다.[43] '국제노동자협회'에 대한 언급은 실수가 아니고 이해할 수 있는 것이었다. 아주 잘못된 것이지만 꼬뮌을 그러한 '지옥 같은' 협회가 끼친 사악한 영향 탓으로 돌리는 것이 당시 부르주아 집단에서 관습적이었기 때문이다. 그렇지만 흔히 역사를 아이러니하게 꼬이도록 하는 운명의 기묘한 변덕으로 인해, 노동자 예수의 예배소는 거의 정확하게 '외젠 발랭의 수난'의 경로를 따르는 지점에 서 있다. 이러한 점에서, 부분적으로 우파의 최근 순교자 2명의 피를 추모하기 위해 높게 세워진 대성당은 뜻하지 않게 지하 깊은 곳에 있는 좌파 순교자를 추념하고 있다.

이들 모두에 대한 르장떨의 해석은 사실 다소간 왜곡되어 있다. 꼬뮌의 마지막 단계에서, 알베르 드 뮌(A. de Munn)이라는 이름의 젊은 가톨릭신자는 꼬뮌 가담자들이 끌려가서 학살당하는 것을 절망 속에서 지켜보았다. 충격을 받은 그는 '합법적으로 구성된 사회가 이 사람들에게 무엇을 했는가'에 대해 의아하게 생각하면서, 그들의 불운은 대부분 부유한 계급들의 무관심을 통해 그들에 전가된 것이라고 결론지었다. 1872년 봄, 그는 증오하던 벨빌의 심장부에 가서 노동자 서클(Cercles-Ouvriers)의 창간호를 발행했다.[44] 이는 프랑스에서 새로운 종류의 가톨릭주의의 시작을 알렸다. 이들은 사회적 행동을 통해 노동자들의 정신적 필요와 더불어 물질적 필요에 관심을 갖고자 했다. 몽마르트르 언덕 꼭대기의 대성당 건설을 위해 노동자들의 기부금이 조금씩 흘러들기 시작한 것은 성심운동의 중심에서 지배했던 비타협적이고 교황 지상주의적 가톨릭주의와는 전혀 다른 바로 이러한 조직들을 통해서였다.

그러나 정치적 어려움은 누적됐다. 마침내 공화정 헌법으로 무장한(대체로 군주주의자들의 비타협성 때문에) 프랑스는 이제 좀 더 편리해진 통신과 대중교육, 산업 발전으로 함양된 근대화과정에 사로잡혀 있었다. 나라는 온건한 형태의 공화주의를 수용하는 방향으로 이동했고, 1871년 선출된 국민의회를 지배했던 복고적 전망을 가진 군주제에 대해서는 씁쓸한 환멸을 느끼게 됐다. 빠리에서는 '굴복하지 않는' 벨빌 주민들과 몽마르트르와 라비예뜨에 있는 이웃들은 띠에르가 예상했던 것보다 더 빨리 자신들의 주장을 내세우기 시작했다. 이 지구들에서는 추방된 꼬뮌 가담자들의 사면을 위한

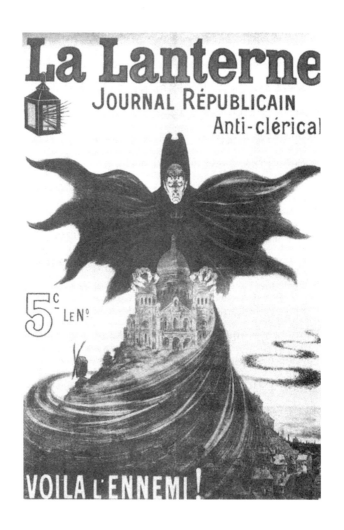

〈그림 4.13〉흡혈귀 같은 싸끄레꾀르.
1896년 무렵『랑떼른』(*La Lanterne*)의 포스터.

요청이 점차 강해졌고, 이에 따라 대성당에 대한 증오가 그들 한가운데서 자라났다(〈그림 4.13〉). 그 프로젝트에 반대하는 동요가 상승했다.

1880년 8월 3일, 문제는 '몽마르트르 언덕 꼭대기, 싸끄레꾀르 대성당의 정면에 있는 빠리시 소유의 토지에 웅장한 자유의 상'을 세우는 제안의 형태로 시의회에 상정됐다. 당시 프랑스 공화주의자들은 미국을 군주제나 여타 봉건제적 허례의식 없이 완벽하게 잘 기능하는 사회모델로 받아들였다. 그들은 이 사례의 요지를 사람들에게 납득시키고 자유, 공화주의, 민주주의의 원칙들에 대한 그들 자신의 깊은 애착을 상징하는 캠페인의 일부로, 현재 뉴욕항에 서 있는 자유의 여신상에 헌납하는 기금을 모았다. 이 제안의 발의자들은 왜 저 가증스러운 싸끄레꾀르의 모습을 비슷한 수준의 기념물로 지워버리지 않는가라고 말했다.[45]

뭐라고 반대 주장을 하건, 그들은 대성당이 우파의 불관용과 광신주의를 상징한다고 주장한다. 이것은 문명에 대한 모독, 근대의 원칙들에 대해 적대적인 것, 과거를 환기시키는 것, 프랑스 전체에 찍혀 있는 낙인이라는 것이다. 빠리 사람들은 1789년의 원칙에 대한 그들의 강건한 애착을 과시하는 쪽으로 기울어진 것처럼 보였으며, 대주교가 예전에 '악덕과 불경'으로 규정했던 것과 정확히 같은 종류의 기념물을 세움으로써 그들이 '가톨릭 광신주의'의 표현으로 느꼈던 것을 지워버리기로 결정했다. 10월 7일경, 시의회는 전술을 바꾸었다. 시의회 의원들은 대성당을 '내전에 대한 끊임없는 도발'이라고 부르기로 하고, 61대 3의 다수결의로 정부에게 '1873년에 제정된 공공용도법을 폐지'하고, 다시 공유지가 될 그 토지를 진정으로 국가적 중요성을 갖는 작품의 건설을 위해 사용할 것을 요청했다. 대성당의 건설(아직 기초밖에 올라가지 못하고 있던)에 기부했던 이들에게 어떻게 배상할 것인가의 문제를 교묘하게 회피하면서, 의회는 그 제안을 정부에 보냈다. 1882년 여름, 그 요청은 하원에서 의제로 상정됐다.

기베르 대주교는 다시 한번 이 작업을 공적으로 방어해야 할 임무를 맡아야 했다. 그는 대성당에 대해 이제는 귀에 익은 반대 주장을 역시 귀에 익은 대응으로 맞받아쳤다. 그는 그 작업이 정치가 아니라 가톨릭적이고 애국적인 감정에서 고취됐다고 주장했다. 이 작업의 속죄적 성격에 반대하는 사람들에게, 그는 어느 누구도 자신의 나라가 결코 오류를 범하지 않는다고 여길 수 없을 것이라고 간단하게 답했다. 성심숭배의 적절성에 대해서, 그는 단지 교회 안에 있는 사람들만이 판단할 자격이 있다고 느꼈다. 대성당이 내전을 상기시킨다고 묘사한 사람들에게, 그는 다음과 같이 답했다. '내전과 소요 사태를 가톨릭 성당이 만든 것인가? 우리 교회들을 자주 드나든 사람들이 법을 어기는 선동과 반란을 저지르기 쉬운 사람들인가? 우리는 이 사람들이 시시때때로 도시의 거리를 혼란스럽게 만드는 무질서와 폭력의 한가운데 있는 것을 본 적이 있는가?' 그는 계속해서, 나뽈레옹이 평화의 사원을 몽마르트르에 짓고자 했음을 지적했다. '우리가 마침내 진정한 평화의 사원을 짓고 있다.'[46]

그러고 나서 그는 건설 중단이 가져올 부정적 효과를 검토했다. 그와 같은 행동은 가톨릭교도의 감정에 심대한 상처를 줄 것이고,

분열을 초래할 것이다. 만약 이러한 종류의 종교적 과업이 당대 정부의 정치적 변덕에 좌우된다면, 이는 분명 나쁜 선례가 될 것이라고 그는 말했다(1873년의 법 자체에 의해 이루어진 선례를 경솔하게 무시하면서). 그리고 기부자들뿐만 아니라 이미 이루어진 작업에 대한 배상이라는 복잡한 문제가 있었다. 끝으로, 그는 이 작업이 600가구에게 일자리를 주고 있다는 사실에 호소했다. '빠리의 그 구역에서 그와 같이 주요한 고용의 원천을 박탈하는 것은 정말 비인간적일 것이다.'

1882년경 강베따(벨빌 출신), 끌레망소(G. Clemenceau, 몽마르트르 출신) 같은 개혁주의적 공화파들에 의해 장악됐던 하원의 빠리 대표자들은 이러한 주장에 감명을 받지 않았다. 논쟁이 달아올랐고, 격렬해졌다. 정부는 1873년의 법안에 완강하게 반대한다는 선언을 했지만, 마찬가지로 그 법안을 폐기하는 데도 반대했다. 이렇게 하면 교회에 1,200만프랑 이상의 배상금을 물어야 했기 때문이다. 좌파의 노골적인 분노를 누그러뜨리기 위한 노력으로, 장관은 법안을 폐기한다면 동시에 대주교는 가장 고생스러운 과업을 완성해야 한다는 의무에서 벗어날 것이고, 교회는 '현재 발의안의 후원자들이 반대하는 것보다도 엄청나게 더 효과적인' 선전작업을 추진할 수 있는 수백만프랑을 받게 될 것이라고 말을 이어갔다.

그러나 급진적 공화파들은 싸끄레꾀르를 신성한 흰 코끼리의 모습으로 여기고 싶지는 않았다. 이들은 또한 배상금을 지불할 의사도 없었다. 이들은 경건한 성직주의의 가증스러운 표현물로 느꼈던 것을 제거하고, 그 자리에 사상의 자유에 대한 기념물을 세우기로 결정했다. 이들은 내전의 책임을 정면으로 군주주의자들과 그들이 동맹한 비타협적 가톨릭교도의 탓으로 돌렸다.

끌레망소는 급진파의 명분을 진술하기 위해 일어났다. 그는 1873년의 법이 프랑스에 성심숭배를 강요하고자 했던 국민의회의 행동이자 모욕이라고 선언했다. 왜냐하면 '우리는 인권을 위해, 프랑스혁명을 옹호하기 위해 싸웠고 여전히 계속해서 싸우고 있기' 때문이다. 그 법은 교권적 반동의 산물, 즉 '혁명적 프랑스를 좌절시키려는 시도, 자유·평등·우애의 원칙을 확립하기 위해 교회에 대해 승리하고자 하는 우리의 끊임없는 투쟁에 대해 교회에 용서를 빌도록 우리를 비난하려는' 시도였다. 정치적 행동에 대해서는 정치적 행동으로 대응해야 한다고 그는 선언했다. 그렇게 하지 않는다면, 프랑스를 성심의 참을 수 없는 간섭하에 버려두게 될 것이다.[47]

이와 같은 인상적인 연설로, 끌레망소는 반(反)성직주의적 감정의 불길을 부채질했다. 하원은 261대 199라는 투표 결과로 1873년법을 폐기하기로 했다. 벽면이 아직 기초 위로 올라오지도 않았던 대성당은 허물어질 운명에 처했다. 대성당은 기술적인 문제로 구원됐다. 그 법은 회기에 너무 늦게 통과됐기 때문에 법률 선포를 위한 형식적 요건들을 모두 갖추질 못했다. 포함된 비용과 채무를 정말 우려했던 정부는 그 발의안이 회의에 재상정되는 것을 막기 위해 조용히 작업을 했으며, 다음 회기에는 더 큰 비중과 의미를 갖는 문제들을 검토하는 것으로 넘어갔다. 빠리의 공화주의자들은 상징적 승리를 했지만, 원내에서만 의미있는 승리를 거두었다. 구원된 대주교는 작업을 계속 밀어붙였다.

하지만 문제는 어쨌든 사라지지 않았다. 1897년 2월, 발의안은 재상정됐다.[48] 그 무렵 반성직주의적 공화주의가 큰 진전을 이루었고, 노동계급운동도 혈기왕성하고 성장하는 사회주의 정당의 형태로 크게 발전했다. 그러나 언덕 꼭대기 건설도 마찬가지로 진전을 보였다. 대성당의 내부공사가 완성됐고, 1891년에 예배를 위해 개방됐으며, 거대한 돔은 완성을 앞두고 있었다(그 위에 놓인 십자가는 1899년 공식적으로 축성됐다). 대성당은 '내전을 상기시키는 것'으로 여겨졌지만, 이같이 거대한 작업을 허물어버린다는 전망은 이제 아주 힘겨운 것이 됐다. 그리고 이번에는 다른 사람이 아니라 알베르 드 묀이 가톨릭주의의 운명을 쇠락하는 군주제적 명분과 분리시키는 것이 그때에는 더 유리하다고 파악하고, 가톨릭주의의 이름으로 대성당을 옹호했다. 교회는 교훈을 배우기 시작했으며, 성심숭배는 사회적 상황의 변화에 대응하여 새로운 의미를 얻기 시작했다. 1899년경에는 좀더 개혁적인 심성을 가진 교황이 성심숭배를 인종간 조화, 사회정의와 화해라는 이상에 봉헌했다.

그러나 사회주의자 의원들은 이를 기부금 모금을 위한 조작으로 이해하고 이에 감명을 받지 못했다. 그들은 대성당이 거의 완성됐지만, 그리고 800만명의 모금자들에게 3,000만프랑을 배상금으로 되돌려줄지라도, 증오하는 상징물을 허물자는 안건을 밀어붙였다. 그러나 하원의 대다수는 그러한 전망에 질려버렸다. 그 발의안은 322대 196으로 기각됐다.

그 건물이 공식적으로 위협받은 것은 이것이 마지막이었다. 1899년 돔이 완성됨에 따라 관심은 종탑의 건설로 바뀌었으며, 이는

1912년 마침내 완성됐다. 1914년 봄, 모든 준비가 완료됐고 10월 17일에 공식적인 축성이 남아 있었다. 그러나 독일과의 전쟁이 끼어들었다. 그 유혈적인 분쟁이 끝난 후에야, 대성당은 드디어 축성됐다. 끌레망소의 강렬한 연설에 의해 이루어진 승리한 프랑스는 1세대 전에 독일과의 전쟁에서 패배하는 과정에서 구상된 기념물의 축성을 즐겁게 축하했다. 프랑스는 회개하노라(GALLIA POENITENS)라는 구호는 마침내 그 보답을 하게 됐다.

이 고통스러운 역사의 소리 없는 메아리는 지금도 들을 수 있다. 예를 들면 1971년 2월, 경찰에 쫓긴 시위자들은 대성당에 피난처를 구했다. 그곳에 든든하게 진지를 구축한 그들은 급진적 동료들에게 '빠리 위에 너무 오랫동안 떠돌던 붉은 깃발의 기억을 지워버리기 위해 꼬뮌 가담자들의 시신 위에 세워진' 성당을 점령하는 데 동참하라고 요청했다. 예전에 은둔처에 갇혀 있던 방화범의 신화가 즉각적으로 되살아났고, 겁에 질린 주임 신부는 화재를 막기 위해 경찰을 불렀다. '빨갱이'들은 무지막지한 진압과정 속에 성당에서 쫓겨났다. 그리하여 빠리꼬뮌 100주년 기념일은 바로 그 지점에서 기려졌다. 그리고 이 사건의 후속으로, 1976년 대성당에 폭탄이 터져 돔들 가운데 하나가 상당히 파괴됐다. 그날, 뻬르라셰즈 묘지의 방문자는 오귀스뜨 블랑끼의 무덤에 붉은 장미 한 송이가 놓여 있는 것을 보았다고 전해진다.

로오 드 플뢰리는 '[다른 사람들이] 무덤을 파려고 생각했던 곳에 요람을 갖다놓기'를 몹시도 원했다. 하지만 영묘(靈廟)처럼 생긴 싸끄레꾀르 구조물을 살펴보는 방문객은 그곳에 무엇이 묻혀 있는지 궁금해할 것이다. 1789년의 정신? 프랑스의 죄악? 비타협적 가톨릭주의와 반동적 군주제의 동맹? 르꽁뜨와 끌레망또마 같은 순교자의 피? 아니면 외젠 발랭과 그와 함께 무자비하게 도살된 2만명이 넘는 꼬뮌 가담자의 피?

건물은 무덤같이 음산한 침묵으로 그 비밀을 숨기고 있다. 오직 산 자, 이 역사를 알고 있는 자, 그 지점의 장식을 위해, 그리고 그 장식에 반대하여 투쟁한 이들의 원칙을 이해하는 자만이 진정하게 그곳에 묻혀 있는 신비를 캐낼 수 있고, 그럼으로써 무덤의 죽음 같은 침묵에서 풍부한 경험을 구해내어, 그것을 시끌벅적하게 시작하는 요람으로 바꾸어낼 수 있다.

보론

　도시화를 알고자 할 때에는 자본의 흐름이나 이주의 흐름에 대한 분석 이상의 것이 필요하다. 시민권, 소속감, 소외, 결속, 계급을 비롯한 집단적 정치형태들은 공적 기능에 의해 점유된 공간뿐만 아니라 친밀성과 사회관계의 공간의 생산에서 중요한 역할을 한다. 도시과정(urban process)은 이동, 만남, 갈등, 정치적 대립에서도 마찬가지로 작동한다. 도시에서 일어나는 많은 이들은 상징적이다. 내가 싸끄레꾀르에 대한 이 글을 쓸 당시, 나는 디킨즈(C. Dickens, 어릴 적엔 끔찍이도 읽기 싫었던)를 많이 읽고 있었는데, 그가 도시생활의 느낌·향기·움직임을 어떻게 그렇게 찬란하게 전달할 수 있는지 큰 감명을 받았다. 도시에 대한 나 자신의 저술에 이와 유사한 것을 자본이론에 대한 보완물로서 포함시키는 것이 필요하지 않을까 싶었다. 1976년에서 1977년까지 나는 구겐하임 펠로십을 받고는 맑스주의이론을 연구한다는 명목하에 빠리로 갔다. 그곳에 머무는 동안 나는 언덕에 있는 건축물의 기원, 그리고 내가 그 안에서 왜 그렇게 섬뜩함을 느꼈는지 궁금했다. 나는 어떤 유령들이 그곳에 묻혀 있는가를 찾아보기로 결심했다. 뭔가 찾아낼수록 나는 더 매혹됐다. 이것이 내가 이 글을 쓰게 된 동기다. 또한 빠리에서 나는 이론연구의 초점을 제2제정기에 오스만이 이 도시를 재구축하는 동안 발생했던 일들에 대한 해명에 맞췄다. 이 장의 첫 판본은 1979년 발표됐다. 쓰는 동안 즐거웠다. 삶이 냉혹하고 정치가 죽어갈 때, 이 글은 내게 생동감과 즐거움을 주었다.

이 연구는 또한 한편으로 역사와 이론, 다른 한편으로 맑스와 역사지리학 간의 대담을 만들어낼 수 있는 탁월한 틀이었다. 나는 빠리에서 맑스의 정치경제학이 어떻게 읽혀야 하며, 또 그전과는 엄연히 다른 독해가 남아 있다는 생각에 도달했다. 꼬뮌의 경험은 우리가 어떻게 대안을 만들어나가야 할 것인가에 대한 맑스의 사유에 큰 영향을 미쳤다. 이는 분명 나에게도 영향을 미쳤다(지금도 그러하다). 꼬뮌의 역사에 몰두함으로써 많은 것을 배웠다. 이 사유가 여전히 적실하다는 사실은 크리스틴 로스(K. Ross)의 최근 저서, 『공유적 사치』(*Communal Luxury*)에서 탐구되고 있다.

이 글의 개정판이 씨앗이 되어, 2003년 『파리, 모더니티의 수도』(*Paris, Capital of Modernity*)가 출간됐다. 이 책과 『자본의 한계』는 내가 연구하고자 했던 것들이 어디까지 미치는지를 보여준다.

제5장

시공간 압축과 포스트모던 조건

공간과 시간의 쓰임과 그 의미는 포드주의에서 유연적 축적으로 전환함에 따라 어떻게 바뀌었는가? 나는 우리가 지난 20여년 동안 정치적·경제적 실천과 계급권력의 균형, 그리고 문화적·사회적 생활에 혼란스럽고 파괴적인 충격을 준 강력한 시공간 압축(time-space compression)의 국면을 경험했다고 주장하고자 한다. 역사적 유추는 항상 위험하지만, 포스트모던 감수성이 특히 시공간 압축감이 강했던 20세기 초에 (일례로 빈에서처럼) 발생했던 혼란스러운 정치·문화·철학 운동의 일부에 강한 공감을 드러낸다는 점은 결코 우연이 아니다. 나는 또한 1970년 무렵부터 지정학적 이론, 장소의 미학에 대한 관심이 되살아나고, 기꺼이 공간성의 문제를 전반적으로 재검토하려는 움직임이 (심지어 사회이론에서도) 되살아난 점에

주목하고자 한다.[1]

유연적 축적은 부분적으로 생산에서 새로운 조직형태가 등장하고 기술이 빠르게 혁신되면서 이루어졌다. 새로운 기술이 비록 군사적 우위를 추구하는 과정에서 시도됐다고 할지라도, 그것은 포드주의의 경직성을 극복하고 1973년 위기를 유발했던 포드주의-케인스주의에 대한 불만스러운 문제들의 해결책으로서 회전시간을 가속화하는 것과 큰 연관이 있었다. 생산의 가속화는 수직적 통합의 포드주의 경향과는 반대로 수직적 분리(하청, 외주 등)로 조직이 변화하면서 성취됐다. 금융 집중의 심화에 직면하자 우회생산은 증가했다. 다른 조직적 변화들(재고를 줄이는 '적시'just-in-time 배달시스템 같은)은 새로운 전자제어기술과 소규모 배치(small-batch) 생산 등과 결합하여, 많은 생산 부문(전자, 기계장비, 자동차, 건설, 의류 등)에서 회전시간을 줄였다. 노동자들에게 이들 모두는 노동과정에서 노동강도의 강화(가속화)와 새로운 노동 수요를 충족하기 위해 필요해진 탈숙련화와 재숙련화의 가속화를 의미했다.

생산에서 회전시간의 가속화는 교환과 소비에서 그에 걸맞은 가속화를 수반한다. 통신·정보흐름 체계의 개선은 유통기술(포장, 재고관리, 컨테이너화, 시장반응 등)의 합리화와 결합하여 상품이 더 빠른 속도로 시장체계를 통해 유통될 수 있도록 했다. 전자은행과 신용카드는 화폐의 역방향 흐름의 속도를 개선시킨 혁신의 일부였다. 금융서비스와 시장(전산화된 거래의 도움을 받아)도 마찬가지로 가속화됐고, 흔히 말하는 것처럼 지구적 주식시장에서 '24시간은 아주 긴 시간'이 됐다.

소비 영역의 많은 발전 가운데 두가지가 특히 두드러진다. 대량판매시장(엘리트시장과 반대되는)에서 유행의 동원은 의류, 장신구, 장식품에서뿐만 아니라 광범위한 생활방식 및 여가활동의 부문(레저와 운동 습관, 대중음악의 스타일, 비디오와 아동용 게임 등)에서도 소비 속도를 가속화하는 수단을 제공한다. 두번째 경향은 재화의 소비에서 서비스의 소비 즉, 개인·사업·교육·보건서비스뿐만 아니라 머리를 식히는 오락거리 등으로 이행했다는 점이다. 이와 같은 서비스(박물관 관람, 록 콘서트나 영화 보기, 강연이나 헬스클럽에 다니는 것 등)의 '수명'을 추정하기 어렵지만 자동차나 세탁기의 수명보다는 훨씬 짧다. 만약 물리적 재화의 축적과 회전에 한계가 있다면(심지어 이멜다 마르코스I. Marcos의 유명한 6,000켤레의 구두를 생각하더라도), 자본가들이 소비 면에서 매우 짧은 주기의 서비스 공급으로 전환하는 것은 일리가 있다. 만델(E. Mandel)과 제임슨(F. Jameson)이 지적한 바와 같이[2] 이러한 요청은 1960년대 중반부터 문화 생산의 많은 부문에 자본주의가 급속하게 침투하게 되는 뿌리를 이룬다.

자본의 회전시간이 대체로 가속화함으로써 드러나는 결과 가운데, 포스트모던한 사고·감성·행동방식과 특히 연관되는 것들에 초점을 맞춰보고자 한다.

첫번째 주요 결과는 패션, 생산품, 생산기술, 노동과정, 사고와 이데올로기, 가치와 기존 관행 등의 즉흥성과 순간성을 강조하는 것이다. '견고한 모든 것들은 공기 속으로 사라진다'라는 느낌은 어느 때보다 만연해 있다(최근 이 주제에 대한 저술의 양을 보더라도 알 수 있을 것이다). 이러한 느낌이 노동시장과 노동숙련에 미치는 영향은 상당하다. 여기서 나의 관심은 더 일반적인 사회 전반적 효과들을 살피는 것이다.

상품생산의 영역에서 1차적 효과는 즉시성(인스턴트나 패스트 푸드 형태의 식사 및 여타 기호품들)과 일회성(컵, 접시, 칼, 포장, 냅킨, 의류 등)의 가치와 미덕을 강조하는 것이다. 앨빈 토플러(A. Toffler)[3] 등이 칭한 바와 같이 '일회용'(throwaway)사회의 역동성은 1960년대에 나타나기 시작했다. 이는 생산된 재화를 한번 쓰고 버리는 것(엄청난 쓰레기 처리 문제를 만들어내는)뿐만 아니라 사물·건물·장소·사람에 대한 가치, 생활양식, 안정적 관계, 애착, 그리고 기존의 행동방식 및 존재방식을 내던져버릴 수 있음을 의미한다. 이것들은 '더 큰 사회로의 가속적인 돌진'이 '개인의 통상적인 일상의 경험'과 충돌하는 직접적이고 명백한 방식이다.[4] 이 메커니즘(이는 소비에서 재화의 회전시간을 가속화시키는 데 매우 효과적임을 입증했다)을 통해 사람들은 일회성, 참신성, 그리고 즉각적인 노후화의 예상 등과 맞서도록 강제된다.

'변화가 빠르지 않은 사회의 생활과 비교하여, 오늘날에는 어떤 주어진 시간에 더 많은 상황이 지나가며, 이는 인간심리의 근본적 변화를 수반한다.' 토플러는 계속해서 말한다. 이러한 일회성이 '공적 및 사적 가치체계의 구조에서 순간성'을 창출하며, 이는 다시 분절된 사회 내에서 '공감의 균열'과 가치의 다양화를 위한 배경을 조성한다. 단순히 상품의 겉치레에서 증대하는 자극들은 감각과부하의 문제들을 만들어내며, 이 문제들은 세기의 전환기에 근대 도시생활에서 등장한 문제에 대한 짐멜(G. Simmel)의 해부가 비교적 무색해 보이도록 한다. 하지만 바로 이러한 변화의 상대적 특성들 때문에, 심리적 반응은 대체로 짐멜이 확인했던 것들의 범위 내에서, 즉 감각적 자극의 마비, 퇴폐적 태도의 거부와 함양, 근시안적 전문화, 소멸된 과거 이미지들의 복원(이에 따른 기념물, 박물관, 유적의 중요성), 극단적 단순화(자아의 표현이나 사건의 해석에서) 등으로 일어난다. 이러한 관점에서 이미 70여 년 전에 비슷한 트라우마를 계기로 형성된 짐멜의 사고들이 한참 이후의 시공간 압축의 계기들에서 토플러[5]에게 어떤 반향을 불러일으키는가를 살펴보는 것은 많은 도움이 된다.

　물론 즉흥성은 어떤 장기계획을 수립하는 것을 극히 어렵게 만든다. 사실 즉흥성을 제대로 다루는 것은 오늘날 회전시간을 가속화시키는 것만큼 중요하다. 이는 시장변동에 고도의 적응력을 갖고 빠르게 움직이거나 또는 즉흥성을 조정할 수 있음을 의미한다. 첫번째 전략은 장기계획보다 주로 단기계획을 지향하며, 어디에서든지 간에 단기이득을 얻을 수 있는 기술을 함양하는 것이다. 이 전략은 최근 미국 경영의 악명 높은 모습을 낳았다. 회사임원들의 평균 근속년수는 5년으로 줄어들었고, 명목상 생산 관련 회사들임에도 인수합병 또는 금융시장 및 통화시장의 조작을 통해 번번이 단기이득을 추구한다. 이러한 환경에서 경영 수행은 상당한 긴장을 초래하여, 이른바 '여피 증후군'(yuppie flu, 재능있는 사람들의 수행 능력을 마비시키고, 장기간 지속되는 독감 같은 증세를 만들어내는 심리적 스트레스 여건)이나 금융 종사자들의 광적인 생활양식(이들의 장기적 일중독과 권력탐닉은 제임슨이 묘사한 일종의 정신분열증적 심리상태의 좋은 본보기다) 같은 온갖 부작용을 만들어낸다.

다른 한편, 즉흥성의 생산에 숙달되거나 적극적으로 개입하는 것에는 취향과 여론의 조작이 뒤따른다. 이 조작은 우리를 유행의 선도자로 만들거나 또는 시장에 이미지들이 흠뻑 배어들게 한다. 이로써 즉흥성은 하나의 목적이 된다. 어떤 경우든 이는 새로운 기호체계와 이미지의 구축을 의미하며 그 자체로서 포스트모던 조건의 중요한 측면이므로 다각도에서 고찰될 필요가 있다. 우선 첫째로, 광고와 미디어 이미지들은 문화적 실천에서 훨씬 더 많은 통합적 역할을 담당하게 됐으며, 이제 자본주의 성장의 역동성에서 훨씬 더 중요해졌다. 게다가 광고는 더이상 일상적 의미에서 정보 전달이나 판매 촉진이라는 생각에 바탕을 두고 만들어지지 않으며, 판매될 제품과는 아무런 관련도 없는 이미지들을 통해 욕망과 취향을 조작하는 방향으로 점점 기울고 있다. 현대 광고에서 돈, 섹스, 권력이라는 세가지 주제를 뺀다면 남는 것은 거의 없을 것이다. 더욱이 어떤 의미에서 이미지 자체가 상품이 되고 있다. 이러한 현상은 상품생산에 대한 맑스의 분석이 시대에 뒤처진 것이라는 보드리야르(J. Baudrillard)의 주장을 가능케 했다.[6] 자본주의는 이제 상품 그 자체보다는 기호, 이미지, 기호체계 생산에 훨씬 더 큰 관심을 갖게 됐기 때문이다. 사실 이러한 현상을 설명할 수 있도록 맑스의 상품생산이론을 확장하는 게 그다지 어렵진 않지만, 보드리야르가 지적한 변화는 중요하다. 분명 이미지의 생산과 마케팅의 체계(토지시장, 공공재시장, 노동시장과 마찬가지로)는 검토되어야 할 몇가지 특수한 성격들을 드러낸다. 어떤 이미지들의 소비자 회전시간은 사실 매우 짧을 수 있다(맑스가 자본순환의 관점에서 최적이라고 보았던 '눈 깜짝할 사이'라는 이상에 가깝다). 많은 이미지들은 또한 공간상에서 동시에 대량판매될 수 있다. 회전시간을 가속화시켜야 할 (그리고 공간적 장애를 극복해야 할) 압박이 주어진다면, 가장 순간적인 유형의 이미지 상품화는 특히 과잉축적을 해소할 수 있는 다른 경로들이 막혀 있을 경우 자본축적의 관점에서 신의 선물로 보일 것이다. 이에 따라 공간상의 순간성과 즉각적 통신 가능성은 자본가들이 자신의 목적을 위해 탐구하고 전유해야 할 장점이 된다.

다른 한편, 이미지는 다른 기능도 수행해야 한다. 기업, 정부, 정치 지도층과 지식인 리더 모두는 권위와 권력의 배경의 일부로 (동적이지만) 안정된 이미지를 중요하게 평가한다. 정치의 미디어화는 오늘날 전반에 만연해 있다. 결국 이것은 순간적·피상적·기만적 수단이 되고, 이에 따라 개인주의적 순간성의 사회는 공동가치에 대한 향수를 촉진한다. 영원성의 이미지와 권력 이미지의 생산과 마케팅은 상당히 정교하게 이루어져야 한다. 이미지의 지속성과 안정성이 보장되어야 하는 한편, 누가 또는 무엇이 이미지화되든지 간에 이들의 적응성·유연성·역동성이 강조되어야 하기 때문이다. 더구나 이미지는 상표 인식뿐만 아니라 '존경심' '품질' '위신' '신뢰성' '혁신' 등의 다양한 관련 요소들 때문에 경쟁에서 매우 중요하게 됐다. 이미지 형성을 둘러싼 경쟁은 기업 간 경쟁에서 결정적인 측면이 됐다. 이 경쟁에서 성공하면 아주 쉽게 이윤을 얻을 수 있었으므로, 이미지 형성에 대한 투자(직접적 마케팅뿐만 아니라 예술, 전시회, 텔레비전 연출, 신축 건물 등을 후원함으로써)는 새로운 공장과 기계에 대한 투자만큼 중요해졌다. 이미지는 시장에서 정체성 형성에 기여한다. 이는 노동시장에서도 그러하다. 어떤 이미지의 획득(유명 디자이너의 옷, 멋진 자동차 같은 기호체계의 구입을 통해)은 노동시장에서 자신을 표현하는 데 유례없이 중요한 요소가 됐고, 나아가 개인적 정체성, 자아실현, 의미를 추구하는 데 필수적인 것이 됐다. 이를 추구하는, 웃기면서도 서글픈 사례들은 넘쳐난다. 캘리포니아의 한 기업은 진짜와 구별되지 않는 모조 카폰을 제조하여, 그렇게 중요한 상징물을 구하지 못해 좌절한 대중들에게 불티나게 팔았다. 『인터내셔널 헤럴드 트리뷴』이 보도한 바에 의하면, 뉴욕에서 개인 이미지 컨설팅은 큰 사업이 됐으며, 이 도시에서 매년 100만여명의 사람들이 이미지 어셈블러, 이미지 빌더, 이미지 크래프터, 이미지 크리에이터 등으로 불리는 회사들에서 운영하는 교육과정에 등록한다. 한 이미지 컨설턴트는 '요즘 사람들은 0.1초 만에 당신에 대해 마음을 결정합니다'라고 말한다. 또다른 컨설턴트의 슬로건은 '실제 할 수 있을 때까지 할 수 있는 것처럼 하라'다.

물론 계급과 더불어 부·지위·명성·권력이라는 상징이 부르주아 사회에서 중요하다는 점은 늘 사실이었지만, 아마 과거 어느 때에도 지금처럼 광범위하게 퍼져 있지는 않았을 것이다. 전후 포드주의의 대유행기 동안 이루어진 물질적 풍요의 증대는 늘어난 소득을 청년, 여성, 노동계급의 욕구 증대를 만족시키기 위한 유효수요로 탈바꿈하는 문제를 유발했다. 다소간 자의적으로 이미지를 상품으로 생산할 수 있는 능력이 주어진다면, 순수한 이미지 생산과 마케팅의 기반에서 축적을 최소한 일부라도 진전시키는 것이 실행 가능해진다. 그러면 이미지들의 순간성은 부분적으로 어떤 형태로든 억압받는 집단들이 그들 자신의 정체성을 확립하려는 투쟁으로 해석될 수 있으며(스스로를 위해 만들어낸 거리문화, 음악 스타일, 열광과 유행 등을 통해), 또한 이 혁신들을 상업적 이점으로 전환시키려는 주문이 쇄도하게 될 것이다(1960년대 말 카나비스트리트[Carnaby Street, 런던의 유명한 쇼핑거리]는 좋은 선구자였다). 그 효과는 우리가 마치 찰나에 창조된 이미지들의 세계에서 살고 있는 것처럼 만드는 것이다. 이러한 점에서 짐멜과 토플러가 확인한 감각과부하의 심리적 충격은 이중적 효과를 갖고 작동한다.

이 이미지들을 생산하고 재생산하는 재료들이 비록 즉각적으로 다룰 수 있는 것이 아니더라도, 이것들은 그 자체로 혁신의 초점이 됐다. 이미지의 복제가 뛰어날수록, 이미지 만들기를 위한 대중시장은 더 커질 수 있다. 이것은 그 자체로 중요한 논제이니 포스트모더니즘에서 '씨뮬라끄르'(simulacrum)의 역할을 좀더 분명히 검토해보자. '씨뮬라끄르'는 원품과 모사품 간의 차이가 거의 구분될 수 없을 정도로 거의 완벽하게 복제한 상태를 뜻한다. 씨뮬라끄르로서 이미지의 생산은 근대기술을 감안하면 비교적 쉬운 일이다. 정체성이 점차 이미지에 의존하게 됨에 따라, 이는 (개인적·기업적·제도적·정치적) 정체성의 연속·반복 복제가 실제 매우 가능해졌고 또 문제가 됨을 의미한다. 우리는 정치의 영역에서 씨뮬라끄르가 이미지 형성자로서 작동하고 있음을 분명 볼 수 있다. 또한 미디어는 정치적 정체성의 형성에서 보다 강력한 역할을 맡게 됐다. 그러나 씨뮬라끄르가 고도화된 역할을 담당하는 보다 실재적인 영역들은 많다. 근대 건축재료를 통해 출처나 기원이 의심스러울 정도로 정확하게 고대건축물들을 복제하는 것은 가능하다. 골동품을 비롯한 예술품들의 제작이 완전히 가능해졌으며, 고급 위조품이 예술품 수집 사업에서 심각한 문제가 되기에 이르렀다. 결국 과거나 다른 장소들로부터 이미지들을 절충적으로 그리고 동시적으로 텔레비전 스크린 위에 쌓아올릴 능력뿐만 아니라 그러한 이미지들을 원품과 여러 측면에서 구분할 수 없게 된 건조환경(built environment), 사건, 스펙터클 같은 형태의 물질적 씨뮬라끄르로 바꿔낼 수 있는 능력을 갖게됐다. 모방품이 진품이 되고 진품이 모방품의 많은 성질을 갖는 시기에, 문화적 형태에서 발생한 일들은 우리가 다시 살펴보고자 하는 문제다.

우리가 '이미지 생산산업'이라고 폭넓게 지칭할 수 있는 부문 내에서 두드러지는 노동조직과 노동조건 또한 상당히 특수하다. 이런 산업은 결국에는 직접생산자들의 혁신능력에 의존해야 한다. 직접생산자들은 불안정한 생활을 영위하지만 성공할 경우 매우 높은 댓가로 보상을 받으며, 최소한 겉으로 보기에는 그들 자신이 노동과정과 창조적 능력에 대한 통제권을 갖는다. 문화적 산물의 성장은 사실 놀랄 만하다. 테일러(B. Taylor)는 1945년 뉴욕 예술시장의 조건과 오늘날의 조건을 대조했다.[7] 1945년 뉴욕에는 10개 정도의 갤러리와 정기적으로 전시하는 20여명의 예술가들이 있었고, 19세기 중반 빠리 시내 및 주변에는 2,000여명의 예술가들이 작업하고 있었다. 오늘날 뉴욕 지역에는 전문가 신분을 내세우는 15만명의 예술가들이 약 680개의 갤러리에서 전시하며, 10년 동안 1,500만점 이상의 예술품을 생산하고 있다(이는 19세기 후반 빠리에서 생산된 20만점과 대비된다). 그러나 이것은 미술, 음악, 드라마 등을 가르치는 보다 기성화되고 인정받는 학교들뿐 아니라 지방의 엔터테이너, 그래픽 디자이너, 거리와 주점의 악사, 사진사들을 포괄하는 문화생산에서 빙산의 일각에 불과하다. 하지만 이들 모두를 하나로 묶으면, 대니얼 벨(D. Bell)이 지칭한 '문화대중'이 되며,[8] 이는 다음과 같이 규정된다.

이들은 문화의 창조자가 아니라 전파자들이다. 고등교육·출판·잡지·방송매체·극장·박물관 등에 종사하는 사람들이며, 중요한 문화생산물의 수용에 관여하며 영향을 미친다. 그 자체적으로 책, 인쇄물, 중요한 음악 레코드를 구입할 정도로 문화시장을 이루기에 충분한 크기다. 그리고 바로 이 집단이 작가·잡지편집자·영화제작자·음악가 같이 폭넓은 대중문화 관객들을 위해 대중적 소재들을 생산한다.

이 산업 전체는 이미지의 생산과 마케팅을 통해 회전시간을 가속화하는 데 전문화되어 있다. 이 산업에서 명성은 하룻밤 사이에 만들어졌다 사라지며, 거대한 돈 꾸러미가 확실한 조건으로 통하며, 강렬하고 때로 개인적인 창조의 열정이 방대한 규모의 연속적이고 반복적인 대중문화로 쏟아져 들어간다. 문화산업은 유행의 조직자이며, 모더니티의 경험에 항상 근본적이었다. 이는 시간지평이 무너지는 느낌을 만들어내고 다시 아주 탐욕스럽게 이를 육성하는 사회적 수단이 되고 있다.

앨빈 토플러의 『미래의 충격』(*Future Shock*) 같은 저작에 대한 호평은 다름 아니라 미래가 현재 속으로 할인되어 등장하는 속도를 선견지명을 갖고 평가했다는 데 있다. 또한 이러한 점에서, (토머스 핀천T. Pynchon과 도리스 레싱D. Lessing의 작품들에서처럼) 말하자면 '과학' 소설과 '대중' 소설 간 문화적 구분이 붕괴되고, 또한 오락영화와 미래주의 우주영화가 융합되기도 한다. 우리는 제임슨이 강조하는 포스트모더니티의 정신분열적 차원을 생산, 교환, 소비에서 회전시간의 가속화와 연계시킬 수 있다. 회전시간의 이러한 가속화는 미래가 현재로 할인될 수 있는 경우를 제외하고 또한 그렇게 되는 만큼 미래감의 상실을 만들어낸다. 마찬가지로 즉흥성과 순간성은 연속성에 대한 어떠한 확고한 느낌도 유지하기 어렵게 한다. 과거의 경험은 어떤 압도적인 현재로 압축된다. 이딸로 깔비노(I. Calvino)[9]는 자신의 소설 초고에서 그 효과를 보고하면서 이렇게 썼다.

오늘날 집필된 장편소설들은 아마도 어떤 모순을 안고 있는 것 같다. 시간 차원이 산산이 부서지고, 우리는 이러한 시간의 파편들 속에서 살아가거나 생각할 수밖에 없다. 시간의 파편들 각각은 그 자체 궤적에 따라 갑자기 등장했다가 즉시 사라져버린다. 시간의 연속성은 시간이 중단되지도 않고 폭발할 것처럼 보이지도 않는 시기의 소설들에서만 발견할 수 있다. 하지만 그런 시기는 기껏 100년 이상 지속되지 않는다.

과장을 결코 두려워하지 않았던 보드리야르[10]는 미국을 속도, 동작, 영상 이미지, 기술적 조정에 지나치게 의존함으로써 설명 논리의 위기를 만들어낸 사회로 여긴다. 미국은 '원인에 대한 결과의 승리, 심연의 시간에 대한 순간성의 승리, 욕망의 심연에 대한 표면과 순수 객관화의 승리'를 나타낸다고 그는 주장한다. 이로써 해체주의가 번영할 수 있는 환경이 만들어진다. 만약 순간적이고 파편화된 세계의 한가운데에서 견고성과 영원성에 대한 어떤 것을 말하기가 불가능하다면, 왜 언어게임에 참여하지 않는가? 소설쓰기와 철학하기, 일하기, 가정꾸리기에 이르는 모든 것은 회전시간의 가속화와 전통적·역사적으로 획득된 가치의 급속한 해체라는 도전에 직면한다. 리오따르(J. Lyotard)가 언급한 것처럼 모든 것에서의 일시적인 계약이 포스트모던 생활의 징표가 된다.

　그러나 흔히 일어나는 것처럼, 순간성의 소용돌이에 휩싸이는 것은 그에 반대되는 감정과 경향의 파괴를 자극한다. 우선 온갖 종류의 기술 수단이 미래의 충격에 대비하여 고안된다. 기업들은 미래의 시장변동에 따른 잠재적 실업비용을 절감하기 위해 하청이나 유연한 고용에 의존한다. 옥수수와 돼지고기에서부터 통화와 정부채권에 이르는 모든 것에서 선물시장은 온갖 종류의 한시적 유동채권의 '증권화'와 결합하여, 미래를 현재로 할인하는 기법들을 보여준다. 미래의 즉흥성에 대한 각종 보험 대비책들이 훨씬 더 광범위하게 활용 가능해졌다.

　의미와 해석에 대한 좀더 심층적인 의문도 일어난다. 순간성이 클수록, 그 속에 있을 것 같은 어떤 종류의 불변적 진리를 발견하거나 만들어야 할 필요는 더욱 간절해진다. 1960년대 후반 이후 훨씬 강해진 종교적 부흥, 그리고 정치에서 신뢰와 권위에 대한 추구(민족주의나 지역주의에 의한 무장, 니체적인 '권력에의 의지'를 가진 카리스마적이고 '다재다능한' 개인들에 대한 존경 같은 모든 것)가 적합한 사례들이다. 기본제도(가족, 공동체)에 대한 관심의 부활과 역사적 뿌리 찾기는 변화하는 세계에서 좀더 안전한 정착지나 오래 지속되는 가치를 찾고자 하는 징후들이다. 이를테면 록버그-할튼(E. Rochberg-Halton)[11]이 1977년 시카고 북부 거주자들에 대한 표본연구에서 밝힌 바에 의하면, 가정에서 실제 가치 있는 대상들은 '개인의 사회경제적 계급, 연령, 젠더 등의 믿을만한 지표들'로 역할을 하는 물질문화의 '금전적 기념물들'이 아니라 '사랑하는 사람과 친척과의 유대, 가치 있는 경험과 활동, 유의한 일상적 사건과 사람들에 대한 추억 등을 담고 있는' 인공물들이다. 사진, 특별한 대상(피아노, 시계, 의자 같은), 그리고 사건(어떤 곡의 한 소절을 연주한 일, 어떤 노래를 불렀던 일)은 사색적 추억의 초점이 되며, 이는 소비주의문화와 유행의 감각과부하 바깥에 존재하는 자의식을 창출한다. 가정은 시공간 압축의 약탈로부터 맞서기 위한 사적 박물관이 된다. 게다가 포스트모더니즘이 저자의 사망을 선언하고, 공적 영역에서 반(反)아우라 예술의 등장을 외치는 바로 그때, 예술품시장은 예술가의 서명이 갖는 독점력, 그리고 진품과 모조품에 대한 문제들을 더 의식하게 됐다(라우션버그R. Rauschenberg의 작품 자체가 몽따주의 복제라는 점은 문제가 되질 않는다). 필립 존슨(P. Johnson)

의 AT&T 건물의 분홍빛 대리석만큼 견고한 포스트모던 개발업자의 건물이 금융부채를 안고 의제자본(fictitious capital)의 기반 위에 건설됐으며, 적어도 겉보기에는 건축적 기능보다는 허구적 분위기에 더 사로잡혀 있는 것처럼 여겨진다.

공간적 적응은 적지 않은 트라우마를 남겼다. 1970년대 초반 이후 개발된 위성통신 시스템은 단위당 통신비용과 시간을 거리와는 무관하게 만들었다. 위성을 통하면 500마일이든 5,000마일이든 통신비용은 동일하다. 마찬가지로 상품을 항공으로 운송하는 비율은 급격하게 떨어지고, 컨테이너화에 따라 해상과 육로 운송비용도 감소했다. 오늘날 텍사스인스트루먼트(Texas Instruments) 같은 거대 다국적기업은 지구 전역에서 50여개의 다른 입지들에서 금융, 시장, 투입비용, 품질관리, 노동과정 조건에 대한 의사결정을 동시에 할 수 있는 공장들을 작동시킬 수 있다.[12] 위성통신과 결합된 텔레비전의 대중적 소유는 상이한 공간들에서 거의 동시에 쏟아지는 이미지들을 경험할 수 있도록 하며, 세계의 공간들을 텔레비전 스크린에서 일련의 이미지들로 전환시킨다. 세계 전체가 올림픽경기, 월드컵, 독재자의 몰락, 정상회담, 대참사를 볼 수 있다. (…) 한편 대중관광, 스펙터클한 장소에서 제작한 영화 등은 많은 사람들에게 세계가 담고 있는 것을 모의로 혹은 대리로 폭넓게 경험할 수 있도록 한다. 장소와 공간의 이미지는 다른 모든 것처럼 생산과 순간적 사용에 개방됐다.

요컨대 우리는 자본주의의 역동성의 중심에 항상 놓여 있는 시간에 의한 공간의 절멸과정에서 또다른 맹렬한 국면을 목격하게 됐다.

마셜 맥루한(M. McLuhan)은 '지구촌'이 오늘날 1960년대 중반 커뮤니케이션의 현실이 된 점에 관해 그가 어떻게 생각하는가를 서술했다.

단편적이고 기계적인 기술에 의한 3,000여년의 폭발 끝에, 서구 세계는 내적으로 파열되고 있다. 기계 시대 동안 우리는 공간상에 우리의 신체들을 확장했다. 1세기가 넘는 전자기술의 발달 이후, 우리는 지구상의 모든 공간과 시간을 파괴하면서 우리의 중추신경체계를 지구적 규모로 확장했다.

최근 이 같은 생각을 담은 저술들이 쏟아지고 있다. 일례로 비릴리오(P. Virilio)[13]가 『소멸의 미학』(*L'Esthétique de la Disparition*)에서 한 것처럼, 사회생활의 물질화된 유형적 차원으로서의 시간과 공간이 마치 사라지는 것처럼 보이는 것에 따른 문화적 결과들을 탐구하고자 한다.

공간적 장애의 붕괴가 공간의 유의미성이 줄어들고 있음을 의미하는 것은 아니다. 이는 자본주의 역사에서 처음이 아니며, 우리는 안티테제를 가리키는 증거를 찾을 수 있다. 위기의 조건하에서 격화된 경쟁은 자본가가 상대적 입지 이점에 훨씬 더 주목하도록 강제한다. 공간적 장애의 감소는 자본가들에게 미묘한 공간적 차이를 활용하여 유리한 효과를 갖도록 하는 능력을 부여하기 때문이다. 노동공급, 자원, 인프라 같이 공간이 담고 있는 내용물들의 작은 차이는 갈수록 중요해지고 있다. 공간에 대한 우월한 통제력은 계급투쟁에서 훨씬 중요한 무기가 됐다. 이는 노동과정을 가속화하고 완고한 노동력의 기능을 재규정하기 위한 수단들 가운데 하나가 된다. 지리적 유동성과 분산화는 전통적으로 대량생산 공장들 내에 집중되어 있었던 노동조합 세력에 대항하여 활용될 수 있다. 자본 철수, 어떤 지역의 탈산업화와 다른 지역의 산업화, 계급투쟁의 권력기반으로서 전통적 노동계급 공동체의 파괴 등은 보다 유연한 축적조건하에서 공간적 전환의 주목적이 됐다.[14]

공간적 장애들이 줄어듦에 따라 우리는 세계의 공간에 담긴 것들에 훨씬 더 민감해졌다. 유연적 축적은 뜻밖인 것처럼 보이는 지리적 상황을 전형적으로 폭넓게 활용하며, 이들을 자신의 포섭논리의 구조화된 내적 요소가 되도록 재구성한다. 이를테면 노동력의 양과 질의 차이와 더불어 노동통제의 양식과 강도에서 지리의 차이는 기업의 입지전략에서 훨씬 더 의미가 있다. 새로운 산업단지들은 때로 거의 아무것도 없는 곳에 세워지기도 하지만(미국의 씰리콘밸리와 영국의 씰리콘글렌처럼), 대개는 어떤 기존의 기능과 자원의 혼합에 바탕을 두고 나타난다. '제3이딸리아'(에밀리아-로마냐 지방)는 협동적 기업주의, 장인노동, 고용창출을 고심하는 공산주의 지방행정의 특이한 혼합 위에 구축됐으며, 여기서 생산된 의류제품들을 고도로 경쟁적인 지구경제에 놀랄 만큼 성공적으로 내놓고 있다. 플랑드르 지방은 노동조합과 사회주의에 깊은 적대감을 갖고 분산적이고 유연하며 상당히 숙련된 노동의 공급에 기반을 두고 외부자본을 유치한다. 로스앤젤레스가 대규모 이민을 통해 동남아시아의 매우 성공적인 가부장적 노동체계를 도입하는 한편, 캘리포니아와 싸우스웨일스는 일본과 대만에서 각광받은 온정주의적 노동통제체계를 도입하고 있다. 각 사례의 이야기는 서로 다르며, 이런저런 지리적 상황의 특이성이 이전 어떤 때보다도 더 중요한 것처럼 보이도록 한다. 그렇지만 역설적으로 이는 단지 공간적 장애들의 붕괴 때문에 그렇게 된 것이다.

노동통제는 항상 핵심적이지만, 좀더 유연한 축적의 조건하에서 새롭게 부각되는 지리적 조직의 다른 측면도 많다. 정확한 정보와 신속한 통신의 필요로, 금융체계 및 기업체계에서 이른바 '세계도시'(광범위한 금융서비스, 법률서비스, 사업서비스, 인프라서비스의 편성과 더불어 텔레포트, 공항, 고정된 통신링크 등을 갖춘 중심지)의 역할이 강조된다. 공간적 장애의 감소는 오늘날 지구적 도시체계 내에서 도시계층을 재확인하고 재정렬하도록 유도한다. 오늘날 소규모 일괄생산과 유연적 설계의 조건하에서 보다 쉽게 활용되는 시장 취향의 국지적 편차들이 그러한 것처럼, 특수한 품질을 갖거나 또는 조금이라도 더 낮은 비용으로 구할 수 있는 물질적 자원의 국지적 가용성도 훨씬 더 중요하게 됐다. 기업가적 능력, 벤처자본, 과학기술적 노하우, 사회적 태도 등의 국지적 차이들도 또한 중요해졌으며, 영향력과 권력의 국지적 네트워크, 국지적 지배엘리트의 축적전략(국민국가의 정책과는 상반되는)들도 유연적 축적체제에 좀더 깊숙이 영향을 끼치게 됐다.

이는 현대사회에서 공간성의 역할 변화에 또다른 차원을 제기한다. 만약 자본가들이 세계의 지리가 구성되는 공간적 차이의 특성들에 점점 민감해진다면, 이 공간들을 통제하는 사람과 권력은 그 특성들을 유동성이 높은 자본들에게 오히려 더 매력적이 되도록 바꿀 수 있다. 일례로 국지적 지배엘리트들은 그들의 특정 공간 내에 개발을 유치하기 위해 국지적 노동통제, 기술 향상, 인프라 공급, 조세정책, 국가규제 등의 전략들을 시행할 수 있다. 이에 따라 공간의 추상화가 증가하는 와중에도, 장소의 질이 더 강조되게 된다. 특정 성질을 가진 장소의 적극적인 생산은 로컬리티, 도시, 지역, 국가들 사이의 공간적 경쟁에서 중요한 관건이 된다. 조합주의적 거버넌스 형태는 이러한 공간에서 번창할 수 있으며, 유리한 사업환경과 다른 특정 자질의 생산에서 자체적으로 기업가 역할을 담당한다. 바로 이 맥락에서 우리는 도시들이 독특한 이미지를 형성하고 '적합한 종류'(즉 부유하고 영향력 있는)의 자본가들을 유인하는 역할을 담당하는 장소와 전통의 환경을 창출하기 위해 애쓴다는 점을 이해할 수 있다. 장소 간 경쟁의 심화는 국제적 교환의 등질성이 증가하는 가운데 보다 다양해진 공간들의 생산을 유도하게 된다. 그러나 이 경쟁이 도시들을 축적체계에 노출시키는 정도에 따라 이 경쟁은 결국에는 부아예(C. Boyer)[15]가 지칭하는 '순환적'이고 '연속적인' 단조로움을 만들어내며, '즉 뉴욕의 싸우스스트리트 항, 보스턴의 퀸시마켓(Quincy Market), 볼티모어의 하버플레이스(Haborplace)처럼 도시마다 이미 알려진 패턴이나 틀에 따라 거의 동일한 분위기의 장소들을 만들어낸다'.

결국 우리는 핵심적 역설에 이르게 된다. 즉 공간적 장애의 중요성이 줄어들수록, 공간 내에서 장소의 편차에 대한 자본의 민감성은 더 커지고 또한 자본을 끌어들이기 위해 차별화하고자 하는 장소들의 동기도 커진다. 그에 따라 자본의 흐름에서 고도로 통합된 지구적 공간경제 내의 파편화, 불안정, 그리고 짧은 주기의 불균등발전이 벌어진다. 자본주의 역사에서 집중과 분산 사이의 긴장은 이제 새로운 방식으로 작동하고 있다. 산업생산의 놀라운 분산과 증식으로, 선진 자본주의세계의 거의 모든 곳에서 연이어 만들어진 쇼핑몰에 베네통이나 로라 애슐리(Laura Ashley)의 제품들이 진열되고 있다. 분명 시공간 압축의 새로운 양상은 특정 장소들의 존립 가능성이나 과잉축적 문제의 해결 가능성을 제시하지만, 또한 그만큼 많은 위험으로 가득 차 있다.

탈산업화, 국지적 실업 증대, 긴축재정, 국지적 자산의 철수 등을 통한 감가(devaluation)의 지리는 사실 제대로 묘사되지 않는다. 그러나 우리는 그 논리를 적게나마, 유연하고 보다 기동성 있는 축적 체계로의 추동을 통해 과잉축적 문제의 해법을 찾고자 하는 틀 내에서 이해할 수 있다. 그러나 격심한 동요와 파편화를 겪은 지역이 또한 장기적 감가의 트라우마를 가장 잘 견뎌낼 수 있는 지역이라는 데에 물음표를 던질 만한(또한 이 사고를 뒷받침할 어떤 물질적 증거와 함께) 선험적 이유들이 있다. 적극적 성장을 위한 기회들이 극히 제한된 세계에서, 국지적 존립을 위한 쟁탈에서 현재의 작은 감가가 훗날의 거대한 감가보다 더 낫다는 주장에는 큰 시사점이 있다. 탈산업화와 감가가 먼저 이루어지지 않고서는 재산업화와 재구조화가 달성될 수 없다.

공간과 시간의 경험에서 이러한 변화는 가치가 화폐로 재현되는 방식에서 근본적 변화가 일어나지 않고는 이해될 수 없을 것이며 어떠한 충격도 갖지 못할 것이다. 화폐는 오랫동안 지배적이었지만 가치를 분명하고 명쾌하게 재현해온 것은 아니며 때로 매우 복잡하게 뒤얽혀서 그 자체가 불안정성과 불확실성의 주요 근원이 되기도 한다. 전후 정착기에 세계화폐라는 질문은 상당히 안정적인 기반 위에서 제기되었다. 미국달러는 세계무역의 매개체가 되었고 이는 기술적으로는 고정 금태환제에 의해, 정치적·경제적으로는 미국의 생산 장치들의 압도적인 힘에 의해 뒷받침됐다. 미국 생산체계의 공간은 사실상 국제적 가치의 보증인이 됐다. 그러나 우리가 아는 대로, 포드주의-케인스주의체계의 붕괴를 알리는 신호 가운데 하나는 브레튼우즈협정과 미국달러의 금태환 가능성의 붕괴, 그리고 유동적 환율의 지구적 체계로의 전환이었다. 이 붕괴는 부분적으로 자본축적에서 유발된 공간과 시간의 차원이 변화했기 때문에 발생했다. (특히 미국 내) 채무의 급증은 세계경제의 배타적 보증인으로 작동해온 미국경제력의 와해와 큰 연관이 있었다. 축적 증대의 조건하에서 재구조화된 세계경제 공간들로부터 격렬해진 국제경쟁 또한 그것과 관련 있었다.

그 영향은 엄청났다. 가치가 이제 어떻게 재현되어야 하는가, 어떤 형태의 화폐를 가져야 하는가의 문제, 그리고 우리들에게 가용한 여러 형태의 화폐에 부여될 수 있는 의미의 문제는 최근 관심사에서 결코 멀리 떨어지지 않은 문제다. 1973년 이후, 화폐는 어떤 귀금속(비록 귀금속은 많은 다른 것 사이에서 화폐의 잠재적 형태로서 역할을 계속해왔지만) 또는 이러한 문제와 관련하여 다른 어떤 유형적 상품과도 공식적·유형적 연계를 갖지 않는다는 점에서 '탈

물질화'되어왔다. 또한 화폐는 특정한 공간 내에서의 생산활동에 더 이상 배타적으로 의존하지 않게 됐다. 세계는 역사상 처음으로 비물질적 형태의 화폐, 즉 몇몇 지정된 통화(달러, 엔, 독일마르크, 파운드 등)의 금액에 바탕을 두고 양적으로 평가된 계산화폐(money of account)에 의존하게 됐다. 또한 세계의 여러 통화 사이의 환율은 매우 가변적이게 됐다. 단지 어떤 국면에 어떤 통화를 보유하고 있기만 해도 부를 잃거나 얻을 수 있게 됐다. 내가 어떤 통화를 갖고 있는가의 문제는 내가 어떤 장소를 신뢰할 것인가의 문제와 직접 연계된다. 이는 여러 국가체계의 경쟁적인 경제적 지위와 권력에 연계된다. 공간상에서 축적의 유연함을 감안하면 이 권력의 규모는 그 자체적으로 급속하게 변화한다. 그 결과 가치의 결정을 뒷받침하는 공간은 가치 그 자체만큼이나 불안정해진다. 이 문제는 투기적 변화가 실제 경제의 힘과 성과를 무시하고 자기충족적 기대를 촉발하는 방식과 뒤섞인다. 금융체계가 실제 생산 및 어떠한 물질적 화폐 기반으로부터도 분리됨에 따라, 가치가 재현될 것으로 가정되는 기본적 메커니즘의 신뢰성에 의문이 제기된다.

이 같은 난관은 인플레이션에 의한 가치척도로서 화폐의 감가과정에서 가장 극심하게 나타난다. 포드주의-케인스주의 시대의 안정적인 물가상승률(보통 3퍼센트 범위이고, 5퍼센트 이상은 드물었다)은 1969년부터 무너졌고, 그후 모든 주요 자본주의국가들에서 가속화되어 1970년대에는 2자리 숫자를 보였다. 설상가상으로 인플레이션은 국가 내에서뿐만 아니라 국가들 간에도 매우 불안정하게 일어나 특정 화폐의 실제 가치(구매력)가 가까운 미래에 어떻게 될지 누구도 알 수 없었다.

결과적으로 화폐는 어떤 일정한 시간 동안 가치를 저장하는 수단으로서 쓸모없게 됐다(1970년대 몇년 동안 화폐 이자율에서 물가상승률을 뺀 실제 이자율은 마이너스였으며, 예금자들은 저금해두고자 했던 가치를 탈취당했다). 가치를 효과적으로 저장하기 위한 대안적 수단이 강구되어야 했고, 이에 따라 어떤 종류의 자산 가격들(수집품, 예술품, 골동품, 주택 등)의 막대한 인플레이션이 시작됐다. 1973년에 드가(E. Degas)나 반 고흐(V. Gogh)의 작품을 사두었다면, 다른 어떤 종류의 투자보다도 더 많은 자본이득을 얻었을 것이다. 사실 1970년경 이후 예술시장의 성장(작가의 서명에 대한 관심과 더불어)과 문화산업의 강력한 상업화는 일반 화폐형태가 제역할을 못하는 조건하에서 가치저장의 대안적 수단을 찾기 위한 탐색과 꽤 연관됐다. 상품가격 및 일반가격의 인플레이션은 1980년대 선진 자본주의국가들에서 어느정도 통제되긴 했지만, 문제의 여지는 결코 사라지지 않았다. 인플레이션은 멕시코, 아르헨티나, 브라질, 이스라엘 같은 국가들에서 극심했으며(최근[1980년대 후반] 수백퍼센트의 비율을 보이고 있다), 선진 자본주의국가들에서도 전반적인 인플레이션의 전망이 도사리고 있다. 후자의 국가들에서는 자산가격(주택, 예술품, 골동품 등)의 인플레이션이 상품시장 및 노동시장의 인플레이션이 1980년대 초에 남겨두었던 것을 물려받았다고 주장할 수 있을 것이다.

가치를 재현하는 안전한 수단으로서 화폐의 붕괴는 선진 자본주의에서 '재현의 위기'(crisis of representation)를 초래했다. 이는 시공간 압축의 문제에 의해 강화됐고, 역으로 이 문제에 상당한 무게를 더했다. 통화시장이 세계 공간에서 변동하는 신속성, 오늘날 세계 증권시장 및 금융시장의 막강한 힘, 그리고 화폐 구매력이 재현할 수 있는 변동성은 말하자면 포스트모더니티 정치경제학에서 사회권력의 요소들을 서로 연결 지음으로써 화폐, 시간, 공간이 난제를 지닌 채 교차하는 중대한 시점을 규정한다.

이것들 모두가 어떻게 재현의 일반적 위기를 창출하는지를 이해하기란 그다지 어렵지 않다. 자본주의가 늘 그 행위를 유효화하고 측정하기 위해 의존하는 중추적 가치체계는 탈물질화되어 변화하고 있으며 시간지평은 붕괴되고 있다. 그러다 보니 원인과 결과, 의미 또는 가치를 평가하고자 할 때 우리가 어떤 공간에 처해 있는가를 정확히 말하기 어렵다. 1985년 뽕삐두센터(Pompidou Centre)에서 열린 '비물질적인 것'(The Immaterial)이라는 제목의 흥미로운 전시(리오따르가 자문위원으로 참여했던 전시)는 더욱 유연한 축적의 조건하에서 가치의 물질적 재현의 해체에 대한 거울 이미지였다. 이는 비릴리오의 주장처럼 인간의 사고와 행동에 대한 유의미한 차원으로서 시간과 공간이 사라졌다고 말할 수 있음을 의미하는 것과 같은 혼돈의 거울 이미지였다.

포스트모더니티의 조건으로서 공간과 조건의 유의미성을 평가하는 데에는 이것보다 더욱 유형적이고 물질적인 방법이 있다. 이를테면 공간, 시간, 화폐의 경험 변화가 어떻게 독특한 해석체계 및 재현체계의 등장을 위한 독특한 물질적 기반을 형성하며, 또한 정치의 미학화가 다시 등장할 수 있도록 길을 열어주는가를 고찰하는 것은 가능하다. 만약 우리가 문화를 사회적 가치와 의미의 전달을 위한 코드로 짜인 기호와 표시(언어를 포함하여)의 복합체로 본다면, 우리는 최소한 화폐와 상품 자체를 문화적 코드의 1차적 담지자로 인식함으로써 현재의 조건하에서 그 복합성을 파헤치는 작업을 시작할 수 있다. 화폐와 상품은 자본순환과 전적으로 엮여 있기 때문에, 문화의 형태들은 자본의 일상적 순환과정에 깊이 뿌리를 두게 된다. 그러므로 특정 상품이나 심지어 기호체계 전체가 보통 사람들로부터 도출되고, 이 상품과 기호가 우리가 이미 논평할 근거를 갖고 있었던 '고급'문화 또는 그러한 전문화된 이미지 만들기의 토대를 만들든 아니든 간에, 우리는 화폐와 상품이라는 일상적 경험에서 시작해야 한다.

시간에 의한 공간의 절멸은 일상의 재생산에 투입되는 상품의 조합을 근본적으로 바꿔왔다. 무수한 국지적 식품체계가 지구적 상품교환에 편입됨에 따라 재조직화됐다. 일례로 프랑스 치즈는 1970년에는 대도시 몇몇 미식가용 상점들을 제외하고는 사실상 이용할 수 없었지만, 오늘날에는 미국 전역에 걸쳐 널리 판매되고 있다. 만약 이것이 일부 엘리트의 사례라고 생각된다면, 맥주 소비의 사례를 들 수 있다. 이는 전통적 입지이론에서 항상 매우 시장지향적이라고 가르쳤던 어떤 제품이 오늘날 완전히 국제화됐음을 보여준다. 1970년 볼티모어에는 실제 한가지 맥주(지방에서 주조된)만 있었지만, 처음에는 밀워키와 덴버 같은 곳에서 지역 맥주가, 그다음에는 캐나다와 멕시코 맥주가, 그리고 유럽·오스트레일리아·중국·폴란드 등의 맥주가 더 싼 값에 들어왔다. 이국적 식품들이 보편화되는 한편, 한

때 비교적 저렴했던 대중적인 국지적 식품들(볼티모어의 경우, 청게와 굴)은 장거리 무역에 통합됨에 따라 가격이 폭등했다.

시장은 항상 '스타일의 백화점'(레이번J. Raban의 문구를 인용하면)인데, 일례로 식품시장은 이제 20년 전에 비해 매우 다른 모습을 보인다. 영국의 슈퍼마켓에는 케냐의 아리코콩, 캘리포니아의 셀러리와 아보카도, 북아프리카의 감자, 캐나다의 사과, 칠레의 포도가 나란히 진열되어 있다. 이러한 다양성은 심지어 상대적 빈곤층 사이에도 요리 스타일의 분화를 만들어내고 있다. 물론 이 같은 스타일들은 으레 도시문화를 통해 서서히 확산되기 전에 여러 집단들의 이주 흐름에 따라 이전됐다. 새로운 이민 물결(일본인, 중국인, 멕시코인, 모든 유럽 인종 집단, 그리고 이들을 뒤이은 베트남인, 한국인, 필리핀인, 중앙아메리카인은 자신들의 요리 유산이 흥미와 이윤을 위해 복원될 수 있음을 알게 됐다)은 뉴욕, 로스앤젤레스, 샌프란시스코(최근 인구조사는 이 도시들의 인구의 다수가 소수민족들로 구성됐음을 보여준다) 같은 전형적인 미국 도시들을 세계 상품들의 백화점일 뿐만 아니라 요리 스타일의 백화점이 되도록 했다. 그러나 여기서도 요리 스타일이 이민의 흐름보다 더 빠르다는 점에서 가속화가 이루어지고 있다. 미국으로 프랑스인이 대규모 이주하지 않더라도 크루아상은 미국 전역으로 급속히 퍼져나가 전통적인 도넛에 도전하게 됐으며, 또한 유럽으로 미국인이 대규모 이주하지 않더라도 패스트푸드 햄버거가 유럽의 거의 모든 중소도시들로 전파됐다. 중식 테이크아웃 전문점, 이딸리아식 피자 가게(미국 체인이 운영하는), 중동식 팔라펠 가게, 일본식 스시바 등 서구세계에서 오늘날

이 목록은 끝이 없다.

세계의 지리적 복합성이 밤마다 고정된 텔레비전 스크린 위에 일련의 이미지들로 환원되는 것과 거의 정확히 같은 방식으로, 전세계의 음식은 이제 한 장소에 모이게 됐다. 이와 동일한 현상이 엡코트(Epcott)나 디즈니월드 같은 위락지들에서도 활용된다. 미국 상업방송에서 묘사한 것처럼, '실제 그곳에 가지 않더라도 하루 만에 구세계(Old World)를 경험하는 것'이 가능하게 됐다. 이것의 일반적함의는 식품에서부터 요리습관, 음악, 텔레비전, 오락, 영화에 이르기까지 모든 것의 경험을 통해 세계의 지리를 씨뮬라끄르로 대리경험하는 것이 가능하다는 점이다. 일상생활에서 씨뮬라끄르의 뒤얽힘은 동일한 공간과 시간에서 상이한 (상품들의) 세계를 가져다준다. 그러나 이 과정은 그 기원의 흔적, 그것들을 생산한 노동의 흔적또는 그 생산에 내포된 사회적 관계의 흔적을 거의 완벽하게 은폐한다.

이 같은 씨뮬라끄르는 역으로 실재가 될 수 있다. 다소 과장되긴했지만, 보드리야르는 『미국』(L'Amérique)에서 한 걸음 더 나아가미국의 실재는 오늘날 거대한 스크린으로 구축되어 있다고 주장한다.[16] '영화는 도시 어디에서나, 거의 모든 곳에서 끊임없고 경이로운 필름과 시나리오가 된다.' 특정 방법으로 묘사된 장소들, 특히 관광객들을 끌어들일 수 있는 역량을 가진 도시들은 환상적 이미지들이 지시하는 바에 따라 '자신들을 치장하기' 시작한다. 중세성곽은중세식 주말(중세의 음식과 의상 등으로, 물론 난방시설은 원시적이지 않다)을 제공한다. 이 다양한 세계에 대한 대리참여는 이러한 세계들이 질서를 이루는 방식에 실질적 효과를 미친다. 젠크스(C. Jencks)는 건축가가 이에 적극 참여해야 한다고 제안한다.[17]

테헤란에서 토오꾜오에 이르기까지 어떤 대도시들의 어떤 중간계급 도시인이든지 간에, 이들은 여행이나 잡지를 통해 지속적으로 채워지는 잘 짜인, 사실 과다하게 짜인 '이미지 은행'을 갖게 된다. 이 상상박물관(musée imaginaire)은 생산자의 취향을 반영하겠지만, 그럼에도 자신의 삶의 방식에 자연스럽다. 생산과 소비의 이질성에 어떤 종류의 총체적 환원이 없다면, 건축가들은 언어의 불가피한 이질성을 활용하는 법을 배우는 것이 바람직할 것이다. 게다가 이것은 상당히 즐거운 일이다. 우리가 다른 연령층과 다른 문화 속에서 살아갈 수 있다면 왜 자신을 현재, 현장(locale)에 국한시켜야 하는가? 절충주의는 선택에 따른 문화의 자연적 진화다.

대중음악의 스타일에 관해서도 같은 말을 할 수 있다. 챔버스(I. Chambers)[18]는 꼴라주와 절충주의가 최근 우세해졌다고 논평하면서, 계속해서 어떻게 레게, 아프로-아메리칸 음악, 아프로-히스패닉 음악 같은 대항적이고 하위문화적인 음악이 '고정된 상징구조의 박물관에서' 어떻게 '이미 공연된, 이미 싫증난, 이미 연주된, 이미 들어본' 것들의 유연한 꼴라주를 형성하게 됐는가를 보여준다. 그는 '[절대적] 타자'(the Other)라는 강한 느낌이 '[다수의] 타자들'(the others)이라는 약한 느낌으로 대체됐다고 주장한다. 현대도시의 파편화된 공간들에서 산발적인 거리문화들을 느슨하게 함께 묶음으로써, 일상생활에서는 이러한 '타자성'의 우발적이고 우연적인 측면들이 재강조된다. 이와 동일한 감수성이 포스트모던 소설에서도 나타난다. 맥헤일(B. McHale)[19]이 말한 바에 의하면, 이것은 우주의 실제적이며 또한 잠재적인 다원성과 관련된 '존재론들'이며, '다원적으로 세계의 절충적이고 무정부적인 경관'을 구성한다. 정신이 명하고 산만한 인물들이 명확한 위치감각 없이 이러한 세계들을 방황하며, '내가 어떤 세계에 있으며, 나의 개성 가운데 어떤 것을 선보여야 할지'를 궁금해한다. 맥헤일은 우리의 포스트모던한 존재론적 경관이 '최소한 그 다원성의 정도에서는 인류역사에 선례가 없는 것'이라고 주장한다. 매우 상이한 세계의 공간들은 서로 포개져 붕괴하는 것처럼 보이며, 이는 마치 세계의 상품들이 슈퍼마켓에 모이거나, 온갖 종류의 하위문화들이 현대도시에서 경합을 벌이는 것과 같다. 파괴적 공간성이 포스트모던 소설에서의 관점과 서사의 일관성에 대해 승리를 거두었다. 이 점은 수입산 맥주가 지역 토산 술과 공존하고, 세계의 온갖 다양한 공간이 밤마다 텔레비전 스크린 위에서 이미지들의 꼴라주로 취합되는 것과 정확히 일치한다.

이 모두가 일상의 사고와 행동에 미치는 다양한 사회학적 효과는 두가지로 나뉜다. 첫째로는 젠크스가 제안한 것과 마찬가지로, 모든 다양한 가능성의 이점을 취하고 도피·환상·기분전환의 환경으로 일련의 모든 씨뮬라끄르를 함양해야 한다는 것이다.

우리 주변 어디에서나, 광고게시판, 서가, 레코드 표지, 텔레비전 스크린에서 이러한 축소된 도피 환상이 나타난다. 이 점은 우리가 또다른 현실로 도피하는 경로를 약속하면서 사적 생활이 흔들리고 있는 분열된 개성체로서 살아가도록 운명이 정해졌는지를 보여주는 것 같다.[20]

이러한 관점을 토대로 철학적·사회적 사유에서 순간성·꼴라주·파편화·분산을 강조하는 것은 유연적 축적의 조건들을 모방하는 것이다. 이 같은 나의 주장과 마찬가지로, 포스트모던 소설은 무엇인가의 모방이라고 한 맥헤일의 주장 또한 받아들여야 한다. 이 모든 것이 1970년 이후 상이한 특수 이익집단 및 지역 이익집단의 파편화된 정치가 등장한 것과 어떻게 잘 맞아떨어졌는지를 목도하게 된 것은 그리 놀랄 일이 아니다.

그러나 우리는 바로 이 지점에서 정반대의 반응, 즉 개인적 또는 집단적 정체성의 추구, 변하는 세계 속에서 안전한 정착지의 추구로 요약될 수 있는 반응과 마주친다. 장소정체성은 정신을 파고드는 중첩적인 공간적 이미지들의 꼴라주 속에서 중요한 이슈가 된다. 누구나 개인화된 공간(신체, 방, 가정, 공동체 형성, 국가)을 점유하며, 우리가 우리 자신을 개인화하는 방식은 우리의 정체성을 형성하기 때문이다. 게다가 이 변화하는 꼴라주 세계에서 아무도 '자신의 장소를 알지' 못한다면 어떻게 안전한 사회질서가 형성되고 유지될 수 있겠는가?

여기에는 면밀히 검토해야 할 두가지 요소가 있다. 첫째, 대부분 사회운동의 역량은 공간보다는 장소를 더 잘 통제하기 위해 장소와 사회적 정체성 간의 잠재적 연계를 더욱 강조한다. 이는 정치적 행동에서 두드러진다. 자치적 사회주의 옹호, 노동계급 공동체의 요구, 자본에 대항하는 싸움의 국지화 등은 지리적 불균등발전의 전반적 흐름에서 노동계급투쟁의 두드러진 양상이 됐다. 보편화되는 자본주의에 대면하여 사회주의운동 또는 노동계급운동은 이에 따른 딜레마를 겪게 된다. 이는 다른 저항집단들, 즉 장소에서 조직할 때는 비교적 힘을 갖지만, 공간에 걸쳐 조직하게 될 경우에는 힘을 갖지 못하는 소수인종, 식민지 민중, 여성 등의 집단들도 마찬가지로 겪는 딜레마다. 그러나 때로 장소귀속적(place-bound) 정체성을 불가피하게 고수함으로써, 이러한 저항운동들은 유동적 자본주의와 유연적 축적이 함양한 바로 그 파편화의 일부가 될 수 있다. '지역적 저항들', 지방자치를 위한 투쟁, 장소귀속적 조직 등은 정치적 행동을 위한 훌륭한 기반일 수는 있지만, 이들은 그 자체만으로는 급격한 역사적 변화의 짐을 감당해낼 수 없다. '지구적으로 생각하고 국지적으로 행동하라'는 1960년대 혁명적 슬로건이었다. 이 슬로건은 되풀이될 만하다.

장소귀속적 정체성이라는 주장은 어떤 점에서 전통이라는 동기유발적 힘에 의존해야 한다. 그러나 유연적 축적의 온갖 흐름과 순간성에 직면하여 역사적으로 지속되리라는 느낌을 유지하기는 어렵다. 오늘날 전통이 그 자체로 상품화되고 시장화됨으로써 보존된다는 점은 아이러니다. 뿌리 찾기는 최악의 경우 이미지, 즉 씨뮬라끄르나 혼성모방(pastiche)으로(어떤 과거의 풍속적 이미지를 고취시키기 위해 구축된 모방공동체, 도시 상류층에 의해 장악된 전통적 노동계급 공동체를 구성하는 것으로) 생산되고 시장화되는 것으로 끝나게 된다. 사진, 문서, 그림, 복제는 그것들이 지금 여기에 있다는 이유로 역사가 된다. 물론 문제는 이것들이 현재 목적을 위해 함부로 바뀌거나 또는 완전히 날조될 우려가 있다는 점이다. 역사적 전통은 기껏해야 고급 모더니즘 예술이 아니라 국지적 역사와 수급의 박물관문화, 즉 예전에는 사물들이 어떻게 만들어져서 판매되고 소비됐는지, 그리고 오랫동안 잃어버렸지만 흔히 낭만화되는 일상생활 속으로 어떻게 통합됐는지를 보여주는 박물관문화로 재조직된다(그로부터 억압적 사회관계의 모든 흔적들은 깨끗이 지워질 것이다). 일부에서는 환상적인 과거의 재현을 통해 국지적 정체성에 대한 어떤 것을 기호화하고 이윤을 얻을 수 있도록 이를 수행하는 것이 가능해지고 있는 듯하다.

국제주의에 대한 모더니즘의 두번째 반응은 장소와 그 의미를 정성적으로 구축하고자 한다는 점이다. 공간에 대한 자본주의적 헤게모니는 장소의 미학을 상당 부분 토론거리로 돌려놓는다. 그러나 이 점은 유동성이라는 선택을 매우 중시하는 떠돌이자본(peripatetic capital)에 대한 미끼로서 공간적 차별화를 추구하는 사고와 아주 밀접하게 맞물려 있다. 이 장소는 저 장소보다 자본의 작동을 위해서뿐만 아니라 변화하는 세계에서 살아가면서 적절히 소비하고 안전한 느낌을 갖는 데 더 좋은가? 이러한 장소들의 구축, 즉 어떤 국지화된 심미적 이미지의 형성은 갑자기 붕괴하는 공간성의 꼴라주 속에서 제한되고, 또한 제한하는 어떤 정체성을 느끼게 한다.

이 대립 속에서 긴장은 매우 분명하지만, 이들의 지적·정치적 결과를 평가하기는 어렵다. 이를테면 푸꼬(M. Foucault)는 자신의 관점에서 이 논제를 다음과 같이 언급한다.[21]

공간은 어떠한 형태의 공동체 생활에서든 근본적이다. 공간은 어떠한 권력의 행사에서든 근본적이다. (⋯) 나는 1966년 공간의 연구, 내가 당시 '헤테로토피아'(heterotopia)라고 지칭한 것의 연구를 위해 건축가들의 모임에 초대된 적이 있음을 기억한다. 헤테로토피아는 기존 사회적 공간에서 찾아볼 수 있는 특이한 공간들로, 그 기능은 다른 공간들과 다르거나 또는 심지어 반대된다. 건축가들은 이를 탐구했으며, 그 끝무렵에 어떤 사람(싸르트르적 심리학자)이 거리낌 없이 말했다. 그는 공간은 반동적이고 자본주의적이지만 역사와 생성(becoming)은 혁명적이라면서 나에게 맹렬히 퍼부었다. 이러한 터무니없는 담론이 당시에는 전혀 이상하지 않았다. 오늘날에는 누구든지 그런 의견에 웃음을 터뜨리겠지만, 그때는 그렇지 않았다.

싸르트르적 비평가가 제시한 명제는 비록 미숙하고 대립적이지만, 푸꼬가 단언하는 것처럼 그렇게 웃고 넘길 것이 아니다. 다른 한편, 포스트모던한 정서는 분명 푸꼬의 입장에 기운다. 모더니즘은 말하자면 도시공간을 '사회적 기능들의 부수현상'으로 보는 반면, 포스트모더니즘은 도시공간을 기능에 대한 의존으로부터 분리시키고, 이를 모든 단순한 역사적 결정론과는 무관한 수사적·예술적 전략들을 포함시키는 자율적인 형식체계로 보는 경향이 있다.[22] 바로 이러한 분리에 따라, 푸꼬는 자신의 권력 연구에서 공간적 은유를 폭넓게 전개할 수 있었다. 어떠한 사회적 결정이든 이에 내린 뿌리로부터 해방된 공간적 심상은 사회적 결정의 힘을 묘사하는 수단이 된다. 하지만 정치적 이데올로기를 강화하기 위해 푸꼬의 은유로부터 한 걸음만 나아가면 장소와 존재, 그리고 이와 관련된 심미적 성질들은 사회적 행동의 적합한 기반으로 이해될 수 있다. 지정학과 하이데거적 함정은 그렇게 멀리 있지 않다. 제임슨은 그의 입장에서 다음과 같이 보았다.[23]

포스트모더니즘의 공간적 특이성은 새로우면서 역사적으로 원천적인 딜레마의 징후이자 표현으로 이해된다. 이 딜레마는 개별 주체로서 우리를 근본적으로 불연속적인 실체들의 다차원적 집합 속으로 끼워넣고자 한다. 이 불연속적인 실체들의 틀은 온갖 방법으로 여전히 존립하는 부르주아의 사적 생활공간에서부터 상상을 초월한 지구적 자본주의 자체의 탈중심화에 이르기까지 두루 걸쳐 있다. 아인슈타인의 상대성이론이나 그 이전 모더니스트들의 다원적인 주관적 세계들조차도 이른바 주체의 죽음에 의해, 또는 좀더 정확히 말해 이 마지막 주체의 파편화되고 정신분열증적인 탈중심화와 분산에 의해 체험된 경험 속에서 느껴지는 이 과정을 적절하게 그려낼 수 없다. (…) 그리고 여러분이 이를 깨닫지 못했을지라도, 나는 여기서 실천적 정치에 관해 말하고 있다. 사회주의적 국제주의의 위기, 그리고 국지적 풀뿌리운동 또는 근린적 정치행동을 국가적 또는 국제적 정치행동과 조화를 이루도록 하는 데 막대한 전략적·전술적 어려움을 겪은 이후, 그와 같은 긴급한 정치적 딜레마들은 모두 내가 염두에 두고 있는 극히 복잡하고 새로운 국제적 공간의 직접적 기능들에 따른 것이다.

제임슨은 경험의 이러한 특이성과 새로움을 다소 과장하고 있다. 현재 조건은 의심할 바 없이 스트레스로 가득 차 있지만, 이는 공간과 시간에 대한 르네상스 및 다양한 모더니즘적 재개념화를 유도했던 조건과 질적으로 유사하다. 그럼에도 제임슨이 묘사한 딜레마는 정확하며, 현대의 경제생활뿐만 아니라 정치·문화 생활에서 공간의 의미에 대한 포스트모던 감수성의 경향을 제대로 파악하고 있다. 하지만 우리가 생성에 대한 모더니즘적 믿음을 잃게 된다면, 푸꼬를 비판한 싸르트르적 비평가가 주장한 바와 같이, 심미화된 공간성이라는 반동적 정치를 통하는 것 외에 어떤 다른 방법이 있는가? 우리는 까밀로 지떼(C. Sitte, 오스트리아의 건축가, 화가, 도시계획 이론가로 심미적 도시건설 계획과 규제의 발전에 큰 영향을 미쳤다. 이 번역서의 원문에는 Sine로 표기되어 있지만, 이 글의 본래 원서인 1989년판에는 Sitte로 표기되어 있다)가 변화하는 공간들의 세계에서 장소와 공동체의 우선성에 대한 단언을 뒷받침하기 위해 바그너적 신화학으로 회귀하면서 시작했던 행로 위에서 끝날 수밖에 없는 슬픈 운명이란 말인가? 한층 더 나쁘게도 만약 오늘날 심미적 생산이 그렇게 철저하게 상품화됐고 이에 따라 문화적 생산의 정치경제학 내에 실질적으로 포섭됐다면, 우리는 생산된, 따라서 너무나 쉽게 조작될 수 있으며 지구적으로 합병된 정치의 심미화를 죄어오는 세력을 어떻게 멈출 수 있을까?

이 점은 최근 급속한 시공간 압축에 따르는 첨예한 지정학적 위험들을 경계하도록 한다. 포드주의에서 유연적 축적으로의 전환은 응당 그렇게 해온 것처럼 당연히 우리의 심상지도(mental maps), 정치적 태도, 정치적 제도들의 변화를 암시한다. 그러나 정치적 사고는 그렇게 쉽게 바뀌지 않으며, 어떠한 경우에도 공간적 통합과 차별화에서 도출되는 모순적 압박을 받게 된다. 우리의 심상지도가 현실의 흐름과 조응하지 않을 위험은 항상 존재한다. 예를 들면 재정정책·통화정책에 대한 개별 국민국가의 심각한 권한 감소는 이에 병행하는 정치의 국제화를 향한 어떠한 변화와도 조응하지 않았다. 사실 지역주의와 국가주의가 더 강화됐다는 징후는 아주 많다. 그것들이 유연적 축적의 온갖 변화 속에서도 장소가 언제나 제공하는 안전성을 추구하기 때문이다. 지정학과 카리스마 정치에 대한 믿음의 부활(마거릿 새처의 포클랜드전쟁, 레이건의 그라나다 침공)은 덧없는 이미지들의 광막한 흐름에 의해 지적으로 정치적으로 점점 더 배양되는 세계와 너무나 잘 조응한다.

시공간 압축은 항상 주변에 펼쳐지는 현실을 파악하는 우리의 능력에 희생을 요구한다. 이를테면 스트레스 상황에서는 사건들에 정확히 반응하기가 점점 더 어려워진다. 기존의 일반 항공노선 내에서 이륙하던 이란 민간항공기를 미국 전함을 목표로 하강하는 전투기로 오인하여 많은 민간인 사상자를 유발한 사건(1988년 미국 항공모함 빈센스의 이란항공기 A300 격추사건)은 스트레스와 시공간 압축의 조건하에서 실재가 해석되기보다는 만들어지고 있음을 전형적으로 보여준다. 이것을 1차대전의 발발에 대한 컨(S. Kern)의 설명과 비교하는 것은 교훈적이다. 만약 '능숙한 협상가들이 긴박한 대치와 불면의 밤의 압박에 굴복하고, 그들의 성급한 판단과 조급한 행동이 초래할 수 있는 참담한 결과들에 대해 번민한다'면 오늘날 의사결정은 얼마나 더 어렵게 되겠는가? 그때와 다른 점은 심지어 번민할 시간조차 없다는 것이다. 문제는 정치적·군사적 의사결정의 영역에 한정되지 않는다. 세계 금융시장은 여기서는 성급한 판단을 내리고, 저기서는 무분별한 언동을 행하며, 어딘가 다른 곳에서는 의제자본 형성과 상호의존성의 전반적 혼돈을 밝혀줄 감각적 반응을 보여주는 식으로 들끓고 있기 때문이다.

포스트모던 시공간 압축의 조건은 때때로 과거 자본주의적 근대화의 과정을 괴롭혔던 딜레마들을 여러 측면에서 과장하고 있다 (1848년과 1차대전 직전의 국면이 특히 떠오른다). 경제적·문화적·정치적 반응은 완전히 새롭지 않겠지만, 이 반응들은 어떤 중요한 측면에서 이전에 발생했던 것과는 차이를 보인다. 1960년대 이후 서구 자본주의에서 시공간 압축의 강도와 이에 조응하는 사회적·정치적 영역 및 사적 영역에서의 과도한 순간성과 파편화의 특성들은 포스트모더니티의 조건을 다소 특수한 것으로 만드는 경험적 맥락을 지적한다. 그러나 이 조건을 그 역사적 맥락에 놓음으로써, 즉 자본축적의 압박과 더불어 시간으로 공간을 절멸시키고 회전시간을 줄이기 위한 끊임없는 추구에 의해 창출되는 시공간 압축의 연속적 물결의 역사 일부로 설정함으로써, 우리는 최소한 포스트모더니티의 조건을 역사유물론적 분석과 해석에 접근할 수 있는 조건의 범위 안으로 이끌 수 있을 것이다.

보론

　나는『포스트모더니티의 조건』(*The Condition of Postmodernity*)에 대한 초기의 반응과 지속된 인기에 놀랐다. 정치·경제·도시를 연구하면서 그동안 모아온 자료와 통찰을 이용하여 상당히 빨리, 그리고 자유롭게 서술한 책이기 때문이다. 일례로 나는 제2제정기 빠리에서 발생했던 문화적 전환을 익히 알고 있었으며, 도시의 역사에 관해 폭넓게 읽었다. 또한 소설가들과 화가들의 관찰을 쉽게 추가할 수 있었고, 도시학자로서 건축 및 계획의 역할에 대한 의문은 나의 사상의 표면에서 그렇게 멀리 떨어져 있지 않았다. 이에 따라 1980년대 포스트모던의 물결이 유행이든 아니든지 간에 학계를 휩쓸었을 때, 나는 비판적 반응을 보이기에 좋은 입장에 있다고 느꼈다. 특히 포스트모더니즘이 그렇게 많은 사람들을 혼란 상태에 빠뜨린 반면, 이에 여념 없는 사람들에게는 이것이 상당히 다른 것을 의미하는 것처럼 보였다. 이 모든 것이 볼티모어 존스홉킨스 대학(나는 중년의 위기에 빠져 있었다)에서 반동적 제국주의 옹호론자 해퍼드 매킨더(H. Mackinder)의 이름을 딴 지리학 교수직을 이어 받기 위해 옥스퍼드 대학으로 옮기는 시기에 일어났다. 박차고 나가 새롭게 어떤 것을 시작하기에 좋은 계기로 보였다.

　사고의 포스트모던한 혼합에는 내가 결단코 맞서고자 하는 것이 있었다. 맑스주의적 사유에 대한 빈번한 무시를 보면 짜증이 났다. 그리고 메타이론(증거 제1호로 맑스를 포함하여)의 모든 지침이 모든 사람의 머리에서 삭제되어야 한다는 독단은 전혀 와닿지 않았다. 사회적 관계에서 공간적 차원이 우리 세계의 중요한 속성이라는 점을 뒤늦게 발견해놓고도 도리어 이를 메타이론을 분해시키고 와해시키는 데 쓰고 있었다. 이 점은 특히 나를 화나게 했다. 나 자신의 연구는 공간의 생산을 맑스의 정치경제학에 통합시키는 것이었다. 그러나 1975년경 자본이 작동하는 방법에 주요한 전환이 일어났다. 유연적 축적, 탈산업화, 국제금융의 힘의 증대, 지구화와 내가 지칭한 시공간 압축의 강한 흐름 등 모든 것이 노동계급의 제도와 문화의 힘을 파괴하기 위해 동원되고 있었다. 많은 사람들이 이러한 전환을 해방적이라고 해석했다. 당시에 나는 이것의 절반 정도만을 이해할 수 있었다. 그 뒤에 나는 2005년 출판된 『신자유주의』(*A Brief History of Neoliberalism*)에서 이야기 전반을 논할 수 있었다. 그러나 내가 이미 해 놓은 그 절반은 확실히 반향을 일으켰다. 『포스트모더니티의 조건』에서 나는 새로운 사고들을 확인했으며 자본이 이들의 생산에 어떻게 개입했는가를 보여주었다.

제6장

관리주의에서 기업주의로: 후기 자본주의 도시 거버넌스의 전환

지난 20년 동안 나의 주된 학문적 관심은 사회변화, 특히 자본주의적 사회관계와 축적의 조건하에서 도시화의 역할을 밝히는 것이었다. 이 프로젝트를 위해 나는 자본주의가 독특한 역사지리를 생산하는 방식에 대해 깊이 탐구해야 했다. 도시화의 물리적·사회적 경관이 독특한 자본주의적 기준에 따라 형성됨에 따라, 자본주의 발전의 미래 경로에는 어떤 제약들이 작동하기 시작한다. 이는 곧 자본주의하에서 도시과정(urban process)이 자본순환과 자본축적의 논리에 의해 형성된다고 할지라도, 그 과정이 다시 시간과 공간의 그 이후 지점에서 자본축적의 조건과 환경을 형성한다는 뜻이다. 달리 설명하면, 다른 모든 사람과 마찬가지로 자본가들은 그들 자신의 역사지리를 만들기 위해 애쓰지만, 또한 다른 모든 사람과 마찬가지로 이 환경을 형성하는 데 중요한, 심지어 결정적인 집단적 역할을 담당한다고 할지라도, 그들 자신이 개인적으로 선택한 역사적·지리적 환경하에서 그 역할을 하지는 않는다는 말이다. 이러한 호혜성과 지배의 쌍방향적 관계(그 속에서 자본가들은 노동자와 마찬가지로 그들 자신의 창조물에 의해 지배되고 제약된다)는 이론적으로 변증법의 용어들로 가장 잘 포착할 수 있다. 바로 이러한 관점에서 나는 자본주의의 가장 최근 국면에서 진행되고 있는 전환의 사회적 과정들의 생산물이자 조건인 도시의 형성과정에 대한 좀더 강력한 통찰력을 얻고자 한다.

사회적 역동 속에서 도시화의 역할에 대한 탐구는 물론 새로운 것이 아니다. 이에 관한 논제는 때때로 주요 논쟁의 쟁점으로 활기를 띠기도 한다. 하지만 이는 이런저런 이유로 도시화와 도시의 역할이 특히 두드러진 것처럼 보이는 특정한 역사지리적 상황들과 흔히 관련된다. 문명의 등장기에 도시형성이 담당한 부분은 고대 그리스와 로마의 도시의 역할에 대한 논의만큼이나 오래됐다. 봉건주의에서 자본주의로의 전환에서 도시가 지니는 의미는 지속적인 논쟁거리였고, 이로써 수년에 걸쳐 놀랍고 뜻깊은 문헌들이 나왔다. 19세기 산업·문화·정치 발전, 그리고 뒤이은 저발전국가들(오늘날 세계에서 가장 극적으로 성장하는 도시들 가운데 일부를 뒷받침하고 있는 국가들) 덕택에 자본주의적 사회관계의 확산에 대한 오늘날 도시화의 유의미성에 대한 증거들은 방대하게 널려 있다.

하지만 도시화 연구는 사회변화와 경제발전을 다루는 연구로부터 분리되는 경우가 아주 흔했다. 그러다 보니 더 중요하고 근본적인 사회적 변화에서 도시화는 지엽적이거나 피동적인 부산물로 보였다. 기술, 공간적 관계, 사회적 관계, 소비자 습관, 생활양식, 그외 자본주의의 역사를 특징지을 수 있는 것들의 연속적인 혁명이 때로 도시과정의 근원과 속성을 깊게 탐구하지 않고도 이해될 수 있다는 주장 또한 제기되어왔다. 사실 이 같은 판단은 대체로 하지 말아야 할 것을 했다기보다는 해야 할 것을 하지 않았기에 암묵적으로 이루어진 것이다. 그러나 거시경제적·미시사회적 변화에 대한 연구에서 나타나는 이러한 반(反)도시적 편향은 안이하게 생각하기에는 지나치게 지속적이다. 근래의 최근 도시과정이 인간활동의 지리적 분포, 그리고 지리적 불균등발전의 정치경제적 역동 속에서 진행되고 있는 상당히 근본적인 재구조화과정에서 어떤 역할을 담당했는가를 따져봐야 하는 이유가 여기에 있다.

도시 거버넌스에서 기업주의로의 이행

1985년 오를레앙에서 열렸던 한 컬로퀴엄에 선진 7개국의 8개 대도시에서 온 학자, 사업가, 정책입안가들이 모였다.[1] 이 모임의 책무는 선진 자본주의세계의 많은 대도시들이 직면한 경제적·재정적 침체에 대해 도시정부들이 할 수 있는 행동노선을 탐색하는 것이었다. 그 컬로퀴엄에서는 강력한 합의가 있었는데, 도시정부는 훨씬 더 혁신적이고 기업주의적이어야 하며, 침체된 조건을 경감시키고, 이를 통해 그 도시 주민들의 보다 나은 미래를 보장하기 위해 모든 종류의 방법을 기꺼이 강구해야 한다는 것이었다. 이견이 있었던 유일한 영역은 이런 합의가 어떻게 가장 잘 성취될 수 있는가에 대한 것이었다. 도시정부들은 새로운 기업의 창출에 어떤 지원을 해야 하는가, 아니면 심지어 직접 역할을 담당해야 하는가, 그렇다면 어떤 종류의 기업이어야 하는가? 그들은 위협받는 고용자원을 보호하거나 또는 심지어 양도받기 위해 다투어야 하는가, 그렇다면 어떤 고용자원을 그렇게 해야 하는가? 아니면 도시정부들은 단순히 낡은 형태의 경제활동을 떠받치면서 새로운 형태의 경제활동을 유치할 수 있도록 인프라, 입지, 조세 혜택, 그리고 사회문화적 유인책을 제공하는 것으로 그 역할을 한정해야 하는가?

이 사례를 인용한 이유는 이것이 선진 자본주의국가들에서 지난 20년 동안 발생했던 도시 거버넌스에 대한 태도 변화의 징후를 보여주기 때문이다. 간단히 말해, 1960년대 그렇게 전형적이었던 '관리주의적' 접근이 1970년대와 1980년대에 들어서 초보적인 '기업가' 형태의 행동으로 점차 변화하고 있다. 특히 최근 선진 자본주의 세계 전반에 걸쳐 경제개발에 기업가적 입장을 취하는 도시들이 적극적인 편익을 가져야 한다는 일반적 합의가 부상하고 있는 것 같다. 주목할 점은 이러한 합의가 국경뿐 아니라 정당과 이데올로기를 넘어서 제기되고 있다는 점이다.

예를 들어, 바디(M. Boddy)와 코크레인(A. Cochrane)[2]은 1970년대 초반 이래 영국의 지방 당국들이 '생산 및 투자와 직접 관련된 경제개발 활동에 점점 더 개입하게 됐다'는 점에 동의하는 한편, 리(G. Rees)와 램버트(J. Lambert)[3]는 1970년대에 영국 산업의 효율성, 경쟁력, 이윤 가능성을 개선하기 위한 중앙정부의 노력을 보완하기 위해 '연이은 중앙행정부들이 경제 분야에서 지방정부의 주도력 증대를 어떻게 적극적으로 장려했는가'를 보여주고 있다. 수년 동안 셰필드의 노동당의회의 지도자였던 데이비드 블런킷(D. Blunkett)은 최근 어떤 종류의 도시 기업주의(entrepreneurialism)를 승인하는 데 서명했다.

1970년대 초부터 완전고용이 정부의 최우선 과제에서 밀려나게 됨에 따라, 지방의회는 도전을 택하기 시작했다. 소기업들에 대한 지원, 공공 부문과 민간 부문 간의 보다 긴밀한 연계, 지역들의 새로운 사업유치 장려 등이 있었다. 이들은 투자와 교역을 위해 적절한 입지를 찾고 있는 산업적·상업적 관심을 유치하기 위해, 영국 지방정부의 전통적인 경제적 역할을 채택하여 보조금, 무이자 대출, 공적으로 보조된 인프라, 지역사회에 대한 호혜적 참여 요구 면제 등의 형태로 유인책을 제시했다. (…) 과거와 마찬가지로, 오늘날 지방정부도 기술 및 산업 재구조화가 초래한 엄청난 경제적·사회적 변화에 직면하여 자체적으로 브랜드화한 기업가정신과 기업을 제공할 수 있다.[4]

도시 선전주의[civic boosterism, 도시를 선전하여 도시 이미지를 높이고 역외 자본을 유치하려는 정책이나 의도를 가리킨다. 부흥주의라고도 번역된다]와 도시 기업주의[urban entrepreneurialism, 흔히 '기업가주의'로 직역되곤 하지만, 도시 또는 도시정부가 이를 운영하는 사람이 아니라 어떤 조직체로서의 성향을 드러낸다는 점에서 '기업주의'로 번역한다]가 오랫동안 도시체계의 주요 특징이었던 미국에서,[5] 1972년(닉슨 대통령이 도시위기가 끝났음을 선포하고, 연방정부는 이 위기를 해결하기 위한 재원이 더이상 없음을 알렸던 해) 이후 연방교부금 및 지방세입의 감소는 선전주의의 부흥을 이끌어내어, 로버트 굿맨(R. Goodman)[6]이 국가와 지방정부 양자 모두를 '최후의 기업가들'이라고 특징짓고자 했던 상황에 이르게 됐다. 오늘날 많은 문헌들이 새로운 도시 기업주의가 어떻게 미국의 도시정책 입안과 도시성장 전략에서 핵심적 위치를 차지하게 됐는가를 다루고 있다.[7]

기업주의로 완벽하게 이행하기란 결코 쉽지 않다. 영국의 많은 지방정부들은 새로운 압박과 가능성에 대해 최소한 비교적 최근까지 반응하지 않았으며, 미국의 뉴올리언스 같은 도시들은 계속해서 연방정부의 보호하에 남아 있으며 존립을 위해 교부금에 근본적으로 의존하고 있다. 그 결과의 역사는 적절히 기록되어야겠지만, 분명 성공한 만큼이나 많은 실패로 얼룩덜룩 점철되어 있으며, '성공'을 가늠하는 것이 대체 무엇인가와 같은 논란 또한 적지 않다(이는 내가 뒤에 다시 다루고자 하는 문제). 그렇지만 이 모든 다양성의 밑에는 도시 관리주의에서 일종의 기업주의로의 이행이 1970년대 초반 이래 지속적으로 되풀이되는 주제로 남아 있다. 이러한 이행의 이유와 함의에 대한 정밀한 검토가 필요하다.

물론 이러한 이행이 1973년 경기침체 이후 자본주의경제를 둘러싼 어려움들과 관련이 있다는 점은 대체로 공감을 얻는다. 탈산업화, 광범위하고 '구조적인' 것처럼 보이는 실업, 국가 및 지방 양 차원의 재정긴축 등은 모두 신보수주의의 고조와 시장합리성 및 민영화에 대한 훨씬 강력한 호소(흔히 실제적이라기보다 이론적이긴 하지만)와 결합되어 있으며, 그것들은 보통 상당히 다른 정치적 설득력과 매우 다른 법적·정치적 권력을 가진 많은 도시정부들이 왜 모두 포괄적으로 유사한 방향을 택했는가를 이해할 수 있는 배경을 제공한다. 이 질병들을 퇴치하기 위한 국지적 행동을 더 많이 강조하는 것은 또한 다국적 화폐흐름을 통제하는 국민국가의 권력 쇠퇴와 관련된다. 이에 따라 투자는 점차 국제 금융자본과 지방권력 간 협상의 형태를 취하게 되며, 여기서 지방권력은 자본주의적 개발을 유치하기 위한 지방 부지의 유인력을 최대화하기 위해 그들이 할 수 있는 최선을 다한다. 마찬가지로 도시 기업주의의 등장은 자본주의의 역동성에서는 포드주의적-케인스주의적 자본축적체제에서 '유연적 축적'체제로 전환하는 데서 중요한 역할을 담당한다.[8] 나는 지난 20년간 도시 거버넌스의 전환은 실질적인 거시경제적 근원이자 함의를 갖는다고 주장하고자 한다. 그리고 제인 제이콥스(J. Jacobs)[9]가 단지 절반만이라도 옳다면, 도시는 국가의 부가 어떻게 창출되는가를 이해하기 위한 적절한 단위이며, 도시 관리주의에서 도시 기업주의로의 이행은 미래 성장의 전망을 위해 매우 중요한 함의를 가질 수 있다.

예를 들어 만약 도시 기업주의(가장 광의적 의미에서)가 자원·일자리·자본을 위한 도시 간 제로섬(zero-sum) 경쟁의 틀 속에 뿌리를 두고 있다면, 가장 강건하고 전위적인 지방사회주의자라고 할지라도 결국 자본주의적 게임을 하면서 그들이 저항하고자 했던 바로 그 과정 속에서 규율의 행위자로서 행동하게 될 것이다. 이것이 바로 영국의 노동당의회를 괴롭혔던 문제다.[10] 이들은 한편으로 '노동을 탈숙련하기보다 숙련을 증대시키는 방식으로 노동자들의 필요와 직접 관련된 산물들을 생산하는' 프로젝트를 개발해야 했고,[11] 다른 한편으로는 만약 도시지역이 상대적인 경쟁 이점을 확보하지 못할 경우 노력의 많은 부분이 허사로 돌아갈 것임을 인정해야 했다. 그러나 적절한 상황이 주어질 경우, 도시 기업주의와 심지어 도시 간 경쟁은 비(非)제로섬 형태의 개발유형을 가져다줄 수 있을 것이다. 이러한 종류의 활동은 확실히 과거 자본주의 발전에서 핵심적 역할을 담당했다. 이 활동이 미래에 진보적이고 사회주의적 전환을 유도할 수 있을지의 여부는 열린 질문이기도 하다.

개념적 논제들

처음 공개될 가치가 있는 이러한 연구에는 개념적 어려움이 따른다. 먼저 도시과정을 정치경제적 발전의 수동적 측면보다 능동적 측면으로 이해하는 언어와 결합할 경우, 도시의 물상화(reification)는 큰 위험을 제기한다. 이는 단지 사물에 불과한 '도시들'이 마치 능동적인 행위자가 될 수 있는 것처럼 보이도록 한다. 도시화는 오히려 공간적 기반을 둔 사회적 과정으로, 그 속에서 아주 상이한 목적과 의제를 가진 광범위한 서로 다른 행위자들이 공간적 실천과 맞물려 있는 특정한 편성을 통해 상호작용하는 것으로 보아야 한다. 자본주의 같은 계급기반사회에서 이러한 공간적 실천은 명백히 계급적 내용을 갖지만, 이는 모든 공간적 실천이 그렇게 해석될 수 있다고 말하는 것은 아니다. 사실 많은 연구자들이 보여준 바와 같이 공간적 실천은 젠더, 인종, 그리고 관료-행정적 내용들(중요한 가능성을 가진 사항들만 열거해 보더라도)을 포괄할 수 있고, 또 그렇게 하고 있다. 그러나 자본주의하에서는 자본의 순환, 노동력의 재생산, 계급 관계, 그리고 노동력을 통제할 필요 등과 연계된 폭넓은 계급적 실천들이 지배적이다.

여기서 문제는 불필요한 물상화의 희생에 빠지지 않으면서 과정과 대상 간의 관계를 구체적으로 다룰 수 있는 전개방식을 찾아내는 것이다. 공간적으로 기반을 둔 일단의 사회적 과정들, 즉 내가 도시화라고 칭하는 것은 수많은 인공물을 생산한다. 예를 들면 독특한 공간적 편성으로 조직된 특정한 건조 형태, 생산된 공간, 그리고 자원시스템 등이다. 뒤이은 사회적 행동은 이 인공물들을 고려해야 한다. 수많은 사회적 과정(예로 통근)은 이들에 의해 물리적으로 연결되기 때문이다. 도시화 역시 특정한 제도적 편제, 법적 형태, 정치·행정체계, 권력의 위계 등을 토해낸다. 이들 역시 일상적 실천을 지배하고 연이은 행동의 경로를 규정하는 객관화된 성격을 '도시'에 부여한다. 그리고 끝으로 도시 주민의 의식은 인식, 상징적 독해, 열망 등이 형성되는 경험의 환경에 의해 영향을 받는다. 이러한 측면 모두에서 형태와 과정, 객체와 주체, 활동과 사물 간의 지속적인 긴장이 존재한다. 대상화의 역할과 권력을 부정하는 것, 우리가 창출했지만 그렇게 많은 형태의 지배로 우리에게 되돌아오는 사물들의 능력을 부정하는 것이 어리석은 만큼, 이러한 사물들에 사회적 행동의 능력을 부여하는 것도 어리석은 일이다.

자본주의의 특징이기도 한 역동성이 우리에게 주어진다면, 우리는 이 '사물들'이 항상 전환의 과정 속에 있고, 활동은 언제나 고정된 형태의 속박에서 탈피하고자 하며, 도시적인 것의 대상화된 성질은 만성적으로 불안정함을 알게 된다. 자본주의적 조건은 매우 보편적이라는 점에서, 도시적인 것과 '도시'의 개념화도 마찬가지로 불안정한 상태로 내몰리게 된다. 이는 어떤 개념적 규정의 실패 때문이 아니라 개념 자체가 형태와 과정, 활동과 사물, 주체와 객체 간 관계의 변화를 반영하기 때문이다. 따라서 지난 20년간 도시 관리주의에서 도시 기업주의로의 전환을 말할 때, 우리는 도시 건조환경(built environment)과 더불어 도시제도에 미치는 충격을 통해 이러한 이행의 성찰적 효과를 인지해야 한다.

불행하게도 공간적 실천의 영역은 최근 급변하고 있으며, 이로써 독특한 공간적 영역으로서 도시적인 것에 대한 확고한 개념 규정은 더욱 어려워진다. 우리는 도시의 사회공간이 이웃, 지역사회, 그리고 다중적인 길모퉁이사회(street corner society)로 점점 더 파편화되어감을 목도하고 있다. 다른 한편 원거리통신과 급행교통은 견고하게 울타리 쳐진 물리적 단위 또는 심지어 일관되게 조직된 행정영역으로서의 도시라는 개념을 무색케 한다. 1960년대 특히 미국에서 도시 이심화(deconcentration)가 '산개된 도시'(spread city) 형태를 만들어내는 데 속도를 올림에 따라, '거대도시'(megalopolis)는 더욱 심각한 파편화와 분산을 겪게 됐다. 그렇지만 공간적 기반은 어떤 형태로든 특이한 의미와 효과를 지속시키고 있다. 산개된 도시 형태 내에 새로운 생태적 패턴과 구조가 생산되는 것은 생산·교환·

소비가 어떻게 조직되는가, 사회적 관계는 어떻게 형성되는가, (금융·정치의) 권력이 어떻게 행사되는가, 그리고 사회적 행동의 공간적 통합이 어떻게 달성되는가에 대해 의미가 있다. 이러한 생태적 용어들로 도시의 문제들을 표현하는 것이 생태적 설명을 가정하는 것은 결코 아니다. 그저 생태적 패턴이 사회적 조직화와 행동에 중요하다는 점을 강조할 뿐이다. 도시 거버넌스에서 기업주의로의 이행은 다양한 공간적 규모, 즉 국지적 이웃이나 커뮤니티, 중심도시와 교외, 대도시권, [광역]지역, 국민국가 등을 통해 고찰되어야 한다.

마찬가지로 누가 그리고 무엇에 관해 기업가적인가를 명시하는 것이 중요하다. 여기서 나는 도시 '거버넌스'는 도시 '정부'보다 훨씬 더 많은 것을 의미한다고 주장하고자 한다. 도시생활을 그렇게 빈번하게 재조직화하는 실질적 권력이 다른 곳에 있음에도, 최소한 도시정부와 도시행정이 단지 촉진적·조정적 역할을 담당하는 더 포괄적인 세력들의 연합 내에 있는 경우에도, 많은 문헌들(특히 영국)은 유감스럽게도 도시정부에만 많은 관심을 기울이고 있다. 공간을 조직하는 권력은 다양한 사회적 행위자들에 의해 동원된 힘들의 전체 복합체에서 도출된다. 이는 갈등의 과정이며, 매우 다양한 사회적 밀도를 가진 생태적 공간에서는 더욱 그러하다. 대도시지역 전체 내에서 우리는 어떤 종류의 도시 기업주의를 위한 기반으로서 연합 정치의 형성, 즉 계급동맹의 형성을 살펴보아야 한다. 물론 도시 선전주의는 흔히 지방 상공회의소, 지방 금융업자·제조업자·상인의 위원회, 또는 사업 지도자들과 부동산 및 자산 개발업자들의 '원탁회의'의 특권이기도 하다. 흔히 원탁회의는 '성장기계'의 정치에서 힘을 합해 지도력을 형성하기도 한다.[12] 정당, 사회운동조직, 지방정부 기구들(이는 다중적이고, 보통 상당히 이질적이다)뿐만 아니라 교육기관 및 종교기관, 정부의 상이한 부서들(군사기구에서부터 연구기관 및 행정기관에 이르기까지 다양한), 지방 노동조직들(특히 건설노동조합 및 토목노동조합)도 역시 상당히 다른 목표들을 갖지만 지방 선전주의 게임에 참여할 수 있다.

연합과 동맹의 형성은 워낙 미묘하고 어려운 과제이기 때문에, 도시 기업주의의 속성과 방향에 특정한 성격을 부여하거나 특정한 정치적 목적으로 그 형태를 만들어나가는 방식은 야망·끈기·수완을 가진 한 인간(카리스마적 시장, 현명한 도시행정가 또는 부유한 사업 지도자 등)에 좌우될 수도 있다. 일례로 볼티모어에서 중심적 역할을 담당하는 사람은 셰퍼(W. D. Schaefer) 시장 같은 공적 인물인 반면, 영국의 할리팩스(Halifax)나 게이츠헤드(Gateshead) 같은 도시들에서 특정 프로젝트를 이끌어가는 사람은 민간 기업가들이다. 또다른 사례들은 좀더 복잡해서 개별 사람들과 기관들의 혼합으로 특정 프로젝트가 함께 수행된다.

이 문제들을 제기하는 이유는 그것들이 극복할 수 없거나 거역할 수 없기 때문이 아니라(그것들은 자본주의 도시화의 이행에서 매일 해결되고 있다), 우리가 주의와 심각성을 갖고 실천적 해결방법에 주목해야 하기 때문이다. 하지만 나는 볼티모어(내가 여기서 제시하는 주장의 많은 부분을 뒷받침하는 사례연구) 같은 도시에서 실제 그러하며 또한 보다 일반적으로 응용 가능할 것이라고 생각하는 세가지 포괄적인 주장들을 과감히 제시하고자 한다.

첫째, 새로운 기업주의는 민관파트너십을 그 핵심적 사고로 하며, 여기서 전통적인 지방 선전주의는 외부 자원, 새로운 직접투자 또는 새로운 고용원을 유치하기 위한 지방정부의 권력 집행에 포함된다. 오를레앙 컬로퀴엄[13]은 이러한 민관파트너십의 중요성에 대한 참고 자료들로 가득 찼으며, 이러한 종류의 경제적 프로젝트들(주거, 교육 등)은 결국 민관파트너십을 촉진하기 위한 (또는 종국에 도시개발공사를 설립하여 지방의 저항을 피하기 위한) 1970년대 영국 지방정부의 개혁 목표였다. 미국에서는 1960년대 도시정부들이 도시 폭동의 발생으로 성난 주민들에 대하여 실질소득의 재분배(모두 빈곤층을 목표로 했던 더 좋은 주거, 교육, 의료보건 등)를 통해 사회적 통제를 회복하기 위해 분투함에 따라, 연방정부가 후원하고 지방정부가 집행하는 민관파트너십의 전통은 사라졌다. 자본주의 발전의 전략적 이해관계를 위한 촉진자로서 지방국가의 역할(자본주의 사회의 안정장치와는 반대되는)은 쇠퇴했다. 자본주의 발전을 향한 이러한 후퇴는 영국에서도 지적됐다.

1970년대 초반은 고속도로 시위집단, 슬럼 해체에 저항하는 지역사회 활동, 도심재개발에 대한 반대 등 변화에 대한 저항의 시기였다. 전략적·기업가적 이해관계는 지방공동체의 압력에 굴복했다. 그러나 생각해보면 우리는 기업주의적 역할이 활개를 치는 다른 시기로 이행하고 있다.[14]

볼티모어에서는 그 전환점이 정확히 기록될 수 있다. 1978년 치열한 논쟁이 붙었던 정치캠페인 이후 주민투표가 근소하게 통과됐고, 매우 투기적이고 성공적인 하버플레이스(볼티모어의 내항 인근 지역)에 걸맞은 민간 개발을 위해 도시 토지이용이 인가됐다. 그 이후 민관파트너십 정책은 도시 거버넌스가 관여하는 거의 모든 것에서 효율적인 숨겨진 방안일 뿐만 아니라 대중적인 위임통치 방식이 됐다.[15]

둘째, 민관파트너십 활동이 기업주의적인 이유는 무엇보다도 이 활동이 설계와 시행과정에서 투기적이며, 따라서 합리적으로 계획되고 조정된 개발과는 대조적으로 이 투기에 모든 어려움과 위험이 뒤따르기 때문이다. 그렇지 않은 경우들(예로 (영국 뉴캐슬의) 게이츠헤드의 메트로센터 개발에서 민간 부문이 감수한 위험을 생각해보라)이 있기 때문에 절대적으로 일반화하기에는 위험이 따르지만, 많은 사례들에서 이는 공공 부문이 위험을 감당하고 민간 부문이 혜택을 취한다는 점을 의미했다. 그러나 나는 이 지방적 차원(국가적 또는 연방적 차원이라기보다)의 공공 부문에 의한 위험 흡수가 민간자본이 어지간하면 위험을 감수하고자 했던 도시 선전주의의 초기 국면과 도시 기업주의의 현재 국면을 구분짓는 특성이라고 추정한다.

셋째, 기업주의는 영역(territory)보다 장소(place)의 정치경제에 훨씬 더 초점을 둔다. 영역의 정치경제란 특정한 통치권역 내에서 주로는 삶이나 노동의 조건을 개선하기 위해 계획된 것을 의미한다. 다른 한편 장소의 구축(새로운 도시중심지, 산업단지 등) 또는 한 장소 내 조건의 개선(이를테면 재훈련제도나 지방 임금의 인하 압박을 통한 지방 노동시장 개입)은 그 프로젝트들이 시행되는 특정한 영역을 넘어서거나 또는 그에 국한되는 영향을 미친다. 볼티모어, 리버풀, 글래스고, 할리팩스 등의 문화·상업·유흥 및 사무의 중심지 건설을 통한 도시 이미지 개선은 대도시지역 전체에 수혜적 혜택을 줄 수 있는 것처럼 보일 수 있다. 이 프로젝트는 대도시 규모에서 민관활동이라는 의미를 가질 수 있으며, 이로써 관리주의적 국면에서 대도시지역을 괴롭혔던 도시-교외 간 경쟁을 뛰어넘는 연합이 형성될 수 있다. 다른 한편, 뉴욕의 싸우스스트리트 항에서 이루어진 다소 유사한 개발은 어떤 대도시 수준의 영향에 훨씬 덜 미치는 국지적 영향을 가졌으며, 기본적으로는 지역 부동산 개발업자와 금융업자의 힘의 연합을 창출하는 새로운 장소를 구축했다.

물론 이러한 장소들의 구축은 특정 통치권역 내 주민들을 위한 혜택을 마련하기 위한 수단으로 여겨질 수 있으며, 이 점은 사실 이들을 뒷받침하기 위해 개발된 공적 담론에서 만들어진 주된 주장이다. 그러나 대부분의 경우 이들의 형태는 모든 혜택을 간접적인 것으로 만들면서, 이 장소들이 형성되는 통치권역애 딱 들어맞지 않는다. 이런 종류의 장소-특수적 프로젝트들은 또한 지역이나 영역 전체를 괴롭히는 더 큰 문제들에서 관심과 자원들을 다른 곳으로 돌리는 공적·정치적 관심의 초점이 되는 경향이 있다.

이에 따라 새로운 도시 기업주의는 특정 영역 내에서 즉각적인 (결코 독점적이지는 않지만) 정치적·경제적 목표로서 조건들의 개선보다는 장소의 투기적 건설을 위한 투자와 경제개발에 초점을 두는 민관파트너십에 전형적으로 의존한다.

도시 거버넌스를 위한 대안적 전략

도시 기업주의에 대한 네가지 기본적인 선택사항이 있다. 이 선택지들을 결합하여 선진 자본주의세계에서 최근 급격해진 도시체계의 불균등발전에 대한 단서를 제공할 수 있지만, 우선은 이것들을 분리하여 고찰해볼 필요가 있다.

첫째, 국제 노동분업 내에서 경쟁은 재화와 서비스의 생산을 위한 특정한 이점의 전유를 창출하는 것을 의미한다. 어떤 이점은 자원(1970년대 텍사스에 붐을 일으켰던 석유)을 기반으로 삼거나 입지(일례로 캘리포니아 도시들의 경우 활기찬 태평양 연안 무역에 유리한 접근성)에서 도출된다. 그러나 다른 이점들은 재화와 서비스의 수출지역처럼 대도시지역의 경제적 기반을 강화시키는 종류의 물리적·사회적 인프라에 대한 공적·사적 투자를 통해 창출된다. 신기술의 응용, 신제품의 개발, 또는 새로운 기업(심지어 공동으로 소유·운영되기도 하는)에 대한 벤처자본의 제공 등을 자극하는 직접적 개입들은 역시 유의미하다. 국지적 비용은 보조금(조세 감면, 저렴한 대출, 부지 확보 등)에 의해 줄어들 수 있다. 오늘날 대규모 개발은 유치를 위한 대폭적인 지원 및 보조 패키지를 제공하는 지방정부(또는 지방 거버넌스를 구성하는 세력들의 광범위한 연합) 없이는 이루어지기 어렵다. 국제 경쟁력 역시 국지적 노동공급의 양, 질, 그리고 비용에 좌우된다. 국지적 단체협상이 국가적 단체협상을 대체할 경우, 그리고 지방정부·병원·대학 같은 다른 대규모 기관들이 실질임금과 편익을 줄이는 방법(1970년대 볼티모어의 공적 부문과 기관 부문에서 임금율과 편익을 둘러싸고 일어난 일련의 투쟁이 전형적이다)을 유도할 경우, 국지적 비용은 아주 쉽게 통제될 수 있다.

양질의 노동력은 비싸더라도 새로운 경제개발을 위한 강력한 유인책이 될 수 있다. 이에 따라 새로운 노동과정과 이들의 관리 요건에 적합한 고도로 숙련된 노동력에 대한 투자는 상당한 보상을 받을 수 있다. 끝으로, 대도시지역의 집적경제라는 문제가 있다. 재화와 서비스의 생산은 흔히 경제단위(매우 제한적인 국지적 파급효과를 갖는 공장 지사를 도시로 이전시키는 거대 다국적기업들처럼)의 단일한 결정에 의존하기보다, 제한된 상호작용의 공간 내에 다양한 활동을 함께 입지시켜 매우 효율적이고 상호적인 생산체계를 촉진함으로써 이익이 발생할 수 있는 방법을 따른다.[16] 이러한 관점에서 뉴욕, 로스앤젤레스, 런던, 시카고 같은 대도시지역들은 혼잡비용으로도 결코 상쇄되지 않는 어떤 독특한 이점을 갖는다. 다른 한편 볼로냐[17]의 경우와 에밀리아-로마냐(Emilia-Romagna)의 신산업 발전의 급부상에서 예시된 바와 같이, 강력한 지방정부 활동에 의해 지원되는 산업과 마케팅의 혼합에 대한 신중한 관심은 집적경제와 효율적 조직화에 기반을 둔 신산업 지구들의 막강한 성장과 이들의 편성을 촉진할 수 있다.

두번째 선택사항에 따르면, 도시지역은 소비의 공간적 분화와 관련된 경쟁적 지위를 향상시키려고 할 수 있다. 이는 관광과 퇴직자 유치를 통해 도시지역으로 화폐를 끌어들이는 것 이상을 의미한다. 1950년 이후 도시화의 소비주의 양식은 대량소비로 이끌기 위한 기반의 지속적 확장을 촉진했다. 경기침체, 실업, 높은 대출비용은 이와 같은 가능성을 줄였지만, 여전히 상당한 소비자 권력이 산재해 있다(이의 많은 부분은 융자에 의존한다). 소비를 위한 경쟁은 점차 광적으로 변하고, 돈을 가진 소비자들은 훨씬 더 차별화할 수 있는 기회를 갖는다. 소비자의 돈을 끌기 위한 투자는 만연한 경기침체에도 불구하고 역설적으로 증가했다. 이는 점차 생활의 질에 집중한다. 젠트리피케이션, 문화 혁신, 도시환경의 실질적 향상(건축과 도시설계에서 포스트모던 양식으로의 전환을 포함하여), 소비자 유치시설(스포츠 경기장, 컨벤션 및 쇼핑센터, 해양관광시설, 이국적 음식점 등), 유흥시설(일시적 또는 영구적 기반 위에 조직하는 도시 스펙터클) 모두는 도시재생을 위한 전략에서 매우 중요한 측면이 됐다. 무엇보다도 도시는 살거나 방문하거나 놀고 소비하기에, 혁신적이고 재미있고 창조적이고 안전한 장소로 보여야만 했다. 예를 들어 1970년대 초 '동쪽 해안에서 가장 누추한 곳'이라는 어두운 명성을 가졌던 볼티모어는 20년이 채 안 되는 막대한 도시재개발을 통해 관광 부문에서 1,000명 이하의 고용을 1만 5,000명 이상으로 증가시켰다. 보다 최근 영국의 13개 침체한 산업도시들(리즈, 브래드포드, 맨체스터, 리버풀, 뉴캐슬, 그리고 스톡온트렌트Stoke-on-Trent를 포함하여)은 영국의 관광객들을 더 많이 끌어들이기 위해 공동의 촉진책을 시행했다.『가디언』은 이를 아주 성공적인 사업으로 보도했다.[18]

더이상 손쓸 수 없는 실업에 달한 것처럼 보이는 지역들에서 소득을 유발하고 일자리를 창출한 것을 제외하더라도, 관광산업은 또한 광범위한 환경 개선이라는 유의미한 파생효과를 갖는다. 더 많은 관광객을 유치하기 위해 설계된 정비와 시설은 또한 그곳에 살고 있는 사람들의 삶의 질을 개선시켰고, 심지어 새로운 산업들을 불러들였다. 비록 개별 도시들의 구체적 자산들은 분명 다양했지만, 그것들은 그 도시를 거대하게 만든 것이 무엇인지를 여러 면에서 일깨워줄 수 있었다. 달리 말해 이 자산들은 산업적 유산 또는 해양적 유산이라고 불리는 시장성 있는 성분을 공유했다.

축제와 문화 이벤트들도 마찬가지로 투자활동의 중심이 됐다. 영국 예술위원회의 최근 보고서 서문에 의하면 '예술은 낙관주의적 분위기, 즉 기업문화를 발전시키는 데 핵심적인 "할 수 있다" 문화(the "can do" culture)를 창출한다'. 이 서문은 이어서 문화활동과 예술이 내부도시의 경제침체 악순환을 맞고 사람들로 하여금 '그들 자신과 그들의 지역사회를 믿도록' 하는 데 이바지한다고 덧붙였다.[19] 스펙터클과 전시는 볼티모어, 글래스고, 리버풀과 마찬가지로 공산당이 관리하는 로마와 볼로냐에서도 역동적 지역사회의 상징이 됐다. 도시지역은 이를 통해 만연한 경제침체의 바다에서 과시적 소비를 전유하는 선택사항을 탐색하는 한편, 지역사회 결속력의 중심으로서 응집하고 존립하기를 희망할 수 있다.

셋째, 기업주의는 또한 대형금융거래, 정부, 또는 정보의 수집과 가공(대중매체를 포함하여)에서 핵심적 통제 및 명령 기능의 획득을 둘러싼 격렬한 투쟁으로 강하게 물들어 있다. 이런 기능들은 특히 그리고 흔히 값비싼 인프라 제공을 필요로 한다. 전세계 통신망 내에서 효율성과 중심성은 핵심적 의사결정자의 개인적 상호작용이 요구되는 부문에서는 필수적이다. 이 점은 교통과 통신(공항과 텔레포트)에 대한 많은 투자와 거래시간 및 거래비용을 최소화하기 위해 필수적인 내외부의 연계들을 갖춘 적합한 사무공간의 제공을 의미한다. 광범위한 지원서비스, 특히 정보를 신속하게 수집·가공할 수 있거나 '전문가'와 빠른 상담을 가능하게 하는 지원서비스를 결합하는 것은 또다른 종류의 투자를 필요로 한다. 또한 이러한 활동에 필요한 특수한 기술들은 특정 교육서비스(경영·법학대학원, 첨단생산 부문, 미디어기술 등)를 제공할 수 있는 대도시지역에 우선권을 부여한다. 이런 영역에서 도시 간 경쟁은 많은 비용이 들 뿐만 아니라 특히 치열하다. 이 지역은 집적경제가 여전히 매우 중요하고, 특히 뉴욕·시카고·런던·로스앤젤레스 같은 기존 중심지들의 독점적 권력이 깨지지 않는 곳이기 때문이다. 그러나 통제 기능은 지난 20년 동안 강력한 성장 부문(영국에서 이 부문의 고용은 10년이 채 안 되는 사이 2배가 됐다)이었기 때문에, 이 부문을 추구하는 것이 점점 더 도시존립을 위한 황금 경로인 것으로 여겨졌다. 그에 따라 미래의 도시는 마치 순전히 명령과 통제 기능의 도시, 즉 정보도시 또는 서비스(금융·정보·지식생산)의 수출이 도시존립의 경제적 기반이 되는 탈산업도시로 여겨졌다.

넷째, 중앙정부(또는 미국의 주 정부)를 통한 잉여의 재분배 측면에서 경쟁우위는 여전히 매우 중요하다. 중앙정부가 과거에 해왔던 것만큼 재분배를 하지 않는다는 것은 다소간 근거 없는 믿음이기 때문이다. 물론 그 경로는 바뀌어서, 영국(브리스톨의 경우)과 미국(롱비치-쌘디에이고의 경우)에서 도시 번영을 위한 활력을 제공한 것은 군사방위 계약이었다. 이는 부분적으로 이에 수반되는 엄청난 양의 돈 때문이지만, 또한 이것이 갖는 이른바 '첨단'산업의 고용유형과 파생기업 때문이기도 하다.[20] 그리고 많은 도시지역을 지원하는 중앙정부의 흐름을 차단하기 위한 갖가지 노력이 있었지만, 경제의 많은 부문(보건, 교육)과 대도시 경제 전체(뉴올리언스에 대한 스미스M. Smith와 켈러M. Keller[21]의 연구를 참조하라)에서는 이 흐름을 차단할 수 없는 경우도 있다. 도시의 지배계급 동맹이 도시 존립을 위한 수단으로 재분배 메커니즘을 전유할 수 있는 많은 기회를 갖는 이유가 여기에 있다.

이 네가지 전략들은 상호배타적이지 않으며, 대도시지역의 불균등한 흥망성쇠는 그들이 형성한 연합의 성격, 기업가적 전략의 혼합과 기회, 대도시지역이 동원할 수 있는 특정 자원(자연적·인적·입지적 자원), 그리고 경쟁력에 좌우된다. 그러나 불균등성장은 또한 한 종류의 전략이 다른 종류의 전략을 촉진하도록 유도하는 시너지 효과에서 연유한다. 이를테면 로스앤젤레스-쌘디에이고-롱비치-오렌지카운티에 이르는 대도시권의 성장은 방위산업에 대한 정부의 강력한 재분배와 명령 및 통제 기능의 급속한 증대 간의 상호작용 효과에 의해 추진됐으며, 이는 특정 유형의 제조업을 상당히 회복시킬 정도로 소비지향적 활동을 다시 자극했다. 다른 한편, 볼티모어에서 소비지향적인 활동의 괄목할 만한 성장이 은행 및 금융서비스의 상대적으로 완만한 증가를 제외하고 다른 부문들의 성장에 많은 역할을 했다는 증거는 거의 없다. 그러나 미국의 썬벨트(Sun Belt)나 영국 남부의 도시와 도시지역의 네트워크가 이들 각각의 북부 권역에 비해 더 강력한 집합적 시너지효과를 만들어냈다는 증거는 있다. 노엘(T. Noyelle)과 스탠백(T. Stanback)[22]도 역시 도시계층 내에서 지위와 기능은 도시의 행운과 불행을 유형화하는 데 중요한 역할을 담당한다고 주장한다. 도시들 간 그리고 도시계층 내 전염효과(transmission effects) 역시 관리주의에서 기업주의로의 도시 거버넌스의 전환에서 도시의 행운과 불행의 유형을 설명하는 데 중요한 요인으로 고려되어야 한다.

다른 한편, 도시 기업주의는 어느 정도 도시 간 경쟁을 함의한다. 우리는 여기서 많은 특정 도시를 전환시키기 위한 구체적 프로젝트 권력에 명백한 한계를 가하는 어떤 힘을 목도한다. 사실 도시 간 경쟁이 점점 더 심화됨에 따라, 이 경쟁은 자본주의적 발전의 규율 및 논리의 노선에 좀더 근접하기 위해 개별 도시들에 가해지는 '외적인 강압적 권력'으로 작동할 것이 거의 분명하다. 이는 심지어 특정한 개발유형의 반복적이고 연속적인 재생산('세계무역센터' 또는 새로운 문화센터 및 유흥센터, 수변 개발, 탈근대적 쇼핑몰 같은)을 강요하기도 한다. 유사한 형태의 도시재개발의 연속적 재생산에 대한 증거는 매우 뚜렷하며, 그 배후의 이유는 언급할 가치가 있다.

교통비의 인하와 이에 따른 재화·사람·화폐·정보의 이동에 대한 공간적 장애들이 줄어들면서, 장소의 질이 갖는 의미는 고양됐으며, 자본주의 발전을 위한 도시 간 경쟁(투자, 일자리, 관광 등)의 활력은 더욱 커졌다. 우선 매우 유동적인 다국적자본의 관점에서 문제를 고려해보자. 공간적 장애의 감소와 더불어, 시장 또는 원료로부터의 거리는 입지결정에서 그 연관성을 점점 잃게 된다. 뢰시(A. Lösch) 의 입지이론 연구에서 중요시했던 공간적 경쟁의 독점적 요소들은 사라진다. 국지적으로 생산됐던 중량있는 저가치 품목들(맥주, 생수 같은)이 오늘날 매우 장거리에 걸쳐 교역됨에 따라, '재화의 도달범위' 같은 개념들은 거의 의미가 사라졌다. 다른 한편, 입지에 대해 더 큰 선택권을 행사할 수 있는 자본의 능력은 특정 장소에서 우세한 특정 생산조건의 중요성에 주목한다. 노동공급(양과 질), 인프라와 자원, 정부규제와 조세의 작은 차이는 이제 높은 교통비가 국지적 시장에서 국지적 생산을 위한 '자연적' 독점을 창출했던 시기의 경우에 비해 훨씬 더 큰 의미를 갖는다. 같은 의미로 다국적자본은 오늘날 국지적 틈새시장을 만족시키기 위해 설계된 소규모 배치 (small-batch) 생산과 전문화된 생산을 통해 시장의 취향 편차들에 대한 그들의 대응책을 조직할 수 있는 힘을 갖는다. 2차대전 후의 붐이 1973년 석유위기로 가라앉은 뒤 경쟁이 널리 고조된 세계에서, 강제적 압박들은 다국적자본을 생산 및 소비의 가능성 측면에서 장소 간의 작은 차이에도 훨씬 더 차별적이고 민감하도록 만들었다.

두번째 사례로, 장소들이 기업에 도시에 오거나 머물도록 필요한 조건들을 제공하지 못할 경우, 경제적 활력을 개선하거나 또는 상실하게 될 장소들의 관점에서 문제를 고찰해보자. 사실 공간적 장애의 감소는 개발자본을 위한 지방, 국가, 도시지역 간 경쟁을 더욱 첨예하게 만들었다. 이에 따라 도시 거버넌스는 '사업하기 좋은 분위기'의 제공, 그리고 도시로 자본을 유치할 수 있는 온갖 종류의 유인책들의 구축을 훨씬 더 지향하게 됐다. 기업주의의 팽배는 물론 이러한 과정의 부분적 결과다. 그러나 우리는 여기서 상이한 관점에서 기업주의의 횡행을 보게 된다. 투자자본을 확보하기 위한 탐색은 자본주의 발전과 이에 동반되는 모든 것에 유리한 일괄프로그램을 둘러싸고 만들어진 매우 협소한 경로로 혁신을 한정시키기 때문이다. 요컨대 도시 거버넌스의 과제는 매우 유동적이고 유연적인 생산·금융·소비의 흐름을 그 공간으로 유인하는 것이다. 간단히 말해 도시 투자의 투기적 성향은 상당한 경제적 불안정과 가변성의 세계에서 어떤 프로그램이 성공할 것이고 어떤 것은 그렇지 못할 것인가를 정확히 예측하기 불가능하다는 점에서 비롯된다.

따라서 도시 기업주의와 도시 간 경쟁이 강하게 이루어지는 조건하에서 도시의 성장과 쇠퇴의 온갖 종류의 급등과 급락은 쉽게 예견할 수 있다. 도시 지배계급의 수많은 연대의 혁신적이고 경쟁적인 반응은 불확실성을 줄이기보다는 더 증대시키며, 결국 도시체계가 급속한 변화의 불확실성에 더 취약하게 만든다.

도시 간 경쟁의 거시경제적 함의

도시 기업주의와 강화된 도시 간 경쟁의 좁은 의미뿐 아니라 거시경제적 함의도 연구할 가치가 있다. 1973년의 전후 첫번째 주요 경기침체는 자본주의 발전 경로에 다양한 근본적 조정을 유발했다. 〔도시기업주의와 관련된〕 이 현상들을 자본주의경제가 그 후에 작동했던 과정에서 나타난 좀더 일반적인 전환과 경향과 관련지어서 보는 것은 특히 유용하다.

우선 도시 간 경쟁과 도시 기업주의의 실상은 선진 자본주의국가의 도시공간에 모든 종류의 새로운 발전유형을 가능하게 했지만, 정작 이것의 효과는 과학단지, 젠트리피케이션, 세계무역센터, 문화센터·유흥센터, 탈근대적 대규모 실내 쇼핑몰 등의 연속적 재생산이었다. 사업하기 좋은 곳이라는 분위기를 만들어야 한다는 강조는 국제 자본에 대한 인프라의 제공, 노동관계, 환경통제, 심지어 조세정책의 규제 장소로서 국지성의 중요성을 강조하는 것이었다.[23] 공적 부문에 의한 위험의 흡수, 특히 인프라 제공에서 공적 부문의 참여를 강조하는 것은 입지변화의 비용이 다국적자본의 입장에서 줄었으며, 이들의 유동성이 줄지 않고 늘었음을 뜻했다. 새로운 도시 기업주의가 어떤 이바지를 했다면, 이는 다국적기업들이 그들의 입지전략에 접근할 수 있는 지리적 유연성을 줄이기보다는 오히려 더 증대시켰다는 점이다. 국지적 장소가 노동관계에 대한 규제의 장소가 되는 정도에 따라, 이는 또한 지리적으로 파편화된 노동시장에서 관리전략의 유연성을 증대시키는 데 기여한다. 단체협상을 국가적으로 하기보다 국지적으로 하는 것은 미국에서 오래된 노동관계의 특성이기도 하지만, 국지적 합의의 경향은 지난 20년 동안 많은 선진 자본주의국가에서 눈에 띄게 늘었다.

요컨대 1970년대 초 이후 도시 기업주의에는 자본주의 발전의 형태와 양식의 어떤 거시적 전환이라는 논제에 반대되는 것은 아무것도 없다. 사실 도시정치의 변화와 기업주의로의 전환이 케인스주의적 복지국가에 의해 뒷받침된 입지적으로 융통성이 모자란 포드주의적 생산에서, 지리적으로 훨씬 더 개방적이고 시장 기반적인 유연적 축적 형태로 전환하는 데 중요한 촉진제 역할을 했다는 두드러진 사례가 제시될 수 있다.[24] 이에 더해 설계, 문화형태, 생활양식이 도시에 기초한 모더니즘에서 벗어나 포스트모더니즘을 지향하는 경향 역시 도시 기업주의의 등장과 연계될 수 있다는 사례가 선보일 수도 있다. 다음에서는 이러한 연계가 어떻게, 그리고 왜 등장했는가를 예를 들어 설명할 것이다.

먼저 도시 기업주의의 일반적인 분배효과를 고찰해보자. 이를테면 미국에서 과시되는 '민관파트너십'의 많은 부분은 노동계급과 빈민을 위한 국지적인 집합적 소비의 비용으로 부유한 소비자, 기업, 강력한 통제 기능들이 도시에 머물도록 보조금을 지급하는 것이다. 독특한 '하위계급'의 창출을 포함하여 빈곤과 역량 상실에 대한 문제의 일반적 증가는 미국의 많은 대도시에서 논란의 여지없이 보도되고 있다. 일례로 레빈(M. Levine)[25]은 민관파트너십으로 이득이 발생했다고 주로 평가받은 볼티모어를 배경으로 풍부한 세부사항들을 제시한다. 마찬가지로 바디(M. Boddy)[26]는 영국의 지역개발에 대하여 그가 '주류' 접근들(사회주의적 접근과 반대되는)이라고 지칭하는 것들이 '고용에 우선 초점을 두고 소기업들을 강조하기보다는 부동산 주도적이고 기업·시장 지향적이며 경쟁적인 경제개발'이었다고 보고한다. 주요 목표는 '이윤 가능한 투자를 위한 전제조건들을 창출함으로써 민간기업을 자극하거나 유치하는 것'이었기 때문에, 지방정부는 '결과적으로 민간기업들을 뒷받침하면서, 생산비용의 일부를 떠맡게 됐다'. 근래 들어 자본의 유동성은 줄어들기보다 증가하는 경향이 있기 때문에 자본에 대한 국지적 보조금은 증가하는 반면 혜택을 받지 못한 사람들을 위한 국지적 제공은 감소할 것이며, 이로 인해 실질임금의 사회적 분배에서 양극화는 더 증가할 것이다.

마찬가지로 많은 사례에서 창출된 일자리들은 소득분배의 진보적 전환에 반대되는 영향을 미쳤다. 영세 사업과 하청에 대한 강조는 도시존립을 위한 기반으로서 '비공식 부문'을 직접 장려하는 방향으로 흘러갔기 때문이다. 특히 미국의 많은 도시에서 비공식 생산활동의 등장[27]은 지난 20년 동안 뚜렷한 특징을 보였으며, 이러한 활동이 없을 경우 쇠락해질 도심으로 일정한 수준의 제조업 활동을 복귀시킬 수 있는 필요악 또는 역동적 성장 부문으로 점차 이해되고 있다. 같은 의미에서, 도시지역에서 강화되고 있는 서비스 활동과 관리 기능은 저임금 일자리(흔히 여성들이 전적으로 채우는)가 되거나 또는 관리계층의 최상부에 있는 최고임금 직종들이 되는 경향이 있다. 결과적으로 도시 기업주의는 심지어 강한 성장세를 보인 도시들(뉴욕처럼)에서도 지적된 바와 같이 도시 빈곤화를 강화할 뿐만 아니라 부와 소득의 격차를 벌리는 데 기여한다. 물론 영국의 노동당의회(미국의 보다 진보적인 도시 행정부의 일부에서도)는 바로 이에 저항하기 위해 투쟁했다. 그러나 매우 진보적인 도시정부라고 할지라도, 경쟁이 유익한 숨은 손으로서가 아니라 앞다투어 조직된 도시체계 내에서, 사회적 책임과 복지 제공의 최소 공통분모에 대한 외적 강제법칙으로 작동하고 있는 자본주의적 공간 발전의 논리에서 비롯된 결과에 저항할 수 있는지는 결코 명확하지 않다.

특정 도시를 문화 및 소비의 중심지로 더 매력적으로 만들기 위해 설계된 혁신과 투자의 많은 부분은 재빨리 모방됐다. 그리하여 도시 체계 내의 경쟁적 이점은 그 수명이 짧아졌다. 얼마나 많은 컨벤션 센터, 스포츠 경기장, 디즈니월드, 하버플레이스, 스펙터클한 쇼핑 몰이 성공할 수 있을까? 성공은 보통 단명하거나, 다른 곳에서 발생하는 유사한 또는 대안적 혁신에 의해 무의미해지게 마련이다. 경쟁이라는 강제법칙이 주어진 상황에서, 국지적 연합들은 존립하기 위해 생활양식, 문화형태, 제품과 서비스의 혼합, 심지어 제도적·정치적 형태에서 개구리 뜀뛰기식 혁신을 만들어내면서 게임의 선두를 유지하는 것 말고는 달리 선택권이 없다. 그 결과는 도시에 기반을 둔 문화적·정치적 생산과 소비 혁신의 파괴적인 대혼란의 자극이다. 바로 이 지점에서 우리는 도시 기업주의의 등장과 포스트모던 취향(종합적 도시계획보다 도시의 단편적 설계를, 내구적 가치의 추구보다 유행과 스타일의 짧은 주기와 절충주의를, 창조와 기능보다 인용과 허구를, 그리고 끝으로 본질보다 메시지를, 본체보다 이미지를 선호하는) 간에 비록 숨겨져 있지만 그럼에도 중요한 연계를 확인할 수 있다.

그 결과, 도시 기업주의가 특히 난무하는 미국에서 도시체계가 불안정해졌다. 휴스턴, 댈러스, 덴버 등 1970년대 붐을 일으켰던 도시들은 1980년 이후 갑작스럽게 붕괴하여 과잉 자본투자가 곤경에 빠지게 됐고, 일부 금융기관은 실제 파산이 아닐지라도 파산 직전까지 내몰렸다. 한때 최첨단의 새로운 제품과 고용으로 감탄을 자아냈던 씰리콘밸리는 그 영광을 갑자기 잃어버렸다. 그러나 1975년 파산 직전에 처했던 뉴욕은 1980년대 금융서비스와 통제 기능들의 엄청난 활력으로 반등했지만, 1987년 10월 주식시장 붕괴에 직면하여 금융서비스의 경영합리화를 위한 해고와 합병의 물결로 또다시 그 미래를 위협받게 됐다. 태평양 연안의 무역 중심지인 쌘프란씨스코는 1980년대 초 갑작스럽게 사무공간이 넘쳐나는 상황에 처하게 됐지만 거의 즉각적으로 회복됐다. 이미 연방정부의 재분배구역으로 분투하고 있었던 뉴올리언스는 재앙적인 세계박람회(World Fair)를 후원했다가 더 깊은 수렁에 빠지게 됐지만, 이미 붐을 일으키고 있었던 밴쿠버는 세계엑스포(World Exposition)를 개최하여 엄청난 성공을 거두었다. 1970년 초 이후 도시의 행운과 불행의 변화는 정말 대단했으며, 도시 기업주의와 도시 간 경쟁의 강화는 이와 많은 관계가 있었다.

다른 한편, 고찰해볼 가치가 있는 또다른 좀더 미묘한 효과가 있다. 도시 기업주의는 부동산 가치, 조세 기반, 세입의 국지적 순환, 그리고 (보통 열거한 목록의 희망찬 결과로 여겨지는) 고용 증가를 개선할 수 있는 매우 강력한 **국지적** 능력을 갖는 활동과 노력의 증대를 장려한다. 지리적 유동성의 증가와 급속한 기술변화가 다양한 재화생산에 의문을 제기하면서 (1) 매우 국지화된, (2) 즉각적이진 않더라도 신속한 회전시간이 특징인 서비스 업종의 생산이 도시 기업주의적 노력을 위한 가장 안정적 기반으로 등장했다. 기존의 현장에서 관광산업, 스펙터클의 생산과 소비, 일시적 이벤트의 촉진 등은 침체된 도시경제를 위한 좋은 처방책이 될 수 있는 징후를 모두 갖추고 있다. 이런 도시 투자는 문제에 대해 일시적이긴 하지만 신속한 해결책을 만들어낼 수 있다. 그러나 이러한 투자는 대개 매우 투기적이다. 일례로 올림픽 유치에 참여하는 것은 성공할 수도 그렇지 않을 수도 있는 값비싼 시도다. 미국의 많은 도시들(예로 버펄로)은 메이저리그 야구팀을 잡아둘 목적으로 거대한 스타디움 시설에 투자했으며, 볼티모어는 이와 유사하게 수년 전에 인디애나폴리스로 가버린 미식축구팀을 다시 유치하기 위해 새로운 스타디움을 계획하고 있다(이는 제트여객선을 땅으로 끌어오기 위해 활주로를 건설했던 파푸아뉴기니의 오래된 화물숭배〔cargo cult, 남태평양 지역의 원주민들의 풍습으로, 죽은 조상들이 배나 비행기에 보급품을 실어올 것이라고 믿고 기다리는 관습이다. 2차대전 때 미군의 비행기가 화물을 싣고 오는 것을 보고 고착되었다고 한다〕관습의 현대 미국식 버전이다). 이런 투기 프로젝트들은 보다 일반적인 거시경제적 문제의 본질적 부분이다. 간단히 말해 대출금융으로 건설된 쇼핑몰, 스포츠 경기장, 과시적인 과소비의 다른 측면은 불황기에 쉽게 쓰러질 수 있는 고위험 프로젝트로, '미국의 쇼핑몰 과잉'이라는 매우 극단적인 예처럼[28] 자본주의 전체가 쉽게 겪게 되는 과잉축적과 과잉투자의 문제를 악화시키게 된다.

미국의 금융체계에 만연한 불안정성(주로 파산 저축은행과 대부업을 안정화시키기 위해 공적 자금 10억달러의 주문을 강제했던)은 어느정도 에너지, 농업, 도시부동산 개발에 대한 불량 대출에서 비롯되었다. 『볼티모어 썬』(*Baltimore Sun*)에 최근 보도된 것처럼[29] 바로 10년 전 '곤경에 처한 도시들을 위한 알라딘 램프'처럼 보였던 많은 '축제시장'은 이제 자체적으로 곤경에 처하게 됐다. 로스기획개발사(Rouse's Enterprise Development Co.)에 의해 관리됐던 리치먼드, 버지니아, 플린트, 미시간, 털리도, 오하이오 등의 프로젝트는 수백만 달러의 손실을 보고 있다. 뉴욕의 싸우스스트리트 항과 뉴올리언스의 리버워크 쇼핑몰도 심각한 금융적 어려움에 봉착하게 됐다. 이와 같은 차원 모두에서 파멸적인 도시 간 경쟁은 결국 부채의 수렁을 만들어낼 것이다.

그러나 빈약한 경제적 성과에 직면해서도, 이러한 마지막 프로젝트들에 대한 투자는 사회적·정치적 매력을 갖는 것처럼 보인다. 우선 활동을 위한 입지로 도시를 판매하는 것은 매력적인 도시 이미지의 창출에 크게 의존한다. 도시의 지도자들은 스펙터클한 개발을 다른 형태의 개발을 유인하기 위한 '미끼상품'(loss leader)으로 여길 수 있다. 지난 20년 동안 우리가 본 것의 일부는 이러한 경쟁적 목적에 적합한 물리적·사회적 도시 이미지를 만들어내려는 시도였다. 이런 도시 이미지 생산은 또한 내적으로 정치적·사회적 결과들을 초래한다. 이는 짐멜이 오래전 근대 도시생활의 특성으로 파악했던 소외감과 아노미를 중화시키는 데 이바지한다. 도시 영역이 전시, 유행, 스펙터클과 유희의 주변 환경 속에서 '자아의 표현'에 맞게 개발되어 있을 때 특히 그러하다. 만약 펑크 음악가와 랩 음악가로부터 '여피'(yuppie)와 상류 부르주아들에 이르는 모든 사람이 그들의 사회적 공간의 생산을 통해 도시 이미지 만들기에 참여한다면, 이들 모두는 최소한 이 장소에 소속감을 느낄 수 있다. 도시 이미지의 조화로운 생산은 그것이 성공할 경우 사회적 결속, 시민의 자부심, 장소에 대한 충성심을 창출하는 데 도움을 줄 수 있다. 심지어 도시 이미지는 자본이 점점 더 무장소적(place-less)으로 다루는 세계에 정신적 피난처를 제공할 수 있다. 여기서 도시 기업주의(얼굴 없는 관료적 관리주의에 반대되는)는 국지적 정체성의 추구와 조응하며, 그 자체로 사회적 통제를 위한 일련의 메커니즘을 열어준다. 고대 로마의 유명한 공식이었던 빵과 서커스〔대중의 관심을 다른 곳으로 돌리기 위해 제공되는 음식과 유희〕가 오늘날 다시 고안되고 부활했으며, 국지성·장소·공동체의 이데올로기는 국제무역과 고조된 경쟁의 잔혹하고 위협적인 세계에 대한 방어로서, 공생(togetherness)의 사고에 집중하는 도시 거버넌스의 정치적 수사에서 핵심이 됐다.

새로운 수변과 내항 개발을 통해 도시 이미지를 근본적으로 재구성한 볼티모어가 좋은 사례다. 재개발은 볼티모어를 유명하게 만들었고, '르네상스 도시'라는 명칭을 얻도록 했으며, 『타임』 표지에 등장할 만큼 황량함과 빈곤의 이미지를 벗겨냈다. 볼티모어는 외부자본을 수용하고, 자본과 '적합한'(right) 사람들의 유입을 장려할 준비가 되어 있는 역동적이고 민첩한 도시로 보였다. 그러나 실제로는 빈곤이 증대하고 도시가 전반적으로 쇠퇴하고 있으며, 지역사회 주민과 도시 지도자 및 사업가와의 인터뷰에 바탕을 두고 철저하게 국지적으로 수행된 연구는 '화려함 이면의 부패함'을 확인했다.[30] 1984년 의회보고서는 이 도시를 미국에서 '가장 초라한' 도시 가운데 하나로 기술했다. 또한 르네상스에 대한 레빈[31]의 면밀한 연구는 이득이 매우 부분적이고 한정적이며, 또한 도시 전체가 쇠퇴를 역전시키기보다는 오히려 가속화했음을 거듭 보여주었다. 하지만 이것들은 문제가 되지 않았다. 번영의 이미지는 이 모든 것을 숨기고, 근원적인 어려움을 은폐하며, 국제적으로 알려진 성공의 이미지를 투영시켰다. 영국의 『선데이 타임스』[32]는 아무런 비판의 암시도 없이 다음과 같이 보도했다.

볼티모어가 심각한 실업에도 불구하고 버려진 항구를 과감하게 놀이터로 바꿔냈다. 관광객이란 곧 쇼핑·식사·교통을 뜻했고, 이는 다시 더 많은 일자리, 더 많은 주민, 더 많은 활동을 불러일으키는 건설·분배·제조업을 의미했다. 구(舊)볼티모어의 쇠퇴는 완화되고 끝이 났으며, 쇠퇴는 성장으로 바뀌었다. 볼티모어의 항구지역은 이제 미국에서 최고의 관광객 유치지역 가운데 하나가 됐으며 도시의 실업은 급속하게 줄고 있다.

하지만 볼티모어를 이런 방식으로 지도상에 표기하는 것, 볼티모어에 장소와 국지적 정체성에 대한 감각을 더 강하게 심어주는 것이 그 프로젝트의 실행을 위한 국지적 민관파트너십의 영향력을 견고하게 하는 데 정치적으로 성공적이었다는 점은 명백하다. 민관파트너십은 볼티모어로 개발자금을 끌어왔다(공적 부문에 의한 위험 흡수를 고려하면, 이것이 내버린 것에 비해 더 많은 것을 끌어왔다고 말하기는 어렵지만). 이는 또한 전체 주민들에게 장소-기반적 정체성을 부여했다. 빵이 부족했다고 할지라도 서커스는 성공적이었다. 이미지는 본질을 누르고 완벽하게 승리했다.

도시 거버넌스의 기업주의적 전환

최근 자본축적의 역동성과 관련하여 지방정부의 '상대적 자율성'을 둘러싼 논쟁이 잦았다. 도시 거버넌스의 기업주의로의 전환은 국지적 행동의 상당한 자율성을 상정하는 것처럼 보인다. 그러나 앞서 말한 것처럼 도시 기업주의라는 사고는 지방정부 또는 도시 거버넌스를 구성하는 포괄적 계급동맹이 단일한 자본가계급의 이해관계에 자동적으로(또는 잘 알려진 '마지막 단계'에) 장악된다고 가정하는 게 아니다. 또한 그 의사결정이 자본축적의 요구를 반영한다는 바로 그 측면에서 구성된다고 가정하는 것도 아니다. 이는 나의 설명이 최소한 표면적으로 지방정부이론에 대한 콕번(C. Cockburn)[33]의 맑스주의적 견해와 상반되며, 몰렌코프(J. Mollenkopf), 로건(J. Logan)과 몰로치(H. Molotch), 구르(T. Gurr)와 킹(D. King), 스미스(M. Smith)[34] 같은 다른 일단의 비맑스주의적 또는 네오맑스주의적 저자들과는 상당한 이견을 갖는 것처럼 보이도록 한다. 그러나 도시 간 경쟁에 대한 고려는 자율적인 것처럼 보이는 도시 기업주의가 모든 규모와 차원에서 자본주의적 사회관계의 재생산을 보증하는 한편, 지속적인 자본축적의 모순적 요구와 조응할 수 있는 방식을 보여준다.

맑스는 자본의 순환이 헤게모니적 힘이 되는 사회에서 경쟁은 불가피하게 자본주의적 사회관계의 '담지자'라는 강력한 명제를 제안했다. 경쟁의 강제법칙은 개인 또는 집단 행위자들(자본주의적 기업, 금융기관, 국가, 도시 등)을 자본주의적 역동성을 구성하는 특정한 활동으로 편성한다. 그러나 '강제하기'는 행동하기 이전에 발생하기보다는 행동한 이후에 발생한다. 자본주의적 발전은 항상 투기적이다. 사실 자본주의의 역사 전체는 역사적·지리적으로 누적된 일련의 사소하면서 때로 거대한 투기적 반동으로 파악될 수 있다. 이를테면 기업들이 시장경쟁에 봉착하여 어떻게 적응하고 행동하는가에 관해 정확히 예측할 수는 없다. 각 기업들은 무엇이 성공하고 무엇이 실패할 것인가에 대한 선험적 이해 없이 존립을 향한 자신의 경로를 찾아야 한다. 단지 어느 사건이 발생하면 시장의 '보이지 않는 손'(애덤 스미스의 문구)은 '생산자의 규제되지 않은 변덕을 통제하면서, 자연적으로 부여된 사후적 필요성으로' 자신을 드러낸다.[35]

도시 거버넌스는 이와 유사하게, 그리고 이보다 더 심하지 않다고 할지라도 그만큼 무법적이고 변덕스럽기 십상이다. 그러나 또한 이 '무법적 변덕'이 도시 간 경쟁에 의해 사후적으로 규제될 것임을 예상할 수 있는 이유는 많다. 특히 전반적인 실업과 산업 재구조화의 조건하에서, 그리고 자본축적이 보다 유연해지고 지리적으로 유동적인 유형으로 급속히 이행하는 국면에서, 투자와 일자리를 위한 경쟁 탓에 아마도 특정한 국지적 조건하에서 어떻게 최대한 개발을 장악하고 촉진할 것인가에 대해 논쟁이 분분해질 것이다. 각 연합은 제숍(B. Jessop)[36]이 '축적전략과 헤게모니 프로젝트'라고 지칭한 것의 독특한 변형을 찾으려 할 것이다. 장기적 자본축적의 관점에서 보면, 정치적·사회적·기업주의적 노력의 상이한 경로와 프로그램을 탐구하는 것은 근본적으로 중요하다. 오직 이 방법으로, 자본주의 같은 역동적이고 혁명적인 사회체계는 자본축적의 새로운 형태와 경로에 적합한 새로운 사회적·정치적 규제의 형태와 양식을 발견하는 것이 가능할 것이다. 만약 지방정부의 '상대적 자율성'이 의미하는 바가 이것이라면, 모든 자본주의적 회사·기관·기업이 상이한 자본축적 경로를 탐구하면서 갖는 '상대적 자율성'과 도시 기업주의는 어떤 방식으로든 그 뜻이 같아진다. 이러한 방식으로 이해되는 상대적 자율성은 내가 묘사하고자 한 자본축적의 일반이론과 완전히 일치하며, 사실 이를 구성한다.[37] 그러나 이 같은 유형의 많은 논제에서 이론적 어려움이 발생한다. 비(非)맑스 이론뿐만 아니라 맑스 이론도 상대적 자율성에 대한 주장을 마치 공간관계의 지배적 권력 바깥에서 고려될 수 있는 것으로, 그리고 도시 간 경쟁이나 공간적 경쟁이 존재하지 않거나 무관한 것처럼 다루기 때문이다.

이 주장에 비추어보면, 관리주의적 입장은 도시 간 경쟁이 약한 상태에서는 도시 거버넌스를 자본축적의 법칙과 별로 조응하지 않는 것으로 인식하는 듯하다. 그러나 이 주장에 대한 고찰에는 1950~1960년대의 복지국가 및 국가적 케인스주의(지방정부의 행동이 뿌리를 두고 있는)와 자본축적 간의 관계에 대한 폭넓은 분석이 필요하다. 여기가 이러한 분석을 시도할 자리는 아니지만, 지방정부의 상대적 자율성에 대한 주장의 많은 부분은 바로 복지국가와 케인스적 타협이라는 점에서 등장했음을 인식하는 것은 중요하다. 그렇지만 상대적 자율성을 특정한 시기 동안 발생한 것으로 인식하는 것은 도시 선전주의와 도시 기업주의가 왜 자본주의(물론 한자동맹과 이딸리아의 도시국가들에서 시작한)의 역사지리에서 그렇게 오래되고 잘 다듬어진 전통인가를 이해하는 데 도움을 준다. 지난 20년간 이 전통의 복원과 강화, 그리고 도시 간 경쟁의 활성화는 도시 거버넌스가 자본축적의 적나라한 요구와 더 조응하는 쪽으로 이동했음을 보여준다. 이 같은 전환은 중앙국가와 지방정부 간의 관계를 근본적으로 재구성하고, 지방정부의 활동을 복지국가와 케인스적 타협으로부터 떼어내 자유롭게 할 것을 요청했다(이 양자는 모두 지난 20년 동안 강한 공격을 받았다). 말할 필요도 없이, 최근 많은 선진 자본주의국가에서 이 부문의 논란이 발생하고 있다는 강력한 증거가 있다.

바로 이 관점에서 도시 기업주의에 대한 현대적 견해에 대한 비판적 관점을 구축하는 것이 가능해진다. 우선 쇠퇴하는 도시경제의 재생을 위한 많은 프로젝트의 표면적 활력과 도시 상황의 심층적 경향들을 대비하는 데 초점을 둔 연구가 필요하다. 여러 성공적 프로젝트의 가면 밑에는 심각한 사회적·경제적 문제들이 있으며, 많은 도시에서 이 문제들은 내부도시 재생과 이를 둘러싸고 증가하는 빈곤의 바다라는 이중도시의 형태로 지리적 양태를 갖는다는 점을 인식해야 한다. 또한 비판적 관점은 도시 간 경쟁에서 강제되는 탓에 불가피한 것처럼 보이는 위험한 거시경제적 결과에도 초점을 맞추어야 한다. 거시경제적 결과에는 소득분배의 역진적 효과, 도시 네트워크 내의 변동, 그리고 많은 프로젝트들이 가져오는 짧은 주기의 이득이 포함된다. 경제적·사회적 문제의 본질보다 스펙터클과 이미지에 집중하는 것은 정치적 이득을 아주 쉽게 얻을 수 있다고 할지라도 장기적으로는 해로운 것으로 판명될 수 있다.

다만 면밀한 관심을 받을 가치가 있는 어떤 긍정적 측면도 있다. 민주적 의사결정이 작동하는 집합적 조합(collective corporation)으로서의 도시라는 사고는 진보적 교리와 실천의 신전에서 오랜 역사를 갖는다(물론 빠리꼬뮌은 사회주의 역사에서 패러다임적 사례다). 최근 이와 같은 조합주의적 견해를 이론[38] 및 실천[39]의 관점에서 부활시키고자 하는 시도들이 있다. 따라서 특정 종류의 도시 기업주의를 그 방법·의도·결과를 두고 순전히 자본주의적이라고 규정할 수 있지만, 집합적 조합주의의 행위에서 많은 문제는 어떤 종류의 도시 선전주의라는 점에서 연유하는 것이 아니다. 여기서는 특히 계급동맹을 지배하는 사람들이나 그들이 고안한 어떤 형태 혹은 프로젝트 때문도 아니라는 점을 인식하는 것이 유용하다. 자본주의의 지리적 불균등발전이라는 전반적 틀 내에서 도시 간 경쟁은 선택 사항들을 제한한다. 이로써 '나쁜' 프로젝트들이 '좋은' 프로젝트들을 몰아내고, 좋은 의도를 가진 자비로운 계급동맹들이 '현실론적', '실용주의적'으로 강제되며, 국지적 필요를 충족시키거나 사회복지를 최대화하는 목표보다는 자본주의적 축적의 법칙들에 따라 작동하게 되는 것이다. 그렇지만 여기서조차 도시 간 경쟁이라는 단순한 사실이 주요 모순으로 천명되어야 할지는 분명하지 않다. 도시 간 경쟁은 이 경쟁이 뿌리를 내리는 어떤 생산양식의 더 일반적인 사회적 관계의 '담지자'(맑스의 문구를 사용하면)로 작동하는 어떤 조건으로 여겨져야 할 것이다.

물론 하나의 도시 내 사회주의는 최적의 조건이 주어지더라도 실현 가능한 프로젝트가 아니다. 그렇지만 도시는 권력이 작동하기에 중요한 기반이다. 문제는 도시 간 경쟁을 완화하고, 정치적 지평을 국지성에서 벗어나 보다 일반화할 수 있는 자본주의적 불균등발전에 대한 도전으로 이행하도록 하는 도시 간 지정학적 연계전략을 고안하는 것이다. 이를테면 노동계급 운동들은 역사적으로 장소의 정치를 상당히 통제할 수 있는 것으로 증명됐지만, 이들은 점점 더 국제화된 부르주아들이 제기하는 외국무역의 규율과 공간에 대한 보다 강력한 통제(경제적으로뿐만 아니라 군사적으로)에 대해 항상 취약하다. 이러한 조건하에서, 지난 수년간 도시 기업주의의 등장을 통해 만들어진 궤적은 지리적 불균등발전의 자본주의적 관계를 유지하고 심화시키는 데 기여했으며, 이에 따라 교묘한 방법으로 자본주의적 발전의 전반적 경로에 영향을 미치고 있다. 그러나 도시 기업주의에 대한 비판적 관점은 그 부정적 영향만을 지적하는 것이 아니다. 이는 사회적 삶의 역사지리를 지배하는 자본주의적 축적의 헤게모니적 역동성에 도전하거나 또는 이를 완화시킬 수 있는 방법으로 공간에 걸친 연대와 연계를 어떻게 구축할 것인가에 대한, 날카로운 지정학적 감각으로 무장한 진보적 도시 조합주의(urban corporatism)로 전환할 수 있는 잠재력도 지적해야 한다.

보론

이 장은 단연코 나의 논문 가운데 가장 많이 인용되었다(다소 신기하게 나의 가장 많이 인용된 책과 논문이 베를린장벽이 무너졌던 해에 동시에 출판됐다). 참고문헌에서 분명히 알 수 있는 것처럼, 이는 내가 별난 주제에 대해 썼기 때문이 아니다. 1980년대에 도시연구 분야를 공부했던 사람이라면 누구나 당시 탈산업화의 결과로 등장했던 도시 거버넌스, 그리고 마거릿 새처와 레이건의 통치하에서 진행됐던 경제 재구조화의 경향에 익숙했을 것이다. 유럽과 북미의 오래된 산업도시들에서 제조업 일자리의 엄청난 감소는 사회구조와 지역사회 결속에 급격하고 파괴적인 충격을 미쳤다. 신자유주의에 대한 많은 반대, 그리고 대안적 미래를 위한 적지 않은 희망이 도시에 집중됐다(켄 리빙스턴 시장 임기 동안 맑스주의적 양상을 보인 런던광역의회는 상징적이었다). 이러한 점에서 이 글이 정치적으로 비범한 것은 아무것도 없다. 물론 이 글은 이 모든 것을 함께 묶어 종합적으로 진술하는 데는 도움을 주었다. 그러나 이 논문을 독특하게 만든 것은 도시 기업주의 경향의 거시경제적·일반적 근원과 그 결과를 강조하고, 이를테면 사회적 불균등을 경고하는 데 기여했다는 점이다. 이 글은 국지적 과정들이 공간적 경쟁력을 통해 하나로 조직될 경우 엄청난 중요성을 가진 지구적 과정을 어떻게 구성하는지를 보여주었다. 국지적 동원만으로는 이 지구적 과정에 저항하기란 쉽지 않다. 이 글은 명확한 용어들로 맑스가 지칭한 '경쟁의 강제법칙'이 이심화와 도시 간 경쟁을 통해 어떻게 작동하는가를 조명했다. 끝으로 이 글은 오늘날 우리가 안고 살아가야 할 강제적이고 자유롭지 못한 결과들을 만들어낸 자율과 자유의 조건하에서 자율적 의사결정이 갖는 매력적 역할을 강조했다.

1978년에서 79년까지 미셸 푸꼬는 꼴레주 드 프랑스의 『생명권력의 탄생』(The Birth of Biopolitics) 강의에서 이 전환의 결과를 사유하는 또다른 방안을 이야기했다. 그는 통치성(governmentality)이 신자유주의적 형태로 바뀌어간다고 상정했다. 이에 의하면 경제적 합리성은 시장이라는 상대적으로 좁은 경제적 영역에서 자기조절의 영역으로 전환한다. 우리 모두는 우리 자신의 기업가가 되고 우리 자신의 '인적 자본' 형성을 책임져야 한다. 그의 생각은 내가 서술한 전환의 구축에는 아무런 역할을 하지 않지만, 정치적 주관성의 변화에 따른 잠재적이고 매우 부정적인 정치적 결과에 대한 흥미로운 해석을 제공한다. 내가 이 글을 썼을 때, 나는 신자유주의라는 용어를 사용하지 않았으며 『포스트모더니티의 조건』에서 내 사유의 틀을 만들었던 '유연적 축적'이라는 용어를 선호했다. 2005년 『신자유주의』에서 나는 신자유주의하에서 도시 기업주의의 등장 이면에 놓인 정치경제적 이행의 이야기를 다시 꺼냈다. 무엇이 진행되고 있었는가를 당시에 이해하는 것보다 무엇이 일어났는가를 나중에 회고하여 해석하는 것이 한결 낫다. 나는 때때로 우리가 몇년 후에 되돌아보면서 현재의 혼돈을 어떻게 생각할 것인가를 궁금해한다. 이 점이 (독단주의에서 해방된) 맑스주의자의 직관이 도움이 된다는 것을 보여주는 대목이다.

제7장

환경의 본질: 사회변화와 환경변화의 변증법

1970년 '지구의 날'을 전후하여, 경영잡지 『포춘』의 환경 (environment) 관련 특집호를 읽고 있었던 것을 다시 떠올린다. 이 특집호는 '비계급적 논제'로서 환경 논제의 등장을 예찬했으며, 초청 논설에서 닉슨 대통령은 미래세대들은 전적으로 그들이 물려받은 환경의 질에 따라 우리를 평가할 것이라는 의견을 개진했다. '지구의 날' 당일, 나는 볼티모어의 한 대학 집회에 참석하여 여러 열렬한 연설을 들었다. 대부분은 중산층 백인 급진주의자들의 연설로, 우리가 숨 쉬는 공기, 마시는 물, 소비하는 음식의 질에 대한 관심의 부족을 지적했고, 또한 자원고갈과 환경악화를 초래하는 모든 방법을 만들어낸 세계의 물질주의적·소비주의적 접근을 비난했다. 그다음 날 나는 볼티모어의 아프리카계 미국인들이 종종 찾아가는 유명한 레프트뱅크 재즈소사이어티(Left Bank Jazz Society)에 갔다. 음악가들은 점점 나빠지는 환경에 대한 대화식 논평을 그들의 음악에 삽입했다. 그들은 일자리 부족, 불량한 주거, 인종차별, 낡은 도시에 관해 말했으며, 이는 리처드 닉슨 대통령이라는 주제에서 정점에 달하여 장소 전체를 건배의 도가니에 들도록 했다.

그 당시 나에게 충격을 주었던 것, 그리고 여전히 충격을 주고 있는 것은 '환경 논제'란 서로 다른 사람에게 서로 다른 의미일 수밖에 없다는 점, 그리고 이 논제는 말 그대로 존재하는 모든 것을 포괄한다는 점이다. 경영 지도자들은 정치적·법적 환경을 우려하며, 정치가들은 경제적 환경을 우려하고, 도시 거주자들은 사회적 환경을 우려하며, 그리고 의심할 바 없이 범죄자들은 법을 강화하는 환경을 우려하고, 공해 유발자들은 규제 환경을 우려한다. 하나의 단어가 이같이 다중적 방법으로 쓰이는 것은 이 단어가 통일된 개념이 되기에는 근본적으로 비일관적이라는 점을 증명한다. 그렇지만 '자연'(nature)이라는 단어, 즉 '다른 생각과 경험이 변화함에 따라 복잡하고 변화하는 (…) 장구한 인류역사를 흔히 인지하지 못한 상태로 담고 있는' 자연이라는 사고와 마찬가지로,[1] 환경 같은 단어가 유익하게 쓰인다는 것을 보여주기도 한다. 하지만 여기서 환경이 '인지하지 못한' 측면은 특히 어려움을 제기한다. '한 개인이나 세대의 사고 속에서 작동'하지만 '한 시대의 지배적 지적 경향'을 규정하는 '불분명한 가정들 또는 다소 무의식적인 정신적 습관'을 밝히기란 항상 어렵기 때문이다. 러브조이(A. Lovejoy)는 계속해서 다음과 같이 말한다.[2]

단순한 단어들이 역사적으로, 독립된 힘이 될 수 있는 것은 대체로 그들의 모호성 때문이다. 어떤 용어·문구·공식이 통용 또는 수용되는 것은 그 의미 가운데 하나 또는 그것이 제시하는 사상 가운데 하나가 우월한 신념 또는 가치 기준에 적합하기 때문이다. 어떤 시대의 취향은 신념, 가치 기준, 그리고 성향을 바꾸는 데 이바지할 것이다. 그 용어·문구·공식을 채택한 사람들에 의해 명확하게 구분되지 않은 다른 의미들이나 제안된 함의들이 유의미화의 지배적 요소가 되기 때문이다. 말할 필요도 없이, '자연'이라는 단어는 이것의 가장 놀라운 사례다.

'자연' '환경' 같은 단어들을 둘러싼 현대의 싸움터는 단지 의미론을 넘어 정치적 갈등의 첨단이며, 비록 이데올로기의 영역이긴 하지만 여기서 '우리는 정치적 문제들을 의식하게 되고, 이 문제들에 관해 격론을 벌이게 된다'. 격론이 발생하는 것은 정확히 '자연'이나 '환경' 같은 단어들이 관심의 공통성과 보편성을 전달하기 때문에, 즉 매우 다양한 해석의 가능성을 열어놓는 모호함을 지니기 때문이다. '환경'은 둘러싸는 모든 것, 또는 보다 정확히 말해 어떤 존재의 주변에 존재하는 모든 것으로 특정 순간에 그 존재의 상태에 유관한 것을 의미한다. 유관성의 기준 역시 매우 다양할 수 있지만, 분명히 말해 환경의 개념 정의와 관련해서는 주변 조건들 자체뿐만 아니라 존재의 '상황성'(situatedness)과 그 내적 조건과 필요 역시 많이 언급된다. 하지만 우리 각자 모두는 '환경' 속에 처해 있으며, 따라서 우리 모두는 환경 논제가 무엇에 대한 것인가에 관해 어떤 감을 갖고 있다.

그러나 근래에 들어 환경 논제들을 특정의 가능한 의미로 국한하는 개략적인 관례가 제시됐다. 이에 따라 우선 인간활동과 (a) 이 활동을 뒷받침하는 생물계 또는 생태계의 조건 또는 '건전성', (b) 공기·물·토양·경관 같은 생태계의 구체적 특질, (c) 재생 가능한 자원과 재생 불가능한 자원 양자를 포함하여 인간활동을 위한 자연자원의 양과 질의 관계에 초점을 두게 됐다. 하지만 온건한 생물중심적 해석조차 이러한 관례에 함의된 '자연'과 '문화' 간의 암묵적 구분에 이의를 제기할 것이다. 환경에 대해 외적이고 흔히 관리적인 관점을 채택하는 '환경주의자'(environmentalist)와 인간활동을 자연에 뿌리를 둔 것으로 여기는 '생태주의자'(ecologist) 간의 구분이 정치적으로 논쟁거리가 되는 이유가 여기에 있다.[3] 어떤 경우라고 할지라도 최소한 지표면과 그 대기의 생태학에 관한 한, 우리가 '자연적'이라고 칭하는 것의 많은 부분이 인간행동에 의해 뚜렷하게 변경됐다는 사고는 점점 더 공적으로 받아들여지고 있다.[4] 도시의 건조환경(built environment)과 농촌지역 및 오지에서 인간에 의해 변경된 환경 간의 구분은 시골과 도시 간의 오래된 이데올로기적 구분의 특정한 표현처럼 임의적인 것처럼 보인다.[5] 그러나 우리는 위험을 무릅쓰고 이 구분의 이데올로기적 힘을 무시하려 한다. 이 구분은 많은 생태적 수사에서 만연한 반(反)도시적 편견의 바탕이 되기 때문이다.

다음에서 나는 오늘날 우리가 이 용어들에 부여하는 다소 제한된 의미에서 환경 논제들을 이해할 수 있는 이론적 입장을 세우고자한다.

논제

두 인용문으로 시작하고자 한다.

우리는 토지를 우리에게 속하는 상품으로 여기기 때문에, 그것을 오용하고 있다. 그것을 우리가 속하는 공동체로 이해한다면 이를 사랑과 존경으로 사용하게 될 것이다.[6]

화폐 그 자체가 공동체가 아닌 곳에서는 화폐가 공동체를 해체할 것이다. (…) 부르주아사회의 기본적인 전제는 노동이 직접 교환가치 즉 화폐를 생산한다는 것이고, 마찬가지로 화폐는 노동자가 교환과정에서 자신의 활동을 양도하는 한에서만 노동을, 따라서 노동자를 직접 구매한다는 것이다. (…) 그에 따라 화폐는 모든 사람의 존립을 위한 일반적 실체이자 동시에 모든 사람의 공동산물이라는 점에서 직접적으로 현실적인 공동체가 된다.[7]

맑스의 관점에서 보면, 레오폴드(A. Leopold)가 생각했던 토지윤리는 화폐의 공동체가 만연한 부르주아사회에서는 꿈꿀 수 없는 탐색이다. 레오폴드의 토지윤리에는 자본주의에 대한 대안적 생산양식 및 소비양식의 구축이 뒤따른다. 이 주장의 명확성과 자명한 성질은 흥미롭게도 생태적/환경주의적 정치와 사회주의적 정치 간의 즉각적인 화해를 유도하지 못했다. 이 두 주장은 대체로 서로 대립적인 상태로 남아 있으며, 두 인용문을 살펴보면 그 이유를 알 수 있다. 레오폴드는 경제의 좁은 제약 바깥에서 사고와 행동의 영역을 규정한다. 그의 사고방식은 훨씬 더 생물중심적이다. 노동계급 정치와 정치경제적 과정의 혁명화에 관심이 집중되는 것은 레오폴드가 이를 규정한 것처럼 문제의 해법이라기보다 연장으로 이해된다. 사회주의 정치가 기껏 달성할 수 있는 것은 생태적 정치가 아니라 환경적(즉 도구적이고 관리적인) 정치라고 흔히 주장된다. 최악의 경우, 사회주의는 자연의 '지배'가 가능할 뿐만 아니라 바람직하다고 가정하는 이른바 '프로메테우스적' 프로젝트로 타락할 것이다.

이 장에서 나의 관심은 이러한 대립을 연결하여, 파괴적인 긴장이 아니라 창조적 긴장으로 전환시키는 방법이 있는가를 알아보는 것이다. 진보적 사회주의 정치에는 독특한 '생태적' 시각을 위한 여지가 있는가, 또는 있어야만 하는가? 그리고 만약 그렇다면 이는 무엇이어야 하는가? 나는 '자연'이 어떻게 사회적으로 가치를 갖는가에 대한 의문에서 시작하고자 한다.

화폐가치

우리는 화폐가치를 '자연'에 부여할 수 있는가? 만약 그렇다면 어떻게, 왜 그렇게 할 수 있는가? 이에 동감하는 세가지 주장이 있다.

1. 화폐는 우리 모두가 일상을 살면서 우리 환경의 중요하고 매우 광범위한 측면들을 평가하는 수단이다. 상품을 구매할 때마다 우리는 일련의 화폐거래와 상품거래를 하게 되며, 이를 통해 화폐가치는 생산과 소비에서 사용되는 자연자원이나 유의미한 환경적 특성들에 부여된다(또는 마찬가지로 중요하게, 가격이 없는 자유재에는 부여되지 않는다). 우리 모두는(우리가 생태적으로 사고하는가 아닌가와 무관하게) 우리의 일상적 실천에 의해 자연에 화폐적 가치화를 부여하는 데 연관된다.

2. 화폐는 우리가 오늘날 보유하는 유일하게 이해가 쉽고 보편적인 가치척도다. 우리 모두는 화폐를 사용하며, 이것이 무엇을 의미하는지 구체적이며 지적으로 이해할 수 있다. 화폐는 자연에 특수하게 부여된 것들을 포함하여 선택·선호·가치뿐만 아니라 우리의 욕망·필요·욕구를 다른 사람들의 그것과 교류하는 데 기여한다. 서로 다른 생태적 프로젝트들(댐 건설에서부터 야생생물 또는 생물다양성 보존방안에 이르기까지)의 비교 가능성은 어떤 것이 다른 것에 비해 더 정당화될 수 있는가를 평가하기 위한 공통 척도(암묵적이든 인식된 것이든지 간에)의 규정에 좌우된다. 화폐를 대신할 수 있는 만족스럽고 보편적으로 합의된 대안은 아직 고안되지 않았다. 맑스가 지적한 바와 같이, 화폐는 사용가치, 인간의 욕구와 필요, 그리고 주관적 의미들의 놀랍도록 다차원적인 생태계의 세계를 누구나 이해할 수 있는 공통분모로 환원시킬 수 있는 평등주의자이며 냉소주의자다.

3. 특정 사회에서 화폐는 사회권력의 기본(결코 유일한 것은 아니

지만) 언어이며, 화폐 용어로 말하는 것은 언제나 그 집권자가 알고 있고 이해하는 언어로 말하는 것이다. 환경 논제에 대한 행동을 모색하기 위해, 흔히 모두가 이해할 수 있는 보편적 (화폐) 용어로 문제를 표현하는 것뿐만 아니라 권력을 가진 사람들을 설득하는 목소리로 말하는 것이 필요하다. '생태적 근대화' 담론은 바로 환경 논제들을 이윤 가능한 사업으로 표현하고자 하는 것이다. 환경경제학 역시 환경 논제들을 의제화하기 위한 유용하고 실용적인 도구다. 나는 여기서 오덤(E. P. Odum)이 그의 고향인 조지아주에서 습지보호를 보장하기 위해 벌인 투쟁을 인용하고자 한다. 이 투쟁은 그가 주(洲) 경제에서 갖는 습지의 값어치를 설득력 있는 다소 임의적인 화폐가치로 표현한 뒤에야 사람들에게 이해되었다.[8] 이는 입법부가 비교적 이른 시기에 광범위한 습지보호법을 제정하도록 이끌었다. 이와 상당히 유사하게, 순전히 화폐 용어로 환경 논제들을 표현할 수 있을 때 정치적 영향력이 있다는 점을 상당히 명백하게 드러내는 사례(마거릿 새처가 1988년 녹색정치의 기조로 갑작스럽게 전환한 것처럼)는 많다.

정확히 말해 이를 어떻게 주장할 것인가는 쉽지 않다. 예를 들면 피어스(D. Pearce)[9] 등은 광범위하게 수용되고 있는 '브룬트란트 보고서'(Brundtland Report)[10]의 견해를 활용한다. 즉, '지속 가능한' 발전은 현재 행동이 미래세대가 그들의 필요를 충족시킬 수 있는 능력을 손상시키지 않아야 한다는 견해를 토대로, 인간에 의해 생산된 것(예를 들면 도로, 경작지, 공장)과 '자연'에 주어진 것(예를 들면

광물, 물 공급 등) 모두를 포함하여 자산의 총재고의 가치가 한 세대에서 다른 세대로 변치 않고 유지되어야 한다고 주장한다. 그런데 이 재고는 어떻게 계량화될 수 있는가? 이는 내재적 성질이라는 점을 제쳐놓고라도 비교 불가능한 물리적 용어들(즉 실제적 또는 잠재적 사용가치)로는 측정될 수 없다. 따라서 화폐가치(교환가치)는 유일한 공통(보편적)분모를 제공한다.

이러한 절차에는 많은 어려움이 따른다.

1. 이를테면 화폐란 무엇인가? 화폐는 그 자체로는 죽은 것이고 비활성적이며, 단지 사회적 과정을 통해서 가치의 척도로서 그 특성을 획득한다. 맑스는 화폐가 사회적으로 필요한 노동시간의 표상이며, 가격은 '가치의 화폐 이름'이라는 것을 보여준다고 결론짓는다. 그러나 이 과정은 모순적이고, 따라서 화폐는 사회적 노동으로서의 가치의 표상이지만 언제나 다루기 힘들며 믿을 수 없는 표상이다. 주조화폐의 가치저하, 특정 시기 및 장소에서의 비정상적인 물가상승률, 투기 열풍, 이것들 모두는 화폐가 가치의 표상으로서 얼마나 심각하게 불안정해질 수 있는가를 보여준다. 우리는 화폐가 '이것이 살 수 있는 가치일 뿐'이며, 심지어 '화폐의 가치'를 논하는 것은 교환된 다른 모든 것에 내재된 어떤 사회적 성질이 화폐로 지정되는 어떤 것에 귀속되었음을 뜻한다고 말한다. 게다가 화폐는 금과 은, 상징물, 기념물, 동전, 지폐 등 다양한 모습들로 나타난다(우리는 달러, 파운드, 스털링, 엔, 크루제이루, 마르크를 사용해야 하는가). 그뿐 아니라 공식화폐가 신용을 상실하면 초콜릿, 담배 또는 다른 형

태의 가시적 재화들이 통화의 형태가 되는 사례들이 있다. 이러한 용어들로 '자연'의 가치나 '환경적 재화와 서비스의 흐름'을 평가하는 것은 심각한 문제들을 제기한다. 이 문제들은 '불변가격' 계산을 위한 정교한 방법들, '가격 변동지수'(price deflator), 그리고 엄청난 통화변동성의 세계에서 불변적 환율을 계산하고자 하는 고귀한 시도들에 의해 단지 부분적으로만 보상된다.

2. 자산이 제공하는 재화와 서비스의 흐름에 의해 실제 달성되는 시장가격과는 무관하게 다른 어떤 것을 자산에 부여하기 어렵지만, 단지 임의적인 화폐가치는 부여할 수 있다. 이 점은 설정된 가격이 독립적 가치를 갖는 자산의 화폐가치에 관한 우리의 유일한 지시자가 된다는 점에서, 경제적 가치평가가 동의반복적임을 입증하는 것이다. 시장가격의 급격한 변화는 마찬가지로 자산가치의 급격한 변화를 의미한다. 최근 건조환경에서 고정자본의 거대한 감가(텅 빈 공장과 창고 등)는 부동산시장의 붕괴효과에 관해서는 말할 것도 없고, 시장 행태와 조건에 의존하는 자산평가의 극심한 변덕을 예시한다. 이러한 원칙은 시장경제에서 '자연적' 자산의 가치평가에도 적용된다(1973년에서 75년까지의 석유부족 시기의 텍사스 유정의 가치와 1980년 석유과잉 시기의 그 가치를 비교해보라). 그렇다면 이같이 화폐단위로 측정된 자본자산(인간에 의해 구축된 것과 자연적으로 발생한 것 양자 모두)의 불변재고량을 물려주려는 시도는 역효과를 낳거나 그렇지 않다면 신뢰할 수 없는 일이 될 수 있다.

3. 화폐가격은 특정 사물에 부착되며, 사적 소유권이 설정되거나 추정될 수 있다는 점에서 교환 가능한 실체들을 전제한다. 이 점은

276

우리가 실체들이 그 부분을 이루는 어떤 생태계에서 그 실체들을 분리시킬 수 있는 것처럼 인식함을 의미한다. 이를테면 우리는 고기가 헤엄치는 물과 무관하게 고기의 가치를 매기는 것을 가정한다. 이 논리에 따르면, 전체 생태계의 화폐가치는 그 부분들의 합을 더해야만 매겨질 수 있으며, 이는 전체에 대한 원자론적 관계에서 이루어지는 것이다. 그러나 우리가 환경을 대체 가능한 부분들을 가진 데까르뜨적 기계라기보다 유기적·생태계적·변증법적으로[11] 구성된 것으로 이해할 경우, 이러한 방식의 화폐적 가치평가 추정은 와해된다. 화폐적 가치평가를 추구하면 자연세계의 구성에 관해 철저히 데까르뜨적-뉴턴적-로크적이며 어떤 측면에서 '반생태적' 존재론에 빠지게 된다(다음을 참조하라).

4. 화폐적 가치평가는 공간뿐 아니라 시간에 대한 어떤 구조를 가정한다. 시간적 구조는 할인(discounting)이 이루어지는 과정을 통해 규정되며, 여기서 현재 가치는 미래 편익의 할인된 흐름이라는 점에서 계산된다. 할인의 규칙이 확고하게 합의된 바는 없으며, 환경 문헌들은 환경의 질과 관련하여 각각 서로 다른 할인 관행을 옹호하거나 또는 비판하는 것으로 가득 차 있다. 이를테면 실제 이자율의 변덕과 공적 프로젝트에 부여된 이자율의 임의성은 가치평가를 특히 어렵게 만든다. 게다가 이러한 가치평가는 일례로 해양이나 대기 에너지 흐름의 양상처럼 미래 가치의 할인이 완전히 타당하지 않다고 판단될 정도로 자산이 교환 가능할 경우에만 의미가 있다. 상이한 생태적 과정들에 부여된 시간의 다중적이고 흔히 비선형적인 사고들 역시 심각한 문제들을 야기한다. 이를테면 인간의 시

간선호(time preference)에 대해 어떤 유의미한 것을 발견할 수 있겠지만(또는 최소한 이에 관해 합리적인 주장을 할 수 있겠지만), 생태계에서 작동하는 다중적 시간성들은 보통 근본적으로 다른 종류다. 매커보이(A. McEvoy)[12]는 캘리포니아 해안 정어리의 (비선형적) 재생산 주기의 사례를 인용한다. 즉 정어리들은 개체별로 '각 세대가 최소한 거의 1년 동안 새끼를 낳고 기르기에 충분히 오래 살도록' 함으로써 '생태적 변동성'에 적응한다. 어업이 이러한 자연적 완충을 위한 재고량을 제거할 경우, 전체 재고량은 갑자기 와해된다. 물론 위험과 불확실성을 감안한 민감한 정책이나 실행은 이러한 결과를 피하겠지만, 이 같은 생태적 행태에 의해 규정되는 시간성은 우리가 특히 경제적 계산을 하면서 사용하는 선형적·단선적이고 매우 뉴턴적인 시간 개념화와 대립적이며 이는 여전히 문제로 남는다. 설사 어떤 종류의 가치평가에 대한 가정이 이루어졌다고 할지라도, 근본적인 도덕의 문제는 남는다. 구딘(R. Goodin)[13]이 지적한 바와 같이 '미래를 갑작스럽게 변화시키는 것은 우리들에게 경제적으로 효율적'일 수 있지만, '그렇게 하는 것은 우리들에게 잘못된' 것일 수 있다. 이는 미래세대를 부당하게 다루는 것이기 때문이다. 이를 비롯한 또다른 이유들로 인해 '녹색가치이론'(구딘이 그렇게 부른 것처럼)은 할인 관행과는 매우 대립적이다. 심층생태론자 네스(A. Naess)는 '미래에 대한 관심은 합쳐서 결국 제로가 되어야 한다'라고 서술했다.[14] 이러한 할인율의 효과는 미래 프로젝트에 대한 어떠한 투자도 배제하도록 할 것이다.

5. 소유 방식은 그 종류가 다양하다. 이는 강력한 습지 보전이나

토지이용 통제가 시행되는 조건에서는 매우 다르게 보일 것이다. 현대 환경정책의 주요 과제는 사적 소유권을 가진 사람들에게 시장 할인율이 적용되는 것보다 더 긴 기간의 시간에 주목하도록 하면서, 환경적으로 무해한 방법으로 사용하도록 설득하기 위한 규제의 틀을 고안하는 것이다. 이러한 이론적·법적·정치적 문제가 아무리 도전적일지라도, 환경은 환경적 재화와 개인화된 소유권 간의 관계에 관해 어떤 종류의 비용-편익 분석이 구축되기에 충분한 명백한 구조를 갖는다는 사실은 여전하다. 요컨대, 화폐적 가치평가만을 따르게 되면 우리는 생태계를 어떤 임의적으로 선택되고 부여된 가격구조나 규제체제에 의해서만 인간행동에 내재될 수 있는 '외부성'으로 여기는 세계관을 갖게 된다.

6. 이 같은 문제들의 관점에서 보면, 화폐적 가치평가에는 이를 본연적으로 반(反)생태적인 것으로 만들면서, 사고 및 행동의 영역을 도구적 환경관리에만 국한하는 어떤 것이 있다는 결론을 내리지 않을 수 없다. 환경경제학(이론과 실천 양자 모두에서)의 관점은 가치평가라는 매우 협소한 논리로부터 벗어나서, 다른 방법으로는 가격을 매길 수 없는 자산들에 화폐가치를 부여하도록 한다. 하지만 이는 세계 질서가 어떻게 유지되고 가치가 어떻게 매겨지는가에 대한 그 자신의 제도적·존재론적 가정(쉽게 잘못될 수 있는)의 한계를 벗어날 수 없다.

7. 마지막으로 화폐는 인간의 욕망·욕구·열정·가치 등의 강도나 중층의 복합성을 나타내는 수단으로는 적절치 않다. '우리는 화폐의 본성 속에 타락의 본질에 대한 어떤 것을 볼 수 있다'라고 짐멜[15]

은 말했다. 맑스[16]도 이에 동의한다. 프로이트(S. Freud)는 더 나아가, 화폐를 어떤 더럽고 불결한 것으로 서술하는 우리의 성향을 간파해냈다('더러운 돈'이나 '더럽게 돈이 많다'와 같은 표현은 흔히 쓰인다). 그는 '인간에게 알려진 가장 비싼 물건과 가장 가치 없는 물건을 대조해보면 (…) 금을 똥과 특이하게 동일시하는 것이 가능해진다'라고 서술했다. 이는 금을 변형된 배설물로, 부르주아적 교환관계를 항문의 해부학적 의식으로 여기도록 함으로써 빅토리아 시대 독자들에게 충격을 주었다. 그의 친구 페렌치(S. Ferenczi)는 화폐가 '냄새와 수분을 제거하고 윤택이 나도록 만들어진 오물에 불과하다'라고 서술했다.[17] 할인된 평생소득이라는 점에서 인간의 삶을 가치평가하고, '자연'(예를 들어 지구에 계속 살도록 명백히 허용된 종인 그리즐리곰과 반점 올빼미가 처한 운명)을 화폐단위로 가치를 매기는 데 도덕적으로 또는 윤리적으로 의문스럽거나 명백하게 반대할 만한 어떤 것이 있음을 알기 위해, 우리는 프로이트와 페렌치처럼 그렇게 멀리 갈 필요는 없다.

마지막 관점에서 보면, 자본주의는 가장 중요한 도덕적 실패에 빠져 있다. 화폐는 다른 모든 형태의 상상들(종교, 전통적인 종교적 권위 등)을 밀어내고, 대신 그 자리에 색깔도 냄새도 없고 또한 이것이 반영할 것으로 가정되는 사회적 노동과의 관계에 대해 무차별적이기 때문에 독특한 이미지를 갖지 않는 어떤 것, 또는 만약 어떤 이미지를 투사한다면 더러움·오물·배설물·퇴폐를 내포하는 어떤 것을 가져다놓는다. 그 결과로 자본주의사회의 핵심에 도덕적 공백, 즉 사회적 정체성을 전혀 가질 수 없는 가치의 무색적 자기이미지가 창출된다. 이는 일반적 의미에서 사회적 결속이나 공동체의 이미지를 제공할 수 없으며(비록 이것이 맑스가 의미했던 실질적 공동체일지라도), 이는 심지어 가장 세속적인 인간의 희망과 포부를 표현하는 핵심적 가치체계도 되지 못한다. 화폐는 우리가 일상적 재생산의 목적을 위해 열망하는 것이며, 이러한 의미에서 이는 사실 공동체가 됐다. 그러나 이 공동체는 도덕적 열정이나 인간적 의미가 없는 공동체다. 레오폴드가 표현하고자 했던 감정은 이러한 입장에서 보면 옳다.

화폐적 가치평가에 반대하는 한편 환경악화에 깊이 관심을 가졌던 비평가(레오폴드)는 여기서 딜레마에 봉착한다. 그 딜레마는 일상의 경제적 실천과 정치적 권력의 언어를 삼가고 야생에 관해 말할 것인가, 그렇지 않으면 부적절하거나 근본적으로 낯선 것이라고 믿었던 언어(즉 화폐의 언어)로 견고하게 유지되어온 비화폐적 가치들을 표현할 것인가의 문제였다. 이 패러독스에 대한 즉각적인 해법은 없는 것처럼 보인다. 졸라(E. Zola)는 『돈』(*L'Argent*)에서 까롤린 부인에게 다음과 같이 말하도록 하면서, 이 점을 짚었다.

화폐는 내일의 인간성 성장을 촉진하는 똥 무더기다. 욕망 없는 아이가 없는 것처럼, 투기 없는 활기차고 알찬 사업도 없다. 화폐는 이 같은 열정의 과잉을 취하며, 이들 모두는 삶의 지속을 보장하기 위해 삶을 경멸적으로 쇠약하고 퇴락하게 한다. (…) 독약이며 파괴자인 화폐는 모든 사회적 성장의 온상이 됐다. 화폐는 이

지구의 사람들을 함께 모으고 이 땅을 평화롭게 하는 위대한 공공 사업을 유지하는 거름이다. (…) 모든 선한 것은 악한 것으로부터 나온다.

졸라 소설의 궁극적인 도덕성은 이러한 논제를 수용하면서 사색적인 소극(笑劇)과 개인적인 비극으로 나아가는 것이다. 그러나 오직 선은 선에서 나오고 오직 악은 악에서 나온다고 생각하는 것이 터무니없는 잘못이라는 점을 단호하게, 그리고 아주 적절하게 경고한 사람으로 막스 베버(M. Weber)만한 이론가는 없다. 화폐는 근본적으로 부적절하고 영혼이 없고 '모든 악의 근원'이지만, 사회적 병폐와 이를 연장한 모든 생태적 병폐가 사적 소유, 개인주의, 화폐적 가치평가 등이 작동하는 시장의 조정에 필연적으로 연유하는 것은 아니다. 다른 한편, 우리는 캅(K. Kapp)이 『민간기업의 사회적 비용』이라고 칭한 것의 무절제한 결과에 대한 충분한 증거를 갖고 있다. 이로써 선이 시장 행태의 숨겨진 손이라는 필요악에서 자동적으로 등장한다는 애덤 스미스의 논제를 믿는 것도 똑같이 착각이라는 점을 알게 된다. 맑스가 주장하기를[18] 자본주의적 진보는 그 자체의 소망을 제외하면 '노동자를 약탈할 뿐만 아니라 토양을 약탈하는 기법의 진보'이며, 자본주의적 기술은 '단지 모든 부의 원초적 근원, 즉 토양과 노동자를 소진시킴으로써' 발전한다.

이러한 점에서 결론은 많은 사람이 바라는 것과 달리 더 알쏭달쏭하다. 첫째, 우리는 화폐에 의해 매개되는 상품교환에 참여할 수밖에 없으며(이 전제는 사회주의 사회의 전망에서도 확실히 유지될 것이다), 관행적으로 화폐적 가치평가를 회피하는 것은 불가능하다. 둘째, 화폐에 의한 환경적 자산의 가치평가는 매우 문제가 많고 심각한 결함을 갖지만 억누를 수 없는 악은 아니다. 그러나 우리가 화폐적 가치평가의 적합성 또는 도덕적 가치를 판단하는 것에 반대되는 어떤 대안적 가치 개념을 갖지 않는 한, 우리는 '자연'에 대한 임의적 가치평가가 얼마나 좋은 것인가(일단 우리가 부여된 가격 없이 재화와 서비스의 흐름이 가능하다는 단순한 사고를 넘어선다면)를 아마 알 수 없을 것이다. 우리는 또한 생물계에 대한 뉴턴적·데까르뜨적 견해(생태문제를 다루기에 부적절한 것으로 많은 사람들이 오늘날 심각하게 도전하고자 하는 견해)와 경제적 사고 및 자본주의 관행의 기반 사이의 깊은 연계를 회피할 수 없다. 뉴턴적-데까르뜨적 견해가 이에 병행하는 원자적 개인주의, 시장 행태, 소유권에 대한 스미스의 모델보다 그 자체적으로 더 나쁜 것이 아니라는 점을 강조하는 것은 중요하다. 그러나 이 두 견해는 그 실행에 심각한 한계가 있으며, 우리는 이제 양자이론과 생태적 논제 같이 그와 같은 공식으로는 파악할 수 없는 의사결정과 행동의 많은 영역이 있음을 알 정도로 충분히 현명하다. 뉴턴적 기계론과 스미스적 경제학은 교각을 건설하는 데는 적합하겠지만, 이러한 노력의 생태계적 영향을 결정하는 데는 전적으로 부적절하다.

가치는 자연에 내재하는가?

가치를 표현하는 방법으로 화폐를 거부하면서 그 대안을 찾고자 하는 노력은 부르주아 생활 내에서 오랜 역사를 갖는다. 종교·공동체·가족·민족 등이 모두 후보로 제안됐지만, 내가 여기서 고찰하고자 하는 일단의 특정한 대안은 이런저런 방법으로 자연에 내재하는 가치를 이해하는 방안이다. 낭만주의, 환경론, 생태주의 등은 모두 그 자체 내에 구축된 윤리의 강력한 요소들을 갖고 있기 때문이다. 이러한 사고는 또한 맑스주의(최소한 이에 대한 해석의 일부에서)에서 낯설지 않다. 맑스가 「유태인 문제」(The Jewish Question)[19]에서 화폐는 '구체적 가치의 세계 전체(인간의 세계와 자연의 세계 양자 모두)를 약탈했으며' 그리고 '사적 소유와 화폐의 지배하에서 형성된 자연관은 자연에 대한 진정한 경멸이며 실질적인 모독이다'라고 주장했을 때, 맑스는 화폐가 자연이 이전에 갖고 있었고 또한 되찾을 수 있는 내재적 가치를 파괴했다는 견해를 거의 승인한 것이라고 할 수 있다.

가치를 자연에 내재한 것으로 이해하게 되면 우리는 존재론적 안정과 영속성(permanence)을 단번에 이해할 수 있다. 자연세계는 인간행위에 정보를 제공하고 또한 그렇지 않았을 경우 단명하고 파편화될 삶에 의미를 부여하는 보편적·영속적 가치의 장으로 유도하기 위한 풍부하고 다채롭고 영속적인 잠재력을 제공한다.[20] 레오폴드의 서술에 의하면[21] '토지에 대한 사랑, 존경, 숭배, 그리고 그 가치에 대한 높은 존중 없이 토지와 도덕적으로 옳은 관계를 맺을 수 있다고 생각하는 것은 불가능하다. 나는 물론 가치라는 용어로서 단순한 경제적 가치보다 훨씬 더 넓은 어떤 것을 의미한다. 나는 철학적 의미에서의 가치를 뜻하며', 이에 따라 '생물 공동체의 통합, 안정,

아름다움을 보존하는 경향이 있을 때 어떤 사물이 옳다고 말한다. 그렇지 않은 경향을 가졌다면, 그 사물은 옳지 않다'. 그렇다면 우리는 통합, 안정, 아름다움이 자연에 내재된 성질이라는 점을 어떻게 알 수 있으며, 이렇게 말하는 것은 무엇을 의미하는가?

이 점은 우리를 중대한 의문으로 이끈다. 만약 가치들이 자연에 내재한다면, 우리는 이것들이 무엇인지를 어떻게 알 수 있는가? 이와 같은 이해를 위한 통로는 많고 다양하다. 직관·신비주의·명상·종교적 현시·형이상학·개인적 성찰 등은 모두 이러한 이해를 얻을 수 있는 경로를 제공했으며 지금도 그렇다. 이 접근 양식들은 최소한 표면적으로 과학적 탐구와는 근본적으로 대비된다. 하지만 이들 모두는 어떤 공통점을 공유한다. 자연에서 현시된 가치에 대한 모든 견해들은 특정한 인간능력, 그리고 특정한 인간중심적 매개(심지어 환상적 인물의 카리스마적 개입)에 크게 의존한다. 이 견해들은 사랑·돌봄·가꿈·책임성·통합성·아름다움 같은 매우 감성적인 용어들의 나열을 통해, 그 '자연적' 가치를 불가피하게 특이한 인간화된 용어들로 나타내고, 이에 따라 본연의 가치에 대한 특이한 인간적 담론들을 생산한다. 어떤 학자들에 의하면 자연에 있는 가치의 이러한 '인간화'는 바람직하며 또한 그 자체로서 고귀한 것으로, '위대한 존재의 사슬'에서 우리 자신의 위치의 특수성을 반영한다.[22]

'인간성은 그 자신을 의식하게 되는 자연이다'라는 경구는 아나키스트 지리학자 르끌뤼(E. Reclus)가 채택한 것으로, 지혜로운 주체는 자연에 내재한 가치를 인간화된 용어로 번역하는 데 최소한 창조적 역할을 한다는 점을 명확히 지적하고 있다. 그러나 잉골드(T.

Ingold)[23]가 서술한 바와 같이, 만약 '자연의 물리적 세계가 이로부터 어느정도 해방된 의식에 의하지 않고 그저 대면하고 전유되도록 할 경우에 그 자체로서 이해될 수 없다면', 우리는 인간이 자연에 내재한 모든 가치들을 나타낼 수 있는 적합한 행위자라고 어떻게 확신할 수 있는가?

그렇다면 내재적 가치를 발견하는 능력은 이 가치들이 무엇인가에 대한 중립적 매개자가 될 수 있는 의식과 성찰적·실천적 능력을 타고난 인간주체의 역량에 좌우된다. 이 점은 흔히 종교적 교리에서처럼 인간실천의 엄격한 규제(예를 들어 금욕주의 또는 요가 같은 행위)를 유도하는데, 이는 인간의식이 자연세계에 열릴 수 있도록 하기 위해서다. 이러한 인류중심적 매개의 문제는 과학연구 내에서도 마찬가지로 나타난다. 그러나 여기서도 역시 과학자는 보통 어떤 방법과 실행의 매우 엄격한 지침(이는 때로 불교도를 무색하게 할 정도다)하에서 자연에서 작동하는 과정들을 정확하게 발견하고 이해하고 표현하고자 하는 중립적 매개자로서 행동하는 지혜로운 주체의 역할을 하도록 정해져 있다. 만약 가치들이 자연에 내재해 있다면, 그 객관적 절차 덕택으로 과학은 이것들이 무엇인가를 찾아낼 수 있는 합리적으로 중립적인 경로를 제공해야 할 것이다. 이것이 얼마나 중립적인가를 밝히는 것은 상당한 논쟁의 주제였다. 두가지 사례에 대한 고찰은 이 어려움에 대한 어떤 통찰력을 제공할 것이다.

1) 정자와 난자에 대한 우화

페미니스트 연구는 수년간 과학적 연구에서 젠더화된 은유에 대한 의존이 광범위하게 이루어지고 있음을 밝혔다. 그 효과는 흔히 자연세계의 과학적 재현과 관련된 젠더관계에 대한 사회적 사고들을 서술하고, 이에 따라 이 사회적 구성들이 '자연적인 것'처럼 보이도록 하는 것이다. 예를 들어 머천트(C. Merchant)[24]는 프랜시스 베이컨(F. Bacon)이 실험방법에 대한 그의 주요 주장들에서 자연에 접근하기 위해 사용한 젠더화된 상상(요컨대, 탐구되는 여성의 신체, 그리고 계략이나 힘에 의해 지배되고 순화되는 여성의 정신)을 부각했다(셰익스피어의 『말괄량이 길들이기』에서 일어나는 일을 집중적으로 조명하는 상상). 그러나 이는 단편적이거나 특이한 사례가 아니다. 해러웨이(D. Haraway)는 뉴욕 자연사박물관의 '테디베어 가부장제'(Teddy Bear patriarchy)에 대한 통찰력 있는 논문에서 퇴락(decadence), 즉 도시·문명·기계의 위협이 어떻게 우생학의 정치와 박제술의 기술에 남아 있는가를 보여준다. '박물관은 심지어 금세기의 전환기에 이미 혼돈과 붕괴에 직면한 것처럼 보였던 도시 세계의 한가운데에서 영속성의 보전, 보호, 생산에 대한 과학적 목적을 충족시켰다.' 박물관은 외부세계와 소통하기 위한 수단으로 배열된 일부 전시물의 시각적 기술을 말썽 많은 사회성의 세계와 대립되도록 했는데, 이는 사회적 질서를 위한 안정성의 기반이 되어야 할 자연적 질서(계층, 가부장제, 계급, 가정)라는 진정한 유기체의 의미를 보여주는 것이었다. 그렇게 하면서 박물관은 특정 인종, 계급, 젠더관계를 생산하거나 촉진하기 위한 수단으로서 영장류동물학(primatology)을 명시적으로 사용했으며 지금도 사용하고 있다.

인간의 출산력에 대한 의학 및 생물학 문헌에 널리 묘사된 바와 같이 난자와 정자의 우화에 대한 마틴(E. Martin)[25]의 사례는 특히 교훈적이다. 정자를 만들어내는 남성의 엄청난 생산역량과 비교하여, 여성의 재생산과정(특히 생리)는 소모적인 것으로 묘사된다. 그뿐만 아니라 출산의 실제 과정은, 어렵고 힘든 여행 끝에 상(賞)을 타기 위해 능동적이고 역동적으로 돌진하는 남성 정자에 의해 추적되고 포착되고, 그 상으로 수여되는 수동적인 여성 난자라는 내용으로 묘사된다. 정자는 묘하게도, 금을 캐는 탐험가 또는 경쟁하는 기업가처럼 들린다(무언가를 생산하기 위해 필요한 쓸데없는 욕망으로서의 금융적 투기와 관련하여 위에서 인용했던 졸라의 유사한 이미지). 그러나 출산에 대한 과학연구에서 열거된 은유는 근본적으로 잘못되었다는 게 밝혀졌다. 정자는 그럴 것이라고 상상된 것처럼 주도적이고 정력적이고 용감한 것이 결코 아니며(이는 그것만 남겨졌을 경우 오히려 무능하고 맹목적인 것으로 판명됐다), 난자는 출산에서 능동적 역할을 하는 것으로 판명됐다. 그러나 연구자들이 그들의 젠더화된 편견을 벗어나는 데는 시간이 걸렸으며, 이들이 그렇게 했을 경우에도 이는 주로 난자를 '집어삼키고 게걸스럽게 먹어치우는 어미'와 같이 정교한 거미줄에 남성(정자)을 유혹하고 포획하여 희생시키는 공격적인 팜므파탈 같은 것으로 전환시켰다. 마틴의 주장에 의하면[26] 새로운 자료는 '과학자들이 난자와 정자에 대한 그들의 서술에서 젠더의 고정관념을 제거하도록 유도하지 않았다. 그 대신 과학자들은 단지 난자와 정자를 다른, 그러나 비슷하게 해로운 용어들로 묘사하게 됐다'. 이런 종류의 탐구나 연구에 의존해서는 자연에 내재된 가치에 대한 어떠한 추론도 분명 도출할 수 없다.

2) 다윈의 메타포

두번째 사례로, 다윈의 『종의 기원』에서 서로 대립적이면서도 병렬적으로 작용하는 복잡한 은유를 고찰해보자. 먼저 목축관행(다윈이 그의 농장 경험 덕택으로 잘 알고 있는 것)에 대한 은유가 있다. 영(I. Young)[27]이 지적한 바와 같이, 이 은유는 목축에서 잘 알려진 인위적 선택절차를 갖고 이들을 자연의 무대에 투사하면서, 자연선택의 배후에 있는 의식적 행위자가 갖는 직접적인 어려움을 제기한다. 둘째로, 다윈이 이 이론에서 근본적이라고 분명히 인정한 맬서스적 은유가 있다. 이에 따라 경쟁이라는 기업가적 가치, 즉 존재를위한 투쟁에서 적자생존은 다윈의 저작에서 '자연적' 가치로 보인다. 이는 그 이후 사회적 다윈주의가 내세웠으며 현대의 '상식'도 줄곧 인정하는 것이다. 그러나 다윈의 사고들이 러시아에서 어떻게 수용됐는가에 대한 상세한 고찰에서, 토드스(D. Todes)[28]는 러시아인들이 대부분 맬서스적 은유의 적실성을 부정하며, 진화의 메커니즘으로서 특정한 투쟁과 경쟁을 중시하지 않음을 보여주었다.

이 같은 통합적 민족 스타일은 러시아 민족생활의 기본조건들, 즉 그 계급구조와 정치적 전통의 속성, 그 토양과 기후의 속성에 연유했다. 러시아의 정치경제에는 역동적인 친(親)자유방임적 부르주아들이 없었으며, 그것은 지주와 농노에 의해 지배됐다. 주도적인 정치적 경향, 즉 군주제와 사회주의 지향적 인민주의는 조합주의적 사회규범, 그리고 맬서스와 영국에서 광범위하게 받아들이는 경쟁적 개인주의에 대한 혐오를 공유했다. 게다가 러시아는 급변하며 때로 냉혹한 기후에다 광활하면서 인구가 희소한 대지를 가졌다. 이러한 배경에서는 유기체들이 제한된 공간과 자원에 대한 개체 간의 상호갈등에 빠지도록 항상 압박을 받는다는 맬서스의 사고에 동의할 것이라고 생각하기 어렵다. (…) 이와 같은 반(反)맬서스적·비(非)맬서스적 영향의 결합은 다윈의 은유에서 상식의 힘과 설명적 매력을 박탈한다.[29]

맑스는 다윈을 매우 존경했지만, 그의 저작에서 이 점을 놓치지 않았다. 그는 엥겔스에게 '다윈이 노동분업, 경쟁, 새로운 시장의 개척, 발명, 그리고 맬서스적 "생존투쟁"으로 이루어진 영국사회를 야수와 식물 사이에서 어떻게 구분했는가'를 주목할 만하다고 편지에 적었다.[30]

만약 다윈(그리고 월리스A. Wallace)이 그 당시 많은 영국인들이 그러했던 것처럼 열대환경의 진기한 풍요로움에 충격 받지 않고, 그래서 그들의 사고를 아열대 지역에 적용하지 않았다면, 그리고 그들이 우리가 오늘날 '농노의 도덕경제'라고 부르는 것에 대한 이미지들로 사회적으로 무장되어 있었다면, 이들은 정치적 확신에 가득 차 있었던 러시아 진화론자들이 그랬던 것처럼 경쟁의 메커니즘을 아마 경시했을 것이다. 그 대신 협력과 협조를 강조했을 것이다. 자연진화와 사회진화 모두에서 유력한 추진력으로서 상호협조에 대한 이론을 갖추고 있었던 끄로뽀뜨낀(P. A. Kropotkin)이 러시아에서 런던에 도착했을 때, 그도 (과학 분야에서 그의 대단한 경력에도 불구하고) 아나키즘적 괴짜로 무시될 정도로 당시 사회적 다윈주의의 기류는 강력했다.

다른 한편, 다윈의 저작에서 도출될 수 있는 또다른 흥미로운 은유가 있다. 이는 경쟁과 생존투쟁의 은유와는 어느정도 대립된다. 이 은유는 종의 적합한 다양화와 관련된다. 여기서 주도적 은유는 노동분업의 증가 및 공장체계 내에서 발생하는 생산의 우회성(roundaboutness) 증대였으며, 다윈이 실업가 웨지우드 2세의 딸인 에마(Emma)와 결혼했다는 점을 고려하면 그는 이에 관해서도 매우 잘 알고 있었을 것이다. 이러한 사례들 모두에서, 사회적으로 기반을 둔 은유와 과학연구 간의 상호작용은 자연에 내재할 수 있는 가치에 관한 어떤 사회적으로 때묻지 않은 정보를 과학적 발견으로부터 추출하는 것을 극히 어렵게 만든다. 따라서 정치운동이 영향력 있고 막강한 다윈의 과학적 견해를 특정한 정치 프로그램을 위한 '자연적' 기반으로서 광범위하게 활용했다는 점은 그렇게 놀랍지 않다.[31] 우리는 또한 양대 전쟁 사이에 시카고 대학의 앨리(W. Allee)와 그의 동료들 같은 사람들이 동물생태학에 대한 그들의 연구를 공동체주의적·평화주의적·조합주의적 견해들을 지원하고 심지어 장려하기 위한 도구로 사용할 수 있었다는 점에 관해서도 역시 놀라지 않아야 할 것이다.[32]

이 같은 결론은 불가피해 보인다. 만약 가치가 자연에 내재한다면, 과학적 탐구의 특정 노선에 편승하여 전개된 은유에 함의된 가치와는 무관하게 그 가치가 무엇인가를 알 수 있는 과학적 방법은 없다. 심지어 우리가 사용하는 이름들도 문제의 깊이와 방만함을 드러낸다. '사마귀'(praying mantis)가 교회에 갈 수 없는 것처럼 '일벌'(worker bees)이『공산주의 선언』을 이해할 수 없다. 그렇지만 이러한 용례는 특정한 사회적 권력관계와 행위를 자연화하는 데 이바지한다.[33] 마찬가지로 '이기적 유전자' 또는 '눈먼 시계공' 같은 언어는 과학적 주장의 사회적 준거들을 생생하게 드러낸다. 루소(J. Rousseau)[34]는 흥미롭게도 오래전에 이 속임수를 탐지하고 '자연상태에 관해 추론하면서 사회상태에서 수집된 사고들을 항상 이에 도입하고자 한 사람들의 실책'에 관하여 서술했다. 이를테면 자연세계의 속성들로 균형상태, 식물천이, 극상식생 등의 개념화를 만들어내는 데 관심을 가진 생태학자들은 생태적 과정에 대한 정확하고 중립적인 서술 또는 이론화를 위한 탐구만큼 영속성과 안정에 대한 인문적 연구에 관해서도 성찰해왔다. 마찬가지로 인간욕구로서가 아니라 자연이 부여한 필연성으로서 자연과의 조화라는 사고는 자연적이게 되는 것이 갈등적이라기보다 조화롭게 되는 것이라는 견해를 떠올리게끔 한다. 우리는 보통 이를 깨닫지 못한 채 우리의 시(詩)에서처럼 과학에서도 화폐에 함의된 가치에 대한 대안적 가치에 대한 욕구를 자연에 부여해왔다.

가치의 선택은 우리 안에 있지, 자연에 있는 것이 아니다. 요컨대 우리는 자연세계에 대한 우리의 연구 안에서 가치-담지적 은유가 그 이해를 허용한 가치들만 알 수 있다. 조화와 균형상태, 아름다움, 통합과 안정, 협력과 협조, 흉악과 폭력, 계층과 질서, 경쟁과 투쟁, 교란과 예측 불가능한 역동적 변화, 원자론적 인과관계, 변증법과 보완성의 원리, 혼돈과 무질서, 프랙탈(fractals)과 이상한 끌개

(strange attractors, 로렌츠 끌개), 이 모두가 '자연적 가치'로 인정될 수 있는 이유는 이것들이 자연에 임의적으로 부여됐기 때문이 아니다. 우리의 연구방법이 아무리 냉정하고 순수하며 엄격하게 '객관적'이라고 할지라도 해석의 틀이 증거에 의해 주어지는 것이 아니라 은유로 주어지기 때문이다. 현대의 재생생물학과 세포생물학으로부터 우리는 세계가 포드주의적 공장체계 같은 것처럼 의문스럽게 보이는 명령 및 통제체계 내에 필히 계층적으로 질서가 만들어진다는 점을 배울 것이다. 다른 한편 현대 면역학으로부터 우리는 세계가 유연한 산업 및 상업 조직에 대한 현대적 모델과 매우 흡사하게 분산된 명령-통제-지능 네트워크를 가진 유동적 의사소통체계로 질서가 잡혀 있다고 결론지을 것이다.[35] 따라서 윌리엄스[36]는 '자연이 가르친다'라고 주장할 경우 이에 따르는 의미는 '말하는 사람의 일반적 목적에 따라 선별적이다'라고 말했다.

여기서 해법은 은유 없는 과학적 탐구를 추구할 수 없다는 것이다. 이들의 배열(유사한 모델의 배열처럼)은 모든 지식의 생산의 근저에 놓여 있다. 봄(D. Bohm)과 피트(F. Peat)[37]는 '은유적 인식'은 기존의 사고과정을 확장할 뿐만 아니라 '아직 알려지지 않은 현실 영역이지만 어떤 의미로 은유에 함의되어 있는 영역들'로 파고들어가는 데에도 '모든 과학에 근본적'이라고 결론짓는다. 따라서 우리는 단지 우리가 쓰는 은유의 속성을 비판적으로 성찰할 수 있을 뿐이다. 이에 따라 자연에 내재된 것으로 상정되는 가치들은 항상 자연에 내재된 것이라기보다는 은유의 속성이라는 점을 알게 된다. 카프라(F. Capra)[38]는 이렇게 말했다. '우리는 동시에 우리 자신을 말

하지 않고서는 자연에 관하여 결코 말할 수 없다.'

도덕공동체와 환경적 가치

심층생태학자들은 최근 순수하게 자연에 내재된 가치라는 사고를 포기하는 경향이 있었다.[39] 이는 부분적으로 양자이론의 독해, 그리고 보어(N. Bohr)와 하이젠베르크(W. Heisenberg)의 사고를 카프라의 명저『현대 물리학과 동양사상』(*Tao of Physics*)과『새로운 과학과 문명의 전환』(*The Turning Point*)에서 제시된 독특한 형태의 생태담론으로 전환했기 때문이다. 이와 유사하게 자연에 부여되어야 할 가치를 표현하고 발견하기 위한 수단으로서 형이상학, 해석학, 현상학으로 전환하는 것은 지혜로운 주체의 힘을 강조한다. 예를 들면 폭스(W. Fox)[40]는 다음과 같이 서술한다.

심층생태학을 서술하고 표현하기 위해 적합한 담론의 틀은 비인간세계의 가치와 근본적으로 관계를 맺는 어떤 것이 아니라, 오히려 자아의 속성과 가능성 또는 말하자면 사물들의 더 큰 도식 속에서 우리는 누구이며, 누가 될 수 있으며, 누가 되어야만 하는가에 대한 의문과 근본적으로 연관된다.

여기서 '되어야만'(should)이라는 단어는 우리가 일부를 이루는 더 큰 생물공동체에 가치를 부여해야 한다는 점을 드러낸다. 하지만 우리가 이를 발견할 수 있는 수단은 자연 없이라기보다 자연 내 '자아실현'('이기적 충족' 또는 부르주아사회에서 이해되는 '자아실현'의 좁은 의미와는 반대되는)을 위한 인간역량에 근본적으로 달려 있다. 여기서 '심층생태학' 문헌은 인간성이 자연으로부터의 분리로 인해 근본적으로 (실질적으로 그리고 잠재적으로) 소외된 '인간본질' 또는 '인간잠재성'(또는 맑스의 언어로, 그 특성들이 아직 완전히 실현되지 않은 '유적 존재')이라는 사고에 암묵적으로 호소하고 있다. 그렇다면 잃어버린 연계(근대 기술, 상품생산, 자연에 대한 프로메테우스적 또는 실용주의적 접근, 화폐흐름의 '공동체' 등에 의해 이루어진)를 복원하려는 욕구는 '자아실현'을 위한 직관적·명상적·현상학적 탐구의 근저에 놓여 있다고 하겠다. 만약 가치가 '사회적, 경제적으로 정해진다면' 철학적 과제는 그 잃어버린 도구적 가치들에 도전하는 것이라고 네스는 주장한다.[41] 우리는 '철학적 체계의 정교화'를 통해 '가치에 대한 포괄적 설명과 해명', 말하자면 '우리의 전체 문명의 본질적인 재구조화'를 달성할 수 있는 집합적 운동에 도달할 수 있을 것이다.

이제 모든 종류의 철학적·형이상학적·종교적 '해명'을 확인할 수 있다. 예를 들면 하이데거(M. Heidegger)는 현대의 생태적 사고에 상당한 자양분을 제공했다.[42] 흥미롭게도 근대성에 대한 그의 근본적 반대는 상품의 물신성에 반대하는 주장을 반영할 뿐만 아니라 생태학적 형이상학의 넓은 스펙트럼에 영향을 미치는 많은 민감성을 포착하고 있다.

기술적 지배의 객체성(object-character)이 이 지구상에 더 빠르게, 무자비하게, 완벽하게 퍼지고 있다. 이는 모든 사물들을 생산과정에서 생산 가능한 것처럼 만들 뿐만 아니라 시장을 수단으로 생산된 제품들을 배달한다. 독단적인 생산에서 인간의 인간성, 사물의 사물성은 시장의 계산된 시장가치로 해체된다. 이러한 시장가치는 세계시장으로서 전지구에 걸쳐 있을 뿐만 아니라 의지를 향한 의지로서(as the will to will) 존재(Being)의 본성을 거래하도록 하여, 모든 존재들(beings)을 숫자가 필요가 없는 영역들을 매우 집요하게 지배하는 계산의 거래에 종속되도록 한다.[43]

이러한 조건에 대한 하이데거의 반응은 환경을 경작하고, 소중히 여기고, 보호하고, 보전하고 가꾸어서 우리들에게 좀더 가깝게 가져오는 형태의 **건축하기(building)**로 전개되는 **거주하기(dwelling)**의 방식으로서 존재의 형이상학으로 완전히 물러나는 것이다. 정치적 프로젝트는 '그 핵심이 오늘날 위협받고 있는 인간'의 '뿌리내림'을 회복하는 것인데, 이는 사실 생태운동 진영의 많은 부분을 특징짓는 것이기도 하다. 자연이 '거대한 주유소'가 되는 대신, 그것은 또한 '꽃 피고 열매 맺고, 땅과 물로 퍼져나가고, 식물과 동물 속에서 소생하는 것에 이바지하는 담지자'로 이해되어야 한다. 하이데거의 결론에 의하면, 죽음을 면할 수 없는 존재들(mortals)은 '이들이 지구를 구하는 방식으로 거주'하지만, '구하기는 위험으로부터 어떤 것을 움켜잡는 것만이 아니다. 구하기는 진정하게 어떤 것을 그 스스로 표현하도록 자유롭게 하는 것을 의미한다'. '지구 먼저'(이를테면 '강을 자유롭게 두라!')라는 슬로건은 하이데거로부터 도출된 것은 아니지만, 그는 정확히 이러한 감성에 호소한다. 하이데거[44]는 계속해서 모든 진정한 예술작품들은 토착적 토양에 뿌리두기, 그리고 이들이 거주하기의 정신 속에서 구축되는 방식에 의존한다고 주장한다. 우리는 '공기 속에서 꽃을 피우고 열매를 맺기 위해 지구에 뿌리를 두고 성장해야만 하는 식물들(우리가 이를 인정하든 아니든)'이라고 말한다. 거주하기는 인간과 사물 간의 정신적 통일을 달성하는 역량이다. 장소 구축은 뿌리의 복원, 자연에서 거주하기라는 예술의 복원에 대한 것이어야 한다.

하이데거의 '존재론적 발굴'은 '인간본성과 환경에 관하여 말하기와 돌보기에 대한 새로운 방법'에 주목하며, '장소와 지구 사랑이 모든 기술적·물질적 문제들이 해결됐을 때에만 충족될 수 있는 부가적 감성이 아니도록 한다. 이는 세계에서 존재하기의 일부이며 모든 기술적 문제들에 앞서는 것이다'.[45] 여기서 제안된 관계는 수동적인 것이 아니라 능동적이다. 노베르그-슐츠(C. Norberg-Schulz)의 서술에 의하면[46] '거주하기는 무엇보다도 환경과의 **동일화**를 전제하며' 따라서 '건설(건축)의 존재론적 목적은 어떤 입지를 장소가 되도록 만드는 것, 즉 기존의 환경에서 잠재적으로 표현된 의미를 발견하는 것이다'. 인간은 환경을 '물려받았으며', 특정 장소에서 그 환경의 특성이 드러나도록 한다. 이러한 장소는 특정한 정체성을 획득하며 또한 동시에 우리들에게 이 정체성을 깨닫게 해준다.

북미에서 일고 있는 생물지역윤리(bioregional ethic)운동은 하이데거의 사고들과 필적한다. 여기서 레오폴드는 공동체의 경계를 '흙, 물, 식물, 동물을 집합적으로 포함하도록' 확대해야 하며, 토지는 말 그대로 장소에서 자연과 더불어 살아가기 위한 프로그램으로 여겨져야 한다고 제안한다. 장소-기반적인 환경정체성의 이상이 강하게 나타난다. 버그(P. Berg)와 다스만(R. Dasmann)[47]은 그 의미를 다음과 같이 설명했다.

> 과거의 착취로 인해 파괴되고 손상된 지역에서 '장소에서 삶'(live-in-place)을 배우기. 이는 어떤 장소 내에서, 그리고 그 주변에서 작동하는 특정한 생태적 관계들에 관하여 깨닫고 이를 통해 그 장소에 토착민이 되기를 포함한다. 이는 이 장소에서의 삶을 풍부하게 하고, 삶-도움 체계를 복원하며, 그 속에서 생태적·사회적으로 지속 가능한 생존 패턴을 수립할 수 있는 활동을 이해하고 그러한 사회적 활동에 참여하기를 의미한다. 간단히 말해 이는 장소에서, 그리고 장소와 더불어 완전히 살아가는 것을 포함한다. 이는 생물 공동체에 가입하기, 그리고 이의 착취자가 되는 것을 중단하기를 포함한다.

따라서 문화운동으로서 생물지역주의(bioregionalism)는 '특정한 것, 독특한 것, 그리고 흔히 어떤 장소의 형언할 수 없는 특성들을 찬양한다. 이는 이러한 점을 장소의 감각을 전달하는 시각예술, 음악, 드라마, 상징을 통해 찬양한다'.[48]

우리는 여기서 구딘[49]이 녹색가치이론이라고 지칭한 것의 핵심에 도달하게 된다. 이는 다양한 모습으로 거의 모든 생태적 및 녹색정치적 사고들을 관통하는 '통일된 도덕적 견해'를 제공하는 일단의 감성 및 명제다. 우리가 곧 살펴볼 것처럼, 이는 급진적, 자유주의적, 그리고 매우 보수적인 방식으로 표현된다. 그리고 장소경험에 대한 도덕공동체의 강한 집착 때문에, 이는 흔히 환경정치가 어떤 장소가 갖는 기존 성질의 보전과 개선을 지향하도록 한다.

그러나 도덕공동체라는 생각 또한 문제가 있다. 이를테면 도덕공동체라는 생각이 없었다면 철저히 자유주의적 논평가가 되었을 쌔고프(Sagoff)[50]의 저작에서 이 생각이 어떻게 작동하는가를 살펴보자. 개인들은 흔히 순전히 이기적이고 원자적으로 구성된 경제적 행위자로서 그 자신의 목적을 자기본위적으로 추구하지만, 이들은 특히 환경 논제와 관련하여 '도덕공동체'의 구성원으로서 완전히 다른 방식으로 행동할 수 있으며 또한 그렇게 한다. 그의 결론에 의하면 미국인의 경우,

사회적 규제는 가장 근본적으로 민족의 정체성과 관련된다. 이를테면 엄청난 자연유산에 감사해하며, 이를 보전하고, 분별있게 교란시키지 않고 미래세대에 물려주도록 역사적 사명이 주어진 민족과 관련을 갖는다. 이는 우리가 무엇을 원하는가에 대한 질문이 아니다. 우리가 무엇을 믿어야 하는가에 대한 질문 또한 전혀 아니다. 이는 우리가 무엇인가에 대한 질문이다. 이러한 의문에 대한 이론적 방법은 없다. 답은 우리의 역사, 우리의 운명, 그리고 민족으로서 우리의 자의식과 관련된다.[51]

여기서 여러가지가 지적될 수 있다. 첫째, 이 점은 앞에서 논의한

폭스의 '자아실현' 논제의 강력한 공리주의적 변형이다. 둘째, 이는 환경에 관해 논하는 것만큼 민족정체성의 구축에 관해 논한다. 여기서 우리는 독특한 녹색가치의 도덕적 권고와 정치적 함의의 어려움에 곧바로 봉착한다. 이것들은 민주적·분권적·아나키즘적일 수 있는 것만큼이나 쉽게 민족주의적·배타적이고 어떤 경우 폭력적인 파시스트적일 수 있는 특정 종류의 '도덕공동체'의 구축과 불가피하게 연관되기 때문이다. 예를 들어 브램웰(A. Bramwell)[52]은 나치 커넥션이 하이데거(그의 역할은 실질적이라기보다 상징적인 것이었다)를 통해서뿐만 아니라 독일 낭만주의, '피와 흙'〔Blood and Soil, 혈통과 영토에 인종적으로 기반을 둔 나치정권의 이데올로기)에 대한 주제 등을 둘러싸고 독특한 파시스트적 전통의 구축을 통해서 이루어졌음을 지적한다. 또한 나치가 추구했던 광범위하고 종종 혁신적이었던 보전과 조림(造林) 프로그램을 덧붙여 서술하고 있다. 브램웰이 사례를 과장한 점도 있지만, 특정 환경에 대한 독특한 태도가 어떻게 민족주의적 또는 공동체주의적 정체성의 감정을 구축하는 데 강하게 함의될 수 있는가를 이해하는 것은 어렵지 않다. 미국(United States)을 가리키면서 아메리카(America)라는 용어를 사용하는 쌔고프의 둔감함, 그리고 환경과 민족의 만남에 대한 그의 설명에서 원주민들의 대륙에서 인구를 소멸시키고 계급, 젠더, 인종구조를 무시하는 경향은 마찬가지로 불온한 배제의 많은 것을 포함한다.

이에 따라 환경정치는 미래세대에 양도되는 과정에서 특정한 환경적 성향 속에 기반을 둔 민족 정체성의 감정에 휘말리게 된다. 돌려 말하면, 환경적 상상력과 정체성에 어떻게든 호소하지 않는 민족주의는 아마 설정될 수 없는 것처럼 보인다. 만약 삼림이 독일민족의 상징이라면, 삼림의 고사는 민족정체성에 대한 위협이다. 이 사실은 현대 독일의 녹색운동을 활기차게 하는 데 역할을 했지만, 또한 이 운동에 상당한 어려움을 제기했다. 현대의 생태적 민감성이 과거 나치를 국가가 책임지는 첫번째 '급진적 환경주의자'가 되도록 고취시켰던 전통에 뿌리를 두고 있다는 사실도 지적된다.[53] 심지어 스프레트낙(C. Spretnak)[54] 같은 생태급진주의자도 '녹색정치의 정치적 차원은 서독에서 매우 논란이 있으며 문제있는 영역'임을 인정해야만 했다.

'도덕공동체', 지역주의 또는 장소-기반적 사고(이를테면 민족주의, 상상된 공동체) 같은 모든 사고들을 필연적으로 배타적이거나 신나치(neo-Nazi)라고 보는 것은 아니다. 예를 들어 레이먼드 윌리엄스는 그의 사회주의에 바탕을 두고 이러한 사고의 요소들을 논의했다. 그의 소설들에서 환경적 상상력, 장소-기반적 이상, 그리고 현대 자본주의에 의한 파괴에 대한 논쟁적 영역 전체는 소외의 근원 및 인간과 자연의 관계를 다루는 문제에 관한 의미있는 주장들이다. 그렇다면 과제는 '자연'과의 특수한 관계에 대한 그러한 장소-기반적 감정들을 배타적이고 때로 급진적인 신나치 방향으로 전환시키는 사회적·정치적·제도적·경제적 상황들을 낱낱이 드러내는 것이다. 브램웰이 나치 커넥션을 환기시킨 점은 여기서 매우 도움이 된다(비록 그 자체는 시장자유주의에 대립하는 새로운 권위주의자들로서 녹색주의자들에 대한 보수적 적대감의 발로이긴 하지만). 진보적 궤적보다 반동적 궤적을 향한 강력한 경향들이 마지막 단계에 녹색가치이론들에 함의될 수 있는 가능성의 정도에 관해 의문을 제기하기 때문이다. 어쨌든 도덕공동체에서 도출된 환경적 가치들은 환경에 대한 것만큼이나 공동체 정치를 표현한다는 사실은 부지불식간에 명백해진다.

정치적 가치와 환경-생태적 논제들

환경-생태적 논쟁에 대한 탐구에서 수행되는 많은 흥미로운 연구 가운데 하나는 환경이 아니라 '공동체'와 정치경제적 조직에 관해 논하는 주장을 살펴보는 것이다. 그럼으로써 대안적 형태의 사회조직을 인상적으로 편성하는 것이 당면한 논제들의 해결을 위해 '필수적인' 것으로 고취될 수 있다. 또한 이와 병행하여 우리의 현재 에코드라마(ecodrama)가 비극적으로 끝날 것이 아니라 행복하게 끝나려면 척결되어야 할 여러 종류의 범죄자와 악한을 특별히 열거하는 것도 필수적이라는 점이 강조될 수 있다. 파엘크(R. Paehlke)[55]는 '환경주의자들이 전통적 우파에서 좌파까지 이데올로기 스펙트럼의 대부분을 차지하고' 있을 뿐만 아니라 그들 자신이 일반적 의미에서 정치를 넘어서고 있다고 주장하는 동시에 다양한 정치적 입장에 적응할 수 있다고 서술한다. 그렇지만 '자연의 권위와 그 법칙'은 사회의 기존 조건을 정당화하기 위해, 또는 '생태적 문제들을 해결하기 위한 새로운 사회의 초석이 되기 위해' 줄곧 제기된다.[56] 윌리엄스는 생태적 및 환경주의적 주장에서 흔히 문제가 되는 것은 '다른 종류의 사회라는 이상'이라고 주장한다.[57]

여기서 문제의 일부는 환경-생태적 주장들이 바로 그 다양성과 일반성 때문에 환경론자나 생태주의자들이 거의 확실하게 반대할 수많은 것들에 쓰일 수 있다는 점이다. 이들의 수사는 아우디자동차, 치약, 가공의 '자연' 향(음식에 쓰이는), '자연스러운' 모습(주로 여성을 위한)에 대한 광고에서부터 '지속 가능한 발전'이나 '자연보존' 같은 사회적 통제와 투자를 위한 특정 목표들에 이르기까지 수많은 목적을 위해 동원된다. 그러나 그 이면을 보면 생태주의자들과 보다 관리주의적 확신을 가진 어떤 종류의 환경주의자들이 그들의 주장에 많은 허점을 남기며 그렇게 많은 징후적 침묵, 모호성과 애매함을 가진 텍스트들을 만들어냄으로써, 그들의 사회정치적 프로그램들을 다소나마 정확하게 설정하는 것이 거의 불가능해졌다. 비록 그들의 목적이 '불결하고 약탈적이고 물질주의적인 산업사회 전체를 뒤엎고, 그 자리에 인간에게 지구와 조화를 이루면서 살아가도록 할 새로운 경제적·사회적 질서를 창출하는 혁명과 다를 바 없는 것'이라고 할지라도 말이다.[58]

다음에서는 어떤 특정 정치에 대한 확고한 분류를 제시하거나 또는 이에 대한 비판적 평가를 수행하는 것이 아니라(이 모두는 심각한 반대에 부딪칠 수 있다), 환경-생태적 견해가 일으킬 수 있는 수많은 정치적 다양성을 예시하고자 한다.

1) 권위주의

오퓔스(W. Ophuls)[59]는 '그 특정한 형태가 무엇이든 지속 가능한 사회의 정치는 우리를 자유주의에서 권위주의로 그 스펙트럼을 이동시킬 것처럼 보이며', '개인주의, 자유, 민주주의의 황금시대가 거의 끝났다'라고 서술했다. 하일브로너(R. Heilbroner)[60]의 말도 비슷하다. 가속화되는 희소성에 직면하여 유일한 해법이 있는데, 이는 '우리가 내켜 하지 않는 "종교적" 지향과 "군사적" 규율을 혼합하게 될' 사회질서라고 제시하면서, '그러나 나는 이것이 다가올 세대들이 해내야만 하는 의미심장하고 공을 들일 만한 위대한 약속을 제시하는지는 의문스럽다'라고 주장한다. 이들의 개인적 성향은 겉으로는 자유주의적(하일브로너의 경우 사회주의적)이지만, 두 저자들은 이러한 한계와 자연자원의 한계가 우리들에게 불가피하게 강제할 고통스러운 적응에 대한 '현실적' 반응으로서 어떤 종류의 중앙집권화된 권위주의의 필요성에 대해 마지못해 동의한다. 생태운동 중에서 맬서스적인 성향이 강한 진영의 경우, 개릿 하딘(G. Hardin)이 아마 가장 대표적일 텐데, '공유지의 비극'에 대한 유일하게 가능한 정치적 해법으로 권위주의적 해법을 분명히 호소한다. 이 유형의 저술 대부분은 자원의 희소성(그리고 이에 따른 성장의 한계)과 인구 압박이 환경-생태적 논제의 핵심에 놓여 있다고 가정한다. 이 논제들은 1970년대 초 정점을 이루었기 때문에 이런 유형의 주장도 그 당시에 최고조에 달했다. 최근 이 운동에서도 환경위기에 대한 권위주의적 해법은 폐기됐다.[61] 하지만 생태적 정치에는 어떻든 항상 권위주의적 위력이 남아 있다.

2) 기업 및 국가 관리주의

권위주의적 해법 중의 약한 견해는 국가 행정부 내에서 과학기술적 합리성에 기반을 둔 기법의 적용에 의존하는데, 이때 국가는 '큰' (big) 과학 및 큰 기업자본과 밀통하는 강한 규제적·관료적 권력으로 무장하고 있다. 여기서 주장의 핵심은 산성비, 오존층 파괴, 지구 온난화, 먹이사슬에서 농약 살충제 같은 많은 생태적 문제에 대한 우리의 규정은 필수적으로 과학-주도적이어야 하며, 또한 그 해법도 마찬가지로 정치경제적 의사결정의 합리적 (국가-주도적) 과정 내에 뿌리를 두고 있는 과학적 전문성과 기업의 기술적 기능에 의존해야 한다는 것이다. '생태적 근대화'[62]는 이러한 정치를 위한 이데올로기적 표어다. 보전과 환경규제(국가적 규모뿐만 아니라 지구적 규모에서)는 지속 가능한 미래를 위한 합리적이고 효율적인 자원관리로 해석된다. 기업자본의 특정 부문들, 특히 지구행성의 건강에 대한 지구적 모니터링을 위해 필요한 기술을 제공함으로써 혜택을 보는 부문들은 지구적 관리 또는 '지구의학'(planetary medicine)에 대한 상상을 매우 매력적이라고 간주한다. 예를 들면 IBM은 기업정치의 '녹색화'를 선도하는데, 이는 그들이 지구적 모니터링을 위한 기술의 제공을 주도할 것이기 때문이다. 여기서 '지속가능성'은 생태계만큼이나 기업권력에도 많이 적용될 수 있는 것처럼 보인다.

3) 다원주의적 자유주의

민주적 권리와 자유(특히 발언과 의견의 권리와 자유)는 때로 생태정치의 본질로 여겨진다. 적합한 환경-생태적 정책이란 무엇인가를 해박하거나 전능한 방식만으로 규정하기 어렵기 때문이다. 다양한 압력단체들(일례로 그린피스처럼)이 활발하게 활동할 수 있는 사회에서, 환경-생태적 논제들에 대한 개방적이고 끊임없는 협상은 환경 논제가 항상 의제로 유지될 수 있도록 하는 유일한 방법으로 이해된다. '자연'을 위해 또는 '자연'에 관해 말하기를 원하는 사람이면 누구나 그렇게 할 수 있으며, '나무와 부엉이의 권리'에 대한 소송을 할 수 있도록 제도(환경영향평가와 환경법)가 만들어진다. 환경 논제에 대한 합의와 이에 따른 환경보호를 위한 최선의 대안은 다양한 이익집단 간의 복잡한 협상과 권력행사 이후에야 가장 잘 도달할 수 있다. 그러나 합의는 기껏 자연에 부여된 가치들과 생태적 변화를 어떻게 볼 것인가에 관한 매우 경합적이고 다원주의적인 정치에서 단지 일시적인 순간에 불과하다.

4) 보호주의

생태 관련 문헌 가운데 일부에서는 검약의 원칙과 전통의 존중이 주도적 역할을 담당한다. 자연환경에 대한 인간의 적응은 수백년에 걸쳐 도달한 것이며, 여기에는 불필요하게 혼란을 일으키지 않아야 한다. 때로 심미적 판단에 대한 명시적 호소에 따라 제기되는 기존 경관 및 사용방식의 보호와 보전은 보호주의 진영에 하나의 틀을 제공한다.[63] 그러나 이런 종류의 주장은 급진적 측면이 있다. 이들은 강하게 반자본주의적(개발에 반대하는)일 수 있으며, 국제무대에서는 강하게 반제국주의적일 수 있다. 전통은 모든 곳에서 존중되어야 한다고 가정되며, 전면적인 근대화는 언제나 문제가 있는 것으로 여겨진다. 이에 따라 이를테면 상품화와 교환관계로 포위된 원주민들에 대해 많은 공감이 이루어질 수 있다. 이들 모두는 낭만적 측면이 있지만, 이는 또한 기존의 환경을 보호하고 싶어 하는 완고한 장소의 정치를 만들어낼 수 있다. 쟁점은 환경에 대한 비(非)개입이 아니라 사회적·환경적 상호작용에 대한 전통 양식의 보전이다. 어떤 의미에서 특정 집단(모두는 아니지만 대개는 엘리트 집단)에 기반을 두거나 또는 이를 위해 작용하기 때문이다. 어떤 집단의 정치적 권력과 가치의 보전은 물론 환경에 대한 고려만큼이나 중요하다.

5) 도덕공동체

'도덕공동체'의 이상이 고취될 경우 등장하는 복잡한 논제들은 이미 검토한 바 있다. 많은 '공동체들'은 '자연의 권리'라는 측면에서 행동하는 방식뿐만 아니라 사회적 관계맺기의 양식이라는 측면에서 그들의 도덕적 의무가 무엇인지에 대한 어떤 개략적인 합의를 도출한다.[64] 이 도덕적 지침들은 공동체의 내적 이질성으로 인해 또는 사회변화에 대한 압박 때문에 흔히 경합을 벌인다. 하지만 이를 테면 자연과의 관계에 대한 도덕적 지침(갈수록 더 '환경윤리'의 영역에서 표현된)은 공동체 결속력(민족주의적 감정)을 형성하고 역량 강화를 촉진하기 위한 시도에서 중요한 이데올로기적 도구가 될 수 있다. 이 공동체는 공동체주의 정치 및 가치의 표현과 결합된 환경 논제에 대한 도덕적 논쟁[65]의 탁월한 장이며, 정치 및 가치의 중심을 이루는 시민적 덕목의 이상은 자연과의 고결한 관계에 대한 개념화로 이어진다.

6) 생태사회주의

사회주의자들은 환경주의를 중산층 및 부르주아의 논제로 여기고, 제로성장과 소비 억제를 위한 제안들을 의문시하는 경향이 강하다.[66] 하지만 생태사회주의를 설득력 있는 정치 프로젝트로 만들 수 있는 영역은 충분히 다양하고 많다(이는 핵심 주류 사회주의운동 내에서 여전히 상대적으로 소수적 경향이긴 하지만). 직업에 따른 건강과 안전 같은 어떤 환경 논제들은 노동자들에게 중대한 관심사이며, 다른 한편 많은 생태단체들은 환경문제가 '생산기술의 선택이 시장의 몫에서 이윤 극대화에 관심을 갖는 사적 이해관계에 의해 전적으로 지배된다는 자본주의적 교훈으로 소급될'[67] 수 있다는 점을 채택한다. 하일라(Y. Haila)와 레빈스(R. Levins)[68]는 '만약 우리가 생태적 정상성을 원한다면, 우리는 사회정의를 위해 투쟁해야 한다'라고 단언한다. 이는 많은 환경 논제들의 근저에 있는 생산기술과 생산수단에 대한 통제, '축적을 위한 축적, 생산을 위한 생산'을 추구하는 자본주의체계에 대한 통제를 의미하며, '인류의 미래는 소수의 즐거운 삶과 다수의 고통스러운 삶을 위해 이루어질 수 없다'는 점을 인식하는 것이다.[69] 이는 환경 논제를 사회주의적 궤도 안으로 확고하게 올려놓는 것이다. 이에 따라 생태적 위기가 존재한다는 점을 받아들이는 사회주의자들[70]은 사회주의로의 두번째 경로가 유용하다고 주장한다. 이 두번째 경로는 계급모순보다 생산의 사회적 조직과 생산의 (생태적) 조건 간의 모순을 부각시킨다. 이에 따라 오직 사회주의사회에서만 환경 논제들에 대한 철저하고 영속적이며 사회적으로 정의로운 해법들이 이루어질 수 있다는 점에서,

사회주의의 필연성이 부분적으로 정당화된다.

7) 에코페미니즘

자연-양육 논쟁은 다른 어떤 영역보다도 페미니스트운동에서 가장 철저히 이루어져왔다. 에코페미니즘에서 우리는 환경-생태적 논제를 어떻게 페미니스트정치와 연계시킬 것인가에 관해 다양한 의견들을 찾아볼 수 있다. 예를 들면, 급진적 에코페미니즘에서 자연의 평가절하와 지위격하는 이에 상응하는 여성의 평가절하 및 지위격하에 깊이 연관되는 것으로 이해된다. 정치적 대응은 돌보기, 양육하기, 출산하기의 윤리뿐만 아니라 의식과 상징주의의 개진을 통하여 여성과 자연 간의 망(網)처럼 얽힌 상호관계를 부정하기보다 오히려 찬양하는 것이다. 이러한 등가화에서 페미니즘은 생태학보다 더 탁월하거나 또는 그만큼 탁월하며, 생태문제에 대한 해결은 페미니스트 원칙의 채택에 달려 있는 것으로 이해된다.

8) 분산적 공동체주의

가장 최근의 생태운동들은 원칙적으로 권위주의적 해법을 피하고, '가능한 한 가장 넓은 범위의 정치·사회 논제들을 위한 논의가 행해지고, 이들에 관한 동의가 요청되어 이루어질 수 있는 참여적 사회형태를 요청한다'라고 돕슨(A. Dobson)은 주장한다.[71] 이들의 정치는 '일반적으로 아나키즘적 노선에서 모델화된 자기-신뢰적 공동체'[72]로부터 고취되며, 북친(M. Bookchin), 골드스미스(E. Goldsmith) 같은 작가들과 일단의 다른 집단들(독일의 녹색당을 포함하여)은 그 규모 덕택으로 자연에 '더 가까워'질 수 있는 자립적 공동체들 내에서 효과를 가질 수 있는 사회적 관계를 표현하고자 했다. 호혜주의, 비계층적 조직형태, 광범위한 국지적 역량 강화, 의사결정 참여는 정치적 규범으로 묘사된다.[73] 이에 따라 일정 정도 생물지역주의와 연합된 이심화(deconcentration)와 공동체 역량 강화는 자연과의 소외된 관계 및 사회관계에서의 소외에 대한 유일한 효과적 해법으로 이해된다.

방금까지 이야기한 여러 생태정치는 환경-생태적 논제 또는 명제가 매우 특정한 사회적 목적을 위해 고취되어야 하는 특수한 요청에 따라 제시될 수 있는 훨씬 더 넓고 복잡한 배열에 의해 보완되어야 한다. 이를테면 연구기금과 관심에 목마른 과학자들은 환경의 조건에 관해서뿐만 아니라 정치경제 및 과학사회학을 주로 반영한 환경 논제들을 만들어낼 수 있다. 일례로 생물다양성을 보호하기 위한 방법을 강구해야 할 명확한 긴급성에 관해 서술한 영국왕립협회 연구교수 로버트 메이(R. May)[74]는 다양성의 중요성을 어떻게 규정하고 또 이의 손실을 어떻게 다룰 것인가에 관해서뿐만 아니라, 분류학에 대한 (물리학에 비해) 적은 연구기금에 관해 다루었다. 한편으로 자기 이익만을 위해 더 많은 연구기금을 주장하는 것은 응당 회의주의를 유발하겠지만, 다른 한편 과학에 대한 무지는 적실한 논제 또는 해법이 무엇인가를 제대로 확인하는 데 분명 장애가 된다.

잭스(G. Jacks)와 화이트(R. Whyte)[75]는 또다른 좀더 교활한 사례를 제공한다. 이들 두 사람은 매우 존경받았던 토양과학자들로, 특히 아프리카의 토양침식에 깊은 관심을 갖고 1939년 저술에서 아래와 같이 주장했다.

유럽의 토착 경작자들이 영주들의 토지에 묶여 있었던 봉건적 유형의 사회는 현재 상태의 아프리카 발전에서 토양의 필요를 충족시킬 수 있는 가장 일반적으로 적합한 것처럼 보인다. 아프리카가 아무런 투쟁 없이 봉건제를 받아들일 것이라고는 예상할 수 없다. 영국령 아프리카의 입장에서 이는 간접통치 실험의 약속을 버리는 것을 의미하며, 다른 곳에서는 토착민들에게 그들의 노동이 그들에게 선사할 물질적 향상을 위한 자유와 기회의 일부를 거부하는 것을 의미한다. 그러나 이는 침식의 1차 원인이었으므로 이를 통제할 수단과 능력을 가진 사람들에게 토양을 위한 책임성을 가지도록 해야 한다. 토착적 대항이 두려워서 억제되지 않았던 자기이해관계는 토양의 이해관계에서는 궁극적으로 책임이 뒤따라야 함을 확인하게 될 것이다. 오늘날 토착민들을 위한 인본주의적 고려는 유럽인들에게 토양에 대한 달성 가능한 지배적 지위를 얻지 못하게 할 것이다. 인본주의는 아마 더 높은 이상일 수 있지만 토양은 지배자를 요구한다. 만약 백인들이 이 지위를 떠맡지 않거나 또는 흑인들이 이 지위를 떠맡을 수 없다면, 초목들이 그렇게 할 것이며 침식과정을 통해 결국 백인들을 밀어낼 것이다.

어리석기도 하고 놀랄 만한 이 진술은 환경을 명분으로 어떻게 모든 제약들이 '타자'의 권리에 가해지면서, 문제를 통제할 지식과 높은 기술을 가졌다고 여겨지는 사람들에게는 권리(그리고 의무)를 부여하는가를 보여준다. 오늘날에는 감히 이렇게 뻔뻔스러운 사람은 거의 없겠지만, 세계은행의 주장이나 심지어 '브룬트란트 보고서'처럼 진보적인 것처럼 보이는 문헌에서는 여전히 이런 사고가 강하게 남아 있다. 지구행성의 건강, 환경악화를 막기 위한 지속가능성 등을 명분으로 타자의 자원을 통제하려는 의도는 지구적 환경관리를 위한 많은 서구적 제안의 겉모습에서 그렇게 멀리 있지 않다. 바로 이러한 잠재성에 대한 자각은 서구에서 제안된 어떤 형태의 환경론에 대해서도 개발도상국들의 저항을 자극한다. 환경-생태적 논제들이 심미적 의문들로 전환할 경우에는 언제나 유사한 문제들이 발생할 것이다. 일례로 1970년 『포춘』특집호는 최우선 목표로 환경의 질(사용자 친화적 공간 및 가로수나 수변공간으로 흔히 묘사되는)을 고취하면서, 오늘날 '포스트모던'이라고 불릴 수 있는 노선을 따른 미국 도심지들의 재개발을 위한 강력한 주장을 담고 있었다. 윌슨(A. Wilson)[76]이 그렇게 불렀던 것처럼 현대적 '자연의 문화' 전체는 〔광고에 의해〕 함양되고 설득된 취향, 결국 상품으로서의 자연에 대한 것이다.

냉소적 관찰자는 환경 논제에 대한 논의가 자연-부여적 필연성의 권위에 호소해 생태위기의 유령 또는 합법적인 해법의 유령을 제기함으로써 특정한 사회적·정치적 프로젝트들을 도입하려는 은밀한 방식일 따름이라고 결론내릴 것이다. 그러나 나는 좀더 폭넓은 결론을 도출하고자 한다. 즉 모든 생태적 프로젝트(그리고 주장)은 동시에 정치경제적 프로젝트(그리고 주장)이며, 또한 그 역도 성립

한다. 생태적 주장은 결코 사회적으로 중립일 수 없으며, 마찬가지로 사회정치적 주장은 생태적으로 중립일 수 없다. 그렇다면 우리가 이 같은 의문들에 어떻게 접근할 것인가를 좀더 잘 다루려면, 생태학과 정치가 상호연관되는 방식을 더 긴밀하게 살펴보는 것이 중요하다고 하겠다.

사회생태적 프로젝트들의 정치경제학

사회생태적 변화의 역사지리에 대한 꽤 많은 기록들은 사회정치적 프로젝트와 생태적 프로젝트가 뒤얽혀서 서로 분간할 수 없을 정도에 이르게 된 방법에 많은 관심을 기울이고 있다. 고고학,[77] 인류학,[78] 지리학,[79] 좀더 최근에는 역사학[80]에서 이러한 문헌들이 실로 방대하게 누적되고 있다. 그렇지만 환경-생태적 논제에 대한 현대의 논쟁의 대다수는 다학문성과 '깊이'의 이상에 표면적으로 공헌하지만, 이 문헌들이 마치 존재하지 않는 것처럼, 또는 존재하더라도 특정 주장을 뒷받침하는 에피소드 식 증거의 저장소로서만 존재하는 것처럼 다루고 있다. 체계적 연구는 거의 없고, 기껏 체계적 연구[81]가 나오더라도 그것이 논의의 중심이 되어야 함에도 어디에서도 그렇게 되지 않는다. 이를테면 벤턴(T. Benton)[82]과 그룬트만(R. Grundmann)[83] 간의 논쟁처럼, 맑스주의 내에서 오늘날 제기된 논쟁은 매우 비맑스주의적인 역사지리적 추상의 수준에서 이루어진다. 심지어 사회주의 관점에서 녹색 논제들을 탐구하기 위해 개설된 『자본주의, 사회주의, 자연』(Capitalism, Socialism, Nature) 같은 학술

지도 이론과 에피소드 식 증거에 많은 지면을 할애하는 반면, 역사지리적 기록을 체계화하려는 시도에 대해서는 적은 지면을 내줄 뿐이다.

어떤 인상적인 조사연구는 사회가 그 자체의 존립뿐만 아니라 특정한 사회적 관계의 '속성'의 재현과 예증에 공헌하는 생태적 조건 자체를 창출하기 위해 어떻게 분투하는가를 보여준다. 의도하지 않은 생태적 결과들에 맞닥뜨리지 않고서는 어떠한 사회도 그와 같은 과제를 달성할 수 없기 때문에, 사회적 변화와 생태적 변화 간의 모순은 대개 문제적이며, 때때로 해당 사회의 존립 자체를 위기에 빠뜨린다. 엥겔스는 오래전에 이 같은 관점을 제시했다.

그러나 자연에 대한 인간의 승리를 설명할 때 우리 자신을 지나치게 치켜세우지 말자. 이런 승리 각각에 대해 자연은 복수할 것이기 때문이다. 각각의 승리가 처음에는 우리가 예상한 결과를 가져오는 것은 사실이지만, 두번째 세번째에는 꽤 다르고 예상하지 않았던 효과를 초래하여, 번번이 첫번째 효과를 상쇄시킬 뿐이다. (…) 따라서 각 단계마다 우리는 이방인에 대한 정복자처럼 자연을 결코 통치할 수 없다는 점, 살과 피, 두뇌를 가진 우리는 자연에 속하며 그 한가운데서 존재한다는 점, 그리고 자연에 대한 우리의 숙달 모두는 다른 모든 창조물에 대해 그 법칙을 배우고 이들을 올바르게 응용할 수 있는 이점을 갖는다는 사실에 의해 이루어진다는 사실을 명심해야 한다.

이 점은 사회적·생태적 변화의 이원론을 항상 진지하게 고려해야 할 순수한 필요성을 함의한다. 이를테면 역사학자 크로넌(W. Cronon)[84]은 다음과 같이 주장한다.

생태적 역사는 환경과 문화 간의 역동적이고 변화하는 관계, 지속됨에 따라 모순을 생산하기 쉬운 관계를 전제로 시작한다. 게다가 이 둘의 상호작용이 변증법적임을 가정한다. 환경은 우선 주어진 계기에 사람들에게 이용 가능한 선택의 범위를 설정하겠지만, 그후 문화는 이 선택에 대응하여 환경을 재구성한다. 재구성된 환경은 문화적 재생산을 위한 새로운 일단의 가능성을 제시하며, 이에 따라 상호결정의 새로운 순환이 이루어진다. 사람들이 그들의 삶을 창조하고 재창조하는 방법에서 나타나는 변화는 그들 자신의 사회적 관계에서뿐만 아니라 생태적 관계에서의 변화와 관련하여 분석되어야 한다.

이 모두는 '자연과 인간의 관계가 역사에서 배제될' 경우에만 '자연과 역사 간 안티테제가 창출된다'라는 맑스와 엥겔스의 금언[85]을 서술하는 또다른 방법이다. 그러나 뉴잉글랜드의 식민지 취락에 대한 크로넌의 연구는 또다른 논제를 제기한다. 이 연구는 1만년 이상 된 인디언 정착지와 삼림 이용(삼림 변두리에 화전을 통해 종을 다양하고 풍부하게 만드는 조건들을 촉진했던)의 산물인 환경을 이주자들이 어쩌다가, 원시적이고 순결하고 풍부하며 그리고 토착민들에 의해 거의 이용되지 않았다고 오해했는가를 보여준다. 게다가 거버넌스와 소유권에 대한 유럽 제도(부의 축적을 향한 독특한 유럽적 포부와 결합된)의 이식은 그러한 중대 범죄를 생태적으로 전환시켜, 토착민들의 생활양식을 위한 생태적 기반을 박탈했다. 따라서 그와 같은 생활양식의 절멸(그리고 이로 인한 인디언들의 절멸)은 군사적·정치적 사건일 뿐만 아니라 엄청난 생태적 재난이었다. 이는 부분적으로 새로운 질병체제(특히 천연두)의 유입과 관련되지만, 토지의 변화 및 토지상의 변화 역시 유목적이고 매우 유연한 토착적 생산양식 및 재생산양식을 유지할 수 없도록 만들었다.

따라서 특정한 사회적 관계의 결속을 향한 하나의 경로는 이러한 사회적 관계를 유지하기 위해 이의 재생산을 요청하는 생태적 전환에 착수하는 것이다. 워스터(D. Worster)[86]는 의심할 바 없이 그의 현란한 프로젝트에서 대규모 관개계획과 전제적 정부형태 간의 관계에 대해 위트포겔식[K. A. Wittfogel, 고대 아시아 전제정의 지지기반을 연구한 미국의 역사학자] 논제의 미국 서부판으로 과장했지만, 그의 기본 주장은 분명 옳다. 19세기 말 지질학자 존 웨슬리 파월(J. W. Powell)은 미국 서부에 하천유역으로 한정된 공동체적·분산적·'생물지역적' 취락체계를 고안했지만, 이러한 독창적 제안은 대기업의 이해관계가 지배하고 있었던 의회에서 거부됐다(이 과정에서 파월은 철저히 비방됐다). 일단 이 제안이 거부되자, 대기업의 이해관계는 댐 건설 등 온갖 종류의 거대 하천 프로젝트들과 서구 생태계의 거대한 전환을 통해 그들 자신의 재생산을 보장하고자 했다. 그와 같은 장엄한 생태적 프로젝트의 유지는 중앙집권화된 국가권력과 특정한 계급관계(일례로 대규모 기업농과 억압된 무토지 농업 프롤레타리아의 형성과 유지)의 창출 및 관리에 결정적으로 좌우됐다. 그 결과로 농업민주주의에 대한 제퍼슨식 꿈의 전복은 그 이후 캘리 포니아 같은 주들의 정치적 통일체(the body politic)에 심각한 모순 들을 창출했다.[87] 그러나 여기에는 또다른 함의(특히 크로넌의 저작 의 많은 부분에서 누락된)가 뒤따른다. 사회적 관계(워스터의 사례 에서 계급, 젠더, 종교 등도 유의미할 수 있다)에서의 모순은 토지상 에서, 그리고 생태계적 프로젝트 그 자체 내에서 사회적 모순을 동 반한다는 점이다. 부자는 거주지에서 특혜적 장소를 차지하며 빈민 들은 더 유해하고 위험한 곳에서 일하고 생활한다. 그뿐만 아니라 전환된 생태계에 대한 설계 자체는 이러한 사회적 관계를 반영한다. 역으로 순전히 생태적 관점에서 설정된 프로젝트들(이를테면 이른 바 '녹색혁명'을 생각해 볼 수 있다)은 온갖 분배적·사회적 결과(녹 색혁명의 경우, 소수의 수중에 토지소유를 집중시키고 무토지 농업 프롤레타리아를 창출한다)를 수반한다.

새로 창출된 생태계는 이들을 유발한 사회체계를 예시하며 반영 하는 경향이 있다. 그러나 그 방식은 모순적이고 불안정하다. 이 같 은 단순한 법칙은 환경-생태적 논쟁의 모든 입장에 부여된 것보다 훨씬 더 무겁게 인식되어야 한다. 르원틴(R. Lewontin)[88]이 주장한 바와 같이, 이는 사회과학에서뿐만 아니라 생물학에서도 잊힌 원칙 이다.

진화는 이미 결정된 환경 '문제'에 대한 종들의 '해법'이 아니 다. 종의 생명활동 자체가 문제와 해법 양자를 동시에 결정하기 때문이다. (…) 개별적인 생명 기간 내에서 종으로서 그들의 진화 과정에 있는 유기체들은 환경에 적응하는 것이 아니라 환경을 구축한다. 이들은 자연법칙에 따라 불가피하게 자신들을 변화시키는 단순한 객체가 아니라 그 자신의 법칙에 따라 자연을 변화시키는 능동적 주체다.

이를테면 '자연에 가깝게 되돌아가기' 위해, 현대 자본주의 도시화의 엄청난 기존 생태계 구조를 어떻게 해서든 별로 비용이 들지 않는 방법으로 폐기할 수 있다고 주장하는 것은 순전히 관념론적이다. 오늘날 존재하는 체계들은 우리 자신의 종에 대한 생태적 재앙을 자초하지 않고서는 퇴락하거나 붕괴할 수 없는 '2차적 자연'의 재구성된 형태다. 이들의 적절한 관리(여기에 나는 완전히 다른 어떤 것으로, 장기적인 사회주의적 또는 생태주의적 전환을 포함시킨다)에는 생태주의자들뿐만 아니라 사회주의자들에게도 똑같이 저주가 될 수 있는 과도기적 정치제도, 권력관계의 계층성, 거버넌스 체계가 필요할 것이다. 그러나 이렇게 관리될 수 있는 것은 근본적인 의미에서 뉴욕시에 관련된 비자연적인 것은 아무것도 없으며, 비록 과도기적일지라도 이러한 생태계를 유지하려면 이를 생산했던 사회적 조직과 사회적 관계의 형태들과 불가피하게 타협해야 하기 때문이다.

도시화를 '창출된 생태계'로 칭하는 것은 다소 이상하게 들릴 수 있다. 그러나 인간활동은 생태계 프로젝트 바깥에 있는 것으로 여겨질 수 없다. 이를 그렇게 보는 것은 벌 없는 가루받이를 연구하거나 또는 비버 없는 미국 북동부의 식민지 이전의 생태계를 연구하고자 하는 것만큼이나 의미 없는 것이다. 다른 모든 유기체들과 마찬가지로 인간은 '그 자신의 법칙에 따라 자연을 변화시키는 능동적 주체'이며, 항상 그들 자신이 구축한 생태계에 적응하는 중이다. 사회와 생태계가 상호작용하는 분리된 두개의 체계인 것처럼, 생태계에 미치는 사회의 영향에 관하여 말하는 것은 근본적인 잘못이다. '사회'라고 이름 붙은 상자가 '환경'이라고 이름 붙은 상자와 상호작용한다는 점에서 우리 주변의 세계를 묘사하는 전형적 방법은 직관적 의미를 아무것도 아닌 것으로 만든다(여러분 자신의 일상생활에서 이 상자들 간의 경계를 그려보라). 그뿐만 아니라 이는 아무런 근본적인 이론적 또는 역사적 정당성도 갖지 못한다.

예를 들어 화폐흐름과 상품이동은 현대 생태계에 근본적인 것으로 여겨져야 한다. 왜냐하면 이 흐름은 한 환경에서 또다른 환경[89]으로 동식물의 지리적 이전을 동반할 뿐만 아니라, 현대 생태계들이 특정한 방법으로 재생산하고 변화하도록 하는 조정 네트워크를 형성하기 때문이다. 만약 이 흐름이 내일 중단된다면, 세계의 생태계 내 혼란은 엄청날 것이다. 그 흐름이 어느 특성을 이행시키고 변화시킴에 따라, 어떠한 사회생태적 체계 내 뿌리를 두고 있는 창조적 추진력 또한 사례에 따라 긴장으로 가득 차거나 모순적인 또는 조화로운 방법으로 이행하고 변화할 것이다. 시카고를 북미 생태계들 간의 근본적인 교환 지점이며 또한 그 생태계들 내의 전환적 영향으로 작동하는 도시로서 고찰한 크로넌[90]의 연구는 여기에 흥미로운 사례를 제공한다. 이는 결과적으로 상품교환과 자본축적을 통한 '자연의 생산'에 대한 스미스(N. Smith)의 논제[91]를 구체적인 역사지리적 서사로 전환하고 확장한 것이라고 할 수 있다.

'환경운동 또는 생태운동'이라는 범주는 이러한 이유에서 특히 생태적 변화에 대한 원주민들의 저항에 적용될 때는 잘못된 명칭이다. 이 저항들은 서구의 많은 사람들이 가정하는 것처럼 자연과의 독특하고 소외되지 않은 관계를 보전하기 위한, 또는 조상 같이 순수한 가치를 지닌 상징을 유지하기 위한 어떤 심원한 내적 필요에 기반을 두고 있는 것이 아니다. 외부에서 부가된 생태적 전환(식민지 뉴잉글랜드에서 발생했거나 또는 보다 최근 아마존의 고무 채취에서 발생한 것 같은)이 그들의 독특한 사회적 조직형태뿐만 아니라 내생적인 생산양식을 파괴할 것이라는 훨씬 분명한 인식에 기반을 두고 있다. 예를 들어 히말라야에서 상업적 벌목과 삼림 수확의 첨단기술적 관리에 반대하는 칩코(Chipko)의 '나무 껴안기' 운동에 대한 연구에서, 구하(R. Guha)[92]는 제3세계에서 '가장 칭송되는 "환경"운동이지만, 이 운동은 그 참여자들에 의해서는 무엇보다도 삼림에 있는 전통적 권리를 방어하기 위한 농민운동으로 여겨지며, 단지 부차적으로 고려될 수 있다면 "환경"운동 또는 "페미니스트"운동으로 이해된다'라는 점을 지적한다. 그렇지만 '동질화하는 도시-산업 문화'가 그 자체 독특한 형태의 생태적·문화적 모순과 위기를 만들어내는 반면, 칩코는 바로 그들의 생태적 실천 덕택에 '근대사회의 생태적·문화적 위기에 대한 매우 혁신적 반응 가운데 한 유형을 보여준다'.[93]

다른 한편, 토착 집단들은 그들의 생태적 실천에서 전적으로 비감정적일 수 있다. 그들이 우리에 비해 어떻게 해서든 '자연에 더 친근했고' 또 지금도 그러하다는 견해(구하 역시 어떤 점에서는 이 덫에 빠진 것처럼 보인다)는 대체로 근대 산업주의에 대한 낭만주의적 반응에 의해 강하게 영향을 받은 서구적 해석이다. 그와 같은 '자연과의 근접성'과 흔히 관련된 생태적 취약성에 직면하여, 토착 집단들은 놀라울 정도로 신속하게 자연에 대한 그들의 실천과 관점을 전환시킬 수 있다. 게다가 자연의 영혼에 대한 깊은 존경을 나타내는 온갖 문화적 전통과 상징적 몸짓을 갖춘 경우조차, 이들은 기존의 생산양식으로 지속할 수 있는 그들의 능력을 저해하는 광범위한 생태계 전환에 몰두하기도 한다. 중국인들은 생태적으로 민감한 도교, 불교, 유교의 전통을 갖고 있지만(서구에서 '생태적 의식'을 촉진하는 데 중요한 역할을 담당했던 사상의 전통), 중국의 벌목, 토지의 황폐화, 하천 침식, 홍수에 대한 역사지리는 근대적 기준에서 보았을 때 대참사로 여겨질 수 있는 환경적 재앙을 적지 않게 보여준다. 이와 유사하게 고고학적 증거들은 후기 빙하기 수렵 집단들이 그들의 희생물을 많이 수렵하여 멸종에 이르도록 했다는 점을 보여주지만, 불은 여태까지 획득된 생태적 전환의 가장 탁월한 행위자 가운데 하나라고 분명 평가되어야 한다. 싸우어(C. Sauer)[94]가 지적한 것처럼 그 불이 항상 더 좋은 것은 아니었지만 매우 작은 집단들에게 엄청난 생태계적 영향을 행사할 수 있는 힘을 주었기 때문이다.

　요점은 이 세상에 인간활동에 의해 유발된 생태적 교란에 관해 새로운 것은 아무것도 없다는 점을 주장하는 것이 아니다. 현대의 사회생태적 전환이 전례 없는 속도와 규모로 진행되는 상황에서 새롭고 과도하게 긴장을 부여하는 것이 정확히 무엇인가를 판단하는 것이다. 그러나 이런 역사지리적 연구는 일부 생태학자들이 전형적으로 제안한 주장들, 이를테면 옛날 옛적에 '어디서나 사람들은 자연세계와 조화를 이루며 살아가는 방법을 알았다'[95] 같은 주장을 재검토해보도록 한다. 또한 이 연구는 마찬가지로 미심쩍은 북친[96]의 주장, 즉 '생활수단을 위해 환경에 가시적으로 의존하는 상당히 자급자족적인 공동체는 이를 유지하기 위한 유기체적 상호관계에 대한 새로운 관점을 얻을 수 있을' 것이라는 주장을 회의적으로 이해하도록 한다. 오늘날 '생태적으로 의식된' 많은 수사들은 토착 집단들이 무엇을 하는가에 대해 살펴보지도 않은 채 이들이 무엇을 말하는가에 지나치게 많이 주목하고 있다. 예를 들어 베어(L. S. Bear)의 다음 진술만을 읽고 원주민 인디언의 실천이 우리의 그것보다 생태적으로 더 우월하다고 결론지을 수는 없다.

우리는 흙이며, 흙은 우리가 된다. 우리는 이 흙에서 우리와 함께 자란 새와 짐승을 사랑한다. 이들은 우리와 같은 물을 마시고, 같은 공기를 숨 쉰다. 우리 모두는 자연 속에 있다. 그렇게 믿음으로써, 우리의 마음속에 모든 살아 있고 자라나는 사물을 위한 위대한 평화와 따뜻한 애정이 존재한다.[97]

이 같은 추론은 생태적으로 '올바른' 결과를 보장하는 어떤 외적·정신적 지침에 대한 믿음을 요청할 것이다. 또는 의도하지 않은 결과에 의해 온갖 방식으로 괴롭힘을 당하는 행동의 역동적 장에서 토착적 또는 전(前) 자본주의적 판단과 실천을 위한 놀라운 박식함을 필요로 할 것이다. '자원을 과잉착취하게 될 가능성은 자연과 가까이 살아가며 이에 따라 관찰하고 행동하는 사람들에 대한 우리의 사고와 전적으로 양립할 수 있다.'[98] 게다가 '비교연구들은 강화전략을 포함하고 있는 모든 발달한 문명이 포화적(metastable)'이라고 주장하며, 또한 '그들의 성장 궤적이 생태계와 사회경제구조 양자가 확장되어 능력이 절대적 칼로리 생산성과 투입산출율의 안정 또는 쇠락 지점에 달할 때까지 에너지 축출을 가속화하는 궤적으로 해석될 수 있음'을 보여준다.[99] 자본주의가 여태까지 어떻게 이러한 운명에서 벗어났는가를 이야기하자면 길고 지루할 것이다. 모든 사회는 그들 자신의 생태적으로 유발된 어려움들을 갖고 있고, 부처(K. Butzer)가 단언한 바와 같이 우리는 이에 대한 연구로부터 많은 것을 배워야 한다.

토착적 또는 전자본주의적 실천이 우리 자신의 그것보다 반드시 더 우월하거나 열등한 것은 아니다. 이 집단들은 지배 또는 숙달에 대한 근대의 '프로메테우스적' 태도보다는 자연에 대한 존경심을 갖고 있었기 때문이다.[100] 그룬트만[101]이 벤턴[102]에 반대하여 주장한 것, 즉 '자연에 대한 숙달'(mastery over nature) 테제가 (이에 내포된 젠더적 연상은 잠깐 옆으로 제쳐두고) 필연적으로 파괴성을 동반하지 않는다고 주장하는 것은 분명 옳다. 이 테제는 사랑하고 돌보고 양육하는 실천을 아주 쉽게 유도할 수 있다. 게다가 '생태적으로 의식된' 것처럼 들리는 진술들에 대한 무비판적 수용은 정치적으로 그르치기 쉽다. 베어는 앞에서 인용된 사상에 대해 매우 정치적인 내용으로 서문을 썼다. 즉 '대평원의 이 대지는 바로 그들 자신의 것이라고 라코타(Lakota)는 주장한다'. 원주민 인디언들은 토지권에 대해 당연히 강력한 권한들을 갖는다. 하지만 우리가 이미 주장한 바와 같이 이들을 뒷받침하는 '생태적으로 의식된' 수사(rhetoric)의 창출은 또다른 목적을 위한 특별한 변론을 친숙하지만 위험하게 실천하는 셈이 된다.

　동일한 맥락에서 우리는 비판적 눈길을 자연과의 전반적인 관계가 고찰될 수 있는 이데올로기적·심미적·'생태적으로 의식된' 전통으로 돌릴 수 있다. 글라켄(C. Glacken)[103]의 기념비적 저서인『로도스섬 해변의 흔적들』(*Traces on the Rhodian Shore*)은 자연에 대한 사고의 역사가 고대 그리스 시대에서 18세기 말까지 방대한 지리적 배경에서 만들어놓은 그 생각들의 융합과 전환을 풍부하게 선보인다. 그는 이러한 사고의 변화가 정치경제적 변화의 실제 과정과 어떻게 연계되었는지, 또는 이 과정을 어떻게 구체화했는지에 관심을 갖지는 않았지만, 그 연계는 항상 암묵적으로 제시된다. 이 점에서는 심지어 맑스도 자연의 사고가 사회적 실천에 뿌리를 두게 될 경우 역사변화를 위한 '실질적 힘'이 될 수 있는 방식을 기꺼이 지지하고자 했다. 생태적 프로젝트와 사회적 프로젝트의 중첩이라는 측면에서 실천뿐만 아니라 사고를 살펴보는 것은 이런 이유에서 지극히 중요한 것처럼 보인다.

　최근 흥미로운 논쟁의 핵심에 있는 워즈워스(W. Wordsworth)를 하나의 예로 들 수 있다. 베이트(J. Bate)[104]는 그를 '낭만적 생태학'의 선구자, 즉 그를 순전히 어떤 계급관계의 옹호론자로 이해한 맥건(J. McGann)[105] 같은 사람들의 논의와는 달리 자연과의 관계 복원을 위한 관심을 서술하고자 했던 순수한 '녹색' 저술가로 해석한다. 어떤 의미에서 이 논쟁은 요점을 빼먹고 있다. 워즈워스는 진정으로 양자 모두였다. 심지어 베이트도 워즈워스가 일단의 사회적 관계를 그의 생태주의(ecologism)의 본질적 부분으로 회복시키고 재구성하고자 했다는 점을 의심하지 않았다. 그의 저술 가운데 관광가이드 장르는 어리(J. Urry)[106]가 '관광객의 시선'이라고 지칭한 것의 생산을 통해 자연을 온정주의적으로 소비될 수 있도록(최근 레이크 디스트릭트Lake District의 방문객들은 금방 알아차릴 수 있는 것처럼, 결국 자연을 파괴하는 방법으로) 유도한다. 문화적 스펙터클로서 자연의 소비와 관련된 최근 영국의 관행들은 워즈워스가 선도했던 사고와 실천에 크게 의존하고 있다.

따라서 역사지리적 기록에 대한 조사는 '자연'과 '환경' 같은 단어들이 왜 '인간역사에서 그처럼 엄청난 중요성'을 담고 있는가에 대해 많은 것을 밝혀준다.[107] 이데올로기·재현·미학 같은 영역에서뿐만 아니라 일상의 실천에서 사회적 프로젝트와 생태적 프로젝트 간의 뒤얽힘은 모든 사회적 프로젝트(문학·예술 프로젝트를 포함하여)를 자연·환경·생태계에 대한 프로젝트로 만들며, 그 역도 성립하도록 한다. 이러한 명제는 분명 역사유물론의 전통에서 연구하는 사람들이 삼키기에 너무 단단하지 않아야 할 것이다. 결국 우리는 우리 주변의 세계를 전환시켜봐야 우리가 누구이며 우리가 어떤 사람(나아가 우리의 유類적 잠재력)인가를 발견할 수 있으며, 이로써 사회적 변화와 생태적 변화의 변증법을 모든 인간역사의 중심에 두게 된다고 맑스는 주장했다. 그렇다면 이러한 변증법은 어떻게 이해되어야 하는가?

데까르뜨적 덫

엥겔스가 그렇게 한 것처럼 단순한 변증법적 논리를 '자연'에 부여할 경우 명백한 위험들이 뒤따른다. 그렇지만 현대 생태학 문헌들은 맑스가 실행했던 것과 유사한 변증법적 및 의사(quasi) 변증법적 방식들로 가득 차 있다. 이러한 이유에서, 에커슬리(R. Eckersley)[108]가 지적한 바와 같이 '생태중심주의와 자유주의 같은 개인주의적 정치철학들을 이론적으로 종합하기보다는 생태중심주의적·공동체주의적·사회주의적 정치철학을 이론적으로 종합하는 것'이 '훨씬 더 큰 잠재력'을 갖는다. 여기서는 생태학 문헌 내에서 데까르뜨, 뉴턴, 로크의 존재론적 전제조건들, 그리고 이 존재론적 전제조건들이 자연과학 및 사회과학에서 유발하는 환원주의적(비변증법적) 형태들에 대한 맹렬한 비난의 함의를 간략히 다루고자 한다.[109] 생태이론은 양자이론(하이젠베르크, 보어, 데이비드 봄은 그들의 저서로 두각을 나타낸다) 및 아주 다른 일단의 존재론적 명제에 맞는 또다른 형태의 생태과학으로 전형적으로 전환하고 있다.

생태주의자들이 반대하는 데까르뜨적 체계는 사유하는 것(res cogitans)과 연장된 것(res extensa) 간(정신과 신체, 사실과 가치, '존재'와 '당위')을 엄격하게 구분할 수 있다는 점, 그리고 '객관적으로' 표현할 수 있는 정신의 능력이 연구된 물질성에 의해 영향을 받지 않는 것처럼 과학자들이 연구하는 물질성은 정신에 의해 만들어진 과학적 지식에 의해 영향을 받지 않는다는 점을 전제한다. 게다가 데까르뜨주의는 어떤 기본원칙들에 따라 구조화된 우주의 상세한 모습을 구축한다. 이는 '자연적'이고 자명한 일단의 실체들(개체들 또는 사물들)이 존재하며, '최소한 이들이 그 부분을 이루는 전체에 영향을 미치는 한 그들 자체 내에서 동질적'이라고 가정한다. 이러한 실체들은 외적으로 주어진 절대적 공간과 시간이라는 점에서 개별화(확인)될 수 있다(이 점은 우리가 이미 이해한 바와 같이 존 로크의 사회이론과 현대 경제학에까지 넘어오는 뉴턴적 가정이다). 게다가 이 실체들은 '전체보다 존재론적으로 앞서며', 부분들(개체들)은 '그들이 개별적으로 소유하는 내재적 속성이 있다'. 전체(어떤 사회 또는 생태계)는 그 부분들의 합(또는 복잡한 경우에는 배수)에 불과하다. 또한 실체들 간의 관계는 실체들 그 자체로부터 분명하게 분리될 수 있다. 이에 따라 관계에 대한 연구는 실체들(예를 들어 당구공 또는 사람)이 충돌하는 우연적 방식에 대한 연구다. 이 점은 '주요 원인'(prime cause)이라는 문제를 제기하며, 신이 태엽을 감고 작동하도록 한 시계 같은 메커니즘으로 이루어진 우주의 데까르뜨적–뉴턴적 견해를 유도한다. 이러한 사고방식에서 '원인은 분리된 효과이며, 원인은 주체의 속성이고, 효과는 객체의 속성인 것으로 이해된다. 원인은 효과에서 나오는 정보에 반응할 수 있으며(이른바 피드백 순환고리), 무엇이 원인이 되는 주체이고 무엇이 원인에 의해 영향을 받는 객체인가에 관하여 아무런 모호성도 없다'.[110]

이러한 데까르뜨적 견해는 광범위하게 퍼져 있다. 이는 우주가 어떻게 작동하는가에 대한 지식을 만들어내고 이를 이해하는 데 그 자체가 엄청나게 막강한 장치임을 입증한다. 또한 직관적 호소력을 갖는다. 우리는 '사물들'(즉 개체들)과 체계들(일례로 교통통신망)이 안정적이며 자명하게 존재하는 것처럼 보여서 이들의 범주화에 대한, 그리고 이들 간 인과관계의 유형에 대한 지식을 쌓아올리는 것이 완전히 합리적인 것처럼 보이는 상황을 접할 수 있다.

그러나 변증법적 관점에서 보면 이는 극히 일방적인 방법으로 문제를 고찰하는 것이다. 레빈스와 르원틴은 데까르뜨적 견해를 '소외된 것'이라고 지칭한다. 이는 '부분들이 전체로부터 분리되고 그 자체로 사물들로 물상화되며, 원인은 효과로부터, 주체는 객체로부터 분리된 세계'를 묘사하고 있기 때문이다. 맑스도 마찬가지로 이 '상식적' 견해, 즉 '이것이 구분을 이해하는 데 성공할 때마다 통일성을 이해하는 데는 실패하며, 역으로 통일성을 이해할 경우에는 그 구분을 이해하지 못하는' 견해에 대해 비판적이었다.[111] 그는 의심할 바 없이 오늘날 경제학과 사회학에서 지배적인 원자론적 인과적 추론, 그리고 오늘날 정치철학(맑스주의를 포함하여)에 만연한 방법론적 개인주의에 대해 똑같이 혹평했을 것이다.

아마 데까르뜨적 사유가 환경 분야에서 취하는 가장 특징적인 유형은 '사회'를 한정된 체계로 여기고, '생물계'라고 불리는 또다른 한정된 체계와 상호작용하는 것으로 이해하는 것이다. 이에 따라 오늘날 환경문제에 대한 우리의 생각은 이들 두 체계 간의 복잡하고 문제있는 관계라는 면에서 폭넓게 규정된다. 현실에서는 '사회'가 어디서 시작하고 '자연'은 어디서 끝나는가를 이해하기 어렵지만(여러분 주변을 둘러보고, 그 경계가 어디에 있는가를 그려보라), 심지어 추상의 작동으로서 이러한 사상의 편성은 역사적으로 또는 적절하게 기반을 가진 과학적 정당성이 없는 소외된 이성의 산물처럼 보인다. 생태적 문헌에서는 이러한 관행이 데까르뜨적 추론형태와 더불어 그 자체로 근본적으로 반생태적일 뿐만 아니라, 사회적 실천에 미치는 효과로 인해 많은 생태문제의 근저를 이룬다는 점에 대한 강력한 합의가 이루어지고 있다. 그렇다면 분석적 맑스주의 및 합리적 선택 맑스주의(rational-choice Marxism), 방법론적 개체주의, 그리고 아마 심지어 맑스주의적 실재론(비록 바스카R. Bhaskar는 이제 변증법을 그의 주장에 포함시키고자 하지만)도 역시 그들의 포괄적인 데까르뜨적 방법론 때문에 근원적으로 반생태적이라고 할 수 있다. 이러한 점에서 맑스주의와 생태학에 대한 그룬트만과 벤턴 간의 논쟁은 근본적으로 잘못된 존재론적 가정들에 기반을 둔 주장인 것처럼 보인다.

변증법

데까르뜨적-뉴턴적-로크적 견해에 대한 대안은 맑스주의적 전통과 생태이론에서 적합한 존재론으로 부각되는 합의를 통합할 수 있는 변증법적 존재론이다. 이는 다음의 명제들을 정교하게 함으로서 마련될 것이다.

1. 변증법적 사고는 요소·사물·구조·조직체계에 대한 분석보다 과정·흐름·유동·관계에 대한 이해를 우선시한다. 요소·사물·구조·조직체계는 이들을 뒷받침하고 유발하고 창출하는 과정들 바깥에 존재하지 않는다. 어떤 사물로서 화폐가 이를 뒷받침하는 교환과정과 자본흐름의 바깥에서 이해될 수 없으며, 유기체들이 이를 구성하는 환경적 관계들의 바깥에서 이해될 수 없는 것과 같다.[112] 맑스의 정의에서 자본은 순환과정이며 또한 자산(상품·화폐·생산장비 같은 '사물들')의 스톡〔전체량〕이다. 양자이론은 유사하게 '동일한 실체(즉 전자)가 어떤 상황하에서는 파장으로 작동하고 또다른 상황에서는 입자로 작동한다'라고 진술한다.[113] 그렇지만 물리학자들이 이러한 두가지 개념화가 병존 불가능하지 않으며 상호배타적이지 않음을 인정하는 데는 많은 시간이 걸렸다. 이들이 그렇게 인정하게 됨에 따라 근대 양자이론이 형성됐다. 마찬가지로 올만(B. Ollman)[114]이 로크, 흄(D. Hume) 등에 의해 철학체계에 설정된 '상식적 견해'라고 지칭한 것, 즉 '사물들이 있고, 관계들이 있으며, 어떤 것도 다른 것에 포섭될 수 없다'라는 견해를 사회과학자들이 폐기하기란 매우 어렵다는 점이 입증됐다.

2. '사물들'은 결과적으로 이들을 구성하는 과정과 관계에 의해 '모든 단계에서 내적으로 이질적'이라고 가정된다.[115] 여러가지 결과들이 이에 따른다. 첫째, 어떠한 '사물'도 서로 어떤 관계를 갖는 '다른 사물들'의 집합으로 분해될 수 있다. 예를 들어 한 도시는 다른 도시와의 상호관계에서 '사물'로 고찰될 수 있지만, 이는 또한 그 내부의 이웃사회들로 쪼개질 수 있고, 이는 다시 사람·집·학교·공

장 등으로 나뉠 수 있으며, 이들은 다시 무한히 분해될 수 있다. 결과적으로 세계가 어떻게 작동하는가에 대한 어떠한 이론적 재구성에서도 나뉠 수 없는 '사물들'의 구성단위는 존재하지 않는다. 어떤 단계에서는 하나의 체계(예를 들어 도시 또는 연못)로 보이는 것도 다른 단계에서는 하나의 부분(예를 들어 세계도시들의 지구적 네트워크, 또는 대륙적 생태계)이 된다. 레빈스와 르원틴[116]이 서술한 바와 같이, 연구에는 어떤 '기본바탕'이 있을 수 없다. '기존에 분해 불가능한 것으로 가정됐던 모든 "기본단위들"은 분해 가능한 것으로 판명되며, 이러한 분해는 연구와 실천을 위한 새로운 영역들을 열어둔다'라는 점을 경험이 보여주기 때문이다. 이는 '근본적 단위에 대한 연구 없이도 각 단계의 조직'에 관하여 고찰하는 것이 정당하다는 점을 함의한다. 그러나 이 점은 연구에서 특정한 문제를 제기한다. 과정, 사물, 체계가 작동하는 규모(보통 공간적 및 시간적)를 설정하는 것은 중요하다. 어떤 규모에서 적실한 것(예를 들어 연못)은 다른 규모(예를 들어 대륙)에서는 그렇지 않을 수 있기 때문이다. 둘째, 만약 모든 '사물들'이 이들을 구성하는 복합적 과정들(또는 관계들)로 인해 내적으로 이질적이라면, 우리가 '사물들'의 정량적 및 정성적 속성을 이해할 수 있는 유일한 방법은 이들이 내재화한 바로 그 과정과 관계를 이해하는 것이다. 우리는 여기서 내적 관계로서 맑스적 변증법에 대한 올만[117]의 구성과 에커슬리[118], 버치(C. Birch)와 코브(J. Cobb)[119], 네스[120], 그리고 짐머만(M. Zimmerman)[121]이 설정한 생태적 주장들 사이에서 매우 강력한 동일성을 찾아볼 수 있다. 그러나 이 주장에는 어떤 한계가 있을 수 있다. 한 개인으로서 나는 실제 우주에 있는 모든 것을 내면화할 수 없지만, 비교적 한정된 범위(나의 생태계, 경제, 문화 등)에서 작동하는 과정들과 나와의 관계(신진대사적·사회적·정치적·문화적 관계 등)를 통해 나에게 유관한 것들을 흡수할 수는 있다. 이 체계에는 고정된 또는 선험적인 경계가 없다. 나와 유관한 환경이 시작되고 끝나는 곳은 나의 행위 그 자체의 기능, 그리고 이와 유관한 생태적·경제적 과정 및 다른 과정들에 의해 정해진다. 여기서도 역시 공간, 시간, 규모, 환경의 관점에서 경계를 설정하는 일은 개념, 추상화, 이론의 개발에서 주요한 전략적 고려의 문제가 된다.

3. 공간과 시간은 절대적이지 않으며 과정들의 외부에 있는 것이 아니다. 그저 불확정적이며 그 과정 내에 내포되어 있다. 상이한 물리적·생물학적·사회적 과정들에는 다중적 공간과 시간(그리고 공간-시간들)이 함의되어 있다. 르페브르[122]의 용어를 사용하면, 이 과정들은 모두 그 자체의 공간과 시간의 형태들을 생산한다. 과정들은 공간과 시간 속에서 작동하는 것이 아니라, 공간과 시간을 능동적으로 구성하며 이로써 그들의 발전을 위한 독특한 규모들을 규정한다.

4. 부분과 전체는 상호구성적이다. 여기에는 사물 같은(thing-like) 실체 간의 단순한 피드백 순환고리 이상의 어떤 것이 있다. 예를 들어 나에게 유관한 생태적·경제적 체계들 내에 내재된 힘들을 장악하게 됨에 따라, 나는 이 힘들이 처음 도출됐던 체계를 재구성하거나 전환시키기 위해 이들을 역으로 투사하기도 전에, 나 자신 안에서 이들을 능동적으로 재구성하거나 전환시키기도 한다(다시

사소한 사례를 들자면, 숨을 들이쉴 때 나는 내가 내 안으로 전환시킨 산소 덕택에 나 자신을 재구성하며, 숨을 내쉴 때 나는 내 주변에 있는 공기를 전환시킨다). 환원주의적 실행들은 '이러한 관계를 전형적으로 무시하고, 부분들을 기존에 존재하는 단위들로 고립시킨 다음 이들에 의해 전체가 구성되도록' 하는 반면, 일부 전체론적 실행들은 기존의 절차를 뒤바꿔놓는다.[123]

5. 부분과 전체의 상호결합은 '주체와 객체, 원인과 효과의 상호전환의 가능성'을 의미한다.[124] 예를 들어, 개인이 사회변화 과정의 주체이며 또한 객체로 고려되어야 하는 것과 정확히 똑같은 방법으로, 유기체들은 진화의 주체이며 또한 객체로 여겨져야 한다. 원인과 효과의 역전 가능성은 인과적으로 특정화된 모델들(심지어 피드백 순환고리가 부여된 경우에도)에 의문을 제기한다. 변증법적 추론은 현실에서 지속적 과정들의 흐름에 뿌리를 두고 이를 재현하는 덕택에 원인과 효과에 대한 주장에 얼마간 의존할 수 있다.

6. '변화는 모든 체계들, 그리고 이 체계들의 모든 측면의 특징이다.'[125] 이 점은 아마 모든 변증법적 원칙에서 가장 중요한 것이며, 올만[126]이 무엇보다도 우선시했던 것이다. 이에 따르면 변화와 불안정은 정상적이며 '사물'이나 체계의 안정성은 해명되어야 한다. 올만[127]의 말에 의하면 '변화는 항상 사물들이 구성하는 일부라는 점이 주어지면, {우리의} 연구과제는 {사물들 또는 체계들이} 어떻게, 언제, 무엇으로 변하며, 이들은 때로 왜 변하지 않는 것처럼 보이는가라는 것이다'.

7. 전환적 행동, 즉 '창조성'은 '사물들'의 내면화된 이질성뿐만

아니라 체계 내에 드러난 좀더 명백한 이질성, 그것들에 연관된 상호보완 및 모순에서 유발된다. 따라서 이는 물리적·생물적·사회적 세계 내에 어디에나 있다. 하지만 어떤 지속적 과정 내의 모든 계기들이 특정한 규모에서 변화 또는 안정을 이해하는 데 똑같이 유의미하다는 것은 아니다. 이론적 및 경험적 연구과제는 지속적인 흐름 내에 뿌리를 두면서, 근본적 전환을 만들어낼 수 있거나 또는 다른 한편 그 체계에 정체성, 통합성, 상대적 안정성의 특성을 부여할 수 있는 특징적인 '계기', '형태' 그리고 '사물'을 확인하는 것이다. 물리적 체계들뿐 아니라 사회적·생물적 체계 내 '행위'에 대한 문제는 이런 면에서 포괄적으로 정형화되어야 한다.

8. 변증법적 연구는 그 자신의 주장의 형태 바깥에 있는 것이 아니라 그 형태에 의존한다. 변증법적 연구는 지속적 연구 과정에 의해서만 지지되거나 약화될 수 있는 그 자체 입장을 갖는 개념, 추상화, 이론의 유형, 그리고 모든 방식의 제도화된 지식 유형에 있는 어떤 것을 생산하는 과정이다. 게다가 연구자와 연구대상 간에 함의된 어떤 관계는 객체로서 연구된 것을 고찰하는 '외부자'(연구자)의 입장에서 구성되는 것이 아니라, 여기서 작동하는 과정으로 인해 각자로부터 어떤 것을 필수적으로 내면화하는 두 주체 간의 관계로 구성된다. 해체론자들이 텍스트의 독해가 텍스트의 생산에 근본적이라고 주장하는 것과 마찬가지로, 하이젠베르크는 세계를 관찰하는 것은 세계에 대한 불가피한 개입이라고 주장했다. 이와 유사하게 맑스 역시 오직 세계를 전환시킴으로써 우리는 우리 자신을 전환시킬 수 있으며, 세계와 우리 자신을 동시에 변화시키지 않으면서 세계를 이

해하기란 불가능하다고 주장했다. 이 원칙은 인류중심주의와 생태중심주의의 이원성을 잘못된 대립으로 만든다(이는 자연과 양육 간의 관계를 논의하도록 지속적으로 압박을 받았던 페미니스트이론이 본질주의와 사회적 구성주의는 서로가 서로에게 본질적이기 때문에 이들 간에 가정된 대립은 잘못된 것이라고 포괄적으로 결론지은 것과 정확히 같은 방법이다. 이에 관해서는 퍼스D. Fuss[128]를 참조하라). 정신이 물질 위에 있는 것처럼, 변증법이 세계에 중첩될 수는 없다(이 점은 엥겔스의 결정적인 실수로, 불행하게도 레빈스와 르원틴에 의해 반복됐다). 이론과 실천의 근원적인 통합성은 결코 부서지지 않는 것처럼 보이며, 단지 줄어들거나 잠시 멀어지는 것처럼 보일 수 있다. 나는 벤턴[129]이 찾고자 했던 대립의 극복으로 나아가는 진정한 길이 여기에 있다고 주장하고자 한다.

9. 북친이 주장하는 것처럼, 연역 또는 귀납이 아니라 추론 즉 변화, 실현, 새로운 총체성(이를테면 사회적 생태계)의 구축 등을 위한 잠재성의 탐구는 변증법적 실천의 핵심적 주제다. 따라서 변증법적 연구는 그 자체의 과정에서 윤리적·도덕적·정치적 선택을 수립하고, 결과적으로 구축된 지식을 권력의 작동에서 형성된 담론으로 이해한다. 예를 들어 가치는 외부로부터 보편적 추상으로 인식될 수 없으며, 이런저런 잠재성(우리 자신 및 우리가 살고 있는 이 세계에 함의된)의 탐구와 결부된 실천 및 권력작동의 형태에 뿌리를 둔 연구과정을 통해 그것에 도달된다. 어떤 독특한 '녹색가치이론'이 최근 등장하고 있다면, 이는 생태적 과정 및 권력작동의 산물로 이해되어야 한다.

예를 들어 맑스가 『자본』에서 (그리고 올만[130]이 설정한 바와 같이) 제시한 변증법(존재론 및 인식론)과 생태적 저술들의 상당히 폭넓은 스펙트럼에 걸쳐 여러 형태로 제안된 변증법 간에는 공통점이 많다. 이 공통점은 인식되지 않은 채 지나쳐서는 안 되며,[131] 아무런 문제가 없는 것처럼 여겨서도 안 된다.[132] 다만 이는 창조적으로 탐구되지 않았다. 맑스주의 이론이 공간과 시간(궁극적으로 '자연'의 근본적인 속성)의 생산을 이해하기 위해 변증법적으로 확대될 수 있는 것과 마찬가지로, 자연의 생산[133]에 대한 보다 완벽하고 보다 일관된 맑스주의 이론을 구축하려는 이론적 과제에는 많은 관심이 필요하다. 솔직히 맑스의 변증법에 원칙적으로 반생태적인 것은 아무것도 없다. 따라서 많은 대항적인 네오맑스주의 사조에 의해 그 중심적 지위에서 쫓겨났던 변증법적 상상력이 다시 맑스주의 이론의 핵심으로 복원될 수 있다면, 정치경제학적 생태학을 창출하고자 하는 전망은 밝다.

생태사회주의적 정치를 향하여

벤턴[134]은 최근 '역사유물론의 기본 사고는 아무런 왜곡 없이 그 자체로 인간본성과 역사를 이해하기 위한 생태적 접근의 제안으로 여겨질 수 있다'라고 주장했다. 여기서 난제는 이러한 일반적인 공언과 노동과정에 대한 맑스의 정치경제학적 개념화 간의 간극이 그의 후기 저작들에 '내재되어' 있다는 점이라고 그는 주장한다. 맑스에 대한 좀더 변증법적인 독해를 통해 노동과정이 '형태 부여적 활력'(form-giving fire) 즉, 다른 과정을 끊임없이 수정하는 한편, 독특한 '사물들'을 거치면서 이들을 유발하는 것으로 이해된다면 이러한 간극의 많은 부분은 제거될 것이다. 이에 따라 맑스의 프로젝트와 현대 생태학적 사유 간 공통점을 탐구하는 것이 가능해질뿐 아니라, 이로써 우리는 사회생태적 활동과 프로젝트의 속성을 숙고해볼 수 있는 보다 적합한 언어들을 갖게 될 것이다.

바로 이러한 점에서 생태 논제들이 전형적으로 논의되는 다양한 언어들, 과학적·시적·신화적·도덕적 및 윤리적·경제주의적 및 도구적·감정적 및 효과적인 언어들을 잠깐 숙고해보는 것이 유용하다. 흔히 생태문제를 더 잘 나타내고 해결하기 위해서는 어떤 종류의 초학문적 언어가 필요하며, '자연'에 대한 다중적 담론들의 존재 자체가 문제의 근본이라고 이야기되기 때문이다. 다른 한편에서는 '자연'에 관하여, 그리고 그것과 우리의 관계에 관하여 말하고자 하는 모든 것을 하나의 단일하고 동질적인 언어로 몰아넣고자 하는 것을 무척 꺼리기도 한다. 여기서는 양쪽의 입장에 맞는 한정된 사례가 제시될 수 있을 것이다.

어떤 면에서 우리는 사회과학과 생물/물리 과학을 위해 분명 우리가 현재 갖고 있는 것보다 더욱 통합된 언어가 필요하다. 물론 과학의 통합성에 대한 의문은 수만번 끄집어내어졌고, 맑스도 적지 않게 그렇게 했다.[135] 그러나 생물학적 기반이 촉구될 때마다 사회이론의 측면에서 심각한 문제들이 제기됐다(잘 알려진 사례로 사회적 다윈주의가 나치즘을 뒷받침한 점, 사회생물학을 둘러싼 논쟁에서

야기된 근원적인 사회적 반감 등이 있다). 사회과학 측의 반응은 흔히 사회적 프로젝트들의 생태적 측면을 전혀 검토하지 않고, 이 프로젝트들이 중요하지 않은 것처럼 또는 이것들이 연구에 '외적인' 어떤 것으로 수행될 수 있는 것처럼 행동하는 것이었다. 이 같은 방식은 사물을 다루는 만족스러운 방법이 아니다. 보다 공통적인 언어를 창출하는 방법들을 찾아야 한다. 그러나 이는 위험한 영역, 즉 변증법적 사유양식보다는 유기체주의적 또는 전체주의적 사유양식을 위해 개방된 장이며, 만약 성공할 경우 사회과학 및 자연과학의 양 측면에서 존재론적 및 인식론적 입장에 심원한 변화가 필요해질 것이다.

다른 한편, 만약 '자연'에 대한 담론의 이질성이 고립된 공동체에 뿌리를 둔 파편화되고 분리된 사유양식 및 행동양식으로 여겨지는 것이 아니라, 우리 모두가 인간세계 및 비인간세계에서 '타자들'과의 상호작용에서 분명 느끼고 경험해야 할 내면화된 이질성, 차이의 작동으로 이해된다면, 이 이질성은 생태적 주장 제기에서 불가피할 뿐만 아니라 매우 건설적이고 창조적인 양상으로 받아들여져야 한다. 의미있는 노동 및 타자와의 연대의 즐거움은 노동자의 삶과 무관하지 않으며, 시와 노래에서 이에 대한 찬양은 과학이 제공하는 세계의 소외된 재현보다도 훨씬 더 많은 것을 전달한다.

여기에는 어디에서나 나타나는 위험이 있다. 상이한 담론들이 서로 불편하게 나란히 열거됨에 따라 그 차이들 중에서 통합성을 부각시키기가 어려워진다. 그러나 독특한 담론들 내에 권력관계가 뿌리를 두게 되는 방법에 대한 신중한 분석은 방대한 개념적 난맥상과 담론들의 불협화음이 자본주의의 재생산과 순전히 무관한 것은 결코 아님을 보여준다. 이 점에 대한 비판적 작업은 사소한 정치적 과제가 아니다. 만약 온갖 사회정치적 프로젝트들이 생태적 프로젝트이고 또는 그 역이 성립한다면, '자연'과 '환경'에 대한 어떤 개념화는 우리가 말하고 행동하는 모든 것에서 어디서나 나타날 수 있다. 게다가 만약 역사를 형성하는 '실질적 힘'으로서 사회생태적 실천과 행동에 내면화된 개념·담론·이론이 작동할 수 있다면,[136] '자연'과 '환경'의 개념을 둘러싸고 전개되는 오늘날의 논쟁은 굉장히 중요하다. 자연과의 관계에 대한 모든 비판적 검토는 곧 사회에 대한 비판적 검토다. 지배적 이해관계가 자연과 환경을 둘러싼 현대의 논쟁(대체로 '생태적 근대화' '지속가능성' '녹색 소비주의' 또는 문화적 스펙터클로서 '자연'의 상품화와 판매 등의 담론들)을 봉쇄하고, 형성하고, 신비화하고, 진흙탕으로 만들려는 놀라운 활력은 이러한 연계의 심각성을 입증한다.

여기서 위험은 흔히 이에 관해 잘 알지 못한 채 근본적 비판을 배제하는 개념들을 수용하는 것이다. 예를 들어 '희소성'(그리고 이와 유사한 의미를 가진 '과잉인구') 개념이 오늘날 논쟁에서 어떤 역할을 하는지 고찰해보자.[137] 인간의 잠재성에 대한 '자연적 한계'가 강조된다. 리(K. Lee)[138]는 인간행위의 규칙이 열역학 제2법칙과 생태계에 내재적으로 지속되는 힘으로부터 도출되어야 하는 것처럼 서술한다(이 둘은 생명의 기원은 제쳐두고라도 인간의 사회조직 변화의 역사를 설명하는 데 전혀 도움이 되지 않는다). 그러나 만약 우리가 전통적 지리학의 방식으로 '자연자원'을 '자연에 내재하며 특정한 사회적 목적을 위해 동원되는 요소들의 문화적·기술적·경제적 가치'로 이해한다면,[139] '생태적 희소성'은 우리가 사회의 목적, 문화 양식, 기술의 혼합, 또는 경제의 형태를 바꿔낼 의지, 재치, 또는 능력을 갖지 못했으며 우리가 인간의 요구에 따라 '자연'을 수정할 힘이 없음을 의미한다. 심지어 자본주의의 짧은 역사는 이 양상 가운데 어느 것도 고정되지 않았으며 이들 모두가 역동적이고 가변적임을 명백하게 증명한다. 자본축적이라는 병적 집착과 규칙이 전제가 되면 자본주의는 생태적 희소성과 과잉인구의 조건에 봉착할 것이라고 말하는 것은 하나의 방법일 뿐이다. 맑스에게 실례지만, 사실 생산양식으로서 자본주의가 희소성을 만들어내기 때문에, 보편적 한계에 초점을 두는 것은 정치적·생태적 관점을 완전히 묵살하는 것이라고 힘주어 주장할 수 있다. 최소한 이러한 관점에서 벤턴[140]의 말은 적절하다.

사회적/경제적 삶의 각 형태는 그 자신의 독특한 맥락적 조건, 자원물질, 에너지원, 그리고 자연적으로 매개된 비의도적 결과들('폐기물', '오염' 같은 유형)과 상호작용하는 그 자신의 구체적 양식과 역동성을 갖는다는 점을 인식할 필요가 있다. 어떤 사회적·경제적 삶의 형태이든 이에 대한 생태문제는 (…) 이러한 자연적/사회적 접합의 산물로 이론화되어야 한다.

오늘날 환경논쟁에서 사용된 많은 용어가 부지불식간에 자본주의적 가치들을 포함하고 있다는 점이 판명되고 있다. 일례로 '지속

가능성'은 각기 다른 사람들에게 각기 다른 것을 의미하지만,[141] 이 용어를 사용하는 일반적 경향은 특정한 생태적 프로젝트의 방식을 통해 일단의 특정한 사회적 관계를 유지하려는 목적을 배경으로 이 용어를 개념화하는 것이다. 이를테면 뉴욕시가 국제은행가와 바퀴 벌레라는 두가지 종으로 구성된 매우 단순화된 생태-경제적 상황 (가이아Gaia에 대한 러브록J. Lovelock의 데이지세계〔Daisyworld, 생물권이 대기권 특히 지구의 온도에 어떻게 관여하는가를 보여주는 간단한 컴퓨터 모형〕에 따라)을 상상해보자. 국제은행가들은 멸종위기의 종이며, 이에 따라 '지속가능성'은 이들이 사업을 유지할 수 있도록 지구의 사용을 조직한다(예를 들어 말라위에서 부채상환을 촉진하기 위해 '지속 가능한' 농업을 조직하는 것처럼)는 측면에서 규정될 것이다. 이 모델은 에두른 것이긴 하지만, 세계은행 같은 국제금융이 오늘날 왜 그리고 어떻게 생태적 지속가능성에 관심을 갖는가를 보여준다 는 점에서 계몽적이다. 생태적·사회적 프로젝트들의 이중성은 여기 서 다소 흥미로운 결합을 만들어낸다. 생태주의자들이 주장하는 것 처럼 부채상환은 많은 생태문제의 근원을 이루지만, 바로 이러한 부 채이행 불능의 위협은 국제금융에 이러한 생태문제가 존재한다는 점을 일깨워주기 때문이다.

다른 한편 우리가 지속가능성, 생태적 희소성, 과잉인구 같은 개 념들이 깊이 함의된 자본주의적 논리를 받아들이더라도 〔대안에 관 한〕 선택권을 제한할 수 없는 것과 정확히 같은 이유에서, 사회주의 자들은 단순히 생태적 불만에 대한 비판적 언어를 제멋대로 남용하 는 것에 만족해서는 안 된다. 오히려 우리의 과제는 자본주의가 만들어내는 독특한 압박과 모순으로부터 우리를 구출할 수 있는 특정한 생태사회주의적 프로젝트를 규정하고 이를 위해 싸우는 것이다. 맑스는 오래전에 이를 상당히 간명하게 요약했다.

우리 시대에 모든 것은 모순을 잉태하고 있는 것처럼 보인다. 인간노동을 단축하고 알차게 하는 놀라운 힘이라는 선물로 주어진 기계로 인해, 우리는 노동이 굶주리고 과로하는 것을 본다. 새롭게 유행하는 부의 근원이 어떤 기이하고 알 수 없는 매력에 의해 욕망의 근원으로 바뀌어간다. 예술의 승리는 개성의 상실에 의해 획득된 것처럼 보인다. 인류가 자연을 숙달하는 것과 같은 속도로, 인간은 다른 인간 또는 그 자신의 파렴치함의 노예가 되는 듯하다. 심지어 순수한 과학의 조명도 무지의 어두운 이면을 비추지 못한다. 우리의 모든 고안과 진보는 물질적 힘에 지적 생명력을 부여하고, 인간생활을 물질적 힘에 빠뜨려 망쳐버리는 결과를 초래하는 것처럼 보인다.[142]

그렇다면 사회적 딜레마뿐 아니라 생태적 딜레마에 대한 효과적인 해법을 향한 엥겔스의 경로를 인용하는 것이 충분하지는 않더라도 솔깃해진다.

오래되고 빈번한 잔혹한 경험을 통해, 그리고 역사적 문헌의 수집·분석을 통해, 우리는 생산활동의 간접적이고 보다 떨어져 있는 사회적 효과들에 대한 명확한 견해를 얻는 방법을 점차 배우게 된다. 또한 이 효과들을 통제하고 규제할 수 있는 기회들을 갖게 된다. (…) 그러나 이러한 규제는 단순한 지식 이상의 것을 요청한다. 이는 기존 생산양식에서 완전한 혁명, 그리고 오늘날 우리의 사회질서 전체에서 동시적인 혁명을 요청한다.

이것으로는 불충분하다. 어떤 생태주의 프로젝트이든 이것이 취할 수 있는 실제 방향에 관해 너무 많은 딜레마가 미해결로 남기 때문이다. 여기에 맑스주의자들과 모든 유형의 생태주의자들 간의 논쟁이 생길 여지는 많다. 물론 이 논쟁은 주로 고정된 입장들을 표현하는 문제이지만, 이를 독해하고자 하는 보다 변증법적인 다른 방법이 있다. 맑스는 '일방적인 표현은 항상 한정적이고 문제가 있다'라고 주장하며, 어려움에 봉착했을 때 나아갈 수 있는 가장 좋은 방법은 '이들이 불을 피울 수 있는 방법으로 개념적 묶음들을 한데 버무리는 것'이라고 말했다. 이 정신을 토대로 나는 이 같은 '버무림'이 생태주의적 개념화의 정치가 불을 피우는 데 도움을 줄 수 있는 다섯가지 핵심 영역을 결론으로 제시하고자 한다.

1) 소외와 자아실현

'자아실현'의 이상은 생태적 문헌에 널리 펴져 있다. 이는 우리의 창조적 힘에서 나오는 작업을 통한 인간해방과 자기발전을 위한 맑스의 관심, 특히 『경제학 철학 초고』뿐만 아니라 『경제학비판 요강』 같은 후기 저작에서 보여준 관심과 어떤 면에서 상응한다. 그러나 맑스주의 전통에서 생산력의 해방을 빈곤과 결핍과 관련된 것으로 적절하게 보았던 것처럼, 그 해방은 인간의 자아실현과 해방이라는 좀더 포괄적인 목표를 향한 특권적이고 상당히 배타적인 수단으로 이해된다.[143] 생산력의 해방은 목표 그 자체가 됐다.

이때 사회주의적 '생산주의'에 대한 생태주의자들의 비판이 도움이 된다. 이로써 맑스주의자들은 소외의 문제성을 다시 생각해볼 수 있기 때문이다.[144] 자본주의하에서 사적 소유, 계급관계, 임노동, 시장교환의 물신성은 우리를 모든 감각적이고 직접적인 접촉(계급적 질서를 갖는 노동분업하에서 달성될 수 있는 파편적이고 부분적인 감각을 제외하고)으로부터, 다른 인간뿐만 아니라 '자연'으로부터 분리시키고 소외시킨다. 그러나 만약 '인간이 자연 속에서 살아간다'면, '이 자연은 인간이 죽지 않기 위해 지속적으로 상호교류해야만 하는 그의 신체다'. 이 신체의 건강은 우리의 건강에 근본적이다. 자연을 '존중하는' 것은 우리 자신을 존중하는 것이다. 자연과 교류하고 자연을 바꾸는 것은 우리 자신을 전환하는 것이다. 이는 맑스 테제의 한 측면을 이룬다. 다른 한편, 자연과의 즉각적이고 감각적인 교류로부터의 소원함은 의식을 형성하는 본질적인 계기다. 따라서 이는 해방과 자아실현을 향한 경로의 한 단계다.[145] 하지만 여기에 패러독스가 있다. 의식의 이와 같은 끝없는 소원함은 지식(과학 같은)의 해방적 형태에 대한 성찰과 구축을 허용한다. 이는 또한 의식이 우리를 소외시켰던 그것으로 어떻게 돌아갈 것인가라는 문제를 제기한다. 그렇다면 현대 노동분업과 기술적–사회적 조직에 직면하여 자연과의 소외되지 않은 관계(소외되지 않은 사회적 관계의 형태와 더불어)를 어떻게 회복할 것인가는 맑스주의자와 생태주의자를 불가항력적으로 함께 묶어주는 공동 프로젝트의 일부가 된다. 회복은 이들이 어디서 두 동강 났는지를 찾아내는 방식으로 이루어질 것이다.

맑스주의자들은 많은 생태주의자가 제안하는 것처럼 자연과의 비매개적(unmediated) 관계(또는 단지 대면적 관계에서만 구축되는 세계)로, 즉 한정된 노동분업을 갖고 비과학적으로 이해되는 전자본주의적 공동체적 세계로 되돌아갈 수는 없다. 유일한 길은 이러한 매개의 유의미성을 인정하면서, 과학적 지식·조직적 효율성·기술적 합리성·화폐·상품교환 같은 매개들을 '능가하는' 정치적·문화적·지적 수단들을 찾는 것이다. 소외에 바탕을 둔 근대사회의 해방적 잠재력은 지속적으로 탐구되어야 한다. 그러나 흔히 그런 것처럼, 탐구는 목적 그 자체가 될 수 없다. 이는 소외를 최종점, 즉 목표로 다루게 되기 때문이다. 근대 자본주의가 예시하는 자연으로부터 소외(그리고 타자로부터 소외)를 회복하는 것에 대한 생태주의자들과 초기 맑스의 관심은 모든 생태사회주의적 프로젝트의 근본적 목표가 되어야 한다. 의미있는 놀이와 마찬가지로 의미있는 일의 추구(예를 들어 '예술의 승리'는 '개성의 상실'에 의해 얻어지는 것이 아님을 분명히 하면서)는 노동운동이 자연으로부터의 소외, 타자로부터의 소외, 그리고 최종적으로 자신으로부터의 소외에 관하여 생태주의적으로 주장하기라는 곤란함에 선뜻 맞설 수 있는 핵심적 과제가 된다.

여기서는 자연 및 타자와 보다 친밀하고 즉각적으로 맺는 관계의 잠재성들을 탐구하는 데 현상학적 접근들의 유관성 또는 그 힘을 부정하지 않는다. 심지어 하이데거의 접근에 함의된 감정의 깊이와 농도는 적합한 시적 언어, 표현, 상징체계를 탐구하는 것 이상으로 유관하다. 싸르트르의 실존주의는 결국 하이데거만큼이나 맑스로부터 많은 영향을 받았다. 위험은 이 사고방식들이 정치의 유일한 기반으로 가정될 경우(이 사고방식들이 내향적·배타적으로, 심지어 네오파시스트처럼 되는 경우), 즉 차이 안에서 통합을 추구하는 것이 분명하게 맑스의 의도였을 경우에 발생한다. 이 같은 이원성의 고찰은 생태사회주의 정치의 중심에 있어야 하며, 순전히 도구적인(매개적인) 것과 실존적인(비매개적인) 것 사이에서 가치가 불편하지만 유익하다는 이중성을 함의한다.

2) 사회적 관계와 생태적 프로젝트

자아실현을 위한 우리의 '유적 잠재력'과 능력에 대한 탐구에는 우리가 생태적 프로젝트와 이를 착수·이행·관리하기 위해 거쳐야 하는 사회적 관계 간의 연관을 이해하는 작업이 필요하다. 예를 들어 핵발전이 성공적으로 작동하기 위해서는 위계적 지시 및 통제구조와 결합된 매우 집중화되고 비민주적인 권력관계가 필요하다. 따라서 이에 대한 반대는 건강과 장기적 유해폐기물에 대한 생태문제에 관해 초점을 두는 것만큼 사회적 관계들에 초점을 두어야 한다. 마찬가지로 소련에서 수행된 생태적 프로젝트 가운데 많은 것들은 그 속성상 호혜주의 및 민주주의에 기반을 둔 새로운 사회를 구축하고자 하는 이론적 프로젝트와 근본적으로 상충되는 사회적 관계들을 요구했다. 그러나 이런 종류의 비판은 쉽다. 우리가 이 방정식을 뒤바꾸어놓으며, 수행되어야 할 유일한 종류의 생태적 프로젝트가 비위계적이고 분권적이고 매우 민주적이며 근본적으로 호혜적인 사회적 관계와 상응하는 것들이라고 말할 경우, 가능한 생태적 프로젝트들의 범위는 매우 제한되고 심지어는 상당수의 사람들의 생명을 위협하는 것이 될 수 있다. 이러한 입장의 채택은 분명 우리의 유적 잠재성에 대한 열린 탐구와 조응하지 않으며, 세계인구의 많은 부분이 겪는 명백한 물질적 궁핍의 경감에 아마 불리한 영향을 미칠 것이다.

항상 일어나는 모순적 상황에 대한 해법은, 그 긴장의 속성을 완전히 인정하고 그것과 더불어 살아가는 정치적 방법들을 추구하는 것밖에 없다. 또한 보다 즉각적으로, 우리는 특정한 사회적 관계들의 '사실상' 예증(instanciation)에서 유발되는 효과들을 인식해야 한다. 예를 들어 우리가 오늘날 생태계들을 도시의 건조환경과 이를 유지하는 자본 및 상품의 흐름을 포함하는 것으로 본다면(우리는 그렇게 보아야만 한다), 그리고 이 생태계들이 자본주의적 사회관계의 예증이라면, 사회적·생태적 전환은 어떻게(파국적으로 파괴적이지 않도록) 가능할까?

3) 기술문제

'기술은 인간이 자연을 다루는 양식, 이를 통해 생명을 유지하는 생산과정을 드러내며, 또한 사회적 관계의 형성 양식과 그로부터 도출되는 지적 개념화의 형성 양식을 노출시킨다.'[146]

어떤 기술적 결정론을 맑스에게 부여하는 것은 순전히 잘못이지만('드러내다'는 '결정하다'로 읽을 수는 없다), 사회적 관계들을 생태적 프로젝트들에 각인시키는 데(그리고 그 역도 마찬가지로) 기술 및 기술적 선택이 지닌 구심성은 이 주제에 신중하게 주목해야 함을 의미한다. 이러한 점에서 그룬트만[147]이 맑스의 접근에서 뚜렷한 긴장의 일부를 지적할 때, 그는 분명 매우 강력한 근거에서 그렇게 했을 것이다. 예를 들어 만약 기계가 노동자들로부터 그들의 잉여가치를 박탈할 뿐만 아니라 그들의 기능과 기교를 박탈하면서 그들의 자연과의 관계를 이간책으로 매개한다면, 자아실현(우리가 프로젝트의 집단성을 아무리 많이 강조할지라도)은 기술적 이유들로 위태로워질 것이다. 어떤 기술들은 심지어 자연에 대해 더 큰 통제를 행사할 목적에 반대되는 방향으로 나아가지만, 문제는 더욱 심각해진다. 자본주의가 우리에게 물려준 기술적 혼합들(사회-생태 프로젝트의 특정한 혼합과 더불어)은 단호히 기각되어야 하거나(많은 생태주의자들이 오늘날 제안하는 것처럼), 또는 사회주의적 사회관계 및 이로부터 도출되는 지적 개념화들(자연과의 관계에 대한 개념화를 포함하여)과 더 잘 조응하는 방식으로 점진적으로 전환되어야 한다. '기술을 전유하라' '작은 것이 아름답다'에 대한 주장들은 여기서 사회주의의 구축을 위한 필수적인 기술적 원리 또는 궤적으로서가 아니라 사회주의사회의 미래 기술적 조직에 대한 일단의 물음표로 작동하게 된다.[148]

4) 공통점과 차이점, 집중과 분산의 변증법

오늘날 활기를 띤 급진생태학적 비판의 많은 부분은 아나키즘에 근원을 갖고 있기 때문에, 이는 전형적으로 공동체·국지성·장소·'자연'과의 근접성·특수성·분산화(국가권력에 매우 적대적인)를 강조하는 길을 택했다. 이는 프롤레타리아투쟁의 보편성과 세계사적 지배체계로서의 자본의 전복에 대한 전통적인 사회주의적 관심과는 반대된다. 모든 생태사회주의적 프로젝트는 이러한 반대에 직면해야 한다. 좀더 지리적인 역사유물론, 즉 보다 생태적으로 민감한 유물론이 분석뿐만 아니라 전망적 전환이라는 점에서 많은 것을 제공할 수 있다. 자본주의적 지배형태들에 저항하는 일반적 투쟁은 항상 자본가들이 개입되어 있는 특수한 종류의 사회-생태적 프로젝트들과 이들이 가정하는 독특한 사회적 관계들에 반대하는 특정 투쟁들(캘리포니아의 대규모 수자원 프로젝트나 프랑스의 핵발전 반대투쟁, 히말리야의 상업적 삼림과 목재관리 반대투쟁)로 이루어진다. 따라서 사회주의적 투쟁 원리들의 설정은 이후 직면하게 될 사회-생태적 프로젝트의 속성과 규모에 따라 매우 다르다. 마찬가지로 우리가 추구하는 사회주의적 전환의 속성은 특정 프로젝트와의 관계에서 존재하는 사회-생태적 가능성에 결정적으로 의존한다. 이러한 사회-생태적 가능성은 니카라과 또는 짐바브웨에서 볼 때와 스웨덴에서 볼 때와는 엄연히 다르며, 또한 다국적 금융이라는 점에서 볼 때와 주택 프로젝트 옆에 버려진 의료폐기물이라는 점에서 볼 때와는 서로 아주 다르다. 그러나 바로 이 점에서 사회주의로의 전환에 대한 일반적 가정들이 성찰될 여지가 있다.

사회주의는 필연적으로 동질성의 구축에 대한 것이 아니다. 아마도 우리의 유적 잠재성에 대한 탐구는 또한 다양성과 이질성을 위한 창조적 추구, 그리고 이에 대한 탐구일 수 있다. 소외의 문제를 해결하고 자아실현을 위한 다양한 가능성을 열어가는 방향으로 더욱 나아간 사회생태적 프로젝트들은 어떤 사회주의적 미래의 일부로 근본적으로 여겨질 수 있다. 특징 없는 상품화된 동질성이라는 지리적 불균등발전 외에 다른 어떤 것도 생산하지 못하는 자본주의의 실패는 이의 가장 두드러진 실패 양상 가운데 하나다.

장소 구축, 생물지역주의 등에 초점을 둔 급진생태학 문헌은 도시설계 등에서 일련의 순응주의(conformity)의 생산뿐만 아니라 자본주의의 폐기물 생산(우리는 정말 영국 맥주를 오스트레일리아로, 오스트레일리아 맥주를 영국으로 선적할 필요가 있는가)을 비판하는 훌륭한 근거의 일부로 제공될 수 있는 어떤 창조적인 것을 갖는다. 예를 들면 멈퍼드(L. Mumford)는 지역을 '이에 상응하는 인공물'처럼 '도시를 자연 속에 있는 최종생산물로' 즉 단순히 인간의 지와 환상의 창조로서 나타나는 것이 아니라, '예술의 집단적 작품{으로}' 묘사하기를 원했다. 생태적 전환의 사회주의 프로젝트에 뿌리를 둔 이와 같은 사고방식은 다양하게 국지화된 예술작품들로서 '자연의 생산'을 중심으로 전개되며, 이 예술작품들은 생태계만큼이나 많은 문화와 장소의 다양성을 존중할 수 있는 생태계적 차이의 창조와 결부된다. 자연의 다른 부분에서 만나게 되는 풍요로움, 복합성, 다양성에 대한 자유로운 탐구를 배경으로 하는 복합성과 다양성을 위한 인간능력의 풍요는 모든 생태사회주의적 프로젝트의 중추적 부분이 된다. 버그[149] 같은 생물지역주의자는 '우리 각자는 우리가 거주하는 장소, 우리의 일, 우리의 삶을 공유하는 사람들에 의해 주로 결정되는 "의식의 영역"에서 살아간다'라고 말한다. '배려하고 유지 가능한 인간문화의 재창조'가 '우리 시대의 "실질적 작업"의 일부'가 되어야 한다는 그의 주장을 따르지 않을 이유는 전혀 없다. 그렇게 하면서 그는 하이데거만큼이나 레이먼드 윌리엄스에게 도출된 것들에 공감한다.

다른 한편 우리는 여기서 순수한 생물지역주의, 장소, 국지적 공동체 정치로부터 생태사회주의를 떼어놓는 지점에 봉착하게 된다. 문제는 그와 같이 분산된 정치와 다음과 같은 순박한 믿음에 따라 강화된 국지성에는 권위주의, 감시, 제약 등을 암시하는 것 이상의 뭔가가 있다는 점이다. 그 순박한 믿음들은 (1) 인간다양성의 존중이 모든 분산된 사회들이 노예, 성적 억압 등[150]과 관련되기보다는 '민주주의, 자유, 정의, 그리고 그외 바라는 것들의 {계몽!} 가치들에 바탕을 두고' 그들 자신을 필연적으로 구축할 것이라는 믿음과 병존할 수 있다는 신뢰,[151] (2) 공유적 자립경제 및 외국무역에 대한 강력한 규제와 흔히 결부되는 '빈곤' 극복이라는 믿음, (3) 분열을 초래하는 '외국인들'의 배제와 연관된 인구이동의 제약이 어떻게 해서든 개인의 자유, 민주주의, '타자들'에 대한 개방 등을 극대화하려는 이상과 조응한다는 믿음 등이다. 공동체가 타자들에 반대되는 것으로 규정되고, 이에 따라 완전히 배제적·국수주의적·인종주의적 방법으로 정식화되는 공동체 정치의 악몽에 대한 영(I. Young)[152]의 유익한 경고를 쉽게 회피해서는 안 된다. 예를 들어 골드스미스가 '일정 수의 외국인들이 정착하도록 허용될 수는 있지만', 이들은 '시민들이 이들을 그들의 회원으로 선정하기 전까지는 공동체의 운영에 참여하지' 않아야 한다고 생색 내면서 말했을 때,[153] 네오파시스트적 배제의 정치로의 편향이 절박하게 됐음을 느낄 수 있다. 예를 들어 북부 이딸리아의 우파 룸바르디 동맹의 '생태주의'는 비이딸리아인들의 이주뿐만 아니라 남부 이딸리아로부터의 이주에 대해서도 정확히 같은 관점을 공유한다. 게다가 이러한 생각은 생태지역들이 상당히 다른 시간적·공간적 규모들에서 작동하는 수많은 상호교차적 과정들에 의해 만들어지기보다는, 자연에 의해 또는 역사에 의해 주어진다는 전제를 가정한다. 달리 말해, 생물지역들을 변화하는 과정의 불안정한 산물이라기보다는 매우 비변증법적인 방식을 거친 어떤 사물로 여기게 된다. 이에 따라 질문 하나가 떠오른다. 생물지역, 장소, 또는 인간공동체는 어느 정도 규모로 규정되어야 하는가?

우리는 생태사회주의적 정치가 주목해야 할 점은 '보편성'이 이중적 의미를 갖는 정치라고 결론내릴 수 있다. 이 점은 '도덕적·사회적 생활에서 모든 사람들의 참여와 포용이라는 점에서의 보편성은, 특정한 소속·감정·책무·욕구를 능가하는 일반적 관점의 채택이라는 점에서 보편성을 의미하는 것은 아니다'라는 영[154]의 규칙에서 아주 잘 표현된다. 따라서 이러한 두가지 의미의 보편성(젠더, 인종 또는 다른 사회적 소속의 차이에 걸쳐 있는 것으로 해석되든, 또는 사회주의하에서 탐구될 수 있는 다양한 사회생태적 프로젝트에 걸쳐 있는 것으로 해석되든) 간의 관계에 대한 영속적 타협은 생태사회주의 사고의 핵심으로 남아야 한다.

5) 시간적·공간적 규모의 문제

처음 보면, 규모에 대한 의문은 순전히 기술적 문제로 보인다. 이를테면 생태계들(또는 사회-생태적 프로젝트들)이 어디서 시작하여 어디서 끝나는가, 연못은 해양과 어떻게 다른가, 한 규모에서 지대한 효과를 미치는 과정들이 어떻게 다른 규모에서는 무관하게 되는가? '적합한 규모화라는 논제는 사회-자연 상호작용의 이해에서 근본적인 이론적 도전들을 받고 있다'라고 하일라와 레빈스[155]는 주장한다. 그들은 시간적·공간적 규모를 규정하는 '단일한 "올바른" 방법'은 없다고 말한다. 규모는 고찰된 유기체들에 의해 구성되며, 따라서 상이한 규모들이 자연의 어떠한 특정 위치에서든 동시적으로 나타난다. 변증법적 관점에서 그러한 것처럼, 만약 모든 것이 환원될 수 있는 기본단위가 존재하지 않는다면, 과정들을 고찰하기 위한 규모의 선택은 결정적이며 또한 문제적이다. 이 어려움은 인간이 생태적 행위자로서 작동하는 시간적·공간적 규모 역시 변화해왔다는 사실에 의해 더 심화된다. 이를테면 크로넌[156]은 뉴잉글랜드에서 식민정착이 시작되기도 전에 유럽과의 원거리무역이 어떻게 그동안 대체로 고립되어 있었던 두 생태계들을 서로 접촉하도록 하여, 인디언들의 물질문명을 상업화하고 그들의 이전 생태적 행위들을 해체했는가를 서술한다. 우리의 아침식사로 식탁에 놓인 상품흐름과 화폐흐름에 규정된 오늘날의 규모를 생각하면, 그리고 이 규모가 지난 100년 간 어떻게 변화했는가를 생각해보면, 자본축적·상품교환 등의 이행에서 유발된 규모의 규정(definition of scale)이 지니는 불안정성이 즉각적으로 명백해진다.

그렇지만 스미스[157]가 진술한 바와 같이, '지리적 규모의 생산에 대한 이론'(나는 시간성의 생산도 덧붙이고자 한다)은 '전반적으로 발달하지 못했다'. 이 점은 중첩적 계층의 규모들을 생산하는 것이 우리에게 항상 이 규모들을 어떻게 중재하고 전환할 것인가라는 의문을 남겨둔다. 생태적 주장은 바로 이 점에서 엄청나게 혼란스러워진다. 한편으로 가이아적 지구행성의 건강치유 전문가들은 지구적으로 생각하고 지구적으로 행동하고자 하는 반면, 생물지역주의자들과 사회적 아나키스트들은 국지성을 위해 좋은 것은 대륙 또는 지구행성에도 좋다고 완전히 잘못 가정하면서 국지적으로 생각하고 행동하기를 원한다. 그러나 이 점에서 논제는 생태적일 뿐만 아니라 매우 정치적이게 된다. 작동하는 정치권력은 사회-생태적 프로젝트들을 결정하며, 이들의 비의도적 결과에 대한 규제 역시 어떤 규모에서 규정되기 때문이다(현대 세계에서 대부분 지난 100년 사이에 만들어진 국민국가들은 필수적으로 정치생태적 의미를 만들어내지 못했음에도 불구하고 특권적 지위를 유지한다). 그러나 이 점은 또한 모든 생태사회주의적 프로젝트가 직면해야만 하는 것에 관해 매우 구체적인 어떤 것을 말해준다. 한편으로 시간적·공간적 규모들을 재규정하는 인간행위의 지속적 전환들이 아마 있을 것이지만, 다른 한편으로 상이한 종류의 프로젝트에 의해 주어진 상이한 규모 사이를 '중재하고 전환하는' 능력을 가진 정치적 권력구조가 창출되어야 한다. 여기서도 역시 생태사회주의적 관점은 인간의 잠재성이 어떻게 탐구되어야 하며, 어떤 정치적 제도와 권력구조가 사회주의 프로젝트의 생태적 차원에 민감하도록 창출될 수 있는가에 대한 사회주의 사유를 위해 크나큰 영향을 미친다.

후기

언젠가 맑스는 '모든 노동과정의 끝에, 우리는 시작 당시 노동자들의 상상 속에 이미 존재했던 결과를 얻게 된다'라고 주장했다.[158] 내가 여기서 수행하고자 했던 종류의 노동의 목적은 사회주의의 정치적 실천에 필요한 개념적 명료화를 추구하고 생산하는 것이다. 그러나 에커슬리가 예리하게 지적한 바와 같이, 이러한 분석에 의해 이루어진 포부들은 '현재 자신의 지식과 비판적으로 관련되어야 하며, 이를 통해 희망을 분석과 통합시키고, 또한 기존의 문화적·사회적·정치적 연계와도 관련되도록 (유도)해야 한다'. 나의 주장을 이 글의 첫 부분과 연결해보면, 이는 수십년 전 볼티모어의 레프트뱅크 재즈소사이어티에서 리처드 닉슨의 대통령직이 그들의 주요 환경 문제라고 아주 올바르게 규정했던 아프리카계 미국인들에게 말해주는 방식으로, 또한 (생태사회주의적) 포부를 가진 운동에 말해주는 방식으로 생태 논제들을 개념화하고 표현하는 방법을 발견해야 한다는 것을 의미한다.

보론

공간, 장소, 환경은 지리학적 사유의 중심이다. 맑스의 정치경제학과 역사적 유물론을 통해 이들에 접근하는 것은 급진적 지리학의 핵심과제였다. 공간, 장소, 환경의 생산은 자본축적과 계급투쟁의 단순한 부산물이 아니라, 자본주의의 역동적 진화 내의 생생한 순간이다. 일례로 끊임없이 규모가 팽창하고 있는 자본주의적 생산과 소비를 유지하기 위해 필요한 건조환경에 대한 거대한 투자와 순환을 고려해보라. 이러한 투자에 뒤따르는 지리적 불균등발전은 위기의 형성과 회복에 생동적인 요소가 될 수 있다(지난 10여년에 걸쳐 주거 부문에서 그러했던 것처럼). 또한 도시과정(urban process)과 환경변화 간에는 강력한 내적 연계가 존재한다. 서식지 감소에서 오존 농축, 공해, 지구온난화에 이르는 모든 것은 도시화에 의해 심대한 영향을 받았다. 점점 더 증가하는 잉여자본을 흡수하기 위한 필요에 따라 역동적으로 추동되는 도시화의 급진적 전환 없이는, 환경악화와 급증하는 사회적 불평등 같은 우리 시대의 주요 문제 가운데 상당 부분에 대한 답이 있을 수 없다.

나의 오랜 동료 닐 스미스는 그의 명저 『불균등발전』(*Uneven Development*)에서 이 주제에 대한 사고를 진전시켰다. 1990년대 초 그가 지칭한 '자연의 생산' 개념은 사회활동가들의 중요한 지침이 됐다. 이는 이 시기 동안 침체되거나 소멸되기보다는 오히려 성장했던 반자본주의 정서의 한 부문이었다. 환경정의에 대한 탐구가 사회정의에 대한 탐구를 대체할 정도였다.

환경 논제의 통합과 자연과의 관계는 적지 않은 방법론적 문제들을 제기했다. 정치경제학에서 '정치적인' 것의 의미는 재규정되어야 했고, 내가 항상 좋아했던 (버텔 올만의 연구에 바탕을 둔) 변증법에 대한 관계적 접근이 사회현상과 자연현상 간의 접합면에서 어떻게 작동할 수 있었는가는 즉각적으로 분명히 이해되질 않았다. 엥겔스가『자연변증법』(The Dialectics of Nature)에서 선호했던 접근은 분명 적합하지 않았다. 나는 헤겔의『논리학』(Science of Logic)보다 화이트헤드의『과정과 실재』(Process and Reality)에서 도출된 과정-기반적 변증법 접근이 더 필요하다고 결론지었다.

1993년『사회주의 연감』(Socialist Register)에 처음 발표됐던 이 장은 이 문제들을 탐구한다. 3년 후에 출간된『정의, 자연, 차이의 지리학』(Justice, Nature and the Geography of Difference)에서는 이 주제들을 더 정교하게 다듬고자 했다. 자연과의 관계를 분석에 포함하는 일은 맑스 정치경제학의 확실성을 상당히 혼란스럽게 만들고 무너뜨렸다(앞서 공간을 포함시키기가 그렇게 한 것과 거의 똑같은 방법으로). 이는 비록 논리적 일관성을 잃도록 했지만, 실재론에서 얻은 맑스 진화론의 관점을 훨씬 풍부하게 하고 그 견해를 다양하게 해석할 수 있도록 했다. 이 글과 이에 이어 출간한 책은 내가 자연에 관해, 그리고 세계 속에서 우리의 장소에 관해 사유하는 방법의 주요한 변화를 보여주었다. 여기서 나는 처음 역사지리적 유물론의 원칙을 규정하고자 했다.

제8장

투쟁적 특수주의와 지구적 야망

1988년 옥스퍼드 대학에 교수로 부임한 직후, 나는 이 도시에 있는 로버(Rover) 자동차공장의 장래에 관한 연구 프로젝트에 참여하게 됐다. 사람들은, 특히 외부인들은 옥스퍼드를 첨탑이 아름다운 명문대학의 도시로 상상한다. 그러나 1973년까지만 해도 옥스퍼드 동부에 있는 카울리(Cowley)의 자동차공장은 약 2만 7,000명의 노동자를 고용했으며, 이는 옥스퍼드 대학이 고용한 노동자가 3,000명에 못 미친 것을 고려하면 상당한 수였다. 20세기 초 이 도시의 중세적 사회조직에 진입한 모리스모터스(Morris Motors)는 이곳의 정치적·경제적 삶에 엄청난 영향을 미쳤으며, 이 과정은 『공산주의 선언』에 제시된 사회주의적 의식으로 나아가는 3단계 경로와 거의 정확히 상응했다. 해를 거듭하며 수많은 노동자들이 자동차공장 및 부대시설, 그리고 그 주위로 꾸준히 모여들었다. 노동자들은 자신들의 이해관계와 그 이해관계를 방어하고 촉진하기 위해 구축된 제도들(주로 노동조합)을 의식하게 됐다. 1930년대에, 그리고 1960년대에서 70년대 초반에 또다시 이 자동차공장은 영국 노사관계의 미래를 둘러싼 격렬한 계급투쟁의 진원지 중 하나로 떠올랐다. 노동운동은 즉시 지역 노동당의 형태로 강력한 정치적 도구를 만들어냈고, 지역 노동당은 결국 1980년 이후 지방의회를 지속적으로 통제하는 역할을 떠맡았다. 그러나 1988년경 경영합리화와 인원감축으로 고용은 1만명 규모로 줄었고, 1993년에는 5,000명 이하로 줄었다(대조적으로 당시 대학의 고용은 7,000명에 육박했다). 자동차공장에 완전 폐쇄의 위기가 임박했다.

테리사 헤이터(T. Hayter)와 내가 카울리의 역사에 관해 엮은 『공장과 도시』(*The Factory and the City*)가 1993년 후반에 출판됐다. 이 책은 1988년에 시작한 공장폐쇄 반대캠페인을 지원하기 위해 수행한 연구작업에 기원을 두고 있다. 1988년은 브리티시 에어로스페이스(British Aerospace, BAe)가 마거릿 새처 정부와 밀월 거래로 민영화를 추진해 로버를 합병한 해였다. 공장의 부분 폐쇄와 경영합리화가 즉각 발표됐고, 완전 폐쇄라는 불길한 예측이 나돌았다. 옥스퍼드의 땅값은 올랐고, BAe는 부동산 붐이 절정에 이른 1989년에 상업지구 건설을 전문으로 하는 부동산 개발회사(알링턴증권)를 합병했다. 작업장이 버밍엄의 롱브리지로, 더 나쁘게는 (혼다Honda가 이미 로버와 공동생산을 시작한 지역인) 스윈던의 노동조합이 없는 미개발지역으로 이전할지도 모른다는 두려움이 감돌았다. 그러고 나면 옥스퍼드 땅은 수십년에 걸쳐 자동차공장을 위해 일하도록 진화해온 인구 수천의 공동체에게 거의 아무런 고용 전망도 제공하지 않는 고수익 재개발사업의 텃밭이 될 것이었다.

공장폐쇄에 반대하는 캠페인을 논의하기 위한 첫 모임에는 여러 부문의 대표자들이 참석했다. 이 모임에서 우리는 무슨 일이 벌어지고 있으며, 어떤 형태이든 BAe의 이전이 그 노동인구와 옥스퍼드 경제에 어떤 영향을 미칠 것인가에 관한 정보를 제공할 수 있는 연구집단을 구성하기로 합의했다. 그렇게 옥스퍼드 자동차산업 연구 프로젝트(OMIRP)가 구성됐고, 나는 이 조직의 대표를 맡는 데 동의했다. 그러고 얼마 뒤 공장의 노동조합 지도부는 이 캠페인과 연구에 대한 지지를 철회했고, 도시위원회의 노동당 위원들은 피소당했다. 이로 인해 연구는 공장 안에서 반대파에 속하는 노동조합 대표들의 소집단에게 맡겨졌는데, 그중 일부는 옥스퍼드 폴리텍(현재의 옥스퍼드 브룩스 대학)과 옥스퍼드 대학에 기반을 둔 독립연구자 집단에게 맡겨졌다.

나는 개인적 이유로 캠페인에 적극적이지도 못했고, 첫 연구에 그렇게 많이 참여하지도 못했다. 나는 단지 연구에 필요한 자료를 수집했고 연구결과를 출판하는 데 도움을 주었을 뿐이다. 노동조합 지도부와 지역 노동당 다수파는 공장의 미래와 부지 선택에 대한 BAe와의 '민감한 협상' 과정에서 '판을 엎을지' 모를 위험한 행동은 조금도 원치 않았으므로, 그 연구사업을 적극적으로 중단시키고자 했다. BAe가 직원을 절반으로 감축하고 토지 절반을 재개발에 풀어주는 대대적인 경영합리화 방안을 또다시 발표했을 때 천만다행으로

OMIRP는 『카울리 노동』(*Cowley Works*)이라는 소책자를 출간했다. 여기에는 캠페인을 시작하기 위해 벌인 투쟁의 이야기를 비롯한 공장의 역사와 계속된 인원감축의 역학관계가 잘 기술되어 있다.

OMIRP의 조정자, 테리사 헤이터는 1989년에 세인트피터 칼리지에서 3년짜리 연구지원을 받아, 그 책에 카울리의 역사, 캠페인의 실패, 기업자본의 전횡에 맞선 저항세력을 집결하는 데 따르는 정치적 문제들을 담아냈다. 다양한 배경의 (정치 활동가들뿐만 아니라 학자들까지 아우르는) 필자군을 구성했고, 각 구성원에게 자신이 가장 잘 아는 주제에 관해 1장씩 서술하도록 요청했다. 본문의 각 장은 필자들이 서로가 쓴 장을 읽고 의견을 주고받은 뒤 최종안을 도출하는 방식으로 쓰였다. 나는 이 책이 저명한 출판사들에게 좀더 매력적으로 보이려는 노력의 일환으로 공동집필자로 책에 참여했다. 그뿐 아니라 헤이터와 함께 이 책을 편집했으며 풍성한 내용을 담기 위해 새로운 글을 청탁하고, 그 글들에 주의를 기울이는 한편 책의 내용이 전체적으로 한눈에 들어오게 만드는 데 상당한 시간을 들였다.

이 책은 매력적인 기록이다. 이 책은 근본적으로 상이한 위상을 가진 필자들을 한데 모았다. 이름을 밝히지 않은 노동조합 위원부터 공장에서 일해온 다른 여러 노동자, 옥스퍼드 동부에서 오래 산 주민, 학자, 도시계획 설계가, 독립 좌파에 이르기까지 언어는 장마다 크게 달랐다. 공장 경험에서 우러나온 활동가의 목소리(내가 뒤에서 레이먼드 윌리엄스를 좇아 '투쟁적 특수주의'(militant particularism, 이 책 본문에서도 알 수 있는 것처럼 이 용어는 특정 집단(계급 또는 지역)이 자신의 특수한 이해관계나 입장을 관철하기 위해 투쟁하면서, 더 보편적인 이해관계(경제 전반 또는 환경에 대한 고려)나 거시적·장기적 상황에 대한 고려를 거부하는 성향을 뜻한다. 호전적 배타주의, 적대적(또는 전투적) 당파주의 등으로 번역되기도 한다)라고 지칭하고자 하는 것)는 연구자들의 보다 추상적인 판단과는 뚜렷한 대조를 이뤘고, 지역사회의 관점은 여러 대목에서 생산라인의 관점과는 상당히 달랐다. 목소리와 문체의 이질성이 바로 이 책의 특별한 강점이다.

그러나 여러 기고자들의 정치적 관점과 해석이 매우 상이하다는 것은 애초에 명백한 사실이었다. 이 상이성들은 처음에는 완성된 책이라는 목적지에 다다르기 위해 차이가 산재한 지뢰밭을 조심스럽게 걸어나간다는 취지로 적절히 타협됐다. 난제들이 터져나온 것은 결론에서였다. 나는 본래 헤이터와 내가 하나씩 맡아 2개의 결론을 써서 독자들이 정치적 차이들을 더 잘 파악하고 그들 스스로 판단할 수 있게 하자고 제안했다. 그러나 이 제안은 부결됐다. 그리하여 나는 몇몇 구성원이 제시한 사고에 기초해 결론의 초안을 작성하게 됐다. 결국 이 초안은 집필과정에서 서로 눈감아주고 넘어간 지뢰들을 죄다 터뜨리고야 말았다. 헤이터와 나 사이에는 날선 긴장과 난처함 때로는 적대감까지 자라났고, 집단은 얼마간 우리를 둘러싸고 양분됐다.

이러한 격렬한 논쟁의 와중에, 헤이터가 나에게 내 충성심은 누구를 향한 것인지를 캐묻던 세인트피터 칼리지에서의 점심식사를 나는 기억한다. 그녀는 자신이 진심을 다하는 대상이 누구인지가 매우 명확했다. 그녀는 공장의 투쟁적 노동조합 위원들, 즉 매우 열악한 조건하에서 노동할 뿐만 아니라 반동적 노동조합 지도부로부터 통제권을 되찾아서 사회주의를 위해 더 좋은 기반을 건설하고자 매일 투쟁하는 사람들의 입장을 지지했다. 그녀는 반면 나를 누구에게도 특정한 충성심이 없는 떠돌이 맑스주의 지식인으로 이해했다. 과연 나의 충성심은 어디를 향한 걸까?

이는 내게 몹시 당혹스러운 질문이었고, 나는 그후 이에 관하여 많은 생각을 해야만 했다. 당시 나는 공장에 여전히 고용된 사람들(그리고 반대세력의 핵심이었지만, 그 견해는 소수의견으로 여겨졌던 『사회주의 전망』(*Socialist Outlook*)〔에르네스트 만델의 제4인터내셔널을 따르는 신뜨로쯔끼주의 입장의 국제사회주의 그룹이 발간하던 월간지〕의 뜨로쯔끼주의자들)에 대한 충성심도 중요하지만, 옥스퍼드 동부에는 해고자나 고용 전망이 없는 사람(이를테면 소외되고 불만에 찬 젊은이들, 그중 일부는 폭주족 놀이에 빠져 범죄자가 되고 지역사회 전체의 안녕을 명목으로 경찰의 탄압을 받는 수순을 밟았다)이 더 많으며, 이들도 동일하게 주목할 가치가 있다고 주장한 것으로 기억한다. 내가 목격한바, 헤이터는 내가 공동체 정치를 작업장(workplace) 정치와 평행하는 힘으로 보고 관심을 기울이는 것에 줄곧 회의적이었다. 더 나아가 나는 공장을 둘러싸고 구축된 노동계급의 결속이 확연히 약해지고 심지어 사라질 위협에 처한 상황에서 옥스퍼드 내 사회주의의 미래도 반드시 얼마간 고려해야 한다고 생각했다. 즉 공장노동자들을 지원하기 위해서도, 사회주의적 대의를 영속하기 위해서도 더 광범위한 세력의 연합을 모색해야 한다고 믿었다. 또한 나는 우리가 정말로 캠페인이 호응을 얻지 못한 이유를 더 잘 이해하고자 할 때, 우리와 실제로 일어난 일 사이에 일정한 거리를 두지 않는다면 그것이야말로 일반적인 의미에서 불충실하다고 생각했다. 헤이터는 캠페인을 앞세워 사람들의 감정을 동원하고자 했던 전략에 대해 아주 조금이라도 비판적으로 언급하는 것을 묵인하지 않았다. 마찬가지로 그녀는 공장의 생산현장에서 벌어지는 중대한 권력투쟁을 그 기반으로 받아들이지 않는 어떠한 견해도 거부했다.

그밖에도 온갖 종류의 의제들이 우리를 갈라놓았다. 이를테면 공장의 퇴락한 노동조건에 대해서는 단기적으로는 합리적 대안이 없기 때문에 이러한 일자리를 방어하는 것이 명백히 필요했지만, 사실상 '엿 같은 일자리'라고 할 수 있는 이런 직종의 장기적 보존만을 한목소리로 주장하기는 어려웠다. 여기서 중요한 점은 단기적 행동을 장기적 몽상에 종속시키는 것이 아니라, 당장의 긴급상황이 아주 다른 뭔가를 요구할 때 장기적 궤적에서 움직이기가 얼마나 어려운가를 지적하는 것이다. 나는 또한 영국, 나아가 전(全)유럽에서 나타나는 자동차산업 분야의 엄청난 과잉생산능력도 염두에 두었다. 누군가는 어디선가 양보해야 했고, 우리는 공식적 노동조합 정치를 마비시키는 '새로운 현실주의'라는 반동적 정치에 빠지지 않으면서 노동자들의 이해관계 일반을 보호할 수 있는 어떤 방법을 찾아야만 했다. 그런데 이러한 일반성(generality)은 어떤 공간을 기준으로 계산되어야 하는가? 영국? 유럽? 아니면 세계? 나는 최소한 유럽 차원에서 자동차 생산능력을 조정하자고 주장했지만, 그 정도 규모에서 그쳐야 할 정당한 이유는 막상 찾기 힘들었다. 또한 공장 자체(도색 작업장은 악명 높은 공해유발의 원인이었다)뿐만 아니라 제품의 속성에서 비롯한 중요한 생태주의적 의제들도 고려해야만 했다. 갑부들을 위해 로버 승용차를 만들어서 생태계 악화를 초래하는 것은 장기적으로 볼 때 훌륭한 사회주의적 목표와는 거리가 멀었다. 옥스퍼드 북부 부르주아의 유산에 기초한 이해관계는 기회만 오면 이 문제를 이용해서 자동차공장을 없애버리려 할 것이 뻔하다고 할지라도, 나는 생태주의적 의제가 수면 아래로 사라져서는 안 된다고 생각했다. 여기에서도 역시 시간 범위와 계급적 이해관계의 문제는 묻어두기보다는 노골적으로 논의할 필요가 있었다. 더 나아가 나는 BAe의 끔찍한 작태를 변호할 의도는 전혀 없었지만, 이 회사가 1992년 초 몇달 사이에 주식시장가치의 3분의 1을 잃었으며 부동산시장에서 크게 한몫을 볼 것이라는 희망이 1990년의 부동산 폭락으로 심각하게 줄어들었다는 사실을 지적하는 것은 타당하다고 생각했다. 이 점은 국영화라는 쓰라린 역사(로버의 전신이었던 브리티시 레이랜드 British Leyland가 1970년대에 이미 겪은 바 있는 재앙적인 경영합리화와 고용구조 재편)를 되풀이하지 않도록 기업활동(그리고 이 경우에는 생산을 대신해서 부동산투기에 뛰어드는 업종 전환)을 공적으로 또는 지역사회에서 통제하는 새로운 방식에 관한 의문을 제기했다.

나는 이 모든 의제들을 책의 결론에서 언급하지 않는 것은 어떤 실질적 대안으로서의 사회주의 신념에 불충실한 것이라고 느꼈다. 미리 덧붙이자면, 그 의제들이 모두 해결될 수 있다고 생각해서가 아니라, 내게는 그 의제들이 적어도 이 책에 묶은 원고들에서 도출될 수 있는 논의와 논쟁의 열린 지형을 선명히 보여주기 때문이었다. 그러한 결론은 독자들에게 선택지를 열어두게 할 것이고, 독자들로 하여금 복잡성과 난해함에 합당한 관심을 기울이는 한편, 폭넓은 가능성들의 지형에서 능동적으로 선택하도록 도왔을 것이다. 그러나 헤이터는 이러한 생각들이 장기적으로 유의미하다는 데 일부 동의하면서도, 이런 문제제기는 카울리에서 일자리를 유지하고, 공장이 스윈던의 노동조합이 없는 미개발 지역으로 이전하는 것을 막기 위한 즉각적 투쟁을 희석시킨다고 느꼈다. 그녀는 내가 제기하고자 했던 의제들은 노동자들과 진보적 노동조합 위원들이 작업장에서 힘과 권력을 재장악했을 때에만 주목받을 수 있다고 주장했다.

내가 다른 차원에서 다른 종류의 추상에 따라 행동하고 있음이 분명해졌다. 그러나 캠페인, 연구, 책을 위한 추진력은 내 안에서 나오는 것은 아니었다. 이는 공장에서 유출되는 노동조합 투쟁의 전통이라는 엄청난 힘과 권력에서 나오는 것이었다. 이 전통은 고유한 국제주의와 보편적 진리에 대한 가정을 내포한다. 문제는 헤이터와 나의 관점 사이의 보다 근본적 갈등 못지않게, 그 전통의 다소 협소한 뜨로쯔끼주의적 수사의 고수와 경직화에서 부분적으로 비롯한 것이었다는 주장도 가능할 것이다. 그러나 이 주장을 순전히 분파적 관점에서 묘사하는 것은 잘못일 것이다. 오직 공장에 기초한 정치 대(對) 더 포괄적인 정치라는 문제는 항상 있었기 때문이다. 나는 총체적 사회전환에 관한 예측모델을 공장에서 도출해 아무 문제없다는 듯이 확장해나가고자 하는 정치에는 근본적으로 결함이 있다는 믿음에 대한 나 자신의 진심을 포기할 수 없었다. 카울리의 전투적 노동조합 위원들의 입장에서 옳고 선한 것이 도시를 위해, 더 나아가 사회 전체를 위해 옳고 선하다는 견해는 지나치게 단순하다. 만약 사회주의가 그 국지적 속박을 깨고 나와서, 작동 중인 하나의 생산양식이자 사회관계인 자본주의에 대한 가시적 대안이 되려면 다른 차원, 다른 종류의 추상들이 펼쳐져야만 한다. 그러나 이러한 추상이 인도하는 정치를 수십년간 특수한 장소에서 특수한 방식으로 살고 일해온 사람들에게 부여하는 것 역시 상당히 문제적이다.

그렇다면 어떤 차원, 어떤 종류의 추상이 펼쳐져야 하는가? 그리고 실제의 사람이 아니라 추상에 충성한다는 것은 대체 무엇을 의미하는가? 이러한 질문들 이면에는 또다른 질문들이 자리 잡고 있다. 무엇이 지식에 대한 특권적 주장을 구성하는가? 그리고 어떻게 우리는 근본적으로 상이한 물질적 조건에서 매우 상이한 수준의 추상으로 구축된 상이한 지식들을 판단하고, 이해하고, 조정하고, 어쩌면 중재할 수 있을까?

레이먼드 윌리엄스와 추상의 정치

레이먼드 윌리엄스를 사로잡았던 이 질문들은 그의 저작에서 거듭 터져나온다. 이 글에서 그 이유가 곧 밝혀질 텐데, 그 질문들은 그의 문화이론보다는 그의 소설에서 훨씬 더 잘 표현된다. 나는 이 문제들에 관한 도덕적 귀감으로 윌리엄스를 치켜세우는 것이 이 글의 목적이 아님을 분명히 하고자 한다. 사실 나는 그가 이론화 작업에서 '문화전체론'(cultural holism, 문화는 '전체적 생활양식'으로 이해돼야 하며 사회적 실천은 '지속적인 물질적 사회과정의 분해 불가능한 요소들'로 구성돼야 한다는 견해)이라고 불릴 수 있는 것으로 나아갈수록 외부자들에게 배타적일 수밖에 없으면서 내부자들에게도 어떤 점에서는 억압적인, 사회질서에 대한 유기체주의적(organicist) 견해에 가까워진다는 비판에 동의한다. 싸이드(E. Said)[1]와 길로이(R. Gilroy)[2]의 비판적 개입은 외부자의 입장에서 난점을 지적하며, 특히 길로이는 윌리엄스가 영국제국에 대한 노동계급의 지지를 지탱하는 '감정의 구조' 내부에 위치해 있었다는 점에서 본국의 식민주의 및 제국주의와 공모했다고 비난했다. 순수한 유기체주의적 관점도 마찬가지로 문화적 편성 내 억압과 지배의 다양한 힘을 고찰하기 어렵게 만들었다. 이를테면 윌리엄스가 젠더문제에 대한 감수성이 한참 부족했다는 것은 대체로 인정되는 사실이다(그는 이 질문들을 이론에서보다 소설에서 훨씬 더 확실하게 다루고 있다고 느꼈지만). 윌리엄스가 때때로 빠져든 것으로 보이는 몇몇 함정에 대한 로먼(L. Roman)[3]의 동정적이면서도 건설적인 비판은 윌리엄스가 페미니즘적 관점뿐만 아니라 인종문제에 대해 좀더 섬세한 관점에서 만들어낸 기회와 위험 가운데 일부를 낱낱이 드러낸다. 또는 '체험'을 멀리하기 싫어했던 윌리엄스의 성향은 홀(S. Hall)[4]이 진술한 것처럼 그를 '경험에 관한 경험주의적 사고', 다시 말해 일상 경험을 이론 구축의 직접적 기반으로 삼는 데 아무 문제도 없다고 보는 사고로 유도한 것이 틀림없다. 이러한 점에 관한 윌리엄스의 과묵함 때문에 일부 비판가들은 그가 헤게모니에 관한 그람시(A. Gramsci)의 사고에 새롭고 다소간 더 미묘한 무늬의 생명을 부여했다는 점을 제외하고는 사실상 이론적으로 기여한 바는 전혀 없다고 결론지었는데, 나는 이러한 결론이 잘못된 것이라고 생각한다. 그렇지만 여기에는 어떤 패러독스가 작동하고 있다. 비록 결함투성이로 보인다 해도 윌리엄스가 끼친 영향은 '페미니즘운동, 제3세계운동, 노동계급운동들의 반(反)헤게모니에 관한 강조와 더불어 현대 문화연구에 강력하게 남아 있다'는 점 또한 사실이기 때문이다.[5]

나는 여기서 정치와 문화에 관한 윌리엄스의 논쟁적인 태도에 관한 어떤 체계적 비판을 옹호하거나 제시하려 하지 않을 것이다.[6] 그러나 그의 저작과 관련하여 왜 그토록 많은 통렬한 비판들이 그토록 자주 그의 이론으로 되돌아오는가를 설명해주는 두가지 핵심적 사항들이 있다. 첫째는 그의 개념들이 정식화되는 변증법적 방법에 관한 것이다. 예를 들어 다음 문장을 고찰해보자.

대부분의 서술과 분석에서, 문화와 사회는 습관적으로 과거시제로 표현된다. 인간의 문화활동에 관한 인식에 가장 강한 장애는 경험을 최종 생산물로 이같이 직접적이고 주기적으로 전환시킨다는 점이다. 의식의 역사에서는 많은 행동이 어떤 가정에 근거를 두고 종료된 것으로 명확히 받아들여질 수 있다. 하지만, 절차가 진행 중이라고 옹호될 수 있는 것 또한 항상 변화하는 과거의 실체에 투사될 뿐만 아니라 현대 생활에도 습관적으로 투사된다. 그리하여 우리가 여전히 활동적으로 참여하고 있는 관계·제도·조직은 이러한 절차적 양식에 의해 형성 중인 형성적(forming and formatire) 과정이라기보다 형성된 전체로 전환되고 있다. 이로 인해 분석은 이렇게 생산된 제도·조직·경험 간의 관계에 중심을 두게 되고 그에 따라, 생산된 과거에서처럼 현재에도 고정된 명시적 형태들만 존재하며, 살아 있는 현재는 개념의 규정상 항상 멀어진다.[7]

윌리엄스는 '형성 중에 있는 형성적 과정'보다 우월한 '형성된 전체'를 예시하는 소원한 개념을 만들어내는 경향으로부터 벗어나지는 못했다. 그러나 이 문장에서 그는 사물보다 과정에 관한 이해를 우선하는 변증법적 독해를 훨씬 더 선호하며, 이에 따라 이를테면 공동체에 관한 유기체주의적 사고는 이를 유지하는 복잡한 흐름과 과정에 관한 지식에 의해 조절된다고 선언하고 있다. 여기서 윌리엄스는 어떤 이론적 가능성의 영역을 표시하고자 한다. 즉, 사람들 간의 관계를 개념들 간의 관계로 환원시키려는 시도는 지속적으로 도전받을 수 있는 반면, 관계·제도·형태를 생산하고 유지하고 해체하기 위해 작동하는 과정들에 주목하면 그것들에 대한 우리의 이해는 생생하게 살아날 수 있다는 것이다.

둘째, 인류학자들이 '친밀한 문화'라고 칭하는 것에 정치적 행동의 '뿌리내림'(그라노베터M. Granovetter[8] 같은 현대 사회학자들이 이에 관심을 보이는 것처럼)이 이루어지는 방식은 동력을 부여하지만 또한 동시에 문제를 유발한다.[9] 그러나 또한 우리가 의존하고자 하는 추상화는 정치적·이론적 활동이 뿌리를 두고 있는 것이 무엇이든지 간에, 그리고 사회생활이 무엇에 밀접하든지 간에 이들과 무관하게 이해될 수 없다. 윌리엄스의 정식화에 관한 연구는 여기서 매우 도움이 된다. 그는 뿌리내림 그리고 밀접한 문화에 관한 사고를 이용할 뿐만 아니라 체계적으로 의문시하기 때문이다. 다음에서 나는 윌리엄스가 이 사고들이 의미하는 것을 규정하는 데 도움을 주는 환경, 공간, 장소를 어떻게 틀을 구성하는 개념으로 다루는지를 특히 주목하고자 한다.

환경사(史)로서의 소설

여러분의 손가락으로 이 이끼가 낀 사암을 꾹 눌러보라. 이 장소는 이 돌과 풀, 이 붉은 흙과 더불어 물려받았고, 또한 이들과 더불어 형성되고 재형성된다. 이 장소의 생성은 독특하지만 아주 갑작스럽게 이뤄진다.[10]

윌리엄스의 마지막 미완성 소설 『블랙마운틴 사람들』(*People of the Black Mountains*)의 1권과 2권 모두 그 첫 문장은 이렇게 끝난다. 이야기는 기원전 2만 3000년에서 시작하며, 광대한 환경적·사회적 변화의 시기를 거쳐 전개된다. 예를 들어 두번째 이야기는 기원전 1만 6000년에 빙하가 최대점에 달했던 시기 블랙마운틴을 둘러싼 거대한 얼음층의 가장자리에서 이루어진다. 연이은 에피소드들은 정착농업의 도래, 기록, 그리고 인간행위를 통한 자연환경 및 사회환경의 전환의 다른 주요 계기들을 화제로 삼고 있다. 앞부분의 재구성은 고고학적·고생물학적·환경적 역사에 크게 의존하고 있으며(제

2권의 끝에 제시된 문헌 목록은 방대하다), 후기 시기들은 경제·사회·문화사학자들의 저서에 훨씬 더 많이 의존하면서 이 부분이 광범위한 학문 영역들에 걸친 연구를 통해 확인된 물질적 현실에 깊게 뿌리를 두며 허구적으로 이야기되었다. 한 에피소드에서 다음 에피소드로 나아가면서 이 장소를 거치며 투쟁했던 사람들의 삶이 상상된다.

그렇다면 왜 영국의 가장 저명한 사회주의적 사상가 가운데 한명이 그의 가장 마지막 픽션에서 블랙마운틴의 사회사와 환경사를 서술하고자 했을까? 이 의문에 대한 부분적 답변은 윌리엄스의 주장, 즉 사회적 존재는 자연세계에 그들의 뿌리내림에서 결코 벗어날 수 없으며, 정치적 행동에 관한 어떠한 개념화도 종국의 분석에서는 이 사실을 포괄하지 않은 추상화를 감당할 수 없다는 데서 찾을 수 있다. 따라서 윌리엄스의 주요어로서 '자연'은 아마 '언어에서 가장 복잡한 단어'일 것이다.[11] 이에 관한 사고는 '때로 알지 못한 상태에서 엄청난 양의 인간역사를 담고 있으며 (…) 다른 사고와 경험이 변함에 따라 복잡해지고 변화하기 때문이다'.[12] 따라서 자연의 개념화에서 변화에 관한 탐구와 더불어 환경사에 관한 탐구는 사회적·문화적 변화를 연구하고 이해하는 데 우월하고 강력한 방법을 제공한다. 윌리엄스는 사회적인 것과 환경적인 것을 변증법적으로, 즉 하나의 동전의 다른 양면으로 해석한다.

그러나 환경 측면에 대한 윌리엄스의 긴밀한 관심은 그렇지 않을 경우 놓치게 될 어떤 양상들을 뚜렷이 드러나도록 한 것이었다. 그의 유물론과 비판적 실재론은 일(또는 그가 다른 곳에서 '생계'라고 지칭한 것)이 우리가 자연세계와 관계를 맺고 이를 이해하게 되는 근본적 과정이라는 점을 항상 알아차리게끔 한다. 여기서 일은 포괄적으로 생명에 활력을 주며 또한 동시에 문화적으로 창조적인 활동으로 이해된다. '일단 우리가 사람들이 자신의 노동과 흙을 결합시키는 것에 관하여 말하기 시작하면, 우리는 인간과 자연 간의 새로운 관계의 전체 세계에 놓이게 되고, 자연의 역사를 사회의 역사와 분리시키는 것은 심각한 문제가 된다.'[13] 특정한 사회적 관계가 노동과 대지를 한데 합하는 새로운 방법들과 어떻게 연계되는가에 관한 이러한 변증법적이고 전환적인 견해는 윌리엄스에게 특이한 것은 아니다. 이를테면 이는 '인간이 존재하는 한, 자연의 역사와 인간의 역사는 서로에게 조건이 된다'는 맑스와 엥겔스의 견해를 반영한다. '이러한 운동을 통해 인간은 외적 자연에 대해 행동하고 이를 변화시키며, 이 과정에서 인간은 동시에 그 자신의 본성도 변화시키기' 때문이다.[14] 환경사학자 윌리엄 크로넌[15]은 다음과 같이 주장한다.

　생태적 역사는 환경과 문화 간의 역동적이고 변화하는 관계, 지속됨에 따라 모순을 생산하기 쉬운 관계를 전제로 시작한다. 게다가 이 둘의 상호작용이 변증법적임을 가정한다. 환경은 우선 주어진 계기에 사람들에게 이용 가능한 선택의 범위를 설정하겠지만, 그후 문화는 이 선택에 대응하여 환경을 재구성한다. 재구성된 환경은 문화적 재생산을 위한 새로운 일단의 가능성을 제시하며, 이에 따라 상호결정의 새로운 순환이 이루어진다. 사람들이 그들의 삶을 창조하고 재창조하는 방법에서 나타나는 변화는 그들 자신의 사회적 관계에서뿐만 아니라 생태적 관계에서의 변화와 관련하여 분석되어야 한다.

그러나 블랙마운틴의 환경사는 순전히 장소에서 전개되는 어떤 것은 아니다. 이 소설은 또한 블랙마운틴의 역사를 어떤 공간성의 행렬(matrix), 즉 유럽과 그 너머에까지 퍼져나갔던 흐름과 이동에 의해 구성된 공간성의 행렬 속에서 이루어지도록 했던 이주의 영향과 식민화의 연이은 물결들에 관한 이야기다. 특이성, 또는 윌리엄스가 다정하게 '장소의 달콤함'이라고 지칭한 것은 외부의 개입과 영향으로 그 장소에서 이루어진 것들을 통해 구축된다. 이 특정한 소설에서 공간, 장소, 환경이라는 세가지 주제는 사회적·환경적 전환의 복잡한 과정에서 불가분의 요소들로서 긴밀히 얽혀 있다.

이러한 주제들을 탐구하기 위한 도구로 왜 소설을 택했을까? 왜 곧바로 환경사를 서술하지 않았을까? 또는 왜 그 내용을 윌리엄스가 끌어모았던 풍부한 원천 자료들에 의존하도록 하지 않았을까? 나는 두가지 이유가 있다고 생각한다. 첫번째 이유는 이 소설의 핵심인물들이 그들이 갖는 지식과 이해의 본성을 성찰함에 따라 거듭 명시적으로 드러난다. 『블랙마운틴 사람들』에서[16], 우리는 글린(Glyn, 그를 통해 과거의 소리와 이야기가 역사적으로 현재가 되는 인물)이 산에서 실종된 삼촌을 찾으면서 장소에 관해 여러 학문 분야에서 수집한 방대한 문헌에 관해 성찰하는 것을 볼 수 있다.

그렇지만 이 학문 분야들에서 구축된 이런 종류의 면밀한 검토는 그 자체의 약점이 있다. (…) 이들은 이들이 연구한 것을 내적 절차, 최악의 경우 한정된 경력을 가진 자료로 환원시킬 수 있다. 만약 삶과 장소가 신중하게 추구되려면, 삶과 장소에 대한 철저한 집착이 전적으로 요구된다. 합성수지(polystyrene) 모형과 이에 상응하는 교과서적 이론 모형들은 이들이 재구성하고 모방한 본질과는 다르다. (…) 도서관이나 마을의 집에 있는 책과 지도에는, 증거와 합리적 연구의 공동체라면 어디에서라도 번역될 수 있는 공동의 역사가 있다. 그렇지만 그는 다른 종류의 정신이 드러나도록 산물을 옮겨가야만 했다. 완고하게 토착적·지방적이지만 더 넓은 공통의 흐름으로 넘어갈 수 있는 장소, 손길과 숨길이 기록과 분석을 대신하고, 서사로서의 역사가 아니라 삶으로서의 이야기가 되는 곳으로.

이는 윌리엄스의 모든 소설들에서 친숙한 주제다(그리고 이 주제가 서사에서 이야기 형식으로 전환하는 역사 내에서 그 움직임을 어떻게 예감하는가에 주목하는 것은 흥미로운 일이다). 『변방』(*Border Country*)에서 우리는 비슷하게 매튜 프라이스(Matthew Price)라는 인물, 윌리엄스와 마찬가지로 웨일스의 시골 공동체 출신으로 철도 신호원의 아들로 캠브리지 대학에서 교육을 받았으며, 지금은 런던에서 경제사를 가르치는 대학 강사로 설정된 인물을 만나게 된다. 19세기 웨일스의 인구이동에 관한 그의 연구는 막다른 길에 달하게 된다. 자료는 모두 있었지만, 무언가가 빠져 있다.

내가 배운 기법들은 냉장고 사각얼음이 온도가 그대로 유지될 경우 그러한 것 같은 견고함과 정확성을 갖는다. 그러나 나는 실제 이 온도를 유지할 수 없다. 냉장고 문은 온도가 날아가는 것을 막아준다. 그러나 글린마르(Glynmawr)에서 런던으로의 인구이동은 그렇게 되기 어렵다. 이들이 마을을 떠날 경우 그들에게 변화가 초래된 것처럼 본질의 변화가 초래된다. 그리고 이를 측정하는 방법은 나의 학문 분야 바깥에 있을 뿐만 아니라, 전적으로 다른 어떤 것, 내가 느끼지만 다룰 수 없고, 만질 수는 있지만 파악할 수 없는 것이다.[17]

이 문장의 함의는 매우 분명하고 윌리엄스 자신의 저작에 큰 힘으로 작용한다. 그가 항상 사람들의 체험된 삶과 함께한다는 점에서, 소설이라는 형식은 그에게 다른 수단으로는 다루거나 파악될 수 없는 방식으로 그들 삶의 일상적 질을 재현할 수 있도록 한다. 이러한 점에서 윌리엄스는 그의 소설들이 그의 문화이론들과 분리되어 다루어져서는 안 된다고 주장하는 한편, 그가 그의 이론 연구에서보다 그의 소설에서 탐구하기 훨씬 쉬운 어떤 주제들을 발견했음을 거리낌 없이 인정한다.[18]

소설이라는 형식을 선택한 이면에는 또다른 이유가 있다. 그는 항상 기존의 조건에서 이루어진 개인적이고 특정한 선택들이 역사지리적 변화의 핵심적 본질이 되는 방법을 강조하고자 했다. 소설은 보다 분석적인 사유형식이 그러한 것처럼 종결(closure)에 연연해하지 않는다. 소설에서는 항상 선택과 가능성, 끊임없이 해결되지 않는 긴장과 차이, 감정구조에서의 미묘한 변화가 있으며, 이러한 점들 모두는 심지어 매우 어렵고 고통스러운 조건들에서도 논의의 쟁점과 정치적 행동을 변경시킬 수 있다. 바로 이 이유에서 윌리엄스는 브레히트의 연극을 높이 샀다. 브레히트는 '진정한 대안들을 재연할 수 있는 방법들'을 발견했다고 그는 말한다. 그의 연극은 '상반된 배우들로 대안들을 체현하는 전통적 드라마와는 많이 다르고, 이 대안들이 한 사람에게 체현되어 이런 방법으로 살다가 그후 저런 방법으로 살아가면서 우리들로 하여금 우리 자신의 결론을 내리도록 유도한다'.[19] 그는 이어서 이것은 '부여된 해법은 없으며, 긴장이 끝까지 지속되고 우리는 이를 숙고하도록 유도된다'는 점을 의미한다고 지적한다. 윌리엄스의 핵심인물들 모두는 이러한 긴장에서 살아간다. 『블랙마운틴 사람들』의 이야기는 바로 이에 관한 것이다. 정치적으로, 윌리엄스는 이 사람들이 만든 선택과 이들이 삶을 살아가는 방식을 통해 우리로 하여금 이 사람들이 '모두 역사적으로 현존하는' 방식을 깨닫도록 한다. 그의 목적은 생존하기 위한 힘과 능력을 찬양함으로써 현재의 역량을 강화하는 것이다. 그러나 그것만은 아니었다.

사회주의자였으며 철도노동자였던 나의 아버지의 죽음으로 나에게 다가온 위기, 내가 사람들에게 적절하게 설명할 수 없었고 아마 부분적으로 나의 소설 『변경』에서 설명했던 이 위기는 가치의 의미를 둘러싼 일종의 패배감이었다. 아마 이는 비합리적인 반응이었을 것이다. 그래, 그는 죽었고, 그는 너무 일찍 죽었고, 그렇지만 남자든 여자든 모두 죽는다. 그러나 그를 결국 희생자로 보지 않을 수 없었다. 바로 이런 종류의 경험이 나로 하여금 내가 지금 집필하고 있는 역사소설『블랙마운틴 사람들』, 그러니까 웨일스라는 특정한 장소에서, 그리고 이 장소를 통해 매우 오랜 기간 동안 전개된 역사의 운동에 관한 소설로 되돌아가도록 했다. 그리고 이 역사는 패배, 침략, 희생, 억압(…)의 기록이다. 물리적으로 나의 선조들이었던 사람들에게 무슨 일이 있었던가를 알고자 하는 사람들은 이것이 거의 거짓말처럼 느껴질 것이다. (…) 패배는 거듭 반복됐고, 이에 따라 나의 소설이 탐구하고자 하는 것은 단지 전적으로 생존하기 위한 조건이었다. 이는 단순한 애국적 답변의 문제가 아니다. 우리는 웨일스인이고 여전히 여기에 있다. 나의 소설은 사람들이 심각하게 열악한 조건들 속에서 생계를 유지해야 했던 무한한 복원력, 심지어 교활함, 또한 이들이 이들의 자치를 표현했던 믿음의 엄청난 다양성에 관한 것이다. 가치의 의미는 서로 다른 형식의 억압들의 여러 종류들을 통해 그 방법을 얻었다. (…) 이는 공동생활의 가능성을 몸에 배도록 하고 파괴하지 않지만 또한 변할 수 있도록 체현하는 것이다.[20]

윌리엄스가 여기서 찬양하고자 하는 체현하기는 일상생활과 문화적 실천 속에서 가치의 의미의 가능성을 지속시키고 함양하는 사회적 존재로서 인간의 능력이며, 이러한 가치의 의미는 믿음의 현저한 이질성 속에서도 사회생활에 대한 공통성을 찾을 수 있도록 한다. 그러나 이러한 가치 의미의 유지는 특정한 장소들에서 전형적으로 이루어지는 특정 종류의 사람들 간의 관계에 결정적으로 좌우된다.

공간과 장소의 변증법

그렇다면 블랙마운틴에서 사람들은 무엇을 구축했는가? 이는 '물려받았고, 형성하고 재형성한 장소'다. 윌리엄스에게 '장소'는 무엇을 의미하는가? 장소는 그의 키워드 가운데 하나가 아니다(그의 저작에서 장소-한정적place-bound 함축이 일반적으로 주어지는 '공동체'는 그중 하나이지만). 그럼에도,

사회주의에 관한 새로운 이론은 이제 핵심적으로 장소를 포함해야 한다. 프롤레타리아에게는 나라가 없다는 주장을 상기하라. 이는 프롤레타리아를 유산계급들과 차별화하는 요인이다. 그러나 국제경제의 폭발적 성장, 그리고 오래된 공동체에 미치는 탈산업화의 영향을 통해 장소는 연대과정에서 중대한 요소라는 점을 알 수 있었고, 이는 유산계급보다도 노동계급에게 아마 더욱 그러할 것이다. 자본이 이동하게 되면, 장소의 중요성은 더욱 분명하게 드러난다.[21]

이 설명에 의하면 노동계급의 정치적 행동의 뿌리내림은 근본적으로 '장소'에 뿌리내림이다. 하지만 그의 소설들에서 장소의 의미

는 특히 분명해진다. 장소의 창출과 해체의 과정들이 마치 행동의 능동적 행위자가 되는 것처럼 보이기 때문이다(실제 장소의 구성된 실체와는 비교되는 매우 변증법적 개념화다). 그러나 장소의 구성은 공간관계의 전환적 패턴들로부터 추상화될 수 없다. 이 점은『블랙마운틴 사람들』에서 잘 설정되어 있으며, 또한 물론 윌리엄스가『시골과 도시』(The Country and the City)에서 전개한 놀랄 정도로 풍부한 문헌 분석을 구성할 수 있도록 했던 지침이다. 하지만 이러한 물질적 관계는『변경』의 파업에 관한 에피소드에서 더 생생하게 제시된다. 재화와 정보가 흐르는 철도노선이 통과하게 되는 웨일스 시골마을 공동체에서 정치적 의식은 싸우스웨일스 광부 파업과 연계되면서 바뀌어갔으며, 결국에는 런던에서 이루어진 의사결정에 의해 소진된다. 1926년 영국 총파업에 관한 논문[22]에서, 윌리엄스는『변경』에서 이 에피소드가 어떻게 그의 아버지와의 오랜 대화 후에 모양이 갖추어지는가를 명확하게 서술하고 있다. 그리고 그는 문제의 구조에 관하여 이렇게 성찰한다.

이 시골 역에 있는 사람들은 근본적으로 시골의 농업경제 내에서 소집단을 이루고 있는 산업노동자, 노동조합 사람들이었다. 나의 아버지처럼 이들 모두는 여전히 농업생활과 긴밀히 연계를 맺고 있었다. (…) 동시에 도시에서, 공장에서, 항구에서, 탄광에서 출발한 기차들이 통과하는 철도라는 사실 덕분에, 그리고 철도 신호원들, 즉 그들의 작업장을 넘어서 실제로 단 한번도 만난 적은 없지만 목소리·의견·이야기를 통해 아주 잘 알고 있는 다른 신호원들과 넓은 사회적 네트워크에 걸쳐 공동체를 구성하게 된 사람들을 위해 특히 중요했던 전화와 전신이라는 사실 덕분에, 이들은 근대 산업노동계급의 일부가 됐다.

파업 에피소드의 요점은 어떤 특수한 것, 즉 이 일화에서 실질적 대안의 가능성(이 단어는 윌리엄스의 모든 논의의 가장자리에 항상 숨겨져 있다)에 관한 계급의식과 이해의 실현이 어떻게 성취되는가를 보여주는 것이다. 그러나 이 가능성은 외부에서 시작된 충격이 특정한 장소와 공동체 내에 내면화되어야만 도달될 수 있다. 이러한 외적 충격들이 어떻게 매우 국지적인 '감정구조'로 전환되고 내면화되는가는 이야기의 핵심 부분이다. 가상의 공간인 글린마르(파업은 공동적 개선의 전망을 '극히 실천적인 생동감'으로까지 끌어올렸다고 그는 서술한다[23])에서, 그리고 실제의 공간인 팬디(Pandy, 영국 웨일스에 위치한 작은 시골마을로 윌리엄스의 고향이다)에서 어떤 매우 특별한 것이 발생했으며, 이는 사회주의에 특히 높은 수준의 의미를 부여했고 따라서 사회주의에 대한 배반을 매우 통렬한 비극으로 만들었다.

여기서 반대 흐름이 작동한다. 파업의 붕괴 이후, 파업의 역동적 지도자들 가운데 한 사람이었던 모건 프로서(Morgan Prosser)는 사업에 몰두하여 그 일대에서 결국 가장 큰 사업가가 되었으며, 종국에는 기업자본의 성질을 드러냈다. 모건은 이렇게 말한다.

이 장소는 과거에도 그러했던 것처럼 끝났다. 지금부터 중요한 것은 들이나 산이 아니라 도로다. 그 자체의 장소로서 마을이란 더이상 없을 것이다. 여러분이 지나는 〔마을의〕 이름, 도로를 따라 늘어선 집들이 있을 뿐이다. 그리고 이것이 여러분이 살아갈 곳이다, 명심하라. 도로변에서.[24]

모건은 만약 공동의 개선을 위하여 다른 진정한 대안이 발견된다면 그의 사업방식을 기꺼이 포기하겠다고 항상 공언하지만, 유일한 선택은 그 장소에 '정착하여' 다가오는 것을 받아들이거나 또는 외적으로 작동하는 힘으로부터 얻을 수 있는 모든 것을 내면화하여 이를 특히 개인적인 또는 장소-한정적 이점으로 사용하는 것이라는 견해를 가차없이 몰아붙였다.

『마노드를 위한 투쟁』(*The Fight for Manod*)에서 자본주의적 가치의 국지적 장소-한정적 내면화는 더 명백해진다. 급진적 사회학자인 피터 오언(Peter Owen)은 웨일스 마노드의 시골 벽지에 건설된 뉴타운이 무엇을 의미하는가를 살펴보면서, '실제 역사는 잔혹한 중심부, 즉 런던, 브뤼셀, 빠리, 로마에 있는 사무실과 버밍엄에서 뒤셀도르프를 잇는 축에 있다'라고 말한다. '우리를 언제나 타격하는 것은 외부에서 오는 이러한 돈'이라고 지방 주민 그웬(Gwen)은 불평한다.[25] 비밀 토지회사 외주관리에 관한 이야기가 드러나면서, 우리는 얼굴 없는 자본주의가 어떻게 모든 것에 극히 타락한 영향을 행사하는가를 볼 수 있다.

회사들과 마노드의 골목길 간의 거리, 거리의 일상적 명확성은 그웬, 아이버(Ivor), 트레버(Trevor), 게틴(Gethin), 그리고 다른 여러 사람에게 온갖 직접적 문제들을 유발했다. 이들로부터 회사들의 등록지까지 거리가 문제였지만, 그러나 동시에 관계는 상당히 견고하고 효과적이었다. 거래는 이들에게까지 곧바로 와닿았다. 외부의 힘으로서만이 아니라 이들과 결부된 힘으로서, 이제 일부가 됐다. 그렇지만 그들에 대해 아무것도 배려하지 않는 힘, 단지 그 자신의 길을 가는 힘이었다.[26]

매튜에게 뒤따른 것은 쓰라린 깨달음, 즉 '이 농부들이 마노드에서 행한 것처럼, 우리 자신에게 이익인 것처럼 보이는 것을 따르는 것은 〔이 과정〕에 반대되는 것이 아니라 이의 일부, 즉 이의 지방적 재생산이었다'라는 깨달음이었다. 이러한 점 모두는 정치적 정체성의 민감한 문제들을 제기했으며, 이것들은 정치적 생각과 행동이 구축될 수 있는 가능한 공간적 범위에 좌우됐다.

'이 자가 톰 뫼릭(Tom Meurig)이야'라고 피터는 말했다. '이 친구가 라니들로스〔Llanidloes, 웨일스의 작은 소도시〕에 살고 있는지, 또는 유럽에서 살고 있는지는 기억할 수 없어.' 톰 뫼릭은 웃었다. (…) '바스끄〔Basques, 바스끄 지방을 중심으로 공동 언어와 문화를 가진 토착민족 집단〕의 명예 성원권을 가진 켈트인들의 직접 동맹을 선포할 것인가, 또는 그들이 구릉지에서 꿈꾸었던 새로운 공동체 사회주의로 유럽을 전복시킬 것인가에 관해 마음을 정할 수 없었어'라고 피터는 말했다. '둘 중 하나, 또는 제3의 가능성, 우리 사

람들 가운데 1명을 지구위원회에 보내는 방법이 있어'라고 뫼릭은 말했다.[27]

이러한 대화의 유머는 엄청난 긴장을 감추고 있다. 마노드에서 이러한 외부 힘의 내면화는 다른 어디선가 꾸며진 계획에 관해 특권적 지식을 가진 지구위원회의 한 농부에 의해 결정적으로 좌우된다는 점이 판명된다. 정치적 행동(소설에서의 행동과 마찬가지로)의 유관한 장소와 범위는 공간과는 엇갈리는 장소에 대한 충성심을 규정하는 특정한 변증법적 방법 아니고는 분석될 수 없다. 그리고 이러한 충성심 내에서 우리는 항상 저항과 공모 간의 특이한 긴장을 발견하게 된다.

사회주의적 정치의 장소

윌리엄스는 '장소'를 보다 직접적으로 사회주의적 이론 작업에 포함시키고자 노력했다. 여기서 핵심 문구는 윌리엄스가 '투쟁적 특수주의'라고 지칭한 것이다. 나는 특히 이 사고에 주목하고자 한다. 이 사고는 윌리엄스가 이해한 것 같은 사회주의의 역사와 전망에 관해 매우 중요한 것을 포착하고 있기 때문이다. 윌리엄스는 다음과 같이 성찰한다.[28]

노동계급의 자주적 조직이 띠는 독특한 의외성은 이 조직이 상당히 특이한 방법으로 특수한 투쟁을 일반적 투쟁과 연결시키고자 했다는 점이다. 이 조직은 처음 보기에는 의외로 보이는 주장, 즉 어떤 특수한 이해관계의 옹호와 개선이 함께 적절하게 묶일 경우 사실 일반적 이해관계가 된다는 주장을 현실로 만들기 위한 운동을 시도해왔다.

한 장소에서의 연대에 관한 긍정적 경험에서 형성된 이상은 모든 인간들에게 혜택이 될 수 있는 새로운 사회형태의 실용적 모델로서 일반화되고 보편화된다. 이것이 윌리엄스가 '투쟁적 특수주의'라는 용어로 의미하고자 한 것이며, 그는 이를 웨일스 역사의 가장 유의미한 부분일 뿐만 아니라 영국의 진보적 사회주의 역사에 깊게 스며들어 있는 것으로 이해한다. 윌리엄스 자신은 실제적 장소들의 특수성과 특이성이 그의 사고의 근본 바탕으로 이해되는 것을 꺼려 했지만, 이 점을 일반화하는 것은 어렵지 않다. 프랑스의 혁명가들은 결국 '인간권리' 장전을 선포했으며, 국제노동운동은 모두를 위한 사회주의로의 지구적 전환을 선언했고, 미국에서 시민권운동은 보편적인 인종정의(racial justice)의 정치를 표방했으며, 오늘날 페미니즘운동과 생태운동의 일부는 투쟁적 특수주의를 우리 모두를 구원하지는 못할지라도 모두에게 이로운 광범위한 사회적 재구성을 위한 기반으로 반영하기도 한다.

윌리엄스는 정치적 약속의 모든 또는 많은 형태가, 내가 카울리에서 마주쳤던 종류의 특수한 감정구조에 바탕을 둔 투쟁적 특수주의를 기반으로 삼을 것이라고 주장하는 듯하다. 그러나 다음과 같은 어려움이 있다.

투쟁적 특수주의는 국지적이고 긍정적인 것으로 시작하며, 그 자체의 국지적이고 공동체적 경험으로부터 아무런 문제없는 확장을 가정하기 때문에, 이는 항상 이 방법에 놓인 아주 체계적인 장애들을 충분히 알지 못했다.[29]

이런 장애들은 직접적인 국지적 경험에는 접근할 수 없는 과정과 그 과정에 직면할 수 있는 추상화를 통해서만 이해할 수 있다. 바로 여기에 곤란한 점이 있다. 구체적 결속(정서적이고 익숙한 공동체에서 조직된 사회생활의 패턴으로 이해되는 결속)으로부터 보편적 장치를 갖는 보다 추상적인 구상으로의 이동은 장소와 결부된 추상화의 하나의 단계로부터 공간에 걸쳐 뻗쳐나갈 수 있는 또다른 단계의 추상화로의 이동을 포함한다. 이 이동 중에는 어떤 것이 상실된다. 윌리엄스는 '부정의 정치, 차별화의 정치, 추상적 분석의 정치가 불가피하게 찾아온다. 그리고 우리가 좋아하든 아니든 이것들은 이제 무엇이 일어나고 있는가를 이해하는 데 필수적이다'라고 근심스럽게 지적한다. 심지어 언어도 변하여, 탄광촌의 '우리 공동체' '우리 사람들' 같은 단어들은, 추상화가 아주 뜨겁게 논쟁거리가 되고 있는 대도시의 '조직된 노동계급' '프롤레타리아' '대중들'로 바뀐다.[30]

하나의 개념적 세계, 하나의 추상화의 단계로부터 다른 세계, 다른 추상화라는 단계로의 이행은 특수한 장소들에서 달성된 투쟁적 특수주의의 바탕을 이루는 가치의식과 공동의 목표를 위협할 수 있다.

이 점은 내가 발견한 것들 가운데 가장 슬픈 것이었다. 내가 이 점을 나 자신 속에서 발견했을 때 (…) 가장 결정적 형태의 제국주의가 등장한 것 같았다. 말하자면, 당신 마음의 일부가 현실적으로 권력 중심지에서 방출된 사고와 감정의 체계에 의해 점거된다는 것이다. 당신 자신의 마음으로 바로 돌아오면, 억압받고 박탈된 공동체로 바로 돌아오면, 이러한 지배의 중심에서 재생산된 사고와 감정의 요소들이 있다. (…) 만약 부정의 정치가 유일한 정치라면, 사유양식의 최후의 승리는 자본주의사회의 궁극적 산물일 것이다. 이의 정치적 호칭이 무엇이든지 간에, 어떤 사유양식은 실제로 사람들 사이의 관계를 사물들 사이의 관계 또는 개념들 사이의 관계로 만들었다.[31]

개인이 세계와의 관계를 이해하기 위해 필수적으로 의존해야 하는 추상화의 상이한 단계들 간, 그리고 상이한 종류들 간의 긴장은 그의 소설들에서 특히 선명하며, 흔히 주인공들의 갈등적 감정 안에 내면화된다. 『변방』에서 매튜는 그의 아버지에 의해 주어진 자신의 이름을 더 넓은 세계로 가져가지만, 글린마르에서 그는 항상 그의 어머니가 원하는 대로 윌(Will)로 알려져 있다. 이러한 정체성의 이중성, 즉 그는 매튜인가 아니면 윌인가라는 정체성의 문제는 소설 전체에 걸쳐 줄곧 작동한다. 이 이중성에 갇힘으로써, 사용하고자 하는 언어를 찾는 것이 거의 불가능해진다.

그는 이탈에 길들여졌다. 항시 추상화하고 일반화하는 언어가 이탈한 그를 뒷받침했다. 그리고 이탈은 다른 방식에서 실제였다. 그는 이 이탈의 집에서 어린이면서 또한 이방인인 기분이었다. 그는 둘 중 어떤 누구로도 말할 수 없었다. 그는 사실 그 자신으로 전혀 말할 수 없었고, 단지 이 패턴이 제시하는 용어들로 말할 뿐이었다.[32]

심지어 친숙한 경관을 상기하는 방식에서도 긴장이 나타났다.

그의 마음속에서 그 이미지, 그의 유일한 경관의 이미지를 그가 한 것처럼 모든 곳으로 나르는 것이 하나의 일이었지만, 결코 하루가 지나지 않아서 그는 눈을 감고 이것을 다시 보았다. 그렇지만 현실 속에 서서 현실을 바라보는 것은 달랐다. 현실은 적지 않게 아름다웠다. 토지의 모든 부분들이 오래된 흥분으로 떠올랐다. 그러나 이것은 그 이미지가 그러한 것과는 여전히 달랐다. 이는 더이상 어떤 경관 또는 풍경이 아니었고, 사람들이 사용했던 계곡이었다. 그는 바라보면서, 지나간 것에서 무엇이 일어났는가를 깨달았다. 계곡은 경관으로 받아들여졌지만, 이의 작동은 잊었다. 방문객은 아름다움을 보지만, 주민은 그가 일하고 친구들을 사귀었던 장소로 이해한다. 멀리서라도 그의 눈을 감으면, 그는 이 계곡을 볼 수 있었지만, 방문객은 가이드북에서 이를 보는 것처럼 계곡을 본다. 이 계곡, 그가 반평생 이상을 살았던 계곡이다.[33]

'관광객의 시선'과 장소에서 체험된 삶의 구분은 윌리엄스에게 매우 중요했다. 체험된 삶과 이에 의해 부여된 가치의식은 일, 놀이, 그리고 아주 다양한 문화적 실천을 통해 능동적으로 형성되고 달성된 어떤 환경에 뿌리를 두고 있다. 여기에『변방』의 환경적 분위기와『블랙마운틴 사람들』에서 보다 명시적인 환경의 역사 간에 심오한 연속성이 이루어진다.『변방』끝부분에서야 매튜/윌은 함께하게 되고, 산에서 걸으며 드러났던 마음을 통해 떠오른 상이한 감정구조들과 '합성수지 모형들과 이들의 이론적 상응물들'을 통해 달성된 지식 간에 화합이 이루어지게 된다.

이제 유랑생활의 끝인 것 같다. 돌아갈 곳이 없지만, 유랑생활의 느낌은 끝난다. 거리가 측정되었고, 중요한 것은 바로 그것이기 때문이다. 거리를 측정해보면, 우리는 집에 왔다.[34]

이와 동일한 이중성이 윌리엄스의 소설들에서 거듭 분출한다. 추상화의 상이한 단계들 간, 독특하게 이해된 장소의 특수성과 이러한 이해를 더 넓은 영역으로 가져가기 위해 요구되는 필수적인 추상화 간의 전투, 투쟁적 특수주의를 자본주의의 세계무대에서 좀더 실제적인 어떤 것으로 전환시키기 위한 싸움, 이러한 요소들 모두는 소설의 줄거리에 힘을 실어주는 모순과 긴장의 중심선들이 된다. 그리고 이 소설에서 우리는 어떤 딜레마들에 관하여 어떠한 이론적 작업에서 얻을 수 있는 것보다도 훨씬 더 심오한 탐구를 행할 수 있다.

충성심이라는 질문

『충성심』(*Loyalties*)의 이야기는 1936년 스페인의 파시즘과 싸울 공동 수단을 모색하기 위해 웨일스에 있는 한 농장에서 이루어진 웨일스 광부들과 케임브리지 대학 학생들 간의 회의에서 시작한다. 이 회의에서 놀라운 예술가적 재능을 타고난 웨일스 소녀 네스타(Nesta)와 상류계급 출신의 젊은 케임브리지 대학생 노먼(Norman)의 짧지만 열정적인 밀회가 있었다. 그들의 독특한 장소에 대한 의문, 물질적인 측면에서뿐만 아니라 사회구조의 차원에서 그들의 장소에 관한 의문이 즉각적으로 떠오른다. 그녀는 대니카펠(Danycapel)이라는 장소가 현재의 그녀가 되도록 만들었다고 주장한다. 그는 따라서 이곳이 좋은 장소임이 틀림없다고 호의적으로 동의하지만, 그녀가 그곳에 갇혀 있어선 안 된다고 재촉한다. 그녀는 그곳에서 그녀의 여생을 머문다. 이 여성은 그녀를 키워냈으며 또한 그녀가 계속 가꾸고 있는 이 특정 장소에 뿌리를 두고 있었다. 반면 그 남성은 국제적 정치 음모와 과학적 탐구가 이루어지는 보다 코즈모폴리턴적이고 국제적이며 뿌리가 없는 것처럼 보이는 세계로 돌아간다. 이 두 사람은 짧은 첫 만남 이후 결코 다시 대화를 나누진 않지만, 소설은 이들 사이의 긴장을 지속한다. 특히 이 긴장은 두가지 계급과 젠더지위를 가진 이들의 결혼생활로 태어난 아들, 귄(Gwyn)이라는 인물을 통해서 드러난다. 이 두가지 계급과 젠더지위는 크게는 공산당을 통해 규정되는 공통의 정치 내에 있는 것처럼 보이지만, 이 가운데 하나는 장소와 긴밀하게 결부된 것이며, 다른 하나는 공간을 가로질러 더 넓게 펼쳐 있는 것이었다. 『변방』의 매튜 프라이스처럼 귄은 긴장을 내면화한다. 네스타가 거주하는 장소에서 성장한 그는 노먼이 대체로 무시한 귄과의 가족적 관계를 키워가는 데 중요한 연계 역할을 수행한 인물인 노먼의 여동생의 주장을 얼마간 따라 결국 케임브리지에 유학을 가게 된다.

웨일스에서 계급연대와 젠더관계에 관한 경험에서 우러나온 장소-기반적 정치는 학자들과 정당 지도자들이 가진 보다 추상적인 개념화와는 근본적으로 다르다. 이 차이가 교구주의(parochialism)와 보편주의의 차이가 아니라는 점은 분명하다. 나중에 귄의 어머니와 결혼하여 귄의 실제 아버지가 된 광부 버트는 다른 노동자 및 학생과 더불어 스페인에서 싸웠다. 케임브리지에서 노먼과 가까웠던 학생이 활동 중에 죽었을 때, 버트는 그가 임종할 때 쌍안망원경(전망의 상징적 영역?)을 얻어서 이를 귄에게 물려주고자 한다. 버트는 또한 2차대전('파시즘에 저항하는 최후의 전쟁'이라고 기록됐던)에서도 싸웠으며, 노르망디 전투에서 그의 얼굴을 평생 추하게 손상시키는 끔찍한 상처를 입고 그의 신체에 국제주의적 임무의 표식을 영구히 달고 살았다.

귄의 생물학적 아버지인 노먼은 다른 세계에서 거주하면서, 근본적으로 다른 방법으로 당과 그 대의에 대한 충성심을 다졌다. 아마도(1930년대 동안 소비에트 간첩이 됐던 케임브리지 집단인) 버제스(G. Burgess), 맥클린(D. Maclean), 필비(K. Philby), 블런트(A. Blunt)를 본 따, 노먼은 과학적 지식을 공산주의적 권력으로 전환해내는 일에 참여하면서, 심문과 지속적인 정신적 압박으로 고통을 받왔다. 또한 그들이 이해했던 한 시대에 물든 충성심을 냉전세계, 즉 양심이 또다른 행동과정을 지배하는 세계에서도 유지해야 하는가의 여부를 두고 괴로워하면서 내적으로 상처를 입게 된다. 흥미롭게도 윌리엄스는 노먼을 비난하지 않는다. 하지만, 버트가 괴롭게 임종을 하며 내린 판단은 그들의 계급으로부터의 도피에 반하는 것으로 또렷이 기록된다. 즉 '이들은 우리를 이용했다. (…) 우리는 이제 우리가 스스로 이것을 해야 한다는 것을 안다'. 권은 이러한 판단에 공명한다. 노먼과 그의 가족은 매우 나쁘다. '이들은 대안이어야만 하는 것, 그들 자신의 노동계급정당, 그들의 사회주의를 배신하는 데 가담했기 때문이다.'

그러나 권과 노먼이 마지막으로 다투는 장면(다음의 인용을 참조하라)은 그의 어머니 네스타가 권을 향해 드러낸 의외의 폭발과 병행하여 이루어진다. 상황은 그녀가 그에게 그동안 감춰왔던 인물화 스케치 2점을 보여주면서 발생한다. 하나는 머리카락이 아름답고 영민하게 생긴 젊은 노먼의 것이고, 다른 하나는 지금은 고인이 됐지만 전쟁에서 돌아온 직후 그린 버트의 것이었다. 버트의 스케치는 '닮은 곳이라고는 찾아볼 수 없을 정도로 엉망이고, 이미 손상된 얼굴이 여전히 깨지고 떨어져나갈 것 같은' 초상화였다. 권은 깊은 감동을 받았지만, 고작 버트의 초상화가 얼마나 '열정적으로 아름다운가'라는 말을 할 수 있을 뿐이었다.

그녀는 화가 나서 그를 노려보았다. 그녀의 얼굴과 몸은 갑작스러운 고통으로 비틀리는 것처럼 보였다. 그는 그녀가 보통 화를 낼 때도 그런 모습을 본 적이 없었기 때문에 당혹했다. 그녀는 항상 침착하고 조용하고 상냥했으며, 그녀의 나이에 비해 젊어 보였고, 냉정하면서도 약간 수줍어했다.

'이건 아름답지 않아!' 그녀는 끔찍하게 격앙된 목소리로 외쳤다.

'어머니, 제발요. 제가 그걸 의미하는 게 아니잖아요.' 귄은 애써 말했다.

'너는 아무것도 이해할 수 없니?' 그녀는 소리쳤다. '너는 아무것도 알지 못하니? 너는 아무것도 배우지 못했니?'

'어머니, 제가 의미하는 것은….'

'이건 아름답지 않아!' 그녀는 다시 울음을 터뜨렸다. '이건 추해. 이건 망가지고 있어! 이건 깨지고 흉측해진 인간의 살이야!'

'그래. 그는 그래. 그러나 진실, 너는 진실을 봐야 해….'

'이건 추해. 이건 추해!' 그녀는 이제 정신이 온통 나간 채 소리쳤다.[35]

이 모두는 감수성, 또는 윌리엄스가 그렇게 서술한 것처럼 '감정 구조들'의 맹렬한 충돌을 말해준다. 여기서 문제는 사회주의적 정치의 세계관이 구성되는 추상화의 단계만이 아니라 추상화의 또다른 단계들에 부여될 수 있는 상이한 감정구조 바로 그것이다. 귄은 일정한 거리를 두고, 아버지의 초상화를 예술작품으로, 심미적 사건으로, 아름다운 사물로 보았다. 이 초상화는 기본적 진실을 가진 손상된 모습의 끔찍함을 포착하고 재현하기 때문이다. 그러나 네스타에게 문제는 재현이 아니라, 무엇이 재현됐는가다. 그것은 항상 근본적이고 기본적인 것으로 남아 있는 어처구니없는 고통이었다.

이에 따라 어떤 종류의 비판적 거리를 추구하는 데 제기되는 어려움이 좀더 선명하게 초점 속으로 들어온다. 예를 들어 『변방』에서 매튜/월은 근방의 산 케스트럴(Kestrel)을 올라 높은 곳에서 바라보는 풍경을 찬탄한다. 자신이 자랐던 '밭뙈기'를 내려다보면서 그는 알게 됐다.

〔그것은〕 어떤 장소만이 아니고, 사람들이다. 그렇지만 여기서 보면 그곳에는 마치 아무도 살지 않는 것 같고, 여태까지도 아무도 살지 않았던 것 같다. 하지만 그 고요함 속에, 그것은 자신의 기억이었다. (…) 산은 추상화하고 정화하는 힘이 있다. 그러나 결국 그는 여기에 머물 수 없다. 그는 그가 살았던 곳으로 다시 되돌아 내려가야 한다.[36]

그리고 이런 점에서,

내려가는 길에서 그 형상은 흐릿해지고, 일상적인 정체성이 되돌아왔다. 그의 마음속 목소리는 희미해졌고, 일상적인 목소리가 돌아왔다. 나이든 블레이클리(Blakely)가 물었다, 지팡이로 잔디를 파헤치는 것처럼. 너는 무엇을 읽을 거야, 윌? 책이에요? 저는 사양하겠어요. 역사책이야. 케스트럴의 역사, 네가 앉아서 넓은 계곡을 가로지르는 기억의 이동을 바라보는 그곳의 역사. 그것은 그곳에 관한 느낌, 바라보고, 해석하고, 선명하게 하고자 하는 느낌이다. 오직 바람만이 눈을 가느다랗게 뜨도록 하고, 그렇게 해서 네 속에서 살아가면서, 네가 무엇을 볼 것이며, 네가 그것을 어떻게 볼 것인가를 결정한다. 바라보는 것 이상은 없다. 너는 네가 바라보는 것이 너 자신임을 알게 될 것이다.[37]

그러나 상이한 재현이 작동하는 추상화의 수준은 여기서 단지 부분적으로만 중요하다. 세계에 관한 지식을 획득하는 상이한 방법들이 주어질 경우 상이한 종류의 추상화가 달성될 수 있으며, 이 같은 추상화에서 도출되는 상호교환에서 또다른 뭔가가 일어날 수 있기 때문이다. 그리고 여기서 윌리엄스의 주장에 함의된 일정한 양극화를 찾아볼 수 있다. 잉골드[38]는 다소 다른 맥락에서 우리 자신을 포함하는 영역으로서 세계의 전망과 우리가 응시할 수 있는 지구로서 세계의 전망 간에 예정된 대립을 서술한다.

국지적인 것은 지구적인 것보다 더 한정된, 또는 좁게 초점을 둔 이해가 아니다. 이것은 전적으로 다른 이해방식에 의존하는 것이다. 이것은 떨어져 있는 세계에 대한 분리된 무관심한 관찰이라기보다 삶을 실천적으로 영위하는 과정에서 세계 속-거주(dwelt-in world)의 요소들과의 능동적이고 지속적인 결합에 바탕을 둔다. 국지적 관점에서 세계는 특정한 장소에 중심을 둔 영역이다. 이 경험적 중심지에 살아가는 사람들은 지식과 이해를 찾아 이 중심지로부터 세계 속으로 점점 더 깊게 관심을 드리우게 된다.

버트와 네스타는 항상 그들의 중심이 되는 장소인 대니카펠로부터 뻗어나가는 것처럼 보이고, 반면 노먼은 항상 정치적 임무에 도달하는 과정에서 보다 분리된 방법으로 세계를 이해하고자 한다. 권은 이 두가지 관점을 내면화하고, 갈등적 사고와 감정으로 괴로워한다. 그렇지만 윌리엄스는 우리가 필수적으로 이들에 부여된 갈등적 재현의 양식 없이 어떤 것을 할 수 없는 것만큼이나, 이 두가지 추상 없이는 아무것도 할 수 없다고 말하고자 하는 듯하다. 윌리엄스가 이 대립의 어떤 측면에서 더 편안한 느낌을 받는가는 명확하지만, 그는 이 두가지 입장들 간에 보완적이면서 정확히 변증법적인 관계를 규정하고자 한다. 우리는 억압된 자들이 체험적으로 경험한 현실의 잔인한 추함을 결코 잊어서는 안 된다고 그는 거듭해 주장한다. 우리는 고통과 열정을 느끼는 존재에서 벗어나 체험된 현실을 심미화하거나 이론화해서는 안 된다. 그렇게 하는 것은 부정의와 착취에 저항하는 순수한 분노, 사회변화를 위해 분투하는 많은 사람들에게 힘을 주는 분노를 감소시키거나 또는 심지어 상실하도록 하는 것이다. 예를 들어 '진실은 아름답다'는 공식적 견해는 네스타가 보여준 노여움을 받을 만하다.

그렇다면 충심심의 문제는 정치적 문제가 정형화되는 추상의 단계와 종류에 의해 규정된다. 감성적이고 감정적인 정치의 힘으로서 충성심은 항상 어떤 한정된 감정구조와 연관된다. 윌리엄스의 소설 모두에서 매우 풍부한 성격의 인물들은 바로 근본적으로 상이한 감정구조에 대해 서로 다르고 갈등하는 충성심을 내면화하는 사람들이다. 『충성심』의 권, 『변방』의 매튜 프라이스, 『두번째 세대』(*Second*

Generation)의 오언 프라이스(Owen Price) 등이 이들이다. 윌리엄스가 이 갈등과 긴장을 탐구하기 위해 소설의 형식으로 전환한 것은 우연이 아니다. 그는 브레히트의 전략이 어디에서나 나타나며, 긴장은 결코 해결될 수 없을 뿐 아니라 우리는 그렇게 될 것이라고 결코 기대해서는 안 된다고 주장한다. 긴장을 끊임없이 열려 있도록 유지함으로써, 우리는 진보적인 사회변화를 달성하기 위해 필요한 창조적 사고와 실천을 위한 1차적 자원을 열어놓을 수 있게 된다.

어떤 문제의 이러한 정식화는 우리들 가운데 많은 사람들이 확실히 인정할 수 있는 효력을 갖는다. 나는 분명 이 점을 윌리엄스처럼 영국 국립학교에서 시작하여 케임브리지 교육을 받았던 사람이라는 점뿐만 아니라 카울리 프로젝트의 경합적 정치에서도 좀더 직접적으로 이를 인정할 수 있다. 나의 충성심을 어디에 두어야 하는가? 윌리엄스의 경고는 유익하다. 우리가 추상화의 한 단계, 또는 한 유형의 인식론에서 다른 단계 또는 유형으로 이동하게 됨에 따라, 배신의 가능성은 우리의 행동에서뿐만 아니라 우리의 머릿속에서 희미하게 떠오른다. 카울리 자동차공장에서 의견을 달리하는 노동조합 조합원들은 아마도 정확히 버트가『충성심』에서 '계급 이탈'이라고 말한 것 같은 종류의 불친절한 단어들로 나에 관해 말했을 것이다. 흥미롭게도 헤이터(비록 그녀 자신이 나보다 더 '계급 이탈'을 했지만)는 공장에 있는 조합원들의 매우 강경한 단어들을 결론에 삽입시켰다. '배신은 하나의 과정이며, 어떤 개인적 행동은 아니다. 그리고 이것은 언제나 의식적인 것은 아니다.' 이 논평은 나를 겨냥한 것은 아니라고 할지라도, 우리의 논의에 비추어보면 분명 그러했을 것이다.

그러나 배신은 씁쓸할 뿐만 아니라 복잡한 단어다. 잠깐 『충성심』에 서술된 허구의 이야기로 되돌아가보자. 노먼의 측근이 권에게 그를 어떻게 변호했는가를 보자.

'한 사람이 속해 있는 집단을 진짜 배신하는 행위들이 있다. 그러나 당신은 동맹과 적대의 변화, 국제적 변화와 그 변화들 내에서 계급들의 복잡한 동맹과 적대를 살펴보아야 한다. 그렇게 해야만 이를 한정할 수 있는 상황이 얼마나 역동적으로 바뀌는가를 알 수 있을 것이다. 한 계급 내에서 국가에 대한 반역자가 있을 수 있고, 한 국가 내에서 계급에 대한 반역자가 있을 수 있다. 이러한 충성심이 안정된 시기들에 살아가는 사람들은 우리보다도 더 운이 좋은 사람들이다.'

'시기들만이 아니라, 장소들에서도 그렇겠지.' 권은 말했다.[39]

어떤 경우든, 노먼은 완전히 다른 준거 영역을 가진 과학적 연구에 참여했다. 여기에 뒤따른 것은,

매우 전문화된 영역 내에서 역동적인 갈등이다. 불균형을 통해 이를 막는 것, 그 자체의 논리상 국가와 계급을 넘어, 우리 모두가 알았던 모든 충성심을 넘어, 극단적으로 위험한 단계에 도달하는 것을 막는 것이 중요하다. 아마도 궁극적으로 인류에 대한 단순한 충성심은 제외하고.[40]

물론 이 같은 계기들 어느 것도 카울리의 사례에 포함되어 있지는 않다. 그렇지만 『충성심』의 끝부분에 연계를 만들 수 있는 조그만 반전이 있다. 불명예 없이 퇴임이 허락된 노먼은 개발로부터 보호하기 위하여 숲을 샀다. 계급 배신, 대니카펠 같은 공동체의 투쟁적 특수주의를 뒷받침하는 '공유된 존재의 도덕성'의 배신이라는 권의 비난에 직면하여 노먼은 주장한다.

　'너는 네가 나의 계급이라고 부르는 것을 잘못 사용하고 있지만, 네가 실제로 잘못 사용하고 있는 것은 지식과 이성이다. 그런데 사회는 우리와 함께 있는 것, 그 사고들이 만들어지는 여기에 있는 것이다. 사회주의도 그러하다. 좋은 사고이며 또한 동시에 잘못일 수 있다. 그렇지만 우리는 이 사고들을 바로 잡기 위한 노력을 시작했고 이것이 할 수 있는 모든 것이다. 이성으로, 양심으로 우리의 현재 의무는 사회주의라고 불리는 어떤 것에 관한 것이 아니다. 우리의 현재 의무는 지구를 보호하고 구하는 것이다. 그렇지만 네가 너의 친애하는 시골사람들이라고 부르는 사람들 사이에는 어떠한 유의미한 일도 이루어지고 있지 않다. 사실 정확히 그것이 그들에게 없는 것이다. 그들에게 부적절한 것이고, 그리하여 네가 나에게 묻는 것이기도 하다. 나는 무지에 대해, 단견에 대해, 편견에 대해 나의 친애하는 시골사람들이 그러하다는 이유 때문에 충성해야만 하는가? 나는 지구의 파괴를, 나의 친애하는 시골사람들이 이에 참여하고 있다는 이유 때문에 여전히 방관하고

묵인해야 하는가? 그리고 나는 공통적인 부적합성, 공통적인 무지를 물려받았다는 어떤 전통적인 윤리관 때문에, 그리고 이를 이어받은 사람들이 같은 언어를 말하고, 같이 위협받는 섬에서 거주하고 있기 때문에 그렇게 해야만 하는가? 진짜 네가 제안하는 도덕성은 어떤 것인가?'

귄의 반응은 날카롭다.

'당신이 공산주의에 관해 생각하는 것, 당신이 지금 자연에 관해 생각하는 것은 당신에게 제격인 것을 투영한 것에 불과할 뿐이오. 다른 사람들을 위한 각자의 믿음이 중요한 가치가 있다는 사실은 단지 당신으로 하여금 그들을 속일 수 있도록 할 뿐이오.'[41]

『충성심』에서 논쟁은 물론 해소되지 않는다. 윌리엄스의 요점은 이 논쟁이 결코 해결되지 않을 것이라고 주장하고자 한다는 것이다. 어느 규모, 어느 장소에서 그리고 어떤 특수한 감정구조에서 맺어진 충성심은 사회주의를 다른 어떤 곳에서 또는 일반적으로 실행 가능한 운동으로 만들도록 요구하는 종류의 충성심으로 변형 또는 전환되지 않고서는 쉽게 또는 단순하게 수행될 수 없다. 그러나 전환의 행동에서는 어떤 중요한 것이 필연적으로 사라지고, 언제나 풀리지 않는 긴장의 쓰라린 잔여물만 뒤에 남게 된다.

충성심, 정체성, 정치적 임무

이를 받아들이게 되면 다소 불편한 정치적 반성이 뒤따른다. 이것을 가능한 한 가장 냉정하게 묘사해보자. 영국에서 사회주의적 대의는 윌리엄스가 웨일스에서 서술했고, 내가 카울리에서 봉착했던 종류의 투쟁적 특수주의에 의해 언제나 힘을 받았다. 이러한 주장을 뒷받침할 수 있는 역사적 증거는 상당히 많이 모을 수 있다.『애팔래치아에서 방어전』(*Fighting Back in Appalachia*)[42]은 미국에서 이러한 점을 재치있게 풀어놓는다. 그러나 그런 투쟁적 특수주의들이 영국노동당이 다양한 역사적 순간에 그렇게 했던 것처럼 함께 모여 국가적 운동이 될 수 있었다고 할지라도, 이들은 어떤 의미에서 근본적으로 보수적이다. 이들은 어떤 종류의 억압적이고 무정한 산업 질서하에 달성된 유형의 사회적 관계와 공동체, 연대와 충성심의 지속에 의존하기 때문이다. 소유권은 변할 수 있지만(이를테면 국유화를 통해), 광산과 조립라인은 내내 가동되어야 한다. 이것들은 특정한 장소와 공동체에 뿌리를 둔 사회적 관계 맺기의 방식과 계급연대 메커니즘의 물질적 기반이기 때문이다. 사회주의 정치는 보수주의의 날을 품고 있다. 일하고 살아가는 기존 양식의 근본적 전환과 전복이 쉽지 않기 때문이다. 사회주의 정치는 어떤 희생을 치르더라도 일단은 탄광이 열려 있도록, 조립라인이 가동되도록 유지해야 한다(1960년대와 1970년대 연속된 영국 노동당정부의 혼란스러운 산업정책에서 목격했던 것처럼). 카울리 투쟁은 자동차공장에서 점점 더 억압적인 일자리를 내내 유지해야 하는가, 또는 어떤 아주 다른 그리고 좀더 생태적으로 민감한 생산체계에서 다른 더 좋은, 더 건전하고 안전한 일자리를 추구해야 하는가? 허약하고 대안이 없는 시기에 카울리 투쟁은 필수적으로 전자의 목적에 초점을 두겠지만, 심지어 장기적으로 상황이 가장 좋을 때에도 투쟁은 언제나 작업장에서 일하는 사람들을 위하여, 공장에서 일하기와 결부된 투쟁적 특수주의로 가장 강하게 고취된 사람들을 위하여 그렇게 할 것이라는 독특한 인상을 받았다.

이것을 또다른 방법으로 서술할 수 있다. 어떤 장소에서 작동하는 어떤 종류의 억압적 노동조합의 관계하에서 형성된 정치적·사회적 정체성은 이러한 질서의 붕괴 또는 급진적 전환 후에도 존립할 수 있는가? 내가 제의할 수 있는 즉각적 답은 '아니오'다(그리고 나는 이런 결론을 뒷받침할 수는 많은 증거들이 있다고 생각한다). 만약 답이 그렇다면, 이러한 정치적 정체성과 충성심의 지속은 이들을 유발했던 억압적 조건들의 지속을 요청한다. 그렇다면 노동계급운동은 이들을 만들어냈던 억압적 조건들을 지속시키거나 그것들로 되돌아가고자 해야 할 것이다. 이는 남성폭력이라는 조건하에서 자아감을 획득했던 여성들이 폭력적 남성과 살기 위해 다시 돌아가는 것과 같은 방식이다.

이러한 비유는 여기서 예시적이다. 많은 페미니스트들이 주장했고 많은 여성들이 본 것처럼, 이 패턴을 깨뜨리는 것, 종속으로부터 벗어나는 것은 가능하다. 노동계급운동도 마찬가지로 일하고 살아가는 조건들의 전환을 통해 새로운 정치적 정체성을 가짐으로써 혁명적 추진력을 얻을 수 있을 것이다. 그러나 이는 많은 신중한 작업을 요하는 길고 어려운 과정이다. 윌리엄스는 생태적 의제에 관한 그의 논의에서 이러한 어려움을 명시적으로 인식하고 있다.

싸우스웨일스 광부들에게 그들 주변의 모든 것이 생태적 재앙이라고 간단히 말하는 것은 별 소용이 없다. 그들은 이미 알고 있다. 그들은 그 속에서 살아가고 있다. 그들은 몇세대 동안 그렇게 살아왔다. 그들은 그들의 허파 속에 이 문제를 안고 있다. (…) 그러나 당신은 그들의 삶과 그들의 공동체에 쏟아부어온 어떤 종류의 생산이 이제는 모두 바뀌어야만 한다고 말할 수 없다. 당신은 '그들에게 유해한 산업에서 벗어나세요, 위험한 산업에서 벗어나세요, 우리 함께 더 좋은 것을 합시다'라고 말만 할 수 없다. 모든 것은 협상에 의해, 공정한 협상에 의해 이루어져야 하며, 이 협상은 방법에 따라 착실하게 이루어져야 할 것이다.[43]

이러한 협상의 길 끝에 우려되는 점은 사회주의 정당과 정부가 그들 자신의 지지 기반을 제공했던 사회적·정치적 정체성과 충성심을 약화하는 데만 성공할 것이라는 점이다(2차대전 이후 서유럽에서 이러한 진술에 대한 상당히 많은 증거들이 수집될 수 있다). 사회주의는 언제나 그 자신의 정치적 정체성의 물질적 조건들의 부정과 관련된다는 주장은 가능하다. 그러나 자본주의는 운 좋게도 지난 20년 동안 전통적으로 사회주의 정치의 기반을 이루었던 많은 투쟁적 특수주의들을 제거하는 방향으로 진로를 택했다. 탄광들은 폐업했고, 조립라인들은 단축되거나 폐쇄됐으며, 조선소들은 조용해졌다.

그렇다면 우리는 헤이터가 나에게 외쳤던 입장, 즉 옥스퍼드의 사회주의 미래는 자동차 생산을 위한 대규모 고용을 카울리로 되돌리는 투쟁의 결과에 달려 있다는 입장(내가 받아들일 수 없었던 견해)을 택하거나 그렇지 않다면 사회주의적 정치에 관한 다소 다른 견해를 뒷받침하기 위해 투쟁적 특수주의의 기존 형태와 새로운 형태의 새로운 조합을 추구해야 한다. 나에게는 아무리 어렵고 문제가 있다고 할지라도 후자의 경로를 택하는 것 말고 달리 방법이 없었다. 이것은 '새로운 사회운동'의 정치를 위해 계급정치를 폐기하는 것을 의미하지 않으며, 계급정치를 재구성하고 쇄신할 수 있는 다른 형태의 연대를 탐구하는 것이다. 실용적으로 말하면, 옥스퍼드에서 계급정치는 카울리 자동차공장의 완전 폐쇄 후에도 존립할 수 있으며, 그렇지만 오직 새로운 기반을 확보할 경우에만 그러하다.

이들 모두에 또다른 차원, 즉 공간적 규모와 시간적 지평에 관한 의문과 관련된 차원이 있다. 공간적 규모라는 점에서, 닐 스미스[44]는 최근 우리가 사회이론화에서 상이한 공간적 규모들에 걸친 연계와 정치적 행동을 협상하기 위해 어떻게 매우 나쁜 것들을 학습해왔는가에 관해 서술했다. 그는 내가 사회주의의 현대적 구축에서 '규모의 문제에 관한 전반적인 침묵'으로 인해 유발된 핵심적인 혼동이라고 본 것을 강조한다.

지리적 규모의 이론, 좀더 정확히 말해 지리적 규모의 생산이론은 전반적으로 개발되어 있지 않다. 사실상 지리적 규모에 관한 사회이론은 없으며, 이에 관한 역사유물론적 이론은 말할 것도 없다. 그렇지만 이는 물질적 생활에 관한 우리들의 지리적 구축에서 결정적인 역할을 담당한다. 톈안먼 광장의 가차 없는 억압은 국지적 사건인가, 지역적 사건 또는 국가적 사건인가, 아니면 국제적 사건인가? 우리는 합리적으로 이 사건이 네가지 모두에 해당한다고 가정할 수 있으며, 사회생활은 모자이크가 아니라 어떤 종류의 포개진 계층적 공간 속에서 이루어지며 이를 구축한다는 결론을 즉각 다시금 강조할 수 있다. 우리는 이러한 다양한 포개진 규모들을 어떻게 비판적으로 인식할 수 있는가? 우리는 어떻게 이들을 중재하고 전환할 수 있는가?

사회체계로서 자본주의는 계급투쟁의 형태들에서 이 같은 규모의 딜레마에 대해 협상할 뿐만 아니라 보통 적극적으로 조작하고자 한다. 이 점은 불균등한 부문적·지리적 발전을 달성하여 상이한 규모들에서 규정되는 장소들 간의 분열적 경쟁성을 강화하고자 하는 경향에 특히 적용된다. 그러나 '장소'는 어디서 시작해서 어디서 끝나는가? 그리고 '투쟁적 특수주의'가 이를 능가할 경우, 유지되거나 기반을 둘 수 없게 되는 어떤 규모가 있는가? 어떤 최종적인 의미에서가 아니라 추상화의 상이한 종류들과 단계들 간의 소통과 전환의 양식을 규정한다는 점에서 사회주의 정치의 문제는 이러한 의문에 답하는 방식을 찾아야 한다.

결론에 관하여

나는 헤이터가 『공장과 도시』의 결론을 쓰도록 했다. 어쨌든 이책은 대부분 그녀의 노력의 결과였다. 그 결과는 매우 기묘하게 읽힌다. 전반적으로 공장에서 급진적 통제권을 쟁취하기 위한 투쟁에 배타적으로 초점을 둔 '노동자주의적' 주장들은 여기저기서 과잉시설용량, 지역사회 참여, 환경에 관한 문제들과 융합되어 있다. 나의 생각으로 이 결론은 어떠한 종류의 확인 가능한 또는 생산적으로 내면화된 긴장에도 도달하지 못했기 때문에 그 효과는 기이했다. 나는 이 점을 유감으로 생각한다. 주장을 끝내고 닫아버리는 것이 아니라 무엇이 일어났었는지를 성찰하고 이를 통해 배울 수 있도록, 이를 위해 논의와 논쟁의 여지를 남겨두도록 이 책의 자료들을 이용할 수 있는 기회가 있었기 때문이다. 우리의 실패는 윌리엄스가 어떤 딜레마를 탐구하기 위하여 왜 소설이라는 형식에 의존했는가를 설명하는 데 도움을 준다. 우리가 흔히 일단의 문화적·정치경제적 연구에서 추구하도록 요청받게 되는 종결은 소설의 형식에서는 성찰을 위해 좀더 쉽게 계속 열린 상태로 남겨둘 수 있다. 심지어 매튜 프라이스에게 일어난 것처럼, 일단 '거리가 측정된다면' 어떤 종류의 화합이 가능해질 경우에도 그럴 수 있다. 카울리에 관한 책의 이중적 결론은 논제들을 열린 상태로 남겨두고 긴장이 살아 있도록 하면서, 동시에 상이한 수준과 종류의 추상화에 관한 의문을 고조시키는 어떤 방법을 수행했다고 하겠다.

이러한 모든 면에서, 나는 카울리의 책이 끝난 후 시간이 좀 지나 윌리엄스의 소설『두번째 세대』를 읽으면서 놀랐다. 이 소설은 1964년 출판된 것으로 그 당시의 옥스퍼드를 배경으로 했다. 이 소설은 한편으로 대학에 기반을 둔 사회주의와 다른 한편 자동차공장 내에서 논쟁된 정치 간의 긴장을 둘러싸고 전개된다. 첫 구절은 이분화된 도시에서 사회주의 정치의 문제에 관한 장면을 설정하고 있다.

만약 오늘 당신이 타운로드(Town Road)에 서 있다면, 당신은 두가지 방향 중 하나를, 즉 서쪽으로는 성당과 대학의 첨탑과 시계탑을, 동쪽으로는 자동차 작업장의 뒤뜰과 창고를 볼 수 있을 것이다. 당신은 서로 다른 세계를 보지만, 이것들 간에는 아무런 전선도 없다. 하나의 도시의 이동과 교통이 있을 뿐이다.[45]

지방 노동당 조직자이고 이 공장의 노동조합 지도자의 아내인 케이트 오언(Kate Owen)은 대학에 기반을 둔 사회주의 내에서 가족과 지역사회에 대한 충성심, 그리고 계급분할의 또다른 측면으로 여겨지는 성적 자유 간에 찢겨 갈등했다. 그의 아들 피터 오언도 마찬가지로 이 사이에 갇혀 있었다. 그의 아버지를 지쳐 쓰러지도록 한 자동차공장의 격렬한 현장 투쟁의 와중에, 그는 옥스퍼드 대학의 한 칼리지에서 산업사회학 박사과정을 밟고 있었다. 윌리엄스가 다른 곳에서 획득하고 보관할 수 있었던 종류의 지식과 관련지어 개발하고자 한 모든 주제들이 여기서 풍부하게 전개됐는데, 여기에는 사회주의 정치로 편입될 수 있는 '감정구조들' 내에서 젠더와 계급의 상호작용도 포함되어 있다.

흥미롭게도 카울리 프로젝트에 관한 저서에서 제기됐던 실질적 이슈 가운데 많은 것이 실제 『두번째 세대』에서 아무런 해법 없이 불쑥 다시 나타난다. 내가 이 책을 카울리 연구와 관련을 맺은 후가 아니라 그전에 읽었더라면, 나의 접근은 상당히 달랐을 것이다. 한편으로는 결론을 열린 상태로 두도록 브레히트적 전략을 훨씬 더 강하게 주장했을 것이다. 그러나 다른 한편, 나는 윌리엄스의 경고,[46] 즉 '모든 것은 협상에 의해, 공정한 협상에 의해 이루어져야 하며, 이 협상은 방법에 따라 착실하게 이루어져야 할 것이다'라는 경고를 훨씬 더 신중하게 주목했을 것이다.

평가와 가능성

공간, 장소, 환경이라는 세가지 단어는 지리학자들이 수행하는 많은 것들을 포괄한다. 이것들의 의미는 지리학에서 국지성과 장소가 어떻게, 왜 중요하다고 주장되는가, 장소와 공간 사이의 관계를 어떻게 적절하게 이해할 수 있는가를 둘러싼 치열한 논쟁들(특히 급진적 학술지인 『안티포드』*Antipode*를 통해)에서 수년간 거론됐다.[47] 그리고 이러한 논의과정에서 추상화와 규모의 수준에 관한 의문이 거듭 제기됐다.[48] 그러나 지리학자들은 이 문제를 다루는 유일한 학자들은 아니다. 최근 공간, 장소, 자연에 부여되는 의미들은 사회·문화·문예이론에서 중요한 논쟁거리가 됐으며,[49] 지리학자들도 분명이 논쟁에 참여하고 있다.[50] 이러한 종류의 관심과 흥미는 부분적으로 한편으로는 지구적 자본주의문화의 등장으로 보이는 것과 다른 한편 특정한 장소들에 기반을 둔 잠재적으로 진보적인 '투쟁적 특수주의'와 더불어 모든 종류의 반동적 주장들 간의 관계에 관한 의문에서 비롯됐다. 이들은 심각하게 보이는 지구적 환경악화의 위협과 결합되어 있다. 그러나 관심은 또한 부분적으로 레이먼드 윌리엄스가 감정구조, 가치, 뿌리내림, 차이, 그리고 반헤게모니 담론들의 특수성들과 반대 집단들이 구축한 사회적 관계 등을 강조하면서 규정하는 데 기여했던 문화연구의 새롭게 커가는 전통에 의해 만들어졌다.

윌리엄스는 공간, 장소, 환경에 관한 의문들을 상당히 고려했으며 분명 이것들이 그의 문화이론과 사회주의 구축에 관한 그의 견해에서 어떻게 작동하게 되는가에 관해 우려했다. 공간, 장소, 환경의 사회적 전환은 지배와 통제의 실천이라는 점에서 결코 중립적이지 않으며 결백하지도 않다. 사실 이것들은 삶이 어떻게 영위될 수 있는가에 대한 조건들(흔히 억압적인)을 좌우하는, 다중적 가능성들로 가득찬 의사결정의 근본적 틀이다.[51] 따라서 이러한 논제들을 해방을 위한 투쟁에서 논의하지 않은 채 버려둘 수는 없다. 게다가 이 같은 투쟁은 그것들이 실천적 행동을 위한 작업 도구의 핵심 부분으로 필히 포용해야 할 추상화의 단계와 종류에 관한 해결될 수 없는 긴장 또는 어떤 성찰을 내면화해야 한다.

다만 공간, 장소, 환경에 관한 윌리엄스의 취급과 관심이 주로 그의 소설들에서 드러난다는 사실은, 이 세가지 개념적 장치를 문화이론의 중심으로 가져가기가 매우 어렵거나, 그렇지 않다면 그의 입장에서 어떤 망설임이 있었음을 보여준다. 하지만 결론은 공간, 장소,

환경이 사회·문화이론에 편입될 수 없다는 게 아니라, 이론화의 실행이 이러한 편입이 요구하는 가능성과 딜레마에 개방적이어야 한다는 점이다. 윌리엄스를 그 자신의 입장에서 다루면서, 그리고 그의 소설과 비판적 문화이론을 통일된 영역의 탐구 속에서 현대적 측면들로 이해함으로써, 우리는 그가 이러한 차원들을 무시한 많은 저명한 현대 문화이론가들보다도 훨씬 더 심원한 이론화의 영역을 개척했음을 알 수 있다. 이론은 순전히 추상화의 달성만으로 구축될 수 없다. 더욱 중요하게는, 이론화의 실천은 한편으로 체험된 삶의 투쟁적 특수주의와 다른 한편 충분한 비판적 거리와 분리를 달성하려는 투쟁의 지속적인 변증법으로 구축되어야 한다. 이 점에서 윌리엄스가 규정한 문제성은 분명 그 자체의 가치를 갖기에 충분할 정도로 보편적이다. 공간, 장소, 환경을 문화이론·사회이론에 편입시키는 데에는, 좁은 의미로 은유적인 그리고 순수하게 관념주의적인 편입이 아니라 비판적으로 유물론적이고 철저히 기반을 갖춘 편입이 적합하다. 그 댓가는 많다. 이론이 사회적·생태적 변이를 반영한 다채롭고 계층적으로 구축된 지리적 공간에 걸친 일상적인 정치적 실천의 세계로 복귀하는 것은 특정 종류의 이론적 실천의 목적이며 보답이 될 수 있다.

에세이집 『애팔래치아에서 방어전』에서 가장 감동적인 장 가운데 하나는 '어두운 공간들을 가로질러 노래 부르기'라는 제목을 가진 장이다. 이 장은 1989년 애팔래치아의 처참한 탄광 파업에서 피츠턴 제3공장을 노동조합 및 지역사회가 탈취하는 것에 관하여 짐 쎄션즈(J. Sessions)과 프랜 앤슬리(F. Ansley)가 개인적으로 써놓은 것이다. 이 탈취는 광부들에게 훨씬 더 수용 가능한 조건들로 파업을 푸는 데 결정적이었음이 입증됐다. '무파벌적인 목격자'로서 탈취 기간 동안 공장 내부에 있었던 짐 쎄션즈와 바깥에 남아 있었던 프랜 앤슬리는 그들의 경험을 매일 기록했다. 점거 이틀 후에 쓴 편지에는 다음과 같이 적혀 있다. '우리를 가르칠 수 있고, 우리가 가능성을 느낄 수 있도록 만들 수 있는 초월적 순간들이 있었다. 그 가능성은 우리 안에, 우리 주변의 사람들 안에, 우리가 그 부분이거나 또는 그 부분이 될 수 있는 집단 안에 귀속되어 있다.'[52] 이론가들 또한 점점 더 폭력적이고 처참해진 사회적·문화적 갈등의 어두운 공간들을 가로질러 노래하는 것을 배울 수 있다. 그러나 우리가 우리 자신을 윌리엄스가 만들어낸 종류의 가능성에 개방할 경우에만 그러하다. 나는 자본 일반의 무분별한 방법과 진화적 방향을 조명하는 분석 및 이론화의 양식에 대한 나의 충성심을 포기하지 않으면서, 작업장의 노동자들과 카울리에서 평생 거주하는 주민들에게 더 가깝게 귀 기울여 듣는 것을 배워야만 했다.

보론

　모든 지리학자들이 봉착하는 이론적 문제는 공간, 장소, 환경이라는 세가지 주제들을, 그 차이를 무시하지 않으면서 그 통합성을 표현할 수 있도록 어떻게 함께 가져올 것인가 하는 것이다. 이를 행할 수 있는 하나의 맑스주의적 방법은 통합성이란 항상 '모순적 통합성'이며, 모순의 속성과 이것이 개별적 또는 조합적으로 어떻게 작동하는가에 관해 훌륭한 사고를 갖는다면 이 '모순적 통합성'이 도움이 된다는 점을 이해하는 것이다. 이는 나의 가장 최근 저서 『자본의 17가지 모순』의 요지다. 맑스는 이 문제에 흥미로운 방법으로 접근했다. 맑스가 『경제학비판 요강』에서 말한 바에 의하면,[53] 우리는 '구체적인 것은 그것이 수많은 규정들의 총괄, 다양한 것들의 통일이기 때문에 구체적이다'라는 점을 인식할 필요가 있다. 우리 지리학자들은 전형적으로 싸끄레꾀르 대성당 건축처럼 구체적인 것을 다룬다. 제4장에서 나에게 주어진 질문은 이 건축물의 건설과정에 개입된 '많은 결정요인'이 무엇인가였다. 이에 뒤따른 의문은 우리가 그 많은 결정요인을 어떻게 결정할 것인가라는 점이다. 맑스는 '추상적 결정요인들이 사유를 통해 구체적인 것의 재생산으로 나아간다'라고 말한다. 이를테면 싸끄레꾀르의 사례에서 (다른 여러 요인 가운데) 계급투쟁의 추상화는 분명히 그 역할을 담당한다. 그러나 무엇이 이러한 추상화의 전개를 정당화하는가? 맑스에 의하면 우리는 '관찰과 개념화의 출발점으로' 구체적인 것에서 시작해야 한다. 또한 그 연구방법은 '자세한 자료들을 이용해야 하고, 상이한 발전의 형태들을 분석해야 하며, 이것들 간의 내적 연계를 추적해야 한다. 이러한 작업이 이뤄진 뒤에만, 현실의 운동이 적절하게 제시될 수 있다. 만약 이것이 성공적으로 수행되어 자료들의 생생한 모습에 관념이 반영된다면 그 생생한 모습은 우리 앞에 선험적 구성을 띠는 것처럼 보일 수 있다'.[54] 이는 맑스의 변증법적 방법의 핵심을 이룬다. (앞서 맑스가 말한) 사전 작업은 구체적인 것의 '많은 결정 요인'처럼 작동하게 되는 '많은 추상화'를 드러내준다. 싸크레꾀르 건축에 관한 나의 설명은 선험적 구성처럼 보인다. 이는 바로 계급 갈등이 오스만의 빠리 건축에 얼마나 중요했는지를 보여주기 때문이다.

1980년대 지리학 연구의 모양 만들기에서 국지성(locality)의 역할을 둘러싼 지리학자들의 열띤 논쟁이 있었다. 거기서 나는 국지성 연구는 우리가 해야 할 중요한 몫이지만 만약 이 연구가 그 자체로 끝나게 된다면 이는 급진적 프로젝트를 위태롭게 할 것이라고 말하는 사람들의 편에 서고자 했다. 특수성으로서 국지성, 그리고 통합에 다소 유해한 것으로서 차이, 또한 지구화의 추상화와 다뤄야 할 배타적 영역으로서 지방 정치(local politics), 이것들 모두에 대한 찬양은 나에게는 매우 문제가 있는 것처럼 보였다. 때로 우리 가운데 이것들에 관심을 보이는 사람들은 국지성 연구에 전적으로 반대하는 것처럼 보였을 수도 있다. 국지성 연구(그리고 특히 영국의 경제·사회연구위원회Social Research Council in Britain에 의해 후하게 지원을 받은 거대 프로젝트)의 옹호론자들은 흔히 우리 가운데 나머지 사람들이 국지적 수준에서는 좀더 분명하게 눈에 들어오는 다중적 차이들(젠더관계에서부터 인종적·종교적·민족적 구별에 이르는 모든 것)에 대해 둔감하다고 쓰기도 했다. 그러나 이는 전혀 사실이 아니다. 모든 것은 이 연구들이 '다양성 속에서의 통합성'을 어떻게 표현하는가에 좌우된다.

나는 '투쟁적 특수주의'를 레이먼드 윌리엄스의 저작에서 도출된 것처럼 긍정적 개념으로 여기며, 국지성 논쟁을 둘러싸고 있었던 이해들의 덤불을 벗어나기 위한 방법을 찾기 위해 이에 관해 서술했다. 이는 내가 옥스퍼드로 옮겨가서 로버 자동차 노동자들의 일자리를 보호하기 위한 카울리 프로젝트에 참여했던 시기와 일치한다. 많은 사람들은 이 주제에 관한 윌리엄스의 저술들이 문제적임을 알겠지만, 아무도 그가 국지적 '감정구조'에 둔감했다고 비난하지 않을 것이다. 우선 나는 윌리엄스가 그의 소설들에서 국지적 힘과 지구적 힘의 모순적 통합성을 어떻게 언급했는가를 살펴보면서 매료됐다. 뜨거웠던 논쟁은 이제 지리학에서 가라앉았지만, 근본적 논제들은 사라지지 않았다. 많은 반자본주의 정치가 국지적 행동에 근거를 두고 있기 때문에 정치적 의문들은 강해졌다. 이 논의는 중앙무대에서 다시 이야기될 가치가 있다.

제9장

신제국주의: 탈취에 의한 축적

자본주의의 존립은 해명을 요청하는 불가사의다. 다중적 위기와 재조직화, 그리고 이로 인해 절박한 종말에 달했다는 좌파 및 우파 모두의 예측에 직면해 있으면서도 그렇게 오랫동안 지속되었으니 말이다. 르페브르[1]는 자본주의가 공간의 생산을 통해 존립하고 있다는 그의 탁월한 논평에서 그 해답을 찾은 것으로 생각했지만, 어째서 그러한가를 정확히 설명하지는 못했다. 레닌과 로자 룩셈부르크는 아주 다른 이유에서, 그리고 아주 다른 주장을 활용하여 공간 생산의 특정한 형태로서 제국주의가 그 수수께끼의 답이라고 고찰했다. 그러나 이 둘은 이 해법이 그 자체의 결정적인 모순들로 인해 한계가 있음을 인정했다.

내가 1970년대에 이 문제를 고찰한 방법은 자본축적의 내적 모순에 대한 '시공간적 조정'의 역할을 검토하는 것이었다.[2] 이 주장은 과잉축적의 위기를 만들어내는 자본주의의 만연한 경향과 관련지어야만 이해할 수 있다. 이런 위기는 자본과 노동력의 잉여로 나타나며, 사회적으로 유용한 과제들을 수행하여 이윤을 얻을 수 있도록 그것들을 함께 묶을 수 있는 어떤 명백한 수단도 없는 상황에서 발생한다. 만약 자본과 노동력 체계의 전반적인 감가(심지어 파괴)가 뒤따르지 않도록 하려면, 어떻게 해서든 이 잉여를 흡수할 수 있는 방법들이 찾아져야 한다. 지리적 팽창과 공간적 재조직화는 이를 위한 선택 가운데 하나가 될 수 있다. 그러나 이는 시간적 조정과 분리될 수 없다. 지리적 팽창은 흔히 장기적 수명을 갖는 물리적·사회적 하부구조(이를테면 교통·통신 네트워크, 교육과 연구 등)에 대한 투자를 동반하기 때문이다. 이러한 하부구조는 이에 의해 뒷받침되는 생산활동을 통해 그 가치를 순환과정에서 회수하려면 수년이 걸린다(제3장 참조).

지구자본주의는 1970년대 이후 만성적이고 지속적인 과잉축적의 문제를 겪어왔다. 나는 로버트 브레너(R. Brenner)[3]가 이를 일반적으로 확실하게 서술하기 위해 수집한 경험적 자료들을 찾았다. 그러나 나는 이 기간 동안 나타난 국제자본주의의 변동성이 과잉축적의 문제를 심지어 중기적으로 다루는 데도 실패한 일련의 일시적인 시공간적 조정으로 발생한 것이라고 해석하고자 한다. 피터 고완(P. Gowan)[4]이 주장하듯, 바로 이러한 변동성의 조화로운 편성을 통해 미국은 지구적 자본주의 내에서 그 헤게모니적 지위를 보전하고자 했다. 그렇다면 1990년대 후반 '새로운 미국의 세기를 위한 프로젝트'(Project for a New American Century)에서 보여준 것처럼, 미국의 입장에서 군사력에 의해 뒷받침된 개방적 제국주의를 향한 명백한 이행은 이러한 헤게모니가 약화되는 조짐으로 이해될 수 있을 것이다. 조지 W. 부시 행정부에서 제국주의 정치를 보다 명시적으로 포용하고자 한 것은 국내의 경기악화 및 광범위한 감가의 위협에 대한 정치적 해결수단의 필요에서 도출된 것처럼 보인다. 이에 앞서 감가를 둘러싼 여러 다툼이 다른 곳에 타격을 주었는데, 이를테면 1980년대와 1990년대 초 라틴아메리카에서, 보다 심각하게는 1997년 동아시아와 동남아시아를 소진시킨 위기를 통해, 그리고 2000년대 초 러시아를 삼켜버리고 뒤이어 터키, 브라질, 아르헨티나로 이동했던 위기들을 통해 유발됐다.[5] 다른 한편, 기존의 기반에서 확대재생산을 통해 축적하기가 불가능해짐에 따라 '탈취에 의한 축적'(accumulate by dispossession)의 시도가 등장했다. 이는 '신제국주의'라고 부르고자 하는 어떤 것이 실제 어떠한가를 보여주는 전형적인 특징이다.[6]

시공간적 조정과 이의 모순들

시공간적 조정의 기본 사고는 매우 간단하다. 기존의 영토체계 내에서 과잉축적은 (실업을 유발하는) 노동의 잉여와 (시장에서 손실 없이 처분될 수 없는 상품의 과잉, 유휴생산설비, 그리고/또는 생산적이고 이윤 가능한 투자처를 찾지 못한 화폐자본의 잉여로 드러나는) 자본 잉여의 조건을 의미한다. 이러한 잉여들은 다음과 같은 방법들, 즉 (a) 현재 과잉 자본가치가 미래의 순환으로 재투입되는 것을 지연시키는 장기적 자본 프로젝트(이를테면 건조환경)에 대한 투자 또는 사회적 투자(교육과 연구 같은)를 통한 시간적 치환, (b) 다른 곳에 있는 새로운 시장, 새로운 생산설비, 새로운 자원, 기타 사회적 치환 및 노동의 잠재력의 개방을 통한 공간적 치환, 또는 (c) (a)와 (b)의 어떤 조합을 통해 흡수될 수 있다.

(a)와 (b)의 조합은 우리가 건조환경에 뿌리를 둔 독립적 유형의 고정자본에 초점을 둘 경우 특히 중요하다. 이 점은 공간과 시간 상에 전개되는 생산과 소비를 위해 필수적인 물리적 하부시설(산업단지, 항만과 공항, 교통·통신체계, 상하수체계, 주택, 병원, 학교에 이르는 모든 것)을 제공한다. 명백히 이는 경제의 작은 부문이 아니며, 엄청난 양의 자본과 노동을 흡수할 수 있으며, 급속한 지리적 팽창과 집약화의 조건하에서 특히 그렇다.

자본과 노동의 잉여를 이러한 투자로 재할당하기 위해 금융제도 및/또는 국가기관의 중재적 도움이 필요하다. 이들은 신용을 창출할 수 있는 능력이 있다. '의제자본'의 상당량이 창출되어, 현재의 소비에서 고속도로 건설이나 교육 같은 미래지향적인 프로젝트들로 할당되고 이에 의해 (아마 교사와 건설노동자들에 의한 의복과 신발 같은 잉여상품에 대한 수요 증가를 포함하여) 경제를 소생시킬 수 있게 된다. 만약 건조환경이나 사회적 개선을 위한 지출이 생산적인 것(즉, 앞으로 보다 효율적인 자본축적의 형태를 촉진하는 것)으로 입증되면, 의제적 가치들은 회복된다(부채상환에 의해 직접적 혹은 간접적으로, 이를테면 국가부채를 상쇄하기 위한 보다 높은 조세 환수의 형태로). 만약 그렇지 않다면, 건조환경이나 교육 부문에 가치의 과잉축적이 명확해져, 이러한 자산들(주택, 사무실, 산업단지, 공항 등)에 수반되는 감가 또는 물리적·사회적 하부시설들에 대한 국가부채의 상환의 어려움이 초래된다.

자본주의를 안정화하거나 불안정화하는 이러한 투자의 역할은 유의미하다. 일례로 1973년 위기의 시발점은 부동산시장의 세계적 붕괴(미국 은행인 프랭클린내셔널Franklin National을 넘어뜨렸던 독일의 헤르슈타트은행Herstatt Bank에서 시작했다)였으며, 곧이어 1975년 뉴욕시의 실질적인 은행파산(조세 수입을 초과한 사회적 지출의 고전적 사례)으로 이어졌다는 점을 지적하고자 한다. 일본에서 10년에 걸쳐 지속된 경기침체는 1990년에 토지·부동산 등 자산시장에서 투기 거품의 붕괴로 시작되어 은행체계 전체를 위기에 빠뜨렸으며, 또한 1997년 아시아 붕괴는 태국과 인도네시아에서 부동산 거품의 폭발로 시작됐다는 점도 지적할 만하다. 2001년 중반 이후 다른 모든 부문에서 전반적 침체가 시작된 후, 미국경제와 영국경제의 가장 중요한 버팀목은 부동산시장의 투기적 활력이었다. 1998년 이후 중국은 이미 거대한 삼협댐(Three Gorges Dam)이 왜소하게 느껴질 정도의 엄청난 거대 프로젝트들(8,500마일에 달하는 새로운 철도, 초고속도로, 도시화 프로젝트, 양쯔강에서 황하로 물길을 돌리는 거대한 토목사업, 신공항 등)에 부채금융으로 투자함으로써 경제성장을 유지하고 잉여노동을 흡수하고자 (그리하여 사회적 불안의 위협을 억제하고자) 했다. 자본축적에 관한 대부분의 설명들(브레너의 설명을 포함하여)이 이러한 문제들을 무시하거나 부차적인 것으로 다루었다는 점은 매우 기이하다.

　다른 한편, '조정'(fix)이라는 용어는 이중적 의미를 갖는다. 총자본의 일정 부분은 비교적 장기간(경제적·물리적 생애기간에 따라) 어떤 물리적 형태로 말 그대로 고정된다(fix). 사회적 지출 역시 영토화되고 국가 위임을 통해 지리적으로 부동적이게 된다는 점을 이해할 수 있다(그러나 다음에서 나는 사회적 하부시설을 명시적인 고찰에서 제외하고자 한다. 문제가 복잡해지고 이를 설명하기에는 너무 많은 분량을 요하기 때문이다). 일부 고정자본은 지리적으로 유동적이지만(고정장치로부터 쉽게 풀어서 다른 곳으로 가져갈 수 있는 기계 같은 것), 다른 것들은 토지에 고정되어 부수지 않고서는 옮길 수 없다. 비행기는 이동 가능하지만, 비행기가 뜨는 공항은 그렇지 않다.

　다른 한편, 시공간적 '조정'은 시간적 지연과 지리적 팽창을 통해 자본주의적 위기들을 해결하기 위한 은유다. 공간의 생산, 전적으로 새로운 영토적 노동분업의 조직, 새롭고 보다 값싼 자원단지들의 개장, 자본축적의 새로운 역동적 공간의 개설, 자본주의적 사회관계와 제도적 편제(이를테면 계약 규칙과 사적 소유 편제)의 기존 사회구성체로의 침투 등은 잉여자본과 잉여노동을 흡수하는 다중적 방법들을 제공한다. 그러나 이런 지리적 팽창·재조직·재구성은, 흔히 한 장소에 고정되어 있지만 다른 곳에서는 아직 실현되지 않은 가치들을 위협한다. 장소에 고정된 막대한 양의 자본은 다른 곳에서 공간적 조정을 추구하는 데 장애물로 작동한다. 뉴욕시를 구성하는 고정자산의 가치는 엄청났고 지금도 그러한데, 많은 사람들은 1975년

(그리고 2003년에 또다시) 이에 대한 거대한 감가의 위협을 자본주의 미래의 주요한 위협으로 여겼다(지금도 그러하다). 만약 자본이 이동해간다면, 이는 황폐화의 흔적을 남기게 될 것이다(1970년대와 1980년대 피츠버그, 셰필드 같은 자본주의의 심장부뿐만 아니라 뭄바이 같은 세계의 많은 다른 곳에서 경험된 탈산업화가 이를 예시한다). 다른 한편 만약 자본이 이동하지 않거나 또는 이동할 수 없다면, 직접적으로 감가를 당한다. 이 과정에 관해 내가 보통 제시하는 요약문은 다음과 같다. 즉 자본은 어느 한 시점에 그 자신의 이미지에 따라 물리적 경관을 필수적으로 창출하지만, 그후 어느 시점에 자본이 주기적으로 빠질 수 있는 과잉축적의 위기를 해소하기 위한 지리적 팽창과 시간적 치환을 추구하게 됨에 따라 이 경관을 파괴해야만 한다. 이에 따라 자본주의의 물리적·사회적 경관에 창조적 파괴(모든 방식의 유해한 사회적·환경적 결과를 동반하면서)의 역사가 쓰인다.

또다른 일련의 모순이 보다 일반적인 시공간적 전환의 역동성 내에서 발생한다. 만약 자본과 노동력의 잉여가 기존의 영토(이를테면 하나의 국민국가) 내에 존재하면서 내적으로 (지리적 조정이나 사회적 지출을 통해) 흡수될 수 없다면, 이들은 감가되지 않고 이윤창출의 가능성을 실현하기 위해 새로운 지형을 찾아 다른 곳으로 이동해야만 한다. 이는 여러 방법으로 이루어질 수 있다. 잉여상품들을 위한 시장이 다른 곳에서 발견될 수 있다. 그러나 그 잉여물이 보내질 공간은 금이나 화폐(이를테면 달러) 준비금이나 교환 가능한 상품 같은 지불수단들을 보유하고 있어야 한다. 잉여상품들은 보내지고 화폐나 다른 상품들이 들어온다. 과잉축적의 문제는 단지 단기적으로만 경감된다. 이는 오직 잉여물을 상품에서 화폐나 다른 형태의 상품으로 전환할 뿐이다. 물론 다른 형태의 상품은 흔히 그러한 것처럼 국내 이윤율 하락에 대한 압박을 일시적으로 줄여줄 수 있는 더 값싼 원료 또는 다른 투입물이 될 수도 있을 것이다. 만약 그 영토가 교역할 수 있는 준비금이나 상품들을 보유하고 있지 않다면, 이 영토는 그것들을 찾아내거나(영국이 19세기 인도로 하여금 중국과 아편무역을 개시하여 인도의 아편과 중국의 은을 교역하도록 강제한 것처럼) 또는 융자나 원조가 주어져야 한다. 후자의 경우, 영토가 조차되거나 화폐가 기증되어 본국에서 생산된 잉여상품들을 사게 된다. 영국은 19세기 아르헨티나에서 이러한 방식을 행했으며, 1990년대 일본의 무역흑자는 일본 상품을 구매하는 미국의 소비주의를 지원하기 위하여 미국에 대부됨으로써 그 상당 부분이 흡수됐다. 분명 이러한 종류의 시장거래와 신용거래는 최소한 단기적으로 과잉축적의 문제를 경감시킬 수 있다. 이 거래들은 한 영토에서 가용한 잉여들을 다른 곳의 공급 부족에 조응하도록 하는 지리적 불균등발전의 조건하에서 매우 잘 기능한다. 그러나 신용체계에 대한 의존은 영토들을 투기적인 의제자본의 흐름에 취약하도록 만들고, 이 자본은 자본주의 발전을 자극하면서도 저해할 수 있고, 심지어 최근에는 이같이 취약한 영토들에 야만적 감가를 부여하는 데 쓰이기도 했다.

자본의 수출, 특히 노동력의 수출을 동반하는 자본의 수출은 다소 다르게 작동하며, 전형적으로 보다 장기적인 효과를 갖는다. 이 경우 자본(보통 화폐자본)과 노동의 잉여분은 새로운 공간에서 자본축적을 이루어낼 수 있도록 다른 곳으로 보내진다. 19세기 영국에서 발생한 잉여물은 미국이나 남아프리카, 오스트레일리아, 캐나다 같은 이주 식민지에서 그 길을 발견하여, 영국 재화에 대한 수요를 만들어내도록 이 영토들에서 새롭고 역동적인 축적의 중심지를 창출했다. 자본주의가 이 영토들도 자본의 과잉축적을 유발하기 시작하는 시점까지 숙성시키는 데는 (만약 자본주의가 그렇게 할 수 있다면) 많은 시간이 소요되기 때문에, 잉여를 창출한 국가는 상당한 기간 동안 이 과정으로부터 이익을 얻을 것을 희망할 수 있다. 이 점은 다른 곳에서 필요한 재화가 미래의 자본축적을 위한 기반으로써 요구되는 고정된 물리적 하부시설(철도, 댐 같은)일 경우 특히 그러하다. 그러나 건조환경에 대한 이러한 장기적 투자에서 회전율은 궁극적으로 수용국에서 축적의 강력한 역동성이 어떻게 진화하는가에 달려 있다. 영국은 19세기 후반 동안 이러한 방식으로 아르헨티나에 대부를 했다. 유럽(특히 독일)과 일본을 위한 마셜플랜을 통해 미국은 자국의 경제적 안정(냉전에 의존했던 정치적·군사적 측면은 제외하고라도)이 이 공간들에서 자본주의 활동의 활발한 부활에 좌우된다는 점을 분명 이해했다.

모순은 자본축적의 새로운 역동적 공간이 궁극적으로 잉여를 창출하고, 지리적 팽창을 통해 이를 흡수해야 할 때 발생한다. 미국이 영국자본을 압도하여(이는 영국제국의 몰락에 기여했다) 20세기를 견인한 것과 매우 흡사하게, 일본과 독일은 1960년대 후반부터 미국자본의 경쟁자가 됐다. 강력한 내적 발전이 시공간적 조정을 추구하면서 파급된다는 점을 지적하는 것은 매번 흥미롭다. 일본은 1960년대에 처음에는 무역을 통해, 다음으로는 유럽연합(EU)과 미국에 대한 직접투자 같은 자본수출을 통해, 그리고 보다 최근에는 동아시아와 동남아시아에 거대한 투자(직접투자 및 포트폴리오 투자)를 통해, 그리고 마지막으로 해외 대부(특히 미국에 대한)를 통해 그렇게 했다. 한국은 1980년대 갑작스럽게 외향적으로 전환했으며, 곧바로 이어서 1990년대에는 대만이 그렇게 했다. 양국의 경우 금융자본뿐만 아니라 다국적자본의 하청기업들에게 상상할 수 있는 가장 사악한 노동관리의 관행 일부를 전세계(남아시아와 동아시아의 다른 국가 전반에 걸쳐, 그리고 중앙아메리카와 아프리카에도)에 수출했다. 따라서 심지어 최근 자본주의 발전의 성공에 대한 신봉자들조차 과잉축적된 자본을 위하여 시공간적 조정이 필요함을 재빨리 알아차리게 됐다. 한국, 싱가포르, 대만, 그리고 심지어 오늘날 중국 같은 특정 영토들이 자본의 순수입국에서 순수출국으로 신속하게 이동한 것은 과거 시기들의 특징이었던 보다 완만한 리듬과 비교하면 아주 놀라운 것이다. 그러나 마찬가지로 이렇게 성공한 영토들은 그들 자신의 시공간적 조정들로 인한 후폭풍에 재빠르게 적응해야 한다. 일본, 한국, 대만으로부터 해외 직접투자의 형태로 각종 잉여들을 흡수한 중국은 생산과 수출의 많은 노선에서 이 국가들을 빠르게 밀어내고 있다(특히 저부가가치이며 노동집약적인 종류의 상품에서 그러하지만, 이는 고부가가치 상품들로 신속하게 옮겨가고 있다). 브레너가 확인한 것과 같은 일반화된 초과용량은 이 방법으로 일련의 단계적이고 증식적인 시공간적 조정을 통해 분해되었다. 이러한 조정은 우선 남아시아와 동아시아 전반에 걸쳐 이루어졌으며, 부가적으로 라틴아메리카(특히 브라질, 멕시코, 칠레)를 통해, 현재는 동유럽과 터키에 의해 보완되고 있다. 안전한 세계준비통화로서 화폐주조의 특권을 갖는 달러의 역할을 통해 설명할 수 있는 흥미로운 반전이 있는데, 최근 무척 증가한 부채를 안고 있는 미국은 주로 동아시아와 동남아시아 그외 여러 곳으로부터 잉여자본을 흡수하고 있다.[7]

하지만 종합적 결과는 자본축적의 다중적인 역동적 중심지들이 지구경제의 많은 여러 공간에 발생하는 과잉축적의 강한 조류에 직면하여 세계무대에서 경쟁하게 됨에 따라 국제 경쟁이 점점 더 치열해지고 있다는 점이다. 이들은 장기적으로 모두 성공할 수 없기 때문에, 가장 취약한 영토들이 압도되어 일련의 심각한 감가로 빠지거나 또는 무역전쟁, 통화전쟁, 심지어 군사적 대립의 형태(20세기에 자본주의 권력 간 두차례의 세계대전을 우리들에게 안겨준 것과 같은)로 분출되는 지정학적 대결에 빠지게 된다. 이 경우 감가와 파괴(1997년에서 98년 사이 미국의 금융기관들이 동아시아와 동남아시아에 엄습했던 것 같은)가 수출되며, 시공간적 조정은 훨씬 더 불행한 형태를 취하게 된다. 그러나 이 과정이 실제 어떻게 발생하는가를 더 잘 이해하기 위해서는 이 과정에 관한 몇가지 추가적 사항들이 제시되어야 한다.

내적 모순

헤겔은 『법철학』(*The Philosophy of Right*)[8]에서 한편으로는 부의 과잉축적을, 다른 한편으로는 빈민대중을 만들어내는 부르주아적 사회의 내적 변증법이 어떻게 해외무역과 식민주의적·제국주의적 이행을 통해 해법을 도출하고자 하는가를 적고 있다. 그는 내적 재분배 메커니즘을 통해 사회적 불평등과 불안정의 문제를 해결할 수 있는 방법이 있을 것이라는 사고를 기각했다. 레닌(1963)은 세실 로즈(C. Rhodes)를 인용하면서, 해외 식민주의와 제국주의가 내전을 피할 수 있는 유일하게 가능한 방법이라고 말했다. 영토적으로 한정된 사회구성체 내에서 계급관계와 계급투쟁은 다른 곳에서 시공간적 조정을 추구하는 추진력을 발동한다.

19세기 말의 증거는 여기서 흥미롭다. 조지프 체임벌린(J. Chamberlain, '급진적 조'Radical Joe라고 알려진)은 버밍엄에서 자유주의적 제조업의 이해관계에 긴밀한 정체성을 가졌으며, 처음에는 제국주의에 반대했다(이를테면 1850년대 아프간전쟁에서처럼). 그는 고향인 버밍엄에서 교육개혁 및 생산과 소비를 위한 사회적·물리적 하부구조들의 개선을 위해 헌신했다. 그는 이러한 활동이 장기적으로 환수될 잉여들을 위한 생산적 출구를 제공할 것이라고 생각했다. 자유보수주의적 운동 내에서 중요한 인물이었던 그는 영국에서 계급투쟁의 파고를 가까이에서 직접 보았고, 1885년 유산계급들이 자산소유자로서 그들의 개인적 권리만을 촉진하기보다는 사회에 대한 책임성에 대한 인식을 갖도록(즉 최극빈층의 생활조건들을 개선하고 국가적 이해관계에서 사회적·물리적 하부구조들에 투자하도록) 촉구하는 유명한 연설을 했다. 그러나 유산계급 편에서 뒤따랐던 소동은 그에게 자신의 의견을 철회하도록 했고, 이를 계기로 그는 제국주의를 위한 가장 열렬한 주창자가 됐다(결국 식민부 장관으로서 영국을 보어전쟁이라는 참변에 끌어들였다). 이러한 이력의 궤적은 당시에는 상당히 일반적이었다. 프랑스에서 1860년대 내부개혁, 특히 교육개혁의 열렬한 지원자였던 쥘 페리(J. Ferry)는 1871년 꼬뮌 이후 식민주의적 주장을 취했다(이 주장은 프랑스를 동남아시아라는 수렁에 끌어들였고 이는 1954년 디엔비엔푸에서의 패배로 최악에 달했다). 크리스피(F. Crispi)는 남부 이딸리아의 토지문제를 아프리카의 식민화로 해결하려고 했다. 심지어 미국에서 프레더릭 터너(F. J. Turner)가 최소한 투자기회에 관한 한 미국의 전선은 끝났다고 잘못 선언한 이후, 시어도어 루스벨트(T. Roosevelt)는 내부개혁보다는 제국적 정책들을 지원하는 방향으로 전환했다. 정치경제적 문제들에 대한 내적 해결에서 외적 해결로 가는 유럽정치의 급진적 이행(빠리꼬뮌 이후 두려운 계급투쟁의 상태에 의해 일부 규정됐던)에 관한 흥미로운 공통의 역사는 잘 알려지지는 않았지만 쥘리앵(C-A. Julien), 브뤼아(J. Bruhat), 부르쟁(C. Bourgin), 크루제(M. Crouzet), 그리고 르노뱅(P. Renovin)[9]의 논문집에 그럴듯하게 서술되어 있다. 페리, 체임벌린, 루스벨트, 크리스피, 그밖의 인물들의 사례가 상당히 자세하게 검토됐다.

이 사례 모두에서 자유주의적 형태의 제국주의(그리고 이와 결부된 진보와 문명화의 사명이라는 이데올로기)로의 전환은 절대적인 경제적 규정력에 기인하는 것이 아니다. 이는 부르주아들이 그들의 모든 계급특권을 내려놓기를 정치적으로 원치 않고 이에 따라 자국에서 사회개혁을 통해 과잉축적을 흡수할 수 있는 가능성을 방해하기 때문에 일어난다. 마찬가지로 오늘날 미국에서 재분배의 정치 또는 내적 사회개선에 대한 자본소유자들의 맹렬한 반대는 국가가 그 경제적 어려움에 대한 해법을 위해 해외로 눈길을 돌리는 것 외에 다른 선택의 여지가 없도록 한다. 이런 유형의 내부 계급정치는 많은 유럽 강대국들로 하여금 1884년에서 1945년 사이 이런 문제들을 해결하기 위해 해외로 눈길을 돌리도록 했으며, 이 점은 유럽제국주의가 당시 취했던 형태에 특이한 색채를 부여했다. 많은 자유주의적 인물뿐만 아니라 심지어 급진적 인물들도 그 당시에는 자랑스러운 제국주의자가 됐으며, 많은 노동계급운동은 그들의 복지에 근본적인 것으로 제국적 프로젝트를 지지하도록 설득됐다. 그러나 이점은 부르주아적 이해관계가 국가정책, 이데올로기적 장치, 그리고 군사력을 철저히 통제할 것을 요청하게 만들었다.

아렌트(H. Arendt)[10]는 레닌이 묘사한 것처럼 이러한 유럽중심적 제국주의를 '자본주의의 마지막 단계라기보다 부르주아들의 정치적 통치의 첫번째 단계'로 해석했는데 이는 정확하다. 사실 19세기 상황에 관한 아렌트의 분석과 오늘날 우리의 조건은 섬뜩할 만큼 닮은 점이 많다. 일례로 다음과 같은 그녀의 논평을 고찰해보자.

제국주의적 팽창은 진기한 종류의 경제위기, 즉 자본의 과잉생산, 그리고 국가적 경계 내에서는 더이상 생산적 투자를 찾을 수 없는 '여분의' 화폐가 등장함에 따라 촉발됐다. 처음으로 권력의 투입은 화폐투자를 위한 길을 만들지 못했지만, 수출된 화폐의 뒤를 이어 권력의 수출이 온순하게 따랐다. 왜냐하면 원거리 국가에 대한 통제되지 않은 투자는 사회의 다수 계층을 도박꾼으로 전락시키고, 전체 자본주의경제를 생산체계에서 금융투기체계로 바꾸며, 생산의 이윤을 중개의 이윤으로 대체할 우려가 있기 때문이다. 제국주의 시대 직전의 10년, 즉 지난 세기의 70년대(즉 1870년대)는 사취, 금융 스캔들, 주식시장에서의 도박 등에서 전례 없는 증가를 목격했다.

이후에 살펴볼 것처럼 아렌트의 사고가 현대 제국주의적 이행의 해석에 쓰일 수 있는 다른 여러 방법이 있다.

공간상의 권력을 위한 제도적 편제들

비교분석에 관한 통렬한 논문에서, 헨더슨(J. Henderson)[11]은 1997년에서 1998년 (통화감가를 제외하고는 비교적 상처를 입지 않고 위기를 탈출한) 대만과 싱가포르, 그리고 (거의 총체적인 경제적·정치적 붕괴로 고통을 받았던) 태국과 인도네시아 간의 차이가 국가 금융정책의 차이에서 기인한다는 것을 보여준다. 전자의 영토들은 강력한 국가통제와 보호된 금융시장에 의해 부동산시장으로의 투기적 흐름을 차단할 수 있었고, 반면 후자의 영토들은 그렇지 못했다. 이런 종류의 차이는 분명 아주 중요하다. 중재기관들(특히 국가)이 갖는 유형은 자본축적의 역동성에 생산적이며 또한 이것의 생산물이다.

한편으로 국가·초국가·금융권력, 다른 한편 보다 일반적인 자본축적의 역동성(생산과 선별적 감가를 통한) 간 관계에서 나타나는 교란의 전반적 유형은 1973년 이후 시기에 논의되어야 할 지리적 불균등발전과 제국주의 정치의 담론에서 가장 두드러지고 복합적인 요소 가운데 하나였다. 피터 고완[12]이 국제자본주의의 급격한 재구조화를 미국의 입장에서 이 시기 이후 지구경제의 상황 속에서 유럽, 일본, 그후 동아시아와 동남아시아에 헤게모니를 유지하기 위한 일련의 도박으로 이해한 점은 옳다. 이 도박은 1973년 위기 동안 고유가와 금융의 탈규제화라는 닉슨의 이중적 전략에서 시작됐다. 미국 은행들은 걸프 지역에서 축적된 엄청난 양의 석유달러를 재순환시킬 수 있는 배타적 권리를 갖게 됐다. 이는 미국에 세계 금융활동의 중심을 재입지시키고, 미국 내 금융 부문의 탈규제화와 더불어 뉴욕을 그 자체의 국지적 경제위기로부터 구출하는 데 이바지했다. 이에 따라 세계 금융기관들(IMF 등)에 대한 통제력, 그리고 신용조작과 부채관리 실무들을 통해 보다 취약한 많은 외국경제들을 살리거나 죽일 수 있는 능력을 가진 강력한 월스트리트-미국 재무부의 금융체제가 등장했다. 고완은 이러한 통화금융체제가 연이은 미국 행정부에 의해 '지구화과정 및 이와 관련된 신자유주의로의 국내전환, 이 양자를 향해 나아가는 경제적 치국책의 강력한 도구로' 활용됐다고 주장한다. 이 체제는 위기들 속에서 잘 자랐다. 'IMF는 위험을 막아주었고, 미국 은행들은 손실을 입지 않도록 보장하고(국가들은 구조조정 등을 통해 부채를 청산했다), 다른 곳에서 국지화된 위기들로부터 자본의 이탈은 종국적으로 월스트리트의 힘을 부양하게 되었다.'13 그 효과는 미국의 경제력을 외부로 투사하며(어디에서든 가능하다면 다른 국가들과 동맹하여), 특히 자본과 금융의 흐름을 위해 시장개방을 강제하고(오늘날 IMF의 회원국이 되기 위해 미국이 부여한 요구조건), 그리고 세계의 다른 많은 국가들에게 여타 신자유주의적 이행(세계무역기구WTO에서 정점을 이룬)을 촉구하는 것이었다.

이 체계에 관해 지적되어야 할 두가지가 있다. 첫째, 상품의 자유무역은 흔히 자유롭고 열린 경쟁으로 세계를 개방하는 것으로 묘사된다. 그러나 레닌이 오래전에 지적한 것처럼, 이 주장 전체는 독과점권력(생산에서나 소비에서나)에 직면해 무의미해진다. 이를테면, 미국은 다른 국가들이 미국의 입장에 따르도록 강제하기 위하여 거대한 미국시장에 대한 접근 거부라는 무기를 반복적으로 사용해왔다. 이러한 주장에서 가장 최근의 (그리고 어리석은) 사례는 미국 무역대표부 로버트 졸릭(R. Zoellick)의 다음과 같은 취지의 주장, 즉 만약 브라질에서 새로 선출된 노동당의 룰라(Lula da Silva) 대통령이 아메리카 국가들에서 자유시장을 위한 미국의 계획을 따르지 않을 경우, 그는 자신이 '남극대륙으로 수출될' 것임을 알아야 한다는 주장에서 찾아볼 수 있다.14 대만과 싱가포르는 미국시장 접근을 막는 미국의 위협에 직면하여, WTO에 서명하고 이를 통해 금융시장을 투기적 자본에 개방해야 했다. 미국 재무부의 주장으로 한국은 1998년 IMF 긴급구제의 조건으로 똑같은 일을 강요당했다. 미국은 현재 빈국들에게 제공하는 '도전 보조금'(challenge grants) 같은 외국원조에 금융제도 경쟁 조건을 부여할 계획이다. 생산 측면에서 핵심 자본주의 지역들에 주로 기반을 둔 과점들은 종자, 비료, 전자제품, 컴퓨터, 소프트웨어, 의약품, 석유제품을 비롯한 많은 것들의 생산을 효과적으로 통제한다. 이러한 조건하에서 새로운 시장개방의 창출은 경쟁을 열어나가는 것이 아니라 단지 독점권력이 증식할 수 있는 기회를 창출하고, 이에 따라 모든 방식으로 사회적·생태적·경제적·정치적 결과들이 뒤따른다. 해외무역의 약 3분의 2가 주요 초국적기업들 내에서 또는 이들 간 거래에서 발생한다는 사실은 이러한 상황을 나타낸다. 대부분의 논평가들이 동의하는 것처럼, 녹색혁명처럼 이로워 보이는 것도 남아시아와 동아시아 전반에 걸쳐 농업 부문에서 부의 상당한 집중을 가져오는 농업 산출의 증대, 그리고 보다 높은 수준으로 독점화된 투입물에 대한 의존성을 초래했다. 미국 담배회사들의 중국시장 침투는 동시에 미국시장에서 그들의 손실을 상당히 보상하도록 하겠지만, 이는 분명 중국에서 수십년 후 공중보건의 위기를 만들어낼 것이다. 이러한 측면 모두에서 신자유주의가 독점적 통제보다는 개방된 경쟁, 또는 과점적 구조 내에서 제한된 경쟁에 관하여 일반적으로 제시한 주장들은 시장자유에 대한 물신적 숭배로 상당히 가장된 기만이라는 점이 판명된다. 자유무역은 공정무역을 뜻하지 않는다.

자유무역의 주창자들조차 쉽게 인정하듯이, 상품무역의 자유와 금융자본 이동의 자유 간에는 엄청난 차이가 있다. 이 점은 즉각 어떤 종류의 시장자유에 관해 논하는가라는 문제를 제기한다. 바그와

티(J. Bhagwati)[15] 같은 사람들은 상품의 자유무역을 열렬히 옹호하지만, 이 점이 필수적으로 금융흐름에도 좋다는 사고에 대해서는 반대한다. 여기서의 어려움은 이러하다. 한편으로 신용흐름은 생산적 투자, 그리고 하나의 생산라인이나 입지에서 다른 생산라인이나 입지로 가는 자본 재할당에 매우 중요하다. 이들은 또한 한 공간에서는 흑자를, 다른 공간에서는 적자를 기록하는 공간적으로 분산된 세계에서 소비 수요(이를테면 주택)를 생산활동과 잠재적으로 균형 잡힌 관계로 가져가는 데 중요한 역할을 담당한다. 이러한 측면 모두에서 금융체계는 국가의 개입이 있든 없든 간에 지리적 불균등발전을 통해 자본축적의 역동성을 조정하는 데 결정적이다. 그러나 금융자본은 또한 화폐가 단순히 상품선물, 통화가치, 채권 등에 대한 투기를 통해 더 많은 화폐를 만드는 데 사용되는 많은 비생산적 활동도 포함한다. 엄청난 양의 자본이 이러한 목적을 위해 사용할 수 있게 되면 개방적 자본시장은 투기적 활동의 매체가 되며, 이들의 일부는 우리가 1990년대 '닷컴'과 주식시장 '거품'에서 본 것처럼 자기충족적인 예언자가 된다. 이는 수조달러의 차입된 화폐로 무장한 헤지펀드가 인도네시아와 심지어 한국을 그들의 기반 경제의 힘과 무관하게 파산으로 몰고 갈 수 있었던 것과 같다. 월스트리트에서 발생한 일의 많은 부분은 생산활동에 대한 투자 촉진과는 아무런 관계가 없다. 이는 순전히 투기적이다(이러한 점에서 이는 '카지노' '약탈적' 또는 심지어 '경멸적' 자본주의로 서술되며, 23억달러의 구제금을 필요로 했던 롱텀 캐피털 매니지먼트Long Term Capital Management의 도산은 투기가 쉽게 실패할 수 있음을 일깨운다). 그러나 이러한 활동은 자본축적의 전반적인 역동성에 깊은 충격을 준다. 무엇보다도 이 활동은 미국에서, 또한 다른 핵심 국가들의 금융시장(토오꾜오, 런던, 프랑크푸르트) 내에서 정치적·경제적 권력의 재집중을 촉진했다.

이것이 어떻게 발생하는가는 핵심 국가들 내에서 구축된 계급동맹의 지배적 형태, 즉 국제적 재편방식을 협상하는 데 영향을 미치는 이들 간의 권력 균형(1990년대 중반의 이른바 워싱턴 컨센서스를 대체했던 자리에 1997~1998년 이후에 들어선 새로운 국제금융구조 같은) 그리고 잉여자본에 관해 지배적인 기관들에 의해 작동하게 되는 정치적·경제적 전략들에 좌우된다. 미국 내에서 '월스트리트-재무부-IMF' 복합체의 등장은 지구적 제도들을 통제하고 방대한 금융권력을 다른 금융제도 및 정부제도의 네트워크를 통해 세계 전역에 투사할 수 있었는데, 이 복합체는 최근 지구자본주의의 역동성에 결정적이면서도 문제적인 역할을 담당하고 있다. 하지만 그 복합체는 오직 그 방식으로만 작동할 수 있다. 왜냐하면 세계의 다른 부분들이 서로 맞물려 있는 금융제도들과 통치제도들(초국가적인 것을 포함하여)의 구조화된 틀 속에 연결되어 있고 성공적으로 매여 있기(효과적으로 '유착되어' 있기) 때문이다. 이로 인해, 이를테면 G7 국가의 중앙은행가들 간 협력의 유의미성과 다양한 국제협정(통화전략의 경우 일시적으로, 그리고 WTO와 관해서는 좀더 지속적으로)은 특정한 어려움을 처리하기 위해 기획된 것이다.[16] 만약 시장권력이 특정 목적을 달성하고, 저항적인 요인들이나 '불량 국가들'을 줄 세우기에 충분하지 않다면, 아무도 도전할 수 없는 미국의 군사력(명시적으로 혹은 암묵적으로)이 그 문제에 힘을 가할 수 있다.

제도적 편제의 이러한 복합체는 모든 가능한 자본주의 세계에서 더할 나위 없이 확대재생산(성장)을 유지하고 지원하기 위해 작동되어야 한다. 그러나 외교관계에서의 전쟁처럼 국가권력에 의해 뒷받침되는 금융자본의 개입은 흔히 다른 수단들에 의해 축적된다. 국가권력과 금융자본의 약탈적 측면 간의 사악한 동맹은 생산적 투자를 통해 자산들을 구축하기보다는 이들의 전유와 감가로 몰고 가는 '경멸적 자본주의'의 절단면을 형성한다. 축적 또는 감가에 대한 이 같은 '다른 수단'을 어떻게 해석해야 할 것인가?

탈취에 의한 축적

『자본의 축적』(*The Accumulation of Capital*)에서 로자 룩셈부르크[17]는 자본주의 축적의 이중적 측면들에 주목하고 있다.

하나는 상품시장과 잉여가치가 생산되는 장소, 이를테면 공장·광산·농지 등에 관한 것이다. 이러한 관점에서 보면, 축적은 가장 중요한 국면, 즉 자본가와 임노동자 간의 거래에 따른 순전히 경제적 과정이다. (…) 여기서는 적어도 형식적으로 평화·소유·평등이 만연하지만, 소유권이 축적과정에서 어떻게 다른 사람의 자산 전유로 변화하는가, 상품교환이 어떻게 착취로 변하고, 평등이 계급지배가 되는가를 밝히기 위하여 과학적 분석의 날카로운 변증법이 필요하다. 자본축적의 다른 측면은 자본주의와 국제무대에 그들의 모습을 보이기 시작한 비자본주의 생산양식 간의 관계에 관한 것이다. 이의 탁월한 방식들은 식민정책, 국제대부체계즉 이자 영역의 정책, 그리고 전쟁이다. 힘·사기·억압·약탈은 이를 숨기려는 어떠한 시도도 없이 공공연히 전개되며, 이는 이러한 정치적 폭력의 분란과 권력의 대결 내에서 경제적 과정의 엄격한 법칙을 발견하고자 하는 노력을 요구한다.

이러한 축적의 두가지 측면들은 '유기적으로 연계되어 있으며', 또한 '자본주의의 역사적 경력은 이들을 함께 고려해야만 이해될 수 있다'라고 그는 주장한다.

자본축적에 관한 맑스의 일반이론은 고전 정치경제학의 가정들과 포괄적으로 상응하면서 시원적 축적과정을 배제하는 어떤 주요한 초기의 가정하에서 구축된다. 이 가정들은 사적 소유의 제도적 편제를 통해 자유롭게 기능하는 경쟁적 시장, 사법적 개인주의, 계약의 자유, 법과 통치의 적절한 구조들이다. 이것들은 '촉진적' 국가에 의해 보장되고, 이러한 국가는 또한 가치의 저장과 유통의 매개체로서 화폐의 보전성을 보호한다. 상품의 생산자이자 교환자로서 자본가의 역할은 이미 잘 설정되어 있고, 노동력은 일반적으로 그 가치에 따라 거래되는 상품이 됐다. '시원적' 또는 '기원적' 축적은 이미 발생했으며, 축적은 이제 '평화·소유·평등'의 조건하에서 작동하는 폐쇄된 경제 내에서 확대재생산(생산에서 살아 있는 노동의 착취를 통해서이긴 하지만)으로 진행된다. 이 가정들은 우리들이

고전 정치경제학자들의 자유주의 프로젝트 또는 오늘날 경제학자들의 신자유주의 프로젝트가 실현될 경우 무엇이 발생할 것인가를 이해할 수 있도록 한다. 맑스의 변증법적 방법의 탁월함은 시장의 자유화, 즉 자유주의자와 신자유주의자의 신조가 누구든 잘살 수 있는 조화로운 상태를 만들지 않을 것임을 보여준다는 점이다. 그 대신 이는 사회불평등을 점점 심화시킬 것이며, 특히 이러한 정치 노선을 가장 가깝게 개척해나갔던 영국과 미국 같은 국가들 내에서 지난 30년간 걸쳐 있었던 신자유주의의 지구적 경향에서 실제로 그러했다. 맑스가 예상한 대로, 이는 또한 오늘날 우리가 목격하는 것과 같은 과잉축적의 만성적 위기에서 정점을 이루는 심각하고 심화되는 불안정성을 야기할 것이다.

이러한 가정들의 단점은 이들이 약탈·사기·폭력에 바탕을 둔 축적을 자본주의와 더이상 관계가 없거나, 또는 룩셈부르크가 서술한 것처럼 자본주의체계의 '바깥에' 있는 어떤 것으로 여기는 '기원적 단계'로 격하시켰다는 점이다. 따라서 자본축적의 오랜 역사지리 내에서 '시원적' 또는 '기원적' 축적의 약탈적 실행의 지속적인 역할과 끈기에 관한 일반적 재평가는 최근 여러 논평가들이 주장한 대로 꽤 자주 등장한다.[18] 온라인 저널 『커머너』(*The Commoner*, www. thecommoner.org)에서는 새로운 인클로저에 관해서, 그리고 시원적 축적이 순전히 역사적인 과정인가 아니면 지속되고 있는 과정으로 이해되어야 하는가에 관해서 광범위한 논쟁들이 있었다. 진행 중인 과정을 '시원적' 또는 '기원적'이라고 부르는 것이 이상하기 때문에, 이제 이 용어를 '탈취에 의한 축적'이라는 개념으로 대체하고자 한다. 시원적 축적에 관한 맑스의 서술[19]을 보다 자세히 살펴보면 폭넓은 과정이 드러난다. 이들은 토지의 상품화와 사유화 및 소농인구의 강제적 배제, 여러 형태(공유적·집단적·국가적 형태)의 소유권들을 배타적 사적 소유권으로 전환하는 것, 서민들의 권리 억압, 노동력의 상품화 및 대안적·토착적 형태의 생산과 소비의 억압, 자연자원을 포함한 자산의 전유를 위한 식민적·신식민적·제국적 과정, 교환과 조세 특히 토지세의 화폐화, 노예무역, 고리대금, 국가부채, 궁극적으로 신용체계 등을 포괄한다. 폭력과 합법성의 규정에 관한 독점권을 갖는 국가는 이러한 과정들을 뒷받침하고 또한 촉진하는 결정적 역할을 담당한다. 그리고 맑스가 주장하고 브로델(F. Braudel)[20]이 확증한 것처럼 자본주의적 발전으로의 전환은 국가의 입장에 매우 우연적으로 좌우된다는 점에 관한 상당한 증거들이 있다. 영국에서 국가는 광범위하게 협력적이었으며 프랑스에서는 약간 협력적이었지만, 중국에서는 아주 최근에 이르기 전까지 매우 부정적이었다. 중국의 경우 시원적 축적에 대한 최근의 이행 촉구는 이것이 현재 진행 중인 논제임을 나타낸다. 특히 동아시아와 동남아시아 전반에 걸쳐 국가정책과 정치(싱가포르의 경우를 고려해보라)가 자본축적의 새로운 형태의 강도와 진로를 규정하는 데 결정적 역할을 담당했다는 강력한 증거들이 있다. 따라서 자본축적의 최근 국면에서 '발전주의 국가'의 역할은 철저한 탐구가 필요한 주제였다. 웨이드(R. Wade)와 베네로소(F. Veneroso)[21]는 발전주의 국가를 '높은 가계저축, 높은 기업 부채/지분 비율, 은행-기업-국가의 협력, 국가적 산업전략, 국제경쟁력을 조건으로 한 투자 촉진' 등을 모두 더한 것으로 규정한다. 이것이 오래된 사실이라는 점을 알기 위해선, 비스마르크의 독일 또는 메이지 일본을 떠올려보면 된다. 동아시아의 최근 사례들도 분명 관련성을 띤다.[22]

맑스가 언급한 모든 양상은 현재까지 자본주의 역사지리 내에 강하게 남아 있다. 이들 가운데 일부는 과거보다 오히려 현재 더 강한 역할을 담당하는 것으로 판명됐다. 레닌, 힐퍼딩(R. Hilferding), 룩셈부르크가 하나같이 진술한 대로, 신용체계와 금융자본은 약탈·사기·도둑질의 주요한 수단들이 됐다. 법인사기, 신용조작 및 주식조작에 의한 자산 탈취(연기금의 침탈과 주식 및 법인 붕괴에 의한 자산 소멸)는 말할 것도 없고, 주식증자, 폰지(Ponzi, 피라미드형 사기 방식), 인플레이션을 통한 구조화된 자산 파괴, 인수합병을 통한 자산삭감, 심지어 선진 자본주의국가에서도 발생하는 전체 인구를 채무자로 전락시키는 부채 수준의 증대, 이 모두는 현대 자본주의가 어떠한가를 보여주는 핵심적 양상들이다. 엔론(Enron, 미국의 세계적 에너지 관련 회사로 회계부정 및 회사자금 횡령 스캔들로 2001년 파산했다)의 붕괴는 많은 사람들의 생계와 연금권리를 탈취했다. 그러나 무엇보다도 우리는 최근 탈취에 의한 축적의 단면으로서 헤지펀드와 여타 주요 금융자본기관에 의해 수행되는 투기적 침탈을 살펴보아야 한다. 헤지펀드는 동남아시아 전역에 걸쳐 유동성 위기를 만들어냄으로써, 이윤을 얻을 수 있는 사업들도 파산되도록 강제했다. 이러한 사업들은 핵심 국가들에 있는 잉여자본들에 의해 대처분 세일 가격으로 매매될 수 있었고, 이에 따라 웨이드와 베네로소[23]가 언급한 것처럼 '지난 50년간 세계 어디에서든 국내(즉 동남아시아) 소유자로부터

외국(즉 미국, 일본, 유럽) 소유자들로 자산의 매우 평화로운 이양'
이 공작될 수 있었다.

탈취에 의한 축적의 완전히 새로운 메커니즘들도 새로 만들어
졌다. WTO협상(이른바 TRIPS 협약〔Trade Related Intellectual
Properties agreement, 지적재산권에 대한 최초의 다자 간 규범〕)에서 지적
재산권에 대한 강조는 유전물질의 특허와 허가, 종자 플라스마, 그
외 온갖 방식의 제품들이 오늘날 이러한 물질들의 개발에 결정적 역
할을 담당했던 모든 환경관리 실행자들에게 매우 불리하게 사용될
수 있는 방법들을 보여주고 있다. 소수의 거대 다국적기업들에게 혜
택이 돌아가도록 생물해적질(biopiracy)이 만연하고, 세계적으로 비
축된 유전자원의 약탈이 이루어지고 있다. 마찬가지로 지구적 환경
공유재(토지, 공기, 물)의 가속적인 고갈과 자본집약적 농업 생산양
식을 제외하고 모든 것을 배제하는 서식지의 급속한 저급화는 모든
형태의 자연의 대대적인 상품화에서 비롯된다. 문화의 유형, 역사와
지적 창의성의 상품화는 대규모 강탈을 수반한다. 음악산업은 풀뿌
리문화와 창의성의 전유와 착취라는 점에서 악명이 높다. 세계를 휩
쓰는 물과 여타 공공재들의 민영화의 물결은 말할 것도 없고, 이때
까지 공적 자산이었던 것들(이를테면 대학)의 법인화와 민영화는
공유재에 대한 인클로저의 새로운 물결을 보여준다. 과거처럼 국가
권력은 대중적 의지를 통해 또는 심지어 이에 반하여 이러한 과정들
을 빈번하게 강제하곤 한다. 또한 과거에도 일어났던 것처럼, 이러
한 탈취의 과정은 광범위한 저항을 고취하면서 오늘날 지구화 반대
운동이 에워싸고 있는 것의 핵심을 형성한다.[24] 과거 계급투쟁을 통

해 획득된 공유재산권(국가연금, 복지, 또는 국민의료보건에 대한 권리)이 사적 영역으로 전환된 일은 신자유주의적 정설이라는 이름으로 추구된 모든 탈취정책에서 가장 괘씸한 것 가운데 하나다. 사회보장을 민영화하려는 (그리고 연금을 변덕스러운 주식시장에 맡기려고 하는) 부시 행정부의 계획은 이의 명백한 사례다. 최근 지구화 반대운동의 많은 주장이 공유재를 재요구하고 국가와 자본이 공동으로 이를 전유하는 것에 반대하는 주제에 초점을 두는 것은 놀랄 일이 아니다.

자본주의는 약탈적·사기적 관행과 더불어 동족을 잡아먹는 야만적 관행들을 내재화한다. 그러나 룩셈부르크가 설득력 있게 관찰한 것처럼, '폭력의 분란과 권력의 대결 내에서 경제적 과정의 엄격한 법칙을 결정하기란 대체로 어렵다'. 탈취에 의한 축적은 다양한 방법으로 발생하며 이것의 운영방식에는 우발적이고 재난적인 것들이 많이 있다. 그렇지만 탈취에 의한 축적은 어떤 역사적 시기와 무관하게 언제나 존재하며, 확대재생산에서 과잉축적의 위기가 발생할 때 즉 감가 이외에 다른 어떠한 출구도 없는 것처럼 보일 때 강하게 발생한다. 이를테면 아렌트[25]는 19세기 영국의 사례를 제시한다. 즉 1860년대와 70년대 영국의 침체는 제국주의의 새로운 형태로 돌입하도록 강제했는데, 이 과정에서 부르주아들은 '처음으로 수세기 전에 "자본의 기원적 축적"(맑스)을 가능하게 했고 또한 그 이후 모든 축적을 촉발했던 단순 강도의 원죄가 축적의 동력이 갑자기 꺼지지 않도록 궁극적으로 반복되어야만 한다'라는 점을 깨달았다. 이런 점에서 우리는 시공간적 조정을 위한 추동, 국가권력, 탈취에 의한 축적, 제국주의의 현대적 형태 간 관계에 다시 눈길을 돌려야 한다.

'신'제국주의

자본주의적 사회구성체들은 흔히 특정 영토의 또는 지역의 편제로 배치되며, 보통 어떤 헤게모니의 중심지에 의해 지배된다. 이것들은 자신의 과잉축적 문제에 대한 시공간적 조정을 추구하면서 오래전부터 준(準)제국주의적 실행에 임해왔다. 그러나 아렌트의 주장을 진지하게 받아들이면, 이 과정들의 역사지리를 시기별로 구분하는 것이 가능하다. 아렌트의 주장에 의하면, 1884~1945년 사이에 유럽중심적 제국주의는 부르주아에 의한 지구적 정치통치에서 첫 번째 시도를 이룬다. 개별 국민국가들은 그들의 궤적 내에서 과잉축적과 계급갈등의 문제를 처리하기 위하여 자체의 제국주의 프로젝트를 감행했다. 처음에는 영국의 헤게모니에 의해 안정화되고 또한 세계시장에서 자본과 상품의 개방적 흐름을 둘러싸고 구성됐던 첫 번째 제국주의체계는 세기의 전환기에 점점 더 폐쇄적인 체계 내에서 자급자족경제를 추구하는 주요 강대국 간의 지정학적 갈등으로 와해됐다. 이 갈등은 레닌이 예측한 방식과 매우 흡사하게 양차 세계대전에서 분출됐다. 탈취에 의한 축적이 만성적 불가능성을 보완할 것이라는 희망으로 인해, 이 시기에 세계의 다른 많은 곳이 자원을 약탈당했다(일본이 대만에서 자행했던 역사, 또는 영국이 남아프리카 위트워터스랜드Witwatersrand에서 자행했던 역사를 살펴보라). 이러한 상황은 1930년대 확대재생산을 통해 유지되던 자본주의를 위기로 몰고 갔다.

　이 체계는 1945년 미국이 주도하는 체계로 대체됐는데 이 체계는 치명적인 전쟁들을 피하고, 1930년대에 위기에 빠졌던 과잉축적을 공동으로 다루기 위한 합리적 방법을 찾기 위하여 모든 주요 자본주의 강대국들 간의 지구적 협약을 설정하고자 했다. 이 일이 이루어지도록 이들은 핵심 지역들에서 자본주의적 통합을 강화함으로써 얻게 된 혜택을 공유해야 했으며(이에 따라 미국은 그 혜택이 유럽 공동체로 이동하는 것을 지원했다), 이 체계의 체계적이고 지리적인 확장을 감행했다(미국은 탈식민화와 '발전주의'가 세계 여타의 지역을 위한 일반화된 목표라고 주장한다). 지구적 부르주아 통치의 이 두번째 단계는 대체로 냉전의 우발성과 함께 묶인다. 이 시기는 유일한 자본주의 강대국으로서 미국의 군사적·경제적 지도력을 동반했다. 그 결과로 경제적 필요성의 구현보다는 정치적·군사적으로 더 막강한 미국의 헤게모니적 '초제국주의'가 구축됐다. 미국은 외적 출구나 유입에 그렇게 크게 의존하지 않았다. 미국은 자국의 시장을 다른 국가들에게 개방하여, 1960년대 동안 독일과 일본에서 막강하게 등장하기 시작했던 잉여생산능력의 일부를 흡수할 정도로 여유가 있었다. 이러한 흡수는 주 간 고속도로체계의 구축, 교외화의 확충과 미국 남부와 서부 개발 같은 내부 시공간 조정을 통해 이루어졌다. 확대재생산을 통한 강력한 성장이 자본주의세계 전반에 걸쳐 이루어졌다. 일본과 서독처럼 자본잉여가 있는 국가들은 점차 탈식민적 개발시장의 통제를 위한 경쟁을 포함하여 시장을 위한 외향적 추구를 점차 필요로 하게 됐지만, 탈취에 의한 축적은 비교적 나타나지 않았다.[26] 그러나 자본수출에 대한 강력한 통제(상품 수출과는 달리)는 유럽의 대부분에 한정됐고, 동아시아로의 자본수입은 제한적인 상태로 남아 있었다. 개별 국민국가 안에서 확대재생산을 둘러싼(확대재생산이 어떻게 발생하고 누가 혜택을 얻을 것인가를 둘러싼) 계급투쟁이 지배적이었다. 이 시기에 발생한 주요한 지정학적 투쟁들은 냉전의 투쟁(소비에트에서 구축된 또다른 제국과의 투쟁) 또는 식민지 보유를 떨쳐버리기 싫어하는 유럽 권력들에 의해 초래된 잔여적 투쟁이다(이 투쟁들은 미국이 많은 반동적인 탈식민체제들을 지원하도록 만들었던 냉전정치에 의해 흔히 개입됐다. 〔하지만〕 1956년 영국과 프랑스의 수에즈 침공은 미국이 전혀 지지하지 않았다는 점에서 상징적이다). 그러나 중심부에 대한 지속적인 추종이라는 시공간적 상황에 갇혀 있는 데 대한 분노의 증대는 종속 반대운동 및 민족해방운동을 촉발했다. 제3세계 사회주의는 완전히 상이한 계급과 정치적 기반에서 근대화를 추구했다.

이 체계는 1970년경에 붕괴됐다. 미국의 잉여달러가 세계시장에 홍수를 이룸에 따라, 자본통제를 강화하기는 어렵게 됐다. 베트남전쟁의 와중에 총과 버터를 모두 움켜쥐려는 미국의 전략으로 인해 초래된 인플레이션 압박은 매우 강했고, 반면 많은 중심부 국가들에서 계급투쟁의 수준은 이윤을 잠식하기 시작했다. 이에 따라 미국은 독일과 일본의 경제적 위협을 저지하고 또한 월스트리트에서 작동하는 금융자본을 경제권력의 새로운 중심으로 설정하기 위하여 새로운 국제적 제도들과 금융제도들의 혼합적 편성에 의존하는 다른 종류의 체계를 구축하고자 했다. 1973년 유가를 천정부지로 치솟도록 했던 닉슨 행정부와 사우디 행정부의 공모는 당시 중동의 공급에 거의 의존하지 않았던 미국보다는 유럽경제와 일본경제에 훨씬 더 많은 손해를 입혔다.[27] 미국 은행들은 석유달러를 세계경제에 재순환시키는 특권을 얻었다. 생산 영역에서 위협을 받은 미국은 금융을 통해 그 헤게모니를 보여줌으로써 반격할 수 있었다. 그러나 이 체계가 효과적으로 작동하기 위해서는 시장 일반, 특히 자본시장이 국제교역에 개방되도록 해야 했다. 완만하게 진행된 이 과정은 IMF 같은 국제적 지렛대를 사용해 지지되는 강력한 미국의 압박, 그리고 새로운 경제적 정설로서 신자유주의에 대한 강력한 집착을 요청했다. 이는 또한 부르주아들 내에서 생산활동으로부터 금융자본의 제도들로 권력과 이해관계의 균형을 이동하게 했다. 이러한 점은 확대재생산 내에서 노동계급운동의 권력을 공격하는 데 사용될 수 있었는데, 이 공격은 직접적으로 생산에 대한 규율적 감독을 발휘함으로써 또는 간접적으로 모든 형태의 자본을 위해 더 큰 지리적 유동성을 촉진함으로써 가능했다. 이에 따라 금융자본은 부르주아적 지구통치의 이러한 세번째 국면의 중심이 됐다.

이 [세번째] 체계는 확대재생산의 영역에서 발생한 어려움에 대한 해결책으로 훨씬 더 변덕스럽고 약탈적이며, 주로 IMF에 의해 시행되는 구조조정 프로그램들처럼 탈취에 의한 축적을 위한 다양한 판들을 벌인다. 1980년대 라틴아메리카 같은 사례들을 보면, 전체 경제가 미국의 금융자본에 의해 공격을 받았고, 다시 이 자본에 의해 그 자산이 복원되었다. 1997년 태국과 인도네시아 통화에 대한 헤지펀드의 공격은 IMF가 요구하는 야만적인 디플레이션정책들에 의해 뒷받침됐는데 이는 성장 가능한 사업들도 은행파산으로 몰고 갔으며, 동아시아와 동남아시아의 많은 국가들에서 이루어졌던 상당한 사회적·경제적 진보를 뒷걸음질시켰다. 수백만의 사람들이 그 결과로 희생자가 되어 실업과 빈곤에 빠지게 됐다. 이 위기는 또한 달러 가치의 상승을 부추기면서 월스트리트 지배를 확인시켜주었고, 또한 미국의 부자들을 위한 자산가치의 놀라운 붐을 일으켰다. 계급투쟁들은 IMF가 부과한 구조조정, 금융자본의 약탈적 활동, 민영화로 인한 권리의 상실 같은 이슈들을 둘러싸고 연대하기 시작했다.

부채위기는 각국에서 사안별로 외부자본의 침투를 용이하게 만드는 방법으로 내부의 사회적 생산관계를 재조직화하는 데 이용될 수 있었다. 이러한 방법으로 자국의 금융체제, 자국의 상품시장, 자국의 번성하는 회사들이 미국·일본·유럽의 회사에 의해 공공연히 포획되어 양도됐다. 이에 따라 핵심 지역들에서의 낮은 이윤은 해외에서 벌어들인 높은 이윤의 일부를 취함으로써 보충될 수 있었다. 탈취에 의한 축적은 지구자본주의 내에서 훨씬 더 핵심적 양상이 됐다(그 주요 수단 가운데 하나인 민영화를 통해). 이에 대한 저항은 반자본주의 및 반제국주의 운동 내에서 더욱 중심이 됐다. 그러나 과거에 그러했던 것처럼(지금도 여전히 많은 측면에서 그러한) 확대재생산의 정치에 뿌리를 둔 좌파는 IMF 반대시위와 탈취에 반대하는 여타 운동들의 유의미성을 인정하는 데 인색했다. IMF 반대시위들의 유형에 관한 월튼(J. Walton)[28]의 선구적 연구는 돌이켜보면 탁월하다. 탈취에 반대하는 수많은 운동 가운데 어느 것이 퇴행적이며 사회주의적 의미에서 반근대적인가, 그리고 어느 것이 진보적이거나 또는 최소한 동맹의 형성에 의해 진보적 방향으로 견인할 수 있는가를 결정하기 위해서는 훨씬 더 정교한 분석을 해야 한다는 점이 타당하다. 그람시가 남부문제를 분석했던 방법은 변함없이 이런 종류의 연구에 선구적이었다. 페트라스(J. Petras)[29]는 최근 하트(M. Hardt)와 네그리(A. Negri)의 『제국』(*Empire*)에 관한 비평에서 이점을 강조했는데, 그는 이들이 분산된 제국적 권력과 싸우는 저항하는 다중들의 개념을 분화시키지 못했다고 지적한다. 토지개혁에 반대하여 싸우는 부유한 농부들은 생존권을 위해 싸우는, 토지 없는 소작농들과는 같지 않다.

이 체계는 월스트리트-미국 재무부 복합체에 중심을 두고 있지만 토오꾜오, 런던, 프랑크푸르트, 그외 다른 많은 세계도시의 금융 중심지들의 참여로 많은 다면적 측면을 갖는다. 이는 초국적 자본주의 기업들의 등장과 연계된다. 이들은 한 국민국가 또는 다른 국민국가에 기반을 두고 있지만, 제국주의의 앞선 국면들에서는 생각할수도 없었던 방법으로 세계지도를 가로질러 확산되고 있다(레닌이 서술한 트러스트와 카르텔은 모두 특정 국민국가들에 매우 긴밀하게 연계되어 있다). 이 세상은 클린턴(B. Clinton)의 백악관이 월스트리트 투기꾼들의 입장에서 선임하여 모든 권력을 갖도록 했던 재무부 장관 로버트 루빈(R. Rubin)을 통해 집중화된 다자주의 방식으로 관리하고자 했던 그런 세상이다(1990년대 중반의 이른바 '워싱턴 컨센서스'에 의해 요약된다). 당분간은 레닌이 틀렸고, 협력적 '초제국주의'(superimperialism)에 관한 카우츠키(K. Kautsky)의 이론이 옳은 것처럼 보인다. G7이라고 알려진 집단, 그리고 미국 지도력의 헤게모니하에서이긴 하지만 이른바 '신국제금융구조'에 의해 상징화될 수 있는 것처럼, 모든 주요 자본주의 권력 간의 '평화로운' 협력에 바탕을 둔 거대제국주의가 나타날 수 있었다.[30]

이 체계는 현재 심각한 어려움에 빠졌다. 룩셈부르크가 이미 지적했던 것처럼, 심각한 변동성과 권력갈등의 무질서한 파편화는 경제학의 철칙들이 모든 연막과 거울 뒤에서 (특히 금융 부문에서) 어떻게 작동하는가를 분별하기 어렵게 한다. 그러나 1997~1998년의 위기가 잉여 생산능력의 주요 중심이 동아시아와 동남아시아에 있음을 드러낸 것처럼(이에 따라 미국이 이 지역을 특히 감가를 위한 목표로 삼았던 것처럼), 동아시아와 동남아시아 자본주의의 상당 부분의 급속한 회복은 과잉축적의 문제 일반을 지구적 상황의 전면으로 되돌아오도록 했다.[31] 이는 새로운 형태의 시공간적 조정(중국으로?)이 어떻게 조직될 수 있는가, 또는 누가 감가의 새로운 판의 공격을 정면에서 맞을 것인가의 문제를 제기한다. 투기적('비합리적'이지 않다면) 풍요의 10여년 뒤, 2001년 미국 내 점증적인 경기후퇴는 미국이 이러한 상황에서 면제된 것은 아님을 보여준다. 불안정의 주요 단층선은 미국 국제수지의 급속한 악화에 있었다. 1990년대 동안 '세계경제를 추동했던 것과 같은 폭발적 수입은 (…) 미국의 무역계정 및 경상계정의 적자를 기록적 수준으로 끌어올렸으며, 해외 소유자들에 대한 역사적으로 전례 없는 의존성의 증대' 그리고 '자본도피 및 달러 붕괴에 대한 미국경제의 역사적으로 전례 없는 취약성'을 초래했다고 브레너는 서술하고 있다.[32] 그러나 이러한 취약성은 양면에 모두 존재했다. 만약 미국시장이 붕괴되면, 이 시장을 그들의 초과 생산능력을 위한 배출구로 여기는 경제들도 이와 함께 떠내려갈 것이다. 일본, 대만 같은 국가들의 중앙은행가들이 미국의 적자를 메우기 위하여 보여준 민첩성은 강한 자기이해관계의 요인을 갖고 있다. 그들은 이를 통해 그들 제품의 시장을 형성하는 미국 소비주의에 기금을 마련해주고 있다. 그들은 심지어 이제 미국의 전쟁 노력에 재원을 마련해주는 꼴이 됐다.

그러나 미국의 지배는 또다시 위험에 처하게 됐고, 이번 위험은 보다 첨예한 것처럼 보인다. 이를테면 아리기(G. Arrighi)와 실버(B. Silver)[33]가 따랐던 브로델이 옳다면, 그리고 금융화의 강력한 파고가 지배권력이 한 헤게모니 세력에서 다른 헤게모니 세력으로 이행하는 서막이라면, 1970년대 금융화를 향한 미국의 전환은 자기파괴적인 역사적 유형을 예시하는 것처럼 보일 수 있다. 내적 적자와 외적 적자 모두 통제를 벗어나 무한정하게 계속 커질 수 없으며, 또한 현재 속도로 하루 23억달러의 거금으로 이들을 재정적으로 지원하는 다른 국가들, 특히 아시아 국가들의 능력과 자발성이 무진장한 것도 아니다. 세계에서 이러한 미국경제의 거시경제적 조건을 드러내는 다른 국가가 있었다면 그 국가는 벌써 IMF에 의해 무자비한 긴축과 구조조정 절차에 들어갔을 것이다. 피터 고완[34]의 진술대로, '달러 가격을 조작하고 월스트리트의 국제금융 지배를 활용할 수 있는 워싱턴의 능력은 미 당국이 다른 국가들이라면 했어야 할 것들, 즉 재정수지를 감시하고, 높은 수준의 국내 저축과 투자를 보장하도록 국내 경제를 조정하고, 공적·사적 부채 수준을 감독하고, 국내 생산 부문의 강력한 발전을 보장할 수 있도록 효율적인 국내 금융중개체계를 확보하는 것을 피할 수 있도록 했다'. 미국경제는 '이 과제 모두로부터 도피할 수 있는 길'을 가졌으며, 그 결과 '크게 왜곡되고 불안정하게' 됐다. 게다가 새로운 미국 중심의 제국주의의 징표인 탈취에 의한 축적의 연이은 파고들은 이들이 어디에서 부서지든지 저항과 불만을 촉발했으며, 세계적 규모의 적극적인 지구화 반대운동(확대재생산 과정에 뿌리를 둔 계급투쟁들과는 아주 다른 형태로)을 만들어낼 뿐만 아니라, 특히 아시아(한국이 대표적 사례다), 이제는 심지어 유럽에서도 과거에는 유순했던 추종세력들에 의한 미국 헤게모니에 대한 능동적인 저항을 유발하고 있다.

미국의 선택권은 제한적이다. 미국은 국경 내에서 부의 대대적인 재분배를 단행함으로써 현재와 같은 형태의 제국주의로부터 벗어날 수 있을 것이며, 내부의 시간적 조정을 통해 잉여 흡수의 경로를 추구할 수 있을 것이다(공교육의 대폭적인 개선과 노후한 사회 하부시설들의 수선은 훌륭한 출발점일 수 있다). 제조업을 재활성화하기 위한 산업전략도 도움이 될 것이다. 그러나 이러한 점은 강력한 국가의 지도와 더불어 심지어 더 많은 적자재정 또는 더 높은 조세를 필요로 할 것이며, 이는 영국 체임벌린의 사례에서 그러했던 것처럼 바로 부르주아들의 기대를 거부하는 것이다. 이러한 정책패키지를 제안하는 어떠한 정치가든 분명 자본주의적 신문과 이들의 이데올로기 선동자들에게 조롱당할 것이고, 압도적인 화폐권력에 직면해 어떤 선거에서도 패배할 것이다. 그렇지만 역설적으로 자본주의의 다른 중심부 국가들(특히 유럽)과 더불어 미국 내에서 신자유주의 정치와 국가재정 및 사회적 지출의 삭감에 반대하는 거대한 역공격이 자기파괴적 경향으로부터 내적으로 서구 자본주의를 보호하는 핵심적 방법 가운데 하나가 될 것이다.

미국 내에서 심지어 정치적으로 더 자멸적인 것은 IMF가 전형적으로 다른 국가들에게 권했던 종류의 긴축재정 프로그램을 자기규율적으로 강화하는 방법일 것이다. 외부 권력을 통해 (이를테면 자본도피와 달러 붕괴에 의해) 그렇게 하려는 어떠한 시도도 분명 미국의 야만적인 정치적·경제적, 심지어 군사적 반응을 유발할 것이다. 미국이 평화적으로 동아시아의 현상적 성장을 수용하고 이에 적응하며, 아리기가 그렇게 해야만 한다고 주장한 것처럼, 지구 권력의 헤게모니 중심지가 아시아를 향해 거대하게 전환하고 있는 와중에 있음을 인정할 것이라고 생각하기란 쉽지 않다. 아리기는 어떠한 심각한 외적 도전도 예상하지 않지만, 그와 그의 동료들은 미국이 '쇠퇴하는 헤게모니를 착취적 지배를 위해 전용하는 데 1세기 전 영국이 그러했던 것보다도 더 큰 능력을 갖고 있다'라고 결론을 내린다. 만약 이 체계가 종국에 붕괴한다면 이는 1차적으로 조정과 적응에 대한 미국의 저항 때문일 것이다. 역으로, 동아시아 지역의 커져가는 경제력에 대한 미국의 조정과 적응은 재앙 없이 새로운 세계질서로 전환하기 위한 근본적 조건이다.[35]

미국이 신속하고 평화롭게 그처럼 작별을 고할 것 같지는 않다. 어떠한 경우든 이 전환은 동아시아 자본주의가 미국시장에 대한 종속성에서 벗어나 아시아 그 자체의 내부에 있는 내적 시장을 지향하도록 하는 재조정을 동반할 것이며, 이에 관한 조짐들은 이미 나타나고 있다. 여기서 중국 내부의 거대한 근대화 프로그램이 일본·대만·한국의 잉여자본을 점진적으로 빨아들이며, 이로 인해 미국으로의 흐름을 감소시키는 데 결정적인 역할을 담당할 것이라는 점이 강조될수 있다. 중국의 이러한 프로그램은 미국이 1950년대와 1960년대의 교외화와 이른바 썬벨트(Sun Belt)의 개발을 통해 내부에서 수행했던 것과 같은 시공간적 조정의 내적 전개라고 할 수 있다. 예를 들어, 대만은 현재 북미보다도 중국에 더 많이 수출하고 있다. 결과적으로 미국으로 가는 기금의 감소는 재난을 불러오는 결과를 초래할 수있다.

바로 이 맥락에서 우리는 미국의 정치적 성과 내에서 미국이 여전히 갖고 있는 유일하고 분명한 절대적 권력으로서 군사적 완력의 위력을 보여주고자 하는 요인을 이해할 수 있다. 이를 위해 미국은 (아마도 세계의 다른 곳들로부터 공물을 축출하기 위하여) 정치적 선택권으로서 제국을 공공연히 말하고, 지구경제 내에서 임박한 권력이동을 저지하기 위한 수단으로써 석유공급을 통제하고자 할 수 있다. 이라크와 베네수엘라의 석유공급에 대한 더 강력한 통제를 확대하기 위한 미국의 시도(전자의 경우는 민주주의 수립을 추구한다고 소문을 냄으로써, 그리고 후자의 경우는 이를 전복시킴으로써)는 여러가지 의미가 있다. 이것들은 1973년에 발생했던 일을 반복하는 낌새를 보인다. 유럽과 일본뿐 아니라 동아시아와 동남아시아, 그리고 지금은 결정적으로 중국을 포함한 국가들이 미국보다도 훨씬 더 걸프산 석유에 의존하고 있기 때문이다. 만약 미국이 사담 후세인뿐만 아니라 차베스를 전복시킬 것을 도모하고, 최근 권위적인 통치의 혼들리는 모래 기반 위에 바탕을 두고 완전히 무장한(궁극적으로 오사마 빈 라덴이 1차 목적으로 삼았던 것처럼, 급진화된 이슬람의 수중으로 떨어질 즉각적 위험에 처한) 사우디 정권을 안정화하거나 개혁할 수 있다면, 그리고 만약 이라크에서 이란으로 옮겨가서 카스피해 유역의 석유매장과 관련한 전략적 주둔을 위해 터키와 우즈베키스탄에서 그 지위를 공고히 할 수 있다면, 미국은 지구적 석유 꼭지의 확고한 장악을 통해 지구경제에 대한 효과적인 통제를 유지하고 앞으로 50년 동안 그 자신의 헤게모니적 지위를 확보하기를 꿈꿀 수 있을 것이다.

이 전략의 위험은 막대하다. 유럽과 아시아로부터 적지 않게, 멀리 가지 않더라도 러시아로부터 저항이 만만찮을 것이다. 국제연합(UN)에서 이라크에 대한 미국의 군사적 침공을 인정하기를 기피하는 것, 특히 이라크 석유채굴과 이미 강한 연계를 갖고 있는 프랑스와 러시아가 이를 기피하는 것이 그 사례다. 특히 유럽인들은 모든 주요 자본주의 강대국들이 동일한 기반에서 가정적으로 협력하는 거대-제국주의에 관한 카우츠키적 견해에 훨씬 더 많은 매력을 느낀다. 지구평화를 심각하게 위협할 수 있는 영구적 군사화와 모험주의에 의존하는 불안정한 미국 헤게모니는 세계의 다른 국가들을 위한 대안적 전망이 아니다. 유럽 모델이 훨씬 더 진보적이라고 말하려는 것은 아니다. 만약 블레어(T. Blair)의 자문관인 로버트 쿠퍼(R. Cooper)[36]를 신뢰할 수 있다면, 이 모델은 탈근대, 근대, 전근대국가로 가장된 문명국, 미개국, 야만국이라는 19세기식 구분을 부활시키는 것이다. 또한 분권적이고 문명화된 행태의 후견자로서 탈근대국가들이 지구 전반에 걸쳐 보편적('서구적'이고 '부르주아적'이라고 읽혀야 함) 규범과 인간주의적('자본주의적'이라고 읽혀야 함) 실행에 대한 존경을 직간접적 수단을 통해 유도할 것이다. 이 모델은 바로 존 스튜어트 밀(J. S. Mill) 같은 19세기 자유주의자들이 인도를 신탁통치하에 두고 해외로부터 공물을 강제하는 한편, 자국에서는 대외정부의 원칙을 찬양하는 것을 정당화했던 방식이었다. 확대재생산을 통해 유지된 축적의 강력한 회복이 없는 상황에서, 이 견해는 축적의 동력이 완전히 멈추지 않도록 세계 전반에 걸쳐 탈취에 의한 축적의 정치를 심화시키는 결과를 동반할 것이다.

이러한 대안적 형태의 제국주의는 지난 수십년 동안 그들이 직면해야 했던 자본주의의 약탈적 형태와 탈취에 의한 축적 속에서 살아온(그리고 일부 사례들에서 이에 반대하여 싸우기 시작한) 광범위한 세계인구에게 받아들여지기 어려울 것이다. 쿠퍼 같은 사람이 제안하는 자유주의적 책략은 탈식민주의적 작가들에게는 너무나 익숙하기 때문에 큰 매력을 갖기 어렵다.[37] 미국이 지구적 테러리즘에 대한 유일하게 가능한 대응이라는 점에 기반을 두고 점점 더 강하게 추구하는 뻔뻔스러운 군사주의는 위험으로 가득 차 있을 뿐만 아니라('선제타격'을 위한 위험한 선례들을 포함하여), 지구적 체계 내에서 위협받는 헤게모니를 유지하기 위한 가면으로 점차 인식되고 있다.

그러나 아마도 가장 흥미로운 의문은 미국 자체 내부의 내적 반응에 관한 것이다. 이러한 점에서 한나 아렌트[38]가 다시 효력있는 주장을 제시한다. 해외에서 제국주의는 자국에서 적극적인 억압 또는 심지어 독재 없이는 오래 유지될 수 없다. 국내적으로 민주적 제도에 가해지는 손상은 실질적이다(프랑스가 알제리의 독립투쟁 동안 배운 것처럼). 미국 내의 대중적 전통은 반식민적·반제국적이다. 세계적 상황에서 미국의 제국 역할을 은폐하기 위해서는, 또는 최소한 지난 몇십년 동안 위대한 인도주의적 의도로 이를 치장하기 위해서는, 공공연한 사기가 아니라면 매우 실질적인 마술적 비법을 취해야 했다. 미국 국민들이 장기적으로 군사화된 제국으로의 명시적 전환을 전반적으로 지지할 것(결국 베트남전을 지지하게 된 것보다 더)이라는 점은 분명하지 않다. 윌리엄스(W. A. Williams)[39]가 지적한 것처럼, 이 점은 미국의 입장에서 제국적 모험에 반대하는 오래된 대중적 관심이었다. 미국의 대중은 '애국 및 국내보안법'(the Patriot and the Homeland Security Acts)에 삽입된 억압적 조항들에서 이미 실질적으로 주어진 댓가, 즉 국내에서 시민적 자유, 권리, 그리고 일반적 자유라는 점에서 희생해야 할 것을 아마 오랫동안 받아들이지 않을 것이다. 만약 제국이 권리장전(the Bill of Rights)의 파기를 동반한다면, 이러한 상쇄가 쉽게 받아들여질지는 분명치 않다. 그러나 어려움의 또다른 측면은 확대재생산을 통해 유지되는 축적의 극적인 부활은 없으면서 탈취에 의한 축적의 제한된 가능성만 있을 경우, 미국경제가 지난 10여년 동안 일본을 상당히 무력하게 만들었던 디플레이션의 경기후퇴로 빠져들 것이라는 점이다. 만약 달러로부터 심각한 이탈이 있다면, 긴축재정은 강화되어야 할 것이다. 그렇지 않을 경우, 부와 자산의 재분배에 관하여 완전히 다른 정치(부르주아들이 엄청나게 경악하며 예상하게 될 전망), 즉 유휴자본과 유휴노동을 사회적으로 유용하며 순전히 투기적인 것과는 반대되는 과제들로 흡수하기 위하여 국가의 사회적·물리적 하부구조의 완전한 재조직화에 초점을 둔 정치가 등장할 수 있다.

따라서 어떠한 신제국주의라고 할지라도 이것이 취할 수 있는 모양과 형태는 쉽게 장악될 수 있다. 유일하게 확실한 것은 우리가 지구적 체계가 작동하는 방식의 거대한 전환 한가운데 있으며, 어떤한 방향 또는 다른 방향으로 균형점을 쉽게 뒤집을 수 있는 다양한 작동 세력이 있다는 점이다. 탈취에 의한 축적과 확대재생산 간의 균형은 이미 전자 쪽으로 이동하고 있다. 그리고 이러한 경향이 탈취에 의한 축적을 신제국주의에 관한 특징이 되도록 하고 이를 심화시키는 것(그리고 신제국주의와 제국에 관한 위대한 이데올로기적 유의미화의 필요성을 노골적으로 주장하는 것) 외에 다른 어떤 것을 할 것이라고 생각하기란 어렵다. 우리는 또한 아시아에서 이루어진 경제적 궤적이 문제 해결의 열쇠이지만, 군사적 지배는 여전히 미국에게 있다는 점을 알고 있다. 아리기의 주장대로 이 점은 독특한 지형으로, 우리는 이것이 일반화된 경기후퇴라는 조건하에서 세계무대에서 지정학적으로 어떤 역할을 행할 것인지 그 첫번째 무대를 이라크에서 잘 볼 수 있었다. 전쟁 직후에 생산·금융·군사력에 기반을 두고 헤게모니를 장악했던 미국은 1970년대 이후 생산에서 우월성을 상실했고 이제는 금융적 지배도 상실해가고 있으며, 군사적 힘만을 남겨두고 있다. 따라서 미국 내에서 발생할 일은 신제국주의가 어떻게 구축될 것인가에 매우 중요한 결정요인이 된다. 그리고 그 위에 탈취에 의한 축적의 심화에 반대하는 폭풍이 점차 거세지고 있다. 그러나 이것이 고취시키는 계급투쟁의 형태들은 확대재생산 내에서 고전적 프롤레타리아투쟁, 사회주의의 미래가 전통적으로 달려 있다고 가정됐던 투쟁(비록 어떻게 해서든 더 부드러운 형태로 지속되고 있지만)과는 근본적으로 다른 속성을 갖는다. 이같이 다른 방향의 힘을 가진 투쟁들을 둘러싸고 이것들을 통합하려는 움직임이 등장하기 시작한 것은 그 속성상 중요하다. 왜냐하면 이러한 통합적 투쟁 내에서는 지리적 불균등발전의 창조적 형태와 결합된 사회적 복지와 인도주의적 목표를 강조하는 완전히 다른 비제국주의적인 형태의 지구화의 윤곽을 확인할 수 있기 때문이다. 이러한 〔대안적〕 지구화는 지구경제의 다채로운 공간에 걸쳐 있는 화폐권력, 주식시장의 가치, 끊임없는 자본축적을 찬양하면서 결국에는 몇개의 공간들을 향한 부의 극단적이며 엄청난 집중으로 끝나는 것과는 다른 것이다. 이러한 투쟁을 위한 순간은 변동성과 불확실성으로 가득하다. 이는 또한 이 순간이 예상할 수 없으면서도 그렇기 때문에 잠재적인 것으로 가득함을 의미한다.

보론

이 글은 이라크 침공 직전에 쓰였지만, 침공 이후에 출판됐다. 이는 2003년 출판된『신제국주의』에서 전개한 일반적 주장의 요약이다. 이는 내가 자본축적의 지구적 역동성 전환을 이해하기 위한 핵심 개념으로 '탈취에 의한 축적'의 중요성을 주장했던 첫번째 글이다. 그후 이 개념은 세계의 많은 곳에서 내내 발생했던 거대한 토지약탈과 수탈과의 유관성 때문에 광범위하게 인용됐다. 2007년 이후 미국 주택시장에서 압류(주택시장에서 공격적인 관행은 말할 것도 없고)를 통한 탈취의 파고, 그리고 이에 연유한 자산가치의 계급 간 이전은 선진 자본주의국가들에서 탈취에 의한 축적의 중요성을 더욱 실감나게 했다. 지적재산권은 또다른 영역으로, 여기서는 탈취에 의한 축적의 정치가 극히 중요하다. 저술 당시 지구자본주의의 불안정감은 특히 이 부분에서 나왔는데, 무엇이 전개되고 있는가를 이론화할 분명한 필요를 느꼈다. 자본의 과잉축적을 향한 영구적 경향에 관한 맑스의 개념은 특히 유용하다.『신제국주의』는 미국에서 잉여자본의 흡수를 위한 1차적 수단으로 등장했던 소유권시장에서의 어떤 충돌을 예측하지는 않았지만, 나는 그 가능성을 지적했다.

계속되는 탈취에 의한 축적의 정치는 최근 긴축재정의 정치의 '필요성'에 의해 은폐되고 있지만, 이는 그리스에서 극적으로 불행하게 예시된 것처럼 조직화된 탈취일 따름이다. 문명화된 세상에서 이처럼 야만적인 것이 고려된 적은 없었다. 그러나 1982년 멕시코의 부채위기 이래, 탈취에 의한 축적은 대중을 위한 '구조조정과 긴축'의 이름으로 지구적 자본주의에서 자행된 표준적 정치가 됐다. 이는 은행가들을 구제하고 이들의 터무니없는 실수에도 이들에게 산뜻하게 보상을 해줬다.

제10장

금융위기의 도시적 근원:
반자본주의 투쟁을 위한 도시 개조

2011년 2월 5일 『뉴욕 타임스』에 실린 '주택 거품은 매우 이례적이다'라는 제목의 기사에서, 로버트 실러(R. Shiller)[1]는 최근 발생한 주택 거품이 '수십 년 동안 되풀이되지 않을 희귀한 사건이었다'라고 모든 사람들을 안심시켰다. 그는 미국에서 케이스-실러(Case-Shiller) 주택가격지수를 개발하는 데 도움을 주면서 주택전문가로 알려진 경제학자다. 2000년대 초반의 '엄청난 주택 거품'은 역사적으로 어떠한 국내·국제 주택경기의 순환과도 비교할 수 없다. 유일하게 합리적으로 비교할 수 있는 사건은 1830년대 후반에서 1850년대에 미국에서 발생했던 토지 거품 정도라고 그는 단언했다. 앞으로 내가 밝히고자 하는 것처럼, 이를 자본주의 역사에 관해 놀라울 정도로 부정확한 독해라고 할 수 있다. 이를 아무도 알아채지 못하고 지나쳤다는 사실은 현대 경제학의 사고에 심각한 맹점이 있음을 입증한다. 불행하게도 이 점은 맑스주의 정치경제학에서도 마찬가지다.

전통적으로 경제학은 으레 도시화에 따른 건조환경(built environment) 투자를 '국민경제'라고 불리는 어떤 가공적 실체에서 진행되는 보다 중요한 사항에 비해 상당히 부차적인 것으로 다룬다. 이에 따라 '도시경제학'이라는 전공 분야는 열등한 경제학자들이 연구하는 영역이고, 반면 탁월한 학자들은 다른 분야에서 거시경제학적 전공 능력을 발휘한다. 심지어 탁월한 학자들이 도시과정(urban process)을 주목할 경우에도 이들은 공간적 재조직화, 지역개발, 도시의 건설 등은 더 큰 규모의 과정에 의해 만들어진 어떤 단순한 결과일 뿐이고, 이 과정은 이들이 생산한 것에 의해 영향을 받지 않는 것처럼 여긴다. 경제지리를 처음으로 진지하게 고찰한 2009년의 『세계은행개발보고서』에서 저자들은 아무런 근거도 없이 어떤 것이든 도시개발 및 지역개발에서 파국적으로 잘못될 가능성이 있으며, 이에 따라 경제 전체에 위기를 유발할 수 있다고 서술했다. 경제학자들이 (지리학자, 역사학자 또는 도시사회학자의 자문 없이) 전체적으로 서술한 이 보고서의 목적은 '경제적 기회에 미치는 지리의 영향'을 탐구하고, 정책의 저류에 있는 '공간과 장소를 주요한 초점으로' 끌어올리는 것으로 설정됐다.

저자들은 실제 신자유주의 경제학의 일반적 묘책(국가가 토지시장 및 부동산시장에 어떠한 심각한 규제도 하지 못하게 하고, 도시·지역·공간계획을 통한 개입을 최소화하는 것 등)을 도시적 상황에 응용하는 것이 어떻게 경제성장(즉 자본축적)을 이끄는 최상의 방법인가를 보여주고자 했다. 이들은 자신들의 제안이 어떤 사회적·환경적 결과를 낳을 것인가를 자세히 탐구할 시간 또는 공간이 없어서 '유감'이라는 체면치레를 했지만, 자신들의 믿음이 변함없다는 점 또한 확인했다. 즉, '불안정한 토지시장 및 부동산시장과 여타 지원제도'(소유권 보호, 계약이행 강화, 주택금융 제공 등)를 제공하는 도시들은 '시간이 경과하여 시장수요가 변하더라도 더 잘 번영할 것이다. 성공한 도시들은 토지용도 지정법(zoring laws)을 완화하여 보다 높은 가치의 사용자들이 가치있는 토지에 입찰할 수 있도록 하고, 시간의 경과에 따라 변하는 그들의 역할에 조응할 수 있도록 토지이용의 규제를 채택해왔다.'[2]

그러나 토지는 일반적 의미의 상품이 아니다. 이는 미래지대에 대한 기대에서 파생되는 자본의 의제적 형태다. 지대수익을 최대화하려는 시도는 맨해튼과 런던 중심부로부터 저소득 가구나 심지어 중간소득 가구들을 몰아냈고, 이로 인해 계급격차와 특권을 갖지 못하는 주민들의 복지에 파국적 영향을 초래했다. 이러한 시도는 뭄바이의 다라비(Dharavi) 지구(보고서가 생산적 인간생태계라고 정확히 묘사한 이른바 슬럼)의 높은 가치의 토지에도 강한 압력을 가했다. 요컨대 세계은행의 이 보고서는 2007~2009년의 위기 같은 거시경제적 붕괴를 초래할 뿐만 아니라 보다 높은 가치의 토지이용을 위한 젠트리피케이션, 근린지구 파괴, 저소득 주민의 철거에 반대하는 도시사회운동을 유발하는 일종의 자유시장 근본주의를 주창한다.

1980년대 중반 이후, 신자유주의적 도시정책(이를테면 EU 전반에 적용된)은 이점이 별로 없는 근린지역이나 도시 또는 지역에 부를 재분배하는 것은 쓸모없기 때문에, 차라리 역동적인 '기업주의적' 성장 거점으로 자원이 흘러가도록 해야 한다고 결론지었다. 이에 따라 '낙수효과'의 공간적 결과는 널리 알려진 것처럼 장기적으로 보면 모든 극단적인 지역적·공간적·도시적 불평등을 치유할(결코 이루어지지 않을) 것이라고 주장된다. 세계은행 보고서는 이렇게 주장한다. 도시를 개발업자들과 투기적 금융업자들에게 맡기는 것은 모든 사람에게 혜택이 돌아가도록 한다! 만약 중국이 도시의 토지이용을 자유시장의 힘에 개방하기만 하면, 중국경제의 성장은 실제보다 한층 더 빨라졌을 것이다!

세계은행은 사람보다도 투기자본을 노골적으로 편애한다. 도시가 잘될 수 있더라도 (자본축적의 관점에서) 도시의 사람(특권적 계급은 제외하고)이나 환경이 잘못될 수 있다는 생각은 결코 검토되지 않는다. 더 큰 문제는 이 보고서가 2007~2009년 위기의 근원이 됐던 정책들과 깊게 연루되어 있다는 점이다. 이 보고서가 리먼브라더스가 파산한 지 6개월 후, 그리고 미국 주택시장이 징후를 보이면서 주택 압류의 쓰나미가 명백히 감지된 지 거의 2년이 지난 후에 출판됐다는 점은 특히 이상야릇한 느낌을 불러일으킨다. 일례로 비판적 논평 한마디 없이 보고서는 이렇게 말한다.

1980년대 후반 금융체계의 규제완화 이후, 시장을 기반으로 하는 주택금융은 급속히 확대됐다. 오늘날 선진국에서 주택모기지 시장은 GDP의 40퍼센트 이상에 달하지만, 개발도상국에서 그

시장은 훨씬 작아서 평균적으로 GDP의 10퍼센트도 되지 않는다. 공적 역할은 적절한 규제를 통해 민간 참여를 촉진하는 것이다. (…) 이를테면 간단하면서도 강력하고 신중한 모기지 계약을 위한 법적 기반을 확립하는 것이 좋은 출발점이다. 한 국가체제가 더 발전하고 성숙해지면 공적 부문은 2차적 모기지시장을 장려하고, 금융혁신을 발전시키고, 모기지의 증권화를 확장시킬 수 있다. 일반적으로 가계에서 단연코 가장 비싼 자산으로 자가소유주택은 부의 창출, 사회보장과 정치에서 중요하다. 주택을 소유한 사람 또는 점유권을 확보한 사람들은 그들의 지역사회에 더 큰 이해관계를 갖게 될 것이고, 따라서 아마도 범죄 감소, 거버넌스 강화, 지역 환경조건의 개선 등을 위하여 더 많은 압력을 가할 것이다.[3]

이러한 진술은 뒤이은 사건들을 보면 결코 놀랄 만한 것은 아니다. 〔이는 이렇게 외치는 것 같다.〕 자가소유는 모두를 위한 혜택이라는 유치한 신화, 그리고 순진한 투자자들에게 판매될 고이율 부채담보부증권을 가진 불량 모기지의 정리정돈으로 추동되는 서브프라임모기지 사업이여, 계속 운영되어라! 인간의 거주를 위한 지구행성의 지속적 사용에 합리적 범위를 넘어서 토지와 에너지를 소비하는 끝없는 교외화여, 계속 진행되어라! 저자들은 도시화에 관한 그들의 사고를 지구온난화 이슈와 연결시킬 아무런 이유도 없는 것처럼 주장한다. 앨런 그린스펀을 따라, 이들도 자신들이 2007~2009년 사건들에 의해 허를 찔렸고, 그들이 작성한 장밋빛 시나리오에 어떤 문제가 생길 거라 예측할 수 없었다고 주장한다. '신중한', '적절하게 규제된'이라는 단어들을 주장에 끼워넣음으로써, 이들은 혹시 있을지 모를 잠재적 비판에 '울타리를 치고자' 했다.[4]

신자유주의적 묘책을 떠받치기 위해 이들은 '신중하게 선택된' 무수한 역사적 사례들을 사용하고자 했지만, 어쩌다 1973년 위기가 여러 은행들을 파산으로 내몰았던 지구적 부동산시장 붕괴에서 비롯됐다는 점을 놓쳐버렸을까? 이들은 1990년 일본 붐의 종말이 (여전히 진행 중인) 토지가격의 붕괴와 조응한다는 점, 스웨덴의 은행체계가 부동산시장의 과열 때문에 1992년 국유화되어야 했다는 점, 1997~1998년 동아시아와 동남아시아의 붕괴를 촉발했던 것 가운데 하나가 태국의 과도한 도시개발이었다는 점, 미국에서 1987~1990년 상업적 부동산 주도의 저축·융자 위기가 수백개의 금융기관을 파산으로 내몰면서 미국 납세자들에게 약 2,000억달러의 부담을 안겼다는 점(당시 연방예금보험공사 사장이었던 윌리엄 아이작스W. Isaacs가 1987년 미국은행가협회에 방향을 수정하지 않을 경우 국유화하겠다고 위협하도록 했던 상황)을 주목하지 못했을까?[5]

이 모든 사태가 진행되고 있을 때, 세계은행의 경제학자들은 어디에 있었는가? 1973년 이후 수백번의 금융위기가 있었고(그 이전에는 거의 없었다는 점과 비교해보라), 이 가운데 상당수는 부동산 개발 또는 도시개발이 주도했다. 로버트 실러를 포함하여 이에 관해 생각했던 거의 모든 사람들은 2000년대 이후 미국 주택시장이 매우 잘못된 방향으로 가고 있다는 것을 분명히 눈치채고 있었다는 점이 판명되고 있다. '비합리성의 충만' 그리고 금융가들의 '동물적 충동'은 걷잡을 수 없었다.[6] 그러나 그는 이를 체계에서 기인한 것이라기보다는 예외적인 것으로 보았다. 물론 실러는 위의 사례들 모두는 단지 지역적 사태들이었다고 주장할 수 있었다. 그러나 브라질인이나 중국인의 관점에서 보면, 2007~2009년 미국에서 촉발된 서브프라임모기지 위기도 그러하다고 할 것이다. 이 위기의 지리적 진원지는 미국 남서부와 플로리다주(조지아주로 상당히 파급된 상태)였고, 다른 몇군데에서 문제가 심각했다(볼티모어와 클리블랜드같이 보다 오래된 도시의 빈곤지역에서 2005년경 일찍이 시작된 벼락 같은 주택 압류의 위기는 이들이 아프리카계 미국인들과 소수민족들에게 영향을 미쳤기 때문에 국지적이고 '중요하지 않았다'). 국제적으로 스페인과 아일랜드는 이 위기로 상당한 타격을 입었고, 영국도 다소 적지만 타격을 입었다. 그러나 프랑스, 독일, 네덜란드, 폴란드 또는 당시 아시아 전역에서 부동산시장은 큰 문제가 없었다.

　미국에 중심을 두었던 지역적 위기는 전세계로 확산됐지만, 이를테면 1990년대 초 일본이나 스웨덴에서 발생했던 위기의 사례에서는 그렇지 않았다는 점은 분명하다. 그러나 1987년(여전히 전적으로 분리된 사건으로 여겨지는 심각한 주식시장 붕괴가 있었던 해) 집중됐던 저축융자 위기도 지구적 파급효과를 가졌다. 흔히 간과되지만 1973년 초 지구적 부동산시장 붕괴도 마찬가지다. 보통은 1973년 가을의 유가폭등만이 문제였던 것으로 여겨진다. 그러나 부동산시장 붕괴가 유가폭등에 6개월 이상 앞서며, 가을에는 불황이 이미 상당히 진행됐다는 점이 밝혀졌다. 당시 부동산 붐은 미국의 부동산투자신탁이 1969년 29억달러에서 1973년 200억달러로 성장했고, 상업은행 모기지대출은 같은 기간에 667억달러에서 1,136억달러로 증가했다는 사실에서 알 수 있다. 이어서 1973년 봄에 발생했던 부동산시장 붕괴는 (명백히 세입문제로 인한) 지역 주들의 재정위기(만약 단지 유가로 인한 불황이었다면, 일어나지 않았을 위기)로 파급됐다. 연이어 발생한 1975년 뉴욕의 재정위기는 대단히 중요했다. 당시 뉴욕시는 세계에서 가장 큰 공적 예산 가운데 하나를 통제하고 있었기 때문이다(프랑스 대통령과 서독 수상은 금융시장의 지구적 파열을 피하기 위해 뉴욕시에 구제금융을 실시해야 한다고 탄원할 정도였다). 이로 인해 뉴욕은 신자유주의적 실천을 고안하는 중심지가 됐으며, 은행들에게 도덕적 해이를 선사하는 한편, 시민들에게는 지자체 계약과 서비스를 구조조정해 더 많은 지불을 부담시켰다. 최근 부동산시장 붕괴의 영향은 캘리포니아 같은 주들을 실질적인 파산으로 내몰았으며, 거의 미국 전역에 걸쳐 주와 지자체 정부의 재정과 고용에 엄청난 어려움을 유발했다. 1970년대 뉴욕시의 재정위기에 관한 이야기는 오늘날 공적 예산 규모가 세계에서 여덟번째로 큰 캘리포니아주의 위기와 기묘할 정도로 닮았다.[7]

국가경제연구국(National Bureau of Economic Research, NBER)은 최근 부동산 붐이 자본주의의 심각한 위기를 유발한다는 또다른 사례를 발굴했다. 1920년대 부동산 자료에 관한 연구에서, 괴츠만(W. Goetzmann)과 뉴먼(F. Newman)[8]은 '공적으로 발행된 부동산 증권이 1920년대 부동산 건설활동에 어떻게 영향을 미쳤으며, 이것의 가치급락이 부수적 순환의 메커니즘을 통해 1929~1930년의 연이은 주식시장 붕괴를 유발했는지'를 보여준다. 주택과 관련하여, 플로리다는 지금처럼 그 당시에도 투기적 개발의 집약적 중심지였는데, 1919년에서 1925년까지 건축허가서의 액면가는 8,000퍼센트 증가했다. 국가적으로 주택가치는 같은 기간 대체로 약 400퍼센트 인상된 것으로 추정된다.[9] 그러나 이는 뉴욕과 시카고에 거의 전적으로 중심을 둔 상업개발과 비교하면 부수적인 촌극에 불과한데, 이곳들에서는 금융 지원과 증권화 절차가 온갖 방식으로 단지 '2000년대 중반에서나 볼 수 있었던' 붐을 부채질하기 위해 날조됐다. 더욱 흥미로운 점은 괴츠만과 뉴먼이 뉴욕시의 고층빌딩 건설에 관해 수집해 만든 그래프다. 이 그래프를 보면 1929년, 1973년, 1987년, 2000년의 붕괴에 앞선 부동산 붐은 첨탑처럼 치솟아 있다. 뉴욕시에서 우리 주변에 볼 수 있는 건축물들은 '단순한 건축운동 이상이다. 이들은 주로 광범위한 금융현상을 구현한 것이라고 할 수 있다'라고 그들은 통렬하게 지적한다. 이들은 1920년대 부동산증권은 모든 면에서 '오늘날 그러한 것처럼 유해'했다고 서술하고, 이렇게 결론지었다. '뉴욕의 스카이라인은 투기적인 공적 자본을 건설 벤처자본으로 연결시켜주는 증권화의 능력을 뚜렷하게 상기시킨다. 부동산증권시장의 초기 단계에 관한 이해가 늘어날 경우, 미래에 발생할 최악의 시나리오를 모델화하는 데 귀중한 자료를 제공할 수 있을 것이다. 금융시장에서 낙관론은 철강가격을 상승시키는 힘을 갖지만, 이는 빌딩이 그 값을 지불하도록 하지는 않는다.'

부동산시장 붐과 불황은 분명 투기적 금융흐름과 복잡하게 뒤얽혀 있으며, 이러한 붐과 불황은 거시경제 전반에 심각한 결과를 초래할 뿐만 아니라 자원고갈과 환경파괴에 모든 방식으로 외부효과를 미친다. 게다가 부동산시장이 GDP에서 차지하는 비율이 높아질수록, 금융조달과 건조환경에 대한 투자 간 연계가 거시적 위기의 잠재적 근원이 될 중요성은 더 커진다. 세계은행의 보고서가 옳다면, 주택모기지가 GDP의 10퍼센트에 불과한 태국 같은 개발도상국의 경우, 부동산시장 붕괴는 거시경제의 붕괴(이를테면 1997~1998년 발생한 붕괴)에 분명 기여는 할 수 있지만 이를 전체적으로 추동할 수는 없다. 반면 주택모기지부채가 GDP의 40퍼센트에 달하는 미국의 경우 분명 그러할 수 있으며, 실제로 2007~2009년 위기를 초래했다.

맑스주의의 관점

부르주아적 이론은 도시개발이 거시경제의 혼란과 어떻게 관련되어 있는가를 전혀 모르는 바는 아니지만 통찰력은 매우 부족하다. 반면 자랑스러운 사적유물론의 방법을 갖춘 맑스주의 비평가들은 치솟는 지대와 야만적 탈취를 맹렬히 고발하는 싸움을 마음껏 벌이면서, 이를 상업자본가와 지주가 노동계급의 생활장소에 파고들어 착취하는 형태, 즉 맑스와 엥겔스가 착취의 부차적 형태로 여겼던 것으로 특징지을 것이다. 이들은 젠트리피케이션, 최고급 콘도 건설, '디즈니화'(Disneyfication)를 통한 도시 내부 공간의 전유를 야만적 노숙, 부담 가능한 주택의 부족, 주민대중을 위한 도시환경(공기의 질 같은 자연환경뿐만 아니라 무너지는 학교와 이른바 학교교

육의 '선의의 무시'benign neglect 같은 사회환경도 포함하여)의 악
화와 대비해서 설정하고자 한다. 이 가운데 일부는 맑스주의적 도시
학자(나 자신도 그중 하나다)라는 제한된 집단 내에서 활동한다. 그
러나 사실 맑스주의 일반의 사고구조는 부르주아적 경제학의 사고
구조와 끔찍하게도 유사하다. 도시학자들은 전문가로 여겨지지만,
거시경제적 맑스주의 이론화에서 진정하게 유의미한 핵심은 다른
곳에 있다. 그리고 허상에 불과한 국민경제가 우선시된다. 국민경제
는 그 자료를 가장 쉽게 찾아볼 수 있고 또 분명 주요한 정책결정의
대부분이 이루어지는 영역이기 때문이다. 2007~2009년의 위기와
그후의 실업 및 재정긴축(대부분은 지방정부·지자체 수준에서 관
리됐다)의 조건을 창출하는 데 부동산시장이 담당했던 역할은 제대
로 이해되지 못한다. 도시화과정과 건조환경의 형성에 관한 이해를
자본운동의 법칙에 관한 일반이론에 통합시키고자 하는 진지한 시
도가 없었기 때문이다. 그 결과, 위기에 대해 끔찍이 관심을 갖는 많
은 맑스주의 이론가들은 최근의 붕괴를 맑스주의 위기론에서 자신
들이 선호하는 관점(이윤율 저하, 과소소비, 또는 여타 어떠한 것이
든 간에)의 명백한 표현으로 다루는 경향을 보였다.

이런 사태가 발생한 책임은 그럴 것이라고 생각하지 않았겠지만
어느 정도 맑스 본인에게 있다. 『경제학비판 요강』의 서문에서 그는
『자본』의 서술 목적이 자본운동의 일반법칙을 밝히는 것이라고 썼
다. 이는 관심을 잉여가치의 생산과 실현에 배타적으로 집중하는 한
편, 그가 분배의 '특수성'(이자, 지대, 세금, 심지어 실제 임금과 이
윤율)이라고 지칭한 것을 배제하고 추상화하겠다는 의미를 가지는

것이었다. 이것들은 우연적이고, 국면에 따라 다르며, 공간과 시간 상의 계기에 따라 이루어지기 때문이다. 그는 또한 공급과 수요, 경쟁상태 같은 교환관계의 특수성으로부터도 추상화했다. 수요와 공급이 균형상태에 있다면, 이것들은 아무것도 설명할 수 없고, 경쟁이라는 강제법칙은 자본운동의 일반법칙의 결정자라기보다는 이의 집행자로서 기능할 것이라고 그는 주장했다. 이 점은 독점화의 조건 하에서처럼, 집행 메커니즘이 없을 때 어떤 일이 발생하는가, 그리고 우리가 독점적 경쟁의 한 형태(도시 간 경쟁의 경우처럼)라고 오래전부터 알고 있는 공간적 경쟁을 고려하게 될 때 어떤 일이 발생하는가를 생각해보도록 자극한다.

끝으로, 맑스는 소비를 '특이성'(singularity)으로 묘사한다(하트와 네그리가 최근 부활시키고자 애쓰는 매우 스피노자적인 방식의 개념화). 소비는 그 자체로 혼란스럽고, 예측과 통제가 불가능하고, 따라서 맑스의 견해에서 이는 일반적으로 정치경제학의 영역 밖에 있는 것으로 여겨진다(그는 『자본』 첫번째 페이지에서 사용가치에 관한 연구는 역사의 과제지 정치경제학의 과제가 아니라고 선언한다). 맑스는 또다른 차원, 즉 자연과의 신진대사 관계도 동일하게 여겼다. 이 차원은 모든 형태의 인간사회의 보편적 조건이며, 따라서 특정한 사회적·역사적 구축으로 이해되는 자본운동의 일반법칙의 이해와는 대체로 무관하다고 보았다. 환경 논제들은 이러한 이유에서 『자본』 전반에 걸쳐 명시적으로 표현되지 않는다(이 점은 맑스가 환경 논제들을 중요하지 않거나 별 의미가 없다고 생각했음을 의미하는 것이 아니다. 이 점은 그가 소비를 그러한 큰 틀과는 무관하다고 신경을 쓰지 않은 점과 같다).『자본』대부분에 걸쳐 맑스는『경제학비판 요강』에서 묘사한 틀을 거의 그대로 고수한다.[10] 그는 잉여가치 생산의 일반성에 예리하게 초점을 맞추면서, 다른 것들을 배제한다. 그는 때때로 그렇게 하는 것에 문제가 있음을 인정한다. 그는 어떤 '이중적 입장'이 있을 수 있다고 지적한다. 토지, 노동, 화폐, 상품은 생산의 결정적 요인이지만 이자, 지대, 임금, 이윤은 분배의 특수성으로서 분석에서 배제된다!

맑스의 접근이 지닌 장점은 그 시대의 특이하고 특수한 조건들(1847~1848년의 위기와 1857~1858년의 위기 같은)로부터 추상하는 방법을 통해 구축된 자본운동의 일반법칙을 매우 명료하게 설명할 수 있도록 했다는 점이다. 이 점은 오늘날에도 그가 여전히 연관된다고 생각하면서 그를 여전히 읽는 이유이기도 하다. 그러나 이 접근은 문제를 동반한다. 우선 맑스는 실재하는 자본주의적 사회/상황에 관한 분석에는, 작동하는 유기적 총체성으로 구축된 사회의 보편적이고 일반적 측면과 특수하고 특이한 측면의 변증법적 통합이 필요하다는 점을 분명히 했다. 따라서 우리는 단순히 자본운동의 일반법칙이라는 점에서 실제 사건들(이를테면 2007~2009년의 위기)을 설명할 것으로 기대할 수는 없다(이 점은 내가 현재의 위기에 관한 사실을 어떤 이윤율 저하 이론에 대입하고자 하는 사람들을 반대하는 이유 가운데 하나다). 그러나 역으로 우리는 자본운동의 일반법칙에 준거하지 않고서 이러한 설명을 시도할 수도 없다(비록 맑스 자신은『자본』에서 1847~1848년의 '독립적이고 자율적으로' 발생한 금융·상업적 위기를 설명할 때나『루이 보나빠르뜨의 브뤼

메르 18일』과『프랑스에서의 계급투쟁』등 역사연구에서는 자본운동의 일반법칙에 관해서 전혀 언급하지 않고 설명한 것처럼 보이지만).

둘째로, 맑스가 선택한 일반화의 수준 내에서 추상화는『자본』에서 논의가 진행됨에 따라 균열을 보이기 시작한다. 이에 관한 많은 사례가 있지만, 가장 두드러지고 지금의 논의와 가장 관계가 깊은 것은 맑스가 신용체계를 다룬 방식과 관련된다.『자본』제1권에서 여러번, 그리고 제2권에서는 반복해서 맑스는 신용체계를 아직 정면으로 다룰 준비가 되지 않은 분배의 문제이기 때문에 논의에서 제외한다는 점을 호소한다. 그가 제2권에서 연구한 운동의 일반법칙, 특히 고정자본의 순환과 노동기간, 생산기간, 유통시간과 회전시간 등과 관련된 법칙은 모두 신용체계와 깊은 관계를 가질 뿐만 아니라 이를 반드시 필요로 한다. 그는 이 점을 매우 명확히 이해한다. 회전시간의 차이를 다루기 위하여, 선대된(advanced) 화폐자본이 어떻게 항상 잉여가치의 생산에 적용된 것보다도 더 커야 하는가를 논의하면서, 그는 회전시간에서 변화가 어떻게 선대된 화폐의 일부를 '자유롭게' 할 수 있는가에 관해 언급했다. '회전운동의 메커니즘을 통해 풀려난 화폐자본(고정자본의 순차적인 회수를 통해 풀려난 화폐자본과 매번의 노동과정에서 가변자본을 위해 필요한 화폐자본과 함께)은 신용체계의 발달과 함께 중요한 역할을 해야만 하고 동시에 신용체계의 한 기초를 이루어야만 한다.'[11] 이러한 논의나 여타 유사한 논의를 보면, 신용체계는 자본순환을 위해 절대적으로 필요해지며, 신용체계에 관한 설명은 자본운동의 일반법칙에 포함되어야만 한다는 점이 분명해진다. 이것은 심각한 문제를 야기한다.『자본』제3권의 신용체계에 관한 분석을 보면, 이자율이 공급과 수요, 경쟁상태에 의해 설정된다는 점을 보게 되기 때문이다. 이 두가지 특이성은 맑스의 연구에서 일반화의 이론적 단계에서는 이미 완전히 배제된 것들이다.

내가 이렇게 논의하는 이유는 맑스가『자본』에서 그의 탐구에 부여한 원칙들의 유의미성이 대체로 무시됐기 때문이다. 신용과 이자의 사례에서 발생한 것처럼 이 원칙들이 완화될 뿐만 아니라 무너질 경우, 맑스가 이미 만들어낸 통찰력을 넘어설 수 있는 이론화의 새로운 전망이 열리게 된다. 맑스는 연구의 시작 단계에서 이런 일이 발생할 수 있다는 것을 실제로 인식하고 있었다.『경제학비판 요강』[12]에서 그는 특이성들이 포함되어 있기 때문에 자신의 분석범주에서 가장 다루기 힘든 소비에 관하여 말하면서, 사용가치에 관한 연구와 마찬가지로 소비에 관한 연구는 '실제 경제학의 외부에 속하지만', 소비가 '출발점(생산)에 다시 반응하여 전체 과정을 새롭게 선도할' 가능성이 있음을 지적한다. 이 점은 생산적 소비, 즉 노동과정 그 자체에서는 특히 사실이다. 따라서 뜨론띠(M. Tronti)와 그의 족적을 따르는 사람들, 일례로 네그리 같은 연구자들이 노동과정을 자본운동의 일반법칙에 내면화된 특이성(혼란스럽고, 규율하기 어려우며, 예측 불가능하고, 따라서 항상 자본에게 잠재적으로 위험한 것)으로 구성된다고 이해한 것은 전적으로 옳다.[13] 자본가들이 잉여가치를 생산하기 위하여 노동자의 '동물적 충동'을 동원하고자 할 때 봉착하는 터무니없는 어려움은 생산과정의 중심부에 이러한 특이성이 존재한다는 점을 암시한다(우리가 나중에 살펴보겠지만 이 점은 다른 어떤 산업들보다도 건설업에서 가장 명백하게 드러난다). 우리가 맑스의 이론적 장치를 도구로 삼아 보다 예리하게 실제 사건을 분석하고자 한다면, 신용체계, 그리고 이자율과 이윤율 간 관계를 자본의 생산·유통·실현에 관한 일반법칙 내로 내면화하는 것은 불가피하다.

다른 한편, 신용을 일반이론에 통합하는 작업은 이미 획득된 이론적 통찰력을 비록 전환적 상태일지라도 유지하면서 신중하게 이루어져야 한다. 이를테면 신용체계와 관련하여, 우리는 이것 자체를 하나의 실체로 다뤄서는 안 된다. 즉 신용체계는 월스트리트나 런던에 입지해 있으면서, 메인스트리트(Main Street, 실물경제를 비유적으로 표현하는 수사)에 기반을 둔 활동 위에서 자유롭게 떠돌아다니는 풍화물 같은 것은 아니다. 신용에 기반을 둔 많은 활동은 사실 투기적 거품, 또는 황금과 순전히 화폐권력을 위한 인간욕망의 추잡한 산물이다. 그러나 이 가운데 많은 부분은 자본이 기능하는 데 근본적이며 절대적으로 필요하다. 필요한 것과 (a) 필수적으로 의제적인 것(국가부채와 모기지부채의 경우처럼), (b) 순전히 과잉인 것 간의 경계는 쉽게 규정되지 않는다.

분명 최근 위기의 역동성과 그 여파를 분석하면서, 신용체계(미국에서 모기지는 GDP의 40퍼센트에 달한다), 대중소비주의(미국 경제에서 이의 추동력은 70퍼센트로, 중국의 35퍼센트와는 비교된다), 경쟁상태(금융, 부동산, 소매, 여타 많은 시장들에서 독점력)를 고려하지 않는 것은 우스꽝스러운 작업이 될 것이다. 미국에서 대부분 악성인 1조 4,000억달러의 모기지는 패니메이(Fannie Mae, 연방 저당금고. 1938년 공기업으로 출범했으나 1968년 베트남전 전비지출로 인한 재정 압박을 완화하기 위해 민영화됐다)와 프레디맥(Freddy Mac, 연방주택담보대 출공사. 1970년 출범했으며 1989년 민영화됐지만, 정부가 보증하는 기업으로 인식 된다) 등 2차 저당시장에 머물러 있고, 이로 인해 정부는 불가피하게 잠재적 구제효과를 위해 4,000억달러를 배정했다(약 1,420억달러 는 이미 지출됐다). 이 점을 이해하기 위하여 우리는 맑스가 '의제 자본'의 범주로 의미하고자 한 것이 무엇인가, 그리고 이것이 토지 시장 및 부동산시장과 어떤 연계성을 갖는가를 풀어헤쳐야 한다. 괴 츠만과 뉴먼[14]이 제시한 것처럼 우리는 증권화가 어떻게 '투기적 공 적 자본을 건설 벤처자본'과 연계시켰는가를 이해해야 한다. 토지가 격 및 주택가격의 가치 및 지대에 대한 투기가 이번 위기의 형성에 근본적 역할을 담당했기 때문이다.

맑스에 따르면, 의제자본은 코카인에 찌든 월스트리트의 일부 주 식 거래인들의 머릿속에서 꾸며낸 허구가 아니다. 『자본』 제1권에 서 맑스가 제시한 물신성의 특징에서 보면, 이것은 분명 실질적이지 만, 사회적 관계를 뒷받침하는 어떤 중요한 것을 은폐하는 표면적 현상을 의미하는 물신적 구성물이다. 은행이 국가에 대출해준 후 이 자를 돌려받는다면, 국가 내에서 진행된 대부분(다음에 살펴볼 것 처럼, 전부는 아니지만)의 일이 가치생산과는 아무 관계가 없는 경 우에도(이를테면 전쟁 수행), 국가 내부에서 마치 실제 가치를 생산 하는 어떤 생산적인 것이 있는 것처럼 보인다. 은행이 소비자에게 주택을 사도록 대출하고 이자를 돌려받는다면, 이는 실제 그렇지 않음에도 마치 주택에 직접적으로 가치를 생산하는 어떤 것이 있는 것처럼 보이도록 만든다. 은행이 병원·대학·학교 등을 건설하기 위해 채권을 인수하고 이자를 받는다면, 그렇지 않음에도 이 기관들에서 직접적으로 가치가 생산된 것처럼 보인다. 은행이 지대를 받기 위해 토지와 부동산을 구입하려는 사람에게 대출한다면, 지대의 분배적 범주는 의제자본 순환의 흐름 속에 흡수된다.[15] 은행이 다른 은행에 대출하거나 중앙은행이 시중은행들에 대출하고 이 은행들이 다시 지대를 전유하고자 하는 토지 투기자들에게 대출할 경우, 의제자본은 점점 더 허구 위에 세워진 허구의 무한한 회귀처럼 보이게 된다. 이들은 모두 의제자본 흐름의 사례다. 그리고 바로 이 흐름이 실물자산을 가공적 자산으로 바꿔낸다.

맑스의 요점은, 여기서 지불된 이자가 다른 어디선가, 즉 잉여가치 생산에 부가된 세금이나 직접 수탈, 또는 수입(임금과 이윤)에 부과된 과세에서 나온다는 것이다. 그리고 맑스에 의하면, 가치와 잉여가치가 창출되는 유일한 장소는 물론 생산의 노동과정에 있다. 의제자본 순환에서 진행되는 일들은 자본주의를 유지하기 위해 사회적으로 필요한 것이고, 이는 생산과 재생산에 필요한 비용의 일부라고 할 수 있다. 자본주의적 기업들은 소매업, 은행, 헤지펀드에 의해 고용된 노동자들의 착취를 통해 잉여가치의 2차적 형태들을 추출할 수 있다. 그러나 맑스의 요점은 생산 일반에서 생산되는 가치와 잉여가치가 없다면, 이 부문들은 그 자체로 존재할 수 없다는 것이다. 만약 셔츠와 신발이 생산되지 않는다면, 소매업자들은 무엇을 팔겠는가?

그러나 여기에 극히 중요한 하나의 주의사항이 있다. 의제자본 흐름의 일부는 사실 가치 창출과 연관될 수 있다. 내가 나의 모기지로 구입한 주택을 불법이민자를 고용한 착취적 공장으로 전환할 경우, 주택은 생산에 투입된 고정자본이 된다. 국가가 자본을 위해 집합적 생산수단으로 기능하는 도로와 여타 하부시설을 건설한다면, 이들은 '생산적 국가지출'로 범주화되어야 한다. 병원이나 대학이 신약이나 새로운 장비 등의 혁신과 설계를 위한 장이 된다면, 이들은 생산의 장소가 된다. 맑스는 이 단서조항들을 맞닥뜨리더라도 당혹해하지 않았을 것이다. 그가 고정자본에 관해 논의하면서, 어떤 것이 고정자본으로 기능하는지 그렇지 않은지는 그것의 사용에 좌우되며 그 물리적 성질에 좌우되는 것은 아니라고 말한다.[16] 의류창고가 고급주택으로 바뀔 경우 고정자본은 감소하고, 반면 미시금융(micro-finance)은 농부의 오두막을 생산을 위한 (훨씬 값싼) 고정자본으로 전환시킨다!

생산에서 창출된 가치와 잉여가치의 많은 부분은 다양하고 복잡한 경로로 만들어진 의제적 통로들을 통과하면서 흡수된다. 그리고 은행이 다른 은행들에 대출할 경우, 사회적으로 불필요한 온갖 부대지출과 투기적 운동이 가능해져서, 변동적 자산가치라는 끊임없이 변화하는 영역 위에 누적될 것이라는 점이 명백하다. 이러한 자산가치들은 '자본화'의 임계적 과정(critical process)에 의존한다. 토지, 부동산, 주식, 또는 그 어떤 것이든 자산에서 만들어지는 수익의 흐름은 이 자산이 거래될 수 있는 자본가치에 의해 정해지며, 화폐시장에서의 공급과 수요의 조건에 의해 결정되는 이자율 및 할인율에 좌우된다. 이 자산들을 위한 시장이 없을 경우 이 자산들의 가치를 어떻게 정할 것인가는 2008년 엄청난 문제가 됐으며, 아직 해소되지 않았다. 패니메이가 보유하는 자산이 실제 얼마나 불량한가의 문제는 거의 모든 사람에게 골칫거리가 된다(다른 불편한 진실과 아주 같은 방법으로, 이 문제는 1970년대 초 전통적 경제이론에서 분출했다가 금방 묻혀버렸던 자본가치 논쟁을 중요하게 반영한다).[17]

신용체계가 제기하는 문제는 이것이 자본흐름의 생산·유통·실현에 결정적이며, 또한 동시에 온갖 방식의 투기적이며 다른 '무분별한 형태들'의 정점이라는 점이다. 바로 이것 때문에 맑스는 오스만 밑에서 그의 형제 에밀(E. Pereire)과 함께 빠리의 투기적 도시 개조를 주도했던 인물 가운데 한 사람인 이자끄 뻬레이르(I. Pereire)를 '사기꾼 성격과 예언자 성격을 멋지게 혼합한 인물'로 특징짓는다.[18]

도시화를 통한 자본축적

나는 다른 글에서 도시화는 자본주의 역사 전반에 걸쳐 잉여자본과 잉여노동의 흡수를 위한 주요 수단이었다고 주장했다.[19] 건조환경에 대한 투자 대부분이 노동기간, 회전시간, 내구기간이 길다는 점과 관련된 매우 특수한 이유 때문에, 도시화는 과잉축적된 자본의 흡수와 매우 특정한 관계를 갖는다. 도시화가 또한 지리적 특수성을 갖기 때문에, 공간의 생산과 공간적 독점은 축적의 역동성에 통합된다. 이는 공간상의 상품흐름의 패턴 변화 때문만이 아니라 그 이동이 발생하는 창출·생산된 공간과 장소의 속성 때문이다. 그러나 가치와 잉여가치의 생산을 위해 매우 중요한 장이라고 할 수 있는 이 활동 모두는 장기적이기 때문에, 이들의 기능에는 절대적으로 근본적인 것으로서 금융자본과 국가개입의 다양한 조합이 필요하다. 이 활동들은 분명 장기적으로 투기적이며, 처음에는 과잉축적을 완화시키는 데 도움을 주었던 바로 그 과잉축적의 조건들을 한참 후에는 더 확대된 규모로 되풀이할 위험을 언제나 무릅쓴다. 이로 인해 도시 및 여타 형태의 물리적 하부시설(대륙 간 철도, 고속도로, 댐 등) 투자는 위기에 취약한 성격을 갖는다.

브린리 토머스(B. Thomas)는 19세기 이러한 투자의 순환적 특성을 꼼꼼하게 연구했다.[20] 그러나 건설경기 순환론은 1945년 이후에는 무시됐다. 부분적으로 국가주도인 케인스주의적 건설 투자가 이러한 순환을 효과적으로 완화시킨 것으로 여겨졌기 때문이다. 건설경기 순환(미국의 경우 대략 18년 주기)은 효과적으로 사라졌다.[21] 그러나 1970년대 중반 이후 케인스주의적이고 반(反)주기적인 체계적 개입이 점진적으로 붕괴하면서, 건설경기 순환의 복원이 상당히 현실화됐다. 자료에 따르면 건설경기 변동은 약한 상태였지만, 자산가치 거품은 과거에 비해 훨씬 폭발적으로 변했다(비록 국가경제연구국이 1920년대에 관해 설명한 부분은 이 견해에 반대되는 증거로 여겨질 수도 있지만). 주기적 운동은 한 국가 내에서도 상당히 복잡한 지리적 편차를 드러내게 됐다(이를테면 미국의 남부와 서부는 북동부와 중서부와는 다른 리듬을 보여줬다).

논의한 것처럼 이러한 일반적 관점이 없다면, 우리는 2008년 미국의 다른 지역과 도시는 물론이고 스페인, 아일랜드, 영국에서 주택시장과 도시화의 파국을 이끈 역동성을 이해할 수 없을 것이다. 마찬가지로 우리는 다른 곳에서 기본적으로 야기된 문제를 처리하기 위하여 특히 중국에서 최근 취해진 경로를 이해할 수도 없을 것이다. 브린리 토머스는 19세기 영국과 미국 간 반(反)주기적 운동을 고찰하면서, 어느 한 곳의 주택건설 붐은 다른 곳의 주택시장 붕괴에 의해 균형이 맞추어졌다고 서술했다. 이 같은 방식으로 우리는 미국과 유럽의 많은 곳에서 이루어진 건설시장 붕괴가 중국을 중심으로 한 (그리고 여러 파생지역, 특히 이른바 브릭스BRIC 국가들과 더불어) 거대한 도시화와 하부시설 투자에 의해 균형을 이룬 것으로 이해할 수 있다. 이 거시적 상황과의 연계를 제대로 파악하기 위해 우리는 미국과 영국이 저성장의 늪에 빠져 있는 반면, 중국은 2011년의 경우 10퍼센트 성장률을 기록하고 있다는 점(다른 브릭스 국가들의 경제성장률도 그렇게 많이 뒤처지지 않았다)을 즉각 지적해야 한다.

미국에서 투기활동을 통해 과잉축적된 자본을 흡수하기 위하여 주택시장과 도시개발을 밀어붙이려는 압박이 1990년대 중반부터 만들어졌고, 2001년 첨단기술 거품의 종말과 주식시장의 붕괴 이후에 더욱 맹렬하게 가속됐다. 패니메이와 프레디맥을 포함하여 저명한 금융기관에 가해진 정치적 압박은 주택 붐에 조응하여 대출 기준을 낮추도록 했고, 이는 연방준비제도이사회 의장 그린스펀이 선호했던 저금리와 결합하여 의심할 바 없이 주택 붐을 부채질했다. 그러나 괴츠만과 뉴먼이 지적하듯 금융은 국가를 등에 업고 도시와 교외를 건설할 수 있지만 반드시 수지타산이 맞도록 할 수는 없다. 그렇다면 무엇이 수요를 부채질했는가?

그 역동성을 이해하려면, 부동산시장의 맥락에서 생산자본 순환과 의제자본 순환이 신용체계 내에서 어떻게 결합하는가를 알아야만 한다. 금융기관들은 개발업자, 토지 소유자, 건설회사에 대출해줌으로써, 이를테면 쌘디에이고 주변에 방대한 교외 주택을 건설하고 플로리다와 스페인 남부에 고급 콘도를 건설하도록 한다. 붐 시기에 건설업은 고용의 약 7퍼센트를 직접 차지하고, 건설자재 공급업자들과 부동산업을 둘러싸고 있는 모든 법적·금융적 서비스업을 고려할 경우 이의 2배 이상이 된다. 그러나 이 부문의 생존가능성은 생산된 가치가 실현될 수 있다는 점을 전제로 한다. 이 점이 의제자본이 개입할 수 있는 부분이다. 자신들의 수입(임금 또는 이윤)으로 상환능력이 있는 것으로 추정되는 구매자들에게 화폐가 대출된다.

이에 따라 금융체계는 넓은 주택과 고급 콘도에 대한 공급과 수요 양자를 모두 상당히 규제하게 된다. 이러한 공급과 수요에 대한 규제의 차이는 맑스가 『자본』[22]에서 생산을 위한 '대부자본'이라고 확인한 것과 시장에서 가치실현을 촉진하는 어음할인 간의 차이와 유사하다. 캘리포니아 남부의 주택건설의 경우, 동일한 금융회사가 흔히 건설을 위한 금융과 이를 통해 건설된 것을 구매하기 위한 금융을 제공했다. 노동시장에서 발생하는 것처럼, 자본은 공급과 수요 양자를 조작할 수 있는 힘을 가지며, 이는 세계은행 보고서가 그럴 것이라고 가정하는 시장의 자유로운 기능의 사고와는 전적으로 어긋나는 것이다.[23]

다른 한편, 수요와 공급의 관계는 불균형을 이룬다. 은행가·개발업자·건설회사는 계급동맹(이른바 '도시성장 기계'the urban growth machine[24]라고 불리는 것을 흔히 정치적·경제적으로 지배하는 동맹)을 형성하기 위하여 쉽게 결합할 수 있는 반면, 소비자모기지는 개별적이고 분산되어 있으며 여기에는, 보통 계급이 다른 사람들, 인종적·민족적 위상(아일랜드는 아니겠지만 특히 미국의 경우)이 다른 사람들에 대한 대출도 포함되어 있다. 모기지의 증권화를 통해 금융회사는 어떠한 위험도 간단하게 다른 사람에게 전가할 수 있으며, 이러한 전가는 물론 그들이 할 수 있는 한 모든 융자 개시 수수료와 법정 수수료를 뽑아먹은 이후에 행해졌다. 만약 금융업자가 실현의 실패로 인한 개발업자의 파산 또는 주택 구매자의 (특히 구매자가 낮은 계급이거나 인종적·민족적으로 소수자인 경우라면) 파산과 주택 압류 가운데 하나를 선택해야 한다면, 금융기관이 어느 쪽으로 기울 것인지는 대단히 명백하다. 계급과 인종적 편견은 변함없이 개입한다.

게다가 주택과 토지로 구성된 자산시장은 버니 매도프[B. Madoff, 미국의 전직 증권중개인이자 투자상담사로, 역사상 최대 규모의 폰지 사기꾼으로 알려져 있다]가 주도하지 않는다고 할지라도 불가피하게 폰지 사기의 성격을 갖는다. 내가 부동산을 사면 그 부동산가격은 올라가고, 오른 시장가격은 다른 사람의 구매를 자극한다. 실제 신용이 높은 구매자 집단이 부동산 매수를 끝내면, 그다음 부동산을 구매하는 소득계층은 좀더 위험이 높은 소비자들로 내려갈 것이고, 마지막으로 수입과 자산이 없는 구매자들도 부동산 '플리핑'(flipping)에 따른 가격 상승으로 이득을 얻을 수 있을 것이다(부동산 중개업자는 불량한 주택을 값싸게 구매해 약간의 장식용 수선을 거친 후 가치를 훨씬 부풀리고, 순진한 구매자를 위해 '유리한' 모기지금융을 마련할 것이다. 그 구매자는 지붕이 내려앉지 않을 때까지 또는 아궁이가 가득 찰 때까지만 그 집에서 살게 될 것이다). 이 과정은 거품이 터질 때까지 계속된다. 금융기관들은 최대한 오래 거품을 유지하기 위해 강력한 유인책을 갖는다. 문제는 이들이 흔히 기차가 탈선하기 전까지는 기차에서 뛰어내릴 수 없다는 점이다. 기차가 너무나 빠르게 가속하기 때문이다. 여기가 바로 맑스가 『자본』 제2권에서 그렇게 신중하게 분석하고 있는 회전시간의 차이가 중요해지는 대목이다. 건설을 위한 금융지원 계약은 판매가 시작되기 훨씬 전에 이뤄진다. 시간 격차는 때로 상당하다. 뉴욕의 엠파이어스테이트빌딩은 주식시장이 붕괴하고 2년이 지난 후, 그리고 부동산시장이 붕괴하고 3년이 더 지난 후인 1931년 노동절에 준공됐다. 트윈타워는 1973년 붕괴 직후에 준공됐고(그리고 수년간 민간 임대자들을 찾지 못했다), 9·11 사건의 자리에 현재 이루어지는 도심 재건축은 상업적 부동산 가치가 침체될 때 아마 사용할 수 있을 것이다! 생산된 가치의 실현은 처음 대출의 상환에 매우 중요하기 때문에, 금융회사들은 시장이 실제 능력을 넘어서 가능한 길게 지속될 수 있도록 자극할 것이다.

여기에는 역시 고려해야만 하는 장기적 문제들이 있다. 만약 국가경제연구국의 보고서가 옳다면, 1928년 이후 건설 붐의 붕괴는 주택건설시장이 20억달러(당시로는 엄청난 금액이었다)나 급감했고 대도시에서 주택 착공이 그 이전 물량의 10퍼센트도 되지 않게 줄어들면서 1929년 대붕괴에서 중요한 역할을 했지만 그럼에도 여전히 잘 이해되지 않는다. 위키피디아의 관련 항목은 '건설업 부문에서 200만개의 고임금 일자리가 사라졌고, 많은 지주와 부동산 투자가들을 비참하게 만들었던 이윤과 지대의 손실을 초래한 참혹한 상황이었다'라고 적고 있다.[25] 분명히 이 사태는 더 일반적으로는 주식시장의 신뢰성에 중대한 영향을 미쳤다. 루스벨트 행정부가 연이어 주택 부문을 되살리려고 기를 쓰고 노력했다는 점은 다소 의외다. 이러한 목적으로 주택모기지금융에 다양한 개혁이 시행됐고, 1938년 패니메이의 설립을 통한 2차적 모기지시장의 창출로 정점에 달했다. 패니메이의 과제는 모기지를 보장하고, 은행과 다른 대출기관이 모기지를 매각할 수 있도록 허용해 주택시장에서 절실히 필요한 유동성을 제공하는 것이었다. 이러한 제도개혁은 훗날 2차대전 이후 미국에서 교외화를 위한 금융지원에 결정적 역할을 담당했다.

이 개혁들은 미국의 경제발전에서 주택건설을 이전과는 다른 차원으로 올려놓기 위해 필수적이었지만, 충분하지는 못했다. 이에 따라 온갖 세제 우대조치(이를 테면 모기지 이자의 감세)와 제대군인원호법(GI Bill), 매우 적극적으로 모든 미국인이 '알맞은 생활환경에서 알맞은 주택'에서 살아갈 권리를 선포했던 1947년 주택법 등은 경제적·정치적 이유에서 자가소유를 촉진하기 위해 고안됐다. 자가소유는 '아메리칸 드림'의 핵심으로 광범위하게 고무됐고, 이에 따라 자가소유는 1940년대 인구의 약 40퍼센트에서 1960년대에는 60퍼센트를 능가했고, 2004년 정점을 이룰 때는 70퍼센트에 육박했다(2010년에는 66퍼센트로 떨어졌다). 자가소유는 미국에서 뿌리 깊은 문화적 가치라고 할 수 있지만, 이러한 문화적 가치는 항상 국가정책에 의해 장려되고 지원될 때 가장 번성한다. 이 정책의 명목상 이유는 세계은행 보고서에서 인용한 것들 모두다. 그러나 정치적 이유를 알아차리는 이는 많지 않다. 즉, 1930년대에 공개적으로 언급된 것처럼 부채를 짊어진 자가소유자들은 파업을 벌이지 않는다![26] 2차대전에 복무하고 제대한 군인이 실업과 불황에 직면한다면, 사회적·정치적 위협 요인이 될 것이다. 일석이조보다 더 좋은 방법이 있겠는가. 대규모 주택건설과 교외화를 통해 경제를 회복시키고, 더 나은 임금을 받는 노동자들은 자가소유를 통해 보수정치로 끌어들여라!

1950~1960년대에 이 정책들은 정치적·거시경제적 관점에서 효력을 발휘했다. 이것들은 미국에서 20년 동안 매우 강력한 경제성장을 뒷받침했고, 성장의 효과는 지구적으로 확산됐다. 문제는 도시화과정이 지리적으로 불균등했고, 소득의 흐름은 노동계급의 상이한 분파로 흘러들어갔다는 점이다. 교외는 번창한 반면, 내부도시(inner-city)는 침체하고 쇠퇴했다. 백인 노동계급은 번성한 반면, 상대적으로 내부도시에 밀집한 소수인종, 특히 아프리카계 미국인들은 그렇지 못했다. 그 결과 디트로이트와 와츠(Watts)에서 시작한 내부도시의 폭동이 연달아 발생했고, 1968년 마틴 루서 킹 목사 암살의 여파로 미국 전역의 약 40개 도시에서 폭동이 자연발생적으로 이루어지면서 정점을 이뤘다. 모든 사람은 '도시위기'로 알려지

게 된 어떤 것을 목격했고, 쉽게 그렇게 불렀다(심지어 거시경제적 관점에서는 도시화의 위기가 아님에도 불구하고). 1968년 이후부터 이 사태를 처리하기 위해 대규모 연방기금이 투입됐고, 1973년 불황 속에서 (재정적 이유로) 닉슨이 위기가 끝났음을 선언하기 전까지 지속됐다.[27]

이 모든 일과 관련하여 부차적으로 지적할 수 있는 것은, 패니메이가 1968년 정부가 후원하는 민간기업이 됐고, 이에 이어 1972년에는 프레디맥이 그 '경쟁자'로 설립되었다는 점이다. 이 두 기관은 자가소유를 장려하고 거의 50년에 걸쳐 주택건설을 유지하는 데 엄청나게 중요하면서도 결국에는 파괴적 결과를 초래하는 역할을 담당했다. 미국에서 자가모기지부채는 현재 누적된 민간부채의 약 40퍼센트에 달하고, 이 가운데 많은 부분은 우리가 이해한 것처럼 악성부채다. 그리고 패니메이와 프레디맥은 정부의 통제하로 되돌아왔다. 이들을 어떻게 해야 할 것인가는 더 일반적인 미국의 부채문제와 관련하여 (자가소유에 대한 보조금과 관련하여 그러한 것처럼) 격렬하게 논쟁될 정치적 문제다. 어떤 일이 발생하든, 이는 미국 내 자본축적과 관련해 좁게는 주택 부문, 더 넓게는 도시화의 미래에 지대한 영향을 미칠 것이다.

현재 미국에서 나타나는 조짐은 고무적이지 않다. 주택 부문은 회복되지 않고 있다. 연방 공적자금을 투입할 역량은 고갈되고 실업률은 여전히 높은 상황에서, 두려운 '더블딥'(double dip, 경기침체 이후 일시적으로 경기가 회복되었다가 다시 경기침체가 발생하는 이중 경기침체를 뜻한다)이 닥쳐올 조짐이 있다. 주택 착공 건수는 처음으로 1940년대 이

전 수준 아래로 떨어졌다. 2011년 3월 건설 부문의 실업률은 20퍼센트를 상회했으며, 이는 전국 평균에 매우 가까운 제조업 실업률 9.7퍼센트와 비교된다. 대공황 당시 건설노동자의 4분의 1 이상이 1939년에 이르기까지 실업상태로 있었다. 그들을 일하도록 복귀시키는 것은 공적 개입(이를테면, 공공사업진흥국WPA[미국에서 루스벨트 행정부가 뉴딜정책에 따라 설립한 공공사업계획기관])의 최우선 목표였다. 하부시설 투자를 위하여 경기부양정책을 창출하고자 하는 오바마 행정부의 시도는 공화당의 반대로 거의 좌절됐다. 문제를 더욱 악화하는 것으로, 미국에서 주 정부와 지자체의 재정상황은 매우 긴박하여, 도시 서비스의 과감한 삭감과 더불어 공무원의 해고와 무급휴가를 감행하는 결과를 초래했다. 주택시장 붕괴와 전국적으로 벌어진 20퍼센트 이상의 주택가격 폭락은 부동산세에 크게 의존하는 지방재정에 심각한 악영향을 미쳤다. 주와 지자체가 재정지출을 줄이고 건설업이 쇠퇴함에 따라 도시 재정위기는 심화되고 있다.

이에 더하여, 긴축재정의 계급정치가 경제적 이유가 아니라 정치적 이유에서 추구된다. 주와 지자체 수준에서 급진우파 공화당 행정부는 이른바 부채위기를 정부 프로그램들을 짓밟고 주 정부와 지자체 정부의 고용을 줄이는 데 활용하고 있다. 물론 이것은 보다 일반적인 정부 프로그램을 공격하는 오래된 전술로, 자본의 영향을 받은 전술이다. 레이건은 부유층의 세금을 72퍼센트에서 약 30퍼센트가 되도록 삭감했고, 이런 와중에 부채재정으로 소련과 무기경쟁에 돌입했다. 그 결과 레이건 행정부에서 부채가 급등했다. 당시 예산국장이었던 데이비드 스토크먼(D. Stockman)이 후에 술회한 것처럼,

정부부채의 증대는 정부규제(이를테면 환경규제)와 사회적 프로그램을 해체시키고 이로 인해 환경악화와 사회적 재생산의 비용을 외부화하는 데 편리한 구실이 됐다. 부시 대통령은 부통령 딕 체니(D. Cheney)와 함께 선례를 충실하게 따르면서, '레이건은 우리들에게 적자란 대수롭지 않다고 가르쳤다'라고 공언했다.[28] 부자 감세, 이라크와 아프가니스탄에서 재정 차입으로 치른 2차례의 전쟁, 그리고 국가 보조 처방약 프로그램을 통한 대형제약회사에 대한 막대한 선물 등은 클린턴 행정부에서 이룬 예산 흑자를 적자로 반전시켰고 공화당과 보수적 민주당원들이 그후 대자본의 분부를 실행할 수 있도록 했다. 또한 자본이 부담하기를 결코 원하지 않는 비용들(환경악화 및 사회적 재생산의 비용)을 가능한 한 외부화하도록 했다.

환경과 복지에 대한 공격은 노골적이었으며, 이는 경제적 이유가 아니라 정치적·계급적 이유 때문이었다. 데이비드 스토크먼이 최근 털어놓은 것처럼, 이는 철저히 계급전쟁을 유발하고 있다. 워렌 버핏(W. Buffett) 역시 이렇게 말했다. '분명 계급전쟁이 존재하며, 내가 속한 계급, 즉 부자계급은 이 전쟁을 일으켰고 우리는 이기고 있다.'[29] 유일한 문제는 '언제 사람들이 계급전쟁을 반전시키게 될 것인가'다. 그 출발점들 가운데 하나는 주택압류, 도시 주택시장에서 약탈적 실행의 지속, 사회적 서비스의 감소, 무엇보다도 거의 모든 도시 노동시장에서 뚜렷하게 드러나는 고용기회의 부족 등으로 인해 도시생활의 질이 급속하게 악화되고 있다는 것에 초점을 맞추는 것이다. 일부 도시들(디트로이트는 대표적인 슬픈 사례다)은 고용 전망을 완전히 빼앗겼다. 오늘날의 위기는 예전에도 항상 그랬던 것처럼 도시위기다.

약탈적 도시 관행

『공산주의 선언』에서 맑스와 엥겔스[30]는 내친 김에 이렇게 적고 있다. 노동자가 '현금으로 임금을' 받자마자, '지주, 상점주, 전당포 주인 등 여러 부문의 부르주아들에 의해 둘러싸이게 된다'. 맑스주 의자들은 전통적으로 이 같은 착취형태와 이를 둘러싸고 불가피하 게 발생하는 계급투쟁을 무시하고, 이를 그들의 이론화에서뿐만 아 니라 그들의 정치에서도 음지 또는 주변부로 제쳐놓았다. 그러나 나 는 여기서, 이 착취형태가 적어도 선진 자본주의경제에서 탈취에 의 한 축적의 방대한 영역을 구성하며, 이러한 탈취에 의한 축적을 통 해 화폐는 금융체계 내부에서 형성된 막대한 부를 떠받치기 위해 의 제자본의 순환 속으로 흡수된다는 점을 주장하고자 한다.

주택시장 붕괴 이전, 서브프라임 대출시장 내에 난무했던 약탈적 관행은 어디에나 편재했고. 위기가 발발하기 전 미국에서 저소득 아 프리카계 미국인 인구는 약탈적 서브프라임으로 710~930억달러의 자산가치를 잃어버린 것으로 추산됐다. 같은 시기에 월스트리트의 보너스는 순전히 금융조작, 특히 모기지의 증권화와 관련된 조작에 힘입어 전대미문의 수익률로 치솟았다. 여러 숨은 경로를 통해 빈곤 층으로부터 부유층으로 막대한 부가 이전됐을 것으로 추정되며, 이 는 그후 컨트리와이드(Countrywide) 같은 모기지회사들이 주택시 장에서 금융조작을 통해 매우 수상하게 취한 부를 능가한다.[31]

위기 이후에 발생한 일은 더욱 놀랍다. 주택압류(2010년 1년 동안 100만건이 넘는다) 가운데 대부분은 새빨간 사기가 아니라고 할지라도 불법적이었다고 판명됐다. 플로리다 출신 하원의원은 플로리다주 대법원에 편지를 보내면서 '제가 보고받은 바가 사실이라면, 현재 진행 중인 불법적 주택압류들은 은행과 정부기관에 의해 그동안 시도된 사유재산의 몰수 가운데 가장 크다고 하겠습니다'라고 적었다.[32] 미국 50개 주의 법무장관들이 이 문제를 조사하고 있지만, 이들은 모두 (예상대로) 얼마간의 금융 합의금(불법적으로 몰수한 재산의 반환이 아니라)을 지불하는 것으로 조사를 가능한 한 간결하게 마무리하고 싶어 하는 것 같다. 심지어 공문서를 체계적으로 위조했다는 분명한 증거가 있다고 할지라도, 분명 아무도 감옥으로 가지 않을 것이다.

이런 약탈적 관행은 오래전부터 이루어져왔다. 볼티모어의 사례를 보자. 1969년 볼티모어에 도착한 직후 나는 내부도시 주택공급에 관한 연구에 참여하게 됐다. 이 연구는 마침 마틴 루서 킹 목사 암살의 여파로 폭동이 자행됐던 지역을 위주로 극히 열악한 내부도시 생활조건의 형성에서 서로 다른 행위자들, 즉 지주·임차인·주택소유자·중개업자·대출업자·연방주택국·시 당국(특히 주택관련 법규 집행부서) 등이 어떤 역할을 담당하는가에 초점을 두었다. 신용이 거부당한 저소득 아프리카계 미국인 주민의 거주지역에 설정한 레드라이닝〔redlining, 은행이나 보험회사가 부동산담보 융자, 보험, 계약을 거부하기 위해 붉은 선으로 표시한 특정 경계지구〕의 흔적이 도시의 지도에 새겨져 있었지만, 이러한 배제는 인종 때문이 아니라 신용 고위험군에 대한 합법적 대응조치로 정당화됐다. 도시의 여러 곳에서 적극적인 블록버스팅이 발견됐다. 이는 무례한 부동산회사에 높은 이윤을 거둘 수 있도록 했다. 그러나 이 수법이 제대로 작동하려면, 신용고위험 인구로 한꺼번에 낙인찍힌 아프리카계 미국인들이 어떻게 해서든 모기지금융에 접근할 수 있어야 한다. 이는 '부동산 할부계약'(Land Installment Contract)이라고 불리는 것에 의해 이루어질 수 있었다. 사실상 아프리카계 미국인들은 부동산 소유자들에 의해 '도움을 받게' 되는데, 이들은 신용시장에서 중개인으로 행동하면서 그 자신의 명의로 모기지를 받아주기도 했다. 몇년 후 원금 일부와 이자가 상환되고 가족의 신용이 증명되면, 부동산 소유권은 친절한 부동산 소유자와 지역 모기지기관의 도움으로 거주자에게 양도되는 것으로 상정된다. 일부 부동산 소유자들은 그렇게 했지만(비록 부동산 가치가 하락한 근린지역에서 보통 나타나지만), 악덕 부동산 소유자(볼티모어에는 많았던 반면, 마찬가지로 이 제도가 존재했던 시카고에서는 나타나더라도 그렇게 많지 않았다)의 손에서는 이 계약은 탈취에 의한 축적에서 특히 약탈적인 형태가 될 수 있었다.[33] 부동산 소유자는 부동산세, 행정적·법적 비용 등을 지불하기 위해 수수료를 청구할 수 있었다. 이 수수료들은 모기지의 원금에 (때로 터무니없이 많이) 덧붙여졌다. 많은 가계들은 몇년간 착실하게 갚았는데도 그들이 시작할 당시의 주택 원금보다 더 많은 빚을 지고 있음을 깨닫게 됐다. 만약 이들이 이자율이 상승한 후 높아진 상환금을 한번이라도 감당하지 못할 경우, 계약은 무효가 되고 가족들은 쫓겨나게 된다. 이는 당연히 물의를 일으키게 됐다. 민권법 소송이 악덕 지주 범법자들을 대상으로 시작됐지만 실패했다. 부동산 할부계약에 서명한 사람들은 계약서에 적힌 작은 글씨를 읽지 않았거나 또는 대신해서 읽어줄 자신의 변호사(빈곤한 사람들에게는 거의 변호사가 없다)가 없었기 때문이다(작은 글씨들은 어떤 경우든 정상적인 사람들에게는 이해 불가능하다. 여러분들은 신용카드에 적힌 작은 글씨들을 읽어본 적이 있는가).

약탈적 관행은 결코 사라지지 않았다. 부동산 할부계약은 1980년 대에는 플리핑으로 대체됐다. 그리고 서브프라임시장이 1990년대 형성되기 시작했을 때, 볼티모어·클리블랜드·디트로이트·버펄로 등의 도시는 탈취에 의한 축적의 거대한 파도의 주요 중심지가 됐다(전국적으로 700억달러 이상에 달했다). 볼티모어는 결국 2008년 금융위기 이후 웰스파고(Wells Fargo, 미국 서부에 기반을 둔 대형금융기관)를 상대로 아프리카계 미국인들과 단독가구들(특히 여성)을 체계적으로 동원했던 차별적 서브프라임대출(사람들이 통상적인 대출보다 서브프라임대출을 받도록 유도하는 역逆레드라이닝)에 관한 민사소송을 제기했다. 이 소송은 패소할 것이 거의 확실하다(비록 이 소송은 세번째 반복 끝에 법정에 갈 수 있게 됐지만). 신용 위험이 아니라 인종을 기반으로 서브프라임 대출을 했다는 의도를 증명하기란 거의 불가능할 것이기 때문이다. 언제나 그렇듯, 이해할 수 없는 작은 글씨들은 금융회사의 책임 면제에 큰 역할을 할 것이다(소비자들은 주의하라!). 클리블랜드는 다소 다른 경로를 택하여 공적 불법방해 혐의로 금융회사들을 고소했다. 그 이유는 이들이 압류주택을 방치하여 경관을 해칠 뿐만 아니라 이 주택들을 판자로 두르기 위한 시 당국의 행동을 요청했기 때문이다.

중국 이야기

최근의 위기로부터 벗어날 어떤 출구가 있다면, 중국의 주택 붐 및 부동산 붐과 부채로 조달된 사회하부시설 투자가 두드러진다. 이곳의 투자는 내부시장을 자극할 뿐만 아니라 (그리고 수출산업의 실업을 일소하면서) 원료를 공급하는 오스트레일리아와 칠레, 고속철도와 자동차를 수출하는 독일처럼 중국의 무역과 긴밀하게 연계된 경제들을 자극하는 데 주도적 역할을 해왔다(다른 한편, 미국에서는 건설업의 회복세가 지지부진하여 앞서 언급한 것처럼 건설업의 실업률은 전국 평균의 2배 이상이다). 도시 투자는 전형적으로 생산에 시간이 오래 걸리며, 성숙하기까지는 더 오래 걸린다. 따라서 자본의 과잉축적이 언제 건조환경에 대한 투자의 과잉축적으로 바뀌었는가, 또는 바뀔 것인가를 결정하기란 항상 어렵다. 19세기 철도건설에서 주기적으로 발생했고, 또한 건설경기 주기와 붕괴의 오랜 역사가 보여주듯이 과잉투자의 가능성은 매우 높다.

중국 국토공간의 지리를 완전히 재편하고 있는 대담무쌍하고 저돌적인 도시화와 하부시설 투자 붐은 부분적으로 은행시스템이 잘못될 경우 인위적으로 개입할 수 있는 중앙정부의 능력에 의존했다. 1990년대 후반 상하이 같은 선도적인 도시에서 발생했던 부동산시장의 상대적으로 (비교해보면) 가벼운 불황은 은행들이 보유하던 방대한 채권을 '수익이 없는 자산'('악성'채권이라고 불린다)으로 바꿔버렸다. 비공식적 추정으로 당시 은행대출의 40퍼센트는 '수익이 없는' 상태였다.[34] 중앙정부의 반응은 풍부한 외환보유고를 이용해 은행에게 자본을 재충당하는 것이었다(미국에서 그후 불량자산 구제프로그램Troubled Asset Relief Program, TARP이라고 불리면서 논쟁거리가 됐던 것의 중국판 정책). 중국정부는 1990년대 후반 이러한 목적으로 450억달러의 외환보유고를 사용한 것으로 알려졌지만, 간접적으로는 이보다 훨씬 더 많이 사용했을 것이다. 그러나 중국의 기관들이 지구적 금융시장에 조응하는 방식으로 진화하면서, 중앙정부가 금융 부문에서 발생하는 상황을 통제하기는 보다 어려워졌다.

현재 이용 가능한 중국의 관련 보고서를 보면, 중국의 상황은 2000년대 미국 남서부와 플로리다 또는 1920년대 플로리다의 상황과 매우 유사하게 보인다. 1998년 중국에서 주택의 전면 사유화 이후, 주택건설은 엄청난 (그리고 투기적) 모습을 보이면서 활성화됐다. 주택가격은 2007년 이후 전국적으로 140퍼센트 상승했고, 지난 5년 동안 베이징과 상하이 같은 주요 도시에서는 800퍼센트나 상승한 것으로 보고됐다. 상하이의 부동산가격은 2010년 1년 동안에만 2배가 됐다. 그곳의 아파트 평균가격은 이제 50만달러에 달하고, 중간규모 도시의 평범한 주택조차 가격은 '주민 평균소득의 25배에 달해' 지속되지 못할 게 분명하다. 이로 인한 결과 중 하나는 강력한 인플레이션 압박의 발생이다. 중국정부의 발표에 따르면, '국가성장은 도로, 철도 및 여타 수십억달러 규모의 사회간접시설 프로젝트에 대한 정부투자와 부동산 개발에 대한 인플레이션 유발형 지출에 지속적으로 의존해왔다. 2011년 1/4분기에 대체로 건설활동의 척도라고 할 수 있는 고정자산 투자는 전년 동기에 비해 25퍼센트 급등했고, 부동산 투자는 37퍼센트나 늘어났다'.[35]

일부 주요 도시에서 이루어진 전대미문의 광범위한 토지수용과 철거(지난 10년 동안 베이징에서 300만명에 달하는 주민이 쫓겨났다)는 중국 전체에 걸쳐 거대한 도시화의 추진으로 적극적인 탈취 경제의 붐이 일어나고 있음을 보여준다. 강제철거와 탈취는 대중적이고 때로 폭력적인 시위를 고조시키는 유일하고 가장 중요한 원인일 것이다. 다른 한편, 개발업자에 대한 토지 판매는 지방정부의 금고를 채우는 수지맞는 돈벌이 상품이 됐다. 중앙정부는 2011년 초에 와서야 많은 논평가들이 지적한 것처럼 부동산시장의 통제 불능 상태를 막기 위해 지방정부에 억제를 요청했다. 그러나 그 결과 많은 지자체가 재정적 어려움에 빠지고 말았다.

중국 내륙에서는 최근 주민이 거의 없거나 아직 실질적 활동이 이루어지지 않는 완전히 새로운 도시들이 건설되고 있다. 이 도시들은 이 같은 지구자본주의의 새로운 도시 전선에 대한 투자자와 회사의 관심을 끌기 위해 미국의 경영신문에 호기심을 끄는 광고 프로그램을 장려하고 있다.[36] 미국에서 2차대전 중에 발생했던 교외화 붐처럼, 모든 주거 관련 용품과 부품을 합산해보면, 중국의 도시화 붐은 지구 경제성장의 회복을 자극하는 데 추동적 역할 또는 매우 유의미한 역할을 담당하고 있음이 분명해진다. '몇몇 추정에 의하면, 중국은 시멘트·철광·강철·석탄 같은 핵심적인 지구적 상품과 원료의 50퍼센트를 소비하고 있으며, 중국의 부동산은 이러한 수요의 주요 추동요인이다.'[37] 최소한 강철 소비의 절반은 건조환경에 투입되기 때문에, 이는 세계 강철 산출의 4분의 1이 오늘날 이 활동 하나에 의해서만 흡수되고 있음을 의미한다. 이 부동산 붐을 중국에서만 확인될 수 있는 것은 아니다. 이른바 브릭스 국가 모두 이러한 추세를 따르는 것처럼 보인다. 이에 따라 2010년 쌍빠울루와 리우에서 부동산 가격은 2배가 됐으며, 인도와 러시아에서도 비슷한 조건이 만연해 있다. 그러나 이 국가들 모두가 총량적으로 높은 성장률을 경험하고 있다.

중국 중앙정부가 은행에 준비금을 단계적으로 상승시킴으로써 이러한 붐을 통제하고 인플레이션의 압박을 진정시키려 했던 시도들은 그다지 성공적이지 못했다. 토지 투자 및 부동산 투자와 긴밀하게 연계된 '유사금융체계'가 등장할 것이라는 소문이 돌았다. 가속적인 인플레이션의 결과가 불안을 증폭시켰다. 택시와 트럭 운전자들이 (상하이에서) 직장행동에 돌입했으며, 광둥성의 산업지역에서는 저임금, 열악한 작업조건, 물가 폭등 등에 대응하는 공장파업이 본격적으로 터져나오고 있다는 보고가 들려온다. 소요사태에 관한 공식보도가 급격히 늘어났다. 이렇게 부풀어오르는 소요사태에 대응하고, 또한 위험스럽고 정체된 수출시장을 대체할 내수시장을 자극하기 위해 기획된 정부정책들로 임금조정이 이루어지고 있다 (최근 중국에서 소비가 차지하는 비중은 GDP의 35퍼센트에 불과한 반면, 미국은 70퍼센트에 달한다).

이 모든 것은 2007~2009년 위기에 대응하기 위해 중국정부가 취한 구체적 단계들을 배경으로 이해해야 한다. 위기가 중국에 미친 주요 충격으로 수출시장이 갑작스럽게 붕괴했고(특히 미국 수출시장) 2008년 초 수출은 20퍼센트 하락했다. 여러가지 합리적으로 믿을 만한 추정치로 보면, 수출 부문에서 감소한 일자리 수는 2008년의 매우 짧은 기간 동안 2,000만개에 달했다. 그렇지만 IMF는 2009년 가을, 중국의 일자리 순감소는 단지 300만개라고 보고할 수 있었다.[38] 일자리의 총감소와 순감소 간 차이의 상당 부분은 도시의 실업자들이 그들의 기반이 있는 시골로 복귀했기 때문이다. 그러나 나머지는 정부가 도시 및 하부시설 투자에 대한 거대한 케인스주의적 부양 프로그램을 시행했기 때문임이 거의 확실하다. 중앙정부는 약 6,000억달러를 쓸 수 있었으며, 중앙에 의해 통제되는 은행들은 잉여노동을 흡수하기 위한 방법으로 모든 방식의 지역개발 프로젝트들(부동산 부문을 포함하여)에 광범위하게 대출하도록 지시를 받았다. 이 대규모 프로그램은 경제회복을 위한 길을 유도하도록 기획됐다. 만약 IMF가 일자리 순감소로 제시한 수치가 옳다면, 이 프로그램은 적어도 그 직접적인 목표는 달성한 것처럼 보인다.

물론 여기서 주요한 의문, 즉 이러한 국가지출이 '생산적' 범주에 속하는지, 그리고 만약 생산적이라면 무엇을 위해 누구를 위해 생산적인가라는 의문이 제기된다. 중국의 국토공간은 보다 심도있고 효과적인 공간적 통합으로 편익을 얻을 것이라는 점에는 의문의 여지가 없다. 최소한 표면적으로 하부시설 투자와 도시화 프로젝트의 거대한 파도가 내륙을 좀더 부유한 연해지역으로 연결하고, 북부를 남부와 연결하면서 이와 같은 공간 통합을 달성하는 것처럼 보인다. 대도시 수준에서, 도시성장과 도시재생의 과정은 또한 활동의 다양화와 함께 도시화에 근대적 기법들을 가져다준 것으로 보인다(일례로 성대하게 치러진 2010년 상하이엑스포가 보여준 것처럼, 모든 필수적인 문화·지식산업제도를 포함하는데, 이는 미국과 유럽에서 신자유주의적 도시화를 특징짓는 것이었다). 그렇지 않았을 경우 이윤 기회가 오기 어려웠던 당시 상황에서 잉여유동성과 과잉축적된 자본의 흡수로 중국에서뿐만 아니라 지구의 다른 국가 대부분에서도 분명 자본축적을 유지할 수 있었다.

중국의 발전은 어떤 점에서는 2차대전 이후 미국의 발전을 모방한 것이다. 당시 미국에서 주 간 고속도로체계는 남부와 서부를 통합했고, 이는 교외화와 더불어 고용과 자본축적을 유지하는 데 결정적 역할을 담당했다. 그러나 유사성은 다른 점에서도 시사하는 바가 크다. 1945년 이후 미국의 발전은 에너지와 토지 이용에서 낭비적이었을 뿐만 아니라 이미 살펴본 것처럼 주변화되고 배제된 도시 주민들에게 뚜렷한 위기를 만들었으며, 이들은 1960년대 후반 허다한 정책 대응들을 요구했다. 1973년 붕괴 이후, 닉슨 대통령이 신년 국정연설에서 도시위기는 끝났고 연방기금의 투입은 중단됐다고 선언하면서 이 정책 모두는 흐지부지되고 말았다. 그 결과로 지자체 수준에서 도시 서비스의 위기가 발생했고, 1970년대 후반부터 공립학교, 공중보건, 부담 가능한 주택의 이용 가능성 등이 모두 악화되는 심각한 결과가 초래됐다.

중국에서의 투자전략 역시 이러한 불균형한 경로에 빠질 위험을 안고 있다. 상하이와 베이징 간 고속철도는 사업가들이나 중상위계층에게는 좋겠지만, 노동자들이 중국 설날에 시골 고향으로 돌아가기 위해 탈 수 있는 교통체계가 되지 못한다. 마찬가지로 고층아파트 단지, 담장으로 둘러싸인 고급 주택지, 부자들을 위한 골프코스, 최고급 쇼핑몰 등은 가난한 대중에게 적합한 일상생활을 재구성하는 데 실질적으로 도움을 주지 못한다. 똑같은 의문이 주변화된 주민들의 밀집도가 증가하고 있는 인도나 세계의 수많은 도시에서도 제기되고 있으며, 반항적 기운이 강한 빠리의 교외에서부터 아르헨티나, 남아프리카 또는 북아프리카 전역에 걸쳐 일어나고 있는 사회운동에 이르기까지 포괄한다. 사실 가난하고 불안정하며 배제된 노동자들을 어떻게 다뤄야 하는가의 논제는 주요한 정치적 문제가 될 수 있다(어떤 사례에서는 이미 그렇게 됐다). 이들은 오늘날 많은 자본주의 도시에서 다수를 이루며 지배적이라고 할 수 있는 권력 블록을 구성한다. 이로 인해 군사적 계획은 반항적이고 잠재적으로 혁명적인 도시 기반 운동에 어떻게 대응할 것인가에 고도로 초점을 맞추고 있다.

그런데 중국의 사례에서 이 이야기에 대한 하나의 흥미로운 조언이 있다. 어떤 측면에서 1979년 시작된 개방화 이후의 발전 궤적은 하나의 간단한 논제, 즉 집중화된 통제를 행사하기 위해 가장 좋은 방법 가운데 하나가 분권화라는 논제에 기대고 있다. 이는 지역, 지방, 더 나아가 촌락과 읍 단위의 지자체들을 자유화하여, 중앙집중적 통제와 시장조정의 틀 안에서 그들 자신의 생활 개선을 추구해야 한다는 것을 의미한다. 이에 따라 지방의 주도로 달성된 성공적 해법은 중앙정부정책의 개혁을 위한 기반이 됐다. 중국에서 흘러나온 보도에 의하면, 2012년 예정됐던 권력이양은 흥미로운 선택에 봉착했다. 충칭(重慶)이 주목되는 곳으로서, 이곳에서는 시장에 기반한 정책에서 국가주도적 재분배의 경로로 되돌아가려는 변화가 '마오주의적 슬로건들로 포장되어' 상당 기간 시도됐다. 이 모델은 '모든 것은 빈곤과 불평등의 문제와 연계된다'는 사고를 함의하고 있으며, 지자체 정부는 '국유기업의 시장이윤을 전통적인 사회주의 프로젝트로 되돌리고, 그 수익을 부담 가능한 주택과 교통 하부시설의 건설에 필요한 재원으로 사용하고자 했다'.[39] 주택선도정책은 도시지역의 3,000만명 주민의 3분의 1에게 값싼 아파트를 공급하기 위해 계획된 대규모 건설 프로그램을 포함하고 있으며, 이에 따라 20개 위성도시가 건설되고, 각 도시에 30만명의 주민이 거주하고, 이 가운데 5만명은 국가보조 주택에서 살아갈 것으로 보인다. 이 프로그램의 목적(세계은행의 조언과는 반대되는)은 중국 전역에 걸쳐 지난 20년 넘게 확대되어온 사회적 불평등의 악순환을 줄이는 것이다. 이는 부자들을 위해 민간 개발업자가 주도하는, 담장으로 둘러싸인 지역사회 프로젝트에 대한 교정 대책이었다. 이러한 사회주의적 재분배 의제로의 복귀는 사적 부문을 공적 목적으로 사용하고자 하는 것으로, 오늘날 중앙정부가 따르고자 하는 모델을 보여준다. 이 대책은 자본잉여의 흡수라는 문제를 산뜻하게 해결하고, 동시에 농촌 인구가 앞으로 도시화하는 방법과 더불어 덜 부유한 사람들에게 합리적인 주택보장을 제공함으로써 대중의 불만을 해소하는 방법을 제시한다. 이와 관련해서는 1945년 미국의 도시정책에서도 유사성을 찾아볼 수 있다. 경제성장이 지속되도록 유지하면서, 잠재적으로 반항적인 주민들을 흡수하라. 그러나 이 같은 프로그램에 동반된 대규모 토지수용은 이미 철거된 사람들로부터 소요사태와 반대를 유발했다.

다른 곳들, 특히 선전(深川) 같은 연안 도시 및 남부 도시에는 경쟁관계에 있는 시장 기반 경로 모델이 존재한다. 여기서는 도시의 정치적 자유화와 자유시장 주도권의 강화를 동반하는 부르주아적 도시민주주의처럼 보이는 모델이 더 강조된다. 이 경우, 사회적 불평등의 확대는 경제성장과 경쟁력 유지에 필수적인 비용으로 받아들여진다. 중앙정부가 어떤 방법에 의존할 것인가는 현 시점에서는 예측하기 불가능하다. 그러나 핵심은 상이한 미래를 향한 진로의 개척에서 도시에 기반을 둔 주도력이 핵심적 역할을 한다는 점이다. 그렇다면 좌파는 이론적으로나 정치적 실천 면에서 이 전망과 어떤 관계를 맺는가?

도시혁명을 향하여?

도시는 반자본주의 투쟁이 늘 번창하는 영역이다. 빠리꼬뮌에서 상하이꼬뮌을 거쳐 시애틀의 총파업, 아르헨티나의 뚜꾸만 (Tucuman)폭동, 그리고 프라하의 봄을 거쳐 1968년의 보다 일반적인 도시 기반 운동(이는 오늘날 이집트의 카이로와 미국의 매디슨에서 어렴풋이 메아리치고 있다)에 이르는 투쟁의 역사는 화려하다. 그러나 이 역사는 정치적·전술적 복잡성으로 교란된 역사로, 이 교란은 많은 좌파에게 도시 기반 운동의 잠재력과 효능을 과소평가하고 잘못 이해하도록 했으며, 흔히 이 운동을 계급투쟁에서 분리하고 혁명적 잠재력이 결여된 것으로 이해하도록 했다. 빠리꼬뮌의 사례처럼 그것이 상징적 위상을 갖게 되면, 이들이 생산에서 계급관계를 혁명화하고자 하는 것만큼이나 도시에 대한 권리(the right th the city)를 되찾고자 하는 경우에도, 그저 그 사건은 전형적으로 세계사에서 '가장 위대한 프롤레타리아 봉기'의 사례로 주장된다.

반자본주의 투쟁은 자본에 의한 잉여가치의 생산과 전유를 허용하는 생산에서 자본과 노동의 계급관계를 철폐하고자 하는 것이다. 반자본주의 투쟁의 궁극적 목표는 아주 간단히 말해 그 계급관계를 철폐하는 것이다. 심지어 또는 특히 이러한 투쟁이 항상 그러한 것처럼 인종·민족·성·섹슈얼리티·젠더의 프리즘을 통해 이해되어야 할 경우에도, 투쟁은 궁극적으로 자본주의체계가 어떠한가에 관한 바로 그 핵심에 도달해야 하며 그 중심에서 계급관계의 암적 종양을 잘라내야 한다.

맑스주의 좌파가 프롤레타리아 독재를 통해 국가와 계급이 사라진 세상으로 유도하는 계급투쟁의 선봉적 행위자로서 세상의 산업노동자를 오랫동안 특권화해왔다고 말한다면, 이는 솔직히 희화화하는 것이라고 하겠다. 또한 상황은 결코 그러한 방식으로 작동하지 않았다고 하는 것 역시 솔직히 희화화라고 하겠다. 맑스는 지배의 계급관계는 그들 자신의 생산과정과 규약을 통제할 수 있는 연합한 노동자들로 대체되어야 한다고 주장했다. 이 점에서 노동자관리, 자주관리, 노동자협동조합 등을 정치적으로 추구하는 오랜 역사가 도출된다.[40] 이런 시도 대부분은 흔히 격렬한 적대감과 적극적인 억압에 직면하여 고귀한 노력과 희생에도 불구하고 오랫동안 지속 가능하다는 것을 입증하지 못했다. 이런 선도성이 장기적으로 실패한 주된 이유는 매우 간단하다. 맑스가『자본』제2권에서 보여준 것처럼, 자본순환은 세가지 독특한 순환과정, 즉 화폐의 순환, 생산자본의 순환, 그리고 상품자본의 순환으로 구성된다. 어떤 한 순환과정도 다른 순환과정 없이는 존립하거나 존재할 수 없다. 이들은 서로 뒤얽혀 있고, 서로를 상호결정한다. 마찬가지로 어떤 한 순환과정도 다른 순환들의 변화 없이는 변화될 수 없다. 희망찬 자율주의와 자주관리의 모든 수사에도 불구하고, 비교적 고립된 생산단위에서 노동자관리의 방식은 적대적 신용체계와 상인자본의 약탈적 관행에 직면하여 거의 존립할 수 없다. 특히 상인자본의 권력(월마트 현상)은 최근에 부활했다(맑스이론에서 많이 무시됐던 또다른 연구 분야다).

많은 좌파들은 이러한 어려움을 인식하면서 국가장치에 대한 프롤레타리아의 통제를 위한 투쟁이 공산주의로 가는 다른 유일한 경로라는 견해에 이르게 된다. 국가는 자본의 세가지 순환을 통제하고, 생산에서 계급관계의 지속성을 뒷받침하는 흐름을 관리하는 제도, 권력, 계급행위자를 순화시키는 유일한 행위자라고 할 수 있다. 물론 국가의 활력이 이처럼 국가가 통제하고 있다고 가정하는 바로 그 자본흐름을 촉진하고 투입하는 과정에서 나온다는 점은 항상 문제가 된다. 이 점은 자본주의국가에서와 마찬가지로 사회주의국가에서도 사실이다. 집중화된 하향식 관리는 흐름의 상당한 자유화 방식 없이는 작동하지 않는다(중국은 이 하향식 관리를 자유화 방식과 절충하는 데 전문가라고 입증된 바 있다). 그러나 일단 이 흐름이

자유화되면, 큰 혼란이 일어난다. 자본주의의 요정 지니가 병에서 나오기 때문이다. 그렇다면 자주관리와 집중화된 국가통제 양자 가운데 무엇도 자본의 권력에 대한 교정수단으로 효과적으로 작동하지 않는다면, 이 둘 사이의 중도를 찾을 수 있는 정치적 전망은 무엇인가?

노동자관리의 문제는 잉여가치를 생산하는 특권적 장소인 공장, 그리고 프롤레타리아의 선봉이고 주요한 혁명적 행위자인 산업노동계급의 특권에 투쟁의 초점을 맞춰왔다는 점이다. 그러나 빠리꼬뮌을 만들어낸 것은 공장노동자가 아니다. 따라서 이 사건을 달리 보는 견해를 가진 이들은 빠리꼬뮌은 프롤레타리아 봉기 또는 계급 기반 운동이 아니며, 반자본주의적 대안을 구축하기 위한 혁명적 노정을 추구하기보다는 도시에 대한 권리를 되찾고자 하는 도시사회운동이라고 말한다.[41]

그런데 왜 빠리꼬뮌은 둘 다가 될 수 없는가? 도시화 그 자체는 생산된다. 수천명의 노동자가 이의 생산에 참여하며, 이들의 노동은 가치와 잉여가치에 생산적이다. 어째서 공장이 아닌 도시를 잉여가치 생산의 장으로 재개념화할 수 없는가? 만약 그렇게 된다면 빠리꼬뮌은 도시를 생산한 프롤레타리아가 그들이 생산한 도시를 갖고 통제할 수 있는 권리를 되찾기 위해 요구하는 것으로 재개념화될 수 있다. 이는 맑스주의자들이 전형적으로 선호하는 것과는 전혀 다른 종류의 프롤레타리아다(빠리꼬뮌 사례에서 그러했다). 그러나 여기서 지적되어야 할 점은 선진 자본주의의 성격을 띠는 일부 세계의 역사에서 공장프롤레타리아가 급격히 사라졌다는 점이다. 따라서 우리는 선택의 기로에 있는 셈이다. 혁명의 가능성이 지나갔음을 슬퍼할 것인가, 아니면 프롤레타리아에 관한 우리의 개념을 조직되지 않은 도시화 생산자들의 무리로 바꾸고, 이들의 독특한 혁명적 역량과 권력을 탐구할 것인가?

그렇다면 도시를 생산한 이 노동자들은 누구인가? 도시 건설자, 특히 건설노동자는 관여한 노동세력 가운데 유일하거나 가장 많다고 할 수는 없지만, 가장 분명한 후보자다. 정치적 세력으로서 건설노동자는 최근 미국에서(그리고 아마 다른 국가들에서도) 이들의 고용을 유지하는 대규모 계급편향적 개발주의를 흔히 지나치게 지지하는 경향을 보였다. 이들은 그렇게 해서는 안 된다. 벽돌공과 건축가는 빠리꼬뮌에서 중요한 역할을 담당했다. 1970년대 초 오스트레일리아 뉴싸우스웨일스에서 '그린밴'(Green Ban) 건설노동조합운동은 이들이 환경적으로 불건전하다고 생각한 프로젝트에서 일하는 것을 금지했는데, 이들이 하고자 했던 것 가운데 많은 부분에서 성공적이었다. 결국 이들은 국가권력과 이들의 마오주의적 전국단위 지도부가 결합하는 바람에 무너지고 말았다. 이 지도부는 환경논제를 연약한 부르주아적 감성의 발로라고 생각했다.[42]

그러나 광산에서 철광석을 채굴하고, 이 철광석이 강철이 되고, 강철이 다시 다리의 건설에 사용되며, 이 다리를 지나 트럭이 상품을 운반하고, 상품이 소비되는 공장이나 가정이라는 최종 목적지에 이르기까지 촘촘히 엮인 연결고리가 있다. 맑스에 의하면, 이러한 활동 모두(공간적 이동을 포함하여)는 가치와 잉여가치에 생산적이다. 또한 맑스가 주장한 것처럼 유지·보수·교체(실제로 구분하기 어려울 때가 많은)가 가치생산적 흐름의 일부라면, 우리의 도시에서 이 활동에 종사하는 노동자 집단 역시 우리의 도시를 오늘날의 모습으로 만드는 물리적 하부시설에 투자를 통해 가치와 잉여가치를 생산하는 데 기여하는 셈이다. 만약 출발 장소에서 최종 목적지까지 상품의 흐름이 가치생산적이라면, 농촌의 생산자를 도시의 소비자에게 연계시키는 식량사슬에 종사하는 노동자도 역시 그러하다. 이 노동자들이 조직된다면 이들은 도시의 신진대사를 질식시킬 수 있는 힘을 갖게 될 것이다. 운수노동자들의 파업(일례로 지난 20년간 프랑스에서, 그리고 최근 상하이에서 있었던)은 매우 효율적인 정치적 무기가 될 수 있다(1973년 칠레의 쿠데타에서는 부정적으로 사용됐다). 로스앤젤레스의 버스운전자 조합(Bus Rider Union), 뉴욕과 로스앤젤레스의 택시운전자 조직은 또다른 사례들이다.[43]

식품과 다른 소비재뿐만 아니라 에너지, 물, 여타 필수품도 혼란에 취약하다는 점을 떠올려보자. 도시생활의 생산과 재생산 가운데 일부는 맑스주의적 관점에서는 '비생산적인 것'으로 '거부될'(불행한 단어) 수 있다. 하지만 이는 사회적으로 필수적이며, 자본과 노동 간 계급관계의 재생산에서 발생하는 '공비'(空費, faux frais)의 일부다. 도시생활의 생산과 재생산을 행하는 노동의 많은 부분은 항상 일시적이고, 불안정하며, 떠돌아다니고, 불확실하다. 도시를 생산하고 유지하는 노동세력을 위해 새로운 조직의 형태가 반드시 필요하다. 미국에서 이제 막 등장한 배제된 노동자연합(Excluded Workers Congress, 일시적이고 불안정한 고용조건에 의해 허덕이면서, 가사

노동자처럼 도시체계 전반에 걸쳐 공간적으로 흔히 흩어져 있는 노동자들의 연합)은 새로 등장하고 있는 유형의 사례 중 하나다.[44]

　　바로 이러한 관점에서 또한 전통적인 노동투쟁의 정치에 관한 역사는 재서술될 필요가 있다. 공장 기반 노동자에만 초점을 두고 묘사된 대부분의 투쟁은 조사해보면 훨씬 광범위한 기반을 갖는다는 점이 판명된다. 이를테면 마거릿 콘(M. Kohn)[45]은 노동의 역사에 관해 좌파 사학자들이 20세기 초 또리노 공장평의회(Turin Factory Councils)를 높이 평가하는 한편, 지역사회의 '민중의 집'(Houses of the People)에서 정치의 많은 부분이 형성됐고 또 많은 물류지원이 이루어졌다는 사실을 완전히 무시했다고 불만을 토로한다. 톰슨(E. P. Thompson)은 영국 노동계급의 형성이 작업장에서처럼 교회와 근린사회에서 발생한 일에도 많이 의존했음을 묘사한다. 미국에서 1937년 일어난 플린트(Flint) 연좌농성 파업은 수많은 실업자와 근린지역 조직이 공장 문밖에서 물심양면으로 충실하게 지원하지 않았다면 과연 성공할 수 있었을까? 1970년대와 80년대 영국 광부들의 파업에서 노팅엄처럼 흩어진 도시지역에 살았던 광부들은 먼저 굴복했지만, 영국 북부 노섬브리아(Northumbria)의 단단하게 짜인 지역사회는 끝까지 연대하여 남아 있었다는 점은 흥미롭지 않은가? 노동투쟁에서 지역사회를 조직하는 것은 작업장을 조직하는 것만큼이나 중요하다. 전통적인 작업장이 이른바 선진 자본주의세계의 많은 곳에서 사라지고 있는 정도에 따라(물론 중국이나 방글라데시에서는 그렇지 않지만), 지역사회에서 노동을 둘러싼 조직은 더욱 중요한 것처럼 보인다.

이 모든 사례에서 우리가 투쟁이 발생하는 사회적 환경으로 렌즈를 바꿔 끼우면, 프롤레타리아는 누구이며 그들의 포부는 무엇인가에 대한 느낌은 바뀌게 된다. 공장 바깥에서의 관계가 확연히 포착되면, 대항정치의 젠더 구성은 매우 다르게 보인다. 작업장의 사회적 역동성은 생활공간의 사회적 역동성과 동질적이지 않다. 후자의 공간에서 젠더·인종·민족·종교에 기초한 구분이 사회적 구조에 깊게 새겨져 있는 반면, 사회적 재생산의 문제는 정치적 주체성과 의식의 형성에서 더 탁월하고 심지어 지배적인 역할을 담당한다. 이러한 관점에서, 정치적 요구의 속성과 더불어 계급투쟁의 역동성은 매우 다르게 보인다. 그러나 뒤돌아 재평가해볼 때, 계급투쟁의 역동성은 항상 맑스주의적 상상력이 이들을 묘사하고자 했던 방법과는 상당히 달랐음을 알 수 있다.

이러한 점에서 플레처(B. Fletcher)와 가파신(F. Gapasin)[46]은 노동운동이 조직의 부문별 형태보다 지리적 형태에 더 주목해야 하며, 이 운동은 부문별 조직화에 더하여 도시들에서 중심적인 노동평의회의 역량을 강화해야 한다고 주장한다.

노동이 계급문제에 대해 말하고 싶다면, 노동은 자신을 지역사회와 분리된 것으로 보아서는 안 된다. 노동이라는 용어는 노동계급에 뿌리를 두고 있으며, 노동계급의 계급적 요구를 명시적으로 증진시키는 의제들을 가진 조직의 형태들을 지칭한다. 이러한 의미에서, 계급 특수적 문제들을 천명하면서 노동계급에 뿌리를 둔 지역사회 기반 조직(이를테면 노동자센터)은 노동조합과 마찬가지로 노동조직이다. 좀더 덧붙이면, 노동계급의 단 하나의 분파의 이해관계를 천명하는 노동조합(이를테면 백인 우월주의적 동업조합)은 실업자나 노숙자를 지원하는 지역사회 기반 조직에 비해 노동조직이라는 이름을 가질 만한 가치가 적다.[47]

따라서 이들은 노동조직화의 새로운 접근을 제안한다.

〔이러한 접근은〕연대를 형성하고 정치적 행동을 취하는 데 오늘날 노동조합의 실천에 근본적으로 도전한다. 사실 이는 다음과 같은 핵심적 전제를 갖는다. 만약 계급투쟁이 작업장에 한정되지 않는다면, 노동조합 역시 작업장에 한정되어서는 안 된다. 전략적 결론은 노동조합은 단지 작업장(또는 산업)을 조직하기보다는 도시를 조직한다는 점을 생각해야 한다는 점이다. 도시를 조직하는 것은 노동조합이 대도시의 사회블록과 동맹을 이루고 활동할 경우에만 가능하다.

이들은 계속해서 '그렇다면 어떻게 도시를 조직할 것인가'라고 묻는다. 내가 보기에 이는 향후 반자본주의 투쟁을 다시 활성화하기 위해 좌파가 답해야 하는 핵심 질문 가운데 하나다. 그리고 실제 이 투쟁들은 독특한 역사를 갖는다. 1970년대 '붉은 볼로냐'〔Red Bologna, 이딸리아의 볼로냐시에 붉은 벽돌로 지은 건축물이 산재해 있어 얻은 이름이지만, 또한 1970년대에서 1990년대까지 이 도시의 좌파적 정치 성향을 나타내기도 한다〕에서 도출된 영감이 하나의 사례다.[48] 그리고 역사의 기묘한 아이러니 가운데 하나는 프랑스공산당이 1960년대부터 오늘날에 이르기까지 다른 정치적 생활영역보다도 지방자치 행정 분야에서 훨씬 두드러졌다는 점이다(이는 부분적으로 이 분야가 이를 지시하는 모스끄바로부터 어떠한 교조적 이론이나 예시를 받지 않았기 때문이다). 1980년대 초 영국에서 새처주의에 대항해 싸운 지자체의 투쟁은 후위전〔남은 진지를 지키기 위한 저항투쟁〕이었을 뿐만 아니라, 마거릿 새처가 거버넌스의 전체 층위를 폐지하기 전까지는 런던 광역의회의 사례에서처럼 잠재적으로 혁신적이었다. 심지어 미국에서도 오랫동안 밀워키는 사회주의적 행정부를 가졌는데, 미국 상원의원으로 선출된 유일한 사회주의자〔2016년 힐러리 클린턴과 대통령 후보 경선에 나섰던 버니 쌘더스B. Sanders를 가리킨다〕가 버몬트주 벌링턴시의 시장으로 경력을 시작했으며 주민들의 신뢰를 얻었다는 점은 기억할 만한 가치가 있다.

만약 꼬뮌에서 빠리의 생산자들이 그들이 만들어낸 도시에 대한 권리를 되찾으려 했다면, 우리는 어떤 의미에서 '도시에 대한 권리'와 같은 슬로건을 따를 수 있는가? '도시에 대한 권리'는 정치세력이 반자본주의 투쟁을 위한 핵심 슬로건으로 인식하면서 이를 둘러싸고 모일 수 있는 '외침과 요구'(르페브르가 그렇게 서술한 것처럼)라고 할 수 있다. 물론 이 슬로건은 내재적이지만 초월적이지 않은 가능성들로 채워져야 할 텅 빈 기표다. 텅 비어 있다고 해서, 이 슬로건이 적실하지 않거나 정치적으로 무력하다는 뜻은 아니다. 모든 것은 누가 이 기표를 개량적인 내재적 의미가 아니라 혁명적인 내재적 의미로 채우게 되는가에 달려 있다. 이를 위한 경합이 이루

어질 것이고, 그러면 맑스가 지적한 것처럼 '동일한 권리들 간에는 힘이 결정한다'.[49]

사실 도시적 배경에서 개량적 주도력과 혁명적 주도력을 구분하기란 어렵다. 뽀르뚜알레그레(Porto Alegre)의 참여예산제, 꾸리찌바(Curitiba)의 생태적으로 민감한 프로그램들, 또는 많은 미국 도시에서 벌어지고 있는 생활임금 캠페인 등은 외형적으로는 단지 개량주의적인 것(그리고 다소 주변적인 것)처럼 보인다. 충칭의 주도력은 마오주의적 수사에도 불구하고 혁명적 운동이라기보다 스칸디나비아의 재분배적 사회민주주의와 더 닮았다고 할 수 있다. 그러나 이들의 영향이 확산됨에 따라 그 주도력은 거대도시의 규모에서 좀더 급진적인 개념화와 행동으로 갈 수 있는 한층 깊은 가능성을 드러낸다. 이를테면 도시에 대한 권리에 관한 수사의 확산은(자그레브에서 함부르크와 로스앤젤레스까지 확산됐다) 좀더 혁명적인 어떤 것의 성패가 달려 있다고 제시하는 것처럼 보인다.[50] 이렇게 될 가능성이 어느 정도인가는 자신의 목적을 위해 '도시에 대한 권리'라는 용어를 동원하고자 하는 기존 정치세력들(일례로 2010년 리우 세계도시포럼에 모인 NGO들과 세계은행을 포함한 국제기구들)의 시도에서 나타난다.

이렇게 '도시에 대한 권리'라는 용어를 동원하고자 하는 시도에 불만을 가질 필요는 없다. 좌파는 이에 대해 경의를 표하고, 자신의 독특한 내재적 의미를 위해 싸워야 한다. 그 의미란 간단하다. 도시를 생산하고 재생산하는 노동에 종사한 모든 사람은 자신이 생산한 것에 대한 집단적 권리뿐만 아니라 무엇이 어디서 어떻게 생산될 것인가를 결정할 집단적 권리를 갖는다는 것이다. 지배적 계급관계의 바깥에서 그리고 '우리'(도시화와 도시성의 생산자들) 마음의 소망에 따라 도시생활을 어떻게 재활성화할 것인가를 결정하기 위해서는 민주적인 매개수단(기존 화폐권력의 민주주의와는 다른)이 필요하다.

물론 하나의 이견이 즉각적으로 떠오른다. 자신의 독특한 권리를 역시 주장할 수 있는 다양한 농촌·농민·원주민운동이 이루어지고 있는데 왜 도시에 집중해야 하는가? 어떤 경우든 물리적 대상으로서 도시는 투쟁의 대상으로서 그 의미를 상실한 것은 아닌가? 물론 이러한 이견은 명백한 사실이다. 도시화는 매우 분화된 지역사회 및 상호작용적 공간의 모자이크를 만들어냈으며, 이로 인해 어떤 종류의 일관된 정치적 프로젝트를 둘러싸고 함께 모이기 어렵다. 사실 도시를 구성하는 공간들 간에는 많은 대결과 갈등이 있다. 바로 이런 이유에서, 르페브르는 자신의 관심의 초점을 도시혁명에서 보다 포괄적인 공간생산의 영역으로, 또는 내가 그렇게 정식화하고자 한 것처럼 이론적 분석과 정치적 투쟁의 초점으로서 지리적 불균등발전의 생산으로 옮긴 것이 아닌가 생각한다.

현실적인 학자들의 평범한 상상력에서는, 이러한 이견들은 흔히 도시란 사라졌고 도시에 대한 권리의 추구는 터무니없는 희망을 추구하는 것이라는 결론이 나올 것이다. 그러나 정치적 투쟁은 실천에서뿐만 아니라 전망에 의해 활력을 얻을 수 있다. 그리고 '도시'라는 용어는 정치적 의미를 추구하는 과정에 깊게 뿌리를 둔 상징적 역사가 있다. 신의 도시, 언덕 위의 도시, 유토피아적 소망의 대상으로서 도시, 도시와 시민권 사이의 관련성, 끊임없이 변하는 시공간적 질서 내에서 특별한 소속 장소로서의 도시, 이들 모두는 도시에게 '공간을 생산할 권리' 또는 '지리적 불균등발전에 대한 권리' 같은 구호에서 사라진 정치적 상상력을 가동할 수 있는 정치적 의미를 부여한다!

도시에 대한 권리는 배타적 권리가 아니라 통합된 권리다. 이 권리는 건설노동자만이 아니라 일상생활의 재생산을 촉진하는 모든 사람을 포함한다. 여기에는 간호사와 교사, 하수도와 지하철 수리공, 배관공과 전기 기사, 병원노동자, 트럭·버스·택시 운전자, 식당 종업원과 오락 종사자, 은행원과 시청 공무원 모두가 함께한다. 도시권은 파편화된 사회공간의 엄청난 다양성 속에서 통합을 추구한다. 그리고 이를 추구하는 조직으로, 노동자센터와 지역노동자회의(이를테면 토론토에 있는 것)에서부터 이러한 목적을 자신의 정치적 지침으로 설정한 연대(이를테면 도시권 연대Right to the City Alliance, 배제된 노동자연합, 기타 형태의 불안정노동의 조직)에 이르기까지 많은 유형을 상정할 수 있다. 도시에 대한 권리는 세계를 바꾸기 위하여 조직되어야 할 프롤레타리아의 힘이다. 도시에 대한 권리는 우리가 도시 전체를 조직하기를 원한다면 어떻게, 어디서 시작할 것인가를 알려준다. 도시 생산자들은 일어나서 자신들이 집단적으로 생산한 도시에 대한 권리를 되찾아야 한다. 도시생활의 전환, 무엇보다도 도시화의 생산에서 계급관계의 철폐가 반자본주의적 전환을 향한 유일한 길이 아니라고 할지라도 그것은 하나의 길이 되어야 한다. 도시에 대한 권리는 향후 좌파의 정치적 전략의 핵심을 구성할 것이다.

보론

2006년 1월 나는 스페인의 꼬르도바에서 마드리드행 초고속철도를 탔다. 가는 도중에 우리는 시우다드레알이라고 불리는 곳을 통과하여 이 도시의 변두리를 달렸는데, 나는 한 시점에 한 장소에 그렇게 많은 건설 크레인이 있는 것을 결코 본 적이 없었다. 분명 투기적 건설 붐이 일었고, 이는 이제 가혹하게도 거의 확실히 막바지에 이르렀다. 건설되고 있었던 것은 단지 주택만이 아니었다. 그 당시 거의 모든 스페인의 도시가 거의 확실하게 경제적으로는 의미가 없지만 상당히 사치스러운 공공인프라 프로젝트를 수행했다. 시우다드레알에는 10억유로 이상의 비용이 들어간 신공항이 있다(스페인에서 산업이나 관광객을 유치하기에 매우 어려운 지역에). 2015년 6월 텅 빈 공항이 경매에 나왔는데 최고 입찰가는 1만유로였다. 중국에는 완전히 새로 건설된 도시들이 텅 비어 있다. 다른 곳에서도 2007~2008년 와해된 부동산시장이 또다른 자산 거품이 형성될 조짐을 드러내고 있는데, 토지가격과 부동산가격이 치솟고 있는 주요 대도시권 시장이 특히 그렇다. 그저 내가 방문했던 도시들의 이름만대도 런던, 뉴욕, 상하이, 이스탄불 등이 그렇다.

우리가 경험한 최근 경제위기의 주요한 순간은 2008년 9월 15일 리먼브라더스의 붕괴와 더불어 찾아왔다. 이후 누가 연방준비은행에 있는 누구에게 월스트리트, 유사 금융체계의 뒤얽힘, 새로운 금융상품의 복잡성에 관해 무엇을 말했는가는 많이 이야기됐다. 또한 신용시장의 동결과 소비자 수요의 붕괴가 점점 더 통합되고 있는 지구적 자본주의에 전염효과(노출의 정도와 형태에 따라 양에 차이가 있지만)를 갖는 실업 증대를 어떻게 초래했는가에 대해서도 많은 서술이 있었다. 그러나 왜 이것이 미국의 중심지 부동산시장에서 시작하여 스페인, 아일랜드, 라트비아, 헝가리 같은 외부 층(outlier)을 만들어가며 진행됐는가에 대해서는 어떤 이유에서든 주목한 이가 거의 없다.

부동산시장과 건조환경에 대한 투자는 현대 경제의 큰 부분이며, 이에 포함된 부채는 지구자본주의의 안정성에 적지 않은 위협이 된다. 내가 이 장에서 지적한 것처럼, 중국에서 건조환경에 대한 투자는 2008년 이후 지구자본주의의 거대한 안정자 역할을 한다. 중국에서 최근 도시화의 진도가 완화된 것은 원료 생산자(오스트레일리아, 캐나다, 칠레, 브라질 등)에게 부정적 결과를 미치며, 이들은 이제 침체에 빠졌거나 빠질 상황에 처하게 됐다. 그렇다면 중국인들은 현재 어떤 도시화를 생각하고 있는가? 이들은 베이징을 중심으로 초고속 교통통신으로 함께 연계시키는 지역(캔자스주만큼 큰 지역)에 1억 3,000명을 거주시킬 수 있는 연속된 도시 매트릭스를 건설하고자 한다. 이스탄불은 좀 작은 규모로 이 사업을 이미 추진하고 있지만, 재정지원의 어려움을 경험하고 있다. 이 같은 프로젝트로부터 투기적 붕괴 및/또는 환경재난의 위험이 도사리고 있다. 2015년 8월처럼 큰 지구적 위기의 위협이 불쑥 나타날 수 있다. 게다가 이러한 투자의 순수한 물리적 특징은 그 자체로 문제지만 대부분의 분석가들은 이를 놓치고 있다.

부동산시장 붕괴의 경제적인 재산상의 충격, 그리고 이어지는 고르지 못한 복원에 관해서는 관심이 꽤 쏠렸다. 우리는 주택압류에 관한 많은 지도를 갖고 있으며, 이들은 취약하고 주변화된 인구들(미국의 흑인, 히스패닉 이주민, 단독가구, 주로 여성)에게 자산가치의 불균형한 손실을 보여준다. 우리는 또한 상위 1퍼센트의 재산이 대부분 부동산에 저장되어 있으며, 자본은 인구 대다수가 살아갈 만한 주택을 가진 도시들보다는 투자하기에 풍요로운 (그리고 헤지펀드 같은 제도들이 갖추어진) 도시를 건설하는 데 훨씬 더 많은 관심을 갖는다는 점을 알고 있다. 또한 일상적 도시생활의 질에 불만을 가진 많은 거품의 징조가 있으며 이것들이 세계의 도처에서 난동과 도시폭동을 유발할 것임을 알고 있다(이스탄불의 게지파크Gezi Park와 2013년 7월 브라질의 도시들에서처럼). 일상적 도시생활의 정치는 점차 정치적 운동성을 함양한다.

나는 현대세계의 이 같은 모습에 주의를 기울이도록 위기의 도시적 근원에 관한 글과 그것에 이어 책『반란의 도시』(Rebel Cities)를 썼다. 자본의 순환과 축적에 관한 연구를 위한 맑스의 분석도구에 관한 개략적 지식일지라도, 이 글들은 임시적 해법(위기를 〔다른 곳으로〕 돌려놓음)과 더불어 강조점 및 취약점이 어디에 있는가를 제시한다. 이러한 지식 아래에서 나는 우리가 2007~2009년 경험했던 종류의 자본위기가 '상호독립적이지만 상호연관된 불연속적 요소의 격렬한 융합' 그 이상도 그 이하도 아니라고 본 맑스의 근본적 통찰력을 찾는 데 충실하고자 했다. 알려진 바대로 2008년 시작된 위기에 관한 일반적 설명에는 많은 상호관계가 누락되어 있다. 이 가운데 하나는 자본의 2차 순환에서 자본의 순환과 축적을 좀더 세밀하게 살펴보는 것이다. 우리는 이것들을 찾아내 쉽고 포괄적인 방법으로 이들을 한데 연결할 필요가 있다.

제11장

자본의 진화

자본주의의 등장으로 풀려난 힘은 1750년 이후 세계를 여러번 새롭게 만들어냈다. 1820년의 영국 중부를 날고 있다면, 우리는 대규모 농업활동지역들과 분리된 몇몇 소형의 산업화된 도시들(유독가스를 뿜어내는 작은 공장굴뚝들을 가진)을 볼 수 있을 것이다. 농업활동 지역에서는 비록 장원의 영주들이 농업생산성의 증대(그리고 화폐지대의 증대)를 떠받치기 위해 새로운 농업에 관한 시를 읊고 있었겠지만, 흩어져 있는 마을과 농장에서는 전통적 형태의 농촌생활이 영위되고 있었을 것이다. 맨체스터와 버밍엄 같은 밀집한 산업중심지들은 먼지 날리는 도로망과 좁다란 운하를 통해 상호 간에, 그리고 주요 상업 항구도시(브리스톨과 리버풀)뿐만 아니라 번잡한 수도 런던과도 연계되어 있었다. 석탄과 원료를 가득 실은 바지선들이 비쩍 마른 말들이나 또는 맑스가 『자본』에서 기록한 것처럼 거의 아사상태의 여성들에 의해 힘겹게 운하를 따라 끌려가고 있었을 것이다. 기동성은 이처럼 느렸다.

1980년대 주장강 삼각주 위를 날고 있다면, 우리는 선전과 통관 같은 이름의 작은 마을과 도시를 볼 수 있을 것이다. 이 마을들은 쌀, 채소, 가축생산, 어류양식처럼 대체로 자급자족적 농업경관에 둘러싸여 있고, 굶주릴 걱정 없는 '철밥통'을 가진 지방의 당 간부들에 의해 철권통치되는 공동체들로 사회화됐다. 2008년 이 두 지역 위를 날아보면, 눈 아래 펼쳐진 도시화의 경관에서는 이전의 모습을 완전히 알아볼 수 없을 것이다. 땅 위의 생산형태 및 교통형태, 사회적 관계, 기술, 일상의 생활양식, 소비형태도 그러할 것이다. 만약 맑스가 언젠가 단언한 것처럼, 우리의 과제가 세계를 이해하는 것만이 아니라 이를 변화시키는 것이라면, 자본주의는 그의 조언에 따라 자신의 역할을 매우 잘 수행했다고 말할 수 있다. 이 극적 변화의 대부분은 세계가 어떻게 작동했는가, 또는 그 결과는 무엇인가에 관해 애써 이해하기도 전에 발생했다. 예상하지도 기대하지도 않은 일들이 거듭 발생했고, 모르는 사이에 발생한 혼란스러운 결과들을 정리하려는 방대한 이론적·실천적 노력을 남겨두었다.

자본주의라는 대하소설은 패러독스로 가득 차 있다. 사회이론의 대부분(특히 경제이론)은 전적으로 이러한 패러독스들에 관한 고찰에서 추상화된다. 부정적 측면에서, 우리는 자본주의의 진화를 중단시켰던 주기적이고 흔히 국지화된 경제위기들을 겪었다. 여기에는 자본주의 간, 제국주의 간 세계전쟁들, 환경악화 문제, 다양한 생물

서식지의 소멸, 급증하는 빈곤의 악순환, 신식민주의, 공공의료의 심각한 딜레마, 극심한 소외와 사회적 배제, 불안과 폭력 그리고 충족되지 못한 욕망에 대한 걱정들이 포함된다. 긍정적 측면에서, 우리 중 일부는 물질적 삶과 복지의 수준이 어느 때보다도 높은 세상, 이동과 통신이 혁명적으로 변하고, 인간의 상호행동에 대한 물리적인(사회적인 것은 아니지만) 공간의 장벽이 훨씬 줄어든 세상, 의료와 의학 발전이 많은 사람에게 더 긴 수명을 누리도록 하는 세상, 거대하고 확장된 그리고 여러 측면에서 스펙터클한 도시가 건설된 세상, 지식이 늘고 희망은 영원히 샘솟고, 모든 것(자기복제에서 우주여행까지)이 가능한 것처럼 보이는 세상에서 살고 있다.

이것이 우리가 사는 모순된 세계다. 이 세계가 예측 불가능하고 통제 불가능한 방식으로 급속하게 계속 진화하고 있다는 점은 부정할 수 없다. 그렇지만 이러한 진화를 뒷받침하는 원리는 여전히 불투명하다. 다윈이 자연진화의 영역에서 발견한 것과 같은 종류의 어떤 지배적인 진화원리에 따르기보다는, 이런저런 집단적이고 때로 개인적인 인간욕망의 경쟁적 변덕에 따라 우리 인간이 이 역사의 많은 부분을 만들어왔기 때문이다. 만약 우리가 의식적인 개입을 통해 집단적으로 세계를 좀더 합리적이고 인간적인 모습으로 바꾸려면, 먼저 이 세계가 어떻게 돌아가고 있는가, 우리는 그 속에서 무엇을 하고 있는가, 그리고 어떤 결과들이 초래됐는가에 관하여 지금보다 훨씬 더 잘 이해하게끔 배워야 한다.

자본주의의 역사지리는 물론 자본축적에 관한 의문으로만 환원될 수는 없다. 그렇지만 인구증가와 더불어 자본축적이 1750년대 이후 인류진화의 역동성에서 핵심이었다는 점을 이해해야 한다. 정확히 이들이 어떻게 그렇게 했는가는 자본이라는 수수께끼가 무엇인가를 밝히는 핵심이다. 여기에는 우리가 일종의 깨달음을 얻기 위해 호소할 수 있는 진화적 법칙이 작동하고 있는가?

자본주의 공간조직의 진화, 이것의 지리적 역동성, 이에 따른 환경적 영향과 제약에 관한 질문은 잠시 제쳐두자. 우선은 시간에 따른 자본주의의 발전을 고찰해보자. 그리고 자본이 이윤 추구를 위해 상이하지만 서로 연관된 '활동영역'(activity sphere, 나는 이렇게 부르고자 한다)을 통해 회전하는 상황을 상상해보자. 주요 '활동영역' 가운데 하나는 새로운 기술적·조직적 형태의 생산에 관한 것이다. 이 영역의 변화는 자연과의 관계뿐만 아니라 사회적 관계에 심원한 영향을 미친다. 그러나 우리는 또한 사회적 관계와 자연과의 관계 양자가 결코 기술과 조직형태에 의해 결정되지 않는 방법으로 변화한다는 점도 알고 있다. 게다가 노동공급의 부족이나 자연의 희소성이 새로운 기술과 조직 유형이 나타나도록 강하게 압박하는 상황도 발생한다. 이를테면 최근 미국 언론은 미국이 해외 석유에 의존하는 것에서 벗어나야 하고 지구온난화를 해결하기 위한 다양한 새로운 기술이 필요하다는 논평들로 가득 차 있다. 오바마 행정부는 이러한 목적의 프로그램을 약속하고, 이미 자동차산업을 전기자동차와 하이브리드자동차를 만드는 방향(불행하게도 중국이 선두를 차지하고 있다)으로 추동하고 있다.

생산체계와 노동과정도 마찬가지로 일상생활이 소비를 통해 재생산되는 방식에 깊게 연계되어 있다. 이중 어느 것도 지배적인 사회적 관계, 자연과의 관계, 적절하게 구성된 기술 및 조직형태에서 독립적이지 않다. 우리가 '자연'이라고 부르는 것은 분명 자본축적에 영향을 받겠지만(거주지와 종의 파괴, 지구온난화, 공해를 유발하는 새로운 화합물, 정교한 관리를 통해 생산성이 향상되는 토양구조와 삼림 등), 자연은 자본축적에 의해 결정되지 않는다. 지구행성에서 진화과정은 항상 독립적으로 발생한다. 이를테면, 새로운 병원균(HIV/AIDS 등)의 등장은 자본주의사회에 막대한 영향을 미쳤다(그리고 자본순환에 뿌리를 둔 기술적·조직적·사회적 대응을 요청한다). 일상생활의 재생산, 성적 관계와 행위, 재생산적 실천에 미치는 영향은 심대하지만, 이는 의료기술, 제도적 대응, 그리고 사회·문화적 믿음에 의해 조정된다.

이 '활동영역' 모두는 일단의 제도적 편제(이를테면 사적 소유권과 시장계약) 및 행정구조(국가 및 다른 지방의 다국적 재편방식)에 뿌리를 둔다. 이 제도들은 또한 위기의 조건과 사회적 관계의 변화에 적응하도록 강제됨에 따라, 그 자신의 입장에서 진화한다. 게다가 사람들은 자신의 기대, 믿음, 세계에 대한 이해에 따라 행동한다. 사회체계는 윤리적·도덕적 기준의 구축(이를테면 우리와 같지 않은 타자뿐 아니라 동물과의 관계, 그리고 우리가 자연이라 부르는 세계에 대한 우리의 책임에 관한 기준)뿐만 아니라 (전문가에 대한) 신뢰, 의사결정자의 입장에서 적절한 지식과 정보, 합리적인 사회 편제(위계적 또는 호혜적 재편방식)의 수용에 좌우된다. 문화적 규범과 신념체계(즉 종교적·정치적 이데올로기)는 강력하게 나타나지만, 사회적 관계·생산 및 소비 가능성·지배적 기술과 무관하게 존재하지는 않는다. 자본축적을 위한 기술적·사회적 요구의 진화와 지식구조 간의 경합적 상호관계, 끝없는 축적과 조화를 이루는 문화적 규범과 믿음 모두는 자본주의의 진화에 결정적 역할을 담당해왔다. 단순화해서, 나는 이러한 마지막 요소 모두를 '세계에 관한 정신적 개념화'라는 이름으로 포괄하고자 한다.

이와 같은 사고방식은 자본주의의 진화 궤적 내에서 일곱가지 독특한 '활동영역'을 제시한다. 기술과 조직형태, 사회적 관계, 제도적·행정적 재편, 생산과 노동과정, 자연과의 관계, 일상생활과 종의 재생산, 세계에 관한 정신적 개념화가 그것이다. 이 가운데 어떤 영역도 다른 것들로부터 독립적이지 않지만 또한 어떤 영역도 지배적이지는 않다. 그러나 어느 하나도 다른 모든 것들에 의해 집합적으로조차 결정되지 않는다. 각 영역은 자신을 위하여 진화하지만, 언제나 다른 영역과 역동적 상호작용 속에서 그렇게 한다. 다양한 이유들로 (때로 우연히) 기술적·조직적 변화가 발생하지만, 자연과의 관계는 인간이 유발한 변형에 일부 기인하여 불안정하고 끊임없이 변화한다. 다른 예를 들면, 세계에 관한 우리의 정신적 개념화는 보통 불안정하고 경합적이며, 또한 변덕, 유행, 그리고 열정적으로 신봉되는 문화적·종교적 믿음과 욕망뿐만 아니라 과학적 발전에 영향을 받는다. 정신적 개념화에서 그 변화는 수용 가능한 기술적·조직적 형태, 사회적 관계, 노동과정, 자연과의 관계, 제도적 편제에 대해 의도된 또는 의도되지 않은 결과를 다양한 방법으로 초래한다. 재생산과 일상생활의 영역에서 발생하는 인구통계학적 역동성은 자율적이지만 동시에 다른 영역과의 관계에 깊이 영향 받는다.

이 영역들 간에서 이루어지는 영향의 복잡한 흐름은 모든 영역을 끊임없이 재구성한다. 게다가 이 상호작용이 반드시 조화로운 것은 아니다. 사실 우리는 다른 활동영역 사이에서 발생하는 긴장과 대립이라는 점에서 위기 형성을 재개념화할 수 있다. 이를테면, 새로운 기술은 사회적 관계의 새로운 구성을 위한 소망에 반대되게 작용하거나 기존 노동과정의 조직을 혼란시킬 수 있다. 그러나 우리는 자본순환에 관한 분석에서 전형적으로 그렇게 한 것처럼 이 영역들을 순차적으로 고찰하는 대신, 자본주의의 오랜 역사에서 그 영역들이 집단적으로 공존하고 또한 공진화하는 것으로 생각한다. 공간과 시간의 특정 지점에 있는 어떤 사회(이를테면 1850년 영국, 또는 오늘날 중국의 주장강 삼각주)에서, 우리는 이러한 일곱가지 영역들이 상호관계 속에서 어떻게 조직되고 구성되는지에 따라 그 사회의 일반적 성격과 조건을 규정할 수 있다. 또한 진화적 역동성이 결정적인 것이 아니라 우연적이라는 점이 인정된다면, 활동영역 간의 기존의 긴장과 모순을 고려하여 이 장소에서 사회질서가 미래에 어떻게 발전할지에 관해서도 논할 수 있다.

자본은 이 활동영역 각각 그리고 모두를 어떤 식으로든 건드리지 않고서는 순환하거나 축적될 수 없다. 자본이 한 영역 내에서 또는 영역 사이에서 장애나 한계와 마주칠 경우 이 어려움을 우회하거나 뛰어넘는 방법을 찾아야 한다. 만약 어려움이 심각하다면, 여기서 우리는 위기의 근원을 발견하게 된다. 따라서 활동영역의 공진화에 관한 연구는 자본주의사회의 전반적 진화와 위기 경향의 특성을 사고하기 위한 틀을 제공한다. 그렇다면 이러한 다소 추상적인 분석

틀이 어떻게 구체적인 방식으로 작동하도록 할 수 있는가?

한 일화가 여기에 도움을 줄 수 있다. 2005년 가을, 나는 한국에서 완전히 새로운 한 도시의 설계에 관한 아이디어를 선발하는 심사단의 공동의장이었다. 당시 행정복합도시(현재는 세종시)라고 불린 이 도시는 원래 서울과 부산의 중간쯤에 위치한 새로운 수도로 계획됐지만, 국회의 반대로 정부의 많은 행정기능이 이전하게 될 위성도시로 축소됐다. 심사단의 임무는 최종 설계를 선정하는 것이 아니라 여러 아이디어를 평가하는 것이었다. 이 프로젝트를 책임지고 있는 이들은 우리가 (그리고 그들이) 〔아이디어의〕 제출에서 경쟁까지 유용하다고 생각한 것을 포괄하여 최종 설계를 수행하는 임무를 맡았다. 심사단의 반은 한국인이었고 나머지 반은 외국인이었으며, 주로 공학자, 도시계획가, 몇몇 유명한 건축가로 구성됐다. 한국 정부는 여태까지 한국과 대부분 아시아에서 지배적이었던 틀에 박힌 도시화가 식상해 무언가 다른 것을, 아마도 혁신적 도시화를 위한 새로운 세계적 모델을 만들어내는 데 관심이 있는 것이 분명했다.

의사결정에 앞서 우리는 제출된 많은 설계안을 평가하는 데 가장 적절하다고 할 수 있는 기준의 종류에 대해 논의했다. 처음 논의는 상이한 발전전략을 포용할 수 있는 상징적이며 물리적인 형태로서 원과 육면체의 상대적 장점에 관하여 건축가들이 꺼내놓은 여러 견해에 초점을 맞추었다. 지도처럼 생긴 다양한 설계안을 보면서, 이 설계안들의 차이가 명백하게 제시됐음을 쉽게 이해할 수 있었다. 그런데 이때 내가 잠시 끼어들었다. 우리가 논의를 확대하여 다음과 같은 여러가지 다른 기준을 생각해봐야 한다고 제의한 것이다. 이를테면 설계안이 자연과의 관계와 도시에 배치될 기술적 혼합을 어떻게 제안하고 있는가, 앞으로 창출될 생산과 고용의 형태 및 이와 관련된 사회적 관계들을 어떻게 다루고 있는가(일례로 우리는 도시가 과학적·기술적·관료적 엘리트에 의해 지배될 것이라는 문제에 어떻게 접근해야 하는가), 서로 다르게 배치될 주민들을 위한 일상생활의 질과 이에 뒤따를 세계에 관한 정신적 개념화, 이같이 새로운 생활경험에서 나올 수 있는 정치적 주체성을 어떻게 고려할 것인가(사람들은 더 개인주의화될 것인가 또는 사회적 연대의 형태로 더 기울 것인가) 등을 그 기준으로 제시했다. 나는 물리적 설계안이 이 논제 모두에 대해 답을 할 수 있다고 생각하진 않지만, 우리는 이 기준들에 민감한 방식으로 새로운 도시의 건설에 관하여 생각하기 위해 최선을 다해야 한다고 말하면서 결론을 맺었다.

심사단은 이 제안에 상당한 관심을 보였다. 회의에서 나의 의견을 둘러싼 논쟁이 얼마간 진행됐는데, 논의의 복잡성을 분명 참기 어려웠던 건축가 가운데 한명이 끼어들어, 이같이 의심할 바 없이 타당한 모든 관점 가운데 가장 탁월하게 보이는 게 하나 있는데, 이것이 정신적 개념화라고 말했다. 이 입장에서 보면, 가장 중요한 문제는 상징적 의미에 관한 문제다. 곧이어 우리는 도시설계에서 원과 사각형의 상징적·개념적·물질적 잠재성에 관한 논의로 되돌아갔다!

유토피아적으로 들리겠지만, 내가 완전히 새로운 도시의 건설을 책임진다면, 고정되고 동결되고 완성된 영구적 구조보다는 미래를 향해 진화할 수 있는 구조를 상상하고자 했을 것이다. 이러한 상이한 영역 간 관계의 역동성이 어떻게 작동하는가뿐만 아니라 이 역동성이 어떤 특정한 목적을 달성하기 위해서라기보다 가능성을 열어놓기 위해 의식적으로 동원될 수 있는가를 상상하고자 했을 것이다. 분명 도시는 처음에는 지배적인 사회관계, 고용구조, 이용 가능한 기술과 조직형태에 따라 건설되어야 할 것이다. 그러나 도시는 3퍼센트의 복률로 끝없는 자본축적이라는 점점 더 부당해지는 목표를 추구하기 위한 장소가 아니라, 이를테면 젠더문제를 존중하는 좀더 평등한 사회관계와 좀더 민감한 자연과의 관계의 발전에 조응하는 새로운 기술과 조직형태를 탐구하기 위한 장소로 여겨질 수 있을 것이다.

이러한 사고의 틀은 내가 처음 제시한 것이 아니다. 사실 이 틀은 『자본』 제1권의 제15장에 실린 각주에서 발전한 것이다. 여기서 맑스는 흥미롭게 다윈의 진화론에 관해 간략하게 논의한 후, '기술은 자연에 대한 인간의 능동적 관계, 즉 인간생활의 직접적 생산과정을 밝혀주며, 이에 따라 이는 또한 인간생활의 사회적 관계의 생산과정과 이러한 관계들에서 연유하는 정신적 개념화의 과정을 드러내준다'라고 논평했다. 여기서 맑스는 내가 확인했던 상이한 활동영역 가운데 다섯가지('인간생활의 직접적 생산과정'이 상품의 생산뿐만 아니라 이들의 일상생활의 소비와 관련된다면, 아마도 여섯가지)를 언급한다. 단지 제도적 편제만 빠져 있다.

자본주의의 지배적인 기술적·조직적 형태가 어떻게 나타나게 되는지에 관하여 길게 고찰한 장의 서문에 이 각주를 배치한 것은 의미심장하다. 맑스는 공장제의 기원과 새로운 기술의 생산에 기여하는 자율적 사업으로서 공작기계산업(기계에 의한 기계를 생산하는 산업)의 등장을 이해하는 데 관심을 가졌다. 이 산업은 『공산주의 선언』에서 자본주의가 어떠했으며, 현재 어떠한가에 관한 특징으로 확인되는 '생산의 항상적 혁명화, 모든 사회적 조건의 부단한 동요, 끊임없는 불확실성과 혼란'을 떠받치는 기간산업이다.

　기계류에 관한 이 긴 장에서, 서로 다른 영역은 자본주의의 영구적인 혁명적 특성에 조응하고 이를 강화하는 방식으로 공진화한다. 생산을 기예(art)로 여기는 정신적 개념화는 과학적 이해와 새로운 기술의 의식적 설계에 의해 대체됐다. 노동자들이 장인의 독특한 기능을 물려받는 개인이 아니라 기계의 유연한 부속물이라는 지위로 점점 더 전락함에 따라 계급·젠더·가족관계도 바뀌었다. 동시에 자본가들은 새로운 기술과 조직형태를 노동과의 계급투쟁에서 무기로 동원했다(결국 노동하는 육체를 규율하기 위해 기계를 사용했다). 오늘날처럼 당시에도 수많은 여성이 노동력으로 진입한 것은 수많은 사회문제를 파생시켰다. 상이한 과업에 대한 노동의 유연성과 적응성이 점점 더 중대한 요구사항이 됨에 따라 공교육(제도혁신)이 필요하게 됐다. 이는 다른 제도적 변화를 불러일으켰는데, 특히 자본가와 지주가 지배하던 국가에 의해 통과된 공장법(Factory Acts)의 교육 관련 조항이 그것이다. 국가에 의해 임명된 공장 감독관들은 맑스의 주장을 뒷받침하는 풍부한 근거를 제공했다. 새로운 조직형태(법인공장)는 새로운 제도적 편제하에서 새로운 기술을 촉진했고, 이 새로운 제도적 편제는 사회적 관계와 자연과의 관계에 파급효과를 미쳤다. 어떠한 점에서도 이 영역들 가운데 어느 한 영역이 다른 영역을 지배하는 것처럼 보이지 않는다.

그렇지만 진화의 궤적 내에 긴장을 창출하는 영역 간에는 불균등 발전이 존재한다. 어떤 중대한 전환점에서, 이러한 긴장들은 이 궤적을 특정한 방향으로 돌려놓는다. 새롭고 '좀더 고차원적인' 가족형태가 점점 더 많은 여성이 노동력으로 흡수되는 이러한 역동성으로부터 등장할 수 있는가? 학식있고, 유연하고, 잘 훈련된 노동력을 생산하기 위해 궁극적으로 요구되는 공교육이 노동계급운동이 지도적 위치를 가질 수 있도록 하는 대중적 계몽을 이끌 것인가? 노동을 끝없는 자본축적의 불가항력에 더 무자비하게 묶어두는 대신 노동의 부담을 가볍게 해주는 기술이 고안될 수 있는가? 실제 이루어진 선택들이 자본주의를 더욱 억압적인 경로로 몰고 갔다고 할지라도, 이 상황에는 다른 가능성이 내재되어 있었다. 자유방임적 자유시장 정책을 위한 영국의 취향은 19세기에 승리하지 않았어야 했다. 그러나 이 정책이 일단 승리하자 자본주의의 진화는 매우 특이하지만 특별히 자비롭지는 않은 전환을 택하게 됐다.

요약해보자. 일곱가지 활동영역은 자본주의의 역사적 진화 내에서 독특한 방식으로 공진화한다. 각 영역 내에서 자율적 발전의 가능성이 존재하지만(자연이 독립적으로 돌연변이하고 진화하는 것처럼, 정신적 개념화, 사회적 관계, 일상생활의 형태, 제도적 편제, 기술 등도 그러하다), 어떤 영역도 다른 영역들을 압도하지 않는다. 이 영역 각각은 인간사에 끊임없이 새로움을 창출하는 내적 역동성을 통해서뿐만 아니라 다른 영역들과의 상호작용 속에서 끊임없이 재생과 전환을 겪는다. 영역 간의 관계는 인과적이지 않으며, 자본의 순환과 축적을 통해 변증법적으로 서로 얽혀 있다. 그 자체로서 전체적 배열은 사회생태적 총체성을 구성한다. 이 총체성은 기계적 총체성, 즉 부분이 전체의 명령에 엄격히 순응하는 사회적 엔진이 아님을 강조해야 한다. 이는 많은 상이한 종과 활동의 형태로 구성된 생태계와 더 유사하다. 이는 프랑스 철학자이자 사회학자 앙리 르페브르가 '앙상블'(ensemble)이라고 부른 것, 또는 프랑스 철학자 질 들뢰즈(G. Deleuze)가 서로 역동적 관계에 있는 요소들의 '아상블라주'(assemblage)라고 지칭한 것이다. 이 같은 생태적 총체성 내에서 영역들이 서로 복잡하게 뒤얽혀 있으면서도 이들 간 상호관계는 유동적이고 개방적이다.

영역 간의 불균등발전은 긴장과 모순뿐만 아니라 개연성을 만들어낸다(다윈의 이론에서 예측 불가능한 변이들이 개연성을 만들어내는 것과 매우 동일한 방법으로). 게다가 주어진 시간과 장소에서 어느 한 영역의 폭발적 발전이 선도적 역할을 할 수 있다는 점이 전적으로 가능하다. 새로운 병원균(이를테면 HIV/AIDS, 조류독감, 사스 등)의 갑작스러운 발생, 또는 노동권·시민권, 또는 여성권이나 성소수자권리를 둘러싼 어떤 강력한 사회운동의 등장, 최근의 전자기술과 컴퓨터칩 기반 기술 같은 폭발적 기술혁신, 유토피아적 정치의 격렬한 폭발 등은 모두 다양한 시간과 장소에서 영역들의 공진화 과정의 전선에서 발생한다. 또한 다른 영역들에게 이를 따라잡거나 아니면 반대나 적극적 저항의 중심을 형성하도록 엄청난 압박을 가한다. 일단 기술이 그 자체로 관심사가 되면(19세기 중반 이후 점차 그렇게 된 것처럼), 다른 어떤 방법보다도 새로운 기술을 사용하기 위한 사회적 필요가 때로 창출되어야 한다. 최근 제약산업 부문에서 우리는 새로운 약품에 조응하는 정신적·육체적 상태에 대한 완전히 새로운 진단법이 창출되고 있음을 본다(프로작Prozac은 고전적 사례다). 모든 문제를 위한 기술적 조정이 존재한다는 점, 모든 병에는 약이 있다는 점에 대한 자본가계급, 더 일반적으로 사회적 질서 내의 지배적인 믿음의 존재는 온갖 종류의 결과를 만들어낸다. 따라서 '기술의 물신성'은 부르주아적 역사를 추동하는 데 과도하게 탁월한 역할을 하면서, 놀라운 성취뿐만 아니라 자기파괴적 재앙을 규정한다. 자연과의 관계에 관한 문제도 사회적 재생산과 일상생활의 혁명에 의해서가 아니라 새로운 기술에 의해 해결되어야만 한다!

역사적으로 영역들의 일부가 서로 근본적으로 갈등하는 시기가 있는 것처럼 보인다. 이를테면 과학과 기술의 추구가 최고로 여겨지는 미국에서 그렇게 많은 사람이 진화론을 믿지 않는 것은 기이하다. 지구 기후변화에 관한 과학이 잘 정립되어 있지만, 많은 사람들은 이것이 속임수라고 확신하고 있다. 과학을 신뢰하지 않는 압도적인 종교적·정치적 믿음에 직면하여 자연과의 관계는 어떻게 더 잘 이해될 수 있을까? 이런 상황은 전형적으로 정체 국면 또는 근본적인 재구성으로 이어진다. 위기는 보통 이런 국면들이 발생하는 전조다. 여기서도 자본주의의 위기 경향은 결코 해결되지 않고 단지 우회될 뿐이다.

그러나 이들 모두에는 하한선이 있다. 어떤 혁신이나 전환이 발생할지라도, 장기적으로 자본주의의 존립은 3퍼센트의 복률성장을 달성할 수 있는 능력에 달려 있다. 자본주의 역사에는, 시도됐지만 작동하지 못한 기술, 새로운 사회적 관계의 장려를 위한 유토피아적 계획(19세기 미국에서 이카리아꼬뮌(Icarian commune, 프랑스의 사회주의자 까베E. Cabet가 주창하여 미국 일리노이주 등에 만든 공산주의 공동체), 1950년대 이스라엘의 키부츠, 또는 오늘날 '녹색꼬뮌'green commune 등)이 널려 있다. 이 계획들은 지배적인 자본주의 논리에 직면하여 흡수되거나 포기됐다. 그러나 무슨 일이 발생해도 어떤 수단을 동원해서라도, 자본은 3퍼센트의 복률성장의 법칙을 달성하기 위해 이 일곱가지 영역을 어떻게 해서든 조직해야만 한다.

자본주의는 실제 자연의 진화에 관한 스티븐 굴드(S. J. Gould)의 '단속평형'이론('punctuated equilibrium' theory, 유성생식생물 종의 진화는 큰 변화가 없는 안정기와 비교적 짧은 시간에 종의 분화가 폭발적으로 이뤄지는 분화기로 나뉜다는 이론)과 유사한 방식으로 진화해온 것으로 보인다. 영역 간에 상대적으로 느리지만 적당히 조화로운 공진화가 이루어지는 시기들은 파열과 급진적 변화의 시기로 단속(斷續)된다. 아마도 우리는 현재(2010년) 이러한 파열의 시기 한가운데에 있는 것 같다. 그러나 기존 질서를 회복하기 위한 노력, 마치 아무런 결과도 실제 변화하지 않았고 변해서는 안 되는 것처럼 전진하기 위한 필사적 노력의 징후도 있다.

1973~1982년의 위기 동안 발생했던 가장 최근의 자본주의적 재구성의 주요 국면을 돌이켜보면서, 이 단속평형의 사고가 어떻게 적용되는가를 고찰해보자. 『신자유주의』에서 나는 이 시기에 시작된 자본주의적 구조조정에 관해 설명하고자 했다. 자본주의세계 전반에 걸쳐 특히 (당시 확실히 지배적 강국이었던) 미국에서 자본가계급의 권력은 노동과 다른 사회운동에 비해 상대적으로 약화됐고 자

본축적은 정체해 있었다. 대부분이 라키펠러(Rockefeller) 형제처럼 자본가계급의 자손인 미디어제왕, 부유한 개인, 선도적 기업의 총수들이 반격에 나섰다. 이들은 국가-금융 연관(state-finance nexus)의 급진적 재구성(금융에 대한 국가적·국제적 규제완화, 부채에 기반한 자금조달의 자유화, 세계를 고조된 국제경쟁에 개방하기, 사회복지에 관한 국가장치의 재배치)을 시도했다. 자본은 실업과 탈산업화, 이주, 역외생산, 모든 방식의 기술적·조직적 변화(이를테면 하청)를 통해 노동에 대한 권력을 강화했다. 레이건과 마거릿 새처 시대에 모든 형태의 노동조직에 대한 이데올로기적·정치적 공격이 결합되면서, 임금 압박과 국가에 의한 사회복지 제공의 축소를 통해 이윤율 하락과 부의 감소 위기를 해결하는 효과를 가져왔다. 세계에 관한 정신적 개념화는 자유시장과 자유무역에 필수적으로 내장되어 있는 개인의 자유라는 신자유주의적 원칙에 호소함으로써 가능한 한 광범위하게 재구성됐다. 이 점은 사회복지의 제공에서 국가의 후퇴, 1970년대 초에 구축됐던 환경규제(즉 환경보호)의 점진적 해체를 요구했다. 새로운 형태의 틈새 소비주의와 개인화된 생활양식도 역시 갑자기 나타나서, 포스트모던한 도시화의 양식(젠트리피케이션과 결합된 도심의 디즈니화) 주변에 구축됐다. 그리고 자기중심적인 개인주의, 정체성의 정치, 다문화주의, 성적 선호 등이 뒤섞인 이슈들을 둘러싸고 사회운동이 등장했다.

자본은 이 운동들을 창출하지 않았지만 이들을 활용하고 조작하는 방법을 찾아내어, 그때까지 중요했던 계급연대성을 분쇄할 뿐만 아니라 이 운동들과 관련된 감성적이고 효율적인 수요를 상품화하고 틈새시장으로 흘러가도록 만들고자 했다. 생산과 소비 양측에 모두 폭넓게 응용되는 새로운 전자기술은 인구 대다수가 영위하는 일상생활의 행동과 더불어 노동과정에도 엄청난 충격을 줬다(노트북, 휴대폰, 아이팟은 어디서나 볼 수 있다). 1990년대의 새로운 전자기술이 세계의 모든 문제에 대한 답이라는 주장은 물신주의적 주문이 됐다. 이것들 모두는 세계에 관한 정신적 개념화에 마찬가지로 막대한 전환의 전조가 됐으며, 이에 따라 돈벌이, 부채, 자산가치에 대한 투자, 민영화, 사회계급에 걸친 문화적 규범으로서 개인적 책임성에 대한 광범위한 수용 등과 더불어 더욱더 강력한 소유욕을 가진 개인주의가 등장하게 됐다. 예를 들어 주택 압류의 파도에 휩싸인 사람들에 관한 예비조사는 이들 가운데 많은 사람이 이 체제의 문제보다는 주택소유에 동반된 개인적 책임을 어떤 이유에서든 다하지 못한 것에 대해 자신을 책망한다는 것을 보여준다. 국가와 국가권력의 적합한 역할에 관한 견해는 신자유주의적 시기 동안 극적으로 변화했으며, 국가가 현재 위기를 다루기 위해 막대한 지원을 통해 개입해야 하는 지금에 와서야 도전받고 있다.

물론 세부 상황은 이것보다 훨씬 더 복잡했고, 무수한 힘들이 작용하면서 모든 방향으로 온갖 방식대로 흘러갔다. 세계무대에서 신자유주의의 지리적 불균등발전은 어디에서나 뚜렷했으며 이에 대한 저항도 다양했다. 내가 여기서 예시하고자 하는 점은 1980년과 2010년 사이 세계가 이 영역 모두에 걸쳐 얼마나 많이 변했는가라는 점이다. 어디에 있는가에 따라 다르겠지만, 이 시기를 살아온 사람들은 누구나 영역들의 공진화적 운동을 뚜렷하고 명백하게 느낄 수 있을 것이다.

대중적 이해에서뿐만 아니라 사회이론에서 위험한 점은 이 영역 가운데 하나가 결정적이라고 보는 것이다. 한국의 도시 심사단에 참여한 건축가가 정신적 개념화만 중요하다고 말했을 때, 그는 분명 단순화를 위한 이해할 만한 욕심에서 비롯된 매우 흔한 행동을 했다. 그러나 이런 단순화는 근거가 없을 뿐만 아니라 위험한 오류를 불러올 수 있다. 사실 우리는 위험하게도 과도하게 단순하고 단일한 인과적 설명에 둘러싸여 있다. 베스트셀러인 『세계는 평평하다』(*The World is Flat*)의 저자인 저널리스트 토머스 프리드먼(T. Friedman)은 노골적으로 기술결정론의 한 견해를 신봉했다(그는 이것이 맑스에게 기인하는 것으로 오해했다). 재레드 다이아몬드의 베스트셀러 『총, 균, 쇠』는 자연과의 관계가 매우 중요하다고 주장하며, 인류진화를 환경결정론의 이야기로 바꾸어버렸다. 그는 아프리카가 인종적 열등성이나 (그가 말한 것은 아니지만) 수백년간의 (노예무역에서 시작된) 제국주의적 약탈 때문이 아니라, 환경적 이유로 가난하다고 말한다. 애스모글루 등은 제도적 편제에서 혁신은 국가 간 부의 차이를 실질적으로 해명하는 것임을 의심할 바 없이 입증한다. 맑스주의적·아나키즘적 전통에는 계급투쟁 결정론이 강하게 존재한다. 다른 사람들은 젠더, 섹슈얼리티, 또는 인종화(racialisation)의 사회적 관계를 사회진화의 선봉이라고 생각한다. 또다른 이들은 오늘날 문제는 악명 높은 개인주의와 인간의 보편적 탐욕 때문에 발생한다고 설교한다. 정신적 개념화를 사회변화의 선봉에 놓는 관념론은 매우 오랜 전통(가장 탁월하게 헤겔의 역사이론에 의해 대표된다)을 갖는다. 그러나 강력한 혁신가와 기업가 또는 종교적 지도자, 유토피아적 정치사상가(이를테면 마오주의의 몇몇 변형들)의 이상과 사고를 모든 것의 중심에 놓는 다른 많은 견해도 있다. 이들의 말에 의하면, 믿음과 가치를 바꾸는 것이 정말 중요하다. 이들은 때로 담론을 바꾸면 세계도 바뀔 것이라고 말한다.

다른 한편, 맑스주의 전통 내에서 노동자주의 분파(workerist wing)는 노동과정만이 진정하게 혁명적 변화를 가져올 수 있는 유일한 장이라고 본다. 세계를 바꾸는 실질적 권력은 노동하는 활동 내에만 놓여 있기 때문이다. 『권력으로 세상을 바꿀 수 있는가』(*Change the World without Taking Power*)에서 존 홀러웨이(J. Holloway)는 오직 이러한 출발점에서만 세상을 바꿀 수 있다고 주장한다. 그렇지만 또다른 대중서인 『축복받은 불안』(*Blessed Unrest*)에서 폴 호켄(P. Hawken)은 우리 시대의 사회적 변화는 수백만명의 사람들이 특정한 삶의 터전에서 자신의 일상생활을 전환하고자 하는 실천적 참여로부터 퍼져나올 수 있으며 이미 그렇게 되고 있는 것처럼 주장한다. 또한 과거에 끝난 것으로 입증된 정치적 이데올로기와 유토피아적인 정신적 개념화(공산주의에서부터 신자유주의에 이르기까지) 모두를 제거하고자 했다. 이러한 좌파적 견해는 특정 현장에서 일상생활의 정치를 정치적 행동과 급진적 변화를 위한 근본적 묘판으로 이해한다. 이들에게는 국지적 '연대경제'(solidarity economy)의 창출이 유일한 답이다. 다른 한편 '제도주의자'(institutionalist)라는 이름을 달고, 제도적·행정적 편제의 통제와 개혁을 근본적인 것으로 우선시하는 사회변화이론을 고수하는 많은 역사학자와 정치철학자의 학파도 있다. 국가권력을 장악하고 쳐부수는 것은 이 학파의 혁명적 레닌주의적 견해다. 또다른 급진적 견해가 '통치성'(governmentality)의 문제에 초점을 둔 미셸 푸꼬로부터 도출되는데, 그는 흥미롭게도 두 영역, 즉 제도적·행정적 체계와 일상생활(신체정치로 해석되는)의 상호교차를 분석한다.

이 수많은 가능성 가운데 각각의 견해는 비록 1차원적이지만, 자본주의의 사회생태적 역동성과 대안을 구축할 수 있는 잠재성에 관하여 말할 수 있는 무언가 중요한 것을 갖는다. 그러나 이 관점들 가운데 어느 하나 또는 다른 무언가가 유일한 근원이며, 따라서 그것 하나가 변화를 위한 최우선의 정치적 압력지점이라고 배타적·독단적으로 여겨질 경우 문제가 발생한다. 다른 활동영역보다 특정 영역을 선호하는 사회이론은 불행한 역사를 갖고 있다. 때로 이는 영역들 가운데 한 영역 또는 다른 영역(계급투쟁 또는 기술적 역동성)이 당시 발생한 전환의 최전선에 있는 것처럼 보이는 상황을 반영한다. 이 같은 상황에서, 그 장소와 시간에서 사회생태적 변화의 선봉에 있는 힘들을 인정하지 못하는 것은 야박한 일일 것이다. 따라서 나의 주장은 일곱가지 영역들이 항상 똑같은 중요성을 갖는다는 것이 아니라 이들의 불균등발전 내에서의 변증법적 긴장을 항상 명심해야 한다는 것이다.

한 시대 또는 한 장소에서 사소한 것처럼 보이는 것이 다음 시대나 장소에서는 중요해질 수 있다. 오늘날 노동투쟁은 1960년대와 1970년대 초에 그랬던 것처럼 정치적 역동성의 최전선에 있지 않다. 현재는 과거에 비해 자연과의 관계에 더 많은 관심의 초점을 두고 있다. 일상생활의 정치가 어떻게 전개되고 있는가, 즉 일상의 정치에 대한 현대적 관심은 과거 당연히 주목을 받았어야 했음에도 그렇지 못했다는 점에서 분명 환영받아야 할 것이다. 아마도 지금 당장은, 과거에 너무 자주 아무 생각 없이 우선시했던 새로운 기술과 조직형태의 사회적 영향에 관해 별도의 설명이 필요하지는 않은 것 같다.

봉건주의로부터 나온 자본주의의 등장에 관한 맑스의 설명 전체는, 사실 여기서 확인한 일곱가지 상이한 활동영역에 걸친, 그리고 이들 간에 이루어지는 공진화운동이라는 점에서 재구성되고 독해될 수 있다. 자본주의는 이 영역 가운데 단지 한 영역 내에서만 동원된 힘에 의존하여 어떤 깔끔한 혁명적인 전환방식으로 봉건주의를 대체한 것이 아니다. 자본주의는 과거 사회의 틈새 내에서 성장하여 조금씩 이를 대체했으며, 때로 주된 무력, 폭력, 자산의 약탈과 수탈을 통해, 그러나 또다른 때에는 기만과 교활함으로 그렇게 했다. 자본주의는 과거 질서와의 전쟁에서 결국 이겼지만, 자주 패하기도 했다. 자본주의가 약간의 권력을 달성함에 따라, 맹아적 자본가계급은 이전의 봉건적 질서하에서 오랫동안 구성됐던 기술, 사회적 관계, 행정체계, 정신적 개념화, 생산체계, 자연과의 관계, 일상생활의 양식 등에 우선 기반을 둔 대안적 사회형태를 구축해야만 했다. 자본주의가 자신의 생산과정과 이의 제도적·행정적 틀은 말할 것도 없고 자신의 독특한 기술적 기반뿐만 아니라 신념체계와 정신적 개념화, 불안정하지만 분명 계급에 기초한 사회적 관계의 편성, 면밀한 시공간적 리듬과 이와 마찬가지로 구체적인 일상생활의 형태를 발견하기 전에, 즉 자본주의가 진정하게 자본주의라고 말하는 것이 가능해지기 전에, 그것은 서로 다른 영역들에서 공진화와 불균등발전을 취했다.

심지어 자본주의가 그렇게 했을 경우에도, 그 내부에 자본주의로의 전환이 이루어졌던 차별적 조건의 다양한 흔적이 남아 있었다. 세계의 여러 곳에서 자본주의가 작동하는 방식의 유의미한 차이를 만들어내는 데 프로테스탄트, 가톨릭, 유교 전통의 차이가 너무 많이 강조되기도 하지만, 이 같은 영향이 무관하거나 무시할 만하다고 주장하는 것은 바보 같은 짓일 것이다. 게다가 자본주의가 일단 확립되면, 이는 복률성장의 무한한 자본축적을 위한 불가피한 스트레스에 적응할 수 있도록 모든 영역에 걸쳐 지속적인 혁명적 운동을 추동해야 한다. 1950~1960년대 영국 노동계급의 습관과 관행은 1990년대 등장한 노동계급의 일상생활 습관과 정신적 개념화(우선 '노동계급'의 사회적 관계를 구성하는 것이 무엇인가에 관한 재정의와 더불어)와는 거의 관계가 없다. 자본주의가 시동을 건 공진화 과정은 영속적이었다.

사회주의를 건설하고자 하는 과거의 시도들이 실패한 가장 큰 이유 가운데 하나는, 이 영역 모두에 걸쳐 정치적으로 관여하여, 이 영역들 간 변증법이 미래의 가능성을 봉쇄하는 것이 아니라 열어나가도록 유도하지 못했기 때문이다. 혁명적 공산주의, 특히 소련 같은 유형의 공산주의, 더욱 특정하자면 1920년대 혁명적 실험기 이후의 소련은 스딸린(J. Stalin)에 의해 종결됐는데, 그는 영역들 간 관계의 변증법을 생산력(기술)이 변화의 선봉에 위치하는 단선적 프로그램으로 축소시켰다. 이런 접근은 불가피하게 실패했다. 이는 정체와 행정적·제도적 편제의 침체를 초래했고, 일생생활을 단조롭게 했으며 새로운 사회적 관계나 정신적 개념화를 탐구할 수 있는 가능성을 동결시켰다. 자연과의 관계에 관심을 두지 않았으며, 재앙적 결과를 초래했다. 물론 레닌은 (부분적으로 봉건적이고 부분적으로 자본주의적인) 이전의 질서에 의해 주어진 편성의 기반에서 공산주의를 창출하기 위해 분투하는 것 외에는 달리 방법이 없었다. 이러한 관점에서 보면 그가 포드주의 공장, 그 기술 및 조직형태를 공산주의로의 이행에 필수적 단계로 수용한 점은 이해할 만하다. 그는 사회주의로 이어서 공산주의로 이행이 이루어지려면, 자본주의가 만들어낸 가장 앞선 기술과 조직형태에 처음부터 기반을 두어야만 한다고 설득력 있게 주장했다. 그러나 특히 스딸린이 집권한 이후에는 공산주의적 기술과 조직형태는 고사하고 진정하게 사회주의적인 기술과 조직형태를 구축하기 위한 생각이나 그것을 시작하려는 의식적 시도가 전혀 없었다.

마오 쩌둥(毛澤東)은 모순이 어떻게 작동하는가에 관해 탁월한 변증법적 감각이 있었고, 최소한 원칙적으로 혁명은 영구적이어야 하며 그렇지 않을 경우 아무것도 아니라는 점을 인식하고 있었다. 이 점은 그가 서로 다른 역사 국면마다 서로 다른 활동영역에서 이루어지는 혁명적 전환을 의식적으로 우선시하도록 했다. '대약진운동'은 생산과 기술·조직의 변화를 강조했다. 이 운동은 당면한 목표를 달성하는 데 실패했고 대규모 기아를 만들어냈지만, 거의 확실하게 정신적 개념화에 심대한 영향을 미쳤다. 문화혁명은 직접적으로 사회적 관계와 세계에 관한 정신적 개념화를 근본적으로 개편하고자 했다. 오늘날 받아들여지는 견해는 그가 이 두가지 시도 모두에서 참패했다는 것이다. 하지만 1970년대 후반부터 제도적·행정적 개혁을 위한 이행이 이루어진 이후 중국을 특징지었던 놀라운 경제적 성과와 혁명적 전환은 여러 측면에서 마오주의 시대의 실질적 업적(특히 당이 일상생활에 대한 장악력을 강화함에 따라, 대중들 내에서 많은 '전통적인' 정신적 개념화와 사회적 관계와의 단절이 이루어졌다)에 굳건하게 의존하고 있다는 의견도 제기된다. 예를 들어 마오는 1960년대 '맨발의 의사들'〔赤脚醫生〕이라는 집단을 그때까지는 소외됐던 가난한 농촌지역에 보내서 기초예방의학, 공공의료수단, 산전 관리 등을 가르치도록 함으로써, 의료서비스 제공을 완전히 재조직했다. 그 결과 유아사망률은 극적으로 감소했고 이는 1980년대 이후 중국의 성장을 촉진했던 잉여노동을 만들어냈다. 중국은 또한 한 가정 한 자녀 정책을 통해 재생산활동에 대한 엄격한 제한을 가했다. 이 모든 것이 일종의 자본주의적 발전을 향한 경로를 열었다는 점은 엄청난 유의미성을 갖는 비의도적 결과였다.

그렇다면 사회변화에 관한 이러한 공진화이론의 관점에서 혁명적 전략은 어떻게 추론될 것인가? 이 이론은 거대한 혁명적 전략에서 도시화와 도시생활의 재설계에 이르는 모든 것을 생각하는 데 실천적 함의를 가질 수 있는 연구의 틀을 제공한다. 동시에 이 이론은 우리가 일단의 비의도적 결과들과 더불어 개연성, 모순, 자율적 가능성을 항상 직면한다는 점을 알려준다.

봉건주의에서 자본주의로 이행하는 경우처럼, 반자본주의적인 대안적 사회운동을 시작할 수 있는 틈새공간들은 풍부하다. 그러나 좋은 의도로 시작했지만 결국 체제에 흡수되거나 끔찍하게 잘못될 가능성도 얼마든지 많다. 그와는 반대로, 부정적인 것처럼 보이는 발전이 놀랍도록 잘된 결과로 판명될 수 있다. 진화 일반, 특히 인간 사회(자본주의적 규정력이 있든지 없든지 간에)의 진화는 멈출 수 없기 때문에, 우리는 이 드라마에 참가하는 것 외에 달리 방법이 없다. 유일한 선택은 우리의 개입이 어떻게 작동하는가 또는 하지 않는가를 의식하고, 상황이 전개되거나 비의도적 결과들이 더욱 뚜렷해지면 경로를 재빠르게 변화시킬 수 있도록 준비하는 것이다. 자본주의의 명백한 적응력과 유연성은 여기서 가치있는 중요한 모방의 모델을 제공한다.

그렇다면 우리는 어디서부터 혁명적인 반자본주의 운동을 시작할 것인가? 정신적 개념화? 자연과의 관계? 일상생활과 재생산의 실천? 사회적 관계? 기술과 조직형태? 노동과정? 제도들의 장악과 이들의 혁명적 전환?

대안적 사고와 대항적 사회운동에 관한 조사는 이들이 어디서 시작하는 것이 가장 적절한가에 관해 서로 다른 (불행하게도 상당히 빈번하게 상호배타적으로 제기된) 생각의 경향을 보여줄 것이다. 그러나 여기서 제안된 공진화이론의 함의는 우리가 시작한 곳에 머물지 않는 한 어떤 곳에서 그리고 모든 곳에서 시작할 수 있다는 것이다! 혁명은 이 단어 자체의 의미로 운동이어야 한다. 만약 이것이 서로 다른 영역 내부에서, 그리고 이 영역들을 가로지르거나 이들을 통해서 운동할 수 없다면, 이는 결국 아무 곳에도 갈 수 없을 것이다.

이 점을 인식하면, 상이한 영역을 둘러싸고 편성된 모든 다양한 사회적 세력 간 연대를 구상하는 것이 불가피해진다. 자연과의 관계가 어떻게 작동하는가에 대해 깊은 지식을 가진 사람들은 제도적·행정적 편제가 어떻게 기능하는가, 과학과 기술이 어떻게 작동하는가, 일상생활과 사회적 관계가 어떻게 가장 쉽게 재조직될 수 있는가, 정신적 개념화가 어떻게 변할 수 있는가, 그리고 생산과 노동과정이 어떻게 재편될 수 있는가 등에 관해 깊에 인식하고 있는 사람들과 연대해야 한다.

보론

『자본이라는 수수께끼』에서 발췌한 이 장은 현재 및 미래 자본주의의 궤적의 복잡성을 파악하고, 어떻게, 왜, 언제, 자본주의가 다른 생산양식으로 진화할 수 있을 것인가에 대한 사고를 얻기 위하여 맑스의 진화론적 사유가 어떻게 작동하도록 할 수 있는가에 대한 나의 견해를 요약한다. 맑스는 각각의 한정된 기술적·경제적 탐구(이 가운데 일부는 수학적 모델의 형태를 취한다)를 역동적이고 지속적으로 변화하는 사회적·자연적 관계의 총체성으로서 자본의 진화에 관한 거대한 관점에 포함시켰다. 자본이 재생산되고 때때로 상이한 편성으로 재구성되는 과정의 유동성을 이해하는 것은 중요하다. 세상에 대한 우리의 개념화와 더불어 생산관계와 사회관계, 소비와 분배, 자연과의 관계, 제도적 편제와 일상생활의 변화를 초래하는 상호교차적 압력은 진화하고 항상 움직이며 영구적으로 위기를 담지하는 총체성을 형성한다. 내가『자본의 17가지 모순』에서 제시한 것과 같은 세밀한 분석은 자본주의체제 내에서 변화의 주요 흐름을 형성하는 내적 긴장을 드러낸다. 서로 다중적으로 물려 있는 자본의 모순에 관한 연구는 자본이 요구하는 무한한 축적의 불가능성, 어리석음, 불합리한 경과들을 좀더 명확하게 볼 수 있도록 한다. 여기서 지금, 자본의 잉여를 대적하기 위해 요청되는 정치적 전략을 통해 생각하기 시작하고, 실행 가능한 정치경제적 대안의 구축을 위한 출발점을 찾는 것이 필수적이다.

주석

1장 지리학에서 혁명적 이론과 반혁명적 이론: 게토형성의 문제

1 Kuhn, *The Structure of Scientific Revolutions*, 1962. 토머스 새뮤얼 쿤『과학혁명의 구조』제4판, 김명자·홍성욱 옮김, 까치글방 2013.

2 Bernal, *Science in History*, 1971.

3 앞의 책; Rose and Rose, *Science and Society*, 1969.

4 Kuhn, *The Structure of Scientific Revolutions*, 1962, 37면. 토머스 새뮤얼 쿤『과학혁명의 구조』90~91면; Nagel, *The Structure of Science*, 1961.

5 Johnson, 'The Keynesian revolution', 1971.

6 Althusser and Balibar, *Reading Capital*, 1970. 루이 알튀세르·에티엔 발리바르『자본론을 읽는다』, 김진엽 옮김, 두레 1991.

7 Kuhn, *The Structure of Scientific Revolutions*, 1962, 52~56면. 토머스 새뮤얼 쿤『과학혁명의 구조』131~36면.

8 Marx, *Capital*, vol. 2, 1978, 97~98면. 카를 마르크스『자본 II』, 강신준 옮김, 길 2010, 30~31면.

9 See Marx, *The Economic and Philosophic Manuscripts*, 1964, 164면. 카를 마르크스『경제학-철학 수고』, 강유원 옮김, 이론과실천 2006, 139~40면.

10 Park, Burgess and McKenzie, *The City*, 1925.

11 앞의 책.

12 See Berry and Horton, *Geographic Perspectives*, 1970.

13 Engels, *The Condition of the English Working Class*, 1987, 86~87면. 프리드리히 엥겔스『영국 노동계급의 상황』, 이재만 옮김, 라티오 2014, 88~91면.

14 앞의 책 68~69면.『영국 노동계급의 상황』64~65면.

15 Kerner Commission, *Report of the National Advisory Commission*, 1968.

16 Alonso, *Location and Land Use*, 1964; Muth, *Cities and Housing*, 1969.

17 Lave, 'Congestion and urban location', 1970.

18 *Wall Street Journal*, 27 November 1970.

19 Muth, *Cities and Housing*, 1969.

20 Valdes, 'Health and revolution in Cuba', 1971.

21 앞의 책 320면.

22 Spoehr, 'Cultural differences', 1956.

23 Pearson, 'The economy has no surplus', 1957.

24 Sternlieb, *The Tenement Landlord*, 1966; Grigsby et al., *Housing and Poverty*, 1971.

25 Marx, *Capital*, vol. 3, 1978. 칼 마르크스『자본 III-1』『자본 III-2』, 강신준 옮김, 길 2008; Marx, *Theories of Surplus Value*, Part 2, 1968.

26 Engels, *The Housing Question*, 1935, 23면.『칼맑스 프리드리히엥겔스 저작선집 4』, 김세균 감수, 박종철출판사 1991, 181면.

27 앞의 책 43면.『칼맑스 프리드리히엥겔스 저작선집 4』203~04면.

28 앞의 책 74~77면.『칼맑스 프리드리히엥겔스 저작선집 4』236~39면.

2장 자본주의적 축적의 지리학: 맑스 이론의 재구성

1 Marx and Engels, *The Communist Manifesto*, 2008, 46~47면. 칼 마르크스·프리드리히 엥겔스『공산당선언』, 강유원 옮김, 이론과실천 2003, 13~14면.

2 Marx, *Capital*, vol. 1, 1976, 128면. 카를 마르크스『자본 I-1』91면.

3 앞의 책 183면. 카를 마르크스『자본 I-1』155면.

4 Marx, *Capital*, vol. 2, 1978, 225~29면. 카를 마르크스『자본 II』184~87면.

5 Marx, *Capital*, vol. 1, 1976, 209면. 카를 마르크스『자본 I-1』184~85면.

6 Marx, *Capital*, vol. 2, 1978, ch. 6. 카를 마르크스『자본 II』6장.

7 Marx, *Grundrisse*, 1973, 533~34면. 칼 맑스『정치경제학 비판 요강 II』, 김호균 옮김, 그린비 2007, 169면; Marx, *Capital*, vol. 2, 1978, 226~27면. 카를 마르크스『자본 II』184~87면.

8 Marx, *Grundrisse*, 1973, 533~34면. 칼 맑스『정치경제학 비판 요강 II』169면.

9 같은 곳.

10 Marx, *Capital*, vol. 2, 1978, 134~35면. 카를 마르크스『자본 II』71~74면.

11 Marx, *Grundrisse*, 1973, 33~34면. 칼 맑스『정치경제학 비판 요강 I』68~70면.

12 Marx, *Capital*, vol. 1, 1976, 506면. 카를 마르크스『자본 I-1』521~22면.

13 Marx, *Grundrisse*, 1973, 524면. 칼 맑스『정치경제학 비판 요강 II』157면.

14 같은 곳.

15 Marx, *Capital*, vol. 2, 1978, 327면. 카를 마르크스『자본 II』312~13면.

16 Marx, *Grundrisse*, 1973, 538면. 칼 맑스『정치경제학 비판 요강 II』173면.

17 Marx, *Capital*, vol. 2, 1978, 327~28면. 카를 마르크스『자본 II』312~14면.

18 Marx, *Grundrisse*, 1973, 539면. 칼 맑스『정치경제학 비판 요강 II』175면.

19 Marx, *Capital*, vol. 2, 1978, 249~50면. 카를 마르크스『자본 II』210~13면.

20 앞의 책 357면. 카를 마르크스『자본 II』350~52면.

21 Marx, *Grundrisse*, 1973, 535면. 칼 맑스『정치경제학 비판 요강 II』170~71면.

22 Marx, *Capital*, vol. 3, 1978, Part V. 카를 마르크스『자본 III-1』4편.

23 앞의 책 ch. 20. 카를 마르크스『자본 III-1』20장.

24 앞의 책 chs 16-9. 카를 마르크스『자본 III-1』16~19장.

25 앞의 책 52~53면.

26 Marx, *Capital*, vol. 1, 1976, 284~85, 647~50면. 카를 마르크스『자본 I-1』265~67면,『자본 I-2』703~08면.

27 앞의 책 647면. 카를 마르크스『자본 I-1』265~66면.

28 Marx, *Capital*, vol. 3, 1978, 784~87, 814~16면, ch. 47. 카를 마르크스『자본 III-2』877~82, 915~19면, 47장.

29 Marx, *Capital*, vol. 1, 1976, 446면. 카를 마르크스『자본 I-1』457면.

30 앞의 책 464면. 카를 마르크스『자본 I-1』476~77면.

31 Marx, *Grundrisse*, 1973, 587면. 칼 맑스『정치경제학 비판 요강 II』234~45면; Marx and Engels, *The Communist Manifesto*, 2008, 47~48면. 칼 마르크스·프리드리히 엥겔스『공산당선언』14~15면.

32 Marx, *Capital*, vol. 1, 1976, 499면. 카를 마르크스『자본 I-1』513~14면.

33 Marx, *Capital*, vol. 2, 1978, 328~29면. 카를 마르크스『자본 II』313~15면.

34 같은 곳.

35 앞의 책 327면. 카를 마르크스『자본 II』312~13면.

36 Marx, *Capital*, vol. 1, 1976, 815면. 카를 마르크스『자본 I-2』897~88면.

37 앞의 책 380, 848면. 카를 마르크스『자본 I-1』380~81면,『자본 I-2』937~38면.

38 Marx and Engels, *Selected Correspondence*, 1955, 236~37면.

39 Marx, *Capital*, vol. 1, 1976, 794~95면. 카를 마르크스『자본 I-2』870~72면.

40 앞의 책 718면. 카를 마르크스『자본 I-2』785~86면.

41 앞의 책 799면. 카를 마르크스『자본 I-2』876~77면.

42 Marx and Engels, *The Communist Manifesto*, 2008. 칼 마르크스·프리드리히 엥겔스『공산당선언』참고.

43 Marx, *Grundrisse*, 1973, 407~10면. 칼 맑스『정치경제학 비판 요강 II』17~22면.

44 Marx, *Capital*, vol. 1, 1976, 474, 579~80면. 카를 마르크스『자본 I-1』486~87, 605~08면.

45 Marx, *Theories of Surplus Value*, Part 3, 1972, 288면.

46 Marx, *Capital*, vol. 1, 1976, 474면. 카를 마르크스『자본 I-1』486~87면; Marx, *The German Ideology*, xxxx, 69면. 칼 마르크스·프리드리히 엥겔스『독일 이데올로기 I』, 박재희 옮김, 청년사 2007, 90~91면.

47 Marx, *Grundrisse*, 1973, 407~10면. 칼 맑스『정치경제학 비판 요강 II』17~22면.

48 Marx, *Capital*, vol. 2, 1978, 327~28면. 카를 마르크스『자본 II』312~14면.

49 Marx, 'Results of the Immediate Process of Production', Marx, *Capital*, vol. 1, 1976, 1013~14면.

50 Marx, *Grundrisse*, 1973, 740면. 칼 맑스『정치경제학 비판 요강 II』425면.

51 앞의 책 728면. 칼 맑스『정치경제학 비판 요강 II』387~93면.

52 Marx, *Capital*, vol. 2, 1978, ch. 8. 카를 마르크스『자본 II』8장.

53 Marx, *Grundrisse*, 1973, 703면. 칼 맑스『정치경제학 비판 요강 II』378~79면.

54 앞의 책 739~40면. 칼 맑스『정치경제학 비판 요강 II』424~25면.

55 Marx, *Capital*, vol. 2, 1978, 351면. 카를 마르크스『자본 II』342~44면.

56 Marx, *Capital*, vol. 1, 1976, 133면. 카를 마르크스『자본 I-1』97~98면.

57 앞의 책 129면. 카를 마르크스『자본 I-1』92~93면.

58 Marx, *Grundrisse*, 1973, 224~25면. 칼 맑스『정치경제학 비판 요강 I』215~17면.

59 Marx, *Capital*, vol. 3, 1978, 448~49면. 카를 마르크스『자본 III-1』433~35면.

60 Marx, *Capital*, vol. 1, 1976, 579~80면. 카를 마르크스『자본 I-1』605~08면.

61 Marx, *Theories of Surplus Value*, Part 2, 1968, 302~03면.

62 Marx, *Theories of Surplus Value*, Part 3, 1972, 243면.

63 Marx, *Capital*, vol. 1, 1976, 931면. 카를 마르크스『자본 I-2』, 1024~25면.

64 앞의 책 940면. 카를 마르크스『자본 I-2』1036~37면.

65 앞의 책 647면. 카를 마르크스『자본 I-2』703~04면.

66 앞의 책 644면. 카를 마르크스『자본 I-2』700~01면.

67 앞의 책 701~02면. 카를 마르크스『자본 I-2』766~68면.

68 Marx, *Wages, Price, and Profit*, 1965, 72~73면.『칼맑스 프리드리히엥겔스 저작 선집 3』, 김세균 감수, 박종철출판사 2003, 74~75면.

69 Marx, *Capital*, vol. 1, 1976, 702면. 카를 마르크스『자본 I-2』767~68면.

70 Marx, *Capital*, vol. 3, 1978, 345면. 카를 마르크스『자본 III-1』315~16면.

71 Marx, *Theories of Surplus Value*, Part 2, 1968, 474~75면.

72 앞의 책 201면.

73 Marx, *Theories of Surplus Value*, Part 3, 1972, 105~06면.

74 Marx, *Capital*, vol. 1, 1976, 241면. 카를 마르크스『자본 I-1』217~19면.

75 Marx, *Theories of Surplus Value*, Part 3, 1972, 253면.

76 Marx, *Capital*, vol. 3, 1978, 448~49면. 카를 마르크스『자본 III-1』433~35면.

4장 기념비와 신화: 싸끄레꾀르 대성당 건축

1 Jonquet, *Montmartre Autrefois et Aujourd'hui*, 1892.

2 앞의 책 Dansette, *Histoire Religieuse*, 1965.

3 Price, *The Economic Modernisation of France*, 1975; Braudel and Labrousse, *Histoire Economique*, 1976.

4 Rohault de Fleury, *Historique de la Basilique de Sacre Coeur*, *1903-09*.

5 Zeldin, *The Political System of Napoleon III*, 1958; Zeldin, *France, 1848-1945*, 1973.

6 Gaillard, *Paris, La Ville, 1852-1870*, 1977.

7 Lepidis and Jacomin, *Belleville*, 1975.

8 Pinkney, *Napoleon III and the Rebuilding of Paris*, 1958.

9 Rohault de Fleury, *Historique de la Basilique de Sacre Coeur*, *1903-09*, 10~13면.

10 앞의 책 10~13면.

11 Guillemin, *Cette Curieuse Guerre de 70*, 1956.

12 Thomas, *Rossel 1844-71*, 1967.

13 Lissagary, *Histoire de la Commune*, 1976.

14 Bruhat et al., *La Commune de 1871*, 1971, 75면.

15 Marx and Lenin, *The Civil War in France*, 1968.

16 Lazare, *La France et Paris*, 1872; Goncourt, *Paris under Siege, 1870-71*, 1969.

17 Bruhat et al., *La Commune de 1871*, 1971; Edwards, *The Paris Commune*, 1971.

18 Lissagaray, *Histoire de la Commune*, 1976, 75면.

19 Guillemin, 1956; Bruhat et al., *La Commune de 1871*, 1971, 104~05면; Dreyfus, *Monsieur Thiers contre l'Empire*, 1928, 266면.

20 Allison, *Monsieur Thiers*, 1932; Guillemin, 1956.

21 Rohault de Fleury, *Historique de la Basilique de Sacre Coeur*, *1903-09*, 88면.

22 앞의 책 264면.

23 Marx and Lenin, *The Civil War in France*, 1968.

24 Foulon, *Eugene Varlin*, 1934.

25 Goncourt, *Paris under Siege, 1870-71*, 1969, 288면.

26 Thomas, *The Women Incendiaries*, 1966.

27 Cited in Jellinek, *The Paris Commune of 1871*, 1937, 339면.

28 Rohault de Fleury, *Historique de la Basilique de Sacre Coeur*, *1903-09*, 13면.

29 Cited in Jellinek, *The Paris Commune of 1871*, 1937.

30 Goncourt, *Paris under Siege, 1870-71*, 1969, 312면.

31 Dansette, *Histoire Religieuse*, 1965, 340~45면.

32 Guillemin, 1956, 295~96면; Rohault de Fleury, *Historique de la Basilique de Sacre Coeur, 1903-09*, 365면.

33 Rohault de Fleury, *Historique de la Basilique de Sacre Coeur, 1903-09*, 27면.

34 Jonquet, *Montmartre Autrefois et Aujourd'hui*, 1892, 85~87면.

35 Pinkney, *Napoleon III and the Rebuilding of Paris*, 1958, 85~87면.

36 Rohault de Fleury, *Historique de la Basilique de Sacre Coeur, 1903-09*, 75면.

37 Dansette, *Histoire Religieuse*, 1965, 340~45면.

38 Rohault de Fleury, *Historique de la Basilique de Sacre Coeur, 1903-09*, 88면.

39 같은 곳.

40 Abadie, *Paul Abadie, Architecte, 1812-1884*, 1988.

41 Rohault de Fleury, *Historique de la Basilique de Sacre Coeur, 1903-09*, 244면.

42 앞의 책 269면.

43 앞의 책 165면.

44 Dansette, *Histoire Religieuse*, 1965, 356~58면; Lepidis and Jacomin, *Belleville*, 1975, 271~72면.

45 Ville de Paris, Conseil Municipal, Prods Verbaux, 3 August, 7 October and 2 December, 1880.

46 Rohault de Fleury, *Historique de la Basilique de Sacre Coeur, 1903-09*, 71~73면.

47 앞의 책 71ff.

48 Lesourd, *Montmartre*, 1973, 224~25면.

5장 시공간 압축과 포스트모던 조건

1 가령 Gregory and Urry, *Social Relations and Spatial Structures*, 1985; Soja, *Postmodern Geographies*, 1988을 보라.

2 Mandel, *Late Capitalism*, 1975. 에르네스트 만델『후기자본주의』, 이범구 옮김, 한마당 1985; Jameson, 1984.

3 Toffler, *Future Shock*, 1970. 앨빈 토플러 『미래의 충격』, 장을병 옮김, 범우사 1997.

4 앞의 책 40면.

5 앞의 책 326~29면.

6 Baudrillard, *For a Critique*, 1981.

7 Taylor, *Modernism, Post-Modernism, Realism*, 1987, 77면.

8 Bell, *The Cultural Contradictions of Capitalism*, 1978, 20면. 다니엘 벨 『자본주의의 문화적 모순』, 김진욱 옮김, 문학세계사 1990.

9 Calvino, *If on a Winter's Night*, 1981, 8면. 이탈로 칼비노 『어느 겨울밤 한 여행자가』, 이현경 옮김, 민음사 2014, 15면.

10 Baudrillard, *L'Amerique*, 1986.

11 Rochberg-Halton, *Meaning and Modernity*, 1986, 173면.

12 Dicken, *Global Shift*, 1986, 110~13면. 피터 디컨 『세계경제공간의 변동』, 구양미·안영진·이병민 옮김, 시그마프레스 2014.

13 Virilio, *L'Esthetique de la Disparition*, 1980. 폴 비릴리오 『소멸의 미학』, 김경은 옮김, 연세대학교 출판부 2004.

14 Martin and Rowthorn, *The Geography of Deindustrialisation*, 1986; Bluestone an Harrison, *The Deindustrialisation of America*, 1982; Harrison and Bluestone, *The Great U-Turn*, 1988.

15 Boyer, 'The return of aesthetics', 1988.

16 Baudrillard, *L'Amerique*, 1986.

17 Jencks, *The Language of Post-Modern Architecture*, 1984, 127면.

18 Chambers, 'Maps for the metropolis', 1987.

19 McHale, *Postmodernist Fiction*, 1987.

20 Cohen and Taylor, *Escape Attempts*, 1978, quoted in McHale, *Postmodernist Fiction*, 1987, 38면.

21 Foucault, *The Foucault Reader*, 1984, 253면.

22 Colquhoun, 1991.

23 Jameson, 'Cognitive mapping', 1988, 351면.

6장 관리주의에서 기업주의로: 후기자본주의 도시 거버넌스의 전환

1 Bouinot, *L'Action Economique des Grands Villes*, 1987.

2 Boddy, 'Local economic and employment strategies', 1984; Cochrane, *Developing Local Economic Strategies*, 1987.

3 Rees and Lambert, *Cities in Crisis*, 1985, 179면.

4 Blunkett and Jackson, *Democracy in Crisis*, 1987, 108~42면.

5 Elkin, *City and Regime*, 1987.

6 Goodman, *The Last Entrepreneurs*, 1979.

7 Judd and Ready, 'Entrepreneurial cities', 1986; Peterson, *City Limits*, 1981; Leitner, 'Cities in pursuit of economic growth', 1989.

8 이러한 논쟁적 개념에 대해 좀더 정교한 내용은 다음을 참고할 것. Gertler, 'The limits to flexibility', 1988; Harvey, *The Condition of Postmodernity*, 1989. 데이비드 하비 『포스트모더니티의 조건』, 구동회·박영민 옮김, 한울 2013; Sayer, 'Post-Fordism in question', 1989; Schoenberger, 'From Fordism to flexible accumulation', 1988; Scott, *New Industrial Spaces*, 1988; Swyngedouw, 'The socio-spatial implications of innovations', 1986.

9 Jacobs, *Cities and the Wealth of Nations*, 1984.

10 Rees and Lambert, *Cities in Crisis*, 1985의 훌륭한 설명을 참조할 수 있다.

11 Murray, 'Pension funds and local authority investments', 1983.

12 Molotch, 'The city as a growth machine', 1976.

13 Bouinot, *L'Action Economique des Grands Villes*, 1987.

14 Davies, 'The relevance of development control', 1980, 23면, quoted in Ball, *Housing Policy and Economic Power*, 1983, 270~71면.

15 Berkowitz, 'Economic development really works', 1984; Levine, 'Downtown redevelopment', 1987; Lyall, 'A bicycle built for two', 1982; Stoker, 'Baltimore: the self-evaluating city', 1986.

16 Scott, *New Industrial Spaces*, 1988.

17 Gundle, S., 1986.

18 *Guardian*, 9 May 1987.

19 Bianchini, 'The arts and the inner cities', 1991.

20 Markusen, 'Defense spending', 1986.

21 Smith and Keller, 'Managed growth', 1983.

22 Noyelle and Stanback, 1984.

23 Swyngedouw, 'The heart of the place', 1989.

24 Harvey, *The Condition of Postmodernity*, 1989, ch. 8. 데이비드 하비 『포스트모더니티의 조건』 8장.

25 Levine, 'Downtown redevelopment', 1987.

26 Boddy, 'Local economic and employment strategies', 1984.

27 Sassen-Koob, *Global Cities*, 1988.

28 Green, 1988.

29 *Baltimore Sun*, 20 August 1987.

30 Szanton, *Baltimore 2000*, 1986.

31 Levine, 'Downtown redevelopment', 1987.

32 *Sunday Times*, 29 November 1987.

33 Cockburn, *The Local State*, 1977.

34 Mollenkopf, *The Contested City*, 1983; Logan and Molotch, *Urban Fortunes*, 1987; Gurr and King, *The State and the City*, 1987; Smith, *City, State and Market*, 1988.

35 Marx, *Capital*, vol. 1, 1976, 476면. 카를 마르크스 『자본 I-1』 488~90면.

36 Jessop, 'Accumulation strategies', 1983.

37 Harvey, *The Limits to Capital*, 1982. 데이비드 하비 『자본의 한계』, 최병두 옮김, 한울 2007.

38 Frug, 'The city as a legal concept', 1980.

39 Blunkett and Jackson, *Democracy in Crisis*, 1987.

7장 환경의 본질: 사회적 변화와 환경적 변화의 변증법

1 Williams, *Problems in Materialism and Culture*, 1980, 67면.

2 Lovejoy, *The Great Chain of Being*, 1964, 7~14면. 아서 러브죠이『존재의 대연쇄』, 차하순 옮김, 탐구당 1984.

3 Dobson, *Green Political Thought*, 1990. 앤드루 돕슨『녹색정치사상』, 정용하 옮김, 민음사 1998.

4 Marsh, *Man and Nature*, 1965. 조지 마시『인간과 자연』, 홍금수 옮김, 한길사 2006; Thomas, *Man's Role*, 1956; Goudie, *The Human Impact*, 1986. 앤드루 가우디『휴먼 임팩트』, 손일·손명원·박경 옮김, 푸른길 2007.

5 Williams, *The Country and the City*, 1973. 레이먼드 윌리엄스『시골과 도시』, 이현석 옮김, 나남 2013.

6 Leopold, *A Sand County Almanac*, 1968. 알도 레오폴드『모래 군의 열두 달』, 송명규 옮김, 따님 2000.

7 Marx, *Grundrisse*, 1973, 224~26면. 칼 맑스『정치경제학 비판 요강 I』 215~19면.

8 Gosselink et al., *The Value of the Tidal Marsh*, 1974.

9 Pearce et al., *Blueprint for a Green Economy*, 1989.

10 Brundtland Report, *Our Common Future*, 1987. 세계환경발전위원회『우리 공동의 미래』, 조형준·홍성태 옮김, 2005.

11 Norgaard, 'Environmental economics', 1985.

12 McEvoy, 'Towards an interactive theory of nature and culture', 1988, 222면.

13 Goodin, *Green Political Theory*, 1992, 67면.

14 Naess, *Ecology, Community and Lifestyle*, 1989, 127면.

15 Simmel, *The Philosophy of Money*, 1978, 377면. 게오르그 짐멜『돈의 철학』, 김덕영 옮김, 길 2014.

16 Marx, *Grundrisse*, 1973. 칼 맑스『정치경제학 비판 요강』(I II III).

17 Borneman, *The Psychoanalysis of Money*, 1976, 86면.

18 Marx, *Theories of Surplus Value*, Part 1, 1967, 474~75면.

19 Marx, 'On the Jewish question', 1971.

20 Cf. Goodin, *Green Political Theory*, 1992, 40면.

21 Leopold, *A Sand County Almanac*, 1968, 223~24면.

22 Lovejoy, 1964.

23 Ingold, *The Appropriation of Nature*, 1986, 104면.

24 Merchant, *The Death of Nature*, 1980.

25 Martin, 'The egg and the sperm', 1991.

26 앞의 책 498면.

27 Young, *Darwin's Metaphor*, 1985.

28 Todes, Darwin without Malthus , 1989.

29 앞의 책 168면.

30 Marx and Engels, *Selected Correspondence*, 1955, 128면.

31 Gerratana, 'Marx and Darwin', 1973.

32 Mitman, *The State of Nature*, 1992.

33 Bookchin, *Remaking Society*, 1990. 머레이 북친 『사회생태주의란 무엇인가』, 박홍규 옮김, 민음사 1998.

34 Rousseau, *The Social Contract and Discourses*, 1973.

35 Martin, 'The end of the body?', 1992.

36 Williams, *Problems in Materialism and Culture*, 1980, 70면.

37 Bohm and Peat, *Science, Order and Creativity*, 1987, 35~41면.

38 Capra, *The Tao of Physics*, 1975, 77면.

39 Cf. Dobson, *Green Political Thought*, 1990, 57~63면.

40 Cited in Naess, *Ecology, Community and Lifestyle*, 1989, 19면.

41 Naess, *Ecology, Community and Lifestyle*, 1989, 45면.

42 Steiner, *Heidegger*, 1992, 136면.

43 Heidegger, *Poetry, Language, Thought*, 1991, 114~15면.

44 Heidegger, 1966, 47~48면.

45 R elph, 'Geographical experiences', 1989, 27~29면.

46 Norberg-Schulz, *Genius Loci*, 1980, 15~21면.

47 Cited in Alexander, 'Bioregionalism', 1990, 163면.

48 Mills, 앞의 책 같은 곳에서 재인용.

49 Goodin, *Green Political Theory*, 1992, ch. 2.

50 Sagoff, *The Economy of the Earth*, 1988.

51 앞의 책 17면.

52 Bramwell, *Ecology in the Twentieth Century*, 1989.

53 앞의 책 11면에서 재인용.

54 Spretnak, 'The spiritual dimension of Green politics', 1985, 232면.

55 Paehlke, *Environmentalism and the Future of Progressive Politics*, 1989, 194면.

56 Grundmann, *Marxism and Ecology*, 1991, 114면.

57 Williams, *Problems in Materialism and Culture*, 1980, 71면.

58 Porritt and Winner, cited in Dobson, *Green Political Thought*, 1990, 7면.

59 Ophuls, *Ecology and the Politics of Scarcity*, 1977, 161면.

60 Heilbroner, *An Inquiry into the Human Prospect*, 1974, 161면.

61 Dobson, *Green Political Thought*, 1990, 26면.

62 Hajer, 'The politics of environmental performance review', 1992; Weale, *The New Politics of Pollution*, 1992, ch. 3.

63 가령 Collingwood, *The Idea of Nature*, 1960을 보라.

64 Nash, *The Rights of Nature*, 1989.

65 Attfield, *The Ethics of Environmental Concern*, 1991.

66 Benton, 'Marxism and natural limits', 1989, 52면에 잘 요약되어 있다.

67 Commoner, *Making Peace with the Planet*, 1990, 219면.

68 Haila and Levins, *Humanity and Nature*, 1992, 251면.

69 앞의 책 227면.

70 O'Connor, 'Capitalism, nature, socialism', 1988.

71 Dobson, *Green Political Thought*, 1990, 25면.

72 O'Riordan, *Environmentalism*, 1981, 307면.

73 Dauncey, *After the Crash*, 1988.

74 May, 'How many species inhabit the earth?', 1992.

75 Jacks and Whyte, *Vanishing Lands*, 1939.

76 Wilson, *The Culture of Nature*, 1992.

77 가령 Butzer, *Archaeology as Human Ecology*, 1982를 보라.

78 Bennett, *The Ecological Transition*, 1976; Ellen, *Environment, Subsistence and System*, 1982; Ingold, *The Appropriation of Nature*, 1986.

79 Thomas, *Man's Role*, 1956; Goudie, *The Human Impact*, 1986.

80 Cf. the debate in *Journal of American History*, 1990.

81 E .g. Butzer, *Archaeology as Human Ecology*, 1982.

82 Benton, 'Marxism and natural limits', 1989; Benton, 'Ecology, socialism and the mastery of nature', 1992.

83 Grundmann, 'The ecological challenge to Marxism', 1991; Grundmann, *Marxism and Ecology*, 1991.

84 Cronon, *Changes in the Land*, 1983, 13~14면.

85 Marx and Engels, 1975, 55면.

86 Worster, *Rivers of Empire*, 1985.

87 Gottlieb, *A Life of Its Own*, 1988, or Polanski's film *Chinatown*.

88 Lewontin, 1982.

89 Crosby, *Ecological Imperialism*, 1986. 앨프리드 크로스비 『생태제국주의』, 안효상 옮김, 지식의 풍경 2000.

90 Cronon, *Nature's Metropolis*, 1991.

91 Smith, *Uneven Development*, 1990. 닐 스미스 『불균등발전』, 최병두·이영아·최영래·최영진·황성원 역, 한울 2017; Smith and O'Keefe, 'Geography, Marx and the concept of nature', 1985.

92 Guha, *The Unquiet Woods*, 1989, xii면.

93 앞의 책 196면.

94 Sauer, 'The agency of man on earth', 1956.

95 Goldsmith, *The Way*, 1992, xvii면.

96 Bookchin, 'Ecology and revolutionary thought', 1985, 97면.

97 Cited in Booth and Jacobs, 'Ties that bind', 1990, 27면.

98 Haila and Levins, *Humanity and Nature*, 1992, 195면.

99 Butzer, *Archaeology as Human Ecology*, 1982, 320면.

100 Leiss, *The Domination of Nature*, 1974.

101 Grundmann, 'The ecological challenge to Marxism', 1991.

102 Benton, 'Marxism and natural limits', 1989; Benton, 'Ecology, socialism and the mastery of nature', 1992.

103 Glacken, *Traces on the Rhodian Shore*, 1967. 클래런스 글래컨 『로도스 섬 해변의 흔적』, 심승희·진종헌·최병두·추선영·허남혁 옮김, 나남 2016.

104 Bate, *Romantic Ecology*, 1991.

105 McGann, *The Romantic Ideology*, 1983.

106 Urry, *The Tourist Gaze*, 1990.

107 Williams, *Problems in Materialism and Culture*, 1980, 67면.

108 Eckersley, *Environmentalism and Political Theory*, 1992, 53면.

109 Capra, 1975.

110 All citations from Levins and Lewontin, *The Dialectical Biologist*, 1985.

111 Cited in Ollman, ‘Putting dialectics to work’, 1990, 44면.

112 Eckersley, *Environmentalism and Political Theory*, 1992, 49면.

113 Bohm and Peat, *Science, Order and Creativity*, 1987, 40면.

114 Ollman, *Dialectical Investigations*, 1993, 34면.

115 Levins and Lewontin, *The Dialectical Biologist*, 1985, 272면.

116 앞의 책 278면.

117 Ollman, *Alienation*, 1971; Ollman, *Dialectical Investigations*, 1993.

118 Eckersley, *Environmentalism and Political Theory*, 1992, 49~55면.

119 Birch and Cobb, *The Liberation of Life*, 1981.

120 Naess, *Ecology, Community and Lifestyle*, 1989, 79면.

121 Zimmerman, ‘Quantum theory’, 1988.

122 Lefebvre, 1991.

123 Levins and Lewontin, *The Dialectical Biologist*, 1985.

124 앞의 책 274면.

125 앞의 책 275면.

126 Ollman, 1990; Ollman, *Dialectical Investigations*, 1993.

127 Ollman, 1990, 34면.

128 Fuss, 1989.

129 Benton, ‘Ecology, socialism and the mastery of nature’, 1992, 72면.

130 Ollman, *Dialectical Investigations*, 1993.

131 Parsons, *Marx and Engels on Ecology*, 1977; Lee, ‘On the Marxian view’, 1980.

132 Clark, ‘Marx's inorganic body’, 1989; Dickens, *Society and Nature*, 1992, 190~95면.

133 Smith, *Uneven Development*, 1990.

134 Benton, 'Marxism and natural limits', 1989, 55면.

135 Marx, *The Economic and Philosophic Manuscripts*, 1964.

136 Lovejoy, 앞의 면 참조; Ollman, *Alienation*, 1971, 23~24면.

137 가령 Benton, 'Marxism and natural limits', 1989; Benton, 'Ecology, socialism and the mastery of nature', 1992를 보라.

138 Lee, *Social Philosophy*, 1989.

139 가령 Spoehr, 'Cultural differences', 1956; Firey, *Man, Mind and the Land*, 1960 을 보라.

140 Benton, 'Marxism and natural limits', 1989, 77면.

141 Redclift, *Sustainable Development*, 1987.

142 Grundmann, *Marxism and Ecology*, 1991, 228면에서 재인용. 라이너 그룬트만 『마르크스주의와 생태학』, 박만준 옮김, 동녘 1995.

143 앞의 책 54면.

144 가령 Meszaros, *Marx's Theory of Alienation*, 1970; Ollman, *Alienation*, 1971를 보라.

145 Cf. Ingold, *The Appropriation of Nature*, 1986, cited above.

146 Marx, *Theories of Surplus Value*, Part 1, 1967, 352면.

147 Grundmann, *Marxism and Ecology*, 1991. 라이너 그룬트만 『마르크스주의와 생태학』, 동녘 1995.

148 Commoner, *Making Peace with the Planet*, 1990.

149 Alexander, 'Bioregionalism', 1990, 170면에서 재인용.

150 Sale, *Dwellers in the Land*, 1985.

151 Dobson, *Green Political Thought*, 1990, 122면.

152 Young, *Justice and the Politics of Difference*, 1990.

153 Cited in Dobson, *Green Political Thought*, 1990, 97면.

154 Young, *Justice and the Politics of Difference*, 1990, 105면.

155 Haila and Levins, *Humanity and Nature*, 1992, 236면.

156 Cronon, *Changes in the Land*, 1983, 99면.

157 Smith, 'Geography, difference and the politics of scale', 1992, 72면.

158 Marx, *Theories of Surplus Value*, Part 1, 1967, 174면.

8장 투쟁적 특수주의와 지구적 야망

1 Said, 'Appendix', 1989.

2 Gilroy, *There Ain't No Black in the Union Jack*, 1987.

3 R oman, 'On the ground', 1993.

4 Hall, 'Politics and letters', 1989, 62면.

5 Snedeker, 'Between humanism and social theory', 1993, 113면.

6 좀더 광범위한 논의를 위해서는 다음의 선집을 참고할 것. Eagleton, *Raymond Williams*, 1989, and Dworkin and Roman, *Views beyond the Border Country*, 1993.

7 Williams, *Marxism and Literature*, 1977, 128~29면. 레이먼드 윌리엄스『마르크스주의와 문학』, 박만준 옮김, 지만지 2009.

8 Granovetter, 'Economic action and social structure', 1985.

9 Lomnitz-Adler, 'Concepts for the study of regional culture', 1991.

10 Williams, *People of the Black Mountains*, 1990, 2면.

11 Williams, *Keywords*, 1983, 219면. 레이먼드 윌리엄스『키워드』, 김성기·유리 옮김, 민음사 2010, 332면.

12 Williams, *Problems in Materialism and Culture*, 1980, 67면.

13 앞의 책 76면.

14 Marx, *Capital*, vol. 1, 1976, 173면. 카를 마르크스『자본 I-1』143~44면.

15 Cronon, *Changes in the Land*, 1983, 13~14면.

16 Williams, *People of the Black Mountains*, 1989, 10~12면.

17 Williams, *Border Country*, 1960, 10면.

18 Williams, *People of the Black Mountains*, 1989, 319면.

19 Williams, 'The achievement of Brecht', 1961, 157면.

20 Williams, *Resources of Hope*, 1989, 321~22면.

21 앞의 책 242면.

22 앞의 책 165~66면.

23 앞의 책 153면.

24 Williams, *Border Country*, 1960, 242면.

25 Williams, *The Fight for Manod*, 1979, 140면.

26 앞의 책 153면.

27 앞의 책 133면.

28 Williams, *Resources of Hope*, 1989, 249, 115면.

29 앞의 책 115면.

30 Williams, *Loyalties*, 1985, 293면.

31 Williams, *Resources of Hope*, 1989, 117면.

32 Williams, *Border Country*, 1960, 83면.

33 앞의 책 75면.

34 앞의 책 351면.

35 Williams, *Loyalties*, 1985, 347~48면.

36 Williams, *Border Country*, 1960, 293면.

37 같은 곳.

38 Ingold, 1986, 41면.

39 Williams, *Loyalties*, 1985, 317면.

40 앞의 책 317~19면.

41 앞의 책 364면.

42 Fisher, *Fighting Back in Appalachia*, 1993.

43 Williams, *Resources of Hope*, 1989, 220면.

44 Smith, 'Geography, difference and the politics of scale', 1992, 72~73면.

45 Williams, *Second Generation*, 1964, 9면.

46 Williams, *Resources of Hope*, 1989, 220면.

47 Agnew and Duncan, *The Power of Place*, 1989; Cooke, *Localities*, 1989; Cooke, 1990; Massey, 'The political place of locality studies', 1991; Pred, 'Place as historically contingent process', 1984; Smith, 'Dangers of the empirical turn', 1987; Swyngedouw, 'The heart of the place', 1989; Swyngedouw, 'Territorial organisation', 1992.

48 Cox and Mair, 'Levels of abstraction', 1989; Cooke, *Localities*, 1989; Duncan and Savage, 'Space, scale and locality', 1989; Horvath and Gibson, 'Abstraction in Marx's method', 1984; Merrifield, 'Place and space', 1993; Swyngedouw, 'The mammon quest', 1992; Smith, Uneven Development, 1990; Smith, 'Geography, difference and the politics of scale', 1992.

49 가령 Carter et al., *Space and Place*, 1993을 보라.

50 Bird et al., *Mapping the Futures*, 1993; Gregory and Urry, *Social Relations and Spatial Structures*, 1985; Keith and Pile, *Place and the Politics of Identity*, 1993.

51 이 지점에 대해서는 특히 Keith and Pile, *Place and the Politics of Identity*, 1993을 참조하라.

52 Fisher, *Fighting Back in Appalachia*, 1993, 217면.

53 Marx, *Grundrisse*, 1973, 101면. 칼 맑스 『정치경제학 비판 요강 I』71면.

54 Marx, *Capital*, vol. 1, 1976, 102면. 카를 마르크스 『자본 I-1』59~60면.

9장 신제국주의: 탈취에 의한 축적

1 Lefebvre, *The Survival of Capitalism*, 1976.

2 Harvey, 'The political economy of urbanisation', 1975.

3 Brenner, *The Boom and the Bubble*, 2002.

4 Gowan, *The Global Gamble*, 1999.

5 가령 Wade and Veneroso, 'The Asian crisis', 1998을 보라.

6 Panitch, 'The new imperial state', 2000; Gowan et al., 'The state, globlisation and the new imperialism', 2001; Petras and Veltmayer, *Globalisation Unmasked*, 2001; Amin, 'Imperialism and globalisation', 2001; Cooper, 'The new liberal imperialism', 2002.

7 Carchedi, 'Imperialism, dollarisation and the euro', 2002.

8 Hegel, *The Philosophy of Right*, 1967.

9 Julien et al., 1949.

10 Arendt, *Imperialism*, 1968, 15면.

11 Henderson, 'Uneven crises', 1999.

12 Gowan, *The Global Gamble*, 1999.

13 앞의 책 23, 35면.

14 Editorial, *Buenos Aires Herald*, 31 December 2002, 4면.

15 Bhagwati, 1998.

16 Brenner, *The Boom and the Bubble*, 2002; Gowan, *The Global Gamble*, 1999.

17 Luxemburg, *The Accumulation of Capital*, 1968, 452~53면.

18 Such as Perelman, *The Invention of Capitalism*, 2000.

19 Marx, *Theories of Surplus Value*, Part 1, 1967.

20 Braudel, *Afterthoughts on Material Civilization and Capitalism*, 1967.

21 Wade and Veneroso, 'The Asian crisis', 1998.

22 Johnson, *MITI and the Japanese Miracle*, 1982; Webber and Rigby, *The Golden Age Illusion*, 1996.

23 Wade and Veneroso, 'The Asian crisis', 1998.

24 Brecher and Costello, *Global Village or Global Pillage?*, 1994; Gills, *Globalisation and the Politics of Resistance*, 2000; Bello, *Deglobalisation*, 2002; Falk, *Predatory Globalisation*, 2000.

25 Arendt, *Imperialism*, 1968, 28면.

26 Armstrong et al., *Capitalism since World War II*, 1991.

27 Gowan, *The Global Gamble*, 1999, 21~22면.

28 Walton, *Reluctant Rebels*, 1984.

29 Petras, 'A rose by any other name?', 2002.

30 Anderson, 'Internationalism: a breviary', 2002; Soederberg, 'The new international financial architecture', 2002.

31 Burkett and Hart-Landsberg, 'Crisis and recovery in East Asia', 2001.

32 Brenner, *The Boom and the Bubble*, 2002.

33 Arrighi and Silver, Chaos and Governance, 1999, 31~33면. 지오바니 아리기·비버리 실버 『체계론으로 보는 세계사』, 최흥주 옮김, 모티브북 2008, 29~30면.

34 Gowan, *The Global Gamble*, 1999, 123면.

35 Arrighi and Silver, *Chaos and Governance*, 1999, 288~89면. 지오바니 아리기·비버리 실버 『체계론으로 보는 세계사』 287~89면.

36 Cooper, 'The new liberal imperialism', 2002.

37 Mehta, *Liberalism and Empire*, 1999.

38 Arendt, *Imperialism*, 1968, 6~9면.

39 Williams, *Empire as a Way of Life*, 1980.

10장 금융위기의 도시적 근원: 반자본주의 투쟁을 위한 도시 개조

1 Shiller, 'Housing bubbles are few and far between', 2011.

2 World Bank, *World Development Report 2009*, 2009.

3 앞의 책 206면.

4 Harvey, 'Assessment: Reshaping economic geography', 2009.

5 Harvey, *The Condition of Postmodernity*, 1989, 145~46, 169면. 데이비드 하비『포스트모더니티의 조건』, 207면; Turner, *The Credit Crunch*, 2008.

6 Shiller, *Irrational Exuberance*, 2000.

7 Bardhan and Walker, 'California, pivot of the Great Recession', 2010; English and Gray, *The Coming Real Estate Crash*, 1979; Tabb, *The Long Default*, 1982; Harvey, *A Brief History of Neoliberalism*, 2005. 데이비드 하비『신자유주의: 간략한 역사』, 최병두 옮김, 한울 2014.

8 Goetzmann and Newman, 'Securitisation in the 1920's', 2010.

9 White, 'Lessons from the great American real estate boom and bust of the 1920s', 2010.

10 Marx, *Grundrisse*, 1973, 88~100면. 칼 맑스『정치경제학 비판 요강 I』57~70면.

11 Marx, *Capital*, vol. 2, 1978, 357면. 카를 마르크스『자본 II』350~51면.

12 Marx, *Grundrisse*, 1973, 89면. 칼 맑스『정치경제학 비판 요강 I』57~59면.

13 Tronti, 'The strategy of refusal', 1966; Negri, 1989.

14 Goetzmann and Newman, 'Securitisation in the 1920's', 2010.

15 Marx, *Capital*, vol. 3, 1978, chs 24, 25. 카를 마르크스『자본 III-2』24, 25장.

16 Harvey, *The Limits to Capital*, 1982, ch. 8. 데이비드 하비『자본의 한계』, 최병두 옮김, 한울 2007, 8장.

17 Harcourt, *Some Cambridge Controversies*, 1972.

18 Marx, *Capital*, vol. 3, 1978, 573면. 카를 마르크스 『자본 III-1』 591~92면.

19 Harvey, *The Urbanisation of Capital*, 1985; Harvey, The Enigma of Capital, 2010. 데이비드 하비 『자본이라는 수수께끼』, 이강국 옮김, 창비 2012.

20 Thomas, *Migration and Economic Growth*, 1973.

21 Grebler et al., *Capital Formation in Residential Real Estate*, 1956; Long, *Building Cycles and the Theory of Investment*, 1940; Gottlieb, *Long Swings in Urban Development*, 1976.

22 Marx, *Capital*, vol. 3, 1978, ch. 25. 카를 마르크스 『자본 III-1』 25장.

23 Marx, *Capital*. vol. 1, 1976, 793면. 카를 마르크스 『자본 I-2』 868~70면.

24 Logan and Molotch, *Urban Fortunes*, 1987.

25 'Cities in the Great Depression', www.wikipedia.org.

26 Boddy, *The Building Societies*, 1980.

27 Kerner Commission, *Report of the National Advisory Commission on Civil Disorders*, 1968.

28 Weisman, 'Reagan policies gave green light to red ink', 2004; Greider, 'The education of David Stockman', 1981.

29 Stockman, 'The bipartisan march to fiscal madness', 2011; Buffett, 'In class warfare, guess which class is winning', 2006.

30 Marx and Engels, *The Communist Manifesto*, 2008, 4면. 칼 마르크스·프리드리히 엥겔스 『공산당선언』 19면.

31 Ehrenreich and Muhammad, 'The recession's racial divide', 2009.

32 Morgenson and Rosner, *Reckless Endangerment*, 2011.

33 Sagalyn, 'Mortgage lending in older neighborhoods', 1983.

34 Bradsher, 'China announces new bailout', 2004.

35 Barboza, 'Building boom in China stirs fears of debt overload', 2011; Anderlini, 'Fate of real estate is global concern', 2011; Cookson, 'China bulls reined in', 2011.

36 Barboza, 'A city born of China's boom', 2010.

37 Anderlini, 'Fate of real estate is global concern', 2011.

38 International Monetary Fund and International Labour Organisation, *The Challenges of Growth*, 2010.

39 Hille and Anderlini, 'China: Mao and the next generation', 2011.

40 Ness and Azzellini, *Ours to Master and to Own*, 2011.

41 Castells, 1984; Gould, *Insurgent Identities*, 1995; Harvey, *Paris, Capital of Modernity*, 2003. 데이비드 하비 『파리, 모더니티』, 김병화 옮김, 생각의나무 2010.

42 Tully, 'Green Bans and the BLF', 2004.

43 Wines, 2011; Leavitt and Blasi, 'The Los Angeles Taxi Workers Alliance', 2010.

44 Excluded Workers Congress, *Unity for Dignity*, 2010.

45 Kohn, *Radical Space*, 2003. 마거릿 콘 『래디컬 스페이스』, 장문석 옮김, 삼천리 2013.

46 Fletcher and Gapasin, *Solidarity Divided*, 2008.

47 앞의 책 174면.

48 Jaggi et al., *Red Bologna*, 1977.

49 Lefebvre, *Writings on Cities*, 1996; Marx, *Capital*, vol. 1, 1976. 카를 마르크스 『자본 I』(1·2).

50 Sugranyes and Mathivet, *Cities for All*, 2010.

참고문헌

Abadie, (1988), *Paul Abadie, Architecte, 1812-1884*, Paris: Ministere de la Culture, de la Communication, des Grands Travaux et du Bicentennaire, Editions de la Reunion de Musees Nationaux.

Agnew, J. and J. Duncan (eds) (1989), *The Power of Place: Bringing Together the Geographical and Sociological Imaginations*, Boston, MA: Unwin Hyman.

Alexander, D. (1990), 'Bioregionalism: science or sensibility', *Environmental Ethics*, 12: 161~73면.

Allison, J. (1932), *Monsieur Thiers*, New York: Norton.

Alonso, W. (1964), *Location and Land Use*, Cambridge, MA: MIT Press.

Althusser, L. and E. Balibar (1970), *Reading Capital*, London: New Left Books. 루이 알튀세르·에티엔 발리바르 『자본론을 읽는다』, 김진엽 옮김, 두레

1991.

Amin, S. (1973), *Accumulation on a World Scale*, New York: Monthly Review Press.

Amin, S. (2001), ʻImperialism and globalisationʼ, *Monthly Review*, 53: 2.

Anderlini, J. (2011), ʻFate of real estate is global concernʼ, *Financial Times*, 1 June.

Anderson, (2002), ʻInternationalism: a breviaryʼ, *New Left Review*, 14a.

Arendt, H. (1968), *Imperialism*, New York: Harcourt Brace.

Armstrong, P., A. Glyn and J. Harrison (1991), *Capitalism since World War II: The Making and Break-up of the Great Boom*, Oxford: Basil Blackwell.

Arrighi, G. and B. Silver (eds) (1999), *Chaos and Governance in the Modern World System*, Minneapolis: University of Minnesota Press. 루이 알튀세르·에티엔 발리바르『자본론을 읽는다』, 김진엽 옮김, 두레 1991.

Attfield, R. (1991 edn), *The Ethics of Environmental Concern*, Athens: University of Georgia Press.

Ball, M. (1983), *Housing Policy and Economic Power: The Political Economy of Owner Occupation*, London: Routledge.

Baran, (1957), *The Political Economy of Growth*, New York: Monthly Review Press. 폴 A. 바란『성장의 정치경제학』, 김윤자 옮김, 두레 1984.

Barboza, D. (2010), ʻA city born of Chinaʼs boom, still unpeopledʼ, *New York Times*, 20 October.

Barboza, D. (2011), ʻInflation in China poses big threat to global tradeʼ, *New York Times*, 17 April.

Barboza, D. (2011), 'Building boom in China stirs fears of debt overload', *New York Times*, 7 July.

Bardhan, A. and R. Walker (2010), 'California, pivot of the Great Recession', Working Paper Series, Institute for Research on Labor and Employment, University of California, Berkeley.

Barrett Brown, M. (1974), *The Economics of Imperialism*, Baltimore, MD: Penguin. Bate, J. (1991), *Romantic Ecology: Wordsworth and the Environmental Tradition*, New York: Routledge.

Baudrillard, J. (1981), *For a Critique of the Political Economy of the Sign*, St Louis, MO: Telos Press.

Baudrillard, J. (1986), *L'Amerique*, Paris: Grasset.

Bell, D. (1978), *The Cultural Contradictions of Capitalism*, New York: Basic Books. 다니엘 벨 『자본주의의 문화적 모순』, 김진욱 옮김, 문학세계사 1990.

Bello, W. (2002), *Deglobalisation: Ideas for a New World Economy*, London: Zed Books.

Bennett, J. (1976), *The Ecological Transition: Cultural Anthropology and Human Adaptation*, New York: Pergamon Press.

Benton, T. (1989), 'Marxism and natural limits: an ecological critique and reconstruction', *New Left Review*, 178: 516.

Benton, T. (1992), 'Ecology, socialism and the mastery of nature: a reply to Reiner Grundmann', *New Left Review*, 194: 55~74면.

Berkowitz, B. (1984), 'Economic development really works: Baltimore, MD', in R. Bingham and J. Blair (eds), *Urban Economic Development*, Beverly Hills, CA: Sage.

Bernal, J. (1971), *Science in History*, 4 vols, Cambridge, MA: MIT Press.

Berry, B. and F. Horton (1970), *Geographic Perspectives on Urban Systems*, Englewood Cliffs, NJ: Prentice-Hall.

Bhagwati, J. (1998), 'The capital myth: the difference between trade in widgets and dollars', *Foreign Affairs*, 77(3): 7~12면.

Bianchini, F. (1991), 'The arts and the inner cities', in B. Pimlott and S. MacGregor (eds), *Tackling the Inner Cities*, Oxford: Clarendon Press.

Birch, C. and J. Cobb (1981), *The Liberation of Life: From the Cell to the Community*, Cambridge: Cambridge University Press.

Bird, J., B. Curtis, T. Putnam, G. Robertson and L. Tickner (eds) (1993), *Mapping the Futures: Local Cultures Gobal Change*, London: Routledge.

Bluestone, B. and B. Harrison (1982), *The Deindustrialisation of America*, New York: Basic Books.

Blunkett, D. and K. Jackson (1987), *Democracy in Crisis: The Town Halls Respond*, London: Hogarth Press.

Boddy M. (1980), *The Building Societies*, London: Macmillan.

Boddy, M. (1984), 'Local economic and employment strategies', in M. Boddy and C. Fudge, *Local Socialism*, London: Macmillan.

Bohm, D. and F. Peat (1987), *Science, Order and Creativity*, London: Routledge.

Bookchin, M. (1985), 'Ecology and revolutionary thought', *Antipode*, 17(2/3): 89~97면.

Bookchin, M. (1990), *The Philosophy of Social Ecology: Essays on Dialectical Naturalism*, Montreal: Black Rose Books.

Bookchin, M. (1990), *Remaking Society: Pathways to a Green Future*, Boston, MA: South End Press. 머레이 북친 『사회생태주의란 무엇인가』, 박홍규 옮김, 민음사 1998.

Booth, A. and H. Jacobs (1990), 'Ties that bind: Native American beliefs as a foundation for environmental consciousness', *Environmental Ethics*, 12: 27~43면.

Borneman, E. (ed.) (1976), *The Psychoanalysis of Money*, London: Urizen Books.

Bouinot, J. (ed.) (1987), *L'Action Economique des Grands Villes en France et a l'Etranger*, Paris: Centre de Formation des Personnels Communaux.

Boyer, C. (1988), 'The return of aesthetics to city planning', *Society*, 25(4): 49~56면.

Bradsher, K. (2004), 'China announces new bailout of big banks', *New York Times*, 7 January.

Bramwell, A. (1989), *Ecology in the Twentieth Century: A History*, New Haven, CT: Yale University Press.

Braudel, F. (1967), *Afterthoughts on Material Civilisation and Capitalism*, Baltimore, MD: Johns Hopkins University Press.

Braudel, F. and E. Labrousse (eds) (1976), *Histoire Economique et Social de la France*, vol. 3, Paris: Presse Universitaires de France.

Brecher, J. and T. Costello (1994), *Global Village or Global Pillage? Economic Reconstruction from the Bottom Up*, Boston, MA: South End Press.

Brenner, R. (2002), *The Boom and the Bubble: The US in the World Economy*, London: Verso.

Bruhat, J., J. Dautry and E. Terson (1971), *La Commune de 1871*, Paris: Edns Sociales.

Brundtland Report (1987), *Our Common Future*, World Commission on Environment and Development, Oxford: Oxford University Press. 세계환경발전위원회『우리 공동의 미래』, 조형준·홍성태 옮김, 2005.

Buffett, W. (2006), 'In class warfare, guess which class is winning', interview with Ben Stein, *New York Times*, 26 November.

Burkett, and M. Hart-Landsberg (2001), 'Crisis and recovery in East Asia: the limits of capitalist development', *Historical Materialism*, 8.

Butzer, K. (1982), *Archaeology as Human Ecology*, Cambridge: Cambridge University Press.

Calvino, I. (1981), *If on a Winter's Night a Traveller*, New York: Harcourt Brace Jovanovich. 이탈로 칼비노『어느 겨울밤 한 여행자가』, 이현경 옮김, 민음사 2014.

Capra, F. (1975), *The Tao of Physics*, Berkeley, CA: Shambhala.

Capra, F. (1982), *The Turning Point: Science, Society, and the Rising Culture*, New York: Simon and Schuster.

Carchedi, G. (2002), 'Imperialism, dollarisation and the euro', *Socialist Register*, London: Merlin Press.

Carter, E., J. Donald and J. Squires (eds) (1993), *Space and Place: Theories of Identity and Location*, London: Lawrence and Wishart.

Castells, M. (1983), *The City and the Grassroots*, Berkeley: University of California Press.

Chambers, I. (1987), 'Maps for the metropolis: a possible guide to the present', *Cultural Studies*, 1: 1~22면.

Cheney, G. (1999), *Values at Work: Employee Participation Meets Market Pressures at Mondragon*, Ithaca, NY: ILR Press.

Clark, J. (1989), 'Marx's inorganic body', *Environmental Ethics*, 11: 243~58면.

Cochrane, A. (ed.) (1987), *Developing Local Economic Strategies*, Milton Keynes: Open University Press.

Cockburn, C. (1977), *The Local State, Management of Cities and People*, London: Pluto Press.

Cohen, S. and L. Taylor (1978), *Escape Attempts: The Theory and Practice of Resistance to Everyday Life*, Harmondsworth: Penguin.

Collingwood, R. (1960), *The Idea of Nature*, Oxford: Oxford University Press.

Colquhoun, A. (1991), 'On modern and postmodern space', in A. Colquhoun, *Modernity and the Classical Tradition: Architectural Essays, 1980-87*, Cambridge, MA: MIT Press.

Commoner, B. (1990), *Making Peace with the Planet*, New York: Pantheon.

Cooke, (1989), *Localities: The Changing Face of Urban Britain*, London: Unwin Hyman.

Cookson, R. (2011), 'China bulls reined in by fears on economy', *Financial Times*, 1 June.

Cooper, R. (2002), 'The new liberal imperialism', *Observer*, 7 April.

Cox, K. and A. Mair (1989), 'Levels of abstraction in locality studies', *Antipode*, 21: 121~32면.

Cronon, W. (1983), *Changes in the Land: Indians, Colonists, and the Ecology of New England*, New York: Hill and Wang.

Cronon, W. (1991), *Nature's Metropolis: Chicago and the Great West*, New York: Norton.

Crosby, A. (1986), *Ecological Imperialism: The Biological Expansion of Europe, 900-1900*, Cambridge: Cambridge University Press. 앨프리드 크로스비『생태제국주의』, 안효상 옮김, 지식의 풍경 2000.

Dansette, A. (1965), *Histoire Religieuse de la France Contemporaine*, Paris: Presse Universitaires de la France.

Dauncey, G. (1988), *After the Crash: The Emergence of the Rainbow Economy*, Basingstoke: Green Print.

Davies, H. (1980), 'The relevance of development control', *Town Planning Review*, 51: 7~24면.

Dicken, (1986), *Global Shift: Industrial Change in a Turbulent World*, London: Sage. 피터 디컨『세계경제공간의 변동』, 구양미·안영진·이병민 옮김, 시그마프레스 2014.

Dickens, (1992), *Society and Nature: Towards a Green Social Theory*, London: Harvester Wheatsheaf.

Dobson, A. (1990), *Green Political Thought*, London: Unwin Hyman. 앤드루돕슨『녹색정치사상』, 정용하 옮김, 민음사 1998.

Dreyfus, R. (1928), *Monsieur Thiers contre l'Empire: La Guerre et la Commune*,

Paris: Grasset.

Duncan, S. and M. Savage (1989), 'Space, scale and locality', *Antipode*, 21: 179~206면.

Dworkin, D. and L. Roman (eds) (1993), *Views beyond the Border Country: Raymond Williams and Cultural Politics*, London: Routledge.

Eagleton, T. (ed.) (1989), *Raymond Williams: Critical Perspectives*, Cambridge: Cambridge University Press.

Eckersley, R. (1992), *Environmentalism and Political Theory: Toward an Ecocentric Approach*, London: UCL Press.

Edwards, S. (1971), *The Paris Commune*, Chicago, IL: Quadrangle.

Ehrenreich, B. and D. Muhammad (2009), 'The recession's racial divide', *New York Times*, 12 September.

Elkin, S. (1987), *City and Regime in the American Republic*, Chicago, IL: University of Chicago Press.

Ellen, R. (1982), *Environment, Subsistence and System: The Ecology of Small-Scale Social Formations*, Cambridge: Cambridge University Press.

Emmanuel, A. (1972), *Unequal Exchange*, London: New Left Books.

Engels, F. (1935 edn), *The Housing Question*, New York: Lawrence and Wishart. 「주택문제에 대하여」, 『칼맑스 프리드리히엥겔스 저작선집 4』, 김세균 감수, 박종철출판사 1991.

Engels, F. (1940 edn), *The Dialectics of Nature*, New York: International Publishers.

Engels, F. (1987 edn), *The Condition of the Working Class in England*,

Harmondsworth: Penguin. 프리드리히 엥겔스 『영국 노동계급의 상황』, 이재만 옮김, 라티오 2014.

English, J. and E. Gray (1979), *The Coming Real Estate Crash*, New Rochelle, NY: Arlington House.

Enzensberger, H.-M. (1974), 'A critique of political ecology', *New Left Review*, 84: 3~31면.

Excluded Workers Congress (2010), *Unity for Dignity: Excluded Workers Report*, c/o Inter-Alliance Dialogue, New York, December.

Falk, R. (2000), *Predatory Globalisation: A Critique*, Cambridge: Polity Press.

Fanon, F. (1967), *The Wretched of the Earth*, Harmondsworth: Penguin.

Firey, W. (1960), *Man, Mind and the Land*, Glencoe, IL: Free Press.

Fisher, F. (ed.) (1993), *Fighting Back in Appalachia*, Philadelphia, PA: Temple University Press.

Fletcher, B. and F. Gapasin (2008), *Solidarity Divided: The Crisis in Organised Labor and a New Path Toward Social Justice*, Berkeley: University of California Press.

Fortune Magazine (1970), *Special Issue on the Environment*, February.

Foucault, M. (1984), *The Foucault Reader*, ed. P Rabinow, Harmondsworth: Penguin.

Foulon, M. (1934), *Eugene Varlin: Relieure et Membre de la Commune*, Clermont Ferrand: Edns Mont-Louis.

Fox, W. (1990), *Toward a Transpersonal Ecology: Developing New Foundations for Environmentalism*, Boston, MA: SUNY Press.

Frank, A. (1969), *Capitalism and Underdevelopment in Latin America*, New York: Monthly Review Press.

Frug, G. (1980), 'The city as a legal concept', *Harvard Law Review*, 93(6): 1059~1153면.

Fuss, D. (1984), *Essentially Speaking: Feminism, Nature and Difference*, London: Routledge.

Gaillard, J. (1977), *Paris, La Ville, 1852-1870: L'Urbanisme Parisien a l'Heure d'Haussmann: Des Provinciaux aux Parisiens: La Vocation ou Les Vocations Parisiennes*, Paris, H. Champion.

Gerratana, V. (1973), 'Marx and Darwin', *New Left Review*, 82: 60~82면.

Gertler, M. (1988), 'The limits to flexibility: comments on the post-Fordist vision of production and its geography', *Transactions of the Institute of British Geographers, New Series*, 13: 419~32면.

Gills, B. (ed.) (2000), *Globalisation and the Politics of Resistance*, New York: Palgrave.

Gilroy, R. (1987), *There Ain't No Black in the Union Jack*, Chicago, IL: University of Chicago Press.

Glacken, C. (1967), *Traces on the Rhodian Shore*, Berkeley: University of California Press. 클래런스 글래컨 『로도스 섬 해변의 흔적』, 심승희·진종헌·최병두·추선영·허남혁 옮김, 나남 2016.

Goetzmann, W. and F. Newman (2010), 'Securitisation in the 1920's', *Working Papers*, National Bureau of Economic Research.

Goldsmith, E. (1992), *The Way: An Ecological World View*, London: Rider.

Goncourt, E. (1969), *Paris under Siege, 1870-71*, From the Goncourt Journals, edited by G. Becker, Ithaca, NY: Cornell University Press.

Goodin, R. (1992), *Green Political Theory*, Cambridge: Polity Press.

Goodman, R. (1979), *The Last Entrepreneurs*, Boston, MA: South End Press.

Gosselink, J., E. Odum and R. Pope (1974), *The Value of the Tidal Marsh*, Baton Rouge: Center for Wetland Resources, Louisiana State University.

Gottlieb, M. (1976), *Long Swings in Urban Development*, New York: National Bureau of Economic Research.

Gottlieb, R. (1988), *A Life of Its Own: The Politics and Power of Water*, New York: Harcourt Brace Jovanovich.

Goudie, A. (1986), *The Human Impact on the Natural Environment*, Oxford: Basil Blackwell. 앤드루 가우디 『휴먼 임팩트』, 손일·손명원·박경 옮김, 푸른길 2007.

Gould, R. (1995), *Insurgent Identities: Class Community and Protest in Paris from 1848 to the Commune*, Chicago, IL: University of Chicago Press.

Gowan, (1999), *The Global Gamble: Washington's Bid for Global Dominance*, London: Verso.

Gowan, P., L. Panitch and M. Shaw (2001), 'The state, globlisation and the new imperialism: a roundtable discussion', *Historical Materialism*, 9.

Granovetter, M. (1985), 'Economic action and social structure: the problem of embeddedness', *American Journal of Sociology*, 91: 481~510면.

Grebler, L., D. Blank and L. Winnick (1956), *Capital Formation in Residential Real Estate*, Princeton, NJ: Princeton University Press.

Green, H. (1988), 'Retailing in the new economic era', in Sternlieb, G. and J. Hughes (eds), *America's New Market Geography*, New Brunswick: Rutgers University Press.

Gregory, D. and J. Urry (eds) (1985), *Social Relations and Spatial Structures*, London: Palgrave Macmillan.

Greider, W. (1981), 'The education of David Stockman', *Atlantic Monthly*, December.

Grigsby, W., L. Rosenberg, M. Stegman and J. Taylor (1971), *Housing and Poverty*, Philadelphia: Institute for Environmental Studies, University of Pennsylvania.

Grundmann, R. (1991), 'The ecological challenge to Marxism', *New Left Review*, 187: 103~20면.

Grundmann, R. (1991), *Marxism and Ecology*, Oxford: Oxford University Press. 라이너 그룬트만 『마르크스주의와 생태학』, 박만준 옮김, 동녘 1995.

Guha, R. (1989), *The Unquiet Woods: Ecological Change and Peasant Resistance in the Himalaya*, Berkeley: University of California Press.

Guillemin, H. (1956), *Cette Curieuse Guerre de 70: Thiers, Trochu, Bazaine*, Paris: Gallimard.

Gundle, S. (1986) 'Urban dreams and metropolitan nightmares: models and crises of communist local government in Italy', in *Marxist Local Governments in Western Europe and Japan*, 66~95면.

Gurr, T. and D. King (1987), *The State and the City*, Chicago, IL: University of

Chicago Press.

Haila, Y. and R. Levins (1992), *Humanity and Nature: Ecology, Science and Society*, London: Pluto Press.

Hajer, M. (1992), 'The politics of environmental performance review: choices in design', in E. Lykke (ed.), *Achieving Environmental Goals: The Concept and Practice of Environmental Performance Review*, London: Belhaven Press.

Hall, S. (1989), 'Politics and letters', in T. Eagleton, *Raymond Williams: Critical Perspectives*, Cambridge: Cambridge University Press.

Haraway, D. (1989), *Primate Visions: Gender, Race and Nature in the World of Modern New York*, New York: Routledge.

Harcourt, G. (1972), *Some Cambridge Controversies in the Theory of Capital*, Cambridge: Cambridge University Press.

Hardin, G. (1968), 'The tragedy of the commons', *Science*, 162: 1243~48면.

Harrison, B. and B. Bluestone (1988), *The Great U-Turn: Capital Restructuring and the Polarisation of America*, New York: Basic Books.

Harvey, D. (1974), 'Population, resources, and the ideology of science', *Economic Geography*, 50: 256~77면.

Harvey, D. (1975), 'The political economy of urbanisation in advanced capitalist countries', in G. Gappert and H. Rose (eds), *The Social Economy of Cities*, Beverly Hills, CA: Sage.

Harvey, D. (1982), *The Limits to Capital*, Oxford: Basil Blackwell. 데이비드 하비 『자본의 한계』, 최병두 옮김, 한울 2007.

Harvey, D. (1985), *The Urbanisation of Capital*, Oxford: Basil Blackwell.

Harvey, D. (1989), *The Condition of Postmodernity*, Oxford: Basil Blackwell. 데이비드 하비 『포스트모더니티의 조건』, 구동회·박영민 옮김, 한울 2013.

Harvey, D. (1990), 'Between space and time: reflections on the geographical imagination', *Annals, Association of American Geographers*, 80: 418~34면.

Harvey, D. (2003), *The New Imperialism*, Oxford: Oxford University Press. 데이비드 하비 『신제국주의』, 최병두 옮김, 한울 2016.

Harvey, D. (2003), *Paris, Capital of Modernity*, New York: Routledge. 데이비드 하비 『파리, 모더니티』, 김병화 옮김, 생각의나무 2010.

Harvey, D. (2005), *A Brief History of Neoliberalism*, Oxford: Oxford University Press. 데이비드 하비 『신자유주의: 간략한 역사』, 최병두 옮김, 한울 2014.

Harvey, D. (2009), 'Assessment: reshaping economic geography: the World Development Report', *Development and Change*, 40(6): 1269~77면.

Harvey, D. (2010), *The Enigma of Capital, and the Crises of Capitalism*, London: Profile Books. 데이비드 하비 『자본이라는 수수께끼』, 이강국 옮김, 창비 2012.

Harvey, D. (2012), 'History versus theory: a commentary on Marx's method in *Capital*', *Historical Materialism*, 20(2): 3~38면.

Hayter, T. and D. Harvey (eds) (1993), *The Factory and the City: The Story of the Cowley Auto Workers in Oxford*, Brighton: Mansell.

Heidegger, M. (1966), *Discourse on Thinking*, New York: Harper and Row.

Heidegger, M. (1971), *Poetry, Language, Thought*, New York: Harper and Row.

Heilbroner, R. (1974), *An Inquiry into the Human Prospect*, New York: Norton.

Henderson, J. (1999), 'Uneven crises: institutional foundations of East Asian economic turmoil', *Economy and Society*, 28(3).

Hille, K. and J. Anderlini (2011), 'China: Mao and the next generation', *Financial Times*, 2 June.

Hobson, J. (1938), *Imperialism*, London: Allen and Unwin.

Horvath, R. and K. Gibson (1984), 'Abstraction in Marx's method', *Antipode*, 16: 12~25면.

Ingold, T. (1986), *The Appropriation of Nature: Essays on Human Ecology and Social Relations*, Manchester: Manchester University Press.

International Monetary Fund and International Labour Organisation (2010), *The Challenges of Growth, Employment and Social Cohesion*, Geneva: International Labour Organisation.

Jacks, G. and R. Whyte (1939), *Vanishing Lands*, New York: Doubleday.

Jacobs, J. (1984), *Cities and the Wealth of Nations*, New York: Random House.

Jaggi, M. et al. (1977), *Red Bologna*, London: Writers & Readers.

Jameson, F. (1988), 'Cognitive mapping', in C. Nelson and L. Grossberg (eds), *Marxism and the Interpretation of Culture*, Urbana: University of Illinois Press.

Jellinek, F. (1937), *The Paris Commune of 1871*, London: Victor Gollancz.

Jencks, C. (1984), *The Language of Post-Modern Architecture*, London: Academy Editions.

Jessop, B. (1983), 'Accumulation strategies, state forms and hegemonic projects', *Kapitalistate*, 10/11: 89~112면.

Johnson, C. (1982), *MITI and the Japanese Miracle: The Growth of Industrial Policy, 1925-75*, Stanford, CA: Stanford University Press.

Johnson, C. (2000), *Blowback: The Costs and Consequences of American Empire*, New York: Henry Holt.

Johnson, H. (1971), 'The Keynesian revolution and the monetarist counterrevolution', *American Economic Review*, 16(2): 1~14면.

Jonquet, R. (1892), *Montmartre Autrefois et Aujourd'hui*, Paris: Dumoulin.

Judd, D. and R. Ready (1986), 'Entrepreneurial cities and the new politics of economic development', in G. Peterson and C. Lewis (eds), *Reagan and the Cities*, Washington, DC: Rowman and Littlefield.

Julien, C-A., J. Bruhat, C. Bourgin, M. Crouzet and Renovin (1949), *Les Politiques d'Expansion Imperialiste*, Paris: Presses Universitaires de France.

Kapp, K. (1950), *The Social Costs of Private Enterprise*, New York: Schocken.

Keith, M. and S. Pile (eds) (1993), *Place and the Politics of Identity*, London: Routledge.

Kern, S. (1983), *The Culture of Time and Space, 1880-1918*, London: Harvard University Press.

Kerner Commission (1968), *Report of the National Advisory Commission on Civil Disorders*, Washington, DC: Government Printing Office.

Kohn, M. (2003), *Radical Space: Building the House of the People*, Ithaca, NY: Cornell University Press. 마거릿 콘 『래디컬 스페이스』, 장문석 옮김, 삼천리 2013.

Kuhn, T. (1962), *The Structure of Scientific Revolutions*, Chicago, IL: University of Chicago Press. 토머스 새뮤얼 쿤 『과학혁명의 구조』 제4판, 김명자·홍성욱 옮김, 까치글방 2013.

Kuznets, S. (1961), *Capital in the American Economy: Its Formation and Financing*, Princeton, NJ: National Bureau of Economic Research.

Lave, L. (1970), 'Congestion and urban location', *Papers of the Regional Science Association*, 25: 133~52면.

Lazare, L. (1872), *La France et Paris*, Paris: Bureau de la Bibliotheque Municipale Leavitt, J. and G. Blasi (2010), 'The Los Angeles Taxi Workers Alliance', in R. Milkman, J. Bloom and V. Narro (eds), *Working for Justice: The LA Model of Organising and Advocacy*, Ithaca, NY: ILR Press.

Lee, D. (1980), 'On the Marxian view of the relationship between man and nature', *Environmental Ethics*, 2: 1~21면.

Lee, K. (1989), *Social Philosophy and Ecological Scarcity*, London: Routledge.

Lefebvre, H. (1976), *The Survival of Capitalism: Reproduction of the Relations of Production*, New York: St Martin's Press.

Lefebvre, H. (1991), *The Production of Space*, Oxford: Blackwell.

Lefebvre, H. (1996), *Writings on Cities*, trans. and ed. E. Kofman and E. Lebas, Oxford: Basil Blackwell.

Leiss, W. (1974), *The Domination of Nature*, Boston, MA: Beacon Press.

Leitner, H. (1989), 'Cities in pursuit of economic growth: the local state as entrepreneur', Ms, Department of Geography, University of Minnesota, Minneapolis.

Lenin, V. (1963 edn), *Imperialism: The Highest Stage of Capitalism*, Moscow:

Progress Publishers. V. I. 레닌 『제국주의론』, 남상일 옮김, 백산서당 1988.

Leopold, A. (1968), *A Sand County Almanac*, New York: Oxford University Press. 알도 레오폴드 『모래 군의 열두 달』, 송명규 옮김, 따님 2000.

Lepidis, C. and E. Jacomin (1975), *Belleville*, Paris: H. Veyrier.

Lesourd, (1973), *Montmartre*, Paris: France-Empire.

Levine, M. (1987), 'Downtown redevelopment as an urban growth strategy: a critical appraisal of the Baltimore renaissance', *Journal of Urban Affairs*, 9(2): 103~23면.

Levins, R. and R. Lewontin (1985), *The Dialectical Biologist*, Cambridge, MA: Harvard University Press.

Lewontin, R. (1982), 'Organism and environment', in Plotkin, H. (ed.), *Learning, Development and Culture*, Chichester: Wiley.

Lissagaray, P.-O. (1976 edn), *Histoire de la Commune*, Paris: Maspero.

Logan, J. and H. Molotch (1987), *Urban Fortunes: The Political Economy of Place*, Berkeley: University of California Press.

Lomnitz-Adler, C. (1991), 'Concepts for the study of regional culture', *American Ethnologist*, 18: 195~214면.

Long, C. (1940), *Building Cycles and the Theory of Investment*, Princeton, NJ: Princeton University Press.

Lovejoy, A. (1964 edn), *The Great Chain of Being*, Cambridge, MA: Harvard University Press. 아서 러브죠이 『존재의 대연쇄』, 차하순 옮김, 탐구당 1984.

Luxemburg, R. (1968), *The Accumulation of Capital*, London: Routledge.

Lyall, K. (1982), 'A bicycle built for two; public-private partnership in Baltimore', in S. Fosler and R. Berger (eds), *Public-Private Partnership in American Cities*, Lexington, MA: Lexington Books.

Lyotard, J. (1984), *The Postmodern Condition*, Manchester: Manchester UP. 리오타르『포스트모던적 조건』, 이현복 옮김, 서광사 1992.

McCay, B. and J. Acheson (1987), *The Question of the Commons: The Culture and Ecology of Human Resources*, Tucson: University of Arizona Press.

McEvoy, A. (1988), 'Towards an interactive theory of nature and culture: ecology, production and cognition in the California fishing industry', in D. Worster (ed.), *The Ends of the Earth*, Cambridge: Cambridge UP.

McGann, J. (1983), *The Romantic Ideology: Critical Investigation*, Chicago, IL: University of Chicago Press.

McHale, B. (1987), *Postmodernist Fiction*, London: Routledge.

McLuhan, M. (1966), *Understanding Media: The Extensions of Man*, New York: Signet Books. 마셜 맥루헌,『미디어의 이해』, 김상호 옮김, 커뮤니케이션북스 2012.

Mandel, E. (1975), *Late Capitalism*, London: New Left Books. 에르네스트 만델『후기자본주의』, 이범구 옮김, 한마당 1985.

Markusen, A. (1986), 'Defense spending: a successful industrial policy', *International Journal of Urban and Regional Research*, 10: 105~22면.

Marsh, G. (1965), *Man and Nature*, Cambridge, MA: Harvard University Press. 조지 마시『인간과 자연』, 홈금수 옮김, 한길사 2006.

Martin, E. (1991), 'The egg and the sperm: how science has constructed a romance based on stereotypical male-female roles', *Signs*, 16: 485~501면.

Martin, E. (1992), 'The end of the body?', *American Ethnologist*, 19: 121~40면.

Martin, and D. Cohen (n.d.), 'Socialism 30 in China', the-diplomat.com.

Martin, R. and B. Rowthorn (eds) (1986), *The Geography of Deindustrialisation*,
London: Palgrave Macmillan.

Marx, K. (1964), *The Economic and Philosophic Manuscripts of 1844*, New York:
International Publishers. 카를 마르크스 『경제학-철학 수고』, 강유원 옮
김, 이론과실천 2006.

Marx, K. (1967), *Theories of Surplus Value*, Part 1, New York: International
Publishers.

Marx, K. (1968), *Theories of Surplus Value*, Part 2, New York: International
Publishers.

Marx, K. (1970), *A Contribution to the Critique of Political Economy*, New York:
International Publishers.

Marx, K. (1971), *Colonialism*, New York: International Publishers.

Marx, K. (1971), 'On the Jewish question', in D. McClellan (ed.), *Karl Marx:
Early Texts*, Oxford: Basil Blackwell.

Marx, K. (1972), *Theories of Surplus Value*, Part 3, New York: International
Publishers.

Marx, K. (1973), *Grundrisse*, Harmondsworth: Penguin. 칼 맑스 『정치경제학
비판 요강』 (I·II·III), 김호균 옮김, 그린비 2007.

Marx, K. (1976 edn), *Capital*, vol. 1, London: New Left Books (Penguin). 카
를 마르크스 『자본 I』(1·2), 강신준 옮김, 길 2010.

Marx, K. (1978 edn), *Capital*, vol. 2, London: New Left Books (Penguin). 카를 마르크스『자본 II』, 강신준 옮김, 길 2010.

Marx, K. (1978 edn), *Capital*, vol. 3, London: New Left Books (Penguin). 카를 마르크스『자본 III』(1·2), 강신준 옮김, 길 2010.

Marx, K. (1965), *Wages, Price and Profit*, Peking: Foreign Languages Press. 「임금, 가격, 이윤」, 『칼맑스 프리드리히엥겔스 저작선집 3』, 김세균 감수, 박종철출판사 1991.

Marx, K. and F. Engels (1955), *Selected Correspondence*, Moscow: Progress Publishers.

Marx, K. and F. Engels (1970), *The German Ideology*, New York: International Publishers. 칼 마르크스·프리드리히 엥겔스『독일 이데올로기 I』, 박재희 옮김, 청년사 2007.

Marx, K. and F. Engels (1975), *Collected Works*, vol. 5, New York: International Publishers.

Marx, K. and F. Engels (2008 edn), *The Communist Manifesto*, London: Pluto Press. 칼 마르크스·프리드리히 엥겔스『공산당선언』, 강유원 옮김, 이론과실천 2003.

Marx, K. and V. Lenin (1968 edn), *The Civil War in France: The Paris Commune*, New York.

Massey, D. (1991), 'The political place of locality studies', *Environment and Planning A*, 23: 267~81면.

May, R. (1992), 'How many species inhabit the earth?', *Scientific American*, 267(4): 18~24면.

Mehta, U. (1999), *Liberalism and Empire*, Chicago, IL: University of Chicago Press.

Merchant, C. (1980), *The Death of Nature: Women, Ecology and the Scientific Revolution*, New York: Harper and Row.

Merrifield, A. (1993), 'Place and space: a Lefebvrian reconciliation', *Transactions of the Institute of British Geographers, New Series*, 18: 516~31면.

Meszaros, I. (1970), *Marx's Theory of Alienation*, London: Merlin Press.

Mitman, G. (1992), *The State of Nature: Ecology, Community, and American Social Thought, 1900-1950*, Chicago, IL: University of Chicago Press.

Mollenkopf, J. (1983), *The Contested City*, Princeton, NJ: Princeton University Press.

Molotch, H. (1976), 'The city as a growth machine: the political economy of place', *American Journal of Sociology*, 82: 309~32면.

Morgenson, G. and J. Rosner (2011), *Reckless Endangerment: How Outsized Ambition, Greed and Corruption Led to Economic Armageddon*, New York: Times Books.

Murray, F, (1983), 'Pension funds and local authority investments', *Capital and Class*, 230: 89~103면.

Muth, R. (1969), *Cities and Housing*, Chicago, IL: University of Chicago Press.

Naess, A. (1989), *Ecology, Community and Lifestyle*, Cambridge: Cambridge University Press.

Nagel, E. (1961), *The Structure of Science: Problems in the Logic of Scientific Explanation*, New York: Hackett Publishing.

Nash, R. (1989), *The Rights of Nature: A History of Environmental Ethics*, Madison: University of Wisconsin Press.

Negri, A. (1991), *Marx beyond Marx: Lessons on the Grundrisse*, London: Autonomedia.

Ness, I. and D. Azzellini (eds) (2011), *Ours to Master and to Own: Workers' Councils from the Commune to the Present*, Chicago, IL: Haymarket Books.

Norberg-Schulz, C. (1980), *Genius Loci: Towards a Phenomenology of Architecture*, New York: Rizzoli.

Norgaard, R. (1985), 'Environmental economics: an evolutionary critique and a plea for pluralism', *Journal of Environmental Economics and Management*, 12: 382~94면.

Noyelle, T. and T. Stanback (1984), *The Economic Transformation of American Cities*, Totowa, N.J.: Rowman and Allanheld.

O'Connor, J. (1988), 'Capitalism, nature, socialism: a theoretical introduction', *Capitalism, Nature, Socialism*, 1: 11~38면.

Ollman, B. (1971), *Alienation: Marx's Conception of Man in Capitalist Society*, Cambridge: Cambridge University Press.

Ollman, B. (1990), 'Putting dialectics to work: the process of abstraction in Marx's method', *Rethinking Marxism*, 3: 26~74면.

Ollman, B. (1993), *Dialectical Investigations*, New York: Routledge.

Ophuls, W. (1977), *Ecology and the Politics of Scarcity: A Prologue to a Political Theory of the Steady State*, San Francisco, CA: Freeman.

O'Riordan, T. (1981), *Environmentalism*, London: Pion.

Paehlke, R. (1989), *Environmentalism and the Future of Progressive Politics*, New Haven, CT: Yale University Press.

Panitch, L. (2000), 'The new imperial state', *New Left Review*, 11: 1면.

Park, R., E. Burgess and R. McKenzie (1925), *The City*, Chicago, IL: University of Chicago Press.

Parsons, H. (ed.) (1977), *Marx and Engels on Ecology*, Westport, CN: Greenwood Press.

Pearce, D., A. Markandya and E. Barbier (1989), *Blueprint for a Green Economy*, London: Earthscan.

Pearson, H. (1957), 'The economy has no surplus', in K. Polanyi, C. Arensberg and H. Pearson (eds), *Trade and Markets in Early Empires*, New York: Henry Regnery Co.

Perelman, M. (2000), *The Invention of Capitalism: Classical Political Economy and the Secret History of Primitive Accumulation*, Durham, NC: Duke University Press.

Peterson, (1981), *City Limits*, Chicago, IL: University of Chicago Press.

Petras, J. (2002), 'A rose by any other name? The fragrance of imperialism', *Journal of Peasant Studies*, 29(2).

Petras, J. and J. Veltmayer (2001), *Globalisation Unmasked: Imperialism in the 21st Century*, London: Zed Books.

Pinkney, D. (1958), *Napoleon III and the Rebuilding of Paris*, Princeton, NJ: Princeton University Press.

Pred, A. (1984), 'Place as historically contingent process: structuration and the time-geography of becoming places', *Annals of the Association of American Geographers*, 74: 279~97면.

Price, R. (1975), *The Economic Modernisation of France*, London: Croom Helm.

Raban, J. (1974), *Soft City*, London: Picador.

Redclift, M. (1987), *Sustainable Development: Exploring the Contradictions*, London: Methuen.

Rees, G. and J. Lambert (1985), *Cities in Crisis: The Political Economy of Post-War Development in Britain*, London: Hodder Arnold.

Relph, E. (1989), 'Geographical experiences and being-in-the-world: the phenomenological origins of geography', in D. Seamon and R. Mugerauser (eds), *Dwelling, Place and Environment: Towards a Phenomenology of Person and World*, New York: Columbia University Press.

Rochberg-Halton, E. (1986), *Meaning and Modernity: Social Theory in the Pragmatic Attitude*, Chicago, IL: University of Chicago Press.

Rohault de Fleury, H. (1903~09), *Historique de la Basilique de Sacre Coeur*, 4 vols (limited edn), Paris: F Leve.

Roman, L. (1993), 'On the ground with antiracist pedagogy and Raymond Williams' unfinished project to articulate a socially transformative critical realism', in D. Dworkin and L. Roman (eds), *Views beyond the Border Country: Raymond Williams and Cultural Politics*, London: Routledge.

Rose, H. and S. Rose (1969), *Science and Society*, Harmondsworth: Penguin.

Rougerie, J. (1965), *Proces des Communards*, Paris: Julliard.

Rougerie, J. (1971), *Paris Libre*, 1871, Paris: Seuil.

Rousseau, J.-J. (1973), *The Social Contract and Discourses*, London: Everyman.

Sagalyn, L. (1983), 'Mortgage lending in older neighborhoods', *Annals of the American Academy of Political and Social Science*, 465 (January), 98~108 면.

Sagoff, M. (1988), *The Economy of the Earth: Philosophy, Law, and the Environment*, Cambridge: Cambridge University Press.

Said, E. (1989), 'Appendix: Media, margins and modernity', in R. Williams (ed.), *The Politics of Modernism*, London: Verso.

Sale, K. (1985), *Dwellers in the Land: The Bioregional Vision*, San Francisco, CA: Sierra Club.

Sassen-Koob, S. (1988), *Global Cities*, Princeton, NJ: Princeton University Press.

Sauer, C. (1956), 'The agency of man on earth', in W. Thomas (ed.), *Man's Role in Changing the Face of the Earth*, Chicago, IL: University of Chicago Press (2 vols).

Sayer, A. (1989), 'Post-Fordism in question', *International Journal of Urban and Regional Research*, 13: 666~95면.

Schoenberger, E. (1988), 'From Fordism to flexible accumulation: technology, competitive strategies and location', *Society and Space*, 6: 245~62면.

Scott, A. (1988), *New Industrial Spaces: Flexible Production Organisation and Regional Development in North America and Western Europe*, London: Pion.

Shiller, R. (2000), *Irrational Exuberance*, Princeton, NJ: Princeton University Press.

Shiller, R. (2011), 'Housing bubbles are few and far between', *New York Times*, 5 February.

Simmel, G. (1971), 'The metropolis and mental life', in D. Levine (ed.), *On Individuality and Social Form*, Chicago, IL: University of Chicago Press.

Simmel, G. (1978), *The Philosophy of Money*, London: Routledge and Kegan Paul. 게오르그 짐멜 『돈의 철학』, 김덕영 옮김, 길 2014.

Smith, M. (1988), *City, State and Market*, Oxford: Basil Blackwell.

Smith, M. and M. Keller (1983), 'Managed growth and the politics of uneven geographical development in New Orleans', in S. Fainstein et al. (eds), *Regime Strategies, Communal Resistance, and Economic Forces*, New York: Longman.

Smith, N. (1987), 'Dangers of the empirical turn', *Antipode*, 19: 59~68면.

Smith, N. (1990), *Uneven Development: Nature, Capital and the Production of Space*, Oxford: Basil Blackwell. 닐 스미스 『불균등발전』, 최병두·이영아·최영래·최영진·황성원 옮김, 한울 2017.

Smith, N. (1992), 'Geography, difference and the politics of scale', in J. Doherty, E. Graham and M. Malek (eds), *Postmodernism and the Social Sciences*, London: Macmillan.

Smith, N. and O'Keefe (1985), 'Geography, Marx and the concept of nature', *Antipode*, 12(2): 30~39면.

Snedeker, G. (1993), 'Between humanism and social theory: the cultural criticism of Raymond Williams', *Rethinking Marxism*, 6: 104~13면.

Soederberg, S. (2002), 'The new international financial architecture: imposed leadership and "emerging markets"', *Socialist Register 2002*, London: Merlin. Soja, E. (1988), *Postmodern Geographies: The Reassertion of Space in Critical Social Theory*, London: Verso.

Spoehr, A. (1956), 'Cultural differences in the interpretation of natural resources', in W. Thomas (ed.), *Man's Role in Changing the Face of the Earth*, Chicago, IL: University of Chicago Press.

Spretnak, C. (1985), 'The spiritual dimension of Green politics', in C. Spretnak and F. Capra, *Green Politics: The Global Promise*, London: Paladin.

Spretnak, C. and F. Capra (1985), *Green Politics: The Global Promise*, London: Paladin.

Stanback, T. (1982), *Cities in Transition: Changing Job Structures in Atlanta, Denver, Buffalo, Phoenix, Columbus (Ohio), Nashville, Charlotte*, Totowa, NJ: Allanheld Osmun.

Steiner, G. (1992 edn), *Heidegger*, London: Fontana.

Sternlieb, G. (1966), *The Tenement Landlord*, New Brunswick, NJ: Rutgers University Press.

Stockman, D. (2011), 'The bipartisan march to fiscal madness', *New York Times*, 23 April.

Stoker, R. (1986), 'Baltimore: the self-evaluating city', in C. Stone and H. Sanders (eds), *The Politics of Urban Development*, Lawrence, KS: University Press of Kansas.

Sugranyes, A. and C. Mathivet (eds) (2010), *Cities for All: Proposals and Experiences towards the Right to the City*, Santiago: Habitat International

Coalition.

Swyngedouw, E. (1986), 'The socio-spatial implications of innovations in industrial organisation', Working Paper no. 20, Johns Hopkins European Centre for Regional Planning and Research, Lille.

Swyngedouw, E. (1989), 'The heart of the place; the resurrection of locality in an age of hyperspace', *Geografiska Annaler*, 71.

Swyngedouw, E. (1992), 'The mammon quest; globalisation, international competition and the new monetary order, the search for a new spatial scale', in M. Dunford and G. Kafkalis (eds), *Cities and Regions in the New Europe*, London: John Wiley.

Swyngedouw, E. (1992), 'Territorial organisation and the space/technology nexus', *Transactions of the Institute of British Geographers*, New Series, 17: 417~33면.

Szanton, (1986), *Baltimore 2000*, Baltimore, MD: Morris Goldsecker Foundation.

Tabb, W. (1982), *The Long Default: New York City and the Urban Fiscal Crisis*, New York: Monthly Review Press.

Taylor, B. (1987), *Modernism, Post-Modernism, Realism: A Critical Perspective for Art*, Winchester School of Art Press.

Thomas, B. (1973), *Migration and Economic Growth: A Study of Great Britain and the Atlantic Economy*, Cambridge: Cambridge University Press.

Thomas, E. (1966), *The Women Incendiaries*, New York: George Braziller.

Thomas, E. (1967), *Rossel 1844-71*, Paris: Gallimard.

Thomas, W. (ed.) (1956), *Man's Role in Changing the Face of the Earth*, Chicago, IL: University of Chicago Press (2 vols).

Todes, D. (1989), *Darwin without Malthus: The Struggle for Existence in Russian Evolutionary Thought*, Oxford: Oxford University Press.

Toffler, A. (1970), *Future Shock*, New York: Random House. 앨빈 토플러 『미래의 충격』, 장을병 옮김, 범우사 1997.

Tronti, M. (1966), 'The strategy of refusal', Turin: Einaudi, libcom.org.

Tully, J. (2004), 'Green Bans and the BLF: the labour movement and urban ecology', *International Viewpoint Online*, 357, internationalviewpoint.org.

Turner, G. (2008), *The Credit Crunch: Housing Bubbles, Globalisation and the Worldwide Economic Crisis*, London: Pluto Press.

Urry, J. (1990), *The Tourist Gaze*, London: Sage.

Valdes, N. (1971), 'Health and revolution in Cuba', *Science and Society*, 35: 311~35면.

Virilio, (1980), *L'Esthetique de la Disparition*, Paris: Galilee. 폴 비릴리오 『소멸의 미학』, 김경은 옮김, 연세대학교 출판부 2004.

Wade, R. and F. Veneroso (1998), 'The Asian crisis: the high debt model versus the Wall Street-Treasury-IMF complex', *New Left Review*, 228.

Walton, J. (1984), *Reluctant Rebels: Comparative Studies on Revolution and Underdevelopment*, New York: Columbia University Press.

Weale, A. (1992), *The New Politics of Pollution*, Manchester: Manchester University Press.

Webber, M. and D. Rigby (1996), *The Golden Age Illusion: Rethinking Post-War*

Capitalism, New York: Guilford Press.

Weisman, J. (2004), 'Reagan policies gave green light to red ink', *Washington Post*, 9 June.

White, E. (2010), 'Lessons from the great American real estate boom and bust of the 1920s', Working Papers, National Bureau of Economic Research.

Williams, R. (1960), *Border Country*, London: Chatto and Windus.

Williams, R. (1961), 'The achievement of Brecht', *Critical Quarterly*, 3: 153~62면.

Williams, R. (1964), *Second Generation*, London: Chatto and Windus.

Williams, R. (1973), *The Country and the City*, London: Chatto and Windus. 레이먼드 윌리엄스 『시골과 도시』, 이현석 옮김, 나남 2013.

Williams, R. (1977), *Marxism and Literature*, Oxford: Oxford University Press. 레이먼드 윌리엄스 『마르크스주의와 문학』, 박만준 옮김, 지만지 2009.

Williams, R. (1979), *The Fight for Manod*, London: Chatto and Windus.

Williams, R. (1980), *Problems in Materialism and Culture*, London: Verso.

Williams, R. (1983), *Keywords*, London: Fontana. 레이먼드 윌리엄스 『키워드』, 김성기·유리 옮김, 민음사 2010.

Williams, R. (1985), *Loyalties*, London: Chatto and Windus.

Williams, R. (1989), *People of the Black Mountains: The Beginning*, London: Chatto and Windus.

Williams, R. (1989), *Resources of Hope*, London: Verso.

Williams, R. (1990), *People of the Black Mountains: The Eggs of the Eagle*, London: Chatto and Windus.

Williams, W. Appleman (1980), *Empire as a Way of Life*, New York: Oxford University Press.

Wilson, A. (1992), *The Culture of Nature: North American Landscape from Disney to the Exxon Valdez*, Oxford: Basil Blackwell.

World Bank (2009), *World Development Report 2009: Reshaping Economic Geography*, Washington, DC: World Bank.

Worster, D. (1985), *Nature's Economy: A History of Ecological Ideas*, Cambridge: Cambridge University Press.

Worster, D. (1985), *Rivers of Empire: Water, Aridity and the Growth of the American West*, New York: Pantheon Books.

Young, I. (1990), *Justice and the Politics of Difference*, Princeton, NJ: Princeton University Press.

Young, R. (1985), *Darwin's Metaphor: Nature's Place in Victorian Culture*, Cambridge: Cambridge University Press.

Zeldin, T. (1958), *The Political System of Napoleon III*, London: Macmillan.

Zeldin, T. (1963), *Emile Ollivier and the Liberal Empire of Napoleon III*, Oxford: Clarendon Press.

Zeldin, T. (1973), *France, 1848-1945*, vol. 1: *Ambition, Love and Politics*, Oxford: Oxford University Press.

Zimmerman, M. (1988), 'Quantum theory, intrinsic value, and panentheism', *Environmental Ethics*, 10: 3~30면.

Zola, E. (1967), *L'Argent*, Paris: Pleiade.

역자 해제

　이 책은 세계적으로 저명한 지리학자이자 맑스주의 이론가인 데이비드 하비가 평생을 통해 발표한 저술 가운데 가장 핵심적인 부분을 발췌·수정하여 한권의 단행본으로 편집한 것이다(「하비의 학문적 업적과 주요 개념들에 관한 간략한 이해를 위해」, 최병두 2016 참조). 그는 1935년 영국의 한 노동계급 가정에서 태어나 1954년 케임브리지 대학 지리학과에 입학했고 그곳에서 1962년 지리학 박사학위를 받았다. 그가 학위를 받은 후 브리스틀 대학의 교수로 연구하던 시기는 지리학에 실증주의적 방법론이 도입되어 주류를 이루던 때였다. 하비는 당시 지리학에 만연했던 실증주의의 철학적·방법론적 바탕을 밝힌 첫번째 역작 『지리학적 설명』을 출간하면서 학계에서 커다란 명성을 얻게 되었다.

이 책이 출간될 즈음 미국의 존스홉킨스 대학으로 자리를 옮긴 하비는 기존의 실증주의 지리학이나 방법론과는 정반대되는 방향, 즉 맑스주의 지리학을 받아들이고 그 이론적 틀의 정립을 위해 매진하게 되었다. 1973년 출간한 『사회정의와 도시』는 이 같은 방향전환을 알리면서 영미 지리학에 맑스주의를 처음으로 원용한 저서였다. 1982년에 나온 『자본의 한계』는 그동안 맑스주의에서 공백으로 남아 있던 공간의 문제에 초점을 두고 맑스의 이론을 재구성해낸 역작이다. 이 두권의 저서를 통해 '역사지리적 유물론'에 바탕을 둔 사회공간이론을 정립하고자 했다는 점을 인정받으며 하비는 지리학에서 더 나아가 사회이론 전반에서 두각을 보이는 세계적 학자가 되었다. 또한 이 저서들을 집필하는 과정에서 발표한 다수의 논문을 모아 1985년 『자본의 도시화』와 『의식과 도시경험』을 출판했으며, 이 저서들에 실은 논문 중 주요 장들을 다시 선별하고 편집하여 1989년 『도시의 정치경제학』을 출판했다.

『자본의 한계』를 출판한 이후 하비는 '자본축적'의 메커니즘에 관한 구조적 분석에서 더 나아가 이 메커니즘에 의해 규정되는 인간의 의식과 경험, 환경문제 등으로 자신의 관심을 넓혀갔다. 특히 이 과정에서 당시 세계적으로 유행하던 포스트모더니즘을 접하면서 이를 비판적으로 분석한 『포스트모더니티의 조건』을 1989년 출간했다. 이 시기, 즉 1987년부터 93년 사이 그는 옥스퍼드 대학 매킨더 석좌교수로 재직한 후 존스홉킨스 대학으로 돌아갔다. 1990년대 들어 하비는 자본주의사회에서 도시과정 및 도시의 토지·주거문제, 도시 계획과 정책, 도시 건축의 역사와 더불어 문화변동, 환경철학과 정의, 유토피아 등을 다루었다. 이때 출간한 책은 『정의, 자연, 그리고 차이의 지리학』(1996) 『희망의 공간』(2000) 『파리, 모더니티의 수도』(2000) 『자본의 공간』(2001) 등이다.

2000년대 이후, 즉 그의 나이 예순다섯살을 지나 뉴욕시립대학 석학교수로 자리를 옮긴 뒤에도 2017년 지금까지 왕성한 연구활동을 지속하면서 많은 저서를 출간했다. 1990년대까지 그가 현실과 연관을 맺으면서도 경험적 분석보다는 이론적 정식의 구축에 더 많은 관심을 두었다면, 2000년대 이후에는 현실문제를 직접 반영하면서 이에 더욱 적극적으로 개입하는 방식을 자신의 연구에 적용했다. 이 같은 연구의 결과로서 그의 저서들은 하비를 일약 전세계적 지식인으로 만들었다. 『신제국주의』(2003) 『신자유주의: 간략한 역사』(2005) 『신자유주의 공간』(2006) 『반란의 도시』(2012) 등이 그즈음 출간됐다. 그밖에도 세계시민주의와 더불어 지리학의 주요 연구주제인 지역·장소·공간·환경 등의 개념을 재고찰한 『세계시민주의와 자유의 지리학』(2009), 자본축적과정에 내재된 메커니즘과 모순에 관한 『자본이라는 수수께끼』(2010) 『자본의 17가지 모순』(2014) 등과 더불어 맑스의 『자본』 해설서 격인 『데이비드 하비의 맑스 자본 강의』(1권, 2010; 2권 2013)를 출간했다.

이 책 『데이비드 하비의 세계를 보는 눈』(*The Ways of the World*)은 앞서 말한 것처럼 2016년 이제 여든을 넘어선 세계적 대학자가 40년 넘게 연구하면서 쌓아온 자신의 업적 가운데 가장 핵심되는 내용을 스스로 모아 편집한 것이다. 이런 점에서 이 책은 하비 사상의 정수를 이해하고 연구하는 데 필독서다. 물론 이 책은 단지 한 사상가의 이론 그 자체를 파악하고 해석하기 위한 것이라기보다 그의 눈을 통해 세계가 어떻게 움직이는가를 분석하고 실천하는 데 도움을 주기 위한 것이다. 이와 관련하여 하비는 이 책의 서문에서 "40여년에 걸친 연구, 사유, 타인과의 대화로 누적된 인지지도는 불완전하다. 그러나 그것은 아마 우리가 존재하는 이 복잡한 지리가 나아갈 길을 비판적으로 이해하는 데 기반을 제공할 것이다"라고 적고 있다.

다만 하비의 이론이나 개념을 어느정도 알고 있는 독자라고 할지라도 이 책을 수월하게 읽지는 못할 것이다. 이는 하비가 겸손한 어투로 표현한 것처럼 40년 넘게 쌓아온 그의 인지지도가 불완전하기 때문이거나, 또는 이 기간 동안 쉼없이 지속되어온 그의 연구가 일관성이 없기 때문인 것은 아니다. 이 책의 독해를 어렵게 하는 것은 그의 이론과 개념이 서구 맑스주의 전통을 개진해온 역사지리적 유물론에 근거를 둔다는 점, 그의 연구주제가 단순히 도시공간의 문제가 아니라 자본주의사회 전반의 많은 문제를 포괄한다는 점, 각 장을 서술하는 문장의 양식이 체계적·논리적 분석에서 역사적·문학적 서술에 이르기까지 다양하다는 점 등에서 비롯된다. 이는 그의 학문적 업적이 지리학에서 더 나아가 경제·정치·사회·문화인류학 등 사회과학과 문학·역사·철학 등 인문학의 거의 모든 영역에 걸쳐 광범위하게 영향을 미칠 수 있도록 했지만 또한 그만큼 그 이론의 독해를 어렵게 만들었다.

이와 더불어 책의 편집방식에 따른 문제도 독해를 어렵게 만드는 한 원인이다. 이 책은 하비의 40년 지적 여정을 2010년대 현재 시점에서 재구성하여 새로 집필한 것이 아니라, 자신의 주요 저서에서 일부를 발췌하고 다소간 수정하여 편집한 것이다(역자해제의 '부록' 참조). 이로써 발췌 부분 간에는 시간적 격차가 있을 수밖에 없지만 하비는 각각의 내용이 맺는 연관성을 굳이 드러내진 않았다. 물론 이렇게 발췌된 각 장은 그 자체로서 완결성을 가진다. 또한 하비는 각장의 끝에 보론을 첨부하여 해당 장의 서술 배경과 함의 등을 이야기한다. 이 책의 서문과 함께 각 장의 보론은 독자들이 이 책을 이해하는 데 많은 도움을 줄 것이다. 다만 아래에서는 번역자와 독자의 입장에서 이 책의 전반적 의의와 각 장의 특성에 관해 간략히 적어보려 한다.

자본주의는 우리의 시간과 공간을 어떻게 지배하는가

1970년대 이후 하비의 일관된 연구 목적이며, 따라서 이 책 전체를 관통하는 논제는 자본주의적 도시화의 특성을 규명하는 것이다. 이는 「책을 펴내며」에서 존 데이비가 "이 책 전체에서 되풀이되는 주제"가 "과잉축적의 문제가 어떻게 무분별한 도시화와 그에 따른 사회적 고통으로 드러나게 이행하게 되는가"라고 지목한 점에서 확인된다. 또한 하비는 「서문」에서 최근 세계적으로 새롭게 전개되고 있는 도시화, 특히 중국에서 엄청난 규모로 진행되는 도시 인프라의 구축과정에 주목한다. 이 지리적·공간적 현상은 사회적 메커니즘과 분리되어 분석될 수 없으며 자본주의 도시에서 이 같은 분석의 핵심은 자본축적 과정임을 강조한다. 하비의 연구는 단순히 오늘날 도시과정에서 발생하는 여러 경험적 현상을 분석하는 수준을 훨씬 뛰어넘는다. 그는 자본주의 도시과정에서 발생하는 "현상들의 근원에 자리 잡은 무한한 자본축적"의 메커니즘을 분석하고 그 대안을 모색하고자 한다. 이 같은 분석은 지리학 패러다임의 혁명적 전환을 요구하는 한편, 맑스의 이론과 그 이후 맑스주의 전통에서 간과되어 온 공간적 역동성에 관한 이론적 틀, 즉 하비 자신이 지칭한 '역사지리적 유물론'을 세우기 위한 것이다.

하비의 학문적 출발점은 지리학 또는 공간연구다. 제1장에서는 그가 존스홉킨스 대학이 있는 볼티모어로 옮긴 후 겪은 경험을 토대로 미국 대도시에서 등장한 '게토 형성의 문제'를 중심으로 지리학에서 나타나는 혁명적 이론과 반혁명적 이론이라는 논제를 다룬다. 여기서 하비는 도시의 게토문제를 고찰하기 위해 도시의 토지이용에 관한 기존의 패러다임(한계효용이론)에서 벗어나 새로운 이론 틀, 즉 맑스주의이론에 근거를 둔 연구가 필요하다고 역설한다. 그의 전략은 물론 기존 방법론을 완전히 포기하는 것이 아니라 새로운 틀에 이들을 포섭하는 것이다. "가장 유효한 전략은 우리가 처한 사회 현실을 합당하게 해석하기 위해 실증주의, 유물론, 그리고 현상학의 특정 측면들이 중첩되는 이해의 영역을 탐구하는 것이다. 이러한 중첩을 가장 분명히 탐구하는 것은 맑스주의 사상이다." 1970년대 초 당시 실증주의적 지리학이 팽배해 있었고 하비 자신도 1969년 『지리학적 설명』을 통해 실증주의적 방법론을 집대성했다는 점을 참고하면, 1971년 미국지리학회에서 발표한 하비의 이와 같은 주장이 지리학계에 얼마나 큰 충격을 주었을지를 짐작할 수 있다.

『사회정의와 도시』(이 책의 제1장이 처음 발표된 책)를 출간한 이후 하비는 "맑스주의적 전통 내에서 공간과 공간관계에 대한 명시적 이론화에 반하는 비정상적인 편향"을 바로잡고 "공간과 지리를 맑스의 주장에 다시 포함"하기 위한 본격적 작업에 착수한다. 1975년 논문으로 처음 발표되었던 제2장「자본주의적 축적의 지리학: 맑스 이론의 재구성」은 이 작업의 초기 단계에서 제시한 글이다. 하비는 분명 맑스가 자본축적 과정에서 '공간의 생산'과 사회적 관계의 공간적 차원에 대한 주제를 다루긴 했지만, 단지 부차적으로 또는 단편적으로 다룬 한계가 있으므로 이것들을 보다 체계적으로 종합하여 맑스 이론의 핵심부에 가져가고자 했다. 이 장에서 하비는 주로 자본축적 과정에서 작동하는 교통 관계와 공간적 통합의 문제를 다루면서 '시간에 의한 공간의 절멸'을 강조하며 더 나아가 자본축적 과정에서 외국무역이 지니는 역할을 설명한다. 그뿐 아니라 맑스의 저술에서 흩어져 있는 지리적·공간적 논의 가운데 주요 부분을 재해석하고 있으며, 앙리 르페브르의 역작『공간의 생산』(1974)이 제시한 '공간의 생산' 개념을 사용하는 한편 자본축적 과정에 내재된 지리적 차별화와 이에 반대되는 과정(즉 균등화) 간 모순을 강조한다(차별화와 균등화의 모순에 관한 하비의 사고는 닐 스미스의『불균등발전』(1984)에 반영되어 영향을 미쳤다). 다만 이 글에서 하비는 여전히 이 단편적 논의들을 체계적으로 종합해내진 못했다.

제3장「자본주의적 도시과정: 분석을 위한 틀」은 이 책에서 분량이 가장 짧은 장이지만 맑스의 단편적 논의들을 가장 체계적으로 종합해낸 하비의 이론 틀을 선보인다(1978년 이 글이 논문으로 처음 발표되었을 때는 이 틀과 대체로 조응하는 계급투쟁 및 자본의 2차

순환을 경험적으로 분석한 후반부가 덧붙어 있었는데, 이 책으로 편집하는 과정에서 생략되었다). 그는 이 장에서 "몇쪽 되지 않는 무모하게도 (…) 짧은 지면에 『자본』에서 제시한 맑스의 주장을 요약하고자" 할 뿐 아니라 자본축적 과정에서 작동하는 시공간적 역동성을 포착하기 위한 새로운 개념과 메커니즘을 추가한 '자본순환' 이론을 세운다. 이 이론은 상품의 생산-소비과정에서 작동하는 자본의 1차 순환, 과잉축적 위기를 해소하기 위해 고정자본 및 소비기금의 생산(특히 도시 건조환경의 구축)으로 전이되는 자본의 2차 순환, 과학과 기술 및 노동력 재생산을 위한 사회적 지출(교육, 보건, 이데올로기적·군사적 수단에 대한 지출)로 구성된 자본의 3차 순환으로 구성된다. 하비는 이 과정에 내재된 모순과 이에 따른 위기(공황)의 발생과정을 설명하고자 한다. 앞선 2장과 더불어 이 장은 하비의 가장 탁월한 업적으로 인정되는 『자본의 한계』(1982)의 기초를 이룬다. 이 이론적 틀에 대한 비판(일례로 국가와 신용의 역할에 대한 입장)이 있을 수 있고 자본의 3차 순환에 대해서는 하비의 연구가 부족하다는 점에서 한계가 있지만, 그의 자본순환론은 맑스주의 이론체계의 구축에 크게 기여했으며 특히 자본축적의 지리를 분석하기 위한 확고한 틀이 되었다.

2장과 3장이 맑스주의 전통에서 정립된 정치경제학적 개념에 바탕을 둔 이론적·체계적 분석이라면, 제4장 「기념비와 신화: 싸끄레꾀르 대성당 건축」은 해당 주제와 관련된 사료의 해석에 기반을 두고 서술한 글이다. 파리 중심부에 위치한 몽마르뜨르 언덕 위의 싸끄레꾀르 대성당의 경관과 이 건축물이 축조되는 과정을 1871년 파리꼬뮌의 수립과 붕괴를 전후한 사회정치적 상황과 연관해 쓰고 있다. 이 장은 하비가 1976~77년 구겐하임재단의 지원으로 파리에서 체류하면서 집필했고 1979년 논문으로 처음 발표했다. 이 시기에 하비는『자본의 한계』집필을 마무리하면서 새로운 연구주제를 찾고 있었던 듯하다. 이 장의 보론에서 하비는 "도시화를 알고자 할 때에는 자본의 흐름이나 이주의 흐름에 대한 분석 이상의 것이 필요하다. 시민권, 소속감, 소외, 결속, 계급을 비롯한 집단적 정치형태들은 공적 기능에 의해 점유된 공간뿐만 아니라 친밀성과 사회관계의 공간의 생산에서 중요한 역할을 한다"라고 주장한다. 물론 '친밀성과 사회관계'라는 주제에 관한 연구는 맑스주의 전통을 크게 벗어나지 않는다. 즉 하비 스스로 서술한 바와 같이, 이 연구는 "한편으로 역사와 이론, 다른 한편으로 맑스와 역사지리학 간 대담을 만들어낼 수 있는 멋진 틀"로 평가할 수 있다.

　제5장「시공간 압축과 포스트모던 조건」은 하비의 저서 가운데 가장 널리 인용되는『포스트모더니티의 조건』(1989)에서 핵심 부분을 발췌한 글이다.『자본의 한계』가 하비의 말처럼 10년에 걸친 각고의 노력 끝에 출판된 말 그대로 역작이라면,『포스트모더니티의 조건』은 그에 비하면 턱없이 모자른 1년의 집필 기간이 들었지만 하비의 또다른 대표작으로 그가 맑스주의의 범주를 벗어나 사회이론 및 인문학 전반에 걸쳐 명성을 얻도록 했다. 하비는 포스트모더니즘을 모더니즘과 단절적으로 구분하기보다는 후기 자본주의 또는 유연적 축적체제의 상부구조로 이해해야 하며, 이 상부구조의 속성을 구성하는 모더니티와 포스트모더니티가 시공간 경험의 양식으

로 가장 잘 해명될 수 있다고 주장한다. 하비의 '시공간 압축' 개념은 단지 교통통신기술의 발달에 따른 시간적 거리의 단축을 의미하는 것이 아니다. 이는 자본축적 과정에 필요한 자본 회전기간의 감소와 더불어 "공간과 시간의 객관적 성질의 급격한 변화에 따라 우리가 세상을 표현하는 방법을 바꾸는 과정"을 함의한다. 즉 자본축적 과정에서 회전시간의 가속화는 미래감의 상실과 이에 따른 즉흥성과 순간성의 쟁취다. 다시 말해 포스트모더니티는 그것의 조건으로서 공간, 시간, 화폐의 경험 변화 그리고 이에 따르는 해석 및 재현 체계의 등장을 위한 물질적 기반을 연관하여 이해해야 한다.

『포스트모더니티의 조건』이 출간된 해(1989년)에 하비는 이 책의 제6장을 이루는 「관리주의에서 기업주의로: 후기 자본주의 도시 거버넌스의 전환」에 관한 연구를 발표했다. 이 장의 보론에 쓴 것처럼 "베를린장벽이 무너졌던 해에 동시에 출판되었던" 이 저서와 논문은 '신기하게도 (하비)의 가장 많이 인용된 책과 가장 많이 인용된 논문'이 되었다. 하비는 이 논문에서 1980년대 탈산업화의 결과로 등장한 새로운 도시 거버넌스로서 '기업주의 도시 거버넌스'를 고찰한다. 특히 여기서 그는 민관파트너십을 중심으로 드러나는 기업주의 도시 거너번스의 특성과 이를 위해 지방정부가 선택하는 기본 전략을 그 한계와 더불어 살펴본다. 얼핏 보면 이 저서와 논문은 서로 다른 주제를 다른 형식으로 다룬 것처럼 보이지만, 실제로는 주제와 형식 모두가 공통점이 있다. 다시 말해 그의 저서가 자본주의의 물적 토대가 포드주의에서 포스트포드주의(또는 유연적 축적 체제)로 전환함에 따라 시공간 경험 양식의 변화를 부각했다면, 그의 논문은 이러한 물적 토대의 전환에 따른 도시 거버넌스 체제가 '관리주의에서 기업주의로' 전환하고 있음을 보여준다. 또한 이 저서와 논문은 후기 자본주의의 상부구조로서 사회적·정치적 전환과정을 고찰하는데, 당시에 '신자유주의'라는 용어가 유행하기 전이어서 그 대신 '유연적 축적'이라는 용어를 주로 택했다는 점에서도 공통점이 있다.

제7장 「환경의 본질: 사회변화와 환경변화의 변증법」은 1993년 논문으로 처음 발표되었고, 1996년 출판된 『정의, 자연, 차이의 지리학』 제2부의 여러 장에 걸쳐 수정·보완되어 게재되었다. 이 장에서 하비는 자연의 가치에 관하여 논하면서 자연에 화폐가치를 부여하는 방식과 자연에 가치가 내재되어 있다는 사고 양자 모두를 비판·거부할 뿐만 아니라, 심층생태학이나 하이데거의 사상 등에서 나타나는 도덕공동체에 바탕을 둔 환경적 가치에 관한 주장이나 그외 다양한 스펙트럼을 가진 환경·생태적 주장에 한계가 있음을 지적한다. 또한 그는 환경과 자연에 관한 맑스주의적 논의들을 재검토하면서 데까르뜨적 이분법의 덫에서 벗어나 변증법적 존재론과 생태사회주의 정치를 강조한다. 아쉽게도 하비는 맑스의 저작에 산재해 있는 자연·환경에 관한 단편적 논의를 자신의 입장에서 체계적으로 정식화하지 못했다. 하지만 이 장은 자본주의사회의 환경문제에 접근하기 위한 변증법적 방법과 환경정치가 나아갈 방향을 제시한다는 점에서 의의가 있다.

7장과 더불어 『정의, 자연, 차이의 지리학』의 일부(제1장)를 이루는 「투쟁적 특수주의와 지구적 야망」은 1995년 발표된 논문으로 이 책에서는 제8장을 구성하고 있다. 이 장은 부분적으로 환경(그리고 공간, 장소)의 문제를 포괄한다. 하지만 앞선 7장과는 서술의 내용과 형식이 전혀 다르다. 이 장에서 하비는 옥스퍼드 대학의 매킨더 석좌교수로 부임한 후, 그 곳에 있는 자동차공장에서 일어난 노동자 파업과 관련된 한 연구 프로젝트에 참여하면서 겪게 된 자기 경험을 레이몬드 윌리엄스의 소설에 비춰 성찰하고 있다. 하비는 이 프로젝트에 참여하면서, 파업투쟁을 벌이는 공장노동자의 이해관계를 직접 반영하고자 하는 입장과는 달리, 지역의 환경문제나 산업구조 변화에 대한 고려도 필요하다는 좀더 보편적인 입장을 제시하면서 어떤 갈등에 빠지게 된다. 이와 같은 맥락에서 윌리엄스의 소설 「블랙 마운틴 사람들」은 이 지역의 환경사를 소설 형식으로 서술하지만, 또한 지역 환경 속에서 살아가는 사람들의 국지적 생활과 이에 영향을 미치는 국가적 상황 변화 간 긴장과 대립을 표현하고 있다. 하비는 윌리엄스가 드러내고자 한 딜레마를 공유하면서, 공간·장소·환경의 개념을 문화이론의 중심에 가져올 필요성을 강조하는 한편, 이 개념들을 우리가 체험하는 삶의 투쟁적 특수주의와 변증법적으로 결합시켜야 한다는 점, 즉 '모순적 통일성'을 강조한다.

제9장 「신제국주의: 탈취에 의한 축적」은 2003년 『신제국주의』에서 처음 제시된 주요 주장을 발췌한 것이다. 이 책에서 하비는 21세기에 들어오면서 미국뿐 아니라 전세계가 겪었던 9·11 참상과 연이은 아프가니스탄 및 이라크 침공에서 드러난 미국의 신제국주의를 두쌍의 개념, 즉 '자본축적의 논리'와 '권력의 영토적 논리'의 모순적 혼합, 그리고 '시공간적 조정'과 '탈취에 의한 축적'의 개념을

중심으로 설명한다. 전자의 개념은 아리기를 참고했지만(G. Arrighi, 1994), 후자의 개념은 하비 자신의 개념으로 하비는 이것들에 바탕을 두고 신제국주의의 전개과정을 설명한다. '시공간적 조정'의 개념은 『자본의 한계』에서 제시된 것으로 자본축적 과정에서 특히 제2차 순환에 내재된 모순을 설명하기 위한 개념이다. 또한 '탈취에 의한 축적'은 하비가 맑스의 '시원적 축적' 개념을 자본주의 맹아기에서 나아가 현대 자본주의에서도 지속되는 자본축적의 한 축으로 설명하기 위해 발전시킨 개념이다. 이 개념은 2005년 『신자유주의: 간략한 역사』에서 서구 선진국이나 한국의 신자유주의화 과정뿐 아니라 중국의 경제성장 과정을 설명하기 위한 주요한 기반이 된다. '탈취에 의한 축적'은 다양한 요소로 구성되며 이를 연결하는 이론체계가 아직 정형화되지는 않았지만, 전통적 맑스주의 이론에서 자본축적의 기본 축을 이루는 '노동에 의한 확대재생산'만큼이나 오늘날 자본축적에서 중요한 또다른 축과 이에 따른 사회공간적 모순과 갈등의 발생을 이해하는 데 큰 도움을 준다.

제10장 「금융위기의 도시적 근원: 반자본주의 투쟁을 위한 도시 개조」는 2009년 한 대학 강연에서 처음 발표되었고 2012년 『반란의 도시』에 게재되었다. 하비의 '자본순환론'이 맑스주의 이론 나아가 경제이론 전반에 기여한 것으로 평가되는 여러 측면 가운데 하나는 금융이론 부분이다. 그는 과잉축적의 위기를 시간적으로 해소하기 위한 자본의 수단으로 신용체계의 발달과 이에 따른 의제자본으로서 금융자본의 성장을 체계적으로 설명한다. 그뿐 아니라 금융자본이 부동산 자본과 어떻게 결합하고 그 결과로 어떤 문제를 유발하는

가를 고찰하고자 한다. 즉, 부동산 시장은 분명 투기적 금융흐름과 복잡하게 뒤얽혀 있으며, 이로 인해 최근 발생한 금융위기들은 거의 대부분 부동산시장의 혼란을 초래하는 도시위기다. 도시위기에 관한 하비의 이 같은 주장은 2008년 미국의 서브프라임 모기지 사태에서 발생하여 전세계의 금융위기를 초래했다는 점, 그후 중국이 이로 인한 위기의 충격을 완화하기 위해 부채에 의존하여 엄청난 도시 인프라를 구축하고 있다는 점에서 경험적으로 뒷받침된다. 이는 자본주의적 도시과정이 결국 잉여가치의 창출을 위한 과정일 뿐 아니라 창출된 잉여가치를 재흡수하는 장이 된다는 사실을 의미한다. 그뿐 아니라 도시화에서 발생한 잉여는 도시 노동자의 몫이며 따라서 이 잉여의 재투자에 대한 의사결정과 실행의 권리가 이들에게 주어져야 한다는 점이 강조된다. 이와 관련하여 앙리 르페브르가 제시한 '도시에 대한 권리'가 도시혁명을 위한 핵심전략으로 부각된다.

제11장 「자본의 진화」는 2010년 출판된 『자본이라는 수수께끼』의 한 장으로 발표되었다. 이 저서에서 하비는 자본 순환과정, 즉 M → C(LP + MP) → P …〉 C' → M'(M: 화폐, C: 상품, LP: 노동력, MP: 생산수단, P: 생산과정)의 각 단계에 내재된 문제와 위기를 설명하면서, 화폐자본의 부족, 노동공급의 부족, 생산수단의 부적절성, 기술과 조직의 부적절성, 노동(과정)의 비효율성, 화폐에 의해 뒷받침되는 수요의 부족 등이 자본의 흐름을 저해하여 경제위기를 유발하는 잠재적 장애물이라고 지목한다. 이 장에서는 자본이 이런 문제나 위기를 극복하고 지속적으로 진화하는 궤적 내의 일곱가지 독특한 '활동영역'을 확인할 수 있다. 기술과 조직형태, 사회적 관

계, 제도적 및 행정적 편제, 생산과 노동 과정, 자연과의 관계, 일상생활과 종의 재생산, 세계에 관한 정신적 개념화가 바로 그것이다. 자본이 이와 같이 복잡하게 상호연계된 활동영역을 통해 공진화하는 것처럼, 자본주의를 극복하기 위한 전략 역시 이 활동영역들에서 동시에 이루어져야 한다. 하비는 이 일곱가지 활동영역에 대한 사고의 단초를 맑스의 『자본』 제1권에 있는 한 각주에서 찾아냈다(Marx, 강신준 역, 2008, 508면, 각주 89). 또한 이를 자본의 진화나 반자본 운동을 위한 기본 활동영역으로 설정했을 뿐만 아니라, 좀더 구체적으로 이를테면 한국 세종시의 도시설계의 심사 기준으로 제시하기도 했다(이 책 532~34면; Harvey, 2010; 강신준 역, 2011, 355~57면 참조). 다만 이 일곱가지 활동영역에 관한 개념적·실천적 유의미성은 관련 연구자나 활동가로부터 아직 큰 호응을 얻지는 못하고 있다.

이 책을 어떻게 읽을 것인가

대부분의 장이 본래 속해 있던 저서의 일부라는 점에서, 독자들은 각 장을 읽은 후 각 장이 포함된 기존 저서의 독해로 나아갈 수 있을 것이다. 학문에 종사하지 않는 일반 독자라고 할지라도, 다소 어렵긴 하겠지만 이 책을 통해 하비가 밝혀주는 길을 따라 세상을 보는 안목을 키워갈 수 있을 것이다. 이 책은 우리 시대를 함께 살아가는 대학자의 눈을 통해 '지리적 세계'가 어떻게 움직이고 있는가를 체계적으로 서술해주고 있어서 자신의 세계관을 점검하는 데에도 큰 도움을 줄 것이다.

각 장은 정확히 발표된 연도순으로 배열되어 있다(아래의 부록을 참고하기 바란다). 그러므로 그의 학문적 발전과정을 밟아보려면 각 장을 순차적으로 읽어보는 것이 좋다. 물론 꼭 처음부터 순차적으로 독해할 필요는 없다. 하비의 핵심적 연구주제를 좁은 의미로 '자본축적과 도시과정'에 한정시켜 이해하고자 하는 독자라면 2장, 3장, 9장, 10장 등을 우선 읽어보기를 권한다. 지리학과 공간의 해석에 우선 관심이 있는 독자라면 1장, 4장, 5장, 8장을 먼저 읽어도 좋다. 그밖에 하비의 지방정부론이나 환경론에 주목하고자 하는 독자는 각각 6장과 7장을, 자본의 미래를 예견하면서 동시에 이를 극복하기 위한 새로운 전망을 모색하는 독자는 11장을 읽는 것이 좋다.

각 장을 읽으면서 하비의 연구주제에 대한 논쟁적 평가를 참조하거나(Castree and Gregory, 2006), 또는 관련 주제를 다룬 다른 연구서와 비교해볼 수도 있다. 이를테면 6장에서 하비는 '기업주의 도시' 개념의 출처를 정확히 밝히지는 않았다. 같은 주제를 놓고 제숍(B. Jessop, 1998)은 조지프 슘페터의 이론에 근거하여 논의하고 있다(최병두, 2012, 제2장 참조). 다른 한편, 하비의 연구 업적 가운데 학문적으로 중요한 의미를 가지거나 두드러지게 기여한 것으로 평가될 수 있음에도 이 책에서는 아쉽게도 빠진 부분이 있다. 특히 중요한 주제로 공간(그리고 장소, 환경 등)의 개념을 직접 논의한 최근 저술로 『세계시민주의와 자유의 지리학』 제2부를 참조할 수 있다. 또한 미래의 공간을 설계하는 유토피아주의에 관해서는 『희망의 공간』을 읽기를 권한다. 하비에 관심을 가지는 독자라면 인터넷에 게재되어 있는 그의 많은 강연을 들어보는 것도 매우 유익할 것이다.

이 책의 독자들은 또한 하비의 저서 대부분이 한글로 번역되어 있다는 점도 참고할 수 있다('부록' 참조). 이 책의 번역과정에서도 기존의 한글 번역본을 참조했으며, 원문과 대조하여 확인된 오류를 바로잡고 어색한 번역문을 매끄럽게 다듬고자 노력했다.

대안적 공간을 찾기 위한 노력

2016년 이 책의 원 저서 *The Ways of the World*를 출판한 후, 하비는 그해 6월 창비의 초청으로 한국을 방문했다. 창비 창립 50주년 기념 학술행사 및 여러 대중모임에 참석하여 강연과 대화를 통해 한국의 독자들과 함께하는 유익한 시간을 가졌다. 당시 옮긴이의 책임하에 서울연구원과 공동으로 개최했던 '희망의 도시' 학술대회에도 하비 교수가 참석해 박원순 서울시장과 특별대담을 나누기도 했다. 이 책의 번역 기회를 제공했을 뿐 아니라 하비가 이 학술대회에도 참여할 수 있도록 배려해준 창비에 진심으로 고마움을 표한다. 이 책의 번역서를 가능한 한 빨리 출판하고자 했던 출판사의 호의에 제대로 부응하지 못하고 이제야 이 책을 출판하게 되었음에 대해 넓은 양해를 바라며, 감사드린다.

하비를 소개할 때 가장 많이 사용되는 용어는 '지리학자' '맑스주의자'다. 그러나 이 두 단어를 가진 연구자는 한국에서뿐 아니라 서구에서도 크게 환영받지 못한다. 다른 한 저서에서 하비는 많은 사람이 자신의 강연에 대해 큰 관심을 가지는 것에 대해 놀랍고 무척 명예롭게 생각한다면서 이렇게 적고 있다. "놀라움 가운데 하나는 내가 지리학자라는 사실이다. 왜냐하면 나는 오랫동안 지리학의 학술적 권위가 사회적으로 다소 낮은 순위에 있다는 현실에 익숙해져 있었기 때문이다."(Harvey, 2009) '맑스주의자'라는 점 역시 하비를 은연중에 위축되게 만든 듯하다. 이로 인해 하비는 이 책 제1장 보론에서 적고 있는 것처럼, 맑스 이론에 기반을 둔 그의 분석에 대해 "도시 공무원, 지주, 금융업자가 (⋯) 도움이 되고 상식적이며 흥미롭다고 여긴다는 사실에 기분 좋게 놀랐다"라고 적고 있다.

하비가 지리학자이며 맑스주의자라는 사실은 더이상 그를 위축시키지 않는다. 오히려 이 사실이 그를 지리학에 기반을 두고 맑스의 사고를 계속 탐구하도록 용기를 북돋웠던 것처럼, 이 책은 한국의 지리학 및 관련 분야에 종사하는 연구자, 특히 맑스주의적 관점에서 자본주의 도시화와 이로 인해 발생하는 사회공간의 문제에 관심을 가진 연구자에게 놀라움과 자부심을 가져다줄 것이다. 그뿐 아니라 이 책은 최근 사회이론 및 인문학 전반에 붐을 일으키고 있는 '공간적 전환' 속에서 공간(그리고 장소, 환경, 경관, 로컬리티 등)에 관심을 갖는 많은 연구자에게 하비의 이론적 논의에 주목하도록 한다. 무엇보다도 이 책은 관련 전공자에서 더 나아가 이 땅에서 살아가는 모든 이에게 자본주의 공간의 역동성과 그 한계를 이해하고 대안적 공간을 구축해나가는 실천을 북돋울 것으로 기대된다.

2017년 3월
최병두

참고문헌

최병두 (2012)『자본의 도시』, 한울.

최병두 (2016)『데이비드 하비』, 커뮤니케이션북스.

Arrighi, G., (1994) *The Long Twentieth Century. Money, Power, and the Origins of Our Times*. Vico, London and New York: 백승욱 옮김 (2014)『장기 20세기: 화폐, 권력, 그리고 우리 시대의 기원』, 그린비.

Castree, N. and Gregory, D.(eds), (2006) *David Harvey: A Critical Reader*, Blackwell, London.

Harvey, D., (2009) *Cosmopolitanism and the Geography of Freedom*, Columbia Univ. Press; 최병두 옮김 (2017)『세계시민주의와 자유의 지리학』, 삼천리.

Harvey, D., (2010), *A Companion to Marx's Capital*, Verso; 강신준 옮김 (2011)『데이비드 하비의 맑스 자본 강의』, 창비.

Jessop, B., (1998), The narrative of enterprise and the enterprise of narrative: place marketing and the entrepreneurial city, in Hall, T. and Hubbard, P.(eds), (1998), *The Entrepreneurial City*. Wiley, Chichester, 77~99면.

Lefebvre, H., (1974), *La production de l'espace*, Anthropos premiere edition; 양영란 옮김 (2011)『공간의 생산』, 에코리브르.

Marx, K., *Das Kapital : Kritik der politischen Okonomie* 1; 강신준 옮김 (2008)『자본 1-1』, 도서출판 길.

Smith, N., (1984), *Uneven Development: Nature, Capital and the Production of Space*, Basil Blackwel; 최병두 외 옮김 (2017)『불균등발전: 자본, 자연, 공간의 생산』, 한울.

1장 지리학에서 혁명적 이론과 반혁명적 이론: 게토 형성의 문제

원제: Revolutionary and Counter-Revolutionary Theory in Geography and the Problem of Ghetto Formation.

게재 논문: 1972, *Antipode*, 4(2), 1~13면.

게재 저서: 1973, *Social Justice and the City*, Arnold, London, ch. 4.

한글 번역: 1982, 『사회정의와 도시』, 최병두 옮김, 종로서적 제4장.

2장: 자본주의적 축적의 지리학: 맑스 이론의 재구성

원제: The Geography of Capitalist Accumulation: A Reconstruction of the Marxian Theory.

게재 논문: 1975, *Antipode*, 7(2), 9~21면.

게재 저서: 1985, *The Urbanization of Capital*, Blackwell, London, ch. 2.

3장: 자본주의적 도시과정: 분석을 위한 틀

원제: The Urban Process under Capitalism: A Framework for Analysis.

게재 논문: *International Journal of Urban and Regional Research*, 2(1-3), 101~31면.

게재 저서: 1981, Dear, M. and Scott, A.(eds), *Urbanization and urban Planning in Capitalist Society*, Methuen, Andover, ch. 5.

1985, *The Urbanization of Capital*, Blackwell, London, ch. 1.

1989, *The Urban Experience*, Johns Hopkins Univ. Press, Baltimore, ch. 2.

한글 번역: 1989, 『자본주의 도시화와 도시계획』, 최병두·한지연 편역, 한울, 제3장.

1996, 『도시의 정치경제학』, 초의수 옮김, 한울, 제2장.

4장: 기념비와 신화: 싸끄레꾀르 대성당 건축

원제: Monument and Myth: The Building of the Basilica of the Sacred Heart.

게재 논문: 1979, *Annals of the Association of American Geographers*, 69(3), 362~81면.

게재 저서: 1985, *Consciousness and the Urban Experience*, Blackwell, London, ch. 4.

1989, *The Urban Experience*, Johns Hopkins Univ. Press, Baltimore, ch. 7.

2000, *Paris, Capital of Modernity*, Routledge, New York & London, ch. 18.

한글 번역: 1996, 『도시의 정치경제학』, 초의수 옮김, 한울, 제7장.

2005, 『모더니티의 수도 파리』, 김병화 옮김, 생각의 나무, 제18장.

5장: 시공간 압축과 포스트모던 조건

원제: Time-Space Compression and the Postmodern Condition.

게재 저서: 1989, *The Condition of Postmodernity*, Blackwell, London, ch. 17.

한글 번역: 1995, 『포스트모더니티의 조건』, 구동회·박영민 옮김, 한울, 제17장.

6장: 관리주의에서 기업주의로: 후기 자본주의 도시 거버넌스의 전환

원제: From Managerialism to Entrepreneurialism: The Transformation in Urban Governance in Late Capitalism.

게재 논문: 1989, *Geografiska Annaler. Series B, Human Geography*, 71(1), 3~17면.

게재 저서: 2001, *Spaces of Capital*, Edinburgh Univ. Press, ch. 16.

7장: 환경의 본질: 사회변화와 환경변화의 변증법

원제: The Nature of Environment: The Dialectics of Social and Environmental Change.

게재 논문: 1993, *Socialist Register*, 29, 1~51면.

게재 저서: 1996, *Justice, Nature and the Geography of Difference*, Blackwell, New York and London, ch. 6, 7, 8.(수정보완)

8장: 투쟁적 특수주의와 지구적 야망

원제: Militant Particularism and Global Ambition.

게재 논문: 1995, *Social Text*, 42, 69~98면.

게재 저서: 1996, *Justice, Nature and the Geography of Difference*, Blackwell, New

York and London, ch. 1.

2001, *Spaces of Capital*, Edinburgh Univ. Press, ch.9.

9장: 신제국주의: 탈취에 의한 축적

원제: The 'New' Imperialism: Accumulation by Dispossession.

게재 저서: 2003, *The New Imperialism*, Oxford Univ. Press, Oxford, ch. 4.

한글 번역: 2005, 『신제국주의』, 최병두 옮김, 제4장.

10장: 금융위기의 도시적 근원: 반자본주의 투쟁을 위한 도시 개조

원제: The Urban Roots of Financial Crises: Reclaiming the City for Anti-Capitalist Struggle.

게재 논문: 2012, *Socialist Register*, 48,

게재 저서: 2012, *Rebel Cities: From the Right to the City to the Urban Revolution*, Verso, London and New York, ch. 2.

한글 번역: 2014, 『반란의 도시』, 한상연 옮김, 에이도스, 제2장.

11장: 자본의 진화

원제: Capital Evolves.

게재 저서: 2010, *The Enigma of Capital and the Crises of Capitalism*, Oxford Univ. Press, Oxford, ch. 5.

한글 번역: 2014, 『자본이라는 수수께끼』, 이강국 옮김, 창비, 제5장.

데이비드 하비의 세계를 보는 눈

초판 1쇄 발행 / 2017년 4월 10일
초판 4쇄 발행 / 2024년 1월 15일

지은이 / 데이비드 하비
옮긴이 / 최병두
펴낸이 / 염종선
책임편집 / 박대우
조판 / 신혜원
펴낸곳 / (주)창비
등록 / 1986년 8월 5일 제85호
주소 / 10881 경기도 파주시 회동길 184
전화 / 031-955-3333
팩시밀리 / 영업 031-955-3399 편집 031-955-3400
홈페이지 / www.changbi.com
전자우편 / human@changbi.com

한국어판 ⓒ (주)창비 2017
ISBN 978-89-364-8610-5 03300